纪念招商局创立一百四十五周年

胡政　陈争平　朱荫贵/主编

THE HISTORY OF THE CHINA MERCHANTS:
Development and Innovations

招商局
历史与
创新发展

招商局文库·研究丛刊

社会科学文献出版社
SOCIAL SCIENCES ACADEMIC PRESS (CHINA)

招商局文库总序

　　1872 年创立的中国第一家民族工商企业——轮船招商局是晚清洋务运动仅存的硕果，它发展至今天，已成为横跨金融、交通、地产等三大核心产业的企业集团。自创立以来，招商局与祖国共命运，同时代共发展，饱经沧桑，几度挫折，几度辉煌，生生不息，以它与中国近现代化进程和中国近代社会经济生活的紧密联系从一个侧面折射了中国社会一百多年来的发展历程，它在自身经营发展中的重大事件印证了中国社会发展的跌宕起伏、荣辱兴衰，也成为中国近现代史上的重要坐标。招商局史不仅属于招商局，也属于全社会。招商局的发展史，值得学术界不断地探寻和回视。因此，有些学者提出了"招商局学"概念，希望学术界努力使之成为中国近代史研究的一个分支学派。可以说，发展和繁荣招商局历史研究，是大家的共同心愿。

　　自 20 世纪早期开始，不少专家、学者潜心研究，陆续出版、发表了许多有关招商局研究的著述，新观点、新发现层出不穷。继承招商局金字招牌的招商局集团深刻认识到招商局厚重历史的社会意义，自觉肩负起社会责任，从 20 世纪 80 年代开始，积极组织、投入各方面力量，挖掘招商局百年历史，分别在 1992 年和 2007 年成功举办了招商局历史学术研讨会，在 2004 年成立了招商局史研究会，设立了招商局历史博物馆，在 2005 年开设了招商局史研究网，历年出版和赞助出版了多本招商局历史研究图书，出资拍摄了多部招商局历史题材专题片，鼓励和支持了院校普及招商局历史知识以及培养招商局历史研究人才，派员对散落在各地的招商局文献进行了调查和复制以及购买，定期公开了许多招商局馆藏招商局历史档案。我们不遗余力地做好这些工作，除了推动招商局自身的企业文化建设外，最重要的是为社会各界研究招商局史提供力所能及的帮助，为社会研究招商局历史服务。

2010 年，鉴于招商局历史研究的迫切需要和为了系统化地展示招商局历史研究的著述、文献史料，我们提出了出版"招商局文库"的设想，希望将以前历年来已出版的和今后将出版的有关招商局历史研究书籍以统一的版式集中出版。

社会科学文献出版社对我们的这一设想给予了大力支持，对如何建立"招商局文库"提出了具体的工作建议，并承担了出版任务。目前，"招商局文库"主要设有"研究丛刊"、"文献丛刊"两个系列。2012 年，适逢招商局创立 140 周年纪念，我们将集中出版一批学术论著和历史文献，以作为"招商局文库"的开篇。今后，"招商局文库"书籍将陆续与大家见面。

希望"招商局文库"书籍能为大家提供更好的帮助，并引起更多的专家、学者和社会人士对招商局及招商局历史研究的关注、支持。

招商局集团

2012 年 1 月

序 让创新成为引领企业发展的第一动力

李建红

在党的十九大刚刚胜利闭幕之际，由招商局集团、中国社会科学院当代中国研究所和中国经济史学会共同举办的"招商局历史与创新发展"国际学术研讨会召开，适逢其时，具有重要意义。

举办"招商局历史与创新发展"国际学术研讨会，是纪念招商局创立145周年的一项重大活动，无论是对招商局还是对学术界都是一件盛事。"历史，是刻在时间记忆上的一首回旋诗。"研究历史能经世致用、预见未来。我相信，通过研讨会上各位专家学者的智慧碰撞和探讨分享历史研究成果，必将有力促进招商局史的研究迈上新台阶，进一步丰富中国当代经济史的相关内容，更会为招商局未来的创新发展带来许多重要启迪。

研讨会以"招商局历史与创新发展"为主题，既具有历史意义又具有现实意义，既具有学术性又具有社会性。创新是国家强盛之基、民族进步之魂。在浩瀚的历史长河中，创新为人类带来福祉，创新改变着世界的容颜，创新也是国家之间竞争的利器。在近代发展进程中，因为墨守成规、缺乏创新，中国与两次工业革命都失之交臂，导致近代相当长的时期国家陷入落后挨打的境地，社会发展困难重重。随着中国打开开放的大门，坚定走改革创新的发展之路，国家各项事业重新焕发生机。党的十八大以来，国家把创新摆到了发展全局的核心位置，提出实施创新驱动发展战略，大力实施大众创业、万众创新，有力推动了产业发展和社会进步，为我们提供了重大的发展机遇。在新一轮科技革命和产业变革与我国加快转变经济发展方式形成历史性交汇的今天，在建设中国特色社会主义进入新时代的关键时刻，党的十九大更是旗帜鲜明地提出建设创新型国家，强调创新是引领发展的第一动力，是建设现代化经济体系的战略支撑。因此，关注创新发展这一主题，是时代赋予招商局的使命。同时，作为中国走创新之路最早的企业，招商局更有责任与学界同人一同推动这一主题的研究。

一 企业是实施创新驱动发展的主体，创新是企业可持续发展的内在需求

改革开放近40年来，我国经济得以快速发展，主要源于发挥了劳动力和资源环境的低成本优势。进入新的发展阶段，我国在国际上的低成本优势逐渐消失。由低成本优势向创新优势转换，是当前我国实现可持续发展的重要途径和战略选择。

企业是社会经济的基本细胞，是市场的主体，是技术需求选择、技术项目确定的主体，是技术创新投入和创新成果产业化的主体。企业兴则经济兴。实现经济持续稳定增长、向中高端水平迈进，就要构建以企业为主体、市场为导向、产学研相结合的创新体系。

目前，全球竞争日趋激烈，企业之间的竞争，既是产品、技术、市场的竞争，也是人才、创新活力、创新动力的较量。企业要打造适应市场化要求的体制机制，通过组织结构和管理方式的不断变革，形成万马奔腾的创新局面；通过运用新技术，发展新产业，培育新业态，提升市场竞争力。实践证明，具备新思路、新产品、新技术和新制度的企业，在激烈的竞争环境中会赢得更多利润和长久发展。因此，企业价值的实现不单是通过与利益相关者的合作而获得，更大程度上取决于自身的创新能力；创新发展是实现利益最大化的根本途径，是企业可持续发展的内在需求。

二 招商局因创新而生，因创新而兴，创新是招商局基业常青的动力之源

近代中国，西学东渐，列强横行践踏山河，使得民族独立、国家富强成为时代主题。在这个特殊背景下诞生的中国第一家民族工商企业——轮

船招商局，肩负着学习西方先进科技、自强求富的使命，其发展的必由之路就是创新。

1. 招商局以创新推动中国近代化历史进程

1872 年，招商局向大英轮船公司购买第一艘局轮"伊敦"号，开启了中国航运的蒸汽时代；1873 年，招商局组建了中国第一支商业船队，开辟了第一条近海商业航线，打破了外国商船对中国江海航权的垄断。从此，中国航运业开启了与外国全面竞争的近代化历史进程，这是招商局向西方学习工业化，走创新之路的开端。

在招商局创办之前，中国只有官办的军用工业这一种产业类型；招商局的诞生，标志着中国的现代性工业有了新的实现途径，即股份制。招商局通过广泛招商募股，先后创办了与航运密切相关的保险、银行、矿冶、工业制造等附属企业，使民族工商业很快成为与军用工业并驾齐驱的一翼，有力地支持了国家工业化的发展。

以招商局为代表的洋务企业凝聚了一批如唐廷枢、盛宣怀、徐润、郑观应这样的优秀经营管理人才。他们为中国近代化做出的贡献证明，人才是企业和社会发展的最为关键的要素。因此，在发展产业的同时，招商局还以多种方式捐助新式教育、兴办新式学校、推动幼童出洋留学，为国家在各个领域培养社会精英，创新教育，推动人才培育近代化。

可见，创办招商局是洋务派仁人志士"开办洋务四十年来最得手之文字"，是在当时历史条件下探寻国家转贫为富、转弱为强之路的关键之举，是中国近现代进程开启阶段一件有标志性意义的大事。

2. 招商局以创新启动中国改革开放的引擎

历史总是惊人的相似，在每次大的时代变革面前，招商局都能把握大势、勇立潮头，以创新的精神和气魄应对时代变化、适应时代需要。20 世纪 70 年代末期，中国步入以经济建设为中心的新时期，在迎接新的历史变革之际，招商局再次以创新的企业气质，开辟了中国经济改革的第一块试验田——蛇口工业区，面向香港和世界，开招商引资之先河。招商局再次担当起国家建设的排头兵，鸣响了经济改革的第一炮，启动了中国改革开放的引擎。

在开发蛇口之初，招商局率先开展观念创新，大力倡导思想解放，形成了新的时间观念、竞争观念、市场观念、契约观念、绩效观念和职业道德观念等，成为推动中国改革开放的重要精神力量。1982年，招商局蛇口工业区提出"时间就是金钱，效率就是生命"这句口号，在短时间内传遍大江南北，被誉为"冲破思想禁锢的第一声春雷"。

在计划经济占据主导地位的大环境下，开展体制创新，创造市场经济环境，按经济规律办事。招商局蛇口工业区率先突破僵化的计划经济体制，打破"大锅饭"，引入了市场经济。超产奖励制、工程招标制、住房商品化、干部聘任制、工资改革等一系列改革举措在国内首开先河。这些创新制度在蛇口率先培育出市场经济的土壤，为中国从计划经济向市场经济转型提供了鲜活样板和改革示范，为引导中国全面开展改革开放，深入开展市场经济体制改革探索了路径。

以蛇口工业区为基础，相继开拓港口、地产、金融、贸易等业务，积极进行产业发展模式创新。招商局创建了新中国第一家企业股份制银行——招商银行、第一家企业股份制保险公司——平安保险，组建了目前全球最大集装箱制造商——中集集团，在香港也开始恢复建立船队，发展航运业务。随着产业多元化发展，经济规模不断扩大，招商局从一家单一航运企业迅速发展成为综合性的企业集团，为新世纪的腾飞奠定了基础。

大力倡导敢闯敢试，实干进取，培养了一批具有创新精神的现代企业和企业家。招商局在思想上、制度上、产业上的创新适应了市场经济要求和自身发展，形成了新型的经济关系，它以市场的逻辑和力量有效地培育了招商银行、平安保险、中集集团、南玻等一批行业骨干企业，成为中国企业走向国际的领军者。不仅如此，依托蛇口工业区浓郁的创新氛围，还先后走出了金蝶软件、华为、TCL等一批国际知名企业。直到今天，蛇口依然是国内外关注的焦点，是单位面积培育知名企业和企业家最多的地方，许多研究当代经济的学者将这一经济现象称为"蛇口模式"，将创新推动发展这一内在规律称为"蛇口基因"。

3. 招商局以创新引领中国当代经济发展的方向

以创新的精神紧跟时代的步伐，以变应变、变于变前是招商局所坚守的企业气质。2016年，创新发展被招商局集团定为"十三五"发展战略中

"四轮驱动"之一，集团大力实施产融结合、产城联动、产网融合和科技创新，同时还围绕"产业＋互联网"，积极打造综合港口生态圈、智能交通生态圈、特色金融生态圈、智慧社区（园区）生态圈、供应链物流生态圈、航运及航运服务生态圈，创新举措接连落实，在企业定位、经营管理、商业模式等方面频出硕果。

招商局以港航业起家，顺应经济规律逐渐发展出综合交通、地产开发、金融服务"三大主业"，再到今天形成的实业经营、金融服务和投资与资本运营"三大平台"，以及航运物流、基础设施与装备制造、特色金融、城市与园区综合开发等业务板块的综合立体化资源配置，这是招商局坚守主业、适度多元、不断创新、历练而成的新的定位。

在经营管理上，招商局紧跟国企改革的步伐，在改革创新的道路上真抓实干，以市场化为核心应对新时期的机遇和挑战。今天的招商局集团资产规模超过 7 万亿元，年收入达到 5000 亿元，年利润总额突破 1100 亿元，并连续 13 年荣获国务院国资委经营业绩考核 A 级，成为连续四个任期业绩优秀企业。招商局集团之所以能取得今天的成绩，依赖于围绕市场化在管理模式上进行的不断创新。近几年，招商局规范市场化法人治理结构、坚持市场化的选人用人机制、建立市场化的资源配置模式、推进市场化的创新转型方式、加快市场化的国际网络布局。开放、创新的管理模式拓宽了招商局自身的发展路径，成为招商局更具国际竞争力的有力支撑。

在商业模式上，招商局不断推陈出新，孕育出一批"世界一流，中国领先"的产业雏形。商业世界正处于一个大变革时代，不断创新发展模式和投融资模式是招商局拓宽商业资本的重要渠道，如 2016 年招商局仁和保险获准复牌，这是招商局进一步推进"产融结合"模式的重要成果，对于优化集团资本与财务结构、完善金融领域布局有着重要的现实意义。同样在 2016 年，招商蛇口太子湾邮轮母港开港，成为引领全国邮轮旅游发展的先行区，进一步巩固了招商局集团发展服务经济的优势地位，为集团的发展注入了持续动力。

三　进入新时代，面对全球新一轮科技革命，让创新成为引领招商局发展的第一动力

纵观人类的工业化进程，每一次工业革命都极大地推动了人类文明的进步，造就了一批工业强国，同时诞生出众多伟大的企业。第四次工业革命正在重塑我们的世界，在这个大变革的新时代，创新就是创未来。当前，我国正处在转型发展的关键时期，我们面临加快转变经济发展方式、破解经济发展深层次矛盾和问题的局面。正在孕育兴起和交互影响的新一轮科技革命和产业变革为我们提供了重大历史机遇，若能占领先机，就能获得优势，赢得未来。因此，创新事关国家前途命运，让创新成为企业的动力之源，是推进供给侧结构性改革的重要内容，是培育国际竞争新优势的重要依托，是中国实现新发展的必然选择。

21 世纪，海洋在国家经济发展及维护国家主权、安全、发展利益中的地位更加突出，拓展海洋战略空间成为世界各国的共识。2012 年，习近平总书记提出"一带一路"国际合作倡议，对于以港航起家、因海而生、与海相伴的招商局来说，这是一次重大的发展机遇，是招商局加强国际布局的大好机会。在践行"一带一路"倡议过程中，招商局把多年发展积累的蛇口"前港 - 中区 - 后城"商业模式，复制到"一带一路"沿线国家和地区，并在产业、城市、文化等各个方面与这些国家和地区进行合作，最终实现互利共赢。

着眼全球市场，我们提出了"建设具有国际竞争力的世界一流企业"的战略目标，坚定不移地推动创新战略落地，以体制机制改革全面激发创新活力，大力推进科技创新、管理创新和商业模式创新等全方位创新，加快形成协同、高效、开放的集团创新体系，实现集团发展方式从要素驱动向创新驱动转变、从低成本优势向质量效益竞争优势转变、从粗放增长向绿色集约发展转变。潮流如斯，势难阻遏，招商局之所以历经三个世纪而常青不老，源于招商局的基因中深埋的应变、创新的种子。我们要继续点燃创新的火种，为招商局未来的新产业、新市场、新业务构筑更强有力的支撑。

今天，我们在这里讨论"招商局历史与创新发展"，就是讨论招商局的未来，讨论中国经济的未来。在时代巨变面前，企业的发展需要新的逻辑、新的思路，希望通过本次研讨会，各位学者能够提供新的视角、新的框架，给我们启迪和指引，让招商局这艘百年巨轮行得更稳、更远！希望更多的专家、学者关注中国企业，关注创新驱动发展，使创新成为以招商局为代表的中国企业的特征、文化和信仰，成为中国企业在激烈的国际竞争中的立身之本、强身之道，共同为创新型国家建设贡献我们的力量。

李建红 现任招商局集团有限公司董事长、招商银行股份有限公司董事长、招商局仁和人寿保险股份有限公司董事长。曾任招商局国际有限公司董事会主席，中国国际海运集装箱（集团）股份有限公司董事长，招商局集团有限公司总裁、董事。此前在中国远洋运输（集团）总公司工作期间，曾任中远南通船厂厂长，中远工业公司总经理，中国远洋运输（集团）总公司总裁助理、总经济师、副总裁，兼任中远投资（新加坡）有限公司董事长、远洋地产控股有限公司董事局主席、中远船务工程集团有限公司董事长、南通中远川崎船舶工程有限公司中方董事长等职务。英国东伦敦大学工商管理硕士，吉林大学经济管理专业硕士，高级经济师。

目·录

经济全球化下的国有企业地位再审视
（2002～2012）

武　力　肖　翔

一　引言

改革开放以来，中国凭借低成本优势，吸引了大量外资流入，让中国成为"世界工厂"，推动了经济高速增长。但与此同时，由于缺乏核心技术和品牌，中国在经济全球化过程中又被锁定在国际价值链的低端。单纯的"引进来"难以真正占有国外稀有资源，提高本国企业的国际竞争力。尤其在进入中等收入国家之后，低成本优势逐步失去，旧有参与全球化模式如果不进行调整，中国极易陷入"中等收入陷阱"。20 世纪 90 年代末，中国政府提出了"走出去"的发展战略，国有企业成为国家实施"走出去"战略的排头兵。

中国国有企业存在的客观条件与马克思、恩格斯设想的公有制企业不同。马克思、恩格斯设想的公有制是在"消灭私有制"的基础之上建立的，并且是与商品经济不相容的。马克思曾指出："一旦社会占有了生产资料，商品生产就将被消除，而产品对生产者的统治也将随之消除。"[①] 而中国当前国有企业是在市场经济与全球化的基础上运行的，面临着与民营企业、外资企业等非公有制经济的合作和竞争。马克思曾指出："不断扩大产品销路的需要，驱使资产阶级奔走于全球各地。它必须到处落户，到处开发，到处建立联系。"[②] 资本的逐利性使发达资本主义国家有着强烈的资本输出动力。

---

① 《马克思恩格斯选集》第 3 卷，人民出版社，1995，第 757 页。
② 《马克思恩格斯选集》第 1 卷，人民出版社，1995，第 276 页。

正如列宁所说"对自由竞争占完全统治地位的旧资本主义来说，典型的是商品输出。对垄断占统治地位的最新资本主义来说，典型的则是资本输出"[①]。随着资本主义进入垄断资本时期，垄断资本输出的动力更为强劲；而且垄断资本同国家政权相结合，在国家的参与、支持下使生产和资本走出国界，通过跨国公司的方式，占据了世界经济价值链的高端。中国国有企业在"走出去"过程中势必面临与雄厚的国际垄断资本激烈、复杂的竞争。

当前西方经济学对发展中国家的对外投资也有许多研究，但这些研究侧重对经济因素的考察，而忽略了大国之间的政治博弈，对中国国有企业在"走出去"战略中的作用与特点难以做出合理的解释。威尔斯（Wells）提出了小规模技术理论，他认为发展中国家对外投资的优势是特定技术的小规模生产，起到对发达国家生产的"拾遗补阙"作用。[②] 拉奥（Lall）提出了技术地方化理论，他认为发展中国家的跨国公司具有规模小、劳动密集的特征，创新活动中产生的技术在小规模生产条件下会具有更高的效益。[③] 虽然上述理论在一定程度上解释了落后国家企业向发达国家投资的原因，但中国"走出去"战略远不是对发达国家的"拾遗补阙"，而是为了抢占世界经济制高点，改变国际分工中附加值低的产业链地位。邓宁（Dunning）提出了经济发展和对外投资的动态理论框架，他认为一国的国际投资地位与其人均国民生产总值成正比。[④] 但邓宁的理论没有考虑到后发国家对外投资过程中会与先发国家产生激烈的竞争。对于中国这样一个大国，在"走出去"过程中，势必与国际垄断资本进行激烈的竞争，而国有企业特殊的地位在竞争中起着举足轻重的作用。

中国推行"走出去"战略十年来，也受到国内学者的广泛关注。许多

---

① 《列宁选集》第 2 卷，人民出版社，1995，第 626 页。

② Wells, L. T., *Third World Multinationals: The Rise of Foreign Direct Investment from Developing Countries* (Cambridge: MIT Press, 1983).

③ Lall, S., *The New Multinationals: The Spread of Third World Enterprises* (New York: Wiley, 1983).

④ Dunning, J. H., *TheInvestment Development Cycle and Third World Multinationals, Multinationals of the South* (London: Francis Porter, 1986).

学者对"走出去"战略的形成与演变①、影响因素②、绩效③等进行了研究。也有学者强调对外投资中母国特定的国家优势对本国企业参与对外投资的重要作用。④ 这些都对认识中国"走出去"战略有着重要意义。但是对于国有企业在"走出去"中的重要角色和贡献的研究还需要进一步深化。梳理国有企业"走出去"的历史进程，从大国的角度剖析国有企业"走出去"与全球化的关系，不仅可以丰富马克思主义经济学的认识，而且对认识中国发展道路有着重要意义。

二　经济全球化与国有企业战略性调整

1. 经济全球化的两面作用

1978 年后中国逐步融入全球化的浪潮，凭借廉价劳动力、压低要素价格等措施推动了中国大规模出口，并且吸引了大量外资。在改革开放 30 年中，1978～2007 年，中国国内生产总值年均增长 9.7%；同期对外贸易年均增长 17.4%；吸收外资年均增长 17.1%。⑤ 出口和外商直接投资有效地推动了中国经济增长，2002 年中国人均收入首次超过 1000 美元，进入下中等收入国家行列；2007 年突破 3000 美元进入中等收入国家行列。中国外汇储备也屡创新高，2006 年外汇储备达到 8537 亿美元，成为世界最大外汇储备国；2010 年更高达 28473 亿美元，稳居世界第一。2010 年中国超

---

① 李平：《"走出去"战略：制度形成与改革展望》，《国际经济合作》2008 年第 5 期；张燕生：《加快实施"走出去"战略》，《国际贸易》2011 年第 8 期。

② 李卓：《发展中国家跨国公司的国际化战略选择：针对中国企业实施"走出去"战略的模型分析》，《世界经济》2006 年第 11 期；黄速建：《中国企业海外市场进入模式选择研究》，《中国工业经济》2009 年第 1 期；江小涓：《中国对外开放进入新阶段：更均衡合理地融入全球经济》，《经济研究》2006 年第 3 期；张建红：《中国企业走出去的制度障碍研究》，《经济研究》2010 年第 6 期。

③ 李杰：《发展中国家跨国公司的国际化战略选择：针对中国企业实施"走出去"战略的模型分析》，《经济研究》2010 年第 5 期；顾露露：《中国企业海外并购失败了吗？》，《经济研究》2011 年第 7 期。

④ 裴长洪：《中国企业对外直接投资的国家特定优势》，《中国工业经济》2010 年第 7 期；裴长洪：《国家特定优势：国际投资理论的补充解释》，《经济研究》2011 年第 11 期。

⑤ 江小涓：《大国双引擎增长模式——中国经济增长中的内需和外需》，《管理世界》2010 年第 6 期。

过日本成为世界第二大经济体，目前仍稳居这一位置。

随着我国综合国力的不断提高，经济总量的不断增大，旧有的参与全球化的方式也面临着许多潜在的问题。尤其是进入中等收入国家行列之后，这种模式面临着更严峻的挑战。在改革开放初期，面对我国技术水平较低、资本不足的客观情况，我国更多采取"引进来"的措施，即用市场来换技术。外资企业更多将加工制造阶段放在中国，核心技术并未真正转入我国。中国出口导向型的企业也集中在"三来一补"，采取"两头在外"（即设备和销售在国外，加工在国内）的经营模式，价值分布呈现"两头大，中间小"的"橄榄型"的特征。这种开放模式在经济发展水平较低的改革开放初期有效弥补了我国资本的不足，并且在一定程度上带来了技术、管理的进步。但从国际分工的价值链来看，我国处于"微笑曲线"的中部（加工代工阶段），价值附加值较低。

由于我国未能建立品牌、控制核心技术，一些行业甚至出现了"悲惨增长"。以纺织业为例，1994 年我国纺织服装出口总额为 202.3 亿美元，2007 年增加到 1150.7 亿美元，增长了约 468.8%，平均年增速为 14.3%。但在纺织服装出口高速增长的同时，其平均单价却在不断下降，1994 年纺织服装出口的平均实际价格是 0.75 美元，2007 年下降到 0.48 美元，仅为原来的 64%，呈现"量增价跌"的典型特征。[1] 从汽车行业来看，合资企业采取的都是成熟的车型引进措施，在发动机、变速箱等加载方案上，合资企业几乎没有什么变动的余地，不外乎直接引进产品，或引进图纸本地化生产。我国实力雄厚的三大轿车合资企业在轿车的研发上几乎无所作为，以至于中国装有 ABS 的轿车已经数以百万计，但并未拥有 ABS 的设计能力。[2]

中国是一个大国，工业化与城市化又尚未完成，在发展过程中对于资源、能源等基础原材料的需求不断提高，但中国资源，尤其是人均资源又明显不足。中国人均拥有石油、天然气的数量不到世界人均水平的 1/8 和 1/20。在已探明的 45 种主要有色金属资源中，中国人均储量仅为世界平均

---

① 卓越、张珉：《全球价值链中的收益分配与"悲惨增长"——基于中国纺织服装业的分析》，《中国工业经济》2008 年第 7 期。

② 赵增耀：《产业竞争力、企业技术能力与外资的溢出效应》，《管理世界》2007 年第 12 期。

水平的一半左右。① 这种矛盾，让中国能源、资源供求紧张。从 1993 年开始，中国就由石油净出口国变成石油净进口国。截至 2008 年，中国成为世界上第二大能源生产国和能源消费国。据统计，2000~2009 年，中国原油消费量由 2.41 亿吨上升到 3.88 亿吨，年均增长 5.43%；原油进口量由 5969 万吨上升至 1.99 亿吨，在 2009 年首次超过了 50% 的警戒线。② 中国是钢铁生产大国，但由于自然资源不足，许多矿产品需要进口，受到国际自然资源价格的影响较大。例如 2004 年，许多矿产价格创多年最高。2004 年 1~11 月，全球粗钢产量 9.452 亿吨，全年产量首次突破 10 亿吨，其中中国粗钢产量同比增长 22.1%，占亚洲的 1/2、世界的 1/4。2004 年初，控制全球 80% 铁矿石贸易量的三大铁矿石生产公司——淡水河谷公司、里奥廷托公司和必和必拓（BHP 比利顿）公司都宣布，把 2004/2005 财政年度生产的主要铁矿石产品价格提高 18.62%；这 3 家公司还相继把产量提高了 9% 左右。③ 国际垄断资本控制了供给方，给中国发展带来了消极影响，也影响了中国的经济安全。

如何转变旧有的参与全球化的模式，提升国际竞争力，促使中国向产业链附加值高的上游和下游攀升，成为未来中国面临的重要任务。

2. 国有企业的战略性调整

利用国有企业是政府干预经济、参与经济活动的重要手段。20 世纪 90 年代中后期，我国国有企业出现了较大规模的亏损，在这一时期我国进行了国有企业战略性调整。国有经济集中在控制国家经济命脉的行业，并且组建了一批具有国际竞争力的大型集团公司。

90 年代末期通过整合，我国完成了中国电信、中国移动通信、中国联合通信和中国卫星通信四大电信公司的重组；分离重组了中国石油和中国石化两大集团的主营业务和非主营业务，成立了中国石油天然气股份有限公司和中国石油化工股份有限公司，并成功在境外上市。④ 经过国有企业

---

① 马振岗、甄炳禧主编《实施"走出去"战略推动建设和谐世界》，世界知识出版社，2009，第 2 页。
② 李桂芳：《中央企业对外直接投资报告（2010）》，中国经济出版社，2010，第 41 页。
③ 金碚：《资源与环境约束下的中国工业发展》，《中国工业经济》2005 年第 4 期。
④ 章迪诚：《中国国有企业改革编年史》，中国工人出版社，2006，第 555~556 页。

的改革与调整，我国国有经济效益明显提高。2002 年，国有大中型企业实现利润总额 3700 多亿元，较上年增长了 32.7%。其中石油、石化、电力、电信等行业利润超百亿元的 6 家大型骨干企业共实现了 1844.2 亿元利润总额，占全部国有企业利润总额的 48.7%，占全部中央企业利润总额的 62.4%，占中央监管 196 家企业利润总额的 76.7%。[1] 国家电网公司、中国石油天然气集团公司、中国石油化工集团公司、中国电信等大型国有企业跻身世界 500 强。国资委于 2003 年 3 月 24 日成立，着力打造了一批中央企业。经过国有企业的战略性调整，中央企业 80% 以上的资产集中在石油、石化、电力、国防、通信、运输、冶金、机械等行业，承担着我国几乎全部的原油、天然气和乙烯生产，提供了所有的基础电信服务和大部分增值服务，发电量占全国的 50% 多，民航运输周转量约占全国的 80%，水运货物周转量占全国的 89%，汽车产量占全国的 48%，生产的高附加值钢材约占全国的 60%，生产的水电设备占全国的 70%，火电设备占全国的 75%。[2]

2011 年在我国 500 强企业中，国有企业的总利润是民营企业总利润的 5.15 倍（见表 1）。而在 2012 年世界 500 强企业中，中国内地进入世界 500 强的 73 家企业中有 68 家是国有企业，42 家是中央企业；中石化、中石油、国家电网进入前十，分别居于第五、第六、第七（见表 2）。经过调整，中国国有企业集中在国民经济关键领域，逐步具备了参与国际竞争的能力。在全球化过程中，中国的国有企业承担着与国际垄断资本竞争，提升中国国家竞争力的重要历史使命。

表 1   2011 年中国企业 500 强情况

		2011 年营业收入额	2011 年资产额	2011 年利润额
总和	310 家国有企业（万亿元）	36.77	116.73	1.75
	190 家民营企业（万亿元）	8.14	13.43	0.34
	国企/民企（倍）	4.52	8.69	5.15
平均	310 家国有企业（亿元）	897.90	4937.83	56.45
	190 家民营企业（亿元）	579.80	1121.27	17.89
	国企/民企（倍）	1.55	4.40	3.16

资料来源：中国企业联合会、中国企业家协会编《中国 500 强企业发展报告（2012）》，企业管理出版社，2012，第 4 页。

---

[1] 章迪诚：《中国国有企业改革编年史》，第 604 页。

[2] 白天亮：《风帆正举看国企》，《人民日报》2007 年 12 月 19 日。

表 2　中国内地国有企业进入世界 500 强情况

年　份	2003	2005	2009	2012
进入世界 500 强数（个）	14	15	35	73
国有企业数（个）	14	15	34	68
其中中央企业数（个）	7	10	24	42
排名情况　中石化（位）	54	31	9	5
中国石油天然气（位）	52	46	13	6
国家电网（位）	46	40	15	7
中国工商银行（位）	243		92	54
中化集团（位）	270	287	170	113

资料来源：根据《财富》杂志数据整理。

三　国有企业“走出去”战略的形成和推进

在经济全球化过程中，我国全球价值链向附加值高的上游和下游延伸，就需要打破我国国际分工的不利地位。而企业“走出去”成为我国重新参与全球价值分工的重要手段。早在 1997 年，中共十五大就提出：不仅要积极利用外资，也要积极引导和组织国内有实力的企业“走出去”，到国外投资办厂，利用当地的市场资源。2000 年 3 月，九届全国人大三次会议把“走出去”战略提高到国家战略层面。随着 2002 年进入 WTO，我国更加快了“走出去”的步伐。经过调整的国有企业凭借雄厚的资本和特殊的地位，成为推行“走出去”战略的重要力量。从“走出去”的实践来看，“资源寻求”和“市场寻求”是这一时期国有企业“走出去”的主要动机。这从下面一些案例中可以看出。

1. 资源寻求

我国是一个工业大国，进入工业化中后期，尤其是 2002 年后重化工业的重启更加剧了我国能源与资源等基础型战略物资的短缺。为保证资源、能源的生产安全，我国以中石油、中石化为代表的中央企业成为“走出去”的排头兵，进行了一系列收购行为。

中石油于 2005 年获得加拿大当地法院正式批准，以 41.8 亿美元的收购总价成功收购哈萨克斯坦 PK 石油公司，改写了中国公司海外并购的纪录。① 此次竞购哈萨克斯坦 PK 石油公司的成功，中石油可获得 5.5 亿桶原油储备。至此，中国石油在该国所拥有的总石油储备超过 10 亿桶油当量，相当于哈萨克斯坦石油总储备量的 2.5%。对于中石油来说，一举增收了 6% 的原油产量，这是一个超越 10 年的跃进式的胜利。因为，即使在产量空前提高的 2004 年，中石油的原油开采增值率也仅为 0.5%。②

2006 年 6 月 20 日，中国石油化工集团公司与俄罗斯国有石油公司（Roseneft）结成合作伙伴，以近 35 亿美元买进英俄合资企业秋明 - 英国石油公司的子公司乌德穆尔特石油公司 96.86% 的股份，随后又经手将该公司 51% 的股份卖给俄罗斯国有石油公司。通过这次收购，中国本土企业终于在俄罗斯的石油生产领域谋得一席之地。③

2. 市场寻求

告别了短缺经济，我国企业面临国内市场过剩的问题，开辟海外市场，寻求新的增长点成为我国国有企业"走出去"的重要驱动力量。

早在 2003 年，京东方科技集团公司（000725.SZ）斥资 3.8 亿美元，吞并了韩国现代 TFR 液晶面板业务有关的资产，这个收购完全以现金支付。④ 2007 年 2 月 14 日，中国移动通信集团公司宣布完成收购米雷康姆（Millicom）所持有的巴科泰尔（Paktel）88.86% 的股份，共耗资 2.84 亿美元。巴科泰尔创立于 1990 年，是巴基斯坦第一个开展业务运营的移动通信运营商。⑤ 2007 年，中国一重与韩国现代制铁公司签订了向其出口 5 米宽厚板轧机的供货合同，实现了我国宽厚板轧机主机出口零的突破；2007 年前 10 个月，中国一重签订的出口合同总额超过 2 亿美元，为 2006 年同期的 5.4 倍，产品出口呈现喜人态势。⑥

2002 年我国对外直接投资仅为 27 亿美元，但到了 2007 年我国对外直

---

① 李桂芳：《中央企业对外直接投资报告（2010）》，第 125 页。

② 李桂芳：《中央企业对外直接投资报告（2010）》，第 131 页。

③ 丁友刚主编《中国企业重组案例》（中央企业专辑），东北财经大学出版社，2009，第 24 页。

④ 冯雷、杨圣明等：《关于"走出去"战略的文献综述》，《经济研究参考》2011 年第 60 期。

⑤ 张纪刚、张金鑫主编《中央企业并购重组报告（2010）》，中国经济出版社，2010，第 74 页。

⑥ 李桂芳：《中央企业对外直接投资报告（2010）》，第 211 页。

接投资额则达到了 256.1 亿美元，增长了 848.5%。但中国国有企业"走出去"过程中，受到了西方大国的政治干预。例如，2004 年，中国五矿集团并购加拿大诺兰达公司的行动，由于加拿大政府的政治干预而失败；2005 年，中海油收购美国尤尼科石油公司的行动也由于美国布什政府的干预而败北；2009 年，中国铝业增资力拓失败甚至一度牵扯出"间谍案"，引起了中澳关系的紧张，最终涉及 195 亿美元的力拓案闹得沸沸扬扬，仅以 1% 的分手费而告终。中国对非洲等国家的投资也因被西方社会视为"新殖民主义"而受到诟病。

四 后金融危机时代的国有企业"走出去"

在金融危机之后，世界发达国家经济下滑，而中国经济一枝独秀。受金融危机的影响，我国企业依靠出口拓展海外市场的战略受到打击，外贸出口自 2008 年 11 月以来大幅下降，2009 年贸易全年出口额为 1.2 万亿美元，比 2008 年下降 16%。"走出去"成为中国后金融危机时期经济发展的重要战略。中国国有企业抓住了这一历史机遇，进行了新一轮的大规模海外并购。而这次大规模的并购更多集中于对发达国家的并购，极大提升了中国企业的国际竞争力。

以鞍钢为例，2007 年鞍钢出资 2.51 亿元人民币收购金达必公司 12.94% 的股份；2009 年 2 月 4 日，鞍钢进一步收购其 24% 的股份，成为第一大股东。2007 年 11 月，鞍钢与目前全球最大的独立钢铁贸易公司英国斯坦科共同成立了鞍钢西班牙有限公司，将合资这一模式引进海外营销网络建设。2008 年 10 月 9 日，鞍钢又与意大利维加诺公司签署协议，收购该公司 60% 的股份，在地中海旁建起了海外钢材加工基地。2010 年，根据与美国钢铁开发公司的合作协议，鞍钢在美国投资兴建了 5 个工厂，其中首家工厂设在密西西比州。这是中国首次在美国办钢厂。[1]

希腊政府在金融危机冲击下，经济陷入泥潭，2009 年财政赤字占国内生产总值的 12.7%。为降低财政赤字，希腊政府出售了国有铁路、自

---

[1] 李桂芳：《中央企业对外直接投资报告（2010）》，第 168～169 页。

来水、邮政、赌场、能源和电信等企业的股权；并出让雅典国际机场、港口的经营权。中国远洋运输（集团）总公司抓住这一契机，于2008年11月25日，以43亿欧元（约55亿美元、375亿人民币）取得了希腊最大港口比雷埃夫斯港为期35年的特许经营权。而比雷埃夫斯港是希腊第一大码头和东地中海重要港口，2007年集装箱吞吐量就达137万标准箱。①

2005年，中海油在美国政府干预下收购加拿大尼克森（Nexen）石油公司失败。在金融危机冲击下，尼克森公司经营状况不佳。2012年，中海油凭借雄厚的实力以151亿美元收购加拿大尼克森公司，并承担该公司约43亿美元的债务。依据美国证券交易委员会规则计算，截至2011年12月31日，尼克森拥有9亿桶油当量的证实储量及11.22亿桶油当量的概算储量。收购成功之后，中海油的总产能至少能提高20%。② 这次收购不仅成为中国在海外最大的收购案，也成为加拿大自2008年爆发金融危机以来的最大金额外资收购案。

在金融危机、人民币升值等背景下，中国国有企业凭借强大的资本，抓住历史机遇，积极"走出去"，拉动了我国对外投资的大幅增长。2011年，中国非金融类对外直接投资额为685.8亿美元，同比增长14%。2011年，包括金融类在内的中国对外直接投资额达746.5亿美元，同比增长8.5%。在非金融类对外直接投资流量中，国有企业仍占55.1%。③ 从企业层面来看，在海外年收入超过300亿元的企业中，中国石油天然气集团公司、中国石油化工集团公司、中国中化集团公司成为前三名，分别达11177.5亿元、7201.2亿元、3819.9亿元（见表3）。而中国银行股份有限公司、中国工商银行股份有限公司、中国海洋石油总公司等中央企业海外资产均超过1000亿元。其中，中国石油天然气集团公司2011年海外收入占2011年营业收入比重的46.9%，海外资产比重则达22%（见表4）。

---

① 李桂芳：《中央企业对外直接投资报告（2010）》，第270～271页。
② 《中海油收购尼克森"尘埃落定""过关"具有标志意义》，新华网，http://news.hexun.com/2012-12-09/148832517.html，最后访问日期：2017年11月5日。
③ 中华人民共和国商务部、中华人民共和国国家统计局、国家外汇管理局编《中国对外直接投资统计公报（2011）》，中国统计出版社，2011。

表3　2011年中国内地年收入超过300亿元企业

单位：亿元，%

国内500强排序	公司名称	2011年营业收入	2011年海外收入	海外收入增长率	海外收入占比	企业类型
2	中国石油天然气集团公司	23812.8	11177.5	51.7	46.93904	央企
1	中国石油化工集团公司	25519.5	7201.2	49.2	28.21842	央企
13	中国中化集团公司	4589.5	3819.9	37.1	83.23129	央企
10	中国海洋石油总公司	4882.0	2018.4	46.0	41.34371	央企
46	华为技术有限公司	2039.3	1415.9	17.6	69.43069	民营企业
71	浙江吉利控股集团有限公司	1510.0	1277.6	156.3	84.60927	民营企业
54	中国远洋运输（集团）总公司	1861.7	1210.1	41.8	64.99973	央企
55	联想控股有限公司	1830.8	1082.4	41.2	59.1217	民营企业
22	中国兵器工业集团公司	3113.2	951.1	39.5	30.55056	央企
19	中国五矿集团公司	3524.0	951.0	54.6	26.98638	央企
145	珠海振戎公司	757.5	756.4	50.1	99.85479	央企
27	中国兵器装备集团公司	2790.3	751.8	41.5	26.94334	央企
60	中国电子信息产业集团有限公司	1682.4	701.3	-0.2	41.6845	央企
38	中国航空油料集团公司	2220.9	683.3	33.5	30.76681	央企
20	中国中信集团有限公司	3189.8	612.7	-6.6	19.2081	央企

续表

国内 500 强排序	公司名称	2011 年营业收入	2011 年海外收入	海外收入增长率	海外收入占比	企业类型
8	中国银行股份有限公司	5276.1	598.0	7.1	11.33413	央企
21	宝钢集团有限公司	3162.5	526.0	80.2	16.63241	央企
56	中国电力建设集团有限公司	1828.9	515.1	28.2	28.16447	央企

资料来源:《中国 500 强企业发展报告 (2012)》,第 20 页。

表4 中国内地海外资产超过 1000 亿元企业

单位:亿元,%

国内 500 强排序	公司名称	2011 年资产	2011 年海外资产	海外资产增长率	海外资产占比	企业类型
8	中国银行股份有限公司	118300.7	27737.4	23.9	23.44652	央企
4	中国工商银行股份有限公司	154768.7	7859.1	56.7	5.077965	央企
2	中国石油天然气集团公司	30278.8	6665.3	28.2	22.01309	央企
1	中国石油化工集团公司	17453.1	6386.9	22.2	36.59465	央企
40	交通银行股份公司	46111.8	3348.2	37.9	7.261048	央企
20	中国中信集团有限公司	32770.5	2788.8	41.1	8.510093	央企
10	中国海洋石油总公司	7185.3	2038.0	12.0	28.36346	央企
13	中国中化集团公司	2581.9	1774.4	10.9	68.72458	央企
54	中国远洋运输(集团)总公司	3287.3	1659.6	8.0	50.4852	央企
35	中国铝业公司	3966.2	1204.2	0.3	30.36156	央企

资料来源:《中国 500 强企业发展报告 (2012)》,第 22 页。

五 国有企业"走出去"的几点思考

进入 21 世纪以来，我国国有企业积极推进"走出去"战略，为争夺自然资源，抢占国际竞争制高点做出了突出的贡献。在新的历史条件下，如何认识国有企业"走出去"，结合中国的大国特点，笔者进行了一些思考。

其一，国有企业"走出去"是中国进入中等收入国家行列之后，发挥大国优势，参与全球竞争的重要手段。从世界各国，尤其是大国经济发展的历程来看，当工业化推进到中后期，为开拓更广泛的市场、在全球范围内占有更广泛的资源，各国政府都曾积极推进资本输出。例如美国、日本在历史上都有大规模的资本输出。1969 年，美国跨国公司生产的商品总值就超过了除美国和苏联之外任何一个国家的国民生产总值；日本的真实生产总值是其本土生产总值的 2.58 倍，即其海外生产总值是其国内生产总值的 1.58 倍。① 中国是一个发展中大国，2010 年世界经济总量排名已经第二。在这个大背景下，推动"走出去"战略也是有经济发展共性的。但作为后发国家，中国的"走出去"战略又与美国、日本等先发国家的资本输出的环境有较大差距。由于与西方大国意识形态的不同、大国利益差异等因素，中国"走出去"不仅面临激烈的经济竞争，还面临许多政治因素的干扰，情况更为复杂。经过战略调整后的国有企业拥有雄厚的物质资本、人力资本与更高的技术水平，并且获得了政府强有力的支持，理应肩负中国经济"走出去"的重要使命。十八届三中全会强调"国有资本投资运营要服务于国家战略目标，更多投向关系国家安全、国民经济命脉的重要行业和关键领域"。在未来全球化进程中，国有企业应当继续肩负与国际垄断资本竞争的重要使命，在涉及国家经济安全、国民经济命脉战略的关键领域与国际垄断资本抗衡，充分发挥中国大国优势，获取竞争的制高点。

其二，进一步提高国有企业的经营效率，在"走出去"中形成大国的

---

① 邢厚媛、李志鹏：《"走出去"营造新优势》，中国商务出版社，2011，第 1 页。

竞争优势。借助规模经济的优势，国有企业在国际竞争中占有一席之地。中国石油化工集团公司、中国石油天然气集团公司、国家电网公司已经位居世界500强的第五、第六、第七位，成为世界性的企业巨头。但从生产效率来看，依旧与西方巨头公司存在较大的差距。与意大利电力公司相比，中国电力公司的营业收入是它的234%，资产是它的159%；但利润仅是它的98%，人均利润连5%都不到。中国石油化工集团与荷兰皇家壳牌公司相比，营业收入是它的81%，资产是它的80%；但利润仅是它的30%，人均利润不到3%。2011年盈利和持平的非金融类境外企业占77.6%，亏损企业占22.4%。央企设立的近2000家境外企业中，盈利和持平的占72.7%，亏损的占27.3%，仍然低于平均水平。国有企业在"走出去"之后，要与世界巨头公司长期激烈竞争，单纯依靠规模优势是难以持续的，亟须提高自身经营效率。进一步深化大型国有企业改革，建立长效激励约束机制，释放改革红利，对未来提高国有企业国际竞争力、形成大国竞争优势有着至关重要作用。

其三，在"走出去"过程中，国有企业和其他所有制企业应当相互促进、共同发展，形成具有竞争力的混合制经济，提升大国产业链的附加值。国有企业资本雄厚，具有规模优势。但是从国有企业与民营企业500强比较来看，国有大型企业的经营效率与民营企业有着一定差距。国有企业500强的资产利润率、人均利润、平均研发强度等指标都逊于民营企业500强的水平（见表5）。经过改革开放30余年的发展，中国民营经济也积累了大量的资金、人力与技术。但是，一方面民营经济更多以寻求利润最大化为主要目的，维护国家安全、承担大国崛起的战略任务并不是它们的职责和目标；另一方面在参与全球化的过程中，国际垄断资本不仅资本、技术力量雄厚，而且受到国家的支持，作为后发国家中的民营经济单纯依靠自身的力量难以和国际寡头进行竞争。而且在"走出去"的过程中，蕴含着巨大的政治、经济风险，民营企业更难以面对这些风险。未来更好地实现"走出去"，应当将国有企业和其他企业的优势结合起来。正如十八届三中全会报告所指出的那样："国有资本、集体资本、非公有资本等交叉持股、相互融合的混合所有制经济，是基本经济制度的重要实现形式，有利于国有资本放大功能、保值增值、提高竞争力，有利于各种所有制资本取长补短、相互促进、共同发展。"未来"走出去"的过程中，中国的国有企业和其他所有制企业应当相互融合。通过发展混合制经济，增强企业市场适应能力，建立更加灵活的机制，提高企业效率。在保持国有企业控制力的基础之上，不仅集体经济、民营经济可以入股，合资企业、外资企业也可以入股，这样更有利于中国企业规避政治风险，实施"走出去"战略。

表 5　2011 年中国企业 500 强所有制经济效益与效率

所有制	收入利润率（%）	资产利润率（%）	资产周转率（次/年）	人均营业收入（万元）	人均利润（万元）	平均研发强度（%）
500 强	4.67	1.61	0.34	148.83	6.95	1.33
国有	4.77	1.50	0.31	145.57	6.94	1.23
民营	4.22	2.56	0.61	165.60	6.99	1.81

注：平均研发强度等于填报研发数据的企业研发投入之和与其营业收入之和的百分比。
资料来源：《中国 500 强企业发展报告（2012）》，第 3 页。

其四，国有企业"走出去"过程中应当注重技术回流，促进中国从工业大国向工业强国转变。我国虽然是一个制造大国，但远不是制造强国。虽然中国改革开放以来吸引了大量的外国投资，但核心技术依旧控制在外国企业手中。作为发展中大国的中国，要突破"中等收入陷阱"，迈向高收入国家，亟须提升自主创新能力。通过企业"走出去"，获得技术回流，成为技术进步较快捷的方式。国有企业"走出去"更多集中在"资源寻求"和"市场寻求"上，更多通过资本优势与国际垄断资本竞争。从长期来看，要实现大国向强国的提升，技术进步是重要途径。在"走出去"过程中，国有企业应当更加注重利用雄厚的资本在世界优势地区建立研发中心和研发机构，整合全球优势资源，分享研发的资源，并且通过人才引进等手段，提升创新能力。还应当注重通过子公司本土化传导机制，通过在世界技术水平较高地区建立子公司或者进行企业收购，促进技术溢出，提升企业自主创新能力。通过雄厚的资本以创建海外研发中心等形式，形成海外资源共享与回流。从中国实践来看，万向集团、联想集团等大型非公有制经济在海外投资促进技术回流方面走在了前列。中国国有企业已具备较高的技术水平，在"走出去"过程中更应当促进技术回流，提升中国关键领域的自主创新能力。

正如十八大报告指出的，"适应经济全球化新形势，必须实行更加积极主动的开放战略，完善互利共赢、多远平衡、安全高效的开放型经济体系"；"加快走出去步伐，增强企业国际化经营能力，培育一批世界水平的跨国公司"。① 在未来"走出去"过程中，中国应当充分发挥国有企业的优势，在国有企业参与下形成具有较强国际竞争力的混合制经济，打破中国当前价值链低端的不利地位，推动中国跻身高收入国家行列。

参考文献

［1］徐崇温：《当代资本主义处于什么发展阶段》，《红旗文稿》2005 年第 9 期。

［2］郭飞：《马克思列宁的资本输出理论与当代国际投资》，《马克思主义研究》2007 年第 6 期。

［3］程恩富、胡乐明：《转变对外经济发展方式的新开放策论（下）》，《当代经济研究》2011 年第 5 期。

［4］周怀峰：《OFDI 怎样影响企业自主创新能力?》，《科学学与科学技术管理》2010 年第 11 期。

［5］Wells, L. T. , *Third World Multinationals：The Rise of Foreign Direct Investment from Developing Countries*（Cambridge, Mass：MIT Press, 1983）.

［6］Lall, S. , *The New Multinationals：the spread of Third World enterprises*（New York：Wiley, 1983）.

［7］Dunning, J. H. , *The Investment Development Cycle and Third World Multinationals*, *Multinationals of the South*（London：Francis Porter, 1986）.

武力　中国社会科学院当代中国研究所副所长、研究员。主要研究方向为中华人民共和国经济史。曾经参加和主持多项国家社会科学基金项目、国际合作项目和院重点项目。主要学术成果：编辑多本《中华人民共

---

① 胡锦涛：《坚定不移沿着中国特色社会主义道路前进　为全面建成小康社会而奋斗》，人民出版社，2012，第 24 页。

和国经济档案资料选编》；主要代表作有《中华人民共和国经济史》（主编）、《意气风发——1956 年的中国》（独著）、《中国改革开放以来经济大事辑要》（主编）、《中华人民共和国经济史》第一卷（合著）、《解决"三农"问题之路——中国共产党"三农"思想政策史》（主编）、《中国十个五年计划研究报告》（合著）、《中国共产党与当代中国经济发展研究》（独著）、《从苏南模式到科学发展——江苏无锡玉祁镇调查报告》（主编）；主编中国社会科学院研究生院重点教材《中华人民共和国经济简史》。

肖翔 中央财经大学马克思主义学院副教授，经济学博士。主要研究领域为中华人民共和国经济史、经济增长理论。曾发表论文多篇，参与多项国家社科基金项目。

大企业（国企）与后起大国的工业创新

——一个特殊的中日比较视角

李　毅

在今天的网络信息时代，工业结构的转型已成为包括发达国家和发展中国家在内的许多国家共同的课题。世界经济长期疲软造成的种种不利环境，内部结构转型牵扯多种因素导致的复杂局面，及其进而在这些国家造成的（或曾经造成的）停滞，使得创新问题重回人们的视线，以致成为人们期待打破瓶颈的关键。作为创新主体的企业在工业创新中扮演的角色，自然也是人们关心的问题。为此，我们有必要花些功夫在追溯历史和理论探究上寻求认识的深化，在国际比较中寻求问题的解决之道。本文将基于当前中国产业转型升级与国企改革的问题意识，以成功地实现了工业化的工业强国日本的工业创新轨迹为分析对象，① 尝试对后起国家的工业创新及其大企业在工业创新中的作用进行一点探索性的研究。

一　问题的提出：对大企业与后起大国的工业创新进行比较研究的理由

经过几代人的共同努力，尤其是改革开放以来的快速发展，中国已经奠定了民族复兴的强大物质基础。② 而要在当前复杂的国际国内经济形势

---

① 日本企业在新时期的发展中存在问题，这是事实，需要进行深入的研究。但这并不妨碍我们就其走向工业强国过程中的工业创新轨迹进行比较研究，以探寻规律性的认识。

② 中国已经成为世界第二大经济体即是最有力的证明。

下完成经济结构的转型，使中国"以更加昂扬的姿态屹立于世界民族之林"，历史与国际的经验都表明，创新可能是最重要的实现途径，尤其是工业创新，这是尚未完成工业化的中国要想成长为世界经济强国所必须经历的过程。

1. 对工业化与工业创新关系的认识

工业化之所以能够推动经济与社会的进步，最重要的原因在于它与创新活动之间的内在逻辑联系。[①] 因为，不论是社会的进步还是伟大的变革，都是在创新活动的推动下才得以实现的。从这个意义上说，创新构成了推动经济与社会进步的巨大动力，特别是对于后起国家经济的崛起和可持续发展意义尤为重大。[②] 事实上，工业化的演进过程，就是一个在经济转型的历史节点上，通过创新逐步解决不同的结构性问题的过程（见图1）。因为，工业化的过程是一个产品结构、产业结构、就业结构乃至制度结构不断升级的过程，创新是促进这种结构转变和升级的一个得力杠杆。[③] 而当一国的工业化历史任务完成或接近完成来到后工业社会的门口时，还有可能借助创新，来完成其可持续发展支点和发展方向的选择。因为，创新的过程即是对新的历史条件下产业和经济发展方向的一个认识过程。[④] 由于这里言及的创新发生在与工业化关联的历史时期，并且是以作用于工业的成长与进步为主要目的，所以我们将其称为工业创新。具体指一切与工业经济发展相关联的创新活动，包括技术的、组织的一切与价值创造与利用有关的活动。[⑤] 显然，与其他类创新活动的区别，就在于它的活动是嵌入在工业经济发展的历史进程中的，是与人类物质财富的创造紧密联系在一起的。

2. 从后起大国的视角，看大企业与工业创新国际比较的意义

企业是工业创新的主体，大企业则在其中担当着重要使命，世界许多国家皆是如此。在中国，由于历史的原因，除了改革开放后迅速成长起来

---

① 这里所说的创新，包括人们经常提到的制度创新（组织创新）和技术创新等多个侧面。
② 我们将在后面看到，日本就是一个重要的案例。
③ 近年来，美国推进先进制造业发展的过程，就是这样一个不折不扣的创新过程。
④ 这对于十九大后的中国实现"两个一百年"的奋斗目标，在夯实产业发展的基础方面是有重要意义的。
⑤ 这是一种熊彼特意义上的创新。

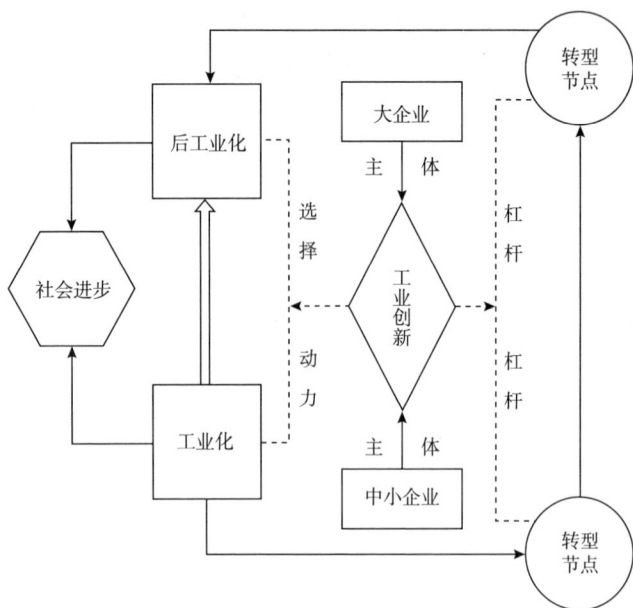

图1 工业化、大企业与工业创新关系

的少数民营大企业之外，大企业多为国有企业。① 为深入推进创新，中国把国企改革作为一项重要的战略性任务，这无疑是实现可持续发展的一个关键。关于国企改革，长期以来人们更多关注的是它的体制改革，例如所有制的性质、股本的配置比例、公司治理的形式等，与此相联系，提倡大力发展与社会主义市场经济相适应的民营经济。这些对于革除长久以来的弊端、解放思想和激励创新，乃至提高全要素生产率都是十分必要的。② 如果我们把大企业与一国的经济发展实力，进而与一国在国际社会中的战略地位相联系，国企改革的研究可能会多一个新的观察与分析的视角。本文将尝试从后起大国的视角来看大企业与工业创新的关系，③ 也就是把国企改革与它在工业创新中的作用联系起来。④

---

① 包括那些实行了股份制改造的企业。

② 当然，笔者并不赞成把国企改革单纯地归结为国企与民企的数量对比变化，止步于究竟是国进民退，还是民进国退。

③ 就工业化的现代发展进程而言，中国是一个后起国家，即中国作为最大的发展中国家的事实没有变。

④ 或许它可以成为改革是否成功的重要检验标准之一。

为了借鉴后起大国发展的成功经验，找寻可能存在的规律性认识，历史的国际比较具有十分重要的意义。日本在发达经济体中所处的后起者地位，以及作为研究着眼点的中国目前仍是一个行进在工业化过程中的发展中国家这一事实，都促使我们关注后起国家的发展，并把研究的对象集中于中日两国。至于为什么要提及大国，即那些人口数量较多、经济规模较大、经济增长速度较快、对全球经济发展有较大影响的国家（就经济层面的影响而言，一国的经济发展总量、大宗商品产出量、进出口贸易总额等，都可以作为衡量指标），是因为，不论是在历史上还是在现实的经济生活中，大企业与工业创新连同作为创新平台的工业产业，对大国和小国的意义明显是不同的，而且两者所面对的外部环境也是完全不同的。

3. 对日本的历史观察与借鉴有助于破除发展中的盲目自大倾向

自近代至今，人们对日本在工业化中是否拥有创新始终存有不同的看法。尽管经济史学者和日本的新史学研究，正在不断以丰富的成果提供着越来越明确的、令人信服的答案，足以丰富我们关于日本工业创新的历史知识，但是，在这方面的认知误区，还是会极大地影响我们对日本工业化历史的客观认识，进而影响我们对工业创新的深刻理解。同时，指出这一事实的更重要目的，还在于避免我们在比较借鉴上的随意性，以及在探讨后起国家工业化发展问题上的表面局限性。如目前摆在我们面前的一个现实问题是，已经超越日本成为世界第二大经济体的中国，是否还需要向日本学习工业创新？在今天的信息经济时代，工业4.0、物联网和智能制造开始成为先进制造的标尺，日本在工业化过程中的工业创新经验还是否有效？基于历史的比较，我们的回答是肯定的。其理由是：第一，中国的发展中国家地位和尚未完成工业化的现实，使得我们有必要向已经实现了工业化的发达工业国家日本学习；第二，中国制造业的发展短板和大而不强的状态，使得我们有必要学习和借鉴日本是如何完成从一个制造大国向制造强国转变的；第三，工业创新在后起国家日本的上述转变中的作用以及如何作用的过程，是否蕴含着某些规律性的东西，还有待于我们去发掘和认识；第四，在工业经济向信息经济过渡时期，工业在未来经济生活中所处的位置，也需要人们进行理性的探讨。

二　日本的工业创新轨迹及其创新中的大企业角色

研究典型的后起国家日本的工业化历史轨迹，有可能使我们了解工业创新在后起国家的经济发展中所处的实际地位。而且，对日本工业创新轨迹的客观观察与认识过程，本身也是一个对工业创新加深理解的过程。这一点对于目前致力于推进经济转型和产业升级的那些国家来说是至关重要的，却也是容易被忽视的问题。

1. 工业创新是推动日本成长为经济强国的一个历史性杠杆

（1）工业创新为落后的日本提供了一个根本性的转机：日本近代的转型

19世纪中期，已经进行了工业革命的欧美国家，并没有给日本在锁国条件下独自消化外来知识以图发展的机会。继1853年的"黑船事件"之后，欧美列强先后用坚船利炮叩开了日本的大门，并试图用对待其他亚洲国家同样的办法来束缚这个东方岛国的发展。[1] 所幸，面临被征服危险的日本从邻国的遭遇中警醒，在明治维新后开启了工业革命的征程。在亚洲，率先以工业创新为武器，开始了它的社会变革。[2] 反映在产业层面上，就是开始以建立新的企业和改造、重组原有的工场为内容的工业创新——建立近代制造业体系。尽管早期的机器工业在幕府末期就以藩营工场的形式出现了，但正是工业革命这场根本性的创新，才使得日本的工业生产组织形式发生了根本性的变化，即从原本分散的小规模生产，变成了近代的机器工业生产。[3] 而且1884～1893年的9年里，日本工业企业的数量增加

---

[1]　这种办法就是签订不平等条约。先是给予美国，随后是给其他西方主要国家在某些指定口岸进行贸易的权利。日本最初被迫开放的通商口岸还只是有田、函馆等边远城镇，随后迅速扩大到长崎、横滨、新潟和神户这样的大城市，以致19世纪60年代进入大阪和江户中心地带。明治初期，日本的外国贸易公司就已超过了250家。参见梅村又次·山本有造编集『日本経済史3　開港と維新』岩波書店、1989、184頁。

[2]　这场以工业创新为先导的工业革命，带给日本社会的是农耕社会未曾有过的工业新产品、生产这些产品的新工艺，以及由此形成的新的工业生产组织，并最终导致了日本从传统的农业社会向近代工业社会的过渡，因此可称之为根本性创新（radical innovation）。参见英国苏塞克斯大学科学政策研究所20世纪80年代提出的基于重要性的创新分类〔G. Dosi et al.，eds.，Technical Change and Economic Theory（London：Pinter Books，1988）〕。

[3]　比如，作为日本近代机械大工业起点的在长崎、兵库建立的造船厂，以及于1872年在缫丝业集中的群马县建立的福冈制丝所等。

了近 7 倍。① 工业创新带来的第二个变化，则是国家资本装备的水平由弱到强。伴随使用机器的近代化工厂的建立，制造业的年均增长速度提高，工业在 GDP 中所占的比重逐步上升，② 日本的机器设备资本存量占 GDP 的比重，从 1890 年的 0.10% 上升到 1913 年的 0.25%（见表 1），与同期美国的资本存量占 GDP 比重相比，亦从仅为美国的 22% 上升到美国的 48%。③ 工业创新带给日本社会的第三个变化，是创新观念由传统到近代的对接。由于近代制造业在日本从幕末到明治的形成过程，是一个与渐进式创新相伴而行的过程，在那些带有日本特点的创新活动中，④ 人们逐步形成了对创新价值认可的观念。工业革命是将以往那些多以区域间竞争为激励的创新，更大程度上转变为以民族自立为目的的创新。⑤ 显然，这种革命性的工业创新提供给日本乃至后起国家的是一种彻底改变自身命运的机会。日本正是由于在外部威胁面前有效地进行了这场工业革命，尤其是在工业组织、资本积累和观念上的上述变革准备，才拥有了实现自身经济和社会变革的可能，进而为其日后成长为亚洲第一个工业发达国家奠定了基础。

表 1　1890～1992 年部分年份日本机器设备资本存量占 GDP 的比重

单位：%

年　份	1890	1913	1950	1973	1992
比　重	0.10	0.25	0.74	0.58	1.07

资料来源：根据麦迪森《世界经济二百年回顾》第 14 页表 2-1 数据整理。

（2）工业创新为后起的日本提供了一种无可替代的发展能力：日本近

---

① 樊亢、宋则行主编《外国经济史·近代现代》，人民出版社，1980，第 237 页。
② 例如从 1888 年的不足 13% 上升到 1910 年的近 20%。参见 Ryoshin Minami, *The Economic Development of Japan: A Quantitative Study*（Palgrave Macmillan, 1986），p. 117。
③ 麦迪逊：《世界经济二百年回顾》，改革出版社，1997，第 14 页表 2-1。
④ 例如像纺织会馆、开发生产协会、产业指导中心等建于日本各地传播新技术的组织，产生于民营企业与个人的适用于日本情况的农机、纺织机技术发明等，构成了这种工业创新的重要组成部分。参见中山（Nakayama, S）《日本科学发展的特性》，科学技术与发展研究中心，1977，第 213～226 页；转引自苔莎·莫里斯-铃木《日本的技术变革：从十七世纪到二十一世纪》，马春文等译，中国经济出版社，2002，第 108～113 页。
⑤ 明治时代（20 世纪初），日本成功地完成了棉纺织品的进口替代即是证明。

现代实现赶超

　　作为亚洲一个传统的封建国家和一个资源小国，日本能够先于这一地区其他国家迅速地崛起乃至成长为世界的工业强国，探究其发展能力从何而来是问题的关键。回顾日本的产业和经济发展的历史，至少我们可以清楚地看到它的这种与工业创新紧密联系的发展能力的两个明显来源。其一，顺应世界科技革命的潮流，通过产业技术、产业组织的变革形成新的历史时期的发展能力。在工业革命时期，日本机器工厂中使用的许多技术都是在手工工场的传统技术基础上发展起来的。[①] 著名的前田报告即《促进工业发展的建议》所描述的即是这种情况。[②] 但是，到了 19 世纪末 20 世纪初，伴随以电的发现、内燃机的发明为标志兴起的第二次科技革命浪潮，以及由此引发的电力、电器设备和汽车等新兴工业的建立，包括材料、工艺、控制等工程技术的进步，日本不得不检视自身在工业创新方面的差距，即其对现代科技信息认识的有限性。其技术创新更多的还是属于凭借经验获得的直觉型创新，而传统的工艺技能是难以适应现代化的电力机械和化工等产业的发展需要的。因此，为了适应产业之间的相互依赖和复杂性的增长，日本先后发生了包括产业技术和组织方式在内的变革。例如，先是通过政府的立法建立现代的科研体制，为不能靠直觉技术和直接的工艺进行改良的领域奠定创新的基础。[③] 适应标准化产品生产的技术和企业也在深入的工业创新中不断涌现，[④] 因而在第一次世界大战期间引进受阻的背景下，日本能够成功实现重要产业部门的进口替代。此后，符合日本国情和产业发展中的自然选择，转包制组织形式在日本机械等产业中兴起和迅速发展起来。[⑤]

[①] 例如明治时代的棉纺工业普遍使用的环圈纺纱技术，由于能够使用当地的粗纱且能充分利用丰富廉价的女工资源，对工业的发展起到了积极的作用。也就是说，当时的日本工业不仅是建立在铁路和电报这些西方先进的技术上，而且也是建立在丝农、陶工以及酒酿造者的技术之上的。

[②] 转引自苔莎·莫里斯-铃木《日本的技术变革：从十七世纪到二十一世纪》，第 116 页。

[③] 代表性的机构是由农商务省在 1900 年建立的东京工业研究实验所。把现有的手工业技术改造成现代技术的形式是它的主要工作。

[④] 丰田汽车的前身丰田织机的诞生过程就是最生动的例子。

[⑤] 参见加贺见一彰『「部品供給—調達システム」の発生と淘汰—戦前・戦後期日本の機械工業—』岡崎哲二編集『生産組織の経済史』東京大学出版会、2005、291～348 頁；李毅《日本制造业演进的创新经济学分析：对技术创新与组织创新的一种新认识》，中国社会科学出版社，2011，第 130～132 页。

其二，在产业转型的历史节点上，通过产品结构与产业结构的变革形成建设工业强国的追赶能力。20 世纪 70 年代，是日本经济实现高速增长后所面临的一个重要的经济转型时期。面对外部的石油冲击和西方世界普遍的经济滞胀，以及国内高速增长所导致的严重环境问题，日本把这一时期工业创新的重点放在了以技术替代资源、通过结构性调整来获取持续的经济发展能力上面。[1] 以有针对性地加大对节省能源、防治公害的研发投资为基础，[2] 在产业结构上，调整发展的重点，以符合日本能源结构特点的自主技术开发为先导，[3] 将以往资源能源消耗型产业转变为节省资源能源型产业；[4] 同时深度开拓半导体、新材料等能够占据国际竞争优势的新产业领域，成功实现了由以重化工业为中心的增长向以知识密集型产业为中心增长的转变。[5] 与上述变革相联系，在产品结构上，从重视产品的数量增长转向注重质量提升，在改造传统产业和开发新产业过程中推进产品性能的高质量化，实现产品结构由"重、大、长、厚"向"轻、小、短、薄"转变。正是工业创新所形成的这种发展能力，才使日本的产品能够站在国际市场的高端，[6] 使得日本经济得以在 20 世纪 70 年代西方普遍的滞胀中获得稳定的增长。[7] 并且在 80 年代产业的进一步发展中，完成对欧美的经济追赶，攀上当时工业经济发展的峰巅。[8]

---

[1] 用经济白皮书的表述方式，就是将"省资源、省能源的技术革命及继之而起的以微电子为中心的尖端技术革新"作为产业和经济发展的推动力量。参见内阁府经济企画厅『昭和 59 年度（1984）年次经济报告』（经济白書）、1984。

[2] 1974～1983 年，在制造业的设备投资中，研发投资所占的比例上升到了 65%。参见李琮主编《当代资本主义世界经济发展史略（1945－1987 年）》下册，社会科学文献出版社，1989，第 137 页。

[3] 这一时期，日本自主技术开发的比例，已从 20 世纪 60 年代中期的 59% 上升到了 70%。参见科学技术厅『わが国技術輸入年次報告』、第Ⅱ章、1970。

[4] 在这个过程中，能源结构变革产生的发展能力是巨大的和不容低估的。

[5] 其后，日本在半导体领域在国际市场中占据的优势充分地反映了这一点。

[6] 例如当时索尼的音响影像设备和任天堂的游戏机产品在世界市场中所占据的位置。

[7] 参见 D. 阿尔瓦雷斯、B. 库珀《美国等 12 国制造业劳动生产率的变化趋势》，《劳工评论》1984 年 1 月号，转引自李琮主编《当代资本主义世界经济发展史略（1945－1987 年）》下册，第 132 页。

[8] 1982 年世界主要工业国家的工业生产比较反映了这一事实，参见李毅《日本制造业演进的创新经济学分析：对技术创新与组织创新的一种新认识》，第 75 页。20 世纪 90 年代初日本半导体厂家雄踞世界前位更是很好的例证，参见康拉特·赛康德《争夺世界技术经济霸权之战》，张履棠译，中国铁道出版社，1998，第 17 页。

2. 日本工业创新能力形成的途径与大企业角色

工业创新对后起国家经济发展的至关重要性，使得任何一个处于这种境况的国家都不可能拒绝对它的利用，尤其是对那些面临"中等收入陷阱"的发展中大国来说，更是如此。① 但是在事实上许多国家的工业创新却并不那么尽如人意，这就是我们将其作为后起国家面对的一个重要课题加以探讨的原因。日本的产业发展轨迹告诉我们，工业创新并不是经济体与生俱来自然而然就可以做好，或是靠政府的号召就可以高效率进行的。产业发展过程中的真实需求和恰当的实现路径的切实推进，应该是创新的关键。

（1）日本的工业创新能力是通过"渐进式"创新过程培养起来的

资源对一个经济体发展的影响是巨大的，尤其是对其发展途径选择的影响。由于日本是个资源严重匮乏的国家，在 37.78 万平方千米的狭窄国土上，除铜、煤和水力发电之外的其他的矿产和能源资源均需依赖进口，所以它在发展的过程中不得不扬长避短，利用优势的人力资源把工夫花在精于制造上面。② 在近代制造业的形成中，日本多采用小型的劳动密集型的技术创新，即更注重生产中的技能和技艺的创新。例如在纺织业中运用多种技术创造适合不同市场的多样化产品；在制铁业中对鼓风机技术不断改进和创新，以适应当时的社会经济发展水平和劳动力特点。与此同时，在社会上较早形成了对创新价值的认可，使人们学会了将技术和知识作为财富来认识。即便是在明治维新以后开始建立机器大工业的过程中，这种"渐进式"创新形式依然是十分有效的。③ 在 19 世纪末 20 世纪初的科技变革中，日本把办教育、培养技术人员和传播科学知识，作为建立以科学为基础的现代工业体系的创新基础。④ 政府和企业同时行动，使公共教育和企业教育得到有机结合。一方面，政府履行职能强制推行初等教育，创办培养工程技术人员的工程学院和建立服务于企业的研究机构。例如，东京

---

① 比如说作为新兴经济体重要组成部分的金砖国家。

② 近代以来的对外扩张侵略的历史教训亦从反面证实了这一点。

③ 参见苔莎·莫里斯－铃木《日本的技术变革：从十七世纪到二十一世纪》第 4 章。

④ 欧美接连不断开拓新工业领域的事实教育使日本知晓，要想学习和掌握世界新的技术成果，只有建立起自己的以科学为基础的现代工业体系。

工业实验室就是为私人企业提供创新支持的重要机构。另一方面，企业为了自身的发展而大力兴办职业培训学校。例如，1910～1915年，日立制作所、日本钢管、足尾铜矿、芝浦制作所和住友等大企业均建立了自己的培训机构。早在19世纪90年代就已建立技术学校的三菱造船厂，也在1910年大张旗鼓地开展了公司技术培训。这不仅使新兴产业所需要的标准化知识在产业发展中得以满足，更重要的是打下了日本技术创新能力大步向前跨进的知识基础。在战后追赶欧美强国的工业化过程中，日本把注重培养解决生产中问题的现场能力，作为提高质量、缩小与发达工业国家技术差距的关键环节。公司里通常设有岗位轮换制度，一方面，使职工了解生产流程，考察其更适合发挥特长的位子；另一方面，培养职工相互协作的意识和现场解决问题的能力。以此将工业创新的意识植根于员工的日常工作中。同时"人本主义"的企业文化，也赋予和激发出了员工的极大创造力，生产现场则成为发挥这种创造力的基础平台。

（2）日本的工业创新能力是在独创和协调融合的过程中提升的

工业经济作为一种社会形态产生的过程，就是对已有生产方式和社会形态的创新和变革过程。① 各部门间、企业间彼此的协调与协作是机器大工业的特点，而且这种特点原本就是一种工业精神。随着时代的进步和变迁，协调与协作的形式可能会有很大的发展与变化，但至今我们仍未能观察到这种发展和变化会改变协调与协作在工业创新中重要性的例子。② 研究能够反映这种大工业特点的工业创新活动，对理解日本工业创新能力提升的途径也许会有很大的帮助。

首先，大工业发展的整合性和整体性特征，决定了工业创新是各个企业和各种类型企业均得以广泛参与的过程。也就是说，大工业的特点决定了创新不可能是某类企业或某些企业独有的专利，它在工业链条的各个部分均有可能发生。例如，引自美国并将其极大地丰富和发展了的

---

① 并没有证据证明，如今的产业演进和社会变迁会使它所含有的变革与创造精神丧失。至少对于处于工业化过程中的后起国家是如此。
② 我们认为，它在本质上就是一种战略的视域和组织的有序。显然，不论社会如何演进，只要工业作为社会经济发展的基础，这种工业精神就不会被取缔，反而应当被发扬和光大。

质量管理活动，之所以能在日本内外制造业领域得以有效地开展，并曾广受外界赞誉，[①] 真正的意义可能就在于它在打造创新的产业基础方面，普遍获得和巩固了创新的基层认同感。这有可能是日本制造业发展基础较为扎实、产业发展相对平衡的一个非常重要的原因。

其次，大工业的联动性特点，决定了创新的发生往往呈现一种上下游波及与关联企业间传递的链式反应，即工业中创新的发生不可能是孤立的事件。开始时可能产自某一个局部，但因产业间的相互依赖，后来的发展一定是一种连锁式的反应过程。它突出体现在关联部门间的创新传递效应上，上游或下游的企业由于创新的发生而提高了效率，必然促进或要求与其有业务往来的部门亦通过创新来适应其变化，日本纤维产业整体的演进过程就是一个明显的案例。[②] 同时，它也体现在有零部件供应关系的企业之间。生产与供货的同步性、制造与加工的同质性所带来的经济效率和竞争优势，使得供货企业努力通过创新来提高自身的技术水平和生产能力，以适应和跟进交易方的产品创新步伐。这种产业链条上的创新协调曾是日本汽车等产业的竞争利器。只有当这些创新在开放式框架下协调有序地发生时，一国的产业结构转型和升级才有可能实现。

最后，大工业的包容性特点，催生和连接着工业创新活动的多样性和特色性。各工业企业因其建立和发展的历史、从事的业务内容、市场细分情况、资金和人力资本拥有状况的不同，而在本行业的工业创新活动中处于不同的位置和扮演着不同的角色。但不论是什么类型的企业，如果没有自己的特色性经营，在日本的市场经济条件下显然是无法生存的。而且，即使是创新型企业，如果没有与其他企业乃至外部的有效沟通协调，也是不可能在竞争激烈的市场上持续胜出的。在日本，行业中的传统企业和现代企业，既有各自的产品市场分工，又因其互补性而相互依存、共同发展；[③] 经营成功的大企业和中小企业，则都在创新活动中形成了各自不同

[①] 日本的质量管理，也曾是改革开放之初我国工业企业重要的引进内容和学习对象。

[②] 参见李毅主编《再炼基石：世界制造业变革的历史大势》，第五章"高科技企业与传统企业的历史契合"第三节"日本的成熟产业：纤维纺织业的改造历程"，经济科学出版社，2005。

[③] 如日本学者大野健一在论述明治时期工业化特点时，就指出两者之间是平行发展的。参见大野健一《从江湖到平成：解密日本经济发展之路》，中信出版社，2006，第46页。而且这种情况一直延续至今。笔者2014年在日本进行企业调研时访问的家族企业即是如此。

的特点，即大企业凭借巨额的研发投入，多在前沿领域拥有开拓性的创新表现，而中小企业亦在自己的经营方面独具特色。① 两者相互融合，共同构筑起日本走向制造强国的产业基础。

（3）日本大企业在工业创新中承担的角色

同世界其他国家相同，日本是中小企业占绝大多数的国家，② 且中小企业在日本经济的创新与发展中发挥了重要的作用。但占比不到1%、数量仅为1万多家的日本大企业，在日本工业创新的历史进程中仍旧发挥了中流砥柱的作用。这种作用在两个方面较为突出。其一，日本大企业凭借其所拥有的雄厚科研实力，③ 以及对产业发展动向的敏锐捕捉，在日本以往的经济转型时期，充当了战略新兴产业发展的先锋。例如在20世纪70年代石油冲击后的经济转型中，日本的大企业选择了以精密机器、电气机器为代表的知识密集型产业作为发展方向。作为突出代表的安川电机，就是依靠技术实力和突破性创新，从过去一家生产马达的传统企业，逐步成长为位居世界四大机器人行列的现代企业。因为，70年代末，人们已经普遍地将知识密集型产业与电子技术、计算机技术、机器人、新型材料和生物工程学等技术的产业应用联系起来。④ 之所以采取如此的创新行动，一方面是日本的制造企业在发展上有绝不受制于人的自立传统；另一方面是其已预见到了提升自身竞争力的新产业领域所在。20世纪80年代，在西方世界尚未彻底摆脱长期滞胀的影响之时，日本制造业已在大企业高科技产品的引领下，向发展的新高度进军。具有战略意义的半导体产业的赶超即是一个缩影。⑤

其二，大企业身先示范带动传统产业的改造，在整体上提升了产业的竞争与发展能力。作为一个取得了巨大发展成绩的经济大国，日本在20世纪70年代石油冲击造成的困境面前，并没有简单地关闭掉那些与资源消耗密切相关的重化工业——当时的支柱产业部门，而是采用了深度开拓新技

---

① 例如丰田等大企业的世界先进技术和国际市场开拓，中小企业则按其专项技能被分为研究开发型企业、最终产品生产型企业、零部件专业生产企业、拥有特殊加工技术企业等。
② 其中小企业占比在20世纪末的中小企业基本法调整之后高达99.7%。
③ 这里的科研实力包括资金、技术和人才，这些显然都集中于日本的大企业。
④ 菩莎·莫里斯－铃木：《日本的技术变革：从十七世纪到二十一世纪》，第262～263页。
⑤ 参见康拉特·赛康德《争夺世界技术经济霸权之战》。

术产业和积极发展优势传统产业双轮驱动战略，即在传统产业的改造上把准问题，踏踏实实地采取适合日本特点的有效措施。例如，针对能源和资源消耗严重的产业部门，扩大以节省能源、防治污染为目标的研发投资，通过创新形成带有日本产业特点的独到的节能型、效率性技术，从而把以往那些能源和资源消耗较大的标志性产业，改造为节省能源和资源的产业。今天日本最大的钢铁企业新日铁住金所使用的高炉，即建立于 70 年代。丰田汽车等企业通过技术改造和工艺革新，以节能环保的特点打进美国市场，形成国际品牌，也是典型的案例。针对产品生产上存在的明显的结构性问题，把改造的重点从以往关注产品的数量增长转向密切关注产品品质的提高，通过革新和改进工艺实现了产品特点上的明显转变。1918 年建立的老企业松下，就是在那时开始将"高附加价值经营"作为行动方针，欲通过创新打造反映自身技术特色和令消费者满意的"有价值的商品"的。

值得注意的是，这种改造一直延续到今日，并且随形势的变化有了新的特点，即将上述两种角色合二而一。例如，化工领域的大型企业三井化学公司，目前通过创新引领转型，通过改造实现产业升级。为了应对通用化学品市场日益激烈的竞争，尤其是为扭转受全球性危机的冲击、销售收入和利润大幅下降的局面，它在两个方向上重点进行了传统产业的改造。方向之一是对传统的石化产品进行必要的业务重组，通过合理降低成本和采用体现技术优势的差别化经营，以优质产品提升其市场竞争力，实现了扭亏为盈。方向之二是以开拓性技术创新跟上世界发展潮流，努力使业务经营向高性能、高附加值产业转型。其改革取得了明显的成效，在努力扩大研发投入的过程中，功能树脂、薄膜薄板、功能化学品的销售收入和营业利润实现了大幅增长。高附加值产品成了公司的主要利润来源。[①]

三　后起大国视角中的大企业与工业创新：中日比较的一点认识

日本企业和产业发展的历史显示，这里的工业创新有着不同于其他领

---

① 例如 2010 财年到 2014 财年，高性能产品营业利润占整个产品营业利润的比例从 43% 增至 80%。

域创新的鲜明特点，且这种特点与产业本身、与大企业的行为有着天然的联系。由于后起大国在走向经济强国过程中所处的严峻内外部环境，大企业在工业创新中所处位置显得越发重要。

1. 对工业创新的特点及其历史演进的认识

日本工业化的历史轨迹使我们看到，与其他类创新活动相比，作为直接撬动实体经济发展的有力杠杆，工业创新有其自身的特点。首先，它需要以实体经济重要组成部分的制造业作为重要的产业依托。因为工业是其创新发生的重要场所和发挥作用的主要舞台，这无关乎社会形态的变迁。[①]其次，工业创新本身就包含着技术和知识积累的内容。因为工业作为社会发展的重要基础，它的发展本身就是一个累积的过程，凭空想象和灵光乍现并不适合工业创新的活动。最后，工业创新是产业链条上的各部分、各环节共同参与的联动性活动。因为工业作为一个开放性的生态系统，是由内部子系统的相互协调加以运作的。单打独斗和单枪匹马式的创新不是工业创新。今日的工业创新所体现的这种现代大工业精神，对于后起大国发展的作用是不应当被低估的，而且它在未来的信息社会中所扮演的角色，仍将是一个需要探讨的课题。

工业在新的历史条件下发生了变化。从日本、美国等发达工业国家所走过的道路来看，的确，随着工业化的完成和社会的进步，工业在这些国家国民经济中的比重不断下降，相应地就业人数所占比重在逐步地减少。同时，工业创造价值增值的方式也出现了变化。那么，这种变化是否意味着工业在新的历史时期的作用已经不那么重要？与此相联系的工业创新也就可有可无了呢？2008 年金融危机后以美国为首的工业发达国家重返制造业的事实推翻了这种猜想。当然，支撑美国等国渡过难关、使经济走势发生逆转的，已经不再是以往工业经济时代的传统工业形态，而是由传统工业改造和新兴工业发展形成的新型产业——先进制造业。[②] 发达工业国家的经历使我们看到了以下的事实。首先，在新的技术经济条件下，工业在

---

① 也就是说，它并不会因为信息社会的到来而改变。
② 美国的"再工业化"（Reindustrialization），就是指通过政府的帮助，推进传统工业基地的改造与振兴、新兴工业的发展与壮大的一种刺激经济增长的战略及过程，是实现产业结构朝着具有高附加值、知识密集型、以新技术创新为主的产业结构转变的重要方式。

经济生活中的角色在发生变化，可能从作为物质财富的生产者，扩展成为重要的创新平台。① 而且，随着科技的发展和社会的进步，后者的角色将可能凸显。其次，工业在全价值链上的位置也在发生变化，即从生产环节向上下游的其他环节渗透，由以单一的生产为中心环节到跨界融合，以此构成实体经济运行的新基础。伴随作为创新载体的工业本身所发生的和正在发生的这些变化，与传统工业经济时代相比，工业创新本身也必然要发生变化，以至完成必要的转型。例如，创新所涉及的内容从生产扩展至服务，从单纯地以增加物质财富为目的向开辟价值增值的源流转型。②

由于工业创新是个世界性的课题，从目前世界各国已有的产业实践来看，它的未来方向有可能表现在以下几个方面。首先，创新活动的包容性，即创新在传统产业与高端产业间的交互与融合的趋势更加明显。因为未来的工业创新将可能通过改变传统产业的面貌来弱化和抹平产业间的发展差距。日本的传统纺织业向新材料产业的跨界发展，是得出如此判断的重要依据。其次，创新增值价值的扩展性，即创新将把产业链上的主要环节均变成价值增值的原点。因为，智能制造的发展有可能改变传统的微笑曲线形状，在赋予制造环节更多高科技含量的同时，使其成为与设计和服务同等重要的价值增值原点。再次，创新功能的生态自组织性，即创新可能不仅止步于一件新产品、一项新技术或一种新组织的创造，而是在过程中借助于网络形成一种有助于产业发展的自我协调机制。这种协调可能包括对技术的、组织的创新选择方式的协调，对创新的分散与集成过程的协调，也可能是对产业链条上功能性分工的协调。因为，"创新由不均衡到均衡的实现过程，就是一个系统中多部门、多样化行动协调的结果"③。最后，与可能将要到来的新的工业革命相联系，工业创新的基础性、导向性作用将会表现得越来越突出。由于新的技术经济条件下工业不再单纯是一个生产行业，而会逐渐演变成一块创新的高地，因此围绕创新的服务平台

---

① 美国学者将其称为创新高地。参见瓦科拉夫·斯米尔《美国制造：国家繁荣为什么离不开制造业》，李凤海、刘寅龙译，机械工业出版社，2014。

② 工业创新本身也是一个演进和变革的过程，这符合复杂事物的演化规律。

③ 李毅：《日本制造业演进的创新经济学分析：对技术创新与组织创新的一种新认识》，第176页。

建设可能是其重要的任务，对产业运行和发展的导向也可能会通过创新的带动及其传导的方式体现出来。总之，从演化经济学的观点和国际产业实践来看，工业创新并非工业经济时代的历史遗产，而是内在于工业化及其相关工业发展进程中的最活跃、最积极的变革性因素。

2. 日本大企业在工业创新中发挥重要作用的行为分析

日本作为一个后起的发达工业国家，它的崛起和走向工业强国的过程，就是一个学习工业化的过程。而这个过程恰恰是靠不断的工业创新来完成的。因为没有工业创新就没有后起者的转型与变革，同样，没有工业创新也就没有后起者赶超和持续发展能力的形成。实际的日本工业创新过程的微观观察显示，正是它的大企业作为工业创新的中坚力量支撑了或者说主导了这个过程。① 因为与中小企业相比，大企业不仅拥有资金、技术和人力资本积累的基础，而且在工业创新中占据重要位置，具有创新的有效途径，即作为工业创新网络中各重要产业的发展支点，大企业通过高科技产业的创建与传统产业的改造这两个基本途径，带动整个行业的创新活动。这里既包括大企业自身的创新，也包括创新在产业链上向中小企业的传递。在战时形成、战后得以充分发展的大企业与中小企业的系列化，可以说是后者的一个主要表现形式。因此，在这个意义上可以说，日本大企业在工业创新中发挥了某种程度的组织作用。

这种创新中的组织作用，对后起大国来说是具有重要战略意义的。它的重要性在 20 世纪 70～80 年代日本与美国在半导体工业领域的竞争上得到了突出的反映。由于集成电路是对一国总体竞争力具有决定性影响的战略产品，因此超大规模集成电路项目（VLSI）实施的成功，可以作为日本这一时期发展高技术战略产业的一个代表性案例。为了打破美国对集成电路技术的控制和垄断，1976 年该项目由日本通产省的国家研究和发展项目建立和资助。目的是奠定开发制造高性能芯片的一般技术原理的基础，并且开发所需的生产技术。项目由政府出资，由具有发展集成电路强烈愿望且积累了相当基础的企业攻关。② 富士通、日立、三菱、日本电气，以及东芝、通产省和电报电话公司的研究者组成的"超大规模集成电路技术研

---

① 得出这样的认识，并不意味着否定作为基层创新的中小企业所发挥的重要作用，而且大企业所发挥的作用恰恰是以中小企业的广泛创新努力为基础的。

② 政府允许民营企业在开发自有品牌的超大规模集成电路时，免费使用上述技术成果。

究协会",加强了新技术的联合开发能力。① 4 年时间里参与研发的企业有近 1000 项创新取得了专利,从而使日本公司在世界超大规模集成电路芯片市场中抢占了先机。② 于是,到了 80 年代末期,在半导体、视听设备、通信技术、工业机器人和汽车工业等领域,日本攻城略地,③ 在使其市场全球化的同时,掀起了全面超越美国的热潮。以这些战略新兴产业为竞争利器,日本改变了受制于人的后起者"软肋",攀上了制造强国的峰巅。可见,这种创新改变的是大国的战略地位,乃至与此相连的国际战略格局。

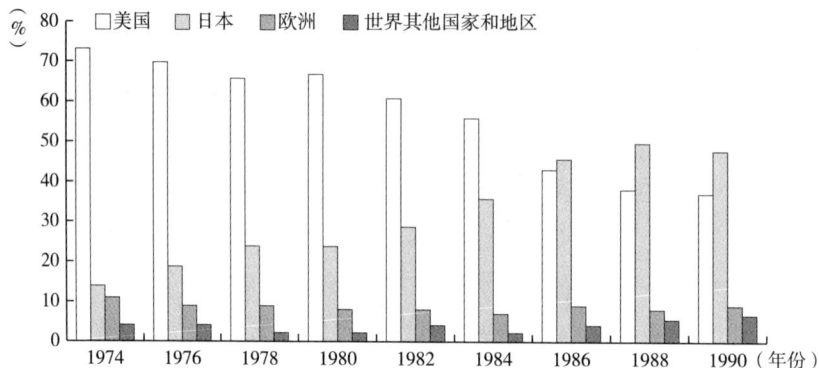

图 2　1974~1990 年部分年份世界集成电路市场份额

资料来源:集成电路工程协会编《1991 现状》第 1 章,第 10 页;转引自康拉特·赛康德《争夺世界技术经济霸权之战》,第 15 页。

3. 大企业是后起大国推进工业创新、把握发展主动权的决定性力量

中国曾在相当长的时间里是一个制造大国和经济强国,因此,后起大国视角上的创新分析也同样适用于中国。而对经济转型中自身发展状况尤其是存在的结构性问题的清醒认识,以及对本国今后经济发展目标达成的坚定意志,对后起国家的可持续发展乃至实现其经济强国的奋斗目标,具有极为特殊的重要意义。由于后起者既无先发的产业发展独占优势,又无现实中市场

---

① 按照参与研发公司事先达成的协议,专利收入首先用于偿还政府的资助,专利权则归属于研发的企业。
② 日本在 20 世纪 80 年代上半期占领了动态随机存储器的世界市场后,便开始占领其余的集成电路市场。1986 年,整个集成电路市场份额超越了美国;1988 年,日本的集成电路生产份额占到世界市场的 50%,美国降到了 38%(见图 2)。
③ 这被视为日本向美国的核心产业汽车工业和高端产业信息技术工业发起的总攻。

规则制定的主导权，在全球化经济格局的发展中必然会受到来自外部的各种限制。① 只有根据自身的国情，通过推进工业创新来增强实力、站稳脚跟，才有可能从根本上把握自己的命运，进而彻底摆脱外部依赖和打破外部限制，把可持续发展的主动权牢牢掌握在自己手里。这一点对发达国家日本的先期工业化是如此，② 对仍是发展中国家的中国完成目前的工业化更是如此。

中国推进创新与发展的首要前提，是把握中国的基本国情。③ 那么，中国的基本国情是怎样的呢？尽管作为一个后起的发展中大国，中国在许多方面都有自己的特点，但与工业创新问题相关联，目前至少有两个事实是明了的。首先，就产业整体来看，经过多年的发展努力，世界第二大经济体的发展规模，奠定了中国深入改革与发展，在推进工业化的过程中跨越"中等收入陷阱"的相应基础。④ 但与此同时，中国的制造业无论是在发展质量上还是在结构的合理性上，都还与世界第二大经济体的地位存在距离。⑤ 这种情况必须通过改革与创新加以扭转。其次，就产业领域里的企业布局来看，虽然经历了不同阶段的经济体制改革，但由于历史的原因，国有企业仍占据了大企业的相当数量；并且许多企业都在当前的制造业行业发展中占有举足轻重的地位。⑥ 在大力进行国有企业改革的同时，充分发挥这些企业在工业创新中的基础和组织作用，亦是迫在眉睫的任务。

重视发挥包括国有企业在内的大企业在工业创新中的作用，应是目前

① 这种限制从历史上的"巴统协定"到今天的"301条款"，中国已经经历了太多。
② 尽管日本属于西方阵营，但在其20世纪初的工业化发展关键时期，美国等西方发达国家的企业仍然希望掌握技术上的控制权。
③ 了解这一点，比那些围绕西方传统理论的争论对中国的创新与发展更有意义。
④ 参见李毅《高速增长结束后经济转型与产业选择的中日比较：后起国家和大国的视角》（《东北亚论坛》2016年第2期）中对中国是一个世界经济大国的一点理性认识。
⑤ 例如，在国内市场上，虽然中国企业众多，但许多重要的生产领域，还多为外国公司所把持。再如，虽然中国的某些行业、某些企业在高端制造业的某些方面取得了重大的进步，但中国产业总体上，由于缺乏关键技术和核心业务，尚未完全摆脱在全球价值链上所处的中低端位置。使用出口中包含的进口中间投入价值及其占出口的比重（VS指标）来衡量，中国的绝大部分行业的这一指标都长期保持在一个较高的水平上，说明中国对进口技术含量高的中间产品的依赖程度较高。
⑥ 例如，仅就航空、航天、造船、轨道交通、兵器装备等央企而言，不论是营业收入还是净利润都位列中国制造业前茅，可见它们构成了中国制造业的中坚力量。

中国进一步深化改革，在创新中打牢制造业强国基础的现实选择。首先，我们需要依靠这些企业的引领，义无反顾地抢占战略新兴产业发展的先机。因为这些企业对产业前沿技术的认知与接近程度，以及它们在创新中的抗风险能力，远高于其他类型的企业。其次，需要依靠这些企业的示范作用，切实完成工业创新中的传承与改造重任。鉴于这些企业以往具有的技术改造能力与技术革新传统，其足以担当起传统产业改造的历史性任务。再次，需要充分发挥这些企业对于产业升级与制造业整体实现可持续发展的基础保证作用。也就是利用现有条件，遵循市场经济的规律，以其中的龙头企业为核心建设工业创新的行业平台。最后，需要切实发挥这些企业在经济转型中的能动作用。依据大企业本身与工业创新网络间的紧密联系，凭借大企业在创新网络节点的有利位置，发挥其在工业创新中的协调与融合功能，在与中小工业企业的共同努力和协作创新中，实现新旧功能的对接。可见，作为主要新兴经济体的发展中大国——中国，国企改革的任务不应仅局限于公司治理结构的变更。与后起大国的复兴与强国目标相联系，如何在改革中推进企业在工业创新中真正承担起它应负的历史重任，是时代赋予我们的理论与实践课题。

参考文献

［1］约翰·伊特韦尔等编《新帕尔格雷夫经济学大辞典》，经济科学出版社，1992。

［2］苔莎·莫里斯－铃木：《日本的技术变革：从十七世纪到二十一世纪》，马春文等译，中国经济出版社，2002。

［3］中冈哲郎『日本近代技術の形成－"伝統"と"近代"のダイナミクス』朝日新聞社、2006。

［4］幕末佐賀藩の科学技術編集委員会編『幕末佐賀藩の科学技術』岩田書院、2016。

［5］梅村又次、山本有造編集『日本経済史3　開港と維新』岩波書店、1989。

［6］克利斯·弗里曼、罗克·苏特：《工业创新经济学》，北京大学出版社，华宏勋、华宏慈等译，2004。

［7］樊亢、宋则行：《外国经济史·近代现代》，人民出版社，1980。

［8］Ryoshin Minami, *The Economic Development of Japan*: *A Quantitative Study* (Palgrave

Macmillan，1986）.

［9］ 麦迪森：《世界经济二百年回顾》，李德伟、盖建玲译，改革出版社，1997。

［10］ 岡崎哲二编集『生産組織の経済史』東京大学出版会、2005。

［11］ 李毅：《日本制造业演进的创新经济学分析：对技术创新与组织创新的一种新认识》，中国社会科学出版社，2011。

［12］ 内閣府経済企画庁編『昭和59年度（1984）年次経済報告』（経済白書）、1984。

［13］ 李琮主编《当代资本主义世界经济发展史略（1945－1987年）》下册，社会科学文献出版社，1989。

［14］ 科学技術庁『わが国技術輸入年次報告』、1970。

［15］ 康拉特·赛康德：《争夺世界技术经济霸权之战》，张履棠译，中国铁道出版社，1998。

［16］ 纳谢德·福布斯、戴维·韦尔德：《从追随者到领先者：管理新兴工业化经济的技术与创新》，沈瑶等译，高等教育出版社，2005。

［17］ 李毅主编《再炼基石：世界制造业变革的历史大势》，经济科学出版社，2005。

［18］ 大野健一：《从江户到平成：解密日本经济发展之路》，臧馨、臧新远译，中信出版社，2006。

［19］ 《丰田在发动机及驱动系统的软管上采用生物合成橡胶》，《日经技术在线》2016年4月27日，http://china.nikkeibp.com.cn/news/auto/77783－201604261815.html，最后访问日期：2017年5月20日。

［20］ 《丰田2015财报，让庞大企业持续成长的"信念"》，《日经技术在线》2016年5月17日，http://china.nikkeibp.com.cn/news/auto/77931－201605161251.html，最后访问日期：2017年5月20日。

［21］ 林珏：《美国"再工业化"战略研究：措施、难点、成效及影响》，《西部论坛》（双月刊）2014年第1期。

［22］ 瓦科拉夫·斯米尔：《美国制造：国家繁荣为什么离不开制造业》，机械工业出版社，李凤海、刘寅龙译，2014。

［23］ 总务省统计局：《2015年科学技术调查》，2016年12月16日。http://www.stat.go.jp/data/kagaku/kekka/kekkagai/pdf/28ke_gai.pdf，最后访问日期：2017年5月20日。

［24］ 李毅：《高速增长结束后经济转型与产业选择的中日比较：后起国家和大国的视角》，《东北亚论坛》2016年第2期。

［25］ 孙佳：《中国制造业：现状、存在的问题与升级的紧迫性》，《吉林省经济管理干部学院学报》2011年第6期。http://www.rmlt.com.cn/2014/0311/242219.shtml，最后访问日期：2017年5月20日。

李　毅　1957年生。经济学博士。吉林大学世界经济专业毕业。中国社会科学院世界经济与政治研究所研究员，世界经济史研究中心主任。兼任中国经济史学会副会长、外国经济史专业委员会主任。主要研究领域为世界经济史、以日本为中心的发达国家与发展中国家产业问题比较研究。主要学术成果有专著《日本制造业演进的创新经济学分析：对技术创新与组织创新的一种新认识》，《包容性增长与结构转型：新兴经济体的政策选择》（合著），《再炼基石：世界制造业变革的历史大势》（主编）等；论文有《高速增长结束后的经济转型与产业选择的中日比较：后起国家和大国视角》《经济转型中的企业成长路径选择：索尼案例的思考》《中华民族复兴中的产业发展路径选择：国际比较视角上的一种经济史认识》『工業化過程での伝統と現代の要素：製造強国への歴史的思考』《日本的工业化模式及其经济转型》等。

基于壮大国家综合实力和保障人民共同利益推进国有企业改革

郑有贵

　　中共十九大报告提出，深化国有企业改革，发展混合所有制经济，培育具有全球竞争力的世界一流企业。2016 年，习近平总书记指出，国有企业是壮大国家综合实力、保障人民共同利益的重要力量，必须理直气壮做强做优做大，不断增强活力、影响力、抗风险能力，实现国有资产保值增值。[①] 中共十八届三中全会通过的《中共中央关于全面深化改革若干重大问题的决定》，提出积极发展混合所有制经济和允许混合所有制经济实行企业员工持股，并指出国有资本、集体资本、非公有资本等交叉持股、相互融合的混合所有制经济，是基本经济制度的重要实现形式，有利于国有资本放大功能、保值增值、提高竞争力，有利于各种所有制资本取长补短、相互促进、共同发展。发展混合所有制经济的不同路径，会产生不同的结果。国有企业与非国有企业之间如何参股、如何实现职工持股，事关国有资本功能放大还是萎缩、活力是被激发还是被窒息。现今国有企业实施混合所有制和职工持股改革，与 20 世纪 90 年代国有企业产权制度改革面临的问题和所要实现的目标有所不同，应吸取 20 世纪 90 年代以来国有企业产权制度改革实践的经验教训，摒弃惯性思维，通过国有资本放大功能壮大国家综合实力，以保障人民共同利益、促进共享发展为政策目标，而不能将目标与手段本末倒置，为"混"而"混"。

---

① 参见《理直气壮做强做优做大国有企业 尽快在国企改革重要领域和关键环节取得新成效》，《人民日报》2016 年 7 月 5 日，第 1 版。

一 国有企业混合所有制改革应有利于国有资本放大功能进而壮大国家综合实力

在积极发展混合所有制经济时，要实现中共十八届三中全会关于"有利于国有资本放大功能、保值增值、提高竞争力，有利于各种所有制资本取长补短、相互促进、共同发展"的混合所有制改革目标，应当在具体政策上明确对哪些做法予以积极鼓励和支持，对哪些做法加以控制和规范，以避免走偏。在国有企业引入合作者、增量或存量资本改革、主业与辅业产权改革及利益关系处理等方面，如果方向模糊，就有可能发生有人借机浑水摸鱼、偷梁换柱现象，不仅造成国有资产流失，还会导致国有企业转型升级困难和创新发展能力、核心竞争力削弱，进而导致国有资本功能萎缩，将不利于社会主义初级阶段基本经济制度的坚持和完善，对沿着中国特色社会主义道路前行构成严重干扰。

1. 引入合作者时应有利于国有企业转型升级和创新发展，避免单纯引资的做法

国有企业实行混合所有制改革时所引入的合作者，如果彼此能够取长补短、相互促进，将有利于完善治理结构，增强市场开拓能力和创新发展能力，促进国有企业转型升级和各类所有制经济共同发展。

在实践中，应吸取单纯引入资本的教训。在这方面，自20世纪90年代以来，已经有很多引入的战略投资者实际为战略投机者的教训。中国石化在香港上市时，吸引了英国石油公司、荷兰皇家壳牌集团和美国埃克森美孚公司三大外国战略投资者，而当中国石化和中国石油股价处于高位时，这些所谓的战略投资者在抛售股票大捞一笔后，溜之大吉。埃克森美孚公司以每股1.16港元买进中国石化，在股价高位时陆续抛出，获利112亿港元。2004年的头两个月，英国石油公司抛售35亿股中国石油和18.3亿股中国石化股票，获得108亿港元的收益。荷兰皇家壳牌集团也先后抛售持有的约19亿股中国石化股票，获利58亿港元。① 不仅如此，国际资

---

① 郑良芳：《对引进境外战略投资者的几点看法》，《银行家》2005年第11期，第58~59页。

本还通过唱空中国的经济、国有企业、股市，在中国股市低迷之际，以低价参股购买国有商业银行等国有企业资产，在股价升到较高时抛售股票，悄然而退。一些国内非国有资本也采取过类似做法，如借机甚至创造机会打压股价，以便低价入股，然后通过营造多种"利好"来推高股价，获取暴利后退出。可见，单纯以引入资金为目的混合所有制改革，引入的很可能不是战略合作伙伴，而是战略投机者，在不经意间，财富就被如此"战略合作者""合法""取"走。在调研中，被访企业负责人对既不能带来先进技术、先进管理理念和方法，又无助于市场开拓、产业链的延伸、产业的转型升级和创新发展的混合所有制改革，表示了深切的担忧。实践反复表明，国有企业如果为"混"而"混"，只是多了一个分蛋糕者，甚至是投机者"取"走全民和国有企业利益，不仅对国有企业的发展不利，对整个国家经济社会的持续稳定发展也不利。

为"混"而"混"的改革，与国有企业已成为充满生机和活力、有较强竞争力的市场主体的地位不相符。20世纪90年代，在建立社会主义市场经济体制进程中，市场的放开速度相对较快，国有企业建立现代企业制度的改革复杂而艰难，不可能一蹴而就，加之国有企业办社会的沉重负担还未来得及剥离，与非公有制企业不是站在同一个起跑线上。如此，有些国有企业陷入困境，少数甚至濒临破产。基于这种态势，国家在国有企业改革上抓大放小，引入外资和民间资本对国有企业进行股份制改革，或把小型国有企业改成非公有制企业，很多地方在执行中甚至走偏实行"靓女先嫁"。而今天，续存下来的国有企业通过建立现代企业制度的改革，治理结构及机制逐步完善，独立经营能力日益增强，加之办社会的沉重负担逐步得以剥离，形成了适应市场经济的发展机制，特别是在克服2008年国际金融危机中显示出较强的生命力，从中还很好地抓住了机遇而实现了新的发展。美国《财富》杂志发布的2015年世界500强企业名单中，中国上榜企业106家，仅国务院国有资产监督管理委员会监管下的中央企业就占据了47席。① 如此，单纯以引资为目的的混合所有制改革的紧迫性和必

① 王俊岭：《国企改革关键期须防三大误区》，《人民日报》（海外版）2015年7月24日，第2版。

要性已不存在。

国有企业通过实施混合所有制改革，转型升级和创新发展是应有之义。就整个国家而言，中国产业仍处于价值链的中低端，国有企业应通过与非国有企业开展合作，促进产业链与价值链的融合发展，逐步构建整个产业向高端迈进的机制。不少国有企业已步入这样的发展路径，促进产业的整合、研发的整合、品牌的整合、市场的整合，从而促进整个产业步入转型升级和创新发展之路。这才是国有企业实施混合所有制改革应实现的目标。

2. 完善产权结构时应鼓励和支持增量资产改革，避免造成国有资产流失的做法

国有经济既有量的问题，也有质的问题。在量的方面，自对国有企业实施抓大放小改革以来，国有经济占整个国民经济的份额已明显下降。而今，在实施混合所有制改革时，对于国有经济量的多与少，是"国进民退"还是"民进国退"，都不能用扭曲市场的办法，而应当尊重市场规律，遵守宪法关于社会主义的公共财产神圣不可侵犯、公民的合法私有财产不受侵犯的规定。

现在，一些地方在实施国有企业混合所有制改革时，仍然沿袭以往的思维方式，热衷于在存量资产上做文章，而不主动从增量资产上着手。其动因是，将国有资产转让给非公有制企业，不再是因为国有企业生存困难而"甩包袱"，而是地方政府可以从中获得利益。这样的改革，不区分国有企业经营发展情况的好坏，对经营状况和效益较好的国有资产采取一卖了之的办法，实际上是把混合所有制改革当作私有化的机会。当然，不是国有企业存量资产不可以进行混合所有制改革，而是应当注重区别企业所属产业是否关系国计民生、其经营状况如何，考虑改后国有资产在企业资产中所占比重等。

由于中国仍处于发展战略机遇期，在新常态下，经济发展空间仍然较大，国有企业也同样有较大发展机遇。鉴于此，应当鼓励在发展新的项目时，通过引入合作者，集聚增量资产。如此，既可以避免国有资产流失，又可以促进国有资产保值增值，实现股权结构和治理机制的完善，以及实现资金、技术、市场、品牌的优化整合。不仅如此，在市场机制下，对国有企业参股非公有制企业发展混合所有制经济，也应当给予积极的政策支持，而不是扭曲市场而硬推"国退民进"。否则，与中共十八届三中全会将发展混合所有制经济定位为基本经济制度的重要实现形式、国有资本保值增值和功能放大的要求不符，也就掉入了新自由主义主张私有化的陷阱中。

3. 存量资本盘活时应有利于发展优势的厚植，避免削弱国有企业主业和核心竞争力的做法

国有企业实施混合所有制改革是否适宜或区分公益性与非公益性、垄断性与竞争性成为讨论的焦点。这种讨论确实有现实意义，但也存在一些问题，如没有触及改革目的如何实现，即发展混合所有制经济是基本经济制度的重要实现形式和有利于国有资本放大功能，由此也可能把讨论引向实质为私有化的政策主张。怎么样才能实现中共十八届三中全会关于发展混合所有制经济是基本经济制度的重要实现形式、有利于国有资本放大功能的定位这个目标，还需要有一个实践探索的过程。在实施国有企业混合所有制改革时，除了保障国有资产保值增值外，还应当对以下问题加以注意和探索解决。

第一，实行混合所有制改革不能削弱国有企业的核心竞争力，而是要更加有利于核心竞争力的增强。国有企业保值增值，不仅体现在资产的数量上，还应当体现在资产的质量及其发挥出的效益上，两者不能偏颇。实施混合所有制改革，一方面，不仅要发挥规模经济的竞争优势，还要促进国有企业致力于产业向高端化迈进；另一方面，要发挥国有企业长期注重人才培养和研发积累的机制及优势，不能弃之而步入主要依赖高薪揽人才和买技术的发展之路。

第二，在集团化和专业化统分结合的经营中，实施混合所有制改革不能导致主业发展能力弱化现象的发生。集团化的国有企业在对其下的专业化辅助企业实施混合所有制和职工持股改革时，要处理好主业与辅业的关系，避免由于利益驱动而导致在利益分配时偏向职工持股的辅助企业，进而导致辅助企业侵食主业企业利益现象的发生。实际上，国有企业自探索产权制度改革起，至现今的混合所有制和职工持股改革，都较为普遍地存在这样的问题。例如，中国航空集团公司即发生职工持股企业"靠山吃山"，职工持股企业与主业企业发生业务关系违反国家规定，严重损害国有企业利益的问题。① 如此，将不利于国有企业核心竞争力的提升和国有资本功能的放大。

二　国有企业职工持股改革应有利于保障人民共同利益进而促进共享发展

完善股权结构，实现民有其股，② 有助于发展为了人民、发展依靠人民、发展成果由人民共享这一政策取向落到实处。国有企业职工持股改革，可以让职工在获得劳动收入的同时，也随着企业的发展而获得一份财产性收益，可以把中共十八届五中全会提出的共享发展理念落到实处，是改善收入分配、实现共同富裕的现实路径。国有企业职工持股改革的方向若正确，可形成资本所有者和劳动者利益共同体，增强职工的主人翁意识、责任感，提高其主动性、积极性和创造性，增强国有企业的凝聚力和职工参与企业发展的动力，促进国有企业治理机制的完善。但是，这一改革不是简单地让职工持有一些所在企业的股份，而是要处理好较复杂的利益关系，如果处理不当，将带来诸多负面影响。鉴于此，应正视改革中遇到的难题，在区别用增量还是存量资产让职工持股、职工持股结构和实现方式、职工持股权益等方面进行适宜的政策和制度安排。

1. 国有企业职工持股改革的难题

无论是以往的国有企业股份制改革、上市公司高层管理人员股票期权改革，还是新近的混合所有制改革，都对职工持股改革进行了实践探索，有成功的经验，也有值得吸取的教训。从改革历史和现实实践看，国有企业职工持股改革有以下三个难题。

一是如何处理好国家与职工的权益关系。国有企业职工持股改革要实现国有资产保值增值与调动职工积极性的有机统一。在用存量资产实施职工持股改革时，存在国有资产流失的可能。20 世纪 90 年代，国家对国有

---

① 《中共中国航空集团公司党组关于巡视整改情况的通报》，人民网，http://politics.people.com.cn/n1/2016/0129/c1001 - 28094965. html，最后访问日期：2017 年 7 月 10 日。

② 郑有贵：《夯实共享发展的基础》，《红旗文稿》2016 年第 5 期。

企业实行抓大放小，建立以明晰产权为核心的现代企业制度。这一改革使国有企业逐步成为能够独立经营的适应社会主义市场经济的市场主体，同时也在一定程度上造成了国有资产流失的问题。实行职工入股改革时，除有些国有企业资产被低估外，部分企业由于处于工资都不能全额发放的困难境地；职工完全交纳现金入股，不仅能力有限，还对企业发展缺乏预期，因而职工现金入股的积极性不高，只好采取一些"变通"办法。例如，有的国有企业将计划工资总额与实际工资总额之间的差额，折算为职工现金入股，使职工持股烙上了明显的身份股的痕迹，也在一定程度上导致国有资产的流失。现在有些国有企业或国有控股企业用存量资产进行职工持股改革，也存在国有资产流失的可能。例如，上市公司通过二级市场回购股票方式让职工持股。其中，如果是职工出资，是不存在国有资产流失的问题；如果是由上市公司出资，不仅会导致国有资产流失，还会导致二级市场投资者权益受损失。对此，在认识上不能模糊。

二是如何处理好骨干职工与一般职工、老职工与新职工的权益关系。国有企业职工是平均持股，还是差异化持股？职工平均持股存在吃"大锅饭"的问题，职工数量大的企业可以实现有福共享，但不能很好解决有难共担的问题；一般职工和骨干职工的积极性都难以充分调动起来，会导致高端人才难以引进和人才流失的问题。国有企业仅实行骨干职工持股，于理于法都难以成立。一方面，国有企业职工持股本来就会对其全民所有属性构成冲击，即将本是全民所有的财产划转为职工所有，会在一定程度上导致国有资产的流失。另一方面，仅让少数骨干职工持股，将国有资产划转到更小的群体范围，剥离了一般职工的权益，一般职工只有劳动收入，结果会在企业内部导致收入差距拉大的问题。如此一来，国有企业在促进共同富裕的道路上，不仅没有担当起其使命，还会朝着相反的方向发展。另外，由于国有企业职工持股一般是在改革时一次性完成，如此，改革前后职工存在不同的待遇，前者持股，后者不持股，对后者缺乏激励，对此也需要正视。

三是如何处理国有企业职工持股与社会投资者持股的权益关系。这两者持股存在诸多差别，根本缘于在不同历史条件下持股实现方式及其功能不同。第一，解决资金约束困难的历史背景不同。在20世纪90年代，很多国有企业在生存发展困难之际，难以获得银行贷款，而资本市场发育又不充分，职工出资入股成为解决企业资金短缺困境的现实途径之一。现在，国有企业自身发展态势良好，资本市场的发展也为其融资提供了更多机会。换言之，前一时期职工入股对国有企业解决资金短缺问题是雪中送炭，而后一时期则只是锦上添花。第二，实施激励的程度不同。20世纪90年代与现在存在较大差别，前一时期是国有企业职工出资入股使企业摆脱资金短缺困境，即在一定程度上是一种责任担当。现在国有企业职工持股，是在多种所有制经济发展起来后，面对各类企业高薪揽人才、资本收益丰厚的新情况，更多的是解决付出与回报不对称而导致激励不充分的问题。

正是这样一些具有时代特征的背景和功能的差异，带来了股权获得条件和处置方式不同等问题。国有企业职工获得的股权，有的是产权制度改革初期获得的股权，有的是激励高层管理人员的股票期权，有的是从二级市场上回购的股权，其中或多或少是与国有企业职工身份对应的制度安排或政策惠及；社会投资者入股，除了有利益输送的不正常交易外，一般是在市场交易中获得，价格随行就市。尽管股权获得的条件不同，但同股同权，国有企业上市后，职工也与社会投资者一样，可在二级市场上卖出所持股票。这就使职工持股的功能发生变化，劳动者和资本所有者利益共同体被构解，职工也变成了单纯的投资人，有的还变成了投机者，如有些企业的高层管理人员甚至利用与社会投资者在信息上的不对称从中渔利，损害社会投资者的利益。

2. 实现国有企业职工持股改革预期目标的思路

破解国有企业职工持股改革中遇到的难题，实现预期目标，可从以下三个方面完善政策和制度。

一是区分用增量资产还是存量资产让职工持股的不同情况，鼓励支持前者，严格规范控制后者。国有企业现今实行职工持股改革，不再是因生存发展陷入困境而"甩包袱"，而是为促进资本所有者和劳动者利益共同体的形成，实现共享发展。鉴于此，从实现国家发展国有企业的战略目标出发，对用增量资产让职工持股的改革给予积极鼓励和支持，如鼓励支持上市公司向职工定向增发新的项目。为了避免国有企业职工持股改革对社会投资股东权益的稀释，又因职工持股带有一定程度的身份股、贡献股性质，在职工现金入股的基础上，用国有企业上缴的部分利润，对职工持股予以少量的补贴，以促进劳动者和资本所有者利益共同体的形成。相反，在用存量资产让职工持股时，包括上市公司在二级市场回购股票等，都应吸取以往国有资产流失和社会投资者权益稀释的教训，采取区别对待、规范控制和限制权益等配套措施。

二是完善职工持股结构和实现方式。在职工持股结构的问题上，要以实现共享发展为方向，让发展成果更多更公平惠及全体人民，调动各类职工的积极性。鉴于职工平均持股或完全由骨干职工持股的弊端，需要探索骨干职工与一般职工持股结构的均衡点，并加以规范。可通过新增发展项目，在自愿的基础上，对职工进行普惠性持股，并对骨干职工持股实行一定程度的倾斜。通过职工持股结构的完善，避免吃"大锅饭"现象，形成对各类职工的激励，发挥好高端人才在企业创新发展中的引领和推动作用。

三是规范职工持股权益。国有企业持股职工与社会投资者理应同股同权。然而，由于国有企业职工持股与社会投资入股在功能和获得条件上不一定是一样的，从保障各类投资者权益和更好发挥职工持股作用出发，对职工持股权益不能一刀切。对职工出资进行定向增发获得股权的，应与社会投资者权益相同；对通过股票期权和上市公司从二级市场回购股票后划作职工持股的，由于其带有一定程度的身份股、贡献股性质，同时要正视其因使用企业资金而在一定程度上稀释了包括国家在内的所有投资人的权益。鉴于此，应当对后者加以研究，做出规范，如除享受分红的收益权外，对其在二级市场上出售、向他人转让等，应当有一定的控制和规范，甚至与是否在职在岗挂钩，形成国有资产无事实上的流失或稀释，也形成有利于新职工的激励机制。对上述所说通过少量补贴实现职工持股的，也要做相应的政策安排。如果持股职工完全与社会投资者一样，不分股权如何取得，不分其功能，那就形同炒股，在现今国内外资本市场已发展到体量和范围较大的程度下，实行职工持股改革的意义也就丧失了。

郑有贵 中国经济史学会副会长、中国社会科学院当代中国研究所第二研究室主任、研究员，主要研究领域为中华人民共和国经济史、"三农"史。承担课题约 70 项。其中，主持完成国家社会科学基金重点项目、中国社会科学院创新工程项目、农业部软科学委员会课题、国家发展和改革委员会规划司课题、中国科协课题、中华农业科教基金课题等约 30 项。作为独立作者、第一作者、主编出版了《中华人民共和国经济史》、《目标与路径：中国共产党"三农"理论与实践 60 年》（庆祝新中国成立 60 周年全国百种重点图书）、《一号文件与中国农村改革》（纪念改革开放 30 周年全国百种重点图书和"十一五"国家重点图书）、《中国共产党"三农"思想政策史》、《中国共产党"三农"思想研究》、《中国土地改革研究》、《当代中国农业变革与发展研究》、《中国传统农业向现代农业转变研究》等著作。

21 世纪海上丝绸之路倡议实施中的
国企地位与作用

——以招商局为中心的探讨

王 蕾

21 世纪海上丝绸之路倡议构想宏大，涵盖经贸、投资、人文和战略互信等各个方面，表明了中国扩大对外开放、构建合作共赢新秩序的胸怀。它的实施正在改变亚欧和东非地区的经济格局，为包括中国在内的众多国家的众多产业提供了巨大的发展空间和崭新的机遇。根据相关统计，"一带一路"倡议下大部分对外投资的企业都是国有企业。2015～2016 年上半年，能源、交通运输和矿产等前十大项目投资额度占到总额的近 43%。[①]国有企业在 21 世纪海上丝绸之路倡议建设中具有较强竞争优势，投资契合当地经济发展需要，在推动沿线经济发展、优化产业结构中具有不可替代的地位，发挥着越来越重要的作用。本文以中央直接管理的国有重要骨干企业招商局集团为中心试分析之。

一 21 世纪海上丝绸之路倡议实施中的国企地位

1. 国有企业在产业布局和调整中居于实现产业集群整合的主力地位

在 21 世纪海上丝绸之路倡议的建设中，构建新的产业格局，实现产业的集约化成为共识。形成与 21 世纪海上丝绸之路相吻合的产业沿线布局，

[①] 中国社会科学院世界经济与政治研究所、中债资信联合发布《对外投资与风险蓝皮书》，2017 年 4 月 10 日。

需要一个个由可延伸度长、内容丰富、增值能力强的完整产业链组成的集群来支撑，而集群需要企业的支撑。发达国家的产业能够迅速发展，正是得益于对产业集群的有效整合。在 21 世纪海上丝绸之路倡议的建设中，现阶段中国国有企业的规模、技术水平、竞争力、管理水平普遍优于民营资本。如招商局集团截至 2016 年底，总资产为 6.81 万亿元；2016 年实现营业收入 4954 亿元，同比增长 78%；实现利润总额 1112 亿元，同比增长 34%。[①]

国有企业联合最具产业潜力的地区，集群的多点化、完整化将会形成良性循环。2015 年 6 月，国务院发布的《关于推进国际产能和装备制造合作的指导意见》将"企业主导"排在基本原则的第一位。轻工、纺织、建材等传统优势产业和装备制造业是中国国有企业在 21 世纪海上丝绸之路倡议中实现联系和互通的重点。

以 21 世纪海上丝绸之路沿线各国为产业联动体，打造海上丝绸之路产业发展动力带，是海上丝绸之路产业空间布局的核心内容。产业间的互动交流是吸引商业、旅游等产品的重要因素，在信息技术条件下，文化产业集群不再仅仅表现为传统的上下游垂直联系模式，而是表现为垂直和水平混合联系的复合模式。在这种拥有完整产业集群的复合模式下，各层次的商品联动，生命周期更长，市场反响更为深远。一是商品本身的市场，二是商品周边产品如图书、音像制品等的市场，三是商品的衍生品，包括娱乐、旅游等，形成规模效应。

21 世纪海上丝绸之路沿线的产业链较为单一，产业集群尚待培育。自 21 世纪海上丝绸之路倡议提出以来，海丝概念的强势进入，为布局相对完整的沿线产业集群、国际化与本地化的相互结合提供了后发优势的路径。政府站在产业推动者的角度，在市场开拓、技术创新、海关通关等方面对与海丝建设有关的国有企业给予了一定支持，打造海丝特色产业链。多处与海丝有关的文化产业园区和文化产业示范基地建立，企业在这些园区和基地集合，有利于增强海丝产业辐射力。2015 年 7 月，国务院总理李克强

---

① 招商局集团官网，http://www.cmhk.com/main/a/2015/k07/a199_201.shtml，最后访问日期：2017 年 8 月 19 日。

在推进中央企业参与"一带一路"建设暨国际产能和装备制造合作工作会议上批示，紧密结合"一带一路"倡议，积极推动国际产能合作，加大"走出去"力度。

2015 年 12 月，中国外运长航集团有限公司整体并入招商局，成为其全资子企业。2016 年，招商局集团有限公司成为集交通、金融、地产三大核心产业于一体的综合性大企业，成立综合物流事业部，依托中外运长航的专业化经营，打造综合物流产业。这一举动，体现了海丝背景下国有企业结构优化和未来发展的趋势，有利于带动海丝沿线产业的转型升级。

2. 国有企业在提升产业链附加值中巩固维护和传播新海丝形象的基础地位

21 世纪海上丝绸之路倡议维护和传播新海丝传统，借海丝符号获得和平发展的基本定位，具有历史的高度和广度。倡议以航路港口和海洋经济圈为载体，带动产业园、物流、海工、金融等业务发展，进一步完善了 21 世纪海上丝绸之路重要战略节点布局。这种以经济贸易为基础的开展模式回应了沿线国家民众互联互通的期待。21 世纪海上丝绸之路被赋予了以政策沟通、设施联通、贸易畅通、资金融通、民心相通"五通"为代表的新内涵，重新焕发了海上丝绸之路的生机与活力，增添了绿色丝绸之路、健康丝绸之路、智力丝绸之路、和平丝绸之路等多方面内容，具有鲜明的亚洲特色和中国特色。[①] 21 世纪海上丝绸之路所涉及的国家大部分是发展中国家，倡议自提出至今，顺应了沿线发展中国家迫切希望学习中国改革开放以来的成功发展经验的期待，激发了加快各方面合作、共同繁荣的愿望。同时，在沿线国家立足海丝倡议建设的新实践，创造了各种合作模式，获得了良好的效果。招商局集团发展港口网络，通过收购、改造和新建，形成了可控制的现代化港口链，在位于国际航运枢纽通道，扼亚丁湾、红海之地的吉布提规划新建了物流港口和工业园。

在 21 世纪海上丝绸之路倡议实施中，国有企业借助供给侧结构改革的机会，提升产业链附加值，与多产业融合布局。海丝产业链以横向联结为

---

① 习近平：《携手共创丝绸之路新辉煌——在乌兹别克斯坦最高会议立法院的演讲》（2016年 6 月 22 日），《人民日报》2016 年 6 月 23 日，第 2 版。

特点，每一环节均可独立融合其他产业，有效提升综合产值。海丝产业在"海丝＋"模式下进一步调整结构，应对业态简单、同质化的共同问题。产业附加值的整体提升，关键在于把海丝概念融合到各行各业中，形成"海丝＋旅游""海丝＋创意""海丝＋艺术品交易""海丝＋文化贸易"等创新业态。海丝形象随着所附着的新业态节点实现传播，提升市场价值，成为产业化的形式。福建省级文化产业示范基地"领 SHOW 天地"发展模式是海丝产业"文化＋"的示范。"领 SHOW 天地"现有 300 多家以文化创意、广告和电子商务为主的企业入驻，成为产值超 10 亿元的园区，其中既有国有上市企业，也有全国十佳设计企业，吸引了近 6000 名年轻创意人才创业就业。[①] 21 世纪海上丝绸之路倡议提出后，"领 SHOW 天地"充分利用海丝文化元素充实业态，不断实现海丝文化资源的产业价值。作为成果呈现，"领 SHOW 天地"先后推出"100YOUNG"羊雕群展、文泽艺术馆石雕展等具有海丝文化内涵的艺术创作。

3. 国有企业在 21 世纪海上丝绸之路倡议前期开发中居于先导地位

在顶层设计方面，在中国经济新常态、产业结构转型和升级的大背景下，作为稳增长、调结构的重要力量，多项产业相关的项目相继被推出。在具体实践上，招商局通过打通港口与腹地之间的公路、铁路运输通道，在港口腹地集中力量开发产业园区、物流园区、自由贸易区等，复制我国经济特区、经济开发区、保税港区、自由贸易区等经验，汇集我国产业经营、工程建设、园区开发、金融服务等资源，促进我国优势产能集群在当地落地生根。

贷款贴息、债券贴息、保费补贴等成熟模式也进一步机制化。2014 年3 月，文化部、财政部、中国人民银行共同出台了《关于深入推进文化金融合作的意见》，明确文化与金融合作已经成为我国文化创意产业持续发展的重要动力。文化产业的特点是前期开发成本昂贵，因此必须保证投资规模。一批文化产业的优质项目开始投入运作。文化部直属大型中央文化企业中国文化传媒集团在福建平潭推进第一个文化综合体建设项目"中国

---

① 《丝海扬帆文创护航——2015 年泉州文化产业发展亮点纷呈》，《泉州晚报》2016 年 1 月 21 日。

海洋文化中心"，项目计划投资 30 亿元，包括大型演艺会展中心、国际艺术品交流中心、总部基地大厦和艺术家创意设计中心。截至 2015 年，新三板挂牌的文化传媒类企业已有 63 家，融资额为 17 亿元。文化产业的债券市场也在迅速发展。截至 2015 年 4 月末，共有 128 家文化企业通过银行间债券市场发行了 524 支债券，累计融资 4703.4 亿元。① 近年来，中国积极推动人民币跨境结算，规划区域金融中心建设，加快在沿海国家设置金融机构，这些都为海丝文化产业的未来注入了新的动力和活力。

二　21 世纪海上丝绸之路倡议实施中的国企作用

1. 在促进与沿线国家的贸易平衡基础上创新贸易方式

从重要通道来看，海洋是中国开放型经济持续快速发展的重要支撑。21 世纪海上丝绸之路的受益地区是全局性的，不仅可以促进中国的经济改革、产业升级创新，也能够为沿线国家和企业的经济注入强大的增长潜力。沿线海洋基础设施建设不仅可以促进沿线国家的经济繁荣，为当地提供就业机会，而且会对世界经济资源有效配置产生影响。中国对外贸易 90% 的运输量是通过海上运输完成的。中国港口货物和集装箱吞吐量均居世界第一位，拥有世界上最大的集装箱船队。2015 年通过希腊比雷埃夫斯港的商务集装箱达 335 万箱，其中 300 万箱来自中远集团。21 世纪海上丝绸之路建设为海洋文化的发展创造了新的发展机遇。中国与海丝沿线国家加速发展战略对接、深化海洋合作，正在进发出巨大的发展合作潜力，走上一条互利、共赢、共享之路。招商局以港航起家，是目前中国最大、世界领先的港口投资运营商，其依托港口网络建设落实 21 世纪海上丝绸之路倡议。近年来，招商局大力推进港口设施建设，通过收购、改造和新建，形成可控制的现代化港口链，满足日益增长的贸易需求，充分发挥在互联互通上的基础性作用。

国有企业在创新贸易方式、大力发展跨境电子商务、完善区域营销网

---

① 《128 家文化企业银行间债券市场融资总额达到 4703 亿元》，中国经济网，http://www.ce.cn/culture/gd/201507/20/t20150720_5980994.shtml，最后访问日期：2016 年 1 月 20 日。

络、坚持进口与出口并重、促进与沿线国家的贸易平衡上具有支柱性的作用。在中国—东盟博览会、中国—南亚博览会、中国国际投资贸易洽谈会等 21 世纪海上丝绸之路经贸交流平台上，国有企业活跃积极，推动了服务贸易和货物贸易协调发展。海丝沿线国家和地区各具发展需求和相对优势，加速融合发展，对贸易合作有着巨大需求。招商局以"区港联动、以点带面、集中开发、落地生根"为贸易理想，连接有巨大发展潜力的欠发达地区与世界贸易网络，吸引劳动密集型或资源密集型产业从高劳动力成本和资源匮乏型国家转出，力图开创新的贸易路径。尤其值得总结的是招商局"前港、中区、后城"的创新模式，模式包括以港口为核心的全链条商贸生态体系、全球关口联盟平台、建立以人民币为中心的清算体系等内容。"前港"是指新建的港口或升级的已有港口，"中区"是指供工业所用的出口加工区、自由贸易区、保税仓库等，"后城"是指住宅区和商业区。这一模式实现了航、港、产、城联动，以港口带动产业园、物流、海工、金融等业务走出去，进而为中国企业"走出去"提供支持。①

2. 在尊重客观经济规律的基础上提供有效国际公共产品，发挥为互联互通建设、金融合作奠定基础的作用

着眼大局，尊重客观经济规律，实实在在地提供国际公共产品，建设和改善铁路、公路、航空、港口等互联互通基础设施通道，在经贸、产业合作中提升各方面交流合作的能力是 21 世纪海上丝绸之路倡议的题中之义。倡议不可能一蹴而就，而是一个循序渐进的过程，海丝沿线大部分国家基础设施相对落后，亟待得到大幅度的改善。由于周期长、收益低，基础设施建设领域是私人资本与私有企业通常不愿意介入的。而对于国有企业来说，基础设施建设不仅是贯彻 21 世纪海上丝绸之路倡议的必要体现，也是消化和转移国内产能的重要途径之一。

近些年来，中国以大国的胸怀和担当，采取实际举措首先着力实现沿线国家双边多边公路、铁路、港口、能源、通信等基础设施连接的客观一体化。资金融通是落实倡议、实现互联互通的核心组成部分，中国积极推

---

① 李满、郑彬、张任重：《打造"丝路驿站"，实现共享发展》，《经济日报》2016 年 4 月 8 日。

动组建"一带一路"建设中长期资本聚合平台。2014 年 10 月 24 日,中国宣布筹建亚洲基础设施投资银行,由包括中国、印度、新加坡等在内的 21 个国家共同投资设立,总部设在北京。亚投行在试运行 10 个月时间里投资了六个项目,完成了 8.09 亿美元投资量。2016 年 1 月 17 日,亚投行正式开业,来自五大洲的 57 个成员代表共同见证首个由中国倡议设立的多边金融机构起航。在开业仪式上,习近平在致辞中阐释了亚投行成立的重大意义,指明了亚投行运营和发展方向,表达出中国与世界共创未来的真诚意愿。

2014 年 11 月 8 日,中国宣布筹建丝路基金,由中国出资 400 亿美元成立。[①] 首期资本金 100 亿美元中,外汇储备出资 65 亿美元。2015 年先后宣布了三单项目投资,21 世纪海上丝绸之路正在实现与沿线国家的战略对接,为倡议的落实增添稳定因素。基础设施的硬件联通带动了沿线经济贸易有效增长,中国与沿线国家的经济合作伙伴关系更为紧密。古代海上丝绸之路的一大特点就是以贸易经济融合创造文化融通的氛围,把经济的互补性转化为看得见的利好。招商局就利用港口和园区的发展,通过工业化提高人民生活水平,促进人口增长,在港口和园区周边建设发挥城市功能,又通过城市化反过来提升工业区和港口的价值。21 世纪海上丝绸之路是经贸文化之路,更是沿线国家民众情感沟通之路,重在以获得感赢得认同感。实际上,沿线国家民众的认同感也有利于激发市场活力,培养消费力和新的消费增长点,创造海丝文化潜移默化深入民众的条件。

3. 带动沿线国家产业升级和工业化水平提升,促进资源共同开发和当地民生改善

自 21 世纪海上丝绸之路倡议提出以来,中国在海丝沿线国家的主要交通节点和港口,共建了一批经贸园区,吸引各国企业入园投资,形成了产业示范区和特色产业园。其中,国有企业以其实力强劲的产能、丰富的对外经济交往经验,在推进产业升级方面起着带头作用,成为促进资源共同开发和当地民生改善的主力军。主要表现在以下几个方面。与沿线国家能

---

① 《习近平主持加强互联互通伙伴关系对话会并发表重要讲话》,《人民日报》2014 年 11 月 9 日,第 2 版。

源、资源开发合作得到加强，实现了开采、冶炼、加工一体化发展。海水养殖、远洋渔业加工、海洋生物制药、海洋工程和海上旅游等海洋产业合作得到深化。2015 年 7 月，国资委发布的《"一带一路"中国企业路线图》公布了中央企业参与的一系列大项目，涵盖了电力、轨道交通、建材、通信等多个领域。"走出去"为海丝沿线国家政策对接和人文交流创造了条件，推动中国与沿线国家形成高层次、多领域、全方位的合作新格局。招商局集团在吉布提的投资有效地提升了其国家经济力。吉布提国家面积小、人口少、劳动力成本低、失业率高，与欧洲等发达国家有出口关税减免的协定，具有发展外向型劳动密集型产业的潜力。中国国有企业作为国家实力和形象的代表，其投资在东道国民生改善方面贡献良多，赢得了广泛好评。①

海丝沿线口岸依据不同的要素禀赋，地缘文化潜力得到较大提升。希腊地处欧洲、亚洲与非洲三大陆的交界处，成为亚洲通往欧洲的最佳通道。2016 年，中国远洋运输集团与希腊国家私有化委员会签署协定，收购希腊最大港口比雷埃夫斯港务局 67% 股权。根据协议，购买比雷埃夫斯港经营权协议的总价值达 15 亿欧元。中远集团此次投资，使希腊成为 21 世纪海上丝绸之路的欧洲首站，打开了中国与西方世界、亚洲与欧洲之间的贸易通道。中远的目标是将比雷埃夫斯港口打造成全欧洲最大、最现代的港口，在未来几年内将集装箱运输量提升至 700 万箱。截至 2016 年，比雷埃夫斯港在欧洲至地中海地区的排名已经上升至第 3 名，世界排名也从2010 年的第 89 名上升至第 39 名。②

三　结语与展望

中国国有企业与世界一流水平有着较大差距，21 世纪海上丝绸之路倡议的建设给国有企业做强做优、增强国际竞争力带来了前所未有的契机。其一，海丝之路倡议从结构调整和产业布局上，建立健全现代企业产权制度，为合理配置资源提供了更广阔的空间。"十三五"期间，招商局集团

---

① 刘青山：《吉布提港口"一港五通"》，《国资报告》2017 年第 5 期。
② 海尔、李雨蒙：《希腊成为海上丝绸之路欧洲首站》，《中国民商》2016 年第 9 期。

将强化战略引领，坚持以市场化为核心持续深化改革创新，推动企业跨越发展，加快建设成为具有国际竞争力的世界一流企业。①

其二，21世纪海上丝绸之路倡议对国企制度改革的实践价值。大批在功能分类基础上兼并重组后的国有企业形成合力，交通运输、装备制造、能源发电等领域的国有企业的整体竞争实力更为雄厚，如中国南车和中国北车合并、中电投与国家核电合并。相应的，在制度建设、投资、文化交流等方面与沿线国家的合作范围将不断拓展、合作力度将不断深化、合作效果将不断提升。在国有企业产权制度改革中，马克思主义产权理论在为国企产权改革提供理论基础的同时，也因国企产权改革的不断实践而获得了理论新发展的基础和实践平台。21世纪海上丝绸之路倡议的实践从法人治理结构、产权多元化以及借鉴西方产权思想等不同方面深化了马克思主义产权理论。

其三，21世纪海上丝绸之路倡议的实施作为涉及面广泛的新实践，必然为国企改革和发展带来新的探索和理论总结。如国企产权改革是我国企业改革的重要组成部分，国企产权改革股份制或混合所有制的路径创新；协同政府、企业和其他各类资源的途径和方式；海外投资面对沿线国家投资环境和经济形势风险的经验，国际汇率波动风险、工程承包或建设中可能遇到的各种文化风险和本土化问题的识别防控；如何带动在科技、服务等领域拥有比较优势的民营企业和社会资本"国民共进"，共同参与21世纪海上丝绸之路倡议；等等。

王蕾 中国社会科学院当代中国研究所助理研究员。2010年毕业于中国人民大学，获博士学位，主要研究领域为中华人民共和国经济史。

---

① 李建红：《招商局集团："十三五"的改革创新之路》，《国资报告》2016年第12期。

国企在改革开放中的战略性[*]

——基于大连重工·起重集团历史的探讨

严　鹏

国有企业在中国社会主义市场经济体制中占有举足轻重的地位，国企改革在整个国家的改革开放大业中亦属于核心内容之一。当前，国企分布于国民经济的各个领域，而在关系国家经济命脉与军事安全的战略性产业中尤为突出。正是在战略性产业中，国企的战略性地位得以凸显，而其在改革进程中所面临的问题尤其值得探讨。大连重工·起重集团有限公司（下文按业内俗称简写为"大重大起"）是一家历史悠久的国有重型机械制造企业，目前在大型船用曲轴的制造上取得了突破，使中国跻身为世界上具有相关技术能力的屈指可数的几个国家之一，充分体现了国企的战略性。本文拟从历史演进角度梳理大重大起技术能力的形成过程，^① 并从理论角度分析国企发挥战略性作用所面临的问题及解决途径。

一　奠基：计划经济时代的企业形成与发展

大连重工·起重集团有限公司是在大连重型机器厂和大连起重机器厂

---

*　本文所用访谈记录皆有录音存底，一切文责由作者承担。

①　本文在很大程度上借用了钱德勒（Alfred D. Chandler, Jr.）的理论，将企业的组织化能力（organizational capabilities）演进视为一个动态的学习（learning）过程。企业在进入新的产品领域时通常需要克服各种壁垒（barrier），而克服壁垒需要在学习过程中积累能力。钱氏理论的简单框架见 Alfred D. Chandler, Jr., *Inventing the Electronic Century: The Epic Story of the Consumer Electronics and Computer Industries* (Cambridge: Harvard University Press, 2005), pp. 2 - 5。

合并的基础上形成的国有装备制造企业。2011 年，大重大起以优良资产和主营业务实施重大资产重组，成立了大连华锐重工集团股份有限公司（简称"大连重工"）这一控股子公司。[1] 企业拥有 9 个分公司、14 个全资子公司，2 个控股子公司和 3 个参股子公司，现有从业人员 10000 余人，总资产近 200 亿元。大连重工目前形成了冶金机械、起重机械、散料装卸机械、港口机械、能源机械、传动与控制系统、船用零部件、工程机械、海工机械九大产品结构，服务领域涵盖了国民经济的基础部门与战略部门，是中国重型机械行业的大型重点骨干企业。[2] 追根溯源，大连重工的母体形成于计划经济时代，企业的技术能力也是在长期发展过程中逐渐累积起来的。由于企业系合并而成，故必须分别追溯其发展历程。

大连重型机器厂是大连重工的母体之一，其历史可追溯至 1914 年日本人在大连南沙建立的大连铁工厂。初建时，该厂仅有 1 个翻砂厂和十几个员工。1917 年，工厂改组为株式会社大连机械制作所，企业在厂房、设备等方面开始扩充。随着日本在中国东北的侵略扩张，大连机械制作所也不断扩大规模，资本由 1917 年的 200 万日元增至 1939 年的 3000 万日元，生产活动亦由简单的翻砂升级为压路机、锅炉、铁路机车、飞机零件等复杂产品的制造。自然，类似履带式铁甲车、75 山野炮弹弹体等用于侵略战争的军火，该厂也少不了为日军生产过。1943 年，大连机械制作所达到其巅峰，资本增至 6000 万日元，职工人数达到 6508 人，占地 65 万平方米，有机械设备 1613 台、电气设备 1057 台，实际年产蒸汽机车 60 辆、铁甲车 72 辆、客车 60 辆、铁路道岔 3500 组、氧气 50 万立升。[3] 这一生产技术水平在近代中国是颇具实力的，但该厂产品图纸大部分由日本国内提供，大型铸锻件也由日本国内供给，体现了鲜明的殖民依附特点。日本投降后，大连机械制作所的绝大部分设备被苏军拆运，"剩下的只是几台难以拆运的水压机和几十台在野蛮拆卸中被毁坏的陈旧设备及几千吨钢材"，少数留

① 因大重大起目前大重大起的主体所在，故本文研究对象主要指大连重工。
② 《大连重工·起重集团股份有限公司/大连华锐重工集团股份有限公司》，2016 年 8 月，第 3 页。
③ 当代中国的重型矿山机械工业编辑委员会编印《大连重型机器厂厂史（1949～1983）》，1987，第 2～4 页。

在工厂的职工利用积存原料为苏军制作单杠、双杠、铁床，为市场生产炉子、烟筒、铁铲子、火钩子等生活用品。可以说，从产品来看，大连机械制作所的生产一度退化了。此时的大连机械制作所实际上被中国共产党党组织接收了。不久，该厂被改组为军工厂，利用日本投降前的专用机床生产炮弹弹体。此后，该厂合并了裕民机械工厂、长兴铁工厂和大连铸造工厂这3家同样由日本人在投降前创办的企业。1950年，该厂被东北人民政府接管，易名为东北机械工业管理局第二十厂。①

尽管原大连机械制作所的主要生产设备被苏军拆运回国，但该厂留用了日籍技术人员，这些日籍人员构成了中华人民共和国成立后企业最初的技术力量。据记载，中华人民共和国成立初期，全厂只有20余名技术人员，除一位德国工程师外，80%是留用的日籍人员。在日籍人员的指导下，几名刚毕业的中国大学生，利用日本图纸，采用日本标准，模仿设计了120马力高压水泵、0.5吨~1吨蒸汽锤、12吨压路机、300马力空气压缩机、200吨水压机等产品。中国设计人员进步得很快，到1952年底留用外籍技术人员遣返回国时，中国设计员已经能够独立承担起工厂的产品设计任务。② 可以说，跨越了1949年的东北机械工业管理局第二十厂，直到1950年代初期，仍然延续了日本的技术传统。但与整个国家一样，企业的技术轨道在"一五"计划期间发生了改变。1953年，该厂易名为大连工矿车辆厂，改由中央人民政府第一机械工业部（简称"一机部"）第三机器工业管理局管理。新的厂名已经指明了企业的主打产品，收归中央管理则改变了企业的性质与地位。更为重要的则是，工厂开始学习和推广苏联的经验，并开始按苏联图纸制造产品。从1954年起，包括称量车、铁水车、渣罐车、铸铁机、盛钢桶等产品在内的苏联图纸源源而来，苏联专家亦时常来厂指导。尽管从1956年起，企业开始依靠自己的力量修改设计和自行设计，但重要产品如成套的BP型焦炉机械、轧机升降摆动台、钢轨加工线等，仍然是参照苏联专业书籍、图纸资料和标准资料模仿设计而成的。③除了产品设计外，该厂在"一五"期间还引进了苏联、捷克和波兰的机

---

① 《大连重型机器厂厂史（1949~1983）》，第6、31页。
② 《大连重型机器厂厂史（1949~1983）》，第30~33页。
③ 《大连重型机器厂厂史（1949~1983）》，第59~60页。

床，改变了机械加工工艺。1956 年，该厂学习和推广了苏联高速精车的先进经验，将正切刀具改为反切弹簧式刀具，用于加工大轴，将效率提高了 33 倍。同年，二金工车间的铣工卢盛和试验成功高速铣削法，使加工 60 吨底开车轴承的效率提高了 1.5 倍。① 机械加工工艺的进步，反映了企业制造能力的实质性提升。

与此同时，大连工矿车辆厂在"一五"期间，出现了产品结构由工矿车辆向重型机械转移的趋势。这一趋势的出现，当与中国工业化的大规模开展产生了对冶金设备等重型机械的需求有关，而大连工矿车辆厂有能力满足这一需求。1959 年，该厂生产的轧钢设备比 1958 年增长 279%，炼焦设备是 1958 年的 4 倍多，工矿车辆产品则大幅减少，故该年成为企业发展史上一个重要转折点。不过，1974～1975 年，该厂仍然大批量生产冶金车辆。② "文革"期间，该厂与一般企业一样，"遭到了巨大的损失"，但也生产出了半连续轧机、"Y"型轧机、大容量铁合金电炉、大容积焦炉机械、转子式和侧倾式翻车机、堆取能力每小时为 800 吨至 1250 吨的大型堆取料机等具有当时国内先进水平的新产品。该时期企业的设计科一度解散，人员下放到农村，使设计工作受到很大冲击。但企业的连铸设备进入独立设计阶段，焦炉机械完成了系列化设计，液力传动试验室也建立起来了。因此，综合来看，大连工矿车辆厂的技术与制造能力还是呈发展态势的。1977 年，大连工矿车辆厂的产品结构发生了很大变化，上一年成批生产的冶金车辆和森林台车总量分别减少了 56% 和 50%，总产量比上一年减少 47.8%，但是，技术复杂、工作量大的轧钢设备主机生产比上一年有了很大增长。1978 年 8 月 1 日，工厂更名为大连重型机器厂。名字的改变，意味着该厂正式进入重型机械领域，也就意味着该厂的技术能力与制造能力有了结构性的转变。这一转变的最终完成，花了数十年时间。1979 年以后，更名未久的大连重型机器厂开始了市场化改革，其内容包括"找米下锅"、"按用户需要组织生产"和"积极引进技术"等改革开放初期一般国企均采取过的经营策略。此时，该厂的技术轨道再次发生变更，由在模

---

① 《大连重型机器厂厂史（1949～1983）》，第 66～67 页。
② 《大连重型机器厂厂史（1949～1983）》，第 95、171 页。

仿苏联技术基础上的"独立设计"转为与资本主义国家"合作生产",合作对象包括联邦德国、日本与英国的企业,合作产品则包括小方坯连铸机、堆料机、取料机、铸锭车和双车翻车机等。[①]

值得一提的是,在改革开放前,大连重型机器厂就加工过大型曲轴,但系请造船厂协作。在曲轴车床这一专用机床上加工,成本高,且加工周期长。1980年,该厂用简单胎具在8米车床上加工,滚压出成品,质量很好。[②] 不过,加工船用曲轴显然并非大连重型机器厂的主要生产活动。综计1949~1983年,大连重型机器厂的产量变动情形如图1所示。

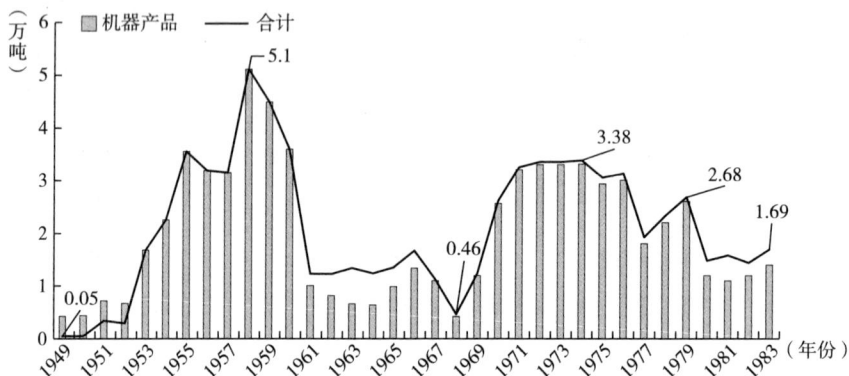

图1 大连重型机器厂产量(1949~1983)

资料来源:《大连重型机器厂厂史(1949~1983)》,第310~313页。

数据显示,1949~1983年大连重型机器厂的产量波动极大,最高产量出现于1958年,仅勉强突破5万吨,34年间的年均产量为2.1万吨,虽然为1949年产量的数十倍,但并非可观的业绩。因此,在计划经济时代,大连重型机器厂实现了产品复杂化的技术能力提升,却没有呈现产能的稳定扩张。然而,由于企业在计划经济体制下的生产任务由国家分配,故产量的有限在很大程度上也体现了国家给予的订单有限。不过,该厂1949年仅有808名职工,到1983年已增至8063名,主要设备亦从271台增加到909台,企业还是实现了规模扩张。

大连重工的另一母体大连起重机器厂最初也是日本人开的工厂,即

---

① 《大连重型机器厂厂史(1949~1983)》,第200~201页。
② 《大连重型机器厂厂史(1949~1983)》,第221~222页。

1928 年由日本人创办的启正式特许品制作所大连工厂。该厂规模甚小，至 1942 年的鼎盛时期亦仅有 317 人，年产金属房架 600 余吨。经过一系列重组、合并，该厂于 1948 年 11 月转变为金属机械厂，1951 年改为东北机械工业管理局十七厂，1953 年 9 月 1 日被正式命名为大连起重机器厂。① 1949 年，该厂仍隶属于中苏远东电业股份有限公司，被安排制造起重机，由苏联提供图纸、主要原材料和机电配套，实现了从修配厂到起重机制造厂的转型。此时，中国的起重机产品市场尚未形成，该厂产品除第一台自用外，其余均为苏联订货，由苏联外商部包销。在此基础上，1953 年，一机部明确了该厂设计目标为年产 5－30/5 吨桥式起重机 946 台计 24000 吨。② "一五" 计划期间，大连起重机器厂也得到了苏联专家的指导，并逐步过渡到自行设计产品与成批成套生产起重机阶段。值得一提的是，1974 年 1 月 17 日，大连起重机器厂向国家计委请求将冶金部为确保 "四五" 计划钢产量而拟定进口的 31 台冶金起重机转由该厂制造。2 月 12 日，国家计委会同冶金部、一机部和成套设备进口办公室研究决定，原则上同意 31 台冶金起重机转入国内制造，并于 4 月下达了 15 台转入国内生产的冶金起重机制造任务，大连起重机器厂的 "争气吊会战" 由此揭开序幕。本来，在这批冶金起重机的产品招标中，日本报价 5400 万美元，英国报价 1700 万美元，大连起重机器厂主动承揽任务后，以最快的速度、较好的质量造出了产品，为国家节省了大量外汇。③ 所谓 "争气吊"，从名称上体现了一种民族主义价值观，这种价值观构成了企业文化的精神内核，推动大连起重机器厂积极尝试进口替代，而进口替代的过程与企业能力提升的过程是一体的。④ 该厂类似的企业文化尚包括传承至今的对于焦裕禄的学习。1955 年 3 月，焦裕禄被派到大连起重机器厂实习，成为机械车间的见习主

① 大连起重机器厂志编纂委员会编印《大连起重机器厂志（1948~1985）》，1987，第 4~5、23 页。
② 《大连起重机器厂志（1948~1985）》，第 9~11 页。
③ 《大连起重机器厂志（1948~1985）》，第 18、104 页。
④ 对后起的追赶国家来说，民族主义通常是刺激工业化的有效价值观。例如，在第二次世界大战后韩国工业的崛起过程中，必须超越日本人的民族主义意识鼓舞了韩国人的奋斗。韩国现代集团的一位领导人曾对记者坦言："我们有一种和日本人竞争的意识。我们认为韩国人比日本人更聪明、更有智慧，我们脑子更好使。" 见 Donald Kirk, *Korean Dynasty, Hyundai and Chung Ju Yung* (London and New York: Routledge, 2015), p.48。

任，在该厂工作了 22 个月。当焦裕禄的事迹在报纸上发表后，大连起重机器厂开展了学习活动，搜集、整理了焦裕禄在厂工作期间的事迹。例如，时任机械车间调度员、工段长的王振松回忆："焦裕禄作为生产主任，全身心地扑在生产上。每当我提前半小时来到车间时，总能看到焦裕禄一手拿本，一手拿笔，逐一机床核实上个班次的产品零件的生产进度……焦裕禄从不坐在办公室里指挥生产，要想找他汇报工作，只有到生产现场。"[①]通过这种对先进事迹的记忆建构以及强化学习，大连起重机器厂塑造了拼搏奋进的企业文化。

1948 年，大连起重机器厂有职工 2122 人，1985 年增至 7308 人，其中工程技术人员 630 人，占职工总数的 8.6%。[②] 可以说，企业的规模有了扩大，技术能力有了提升。该厂 1949～1985 年机器产品产量如图 2 所示。

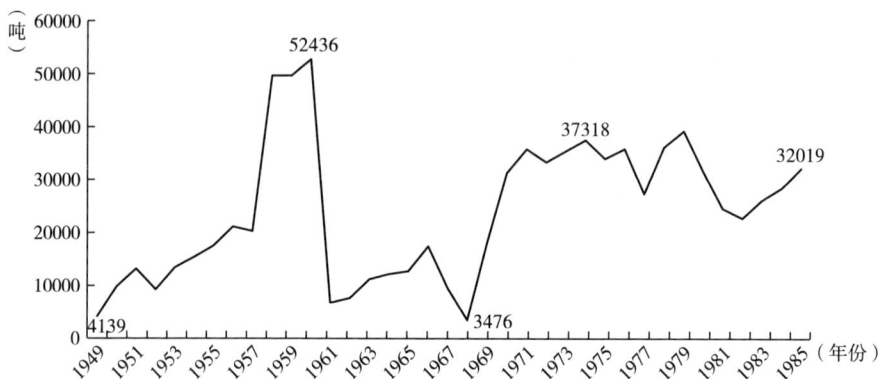

图 2　大连起重机器厂机器产品产量（1949～1985）

资料来源：《大连起重机器厂志（1948～1985）》，第 72～76 页。

与大连重型机器厂一样，大连起重机器厂在计划经济时代的生产活动也剧烈波动。在"大跃进"时期曾达到产量巅峰，但在"文革"中，机器产品产量甚至一度跌至 1949 年水平之下。这种剧烈波动，主要受政治环境影响。在 36 年的时间里，大连起重机器厂的年均产量约为 2.4 万吨，与大连重型机器厂接近。因此，这两家企业的演进轨迹有近似之处，到改革开放初期，在规模上也趋近。

---

① 大重大起焦裕禄事迹展览馆展板，2017 年 5 月。
② 《大连起重机器厂志（1948～1985）》，第 285～286 页。

总而言之，大连重工的两家母体企业，可以追溯至 1945 年前日本人在中国东北创办的企业，但在技术传承上，主要还是通过模仿苏联产品奠定基础，并实现了制造能力的提升，产品技术逐渐复杂化。因此，计划经济时代近 30 年的发展，为日后的大连重工创造了两个具有技术能力的组织平台，该组织平台在企业文化层面也有特殊的激励机制。不过，受客观环境影响，大连重工的两家母体企业在计划经济时代虽然实现了稳步的人员规模扩张，但产品产量并未出现相应的持续扩张趋势，企业经营绩效是存在缺陷的。

二 蜕变：改革开放以来企业的重组与转型

在计划经济体制下，企业发展所需要的资源由国家分配，这种分配不是均等的。自计划经济体制建立之初，中国的国企即存在级别上的差异，在这一制度基础上，同一行业内的不同企业能得到的资金、订单、政策扶持等资源亦有多寡之别。改革开放后，计划经济体制逐渐被市场经济体制取代，但国企级别的制度差异得到了延续，总体而言可划分为央企和地方国企两大类别。大重大起的两家母体企业作为地方国企，相对重机行业内的部属企业，缺乏国家计划内资源的倾斜，用企业自己的话说："所以市场一出现，我们就上市场去抢饭吃。"① 可以说，市场化改革带来的生存压力，成为大重大起演进的重要动力，划定了企业在改革开放时代的发展路径。

改革开放以后，企业开始一步步面向市场经营，"找米下锅"可谓其最初的起点。1979 年，国民经济调整，国家分配给大连重型机器厂的任务量比 1978 年减少了 1000 多吨，使该厂面临严重的停工损失威胁。为此，该厂采取"走出去，请进来"的办法，详细地向用户介绍企业产品和生产能力，主动承揽用户急需的产品、工矿配件和工艺性协作，收效良好，承揽的任务量比国家下达的产量指标增加了 25%，总产值比计划指标增加了 21.9%，上缴利润比计划增加了 43%，基本上扭转了被动局面。1980 年，该厂

---

① 大重大起座谈记录（严鹏整理），2017 年 5 月 25 日。

成立经营销售部，专门开拓产品市场，而且除了生产冶金专用设备外，还为轻工市场生产自行车曲柄27800副，为老企业的设备维修和技术改造提供备品配件2267吨，为建材工业提供组合钢模板7000立方米，为大连化工厂安装了1台推焦机，并完成工艺性协作256万元。[①] 大连起重机器厂的情形与之相似。1980年，由于国内市场起重机的需求持续下跌，该厂成立了经销科，采取多种形式加强销售工作，自揽350台共11044吨起重机的订单，全年完成起重机产量816台共30216吨，完成机器产品产量31431吨，比国家计划增长了13.4%。[②] 这可以说是典型的"上市场去抢饭吃"。

从技术上说，两家企业也都于改革开放后转换轨道，通过更广泛的国际合作拓展技术来源，提升技术能力。例如，大连重型机器厂与联邦德国的德马克公司合作生产小方坯连铸机，该产品冷加工制造技术难度很大，经过努力，该厂攻克了关键技术。该连铸机铸坯导向架的喷圈，设计要求煨成后钢管直径椭圆度小于0.8毫米，工艺难度较大，德方系使用专用设备制造。大连重型机器厂采取很多种措施，最终在设备简陋的条件下，凭借操作工人的技艺，煨出了椭圆度仅有0.5毫米的喷圈，令德国专家赞佩。连铸机的核心部件结晶器，当时只有联邦德国和日本等几个发达国家能够制造，且制造技术严格保密，大连重型机器厂花了一年多时间研制，获得了成功。[③] 在整个制造过程中，大连重型机器厂按德方的技术标准组织生产，建立了零部件带炉批号转移的制度，培训了69名电焊工，普及应用了气体保护焊技术，提高了焊接效率和质量。[④] 大连起重机器厂也与德马克公司合作，为宝钢制造33台起重机，在这一过程中基本掌握了国际先进标准和工艺规程。1982年，德马克公司杂志的一篇文章称："在曼尼斯曼运输技术公司（即德马克公司）和北京一机部之间签订了与大连起重机器厂合作生产这批起重机的合同。为此，魏特厂（德方工厂）为23台起重机提供整套装备——运转小车、安装前的电气装备、起重机司机房（部分带空调设备）、运行机构和技术。起重机桥架的钢结构是在大连制造的。经

---

① 《大连重型机器厂厂史（1949～1983）》，第188、192页。
② 《大连起重机器厂志（1948～1985）》，第21页。
③ 《大连重型机器厂厂史（1949～1983）》，第222～223页。
④ 《大连重型机器厂厂史（1949～1983）》，第197页。

检验过的发往大连的部件在现场装配和安装由魏特厂的工作人员监制。其余 10 台起重机，大连生产的比例扩大了。曼尼斯曼德马克运输技术公司供应了一些基本的机器零部件，像减速器、制动器、电机和电气设备。而在这种情况下，制造和组装也是按曼尼斯曼德马克运输技术公司的技术进行的。"德方还专门派了生产、设计单位的 7 名专家到大连若干周，支持大连起重机器厂的生产。① 由此可见，大连起重机器厂通过与外企合作生产的方式，逐步学习了先进技术。

尽管在合作生产过程中，核心零部件仍然是由外方供应的，但大连企业在参与了合作生产后，萌生了对核心零部件进口替代的想法。这一思路贯穿了企业此后的演进路径。据大重大起的领导回忆："那时候开始，宝钢二期主机没什么问题的时候，发现我们的传动、控制这些东西，具备了宝钢二期的实力，就把这种电气控制产业链，又给做起来了。"② 这种进口替代的想法，继承了"争气吊"的精神，但在改革开放时代，更多的是市场压力的产物，用企业的话说就是："那时，你得抢活干，什么都得干，这培养了我们奋发向上、自主自强的市场基因。"③ 因此，改革开放使国企由计划经济体制下的纯粹生产单位，变成了真正的市场主体，市场逻辑开始越来越多地支配企业行为。

随着时间的推移，两家企业也不断改组、改革。1993 年，大连重型机器厂改组为大重集团公司（大连），1998 年又改为大连重工集团有限公司；同年，大连起重机器厂则改为大连大起集团有限公司。2001 年 12 月，两家企业正式合并为大连重工·起重集团有限公司。④ 在 20 世纪 90 年代，合并前的两家企业也经历了其他国企经历过的改革，包括"甩掉包袱"、剥离非主业单位、减少人员等。⑤ 2008 年，大重大起所属的华锐铸钢公司在深圳证券交易所上市。2010 年，大重大起整体改制。2011 年初，大连市确定了大重大起的资产重组方案。2011 年 12 月 27 日，大连华锐重工集团股份有

① 《大连起重机器厂志（1948～1985）》，第 21、462 页。
② 大重大起座谈记录（严鹏整理），2017 年 5 月 25 日。
③ 大重大起座谈记录（严鹏整理），2017 年 5 月 25 日。
④ 《大连重工·起重集团股份有限公司/大连华锐重工集团股份有限公司》，第 5 页。
⑤ 大重大起座谈记录（严鹏整理），2017 年 5 月 25 日。

限公司（简称大连重工）在深圳证券交易所正式完成 2.1519 亿新股的发行，标志着大重大起集团成功实现整体上市，上市公司大连重工由此成为具备资本运营和核心业务经营双重功能的国际化大型企业集团。大连重工总股本为 4.2919 亿股，大重大起集团持有上市公司 3.3839 亿股份，占总股本的 78.84%，为上市公司的控股股东。整体上市后，大连华锐重工的总资产增长了近 7 倍，总市值翻了一番。① 可以说，改革开放后，以大重大起为代表的一批国企，利用了逐渐形成的资本市场这一新要素来发展自己。而在内部管理制度方面，2011 年，大重大起全面推行了日式企业管理经验，引导提升了经营单位的自主管理水平。② 这自然也是国企改革的重要内容。

在利用资本市场发展的同时，从实际生产经营角度说，大重大起的搬迁改造对企业同样重要。从 20 世纪 90 年代后期起，大连市就开始改变城市功能定位，重新规划工业布局。大连重型机器厂与大连起重机器厂因占据着城市的黄金地段，成为辽宁省和大连市调整工业布局的重点对象。因此，两家"产品工艺相近、生产要素重复"的竞争企业的合并重组，与搬迁改造实际上是结合在一起的。2001 年 6 月，总投资达 15 亿元的搬迁改造工程正式开工。新的生产基地包括 12 万平方米的临海总装场地，两个 5000 吨级的自用码头，三个长 288 米、宽 188 米的厂房。与"大搬迁"同步的"大重组"则减少了一半人员，使资产负债率从原来的 70% 下降到 55%。2004 年初，搬迁改造工程正式竣工。③ 大约在同一时期，大重大起的产品结构也发生了变化，开始向新能源产业进军。

大重大起产品结构最大的改变，是介入风电领域。实际上，大重大起是国内较早涉足风电产业的装备企业之一。④ 从 2004 年起，大重大起就开始研制兆瓦级风力发电设备的核心部件，当年即引进了 1.5 兆瓦机组，并

---

① 该书编纂委员会编《大连重工·起重集团有限公司年鉴（2012）》，大连重工·起重集团有限公司，2012，第 9 页。

② 《大连重工·起重集团有限公司年鉴（2012）》，第 18 页。

③ 高荆萍：《大连重工·起重搬迁改造竣工》，《中国工业报》2004 年 1 月 5 日。

④ 企业自述："重组之后比较大的（业务是）风电，进入新能源。开发是连整机带零部件，为了把整机做大，我们成立了华锐，整体上市。我们就干核心零部件。"可以推测，进入风电产业是大重大起在 21 世纪初最重要的战略决策之一。据大重大起座谈记录（严鹏整理），2017 年 5 月 25 日。

从英国引进了风机设计软件，进行设计全程模拟和载荷计算；根据国内地区不同风速和地理条件，对增速机、偏航系统、塔架、轮毂、主机架、叶片、发电机、电控系统、变桨系统九种部件中的五种进行了二次开发，使国产化率达到85.7%。该集团的研发力量不断增强，以齿轮箱研发为例，从最早只有十几个人的研究室，发展到拥有上百人的研究院。在制造环节，大重大起投资近2亿元购置加工设备，到2011年时，建成风电增速机、电控装备、轮毂、主机架和整机总装这五大专业生产线。而在涉足风电市场的7年间，大重大起在国家第2、3、4期风电特许权项目招标中连续中标，累计承担风电特许权项目任务量超过数百万千瓦，兆瓦级装机容量居全国第一。① 大重大起的目标是要将风电核心零部件打造成"中国第一"②。2008年后，受全球经济危机拖累，风电市场出现滑坡。2011年上半年，大重大起拿到的次年风电产品在手合同明显偏少，企业判断："风电核心部件市场经营的下滑及带来的一系列影响仍将持续，对集团公司规模增长和保效益带来不利影响。"而企业领导提出的应对方针是："集团公司经营规模的增长，目前主要仍靠传统产品的支撑，在风电市场持续调整的不利影响下，开发新产品、新技术，拓展新领域的需求更加迫切。"③ 可见，风电产品的研制，是整体上市前大重大起在生产经营上的中心工作之一。从生产工矿车辆和起重机发展到风电核心部件制造，大重大起在改革开放后，实现了能力提升，由传统重工企业转型成为高端装备制造企业。自然，这条转型之路不会平坦，但企业必须在市场中奋战。④

整体上市后，华锐在国内风电市场的份额出现下滑。⑤ 不过，大重大

① 高荆萍：《驰骋风电市场大连重工·起重集团谋求做强》，《大连重工·起重集团有限公司年鉴（2012）》，第12~13页。
② 《大连重工·起重集团有限公司年鉴（2012）》，第30页。
③ 《大连重工·起重集团有限公司年鉴（2012）》，第37页。
④ 2011年上半年，大重大起的风电产品占用集团公司资金52亿元，其中尚不包含已签进口轴承等外购件的不可撤销合同，风电应收未收贷款13亿元，导致企业资金流紧张，企业领导表示："风电产品经营的下滑不单对7个经营单位造成巨大影响，如果处理不好，将会影响到整个集团公司的生存与发展。"即使如此，企业领导仍表示："等死就是无动于衷，怕死就是遇到困难找客观原因，找死是要有创新意识，星星之火可以燎原，加强逆商思维，在逆境下活得更好。我们宁可找死，也不能怕死、等死。"见《大连重工·起重集团有限公司年鉴（2012）》，第30~31页。
⑤ 吴可仲：《华锐风电逆市巨亏12.6亿元》，《中国经营报》2015年11月9日。

起产品线广泛，覆盖了国民经济各个行业，所谓"东方不亮西方亮"，对单一产品的市场波动有一定抵御力。据 2016 年大连华锐重工年度报告，企业主业产品专用设备制造的营业收入比重如图 3 所示。

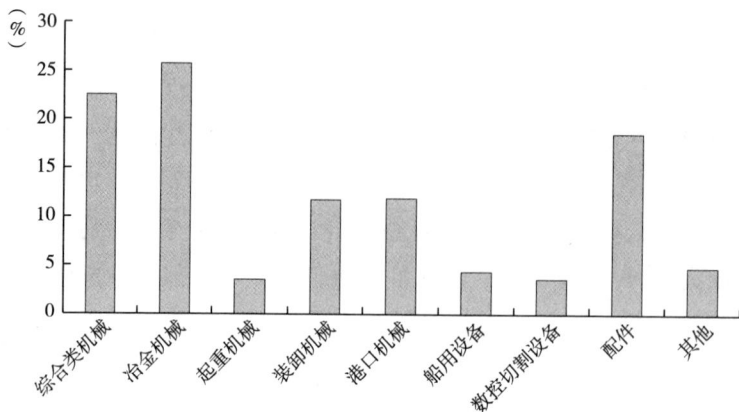

图 3　大连华锐重工专用设备制造营业收入比重（2016）

资料来源：整理自《大连华锐重工集团股份有限公司 2016 年年度报告》，2017 年 4 月，第 13 页。

此外，大重大起较早成立了国贸公司，积极拓展国际市场。目前，巴西、澳大利亚等国的几个大工程成为企业重要的利润来源，其特点在于不拖欠付款，而且价格标准较高。[①] 2016 年，大重大起完成出口订货 3.4 亿美元，同比增长 9.8%；实现出口创汇 3.6 亿美元，占经营总额比重超过 1/3。零部件出口实现订货 2 亿美元，同比增长近 10%；风电齿轮箱在印度市场占有率达 20% 以上。[②] 作为国企，或许更重要的是，大重大起在技术创新上保持着较高强度的投入，有效地服务于国家重大工程。该企业现有 1 个总部研发机构、9 个专业设计院、7 个研究室（所）和 1 个海外研发中心。[③] 企业制造了位于贵州的全球最大的 500 米口径球面射电望远镜的馈源索驱动系统、"长征七号"火箭脐带塔、应用于宝钢的国内首台 2500 吨/小时双向连续卸船机、出口巴基斯坦的国内首台三代核电技术

---

① 大重大起座谈记录（严鹏整理），2017 年 5 月 25 日。
② 《董事长丛红在二届五次职工代表大会暨 2017 年度工作会议上报告》，2017 年 1 月 17 日。
③ 《大连华锐重工集团股份有限公司 2016 年年度报告》，2017 年 4 月，第 9 页。

（ACP1000）"华龙一号"核环吊等装备。该企业自主研发的 20000 吨吊车，甚至改变了造船工艺。[1] 自主研发的意义就在于企业能够真正掌握技术诀窍："我们自己设计，知道怎么装，怎么拆。"[2] 因此，作为国企的大重大起，承担了技术创新这一国企应有的战略职能。

综上所述，改革开放以后，大重大起的母体企业实现了重组与转型，伴随着市场化浪潮不断蜕变。一方面，大重大起保留了矿山机械、冶金设备等传统产品的制造能力，并进一步发展；另一方面，企业大胆地进入新能源产业，从事新能源装备的核心零部件制造，在能力上有了极大的拓展。可以认为，大重大起是具有创新能力的国企。大重大起的技术创新能力与市场开拓能力，既得益于长期积淀的基础，又是市场生存压力驱动的产物。总体而言，大重大起在改革开放后，成为真正的市场主体，受市场逻辑支配生产经营，但由于其产品的性质与服务领域，大重大起在市场上求生存的同时，也为国家的重大战略与工程做出了贡献。

三　战略与市场：制造大型船用曲轴的努力

从理论上说，国企比一般企业具有更多的承担国家战略任务和社会公共责任的职能。实际上，就历史起源来看，包括大重大起在内的装备工业国企，本来就是中国国家战略的产物。中华人民共和国成立初期，为了追赶世界先进，采取了逆比较优势的发展战略，优先发展重工业，希望通过资本品的供给来改善经济结构，进而提升在世界体系中的地位。但是，正因为在当时的中国发展重工业缺乏比较优势，国家必须管控各种生产要素的流向，将有限的资源投向资本部门，而这是市场在自动自发的状态下不会做出的选择。就结果而论，该战略取得了一定程度的成功，其成功正建立在大连重型机器厂等国企的基础上。或者说，大连重型机器厂等国企是重工业优先发展战略的微观基础，是国家意志的具体承载者。改革开放后，国企的战略功能在市场的冲击下有所削弱，但在

①　大重大起中革基地调研记录（严鹏整理），2017 年 5 月 25 日。
②　大重大起座谈记录（严鹏整理），2017 年 5 月 25 日。

大型骨干工业企业中依然得到了传承，只不过其体现战略性的形式有了很大的变化。对大重大起来说，制造大型船用曲轴最典型地展现了其作为国企的战略性。

曲轴是船用柴油发动机的核心部件，大型运输船舶需要配备大型发动机，也就需要大型曲轴。然而，在相当长一段时间内，大型船用曲轴的生产技术不为中国所掌握，直接制约了中国造船业的发展。1998年，中国第一重型机械集团公司（简称一重）的工程师撰文称："随着世界船舶工业的迅速发展，70年代以来船用锻件规格越来越大，技术要求越来越高，生产难度也越来越大。特别是近几年来我国造船业得到了迅猛发展，目前我国造船业对船用锻件的需求急剧上升。这就要求我国的锻件制造厂家改变观念，不断创新，尽快开发出新锻件和新工艺，满足造船业的需求以减少进口。从锻造工艺角度来讲，曲轴、舵杆的生产难度较大，特大型轴类锻件次之。"[1] 这表明曲轴毛坯生产厂家已经意识到了大型船用曲轴具有广泛的市场需求。然而，制造技术成为横亘在国内企业满足需求道路上的难关。[2] 但是，这一需求满足不了，对曲轴生产企业来说意味着丧失了一块市场，对中国造船企业来说则意味着实实在在的发展制约。到2001年末，中国大功率低速船用柴油机按功率计算，累计造机600多万千瓦，但柴油机的心脏大型曲轴完全依赖进口，随着曲轴成为国际市场的紧俏商品，大型曲轴不仅价格提高，而且供货周期大大加长，严重影响了中国造船企业的生产经营。中国造船工业常常出现"船等机、机等轴"的现象，有些船厂甚至出几倍的价格也买不到曲轴。一位记者笔下的故事生动地反映了中国造船工业的无奈："在一次国际订货会上，几位日本、韩国的曲轴供应商同一位国内船用柴油机厂的负责人开玩笑说，喝一大杯白酒就卖一根曲轴，这位负责人二话没说，就端起酒杯，直吓得供应商连连拱手，因为他

---

① 胡朝备等：《特大型船用曲轴曲拐锻造工艺研究》，《一重技术》1998年第2期。

② 仅以加工来说，曲轴制造的难度，可引用生产企业的介绍来做说明："这个曲轴不好加工啊，我们说加工一个产品，我有一个基准面，我把它放上去，再开始干活，但是曲轴是没有基准的，它是没有基准、自找基准，把基准找好了才能加工，它是一个非常复杂的加工，很柔性的，设计得非常复杂。最开始没有基准的，非常不好做的。这个活不是一个地方干好，而是一层一层的，越干越精，一遍一遍地干的。"据大重大起泉水基地调研记录（严鹏整理），2017年5月25日。

们生产的曲轴将优先供应本国，根本不敢轻易许诺给中国客户。"① 因此，实现大型船用曲轴的国产化，对中国造船工业的升级发展将具有支撑性的战略作用。

中国政府和领导人很早就意识到了大型船用曲轴是必须攻克的瓶颈。邓小平在中国造出口船引进国外柴油机技术之初，就特别强调要解决曲轴问题。江泽民 1991 年视察大连船用柴油机厂时，指出中国应建曲轴厂。1994 年，李鹏访问韩国现代重工时，也指出曲轴"还是要自己干"②。直到 2007 年，时任国防科工委船舶行管办主任的张相木仍认为，中国船舶工业"必须尽快提高整体水平，消除先进造船能力不足、自主研发能力弱、船舶配套对外依存度高、造船生产效率低的四大瓶颈"③。大型曲轴的供应依赖进口便属于"船舶配套对外依存度高"，而核心零部件无法自主，也成为导致中国造船工业"大而不强"的软肋之一。政府和领导人的重视，更加表明大型船用曲轴问题的战略性。

因此，大重大起向大型船用曲轴领域的进军，在本质上属于承担国家产业战略的行为。2006 年，大重大起董事长兼总经理宋甲晶在接受采访时表示："没有中国人自己生产的大型船用曲轴，我国造机业和造船业的发展会受到很大影响。我们已将大型船用曲轴生产列为重点发展项目，集中精兵强将，全力以赴做好这项工作，力争以最快的速度把大型船用曲轴干出来，早日填补我国在这方面的空白，为我国建设造船大国、强国作出贡献。作为中国重工行业唯一的现代化重大装备临海制造基地，大连重工·起重集团有这个义务和责任，也有这个能力。"④ 事实上，2001 年，当时的国家计委已经批复了有关企业组建上海船用曲轴有限公司，该公司由上海电气集团总公司、沪东中华造船集团有限公司（简称"沪东中华"）、中国船舶重工集团公司（简称"中船重工"）、上海工业投资公司共同投资 1.91 亿元，于 2002 年正式成立，其

---

① 石玉平：《打破曲轴"瓶颈"》，《中国船舶报》2002 年 5 月 3 日；杨红英：《国产大型船用曲轴实现规模化生产》，《中国工业报》2011 年 3 月 7 日。
② 石玉平：《打破曲轴"瓶颈"》，《中国船舶报》2002 年 5 月 3 日。
③ 杨红英：《国产大型船用曲轴实现规模化生产》，《中国工业报》2011 年 3 月 7 日。
④ 王学军：《大连大型曲轴基地建设进展顺利》，《中国船舶报》2006 年 9 月 22 日。

"大功率低速柴油机曲轴国产化"项目于2005年12月通过了由国防科工委组织的专家组验收。[①] 此后，青岛方面亦有国企跟进。2006年，武汉重工铸锻有限责任公司海西湾船用大型曲轴项目完成了设备安装调试，并进行试生产。[②] 相较而言，大重大起属于该领域的后来者。不过，大重大起尝试制造的曲轴更为大型化。同样是在2006年，在国家发改委和大连市政府的支持下，按照生产技术、毛坯、市场相结合的思路，以大连重工为依托企业，由一重、中船重工、沪东中华3家企业入股，合资设立了大连华锐船用曲轴有限公司（简称"华锐曲轴"），并于当年8月28日注册成立。为支持项目建设，国家通过四家股东注入的形式，给予大连华锐曲轴7000万元资本金支持。四家股东出资1400万元，其中大连重工出资750万元，一重出资250万元，中船重工和沪东中华分别出资200万元。后来为推动曲轴二期及曲轴项目研发，大连重工又分4批注资11700万元，目前华锐曲轴注册资本为20100万元。[③] 国家的资金支持，体现了战略意志，而华锐曲轴的股东中有两家企业是上海船用曲轴有限公司的股东，这在一定程度上表现出了资源优化利用的倾向。毕竟，大型船用曲轴的制造在中国属于幼稚产业，将有限的资源集中起来使用能提升追赶效率。

2007年末，经过全力攻关，华锐曲轴生产出了第一支曲轴，实现了从无到有的突破。[④] 此后，公司捷报频传，新产品的成功制造不时见诸报端。2011年6月末，华锐曲轴出产了中国第一支瓦锡兰7RT－FLXE82T型曲轴，系国内首支200吨以上级别的曲轴，安装在40万吨矿砂船用柴油机上。[⑤] 这标志着企业具备了制造特大型曲轴的能力，结束了大规格曲轴仍需依赖进口的局面。通过编写该曲轴的制造工艺方案，设计、制造曲轴制

---

① 钱培坚：《拔除造船业"哽喉之刺"》，《工人日报》2007年7月2日。

② 国防科工委船舶行业管理办公室、中国船舶工业行业协会编《中国船舶工业年鉴（2007）》，中国船舶工业年鉴社，2007，第13页。

③ 《大连华锐船用曲轴有限公司情况汇报》，2017年5月26日。

④ 大重大起领导介绍称："2006年发改委和工信部出的题，然后2007年第一根曲轴下线，不到18个月，填海、设备、造厂房、攻关，第一根曲轴下线。我们干活还是有一股冲劲的。"据大重大起座谈记录（严鹏整理），2017年5月25日。

⑤ 该曲轴冲程长，达3375毫米，质量要求高，检测数据多达905个。见《大连重工·起重集团有限公司年鉴（2012）》，第10页。

造刀具、工装，企业为超大型曲轴批量化生产积累了经验。① 2013 年 8 月，国内首支特大对接 11S90ME - C 型曲轴在华锐曲轴成功下线。该曲轴总长 21.56 米，重 426 吨，回转直径 4.41 米，冲程 3.26 米，由两段曲轴对接而成，安装在 16000 标箱集装箱船的柴油机上。2014 年 7 月，世界最长冲程 6G80ME - C 曲轴交付，该曲轴长 11.175 米，重 207 吨，回转直径 4.74 米，全冲程达到 3.72 米。2015 年 9 月，世界单支重量最重的 7G80ME - C 曲轴在华锐曲轴制成，该曲轴长 12.575 米，重 237 吨，全冲程与 6G80 ME - C 一致。② 2016 年 8 月，华锐曲轴生产的第 500 支曲轴下线，依然是 7G80ME - C 型，安装在大连船舶重工集团制造的一艘 3.19 万载重吨油船上。③ 2017 年 1 月，经过 MAN 专利公司、中国船级社、英国劳氏船级社的联合检验，中国首支特大对接型曲轴 12S90ME - C 在华锐曲轴下线，将安装在由中国首次制造的、世界最大的 21000 标箱集装箱货轮柴油机上。该曲轴总长 23.06 米，重 458.7 吨。华锐曲轴由此成为继韩国斗山重工与现代重工后，世界上第三家能够生产此类曲轴的企业。④ 截至 2017 年，华锐曲轴两期建设共完成投资约 7 亿元，除 4 家股东投入的资本金外，项目投资的其余资金主要通过贷款解决。按照项目两期规划形成年产 150 支 50 型以上半组合式曲轴的设计生产能力，华锐曲轴已经达产，实现了规划的产能和国产化目标。⑤ 大重大起花了近十年的时间，在大型船用曲轴市场赢得了一席之地，为中国工业的高端化升级贡献了一己之力。

　　尽管大重大起的母体企业大连重型机器厂在改革开放前就曾加工过大型曲轴，但这只构成企业进入该领域的鼓励性因素，真正将大型曲轴制造作为主要业务后，技术能力的提升就成为大重大起必须面对的课题了。大重大起为制造大型船用曲轴，攻克了曲拐 R 根加工、热装温度和直线度控制以及整体吊运和精加工五大技术课题。⑥ 大型船用曲轴曾是中国的一项

① 《大连重工·起重集团有限公司年鉴（2012）》，第 117 页。
② 《大连华锐船用曲轴有限公司情况汇报》，2017 年 5 月 26 日。
③ 陈玄：《大连重工下线全球最长船用曲轴》，《中国船舶报》2016 年 8 月 31 日。
④ 苏大鹏：《中国首支曼恩 12S90ME - C 曲轴成功下线》，中国经济网，http://www.ce.cn/xwzx/gnsz/gdxw/201701/17/t20170117_19661069.shtml，最后访问日期：2017 年 1 月 17 日。
⑤ 《大连华锐船用曲轴有限公司情况汇报》，2017 年 5 月 26 日。
⑥ 《大连重工·起重集团有限公司年鉴（2012）》，第 10 页。

技术空白，意味着在过去相当长的时间里，中国缺乏相应的生产设备。于是，大重大起一开始就从国外进口了主要的曲轴生产设备。2005 年底，大重大起与德国西根公司签订了曲轴数控车床的进口合同。2011 年，集团战略发展部协助曲轴公司办理了两台数控曲轴车床的进口免税工作，共减免关税 927 万元。[①] 从减免关键机床进口关税看，政府对于大重大起制造大型曲轴的努力给予了政策性支持。目前，大重大起加工曲轴的设备，国产机床与进口机床均有，但专机主要靠进口。企业进行最终加工的设备用的是德国机床，其余专用机床从德国和韩国各进口了四台。据企业反映："韩国设备水平并不是特别高明，但是这种专用设备，中国人还没搞明白现在，所以当时我们买的时候还是韩国的。"[②] 实际上，韩国能够生产曲轴专用机床，正是由韩国曲轴制造企业蓬勃发展带动起来的协同演进效应。而中国曲轴专用机床的落后，表明曲轴制造在中国仍属于起步未久的幼稚产业。

对于加工制造来说，添置设备只是生产活动的初始条件，要运用设备将材料加工为预期中的产品，有赖于设备操作者的实际技艺。大重大起即拥有一支技术过硬的工人队伍。在曲轴生产车间里，有一台机床被冠以"兵字号机床"之名，企业负责人解释道："我们所有的机床，这一伙人干活比较卖命，能冲得上去。干活擅打硬仗，冲得上，打得赢。"[③] 同时，车间还设有"赵钰民职工创新工作岗"。赵钰民是年轻的数控曲轴车床操作工，大专毕业后即进入大重大起工作，正好是与企业的曲轴制造事业一同成长起来的。在生产过程中，赵钰民总结了自己的很多操作经验，来保证曲轴的顺利加工。[④] 例如，在曲拐立车工作期间，曲拐加工时总是间断性切削，刀具磨损非常严重。赵钰民一边观察机床排屑情况，一边仔细辨听切削声音，收集各种数据，向技术人员推荐加工参数和刀具调整意见，最终大大减少了刀具磨损，按每天节约 1 块刀片计算，全年可节省费用

---

① 柳苏：《大连酝酿打造船用曲轴生产基地》，《中国船舶报》2006 年 3 月 24 日；《大连重工·起重集团有限公司年鉴 (2012)》，第 136 页。
② 大重大起泉水基地调研记录（严鹏整理），2017 年 5 月 25 日。
③ 大重大起泉水基地调研记录（严鹏整理），2017 年 5 月 25 日。
④ 大重大起泉水基地调研记录（严鹏整理），2017 年 5 月 25 日。

10 万元以上。再如，在 6G80ME－C 曲轴制造过程中，赵钰民发现按照以往的整体加工方法，精加工后主轴颈跳动总是超差，需要耗费大量时间修正。他通过详细分析，建议在重量较大曲轴整体加工时通过上浮中间部分中心支架，以抵消自重带来的下挠影响，并在 7G80ME－C 曲轴的整体加工中应用。通过全程跟踪，上浮方案得到验证，赵钰民大量采集数据，按产品型号，归纳出系列化的上浮量，在生产制造中进行推广。公司将这套方法命名为"赵钰民支撑带加工法"[1]。实际上，大重大起延续了计划经济时代的合理化建议传统，企业领导称："我们内部有一些机制，在员工层面搞一些改善，像一些员工有好的经验，把它总结出来。我们去年（2016 年）拿出了 50 多万元奖励。像赵钰民，总结出操作法，不是床子能解决，需要人的经验。这是（合理化建议）传统，怎么去最大限度调动员工（积极性）。制造业其实需要有工程师，需要有设计师，但是更需要有技能。"[2] 从制造活动的本质来看，这一源自实践的认识相当深刻。可以说，生产实践层面的制造技能的不断积累与提升，是大重大起成功造出大型船用曲轴的重要原因。而大重大起的制造技能提升，得益于国企的制度传统。[3] 企业负责人曾这样介绍："我们第一根轴上床的时候，小轴，大概 65 天；现在（2017 年）同样这根小轴，只要 5 到 6 天不到，10 倍的加工效率。"[4] 可见，大重大起的大型曲轴制造水平日益精进。

虽然大重大起在大型曲轴的制造上不断取得技术层面的突破，但 2008 年金融危机对全球造船业的打击，使企业在市场上面临困难。2007 年，在日欧中韩美造船企业高峰会议（JECKU）上，各代表团对 2010 年前的船市持较乐观看法，认为世界经济短期内不会出现大的问

---

[1] 刘鑫：《赵钰民：勤学多思实干的 85 后主机手》，《大连日报》2017 年 1 月 20 日。

[2] 大重大起泉水基地调研记录（严鹏整理），2017 年 5 月 25 日。

[3] 除了曲轴加工外，合理化建议活动广泛存在于大重大起的各生产单位，集团内部也有较好的经验交流。例如，2011 年，大重大起全年发放合理化建议专项奖金 40 余万元，对 90 余名合理化建议专干和班组长进行了专题培训。焦炉车辆公司关于"合理减少电线、管路配件"的建议，得到了其他单位的重视和推崇，该项建议推广实施后，共节约价值 400 余万元。此外，企业还保留了劳动竞赛这一传统国企的管理机制。见《大连重工·起重集团有限公司年鉴（2012）》，第 40～41 页。

[4] 大重大起泉水基地调研记录（严鹏整理），2017 年 5 月 25 日。

题，船舶需求将继续保持兴旺态势。[①] 2008 年 4 月，日本神户制钢宣布将斥资 2.9 亿美元增添新设备，来提高船用柴油机曲轴的产量。日本方面的判断是，全球造船产量正不断增加，日本造船企业在 2012 年以前会一直扩大产量，神户制钢作为占有全球装配式成品曲轴市场 40% 份额和组合曲轴市场 50% 份额的供应商，必须设法满足更高的需求。与此同时，成立于 2007 年的江苏常熟民营企业苏州恒鼎船舶重工有限公司，与瓦锡兰公司签署了制造合作协议，计划生产大型船用曲轴。[②] 彼时之市场态势可见一斑。但是，2008 年 8 月爆发的金融危机为全球造船市场的繁荣画上了休止符。从当年 9 月开始，国际船舶市场陷入停滞，新船成交量急剧萎缩，中国船企第四季度承接订单量仅为 261 万载重吨，此外，该季度中国市场还发生了取消船舶订单 97 艘 207.2 万载重吨的未曾料想之现象。[③] 可以说，大重大起对特大型船用曲轴的研制，从一开始就必须面对不景气周期。2011 年既是大重大起的整体上市之年，也是首支 200 吨级以上曲轴的制成之年。这支曲轴是为江苏熔盛重工有限公司制造的巴西淡水河谷 40 万吨矿砂船提供配套的。[④] 熔盛重工成立于 2006 年 6 月，注册资本 2.97 亿美元，是一家位于江苏如皋的民营企业。2008 年系该公司规模化运行的第一年，当年 8 月，公司与巴西淡水河谷一次签署了 12 条 40 万吨级大型矿砂船合同。[⑤] 可想而知，熔盛重工也是在一个糟糕的时间节点上开始扩张，尽管它并没有马上受到冲击。[⑥] 目前，这家曾经中国最大的民营造船企业已濒于破产。船企的颓势对华锐曲轴自然具有连带打击。也就是在 2011 年以后，华锐曲轴全年新接订单中有 16 根遭到退单，其中 2011 年

① 中国船舶工业年鉴编辑委员会编《中国船舶工业年鉴（2008）》，中国船舶工业年鉴社，2008，第 111 页。
② 李积轩：《神户制钢斥资 3 亿美元扩大船用曲轴产能》，《中国冶金报》2008 年 4 月 29 日；张银炎：《苏州恒鼎将制造大型船用曲轴》，《中国船舶报》2008 年 5 月 23 日。
③ 中国船舶工业年鉴编辑委员会编《中国船舶工业年鉴（2009）》，中国船舶工业年鉴社，2009，第 11 ~ 12 页。
④ 《大连重工·起重集团有限公司年鉴（2012）》，第 10 页。
⑤ 《中国船舶工业年鉴（2009）》，第 84 ~ 85 页。
⑥ 事实上，直到 2010 年，熔盛重工仍保持可观的扩张态势，承接新船订单 504.1 万载重吨，比上年增长 1.3 倍，接单量列全国第 2 位、全球第 5 位；年末手持订单 1465.5 万载重吨，排在全国第 2 位、全球第 6 位。见中国船舶工业年鉴编辑委员会编《中国船舶工业年鉴（2011）》，中国船舶工业年鉴社，2011，第 65 页。

6 根，2012 年及以后 10 根，① 形势可谓异常严峻。直到 2015 年，航运市场的低迷仍远超预期，中国船企国际接单份额大幅下滑，船舶制造业实现利润总额为 140.4 亿元，比上年下降 29.3%；船舶配套业实现利润总额为 31.9 亿元，比上年下降 69%。② 船舶工业的不景气使曲轴制造面临极大的困境。

雪上加霜的是，同样深陷危机泥潭的国外曲轴制造企业，在中国市场上发动了杀价竞争。大重大起的一位领导用生动的语言描述了大型曲轴市场上的价格战："韩国自从我们把曲轴干了，一下把价格降下来，非要干死我们，它原来赚着钱了，它现在敢亏损，使劲压价。原来是接近 10 万块 1 吨，现在是 2 万多 1 吨。你想啊，这个价格就是刻意打压你。"③ 事实上，2008 年金融危机前后，韩元相对人民币贬值了 10.2%，本就增添了韩国曲轴的出口价格优势，而韩国企业自身也刻意压价。以韩国生产的 60 型船用曲轴为例，在危机爆发后，其价格即使加上增值税和关税后，仍比中国生产的同类曲轴便宜约 30%。④ 很显然，韩国企业正在使用工业史上先行企业惯用的竞争策略来打压大重大起等追赶者，力图将中国幼稚的大型船用曲轴制造业挤垮，从而保持其市场垄断地位。⑤ 而韩国发动价格战竞争的能力，也暴露了中国大型船用曲轴制造业的产业链缺陷。按照最初的计划，大重大起承担的是曲轴的加工制造任务，曲轴毛坯则由一重等具有大型锻铸能力的重机企业供应。一重确实不辱使命，2007 年就取得了生产大型船用曲轴锻件的资质。⑥ 但作为毛坯生产企业，一重同样面临曲轴市场不景气的难题。而且，大型曲轴技术要求非常高，废品率亦高，导致成本也高，容易亏本，毛坯生产企业遂从该市场撤出。⑦ 不得已，大重大起只

---

① 《大连重工·起重集团有限公司年鉴（2012）》，第 198 页。
② 中国船舶工业年鉴编辑委员会编《中国船舶工业年鉴（2016）》，中国船舶工业年鉴社，2016，第 3 页。
③ 大重大起座谈记录（严鹏整理），2017 年 5 月 25 日。
④ 许嵩：《金融危机导致国产大型船用曲轴竞争压力增大》，《船舶物资与市场》2009 年第 5 期。
⑤ 此种竞争在工业领域由来已久，比比皆是。参见 Alfred D. Chandler, Jr., *Inventing the Electronic Century: The Epic Story of the Consumer Electronics and Computer Industries*。
⑥ 杨红英：《国产大型船用曲轴实现规模化生产》，《中国工业报》2011 年 3 月 7 日。
⑦ 大重大起座谈记录（严鹏整理），2017 年 5 月 25 日；大重大起泉水基地调研记录（严鹏整理），2017 年 5 月 25 日。

能培育新的供应商，找到了山东民营企业通裕重工股份有限公司①，但该企业能够生产的毛坯型号有限，尚难满足曲轴制造的大型化需求。② 于是，大重大起不得不从事实上的竞争对手韩国企业手中购买曲轴毛坯。曲轴毛坯占到曲轴价值的75%~80%，③ 大重大起受制于人的态势一目了然。生产大型曲轴毛坯，需要用到10000吨以上的压力机，韩国的专业锻造厂非常多，斗山、现代等曲轴加工企业也有自己的锻造能力。但是，中国的相关企业不仅数量少，而且无意于不赚钱的曲轴毛坯市场。大重大起自身的锻造能力也只能满足几千吨的小轴毛坯生产，特大型或超大型的大轴毛坯，因为缺乏万吨压力机，且缺乏专业经验，必须外购。④ 这样一来，中国造船工业的发展瓶颈，从大型曲轴的供应向产业链上游移动到了曲轴毛坯的供应上，国家战略仍未实现。

目前，曲轴制造已经成为大重大起的财务负担，一位企业领导无奈地表示："从经济角度讲，我们制造曲轴就是不理性的。曲轴原来咱是不能干的，后来国家把这个活交给我们，我们也很争气，现在干的水平是世界一流的，和斗山重工啊、神户制钢啊、韩国现代啊，这个都不弱，他们能干的，我们都能干。但是就这种干法，我们现在一年亏损7000万，在上市公司，按我们这个从会计师的角度，这就应该关门了，不干了。我得用别的来填啊。"而曲轴制造从技术上来说缺乏弹性："曲轴的能力不能干别的。高精尖设备干不了别的。"但是，作为国企的大重大起必须坚守其战略职责："现在我们做了那么大贡献，完了对我们实际效益来讲，是负面的。我们也不能不干，要不干，还得讲社会责任啊。"⑤ 实际上，从经济史的经验来看，装备制造企业在具有战略性的技术研发与纯粹的市场绩效之间，惯常陷入两难的困境。⑥ 更严重的是，大重大起的整体上市加剧了这

---

① 据该公司官网介绍，通裕重工股份有限公司位于山东德州，2011年在深交所创业板挂牌交易，至2016年12月底，拥有总资产91亿元，净资产53亿元。公司拥有120兆牛顿自由锻造油压机和与之配套的操作机、锻造行车，还拥有3150吨、5000吨、12000吨自由锻造油压机。

② 大重大起座谈记录（严鹏整理），2017年5月25日。

③ 《大连华锐船用曲轴有限公司情况汇报》，2017年5月26日。

④ 大重大起泉水基地调研记录（严鹏整理），2017年5月25日。

⑤ 大重大起座谈记录（严鹏整理），2017年5月25日。

⑥ 历史案例见严鹏《市场与技术的两难选择——从中央机器厂看国民政府对战略产业的培育》，《中国经济史研究》2016年第2期。

一困境。其实，在上市前夕，企业领导就提醒过员工："以前是国家、省市政府及各委办局关注，现在是证监局、社会公众等都时时刻刻地在监督我们。……如果集团公司上市以后经营状况不好，就会存在很大被兼并的风险，股票也会变为废纸一张，大家必须意识到这一点。"① 换言之，上市之后，企业的决策和生产经营其实是受到更多因素制约的，自主性会削弱，而这一点不利于类似大型曲轴制造这样高投入的长周期技术研发活动。② 因此，大重大起的领导称："我们也呼吁，别把曲轴放上市公司里，放集团里。我们是为国家承担社会责任。"③ 2017 年两会期间，全国人大代表、大重大起机电安装工程公司副总经理王亮在接受媒体采访时表示，希望"国家进一步在政策和税收上给予支持，培育刚刚起步不久的曲轴技术"，同时"请国家考虑给予毛坯制造支持，比如协调进出口银行给予企业 1000 万元到 2000 万元的补贴，用于对锻造厂供货毛坯部分价格补贴，以此方式培育国内锻造厂，推进曲轴毛坯产业化和市场化"④。从国家产业战略的角度考虑，企业的呼声极为现实，中国大型船用曲轴自主制造战略已经推进到必须解决产业链配套问题的纵深阶段了。

2014 年，日本神户制钢开发出了模型锻造法，用此方法造出了世界最大等级的集装箱船油轮所用之超大型曲轴的曲柄，并于 2016 年获得认证。目前，该公司是世界上唯一一家取得从大型到小型全部双循环发动机认证的企业。⑤ 很显然，日、韩领先企业仍然在大型船用曲轴领域内积极扩张，以巩固其优势。而承担着中国产业战略追赶任务的大重大起，虽连年给予华锐曲轴较大补贴，但连续多年亏损已严重损伤了华锐曲轴的生存能力，不仅在生产投入上资金压力巨大，也无力支持技术创新的资金投入。⑥ 这

① 《大连重工·起重集团有限公司年鉴（2012）》，第 29 页。
② 这不仅仅是中国国企的问题，美国制造业在 20 世纪 70 年代以后的竞争力衰退，也受制于同样的市场短期选择困境。参见迈克尔·德托佐斯等《美国制造——如何从渐次衰落到重振雄风》，惠永正等译，科学技术文献出版社，1998，第 56~57 页。
③ 大重大起座谈记录（严鹏整理），2017 年 5 月 25 日。
④ 郭宇：《王亮：加大对曲轴国产化扶持力度》，《中国工业报》2017 年 3 月 14 日。
⑤ 孟群：《神户制钢船用超大型铸锻曲轴部件获得认证》，《世界金属导报》2016 年 10 月 18 日。
⑥ 《大连华锐船用曲轴有限公司情况汇报》，2017 年 5 月 26 日。

是一场经济史上反复发生的领先者与追赶者之战。① 中国的大型船用曲轴产业化之路，或许已经到了一个关键性的十字路口。

四 结论

国企是一种特殊类型的企业。在计划经济时代，中国的国企并非市场主体，主要只是一个生产单位。然而，以大连重型机器厂、大连起重机器厂为代表的一批装备制造业国企，在事实上承担了中国借助重工业优先发展、追赶世界先进的战略使命。可以说，计划经济时代的装备制造业国企恰如其分地体现了国企应有的战略性。无可讳言，大连重型机器厂与大连起重机器厂在计划经济时代的若干经济指标并不出色，但两家企业都实现了技术与制造能力的提升。而这种能力层次的提升，实际上为改革开放后中国工业的进一步发展，准备好了可资利用的基本微观组织。

改革开放以后，中国的国企逐渐成为真正的市场主体，在市场压力下，求生存成为支配企业行为的主导性动机。尽管国企仍然保留了部分市场经营之外的职能，但市场经营绩效对企业来说无疑是生死存亡的头等大事。这也就导致国企的战略性在市场经济的现实中会遭遇两难困境。一方面，国企的性质以及部分国企所处的行业，决定了它们仍然具有承担国家战略使命的职能。以大重大起来说，参与到各种重大工程建设中，本身就是为国家战略服务，这是由装备制造业的战略性决定的，不管在何种经济体制下，装备工业的这一属性都不会改变。只不过，参与国家重大工程的程度和绩效，以及由此获得的回馈，在市场经济条件下，越来越依靠企业自身发挥主观能动性，以积极拼抢的姿态和技术创新等形式去实现。另一方面，作为市场主体的国企，已不可能单纯地为国家承担战略职责，当战略任务与市场经营产生矛盾时，国企通常处于尴尬的

---

① 事实上，韩国造船业巨头现代重工在起步之初，曾希望与日本三菱重工合作，日方开出的条件是："船坞能力的上限为50000吨，核心的管理权必须交给三菱。"韩国人很清醒地认识到三菱的真实目的"是将韩国造船业阻挡在大型船舶建造市场的竞争之外"。参见 Donald Kirk, *Korean Dynasty*: *Hyundai and Chung Ju Yung*, p. 97。

处境。目前，中国工业仍处于追赶发达国家的征途中，在类似大型船用曲轴等复杂技术产品的制造方面缺乏比较优势，也就缺乏追赶者在初期通常都不具备的市场竞争力；必须高强度地投入资源，忍受巨大的初期成本，才能确保幼稚工业在技术突破以后逐步产业化。然而，高强度投入资源势必带来沉重的财务压力，影响企业在市场上的经营绩效。由此，国企作为国家战略承载者的功能属性和作为市场主体的自然属性就发生了冲突。欲解决此难题，要么寄希望于企业自求生路，要么效仿韩国政府对造船工业的扶持，[①] 由国家采取政策手段，减轻承担战略任务的企业的财务负担。对国家而言，此类政策不啻一种提升整个产业档次的战略投资。

当然，在中国的社会主义市场经济体制中，能够承担战略使命的企业不一定是国企。国企的重要性在于，其战略地位是历史形成的，并沉淀为现实的国情。由于在计划经济时代，中国重要的战略性企业全部是国企，而类似大重大起这样的企业迄今亦未改制，故国企在今日中国的产业格局中天然具有战略性。同时，以大重大起制造大型船用曲轴为例，可以看到国企的合理化建议、劳动竞赛等优良传统，能够继续发挥正面作用，促进企业的能力发展。因此，今时今日的国企改革，应设法保持国企来之不易的战略性。这并不是说民营企业不能够承担国家战略使命。只不过，在类似大型船用曲轴制造的战略使命与市场冲突的困局中，以利益为导向的民营企业，恐怕需要更大的战略定力，方能坚持下去。而无论何种性质的企业肩负此种重大使命，国家适时地施以援手皆为推进产业升级战略的应有之义。

严鹏 1984 年生，湖北武汉人。2013 年博士毕业于华中师范大学，2014~2016 年在复旦大学从事博士后工作，现为华中师范大学中国工业文化研究中心常务副主任、中国近代史研究所副教授。主要研究工业经济发

---

① 韩国政府对成长期的造船业给过资金支持，还于 1983 年通过了一项国家造船计划，帮助企业对抗无常的市场周期。参见 Donald Kirk, *Korean Dynasty: Hyundai and Chung Ju Yung*, p. 101。

展、工业文化、企业史、经济思想史等。出版著作有《战略性工业化的曲折展开：中国机械工业的演化（1900～1957）》《地区产业竞争力之演化：湖北纺织工业的发展（1800～2012）》《富强求索——工业文化与中国复兴》《富强竞赛——工业文化与国家兴衰》。在核心期刊上发表论文数十篇。在国内高校率先开设工业文化课程。任《工业文化研究》集刊主编。

轮船招商局与国际航线的开拓（1873～1884）

——"一带一路"的近代经验

张伟保

招商局在最初一个世纪里，在唐廷枢担任商总、主理招商局期间（1873～1884）可算是发展最迅速、奠定基业的关键时期。刘广京教授说："在有着漫长历史的轮船招商局最初的 10 年，他是公司的灵魂人物……其一生的经历表明，他总是既敢于冒险，又长袖善舞，一方面能将中国商人和官府的资源结合起来，另一方面又能利用欧美的技术专长。他是一个爱国者，而观念上却是世界性的。"[①] 朱荫贵教授指出："唐廷枢和徐润是当时中国商人中能经营新式航运企业的最合适人选，他们不仅自身广有资财，而且在多年买办生涯中积累了丰富经验，进入招商局前已有经营新式轮船公司的经历，具有较高的经营管理才能和识见，从素质上看绝不比日本三菱会社的创办人岩崎弥太郎低。他们主持期间是招商局最富于进取精神、最为活跃的时期。"[②] 徐润也曾概述唐氏在这个时期的重要作用：招商局各项营业活动中，除运漕归朱道（其昂）经办，其余劝股、添船、造栈、揽载、开拓航路、设立各处码头，由唐道（廷枢）一手经理。[③] 他对招商局的主要贡献包括：制定章程、加强管理；广集股本、巩固基业；扩充船队、开辟航线；力拒官场恶习、强调在商言商。[④] 其中，开辟国际航

---

① 刘广京：《华商企业家唐廷枢（1832～1892）》，载刘广京著，黎志刚编《刘广京论招商局》，社会科学文献出版社，2012，第 185 页。
② 朱荫贵：《国家干预经济与中日近代化》（修订本），社会科学文献出版社，2017，第 54 页。
③ 徐润：《清徐雨之先生自叙年谱》，商务印书馆，1981，第 36 页。
④ 拙文《"商总"唐廷枢对招商局的贡献》，载胡政、陈争平、朱荫贵主编《招商局与中国企业史研究》，社会科学文献出版社，2015，第 164～180 页。

线一项与今日中国推动"一带一路"的伟大构想，有极多相似的地方，值得进一步加以探究。本文利用聂宝璋编《中国近代航运史数据》第一辑①、中国史学会主编《洋务运动》②、《李鸿章全集》③、《郑观应集》④ 等重要历史文献及相关史料再加分析，希望借此探究其具体部署及战略意义。事实上，这个高瞻远瞩的规划，虽受制于当时的国内外环境而未能发芽滋长，终究是一个非常值得参考的经验。

一　初期的规划与安排

1873 年夏，唐廷枢被李鸿章委任为招商局的"坐局商总"⑤，除在"上海三马路地方，买屋开设总局"，又于原有天津局栈外，增添"牛庄、燕台⑥、福州、厦门、广州、香港、汕头、宁波、镇江、九江、汉口以及外洋之长崎、横滨、神户、新加坡、槟榔屿、安南、吕宋等十九处各设分局，往来揽载"⑦。郝延平教授指出："汉口的商董刘绍宗，从前是琼记在汉口的买办……1873 年 7 月初，代表唐景星（廷枢）购买琼记在汉口的岸上资产，同琼记洋行谈判。不久以后，唐景星又送他去日本，为在那里开展揽载业务作准备。"⑧

经过数年的积极扩充，招商局有了一定的发展。局轮数量与总吨位由 1873 年的 4 艘 2319 吨增至 1876 年的 11 艘 11854 吨。⑨ 1876 年秋天，忽然

---

① 聂宝璋编《中国近代航运史资料》第一辑，上海人民出版社，1983。
② 中国史学会主编《洋务运动》，上海人民出版社，1961。
③ 《李鸿章全集》，海南出版社，1997。
④ 夏东元编《郑观应集》，上海人民出版社，1982～1988。
⑤ 汪敬虞：《唐廷枢研究》，中国社会科学出版社，1983，第 178 页。
⑥ 燕台即烟台。——引者注
⑦ 陈玉庆整理《国民政府清查整理招商局委员会报告书》，社会科学文献出版社，2013，第 412 页。
⑧ 郝延平：《十九世纪的中国买办：东西间桥梁》（*The Comprador in Nineteenth Century China*），李荣昌、沈祖炜、杜恂诚译，上海社会科学院出版社，1988，第 173 页。按，旗昌洋行的 F. B. 福士称赞刘绍宗是"一个精力充沛和容易亲近的人，他同那些托运人极为相得"（第 173 页）；参看汪敬虞《唐廷枢研究》，"派招商局商董刘绍宗赴日本筹备中日航运"条，第 179 页。
⑨ 朱荫贵：《国家干预经济与中日近代化》，第 55 页。

传出了旗昌轮船公司拟全部出售其资产。旗昌上海经理于 1876 年 12 月经中介人向招商局探询。最后经盛宣怀向南洋大臣沈葆桢筹借官款百万两，再由唐廷枢与旗昌行东面议，终于达成交割协议。① 除上海金利源码头外，旗昌拥有多个港口码头，招商局在并购旗昌后实力大增，船队亦急增至 29 艘，足以与太古、怡和争雄，遂于 1877～1878 年分别与他们签订"联营协议"或"齐价合同"，从而奠定了招商局在本业的领导地位。局船数量急增，加上与太古、怡和签订齐价合同后，船只除足够于长江及沿海港埠行驶外，更让唐氏能够尝试开辟南洋、美洲及欧洲的新航线。郝延平肯定地说："在唐景星和徐润的得力领导下，1883 年以前，招商局一直发展迅速，以后中法战争阻遏了它的前景有望的发展。如果没有 1883～1884 年的中法战争，中国在工业上的种种努力也可能会更成功。"②

樊百川教授认为齐价合同对招商局弊大于利。他说："招商局一半左右的船只和吨位（因与太古分配长江航运利益）被迫闲置或撤到其他航线"，是"断送了此后收回长江航权的可能"。③ 这个观点颇有商榷的余地，因为他并不体恤晚清政治大环境对民族企业造成的不利因素。外国商人利用本国坚船利炮、条约口岸、协议关税、领事裁判等特权进入中国，本国民族企业并不在公平的环境下与之竞争。相反地，他说："李鸿章等人满足于'与怡和、太古设法议和'，就可使'生意顺手'，每年'结账皆有盈余'，实现所谓的'略分洋商之利'。"④ 其实是十分正确地反映了李鸿章、唐廷枢、徐润等负责人的经营目标。同时，招商局正是由于齐价合同而产生了闲置船只，为随后开拓国际航线提供了必要的条件。他

---

① 陈玉庆整理《国民政府清查整理招商局委员会报告书》，第 417 页。详载其内容，包括"江船九号、海船七号、小轮船四号、趸船六号、金利源、金东方、虹桥头、下海浦、宁波码头栈房五处……另汉口、九江、镇江、天津四处旗昌自己名下所置之洋楼、栈房、码头"等。又，首批船款大部分是官款，包括沈葆桢筹借的 100 万两。

② 郝延平：《十九世纪的中国买办：东西间桥梁》，第 173～174 页。关于 1883 年上海金融风潮，可参阅全汉升《从徐润的房产经营看光绪九年的经济恐慌》，载氏著《中国经济史论丛》第 2 册，香港新亚研究所，1972，第 772～794 页；刘广京《1883 年上海金融风潮》及《中国早期工业化的信贷机构：1883 年徐润破产的背景和牵连》，载刘广京著，黎志刚编《刘广京论招商局》，第 203～216、217～224 页。

③ 樊百川：《中国轮船航运业的兴起》，中国社会科学出版社，2007，第 214 页。

④ 樊百川：《中国轮船航运业的兴起》，第 215 页。

们以河内、新加坡、檀香山、旧金山、古巴、秘鲁、伦敦等国家和城市为对象，因为这些地方是海外华人的聚居地，生意和利润均有较大的保证。①

具体而言，唐廷枢在 1873 年 6 月正式接办后，立即在境外设立分局，承担揽载生意的工作。这些分局包括：香港、长崎、横滨、神户、新加坡、槟榔屿、安南、吕宋等。由于招商局刚改为官督商办，可以肯定这是一个十分进取的安排，目的是渐收利权，"使我内江外海之利，不致为洋人所占尽"②。为了确保公司的持续发展，唐氏等不断增添船只及总吨位。到了 1876 年，招商局已有轮船 11 艘，已相对接近当时旗昌洋行的船数，而较太古、怡和的船队为多。此后，招商局并购旗昌洋行的庞大船队和码头，遂能承担开拓国际航线的重要任务。

以下是唐廷枢主掌招商局时创办国际航运的大事年表，可以更全面地认识其发展过程。

在唐廷枢出任商总的同治十二年（1873），他因为日本煤便宜，故派伊敦号驶往日本，往来上海、神户、长崎之间。同年底，又派船驶往吕宋。③ 这是招商局对国际航线的首次尝试。据有关资料反映，招商局的成立使轮船运费明显下降，如"伊敦船赴日本运煤，水脚较美船八折以期推广。商局未办之时，各口运货：每吨日本四元，汉口四两，宁波二元半，天津每担六钱，汕头去货二钱、回货四角，广东二钱或三钱。商局成立之后，洋商并力相敌，日本每吨跌至二元至三元，或一元半；汉口二两，宁波一元或半元；天津每担三钱或四钱；汕头去货一钱或一钱二分、回货二角半；广东一角半或一角。水脚既跌，商贾获利，本局盈余虽减而暗中已收无穷之利"④。

同治十三年（1874）十一月初九日，新增富有轮船移准江海关道填给牌照，初十日开往汕头、新加坡等处。⑤

① 刘广京著，黎志刚编《刘广京论招商局》，第 75 页；夏东元编《郑观应集》上册，第 213 页记载了郑观应对海外侨民的分布和人数情况的统计，详见下文。
② 樊百川：《中国轮船航运业的兴起》，第 203 页。
③ 陈玉庆整理《国民政府清查整理招商局委员会报告书》，第 413 页。
④ 孙慎钦编著《招商局史稿　外大事记》，社会科学文献出版社，2014，第 49 页。
⑤ 孙慎钦编著《招商局史稿　外大事记》，第 46、71 页。

李鸿章在光绪元年（1875）二月二十七日奏，招商局"计有自置轮船并承领闽厂轮船八号，现又添招股向英国续购两号，分往南北洋各口及外洋日本、吕宋、新加坡等处贸易"①。

光绪四年（1878），派"成大"帆船往日本运煤。②

光绪五年（1879），"和众"船试行檀香山。③

光绪六年（1880）六月，"和众"船开往美国之金山，又添"美富"一船往来琼州之海口、越南之海防。④

直至光绪六年，"招商局轮船向在本国通商各口揽载，其往来东洋、越南、吕宋、暹罗、新加坡、槟榔屿、印度等处，间或有之。奈东洋、吕宋定章多有偏护各国之商船，而局船争衡匪易。其新加坡、槟榔屿等处乃欧洲各船来华大路，力难与抗，遂俱中止。惟越南各口仍可往来，去年秋间派和众一船驶往檀香山一次，虽无大利，亦可合算。本年六月又复顺道开往美国之金山，至秋间又添美富一船协同康济一船，往来琼州之海口、越南之海防等处，生意比前较胜"⑤。

光绪六年，唐廷枢决定在南洋设轮船招商局分局，并努力招徕侨商资本。据胡海建分析，"自从唐廷枢决定派船前往小吕宋、新加坡、日本等处后，其揽载生意一直向东南亚拓展，直至暹罗（泰国）的孟角（曼谷），这主要是中国驻当地领事陈金钟之子陈善继在发挥作用。陈善继是当地著名华商，与陈树棠、唐廷枢、徐润均乃广东同乡，负责在外洋招股。……唐廷枢等决定在孟角立分局，并禀请李鸿章札委陈善继为分局董事长，并由在孟角的候选知县温宗彦和商贾李汝桐等9人协助陈善继，广为招股，此举使南洋生意日见兴旺，华商入股者众"⑥。

---

① 中国史学会主编《洋务运动》（六），上海人民出版社，1961，第7～8页。
② 孙慎钦编著《招商局史稿 外大事记》，第47页。
③ 孙慎钦编著《招商局史稿 外大事记》，第47页。
④ 孙慎钦编著《招商局史稿 外大事记》，第47页。
⑤ 孙慎钦编著《招商局史稿 外大事记》，第82～83页。
⑥ 胡海建《中国早期工业文明与唐廷枢》，南方出版社，2005，第111页。同页又载当时李鸿章对唐廷枢等禀请批曰："暹罗之孟角现经查明该处货产繁富，孟角一埠又有陈善继为众商所信服，前已批准，即没陈善继为局董，仰即妥筹拨船只，分往试行。"唐廷枢在1880年就向外洋华商招股事称："其暹罗、檀香山、旧金山华商所入之股尚多，俟收到股银再行汇入下届之帐，总以凑足百万之数为止。"

招商局去年放船走檀香山及美国之金山，因洋船竭力抗拒，乃于本年（光绪七年，即 1881 年）停行。八月，放美富轮船装运茶箱前往英国。①

光绪七年，"康济轮走海口、海防"，至光绪九年（1883）三月，"康济轮船一号奉饰缴还"。②

招商局美富轮船去年（光绪七年）八月间运茶往英国，至本年（光绪八年，即 1882 年）二月始行回国。因洋商颇存妒心，遂至无利。越南一处去冬已设立码头，栈房，生意尚佳。③

本年（光绪八年）春，招商局美利轮船改式完成，放去越南装粮，甚属得用。国外航路只有此硕果仅存之一线矣。④

光绪八年（1882），因朝鲜内乱，奉调四船装兵，仅一旬间将登州防军六营全行东渡。⑤

巴西国的"贾公使屡请招商局放船到彼国通商，希冀鼓舞华工前往彼国，自愿津贴巨款。唐总办因念东洋生意历年未能得手，极欲将致远、图南、美富等船改走西洋，故定出洋游历之行，特践贾公使之约。于（光绪）九年（1883）三月亲临该国面谈商务，连住两月，明查暗访，知彼国黑奴之例未删，款待华工不甚周妥，不敢承揽"⑥。

光绪九年（1883）"夏间，唐氏与总船主在英国时，曾商定造内河浅水轮船一艘以备越南内河拖带、运驳兼揽货客之用，当付定银一千英镑"⑦。

本年（光绪九年）"春间值法越多事，招商局所订代越南承运粮米只得暂且终止，其他各国所属海口虽有订约之处，亦不敢造次放船行走。惟致远、图南二轮仍走南洋、新加坡槟榔屿一路，亏折甚巨"⑧。

值得特别注意是最后三项。商总唐廷枢为了更有效地开拓国际航线，

---

① 孙慎钦编著《招商局史稿　外大事记》，第 84 页。
② 孙慎钦编著《招商局史稿　外大事记》，第 46、87 页。
③ 孙慎钦编著《招商局史稿　外大事记》，第 85 页。
④ 孙慎钦编著《招商局史稿　外大事记》，第 85 页。
⑤ 孙慎钦编著《招商局史稿　外大事记》，第 51 页。按军运方面，1874 年曾派伊敦、海镜、永清等轮装兵渡台；1880 年六月奉装撤霆军回楚，秋间奉装皖楚诸军赴山海关洋河口，因不属本文范围，不赘。
⑥ 孙慎钦编著《招商局史稿　外大事记》，第 87 页。
⑦ 孙慎钦编著《招商局史稿　外大事记》，第 87 页。
⑧ 孙慎钦编著《招商局史稿　外大事记》，第 87 页。

于光绪九年（1883）三月"亲自出洋考察。先至美洲，后游欧洲。其计划在遍访欧美商情，择其确有把握者相与商定，然后回华妥议，再定行止，以昭慎重"①。唐氏经过十个月的外访，于十二月二十日抵沪。胡政曾特别指出唐廷枢这次历时大半年的出洋考察，主要是"探讨'迭放轮船行走外洋，未能获利'的原因，考察的项目包括欧美和东南亚的码头、船厂、轮船公司及煤矿、铁矿等"②，规划船局的未来发展，其实是极其重要的一步。可惜的是，经历了1883～1884的经济恐慌后形势急变，唐廷枢、徐润均被逼离开招商局，而国际航线的开拓亦戛然而止。

二　朝野对开拓国际航线的建议

轮船出洋有利于本国工农产品出口的主张，最早是在报刊上出现的。1874年5月，容闳在上海创办《捷报》，"集股万两，分一千股。投资者多为粤人"，时唐廷枢任招商局总办，是该报的主要赞助者。③ 同年7月14日，该报发表了一则题为《论丝茶宜出洋自卖》的评论：

> 夫西人之入我中华，不过载货而来，初不为买货而返计也。后因华人无载货往彼国者，因之以货来者，遂易货去耳。今火船往来中国者正多，获利亦巨。各国皆有轮船公司，在华人亦应会合公司，专造轮船运货出进，自取其利，无庸附搭他国也。④

而官员方面的意见，以薛福成的建议为最早。其后有陈兰彬、王先谦、梅启照等的奏疏，均对招商局发展国际航线产生了重要作用。薛福成在光绪元年（1875）奏上的《应诏陈言疏》，附了《海防密议十条》，其中"造船宜讲"一条，薛氏主张中国自制的轮船不能求兵船、商船兼

① 孙慎钦编著《招商局史稿　外大事记》，第87页。
② 胡政：《中国最早走出去的企业——招商局》，《文汇报》2011年10月31日。
③ 汪敬虞：《唐廷枢研究》，第181页。按，容闳是唐廷枢在马礼逊学堂的学长，1847年随布朗校长前往美国，后毕业于耶鲁大学。两人都是香山人，经历相近，志趣相同，彼此合作无间。
④ 汪敬虞：《唐廷枢研究》，第181页。汪氏认为"这个论点反映唐廷枢当时的要求"，是可信的。

顾，因为轮船技术日精，"欲求两便而适以两误也。窃谓自今以后，各厂造船，宜令访上等兵船之式，专精仿造。如商民愿缴造价，公置轮船者，准其赴局专造商船"。他又提出"商情宜恤"一条，主张招商局之设，"夺洋人之所恃，收中国之利权，诚为长策。……今诚体恤商情，曲加调护，务使有利可获，官吏毋许需索，关津不得稽留。令明法简，将来缴价造船之商，自必源源而来。贸易既盛，渐可驶往西洋诸埠，隐分洋商之利，然后榷其常税，专养兵船，务使巡缉各洋，以为保卫商船之用"。即通过发达商务而达致富国之效，再利用之而建立强大的海军，以维护国家的领土完整。①

同年四月一日，《申报》载："相传招商轮船局俟新茶出时，或将当有轮船发往英京伦敦，以便交易，此事若果系确实，则为中国火船赴泰西而之创举也。从此中国船可扬于西洋大海矣！"② 可惜结果落空，派船往伦敦之举措仍需等候适当时机。

此外，太常寺卿陈兰彬亦有相近的见解。同治十一年（1872），陈兰彬率领30名幼童赴美国留学。次年，受命前往古巴调查华工情况，迫使西班牙当局于1877年签订《会订古巴华工条款》，对华工进行保护。光绪四年（1878），陈兰彬被正式任命为驻美国、西班牙和秘鲁公使。他在光绪二年（1876）十月二十四日奏称：

> 洋人借商力以养兵，削我财以逞毒，数百年处心积虑，窥我虚实，觇我形势，任意鸱张，而我无一商一船前往彼国，此自困之道也。如果招商办有起色，由内江外海以至泰西，逐渐开拓，往彼经商，无论利权可以收回，而此后通好达情，学艺购器，皆可为所欲为，洞悉敌情，则操纵在手，借商之力，成我之功，是开拓远漠，其利六也。③

陈兰彬又说：

---

① 薛福成：《应召陈言疏》，严云绶、施立业、江小角主编《桐城派名家文集》第 10 卷《薛福成集》，安徽教育出版社，2014，第 14 页。

② 李玉主编《〈申报〉招商局史料选辑·晚清卷》，社会科学文献出版社，2017，第 28 ~ 29 页。

③ 《洋务运动》（六），第 10 页。

洋船在中国者，以美国旗昌洋行资本为最大，现因招商局既设，亏折太甚，欲减价出售，该局甫立三年，洋商之至强者亦敛手退让，此实中外大局一关键，而时之不可失者也。①

郑观应于 1880 年在香港中华印务总局排印出版了《易言》三十六篇。其中《船政》篇曾粗略计算寓居外洋的侨民人数及可资利用之处。他说：

闻华人之经商、佣工寄寓于外洋者，计吕宋一岛约四、五万，新加坡、槟榔屿诸岛约数十万，美国旧金山及其近埠约十四万，越南西贡等处约三十万，古巴、秘鲁各十余万。其他若日本，若新金山②，若太平洋檀香山，数或逾万，或不及万，均建有会馆，设有董事，特以路远势孤，每为彼国所轻侮。曩日闽中船政局"扬威"兵船游历东南洋各岛，吕宋客居华民鼓舞欢呼，至于感泣，谓百年来未有之光荣。一埠如此，他埠可想。况西洋通例，虽二、三等之国，皆有兵船游弋外埠，名为保护商人。堂堂天朝，何难办此。似宜照会驻札各国公使，如各埠华民，有愿得兵船保护者，当自筹岁费，报明领事，请公使转咨船政酌派兵船往来镇卫。或一年或半年更调他船，藉资游练。其一埠不能养一船者，即数埠共养之。如是，则厂局有养船之费，海疆有战守之资，中外有声势之联，商旅有利运之益，一举而数善备矣。③

同年（1880）六月二十六日，祭酒王先谦奏《请以轮船运货出洋片》说：

前闻黎兆棠议立宏远公司条约，其意以为轮船之利，仅就各省码头装运，而未及外洋，故各国所需，势不能不来华购运。口岸条约，由此日增。若令华商以轮船运货出洋，则洋商可以少至，暗中消弭无数事端。……旋因黎兆棠去任回籍，未及举行。……可否示下南洋大

臣咨商船政大臣黎兆棠，如及今尚能举行，即先于上海及英法各国设立公司，仍按原议条款，斟酌损益，凑集商股，作速开办。其三口及北口可否一律举行，并令咨商北洋大臣，酌核定议。①

同年十一月，兵部右侍郎、内阁学士梅启照（1826～1894）亦向朝廷上奏《筹议海防折》，密陈十条。主张学习西方造船技术，添购必要设备，仿造铁甲船；打破西方封锁，向俄国订购铁甲船；并拟请准许招商局船只赴东西各国，参与世界船运竞争，认为"能及外国，则能分外国之利，中国益一分则外国损一分也"。他更主张添设海运总督，统领海运事宜；变河运为河、海通运；变河商为河、海通商。梅氏希望通过竞争来壮大招商局船运事业。②

清廷十分重视王先谦和梅启照二人的建议，以上谕的方式要求李鸿章和刘坤一尽快回复。光绪六年十二月十一日，李鸿章在《议复梅启照条陈折》中说：

> 承准军机大臣密寄十一月初二日奉上谕，梅启照奏请整顿水师……推广招商局赴东西洋各国贸易……夫欲自强，必先裕饷，欲浚饷源，莫如振兴商务。商船能往外洋，俾外洋损一分之利，即中国益一分之利。微臣创设招商局之初意，本是如此。近来该局和众、美富两船已往旧金山、檀香山等埠，明春拟派海琛船运载兵弁赴英验收碰快船回国，均足为商船出洋之先导。然此事须逐渐扩充，非仓卒所能收效。至日本自设轮船公司，关税独减，中国商船前往，榷税加重，故局船因亏耗而裹足，所请酌派丰顺、保大试行东洋之处，应从缓议。③

刘坤一在光绪七年正月初八日奏上《复陈海防事宜折》，回复了同一

---

① 聂宝璋编《中国近代航运史资料》第一辑下册，第 1097～1098 页。
② 《梅启照》，华人百科，https://www.itsfun.com.tw/% E6% A2% 85% E5% 95% 9F% E7% 85% A7/wiki － 8704093 － 5335173，最后访问日期：2017 年 9 月 20 日；另参看《清史稿》卷 150《交通二·轮船》，国学网，http://www.guoxue.com/shibu/24shi/qingshigao/qsg_150.htm，最后访问日期：2018 年 5 月 20 日。
③ 聂宝璋编《中国近代航运史资料》第一辑下册，第 1094 页。

个上谕。他说：

> 第四条请推广招商局船往来东、西洋贸易，不独可分外洋之利，亦可周知各国形势，联络各岛华人。臣前在粤督任内，于招商局和众轮船前往檀香山，本应由南、北洋主政，臣以事属可行，时不可缓，遂径许之，盖将以此为权舆也。该局嗣派轮船往旧金山，亦是推行之渐；东、西洋自可由此进步，正不必指定何船。而臣所虑者，该局总办道员唐廷枢、徐润人颇老成，而气局尚小；且提还公款后，赀本亦薄，未必更能扩充。夫理财本不易言，刘晏为唐名臣，仅以转输着绩；远涉重洋，而可操奇赢术乎？臣愚以为宜得一大力者，驻局主持，唐廷枢、徐润与之左右；仍以巨币资之，俾得展布。用财如用兵，分数明则多多益善。每年盈余所入，官商照章均分，于军国之需不无小补，庶餍众心而杜群喙，所以提挈之，亦所以安全之。泰西各国以商而臻富强；若贸迁所获，无与公家，自别有剥取之法，否则富强从何自来？处此时势，事事欲步武泰西，不得独于招商局务而尚天子不言有无、诸侯不权多寡之高论也。①

此外，刘坤一也在光绪七年正月十五日回应王先谦奏请派华船出洋的建议，表示赞成逐步开拓海外航线。刘氏的回复可分为三个要点：

> 现已有船往檀香山、旧金山，将来即可前往东、西两洋贸迁有无，更为驾轻就熟矣。②

> 中国与泰西各国通商，商舶往来如织，而中国尚无商船运货前赴泰西，以分洋人之利，现在中国已有使臣分驻英、法、俄、美、德、日、秘及日本等国，华商若往通商，自无虑其人地生疏，致受欺侮。惟创办宏远公司，另招商设置船运货，非有巨资，难于集事，似宜合股，就招商局现有轮船酌量试办，以期事半功倍。招商局船前曾驶往新加坡、吕宋诸处，揽装货物，因各该处已有英、法公司轮船顺道经

---

① 《刘坤一奏疏》第 1 册，岳麓书社，2013，第 652 页。
② 《刘坤一奏疏》第 1 册，第 664 页。

过，船大行速，生意悉被揽去，且该公司轮船，均有国主津贴巨款，资本充足，难以力争；该局又拟驶赴日本，亦因该国自公司轮船来往中国，并特减该船装货之税，未能与抗，是以暂停。①

近年该局和众轮船，试走夏威仁国之檀香山及美国之旧金山，该两处向无英、法公司轮船，而华人云集，装货甚旺，因又添派美富一船，更番出洋。是往外国通商，招商局业经开办。兹据刘瑞芬等筹议："与其创立公司，另起炉灶，不若从招商局逐渐推广，较为稳妥"等语，颇为有见，臣前商船政大臣黎兆棠，亦以为次第可行，招商局果能再增巨资以厚成本，则攸往咸宜，固无施不可，正不必别开生面也。现巴西、古巴两路，华人亦多，约章初定，如有招商局船前赴该处，不独揽货获利，并可查看该处相待华人情形，而华人亦可藉此增长气势。故臣于招商局出洋一节，不胜倦倦也。②

及后，在光绪七年二月十一日，李鸿章再次复奏上谕追问"该祭酒请令商船出洋，目下情形能否及此？将来如何渐次开拓？"③李氏认为：

至黎兆棠前拟设立宏远公司，以巨资难集，尚未定议，招商局船前曾试驶往新加坡、小吕宋、日本等处，各有公司轮船揽载，未能与抗。光绪五年，派和众船试起夏威夷之檀香山，美国之旧金山，该两处华人云集，装载容货尚旺。六年添派美富轮船，常川往来，臣因订购英厂碰快船将成，遴派员弁水手出洋验收，饬局派海琛轮船装载，驶往伦敦。是华船赴外国，招商局已经试行，刘瑞芬等谓应就局船相机逐渐推广，藉资获益，自应照办。④

到了光绪七年六月二十日，李鸿章再就王先谦的建议和最新的发展，向朝廷奏上了《创设公司赴英贸易折》。他说："经臣等先后复陈，拟暂

---

① 《刘坤一奏疏》，第 1 册，第 665~666 页。
② 《刘坤一奏疏》，第 1 册，第 666 页。
③ 《洋务运动》（六），第 51 页。
④ 《洋务运动》（六），第 57 页。

就招商局现有轮船酌量试办，逐渐推广，并缄嘱黎兆棠请其劝谕粤商设法倡导。"① 但是，黎兆棠却急于自行筹设肇兴公司。黎氏在回复李氏来函时表示，他转述了广东职员梁云汉、刘绍宗、梁绍刚等禀称："泰西以商立国，商务之盛衰，即国势强弱所由判。凡有益商务者，必竭全力以图之……中国地大物博，商务为四洲之冠，洋人视为利薮，纷至沓来，有可以从中图利者，鲜不多方要挟，实由彼来而我不往也。即有到金山、古巴、秘鲁等处，亦仅贫民佣工，并无殷商前往，似未足以立富强盛业。现已招集殷商，凑成巨款，名曰肇兴公司②，拟往英国伦敦贸易，以为中国开拓商务之倡。该员梁云汉在粤东经理，刘绍宗、梁绍刚往伦敦管事，不领公帑，不准洋商附股，一切进出口货完税章程，请照洋商一律办理，以昭平允。惟事属创始，必须官为维持，请由通商大臣给谕前往，并转咨中国驻英大臣随时主张，俾得与各国在英商人一体优待"等情，请奏前来。③

获悉肇兴公司的最新情况后，李鸿章认为"劝令华商出洋贸易，庶土货可畅销，洋商可少至，而中国利权亦可逐渐收回"，遂表示原则上同意。同时，他因"前此招商局轮船尝试往新加坡、小吕宋、越南等埠揽载，近年和众、美富等船分驶夏威仁国之檀香山、美国之旧金山载运客货，究止小试其端，尚未厚集其力。英国伦敦为地球内通商第一都会，无华商前往"。而且，"黎兆棠志在匡时，久有创立公司之议，尽心提倡，力为其难。现既粗定规模，自当因势利导于必成"。李氏既同意此事，"拟即咨商驻英大臣曾纪泽，随时设法主持保护"，并建议清廷"与该公司，仿照泰西定例，五年之内，只准各处华商附股，不准另行开设字号"的五年专营权。为了争取朝廷的同意，他会同南洋通商大臣刘坤一、船政大臣黎兆棠合奏，终于获准所请。④

然而，由于受到英国商人的抵制，肇兴公司生意并不顺利。据《北华捷报》（*North China Herald*）1881 年 10 月 4 日的报道：

---

① 聂宝璋编《中国近代航运史资料》第一辑下册，第 1101 页。
② 即将之前所拟的"宏远公司"改名为"肇兴公司"。——引者注
③ 聂宝璋编《中国近代航运史资料》第一辑下册，第 1102 页。
④ 聂宝璋编《中国近代航运史资料》第一辑下册，第 1102～1103 页。

　　参加运价联盟的轮船船东们，过去三个月取得的、从上海至英国甚为有利的运费，终于引起局外的反对。人们认为这个运价对他们并不是完全有利的。所有装货开往英国的中国口岸，每吨运费已下降了二十先令。……当招商局轮船在上海停在开往伦敦的码头时，运价联盟的代表决定采取有力的对抗措施，这是毫不奇怪的。任何不抱偏见的评论必然承认本（中）国的轮船公司有权对从本国出口的贸易进行竞争，可是，由于目前这种贸易几乎完全掌握在欧洲人手里，甚至中国轮船船东也不大敢拿他们的船队同正规的英国轮船公司拥有的海上巨舶较量。最好还是让货主决定是否把原来交英国商船承运的货物，转而惠顾挂三角龙旗的中国商船。人们认为，美富号是一种活动的先驱，它不仅仅为了装运别人的货物，它还有更加野心勃勃的目的。①

与黎兆棠相熟的郑观应，也参与了肇兴公司的创办和经营。他忆述其经过时说：

　　顺德黎召民（兆棠）方伯欲振兴商务以塞漏卮，曾集股创设肇兴公司，开庄伦敦，卖买货物，举余出洋总办，并请郑玉轩京卿、邓小赤方伯相劝。余答曰：商务一端必须统筹全局，果有把握而后可行。若预先买货待涨，非熟悉该处市情消长、货色盈虚不可。似宜先往外洋设一茶叶、磁器行号，兼代卖丝、茶，或搭附殷实可靠之行，俟开办三年，熟悉该处贸易情形，然后大举。倘能奏请朝廷：所有各省军械悉归我行承办，聘一素精枪炮轮船机器之人考究，止收经手费用，不致洋行浮开价目等弊，则亦两有裨益。况承办军械洋行，上海计有数家，岁须缴费二、三万金，其利之厚可知。我行得此利息亦可赖以维持。方伯急于开办，谓所议难行，茶叶、磁器生意过小。乃大张旗鼓请刘述庭观察、梁鹤巢司马开办，名肇兴公司。余亦资助若干，自办宁州茶五百箱寄往销售。不料亏耗过半，不及三年已停闭矣。②

---

① 聂宝璋编《中国近代航运史资料》第一辑下册，第1095页。
② 夏东元编《郑观应集》上册，第621页。

郑观应在此事上获得的教训，极其深刻。他感慨地说："由此观之，可知创办一事，必须小试其端，先立于不败之地，逐渐推广，方可有功。若亟求速效，务广而荒，必至一蹶不振。孔子之言曰：'无欲速，无见小利，欲速则不达，见小利则大事不成。'诚哉斯言，可为万世法矣！"①

三 国际航线经营失败的原因

事实上，无论是招商局开拓国际航线，或设立肇兴公司推广对外贸易，均是极具战略意义的举措，人才和资金也基本能够配合需要。人才方面，有精通洋务的唐廷枢、徐润、郑观应等。资金方面，既有官方以存款及专运漕粮以供开办和日常营运之用，又有殷实的广东商帮"以友及友"的方式来确保商股的征集。因此，不论是招商局还是肇兴公司，均具备相当优越的条件。可惜的是，它们面对日益严峻的国内外形势，在开拓国际航线和贸易方面，皆以失败告终。其中主要原因是各国实行保护主义及外商排拒，清政府亦因国内动乱和对外战争的失败而自顾不暇，无法对招商局给予更多的支持。

这些公司成立的主要目的都是"分洋人之利"，自然受到各国政府及商人的排拒。例如上文涉及的以下六项：

> 日本自设轮船公司，关税独减，中国商船前往，榷税加重，故局船因亏耗而裹足。②
>
> 招商局轮船向在本国通商各口揽载……奈东洋、吕宋定章多有偏护各国之商船，而局船争衡匪易。其新加坡、槟榔等处乃欧洲各船来华大路，力难与抗，遂俱中止。③
>
> 和众号驶往檀香山，1880 年再顺道开往旧金山，竟被美国无故扣留，除照缴进口正税外，加征 10% 的船钞，和每吨一元的罚款，以致

---

① 夏东元编《郑观应集》上册，第 621～622 页。
② 聂宝璋编《中国近代航运史资料》第一辑下册，第 1094 页。
③ 孙慎钦编著《招商局史稿 外大事记》，第 82～83 页。

大为亏折，于1881年停航。①

招商局去年放船走檀香山及美国之金山，因洋船竭力抗拒，乃于本年（1881）停行。②

招商局美富轮船去年（1881）八月间运茶往英国，至本年（1882）二月始行回国。因洋商颇存妒心，遂至无利。③

本年（1883）春间值法越多事，招商局所订代越南承运粮米只得暂且终止，其他各国所属海口虽有订约之处，亦不敢造次放船行走。④

此外，不少言论指出外国对轮船公司的多方保护，例如给予专利和津贴等，清廷在这方面亦无法相比。如陈兰彬指出："查英国初设轮船公司，每年津贴银一百五十万圆；美国初设太平洋公司，每年津贴一百万圆；故能日增月盛，称雄海外。"⑤ 刘坤一在回应王先谦奏请派华船出洋的建议时，也指出"英、法公司轮船……均有国主津贴巨款，资本充足，难以力争"⑥。中国适值两次鸦片战争战败，及太平天国运动、捻军等事件，国势日益倾颓，未能对招商局给予更有力的保护。

在种种不利的国内外环境下，招商局派往外国行驶的轮船欠缺国家的保护，面临极其困难的外部竞争和打压。加上1883～1884年因中法战争引起的政治经济恐慌所造成的恶劣形势，使招商局处于极其困难的境地。同时，徐润挪用招商局的资金用于地产投机⑦、黎兆棠急于求成而不听从郑观应的稳健策略，⑧ 均属人为错误。这几个因素最终迫使招商局开拓国际航线的活动陷入停顿。及后，马建忠将全部轮船假售于旗昌洋行，招商局国际航线的开拓便戛然而止了。⑨

---

① 樊百川：《中国轮船航运业的兴起》，第220页。
② 孙慎钦编著《招商局史稿 外大事记》，第84页。
③ 孙慎钦编著《招商局史稿 外大事记》，第85页。
④ 孙慎钦编著《招商局史稿 外大事记》，第87页。
⑤ 《洋务运动》（六），第11页。
⑥ 《刘坤一奏疏》第1册，第665～666页。
⑦ 全汉升：《从徐润的房产经营看光绪九年的经济恐慌》，载氏著《中国经济史论丛》，第772～794页。
⑧ 夏东元编《郑观应集》上册，第621页。
⑨ 樊百川：《中国轮船航运业的兴起》，第220页。

四　小结

自 2013 年以来，"一带一路"的工作逐步开展，而国内交通运输建设更是一日千里，两者互相配合，对实现复兴中国的伟大梦想，自然是相得益彰。百多年前，招商局作为中国第一个"走出去"的民族企业，其开展国际航线的宝贵经验，直到今天仍有相当的参考价值。招商局在国势倾颓的晚清，面对外商的跌价倾轧及外国政府的无情打压，仍能在短短数年内不断开拓国际航线，其中困难实不足为外人道。然而，直到中法战争酝酿之前，招商局仍能够迎难而上，不但大力扩张船队、筹设保险公司、成功增招股本，并大幅降低所欠官款和钱庄借款、按商业习惯对生财资本进行折旧等，成绩都是显著的。① 为了进一步开拓国际航线，商总唐廷枢亲自出洋考察十个月，这在当时实属创举。由此可见，唐廷枢是一位深具企业家创新精神的商业领袖，其使招商局成为近代中国民族企业的典范。唐氏对该局的后来发展，曾做出极富前瞻性的部署。

张伟保（Cheung Wai Po） 1959 年生于香港。香港新亚研究所历史学博士（1994）、北京师范大学文学院博士（2004）。曾任新亚研究所副教授兼总干事、香港树仁大学中文系助理教授、澳门大学教育学院助理教授兼课程主任，现为澳门大学教育学院副教授（文史教学）及博士生导师、中国经济史学会中国近代经济史委员（2008~2022）。主要研究领域为中国经济史、中国教育史、中国文献学。共出版专著 11 种、主编图书 4 种，发表学术论文 50 多篇。

---

① 《招商局轮船只吨、资本本额及盈亏统计，1872~1895》，聂宝璋编《中国近代航运史资料》第一辑下册，第 1000 页；又，筹办保险公司事，参看同书，第 1083~1089 页。

试论轮船招商局商办时期的弊端

朱荫贵

轮船招商局在一百多年的发展历程中，经历过官督商办、商办、国营、股份制改造等多种体制。从清末宣统年间开始，到南京国民政府成立后将其收归国营间的近三十年，是招商局的商办时期。但从现在留下的资料和记录看，这段时期却是招商局历史中留下弊端最多和最为人诟病的时期。简单概括一下就是时人所说的经营不善，债务日多，丛垢积弊，腐败日深，以至于到1926年南京国民政府成立前夕，"实已濒于破产倒闭之局面"①，并直接影响到招商局此后的经营和发展。为何招商局在商办时期弊端最多、最为人诟病？客观地说，招商局航线长，地域广，各地分局和分支机构众多；商办时期国内军阀战争接连不断，直接给招商局的经营发展带来诸多困难和不利影响。可是这些客观因素能不能说是招商局经营管理不善等弊端和腐败出现的根本原因？如果不是，那么根本原因是什么？是商办制度的影响，还是因为"有治法还需治人"，这里缺乏"治人"？

正如南京国民政府1927年清查整理招商局委员会留下的"清查招商局报告书总论"中所说，"招商局为中国最大航业机关，其内容之腐败，恐亦为中国各公司中最甚者之一"②。鉴于此前学界对招商局商办时期的经营和"积弊"状况及其原因的分析成果不多，缺乏专门研究，本文拟在此

① 徐学禹：《国营招商局之成长与发展》，国营招商局七十五周年纪念刊编辑委员会编《国营招商局七十五周年纪念刊》，国营招商局七十五周年纪念刊编辑委员会，1947，第6页。
② 陈玉庆整理《国民政府清查整理招商局委员会报告书》（以下简称《报告书》），社会科学文献出版社，2013，第79页。

做一粗浅分析，以期抛砖引玉。

一　商办时期招商局的经营状况

在分析招商局的弊端和腐败之前，我们有必要先观察一下这期间也就是招商局商办期间的经营状况，以对其营业和经营状况有一个基本的判断。本文将招商局商办时期的资本、轮船数量和吨数以及盈亏情况做成表1，从中可以反映出这期间招商局最基本的经营状况和演变趋势。

表 1　轮船招商局商办时期经营状况

年度	资本数（两）	轮船数量（只）	轮船吨数（吨）	盈亏状况（两）	各项借款（两）
1909	4000000	29	49536	325800	1110651
1910	4000000	29	49536	51000	1241393
1911	4000000	29	49373	− 282900	1055290
1912	4000000	29	51702	305200	3412961
1913	4000000	29	51702	90000	2884892
1914	4000000	29	51702	334000	3199640
1915	8400000	29	51702	506200	3107110
1916	8400000	28	50675	441000	3776344
1917	8400000	26	48973	1122000	4457207
1918	8400000	25	47455	1793000	5020929
1919	8400000	25	47455	516800	3905468
1920	8400000	25	47703	900	4286476
1921	8400000	30	63015	− 333300	3322156
1922	8400000	29	62432	− 651000	3001328
1923	8400000	29	62432	− 1010000	5827441
1924	8400000	31	65796	− 935000	7631770
1925	8400000	30	64257	− 47300	7286677
1926	8400000	28	62112	− 1734600	6894492
1927	8400000	28	62112	− 1257000	5000
1928	8400000	27	60266	− 854300	
1929	8400000	26	58932	− 1626659	11000000

续表

年度	资本数（两）	轮船数量（只）	轮船吨数（吨）	盈亏状况（两）	各项借款（两）
1930	8400000	24	54535	−1620000	
1931	8400000	24	54535	−1246000	

说明：①"各项借款"包括招商局向汇丰银行借款、仁济和保险借款、钱庄银行借款、吸收来的个人存款、股份存息和德利洋行存款等。其余数额不大和变动较大的借款没有包含在其中。②"各项借款"中的数字小数点后均四舍五入。③1927年的借款5000两，是"向东莱银行信用借款规银5000两，月息一份半，借期六个月"。④1929年的110万两借款，包括"以丙种统一公债面价二十一万八千五百元，向永亨银行抵借二十万元，月息八厘。又以江轮八艘，海轮三艘，及其客脚收入中、中、北、华三栈除开支外之收入，积余公司房地产收入（除花旗银行划息部分），向四明银行抵借七十万两，月息八厘半，借期十个月。又以泰顺、遇顺、广大、广利四轮及其客脚收入，定约后十个月长江各轮之全部收入，北、中、华三栈除开支外之收入，向恒隆钱庄押借二十万两，月息九厘，为期一年"。

资料来源：资本数、轮船数量、轮船吨数三栏数字见《国营招商局七十五周年纪念刊》之附表；"盈亏状况"见招商局第38至55年帐略，转引自《报告书》第473～535页。1927～1931年经营盈亏数字见《国营招商局七十五周年纪念刊》之"本局编年记事"，第75～78页。1929年的亏损数字在"本局编年记事"中缺，此处据张后铨主编《招商局史（近代部分）》，人民交通出版社，1988，第401页表6-1-8中数字补。各项借款栏的数字，1909～1911年来源于张后铨主编《招商局史（近代部分）》，第235页。表中是笔者合计张书数字后的数字。1912～1926年的数字见《报告书》第265～266页"招商局历年资产及负债对照表（民国元年至民国十五年）"，其中的借款项目见上面"说明①"。1927年和1929年的数字见《国营招商局七十五周年纪念刊》第40～41页"本局债务清偿记"。

现在我们观察表1中的各栏数字，借以分析这期间招商局的经营状况。先看第一栏资本数，商办以后，1914年到1915年的招商局资本数有一个翻倍的增长，即从400万两增加到840万两，其原因是1914年召开的股东会上，"为保全资产，杜绝私卖私借起见"，将航业、产业两项分开，"所有局产悉照公估时值之价核给，并将无关航业之市房及各种股份划出，另立积余产业公司分别办理其航业名下轮船局产，照实在估计处分。所存公积加填股本四百四十万两，以四百万两分派股东，以四十万两分派办事员司应得之花红公积。又积余产业名下核实填给股份银四百四十万元，亦以四百万元分给股东，以四十万元分给办事员司作为应得之花红公积"。具体做法是："凡有局股一股者，于本年三月起陆续在总局换发新式之航业股，两股每股规银一百两。又积余产业股一股每股银币一百元。经此一番更改之后，招商局资本总额自规银四百万两变为规银八百四十万两，又洋四百四十万元。""然实际上并未增加分文，且增发之同人红股得一体分润股息，故股东之利益反不如改变以前之优厚矣。"①

也就是说，这时候招商局股本从400万两增加到840万两，并未从外部获得增量资金，只是将原来的资本一分为二，老股换填新股，纸面上增加了资本而已。

再看第二栏和第三栏轮船数量和吨数。在这20多年的商办时期，招商局的轮船只数不仅没有增长，反而有所下降。1909年时招商局有轮船29只，此后有所起伏，最多时达到31只，但只维持了一年，尽管经历了第一次世界大战的黄金发展时期，总体趋势仍然是下降，到1927年国民政府对其清理整顿时只有28只，1931年正式收归国营时只有24只。1917年到1919年"三年之中，损失江船一艘，海船四艘"②。仅从轮船数字看，20多年的发展，轮船只数不仅没有增加反而减少，无论如何也谈不上成功。轮船总吨数有所增加，其原因是在原有船只损毁不得不补充新船时，新船船只的吨位数较大，才使得招商局的船只总吨位数有所增长。但增加也不多，20多年的时间，也只增加了1万多吨，从不到5万吨增加到1927年的6万多吨。算是给招商局带来了一点亮色。

从1909年到1931年这23年中，招商局有将近一半时间处于亏损状态，从1921年开始一路亏损，且亏损数额相当大。在1921年到1931年的11年中，有6年每年亏损都超过百万两。继1926年亏损超过173万两，达到这期间亏损最高的数额后，1929年和1930年又都达到160万两以上，11年的总亏损数达到11315159两的巨额数字，远超这期间招商局的资本总数。

最后一栏是招商局所负的债款。长期以来，招商局始终是在负债经营，但是后期所负债款数额越来越大，1923年负债在580万两以上，1924年和1925年都在720万两以上，1929年甚至达到1100万两。还在1926年，招商局的帐略中就留下如此记载："公司债款已在千万以上，每年担负百万债息，是年年将先坐定先亏百余万矣。"③

---

① "民国三年甲寅（西历一九一四年）招商局第四十三年"，《报告书》，第490~491页。
② 《招商局第48年帐略》，《报告书》，第508页。
③ 《招商局第55年帐略》，《报告书》，第535页。

这些借款都要以招商局中的各种资产作为抵押，条件十分苛刻。随着招商局各年所负巨额债款的增加，局中各种财产被抵押净尽，这从另一个侧面反映了招商局经营状况的困境。这一点正如1929年赵铁桥接管整理招商局后所总结：招商局"比年来，无论营业丰啬，金属入不敷出，无岁不在举债度日之中。自民国十二年起，迄去年止，负债额达一千二百万余两之巨。全局水陆产业，尽归抵质，而且一借之后，不谋清偿，局产断送，血本亏折……"①

二 招商局经营的腐败：以汉口分局为例

从上述分析可以看出，这期间招商局的经营状况相当糟糕，可以说是每况愈下，"实已濒于破产倒闭之局面"的说法并不夸张。结合现在已经收集到的档案和各种资料进行分析，可以确定地说，造成招商局运营如此糟糕状况的主要原因，有外在军阀战争等对航业发展的不利影响，但是招商局经营管理的不当和腐败，却是相当重要的甚至是决定性的因素。

在商办之前的20多年时间里，招商局的经营大权始终把持在盛宣怀、袁世凯和盛氏集团分化出来的派别手中，内部争夺招商局控制权的斗争一直未曾停息。商办之后，1913年仿照日本邮船会社体制实行董事会长负责制，下设具体办事的三科办事董事，但无论形式如何变，根本格局和主要经管人员仍然被盛氏大股东及其亲信后代等把持垄断。名义上有股东会，但股东会既不按时召开，普通股东也无干预经营方针的权力，实际成为世袭制，父子蝉联，兄弟互替。董事会名为股东推选，但"历任董事会及重要职员，实为局蠹之窟穴。其人存者，固绝少改选，即其人已亡，亦父死子继，世袭罔替"。"但问一己之囊橐，不问全局之仔肩。""分科办事，大率私人，兄终弟继，父死子继，及浮滥把持，实为罕闻。其实职人员，经手事项，无不染指。"②

招商局总局如此，各分局也莫不如此。如汉口分局自光绪十九年

---

① 《赵总办报告局况通电》，《招商局文电摘要》，上海市图书馆藏，第91页。
② 上引均见《招商局文电摘要》，第3~5页。

（1893）由盛宣怀的亲信施紫卿担任总办，"迄今三十余年，汉局不啻施氏世袭之私业。兄授其弟，父传其子，恬不为怪，总局亦向不置意"，"以致陈陈相因，弊端百出，盖视总局股东为无物也"。① 又如天津分局由麦佐之父子相继，麦佐之从1906年入局，到1928年辞职，计任职达22年之久，1914年麦佐之任袁世凯政府交通部次长时，"仍兼职津局，唯令其长子次尹代理局务"。"本年三月次尹染疫暴卒，麦氏又欲其次子继之，以总管理处不予同意，乃又出而自为局长。"② 又如烟台分局被陈氏把持，香港分局归卢氏控制，广州分局听陈姓世袭等。③ 这种状况，很难让人相信招商局是一个商办的近代企业。

招商局对各分局的管理体制，自晚清以来，一直采用一种被称为"包办回佣制"的管理体制。1909年商办以后也未改变。所谓"包办回佣制"，主要内容是总局对各分局每年应上缴水脚定有一个比较额，也就是总局对分局划定一个额定的营业总额，称为"比额"。如果营业总额超过"比额"，总局则给予分局一定数量的奖励金，称为"溢额局佣"。分局的开支总额称为"局缴"，规定一个额定的局缴叫"包缴"，这个分局的开支"局缴"，采用九五局佣（回佣）方式解决。④ 这就是所谓的"包办回佣制"。

在这种制度下，各分局局长由董事会委派，局长委派后，"局中营业用人以及各项开支，一应由局长包办"。总局对于各分局包办营业，"并无办事章程"⑤。在各分局已被各亲信派别常年把持垄断的情况下，这种"包办回佣制"自然成为各地分局营私舞弊的极好庇护，从而使得招商局内部经营管理黑幕重重，弊窦丛生。招商局的这种经管情况，被当时人称为"招商局者，中国旧式衙门与买办制度之混合组织也"。这种回佣制度机动性和伸缩性很大，也因此，"货脚收入之少报，钱价煤价局缴之浮报"，"栈缴由栈长包办，栈租货力赔残一任栈长之报销，代运小件客货日捎包，

---

① 李孤帆：《招商局三大案》，现代书局，1933，第52～53页。
② 李孤帆：《招商局三大案》，第136页。
③ 《报告书》，第638～639页。
④ 李孤帆：《招商局三大案》，"序言"第1～2页。
⑤ 《报告书》，第111页。

捎包之运费曰小水脚，代客运送绸缎曰红箱，其水脚亦例入私囊"，加上"客票收入之以多报少，各项缴费之以少报多"，① 种种方式成为各分局主管人员弄虚作假、贪污中饱的重要途径。

在这种局面下出现贪污腐败轰动一时的"招商局三大案"②，也就是必然和不奇怪的了。这里，以被施氏父子把持三十余年的汉口分局为例，对招商局内部经营腐败混乱的状况，略做剖析。

据揭露和写作《招商局三大案》的作者李孤帆③所说，"汉局所有账簿，向分二种，一为报告总局之底册，一为局长自备之簿册"。自备之簿册"素不公开，无从彻查"④。李孤帆经过查阅汉局历年呈报总局底册也就是公开的账簿，加之调查汉口历年铜钱折合银两定率，发现了汉局虚报抬高铜钱折合银两定率进行贪污，虚报轮船购煤价格进行贪污，及其他弄虚作假、欺下瞒上侵占局款的各种事实。以下分别对其情况做简单介绍。

1. 铜钱折合银两弊案

招商局历年的货力（即货运收入），向为铜钱，而向总局报销则折合为银两。李孤帆将"历年货力钱串折合银两之差额，姑就历年呈报总局底册检查一过，并调查汉口历年钱串折合银两定率以资比较"后发现，汉口分局局长将上报铜钱兑换银两的比率虚报提高，而将真正的兑换比率与提高的虚假比率两者间的差额攫为己有。李孤帆调查的汉口市面上的铜钱兑换银两比率，是根据汉口的日本商工会议所所做的报告，"该所自民国三年冬季起编刊周报、旋改旬报，现复改为月报"。李孤帆"除复核历年旧

---

① 李孤帆：《招商局三大案》，"序言"，第 2 页。
② "招商局三大案"系指清查整理招商局委员会清查整顿时发现的招商局汉口分局、天津分局和积余产业公司的贪污舞弊案。
③ 据《招商局三大案》"序言"中所说，李孤帆是 1927 年成立"清查整理招商局委员会"时的常务委员和秘书主任，参与清查招商局一切账目，作成《国民政府清查招商局委员会报告书》上下二册。1927 年 11 月，交通部在上海成立招商局监督处，由交通部部长王伯群兼任监督，赵铁桥任总办，李孤帆受命为监督处秘书兼设计科科长。1928 年 2 月招商局改组，赵铁桥兼任总管理处总办，李孤帆为总管理处赴外稽核。1928 年 4 月，李孤帆先后赴汉口、天津等地查账，发现重大弊案，而作成《招商局三大案》一书。
④ 李孤帆：《招商局三大案》，第 7 页。

报外，又得其本年二月份月报一份，适有'武汉の铜元'一文，附有'最近十二年间武汉铜元市价表'"①。该表铜钱和银两的折合定率如表 2 所示。

表 2 1912~1926 年汉口铜钱折合银两定率

单位：两

年份	最高定率	最低定率	平均定率
1912			0.55
1913			0.55
1914			0.55
1915	0.519	0.490	0.5045
1916	0.518	0.466	0.492
1917	0.550	0.504	0.527
1918	0.520	0.490	0.505
1919	0.516	0.470	0.493
1920	0.495	0.441	0.468
1921	0.469	0.420	0.4445
1922	0.390	0.327	0.3585
1923	0.436	0.374	0.405
1924	0.2635	0.2235	0.2435
1925	0.274	0.2015	0.2378
1926	0.268	0.191	0.2295

说明：因为日本这份表从 1915 年开始，缺乏 1912 年至 1914 年的铜钱折合银两定率，李孤帆又向汉口上海银行以及钱业中人查问，得知 1912 年至 1914 年的折合定率均在 5 钱左右，李孤帆将之定为 5 钱 5 分。

资料来源：李孤帆：《招商局三大案》，第 8~9 页。

招商局汉口分局向总局报告的铜钱折合银两的定率 1912 年至 1922 年均为 6 钱 8 分，1923 年改为 6 钱 4 分，1924 年又改为 5 钱，1925 年和 1926 年才改为 3 钱 2 分。表 3 将 1912~1926 年汉口分局货力铜钱按照汉口分局所报的折合率和汉口市场的折合率统计，再将两者之间的差额银两在第三栏列入，由此可知汉口分局通过此项目虚报定率得以贪污的银两数额。

① 上引均见李孤帆《招商局三大案》，第 7~8 页。

表3　1912～1926 年货力铜钱折合银两差额比较

单位：两

年　份	依汉局定率折合银数	依汉市定率折合银数	差额银数
1912	8723.60	7055.85	1667.75
1913	17521.04	14171.43	3349.61
1914	26866.86	21730.55	5136.31
1915	28913.59	21450.86	7462.73
1916	27243.77	19711.67	7532.10
1917	25646.72	19867.21	5770.51
1918	18072.75	13421.75	4651.00
1919	43122.17	31263.58	11858.61
1920	36462.60	24974.86	11487.74
1921	52648.88	34415.33	18233.55
1922	88060.50	46426.02	41634.48
1923	97490.67	61693.30	35797.37
1924	62538.50	35326.25	27212.25
1925	76109.52	56558.88	19550.64
1926	36377.84	26089.74	10288.10
合计	645799.01	434157.28	211632.75

说明：1926 年因战争缘故，招商局停航几乎半年，因之货力总额随之减少。1927 年因汉口政府集中现金，洋例纹银随之废止，铜钱折合银两之旧法，亦因之打破。

资料来源：李孤帆：《招商局三大案》，第 10～11 页。

就表3中数据观察，1912～1926 年，仅货力铜钱折合银两之差额一项，"总数竟达银 211632.75 两之巨，已属可骇。乃民国十四年钱价已跌至二钱余，汉局改定率为三钱二分，显然不符。汉局复因之增加汉局局长公费九千两，月缴九百四十两，是更令人百思不得其解"[①]。

据李孤帆调查，"汉局定例，栈长得在货力项下收入九五回佣，计民国元年至民国十五年十五年间，合计货力一百十九万七千八百七十三串三百三十文，可得回佣五万九千八百九十三串六百六十六文。但自民国十五年下半年起，码头工会组成之后，已将此项栈长应得之回佣革除。货力例

---

① 李孤帆：《招商局三大案》，第 10～11 页。

由栈长报告汉局，复由栈长直接发放，向无稽核方法及规定手续"。因此"总数有无浮报，及九五例佣之外，是否尚有克扣，账上均无从彻查"①。

也就是说，除开仓栈这一块是否有贪污不说，就铜钱折合银两这一块，从 1912 年至 1926 年，仅根据较为可靠的复核，就已经查出把持汉口招商分局的施家，以浮报铜钱折合银两定率的方式贪污了 21 万两以上。可是这一块还不是最大的贪污，最大的贪污来自轮船用煤的虚报价格和上下其手的合谋营私。

2. 购办煤炭虚报价格贪污

招商局汉口分局购办轮船用煤，从 1912 年起至 1914 年 1 月止，是向萍乡煤矿订购。1914 年 2 月起至 1918 年 6 月止，是向宝丰公司订购。1918年 7 月起至 1924 年 9 月止，是向协丰公司订购。其余添购，则向汉口各煤号零买。至于汉口分局与萍乡煤矿以及宝丰、协丰公司所订合同，以及具体内容，是为汉口分局局长与总局直接接洽，分局中无从查悉。表 4 即为1912～1927 年招商汉口分局各年购买煤炭的具体情况。

表 4 1912～1927 招商汉口分局各年购买煤炭明细一览

年份	数量（吨）	价格（吨/两）	银数（两）	备注
1912	13721	6.00	82326.00	
1913	17207	6.00	103242.00	
1914	28317	6.60	186796.20	内有 160 吨价 6 两
1915	28199	6.60	186113.40	
1916	29060	6.60	191796.00	
1917	5999	6.97	41083.39	
1918	13924	11.50	158543.10	内有零购 200 吨价 7 两 8 钱，120吨价 7 两 9 钱，61 吨价 8 两，127吨价 9 两，400 吨价 11 两 8 钱
1919	40075	11.50	460655.50	
1920	31967	11.50	365020.50	内有 2600 吨价 10 两 5 钱
1921	38709	10.25	398732.00	内有 7859 吨价 10 两 5 钱
1922	44816	9.00	403344.00	

① 李孤帆：《招商局三大案》，第 12 页。

年份	数量（吨）	价格（吨/两）	银数（两）	备注
1923	45630	9.00	410670.00	
1924	35490	9.00	322410.00	内有 2000 吨价 10 两 5 钱
1925	200	14.00	2800.00	
1926	150	14.50	2175.00	
1927	580	17.50	9709.44	内有 140 吨价 15 两 5 钱，162 吨价 17 两，68 吨价 16 两 3 钱 3 分
合计	374044		3325416.53	

说明：1912 年 3 月开始购煤，10 月至 12 月 3 个月内，因账簿已失，无从查考，故吨数、银数均有遗漏。1917 年 3 月至 12 月均归总局购办，故吨数及银数均较前后各年大为减少。1925 年至 1927 年 3 年间，仅快利轮船所用煤炭由汉局自办，余均归总局购办，故吨数及银数已非昔比。

资料来源：李孤帆：《招商局三大案》，第 13 ~ 14 页。

关于汉口历年轮船用煤的市场价格情况，李孤帆同样根据汉口日本商工会议所历年编制的周报、月报中所调查的煤炭市场情况，列出轮船用煤的市场价格及招商局汉口分局购煤价格，如表 5 所示。

表 5　汉口 1914 ~ 1927 年轮船用煤市价及招商局汉口分局购煤价格

单位：吨/两

年份	最高价格	最低价格	平均价格	招商局汉口分局购煤价格
1914	7.50	5.20	6.35	6.60
1915	7.40	4.80	6.10	6.60
1916	7.70	6.00	6.85	6.60
1917	8.40	7.50	7.95	6.97
1918	10.50	7.80	9.15	11.50
1919	8.40	7.50	7.95	11.50
1920	8.60	7.00	7.80	11.50
1921	8.80	7.00	7.90	10.25
1922	8.30	7.20	7.75	9.00
1923	9.50	7.30	8.40	9.00
1924	9.20	7.60	8.40	9.00

年份	最高价格	最低价格	平均价格	招商局汉口分局购煤价格
1925	10.70	7.00	8.85	14.00
1926	11.50	8.00	9.75	14.50
1927	15.00	9.00	12.00	17.50

说明：①因汉口日本商工会议所 1914 年冬季创刊，故该表亦从 1914 年起编制。1925 年及以后的 3 年，汉口煤炭因战争影响、交通阻塞等原因，来源减少，因而价格较高外，其余年份，只有 1918 年较为昂贵。②表中"招商局汉口分局购煤价格"一栏数据，系将表 4 中招商局汉口分局的购煤价格复制于此，以便于进行比较。

资料来源：李孤帆：《招商局三大案》，第 15 ~ 16 页。

据表 5 中的数据观察，1914 ~ 1917 年，汉口分局购买煤炭价格与汉口市场煤炭的均价差别不大。从 1918 年到 1924 年大多数年份购煤价格不仅比汉口市场煤炭价格的平均价高，而且比市场的最高价还要高，明显不正常。1925 年及以后的 3 年购煤价格虽与市场价格相差很大，但因只有快利一艘轮船所需煤炭为汉口分局购买，吨数不多，或许可以以零卖价格与批发价格不同的理由进行推测。但 1918 ~ 1924 年，每年购煤数量都在 13900吨 ~ 45600 吨，购煤价格一吨就超过汉口市场煤炭价格最高价将近 3 两，超过均价 2 两上下，而这期间，正是汉口分局购办煤炭由协丰公司独家承办时期，明显存在舞弊，"实属骇人听闻"①。

表 6 是 1918 ~ 1924 年招商局汉口分局煤炭局价与市场价的差额显示。

表 6　1918 ~ 1924 年招商局汉口分局煤炭局价与市场价的差额显示

单位：两

年份	依局价折合之银数	依市价折合之银数	差额银数
1918	158543.10	127404.60	311138.50
1919	460655.50	318453.15	142202.35
1920	365020.50	249342.60	115677.90
1921	398732.00	305801.10	92930.90
1922	403344.00	347324.00	56020.00

① 李孤帆：《招商局三大案》，第 17 页。

续表

年份	依局价折合之银数	依市价折合之银数	差额银数
1923	410670.00	383292.00	27378.00
1924	322410.00	298116.00	24294.00
合计	2519375.10	2029733.45	489641.65

资料来源：李孤帆：《招商局三大案》，第17页。

从表6的数字看，1918～1924年招商局汉口分局购办煤炭时，招商局的价格与市场价格之差额7年间总数已达489641.65两。李孤帆认为，"此种重大弊窦，若非总局重员与汉局局长合作，实无法得总局之许可，可以断言"①。李孤帆的话证明了招商局上层人物和外地分局上下其手虚报煤炭价格、合谋营私等弊端的存在。

另外，李孤帆还核查了招商局汉口分局在购办煤炭以来，在"余煤"问题上的损失，在转运煤炭时的扛力损失，再加上购煤时在价格上的损失，"三项合计损失局款银八十七万八千二百八十七两二钱"。而"其他使用之浮滥，数量之偷漏，品质之窳劣，种种间接损失，尚不计矣"。

3. 包办回佣制及其他

除上述已经提到的这些损害招商局利益，为自己和小集体捞取好处的做法外，我们还可以通过招商局汉口分局在包办回佣制这种制度下的运作情况，进一步考察招商局在商办时期经营每况愈下和实力逐步衰落的原因。招商局汉口分局和其他分局一样，都是依照招商局独创的包办回佣制组织运行。但是这种包办回佣制奇特的地方在于，它是"仅包盈而不包亏，实为本局各分局间之一种怪现象"。也就是每年定货脚若干万两为规定的"比额"，定得很低，超过"比额"的部分则"得以百分之五为局长收益"②。以汉口分局来说，所定的"比额"1912年为37.5万两，从第一次世界大战爆发后，营业额激增，1912年定的"比额"并未增加。直到1925年，"比额"才加为50万两。因此，"检查汉局历年账目，除元年未有溢额外，民国十五年虽无溢额，汉局以停航半载，定额亦需以半载计

---

① 李孤帆：《招商局三大案》，第18页。

② 李孤帆：《招商局三大案》，第20页。

算，是年为本局情形最不堪之年份，尚提溢额回佣八千七百五十七两四钱一分"①，其余年份各年均有"溢额回佣"也就毫不奇怪了。

据李孤帆调查统计，从1913年到1926年，"汉局局长共得溢额回佣银十八万二千八百九十一两三钱四分"。在"连年局中亏耗不赀，而汉局局长除薪水公费之正当收入，及钱价煤价之额外收益外，尚得溢额回佣至十八万余两之巨"。令人大惑不解的是，"总局不特始终不增比额，且于民国十四年，一面加增比额仅十二万五千两，一面加给局长公费九千两，局缴每月九百四十两以为补偿"。又查货脚客佣，"总计五年来共付客佣银八十一万零四百五十六两五钱。据局中同事报告，此项客佣项下，局长每年亦可得银四五千两之谱"②。此外还有客户包脚及特别回佣之制，由局长与各客户特约每年货脚包额若干万两，得于每年年底在客佣之外，再扣特别回佣若干折，视各客户之包额，临时约定。③ 总之，招商局商办时期的这种包办回佣制，给所在的分局局长极大的营私舞弊的空间，也难怪各分局局长要千方百计把持局长职务并将自己所在的分局变成"世袭领地"了。

也因为此，分局局长为了保持和维护自己的地位权力，必然要向各方势力渗透和示好，向某些有关系和有权力的人物每月赠送"乾修"就是其中一种。赠送乾修的对象人员大体可分为两大类：一是有关系的"局外私人"，二是"位置戚族于局中要职"的有权力的人。但是这种做法，对于在局办事人员却是一种打击，"以至于局中非到船开船之日期，办公室内几嗅无一人，局员有类短工"④。

在李孤帆的调查中，领取乾修人员有9人，最高的一人每年领取乾修2000元，最少的一人也有120元。大多在每年240元以上。每年领乾修合计4828.4元。此外还有两人是"永不到局的在职人员"，一人每月领薪70两；另一人每月领取30两，"合计全年薪水连年底双薪银共一千三百两"⑤。

① 上引内容均见李孤帆《招商局三大案》，第20页。
② 李孤帆：《招商局三大案》，第22~23页。
③ 李孤帆：《招商局三大案》，第23页。
④ 李孤帆：《招商局三大案》，第30页。
⑤ 李孤帆：《招商局三大案》，第30~31页。

三 招商局商办时期制度设计缺陷带来的弊端

商办相对于国营，更多表明的是资本的不同组织形式，显示的差异主要是资本来源和管理方式的不同。在商办这种资本组织形式下，具体的经营和管理可以出现多种不同的形式。也因此，商办并不一定能够保证企业经营一定成功。认识和清楚这一点，我们可以发现，由于多种因素的存在和制约，招商局的商办并非真正的按照股份制企业的规则办事，时人指责它是"中国旧式衙门与买办制度之混合组织"并非毫无道理。下文就针对招商局制度的缺陷和经营管理中的弊端，进行一些具体的分析。

招商局制定的制度中最为人所诟病之处，首先是董事兼科长制。这种制度照今天的说法就是"裁判员又兼运动员"，没有监督，此为招商局各种弊病的出现打开了制度之门，也为主政者周旋其间谋取私利打开了方便之门。正如《报告书》中所指出："普通商业机关，董事仅主持大政方针，公司实际业务另聘经理。招商局则三科长与秘书长均为办事董事兼任。董事会会长、副会长亦按月支取巨额之薪金夫马费。公司之性命实操于此六人之手。"[①] 就连长期把持招商局董事长职位的李鸿章之孙李国杰，在遭到国民政府训令后提出的《整理招商局业务意见书》中也不得不承认"招商局业务不振之原因，首在组织不良"，而此组织不良，主要就表现在董事兼科长的制度上："以组织言之，本局办事向分三科，曰会计曰营业曰主船，全局事务，尽由三科统领，巨细靡遗，已属尾大不掉。而最足贻人口实者，厥在董事而兼科长。盖事权易混，不能无专擅之嫌；取求自私，难保无把持之弊。况事多属于专门，尤非泛常可以应付。即信其为人无他，而苦于知识技能有所不逮，弊即乘之而生。且科长名虽隶于董事会，而实具有一部分平等之权，人情所在，有不能不委屈其间者，此办事所以多扞格也。"[②]

李国杰进一步透露"讵知科长由董事兼充，地位更进一步，尔时曾有科长不服从对调之事，是董事会之不能行使职权，由来久矣"。加上三科

① 《报告书》，第82页。
② 《整理招商局业务意见书》，见李国杰《商办轮船招商局董事会重要文件录》，上海市图书馆藏，第86页。

长不能"急公忘私和衷共济","遇有困难则诿诸董事会，以求卸责。凡有可以操纵之处，则擅自主张，且复各不相谋，声气隔阂，于是一切事务，悉成散漫"①。

这样的制度设定，就为有职权者谋取私利留下了空间，也因此，招商局的管理者首先成了营私舞弊者。据《报告书》所记载，"该局最近五年来之损失，合计 281697 两之巨。且无年不损，而每年结账分红仍占245994 两之多"。而查第三表总沪局员司酬劳数目，"会计科长邵子愉兼代营业科长五年，补酬 25500 两"。"邵会计科长兼任办事董事，薪水每月500 两，公费每月 150 两，津贴交际费 2000 两，酬劳 500 两，夫马费平均400 两，此外家内各种用度如电灯、电话、自来水尚支若干，合计每年所得至 10700 两之多。"清查委员会在报告中感叹："公司年年损失，而报酬反如此之巨。该科长既支薪水，复支公费、酬劳、津贴等费，亦非局外人所能了解。"②可是就是这样一个董事兼会计科长的人，却是"每届股东年会则必托病辞职，公司必照例慰留，而邵义鋈（即邵子愉）则殆常年请假，支取薪金挂名办事如故也。此为尸位素餐之尤者"。该报告书评论说："该局名为商办，实则不啻官府，欲营业之有进步，何可得哉？"③

其次是招商局的"包办回佣制"。这种制度的主要经办特点及产生的弊端上面已有部分介绍。这里再介绍一下在这种制度下，招商局的各条船、各个仓栈和各个部分同样因实行承包制，上行下效所产生的弊端。

轮船被座舱承包后的弊端。1926 年初，招商局董事兼办事科长付筱庵搭乘新江天轮船返回宁波扫墓，发现轮船上的乘客数量很多，询问该船搭客数量，"该座舱禀称共有二千三百八十一人，及督同大副复点，竟有四千人之多。及由甬回沪，亦据称仅二千人，复点亦近四千人"。付筱庵向董事会提出："该座舱任意匿报实属荒谬……所定比较本不甚大，该座舱现既属包缴性质，客人多少原无出入，唯该座舱不应谎报如此之多，可知该座舱平时侵渔正复不少。"而董事会对此事的处理，却是"公议胡座舱办理新江天座舱有年，乃诸事竟不能核实，殊属非是。姑念现已定有比

---

① 《整理招商局业务意见书》，见李国杰《商办轮船招商局董事会重要文件录》，第 89 页。
② 《报告书》，第 100～101 页。
③ 《报告书》，第 82 页。

较，无关局款，从宽免议"①。

这样的情况，同样出现在仓栈部门。据 1925 年招商局董事会特别会议记载："前据稽核处盛处长调查北栈存货数目，总结与管栈人月结不符，因非寻常疏忽，姑念初次，从宽记过。乃昨调查南栈情形，又有此等情事，实属骇人听闻。但北栈既已从宽，南栈亦姑从宽，将栈长副栈长各记大过一次。倘再发生帐货不符情事，定予撤究。至栈务关系航业命脉，乃积弊如此之甚，实深愤慨。"②

在水脚方面同样存在欺瞒偷漏。据 1925 年 12 月 30 日董事会常会会议报告："稽核处报告稽核各船水脚偷漏数目，已饬沪局长分向补缴，更加彻底调查，为根本之改革。"查核出来的偷漏情况是："公议查阅所核水脚，已有五千两之多。据沪局长报告，自经稽核以后，各报关行已不敢公然偷漏，无形收回之利益殆不下数万两。"③

而这种欺瞒偷漏的情况已渗透到招商局的各个方面。例如该年三月十三日董事会特别会议上提议的整顿招商局办法六条中，就透露出各船船员夹带私货私运的情况越来越严重："乃近年船员捎包愈带愈多，约扯每船水尺五寸占去，正项报关货位暗亏水脚甚巨。"同时还有"各埠出口货，花色斤两常有以细货捏报粗货，以重斤报少斤，吃亏水脚甚巨"④ 的事情发生。其实这种夹带私货之事，在招商局早已不是个例。例如 1918 年交通部就有训令，"严饬各轮船员役毋得夹带私盐事"，而招商局董事会也表示"夹带货物本犯局规，私盐尤干例禁"。可是同样在该年六月二十日的董事会议事录中，就有"昨据江孚座舱与大副互相声诉，已饬沪局查办"，"今新铭又被长芦分所查出，殊堪痛恨"⑤ 之事发生。

---

① 《董事会议事录·1926 年 4 月 12 日第十四次常会会议》，中国第二历史档案馆藏招商局档案，档案号：468（2）/307。

② 《董事会议事录·1925 年十二月九日特别会议》，中国第二历史档案馆藏招商局档案，档案号：468（2）/307。

③ 《董事会议事录·1925 年十二月三十日常会会议》，中国第二历史档案馆藏招商局档案，档案号：468（2）/307。

④ 《董事会议事录·1925 年三月十三日特别会议》，中国第二历史档案馆藏招商局档案，档案号：468（2）/307。

⑤ 《董事会议事录·1918 年六月二十日第一百二十二次会议》，中国第二历史档案馆藏招商局档案，档案号：468（2）/303。

在这种体制和管理下，招商局不断出现各种丑闻和怪事。除上述这些已经举出的事例外，1924 年 3 月 25 日董事会特别会议就记录了招商局宁波分局局长邵月如与潘福礎签订"谋办长江轮船座舱合同，骗去金钱巨万"，现潘福礎"将付款收条影出附送询问董会是否知情"，被董事会斥为"邵月如身为局长，荒唐至于如此，殊堪诧恨"。① 仅过一月，四月四日的特别会议上，又发生"遇顺座舱陈泳韶短少客脚，久不缴纳，屡催不应"的事情，而"据沪局长声称，该座舱因债被押捕房，无以追究。似此情形，公议只能撤差示惩"。② 1926 年，甚至出现最占优胜的招商局长沙码头"乃竟行弃置，任令租人辟作鸡场，殊属可惜"的怪事。③

也因此，招商局在以商办形式经办了 30 多年后，种种弊端累积及逐渐扩大，使得其经营管理越来越弊病丛生，在缺乏有效监督和权力把持控制在少数人手中的情况下，谋取私利和损公肥私的现象必然增多，结果徒有商办之名而无商办之实，就如一只四处漏水的船舶，不仅难以堵漏，无法经历风浪，而且随时有可能解体倾覆。1928 年南京国民政府派去接办招商局的赵铁桥在接待国闻通讯社访问时认为："招商局之丛垢积弊，由于少数人盘踞把持。而组织之不良，尤便于盘踞把持者之利用。董事兼科长制，尤为人所诟病。局中人亦自言之，欲加整理，必从改组入手。"又指出招商局的弊端，主要由于董事"多由勋旧及世袭而来，虽有选举形式，悉为少数人把持，并无股东真意表现。此辈徒挂虚名，从不按时到局办事，宴居私室，不负责任。又以董事兼科长，其上更无督责之人，他人又不能代复统率办事之责，以致局事败坏至此"④。赵铁桥的说法，某种程度上指出了招商局弊端的根源所在，是有一定道理的。

招商局商办后出现的诸种弊端，直接证明了一个事实：企业的任何经办体制，如无严格的制度设计和有效的监督，都不能保证不出现腐败和经

① 《董事会议事录·1924 年三月五日特别会议》，中国第二历史档案馆藏招商局档案，档案号：468（2）/306。
② 《董事会议事录·1924 年四月四日特别会议》，中国第二历史档案馆藏招商局档案，档案号：468（2）/306。
③ 《董事会议事录·1926 年五月十二日第十六次常会会议》，中国第二历史档案馆藏招商局档案，档案号：468（2）/307。
④ 《赵铁桥之招商局改组谈》，《申报》1928 年 2 月 12 日，第 13 版。

办一定成功。有商办外貌却无商办实质的招商局，逃脱不了经营腐败、弊端百出的局面，未能及时抓住第一次世界大战期间的极好发展时机，在军阀混战时终于难以维持而落得被接管的结局。招商局商办期间的经办历史，从另一个角度证明，一个企业如果不能真正在制度和管理上进行创新，是无法获得持久和真正的发展的。

朱荫贵　上海复旦大学历史系教授、博士生导师。1982 年获北京大学历史学学士学位，1993 年获中国社会科学院研究生院经济学博士学位。1993 年获国务院颁发有突出贡献社会科学家证书，并终身享受政府特殊津贴。研究领域为中日现代化比较，中国近代证券市场，近代中国金融史、企业史、轮船航运史等。发表论文 100 多篇，著有著作多部，主持国家级课题多项。研究成果获教育部优秀科研成果一等奖、上海市哲学社会科学优秀成果奖一等奖等奖项。

从《蔡增基回忆录》看民国史上的
航运、经济和政治*

黎志刚　　杨彦哲

轮船招商局是中国近代最大规模的航运企业。蔡氏曾任招商局总经理，因此《蔡增基回忆录》是研究招商局最重要的史料之一。蔡氏也撰写过有关招商局的文献。

《蔡增基回忆录》的第十三、十四两章，记述了蔡增基就任招商局总经理后的工作经历，其中涉及招商局债务危机与改革，以及抗战爆发后对招商局船舶、资产的处置等问题。

2014年，在"招商局与中国企业史"国际学术研讨会上，李培德教授在其报告中引用了《蔡增基回忆录》的内容，[1] 并在会上提及这一重要史料的价值，由此引起招商局史研究会的高度关注和重视。[2] 此后，经过资料搜集和重新编译，中译本《蔡增基回忆录》终于在2016年付梓。

蔡增基的前半生亲历了中国近代史上的许多重要事件，亦与诸多民国名士要员颇有往来，由是，蔡氏的回忆录可以为诸多民国史领域的相关课题研究提供参考和旁证。本文将以《蔡增基回忆录》为基础，透过蔡增基的视角，对其笔下的民国航运、经济和政治生活等议题进行初步检视，以

* 感谢《国家航海》的顾宇辉编辑给本文提供宝贵的意见。
[1] 李培德：《李滋罗斯和蔡增基：1936年至1937年英国对招商局借款书信解读》，载胡政、陈争平、朱荫贵主编《招商局与中国企业史研究》，社会科学文献出版社，2015，第284~297页。
[2] 蔡增基著述，胡政编《蔡增基回忆录》，冯璇译，社会科学文献出版社，2016，内部出版，第244页。

资参考。

一 蔡增基与《蔡增基回忆录》

目前国内关于蔡增基生平的记录，可谓凤毛麟角，仅孙中山故居纪念馆网及中山市档案信息网等少数平台，提供关于蔡增基的简要介绍。① 此类不过百余字的简介，自然无法呈现蔡增基风云际会的人生历程，亦难以突出其在中国近代史中扮演的角色及重要性。

韦慕庭（Martin Wilbur）及何廉（Franklin L. Ho）在《蔡增基回忆录》的前言中，概述了蔡氏生平。蔡增基祖籍广东中山，1892 年出生于夏威夷。中山网络在中国近代史和商业史上十分重要。我们可以用香山及后来的中山县商人的文集及回忆录②和近人研究香山和中山县的

① 孙中山故居纪念馆网站关于蔡增基的记录如下："蔡增基（1892～?），籍贯广东中山。乡籍不详，檀香山出生。1911 年 19 岁时离开檀香山回国，时武昌起义刚发生，广东响应，在广州成立军政府，蔡被选为广东省议会议员。后来，他回到美国，在哥伦比亚大学获得学士学位，1916 年再回国。1921 年在广州市政府任财政局长。1926 年至 1927 年任土地局长。1928 年任财政部金融管理局局长。1930 年任杭州市长，1935 至 1941 年任招商局局长。"参见孙中山故居纪念馆网，http://www.sun-yat‐sen.org/index.php? m = content&c = index&a = show&catid = 50&id = 7123。中山市档案信息网记载：蔡增基（1890～?），香山县人。出生于美国檀香山。民国 4 年（1915）美国哥伦比亚大学毕业。翌年回国。曾任广东省议会议员、两广都司令部外交委员。1921 年 2 月 25 日任广州市财政局局长。1922 年 8 月任北京政府农商部秘书，其间还任《北京邮报》编辑、香港工商银行经理。1926 年 11 月 20 日任国民政府交通部铁路处处长。1927 年 11 月 1 日任国民政府财政部金融管理局局长。后又任铁道部管理司司长，沪宁、沪杭甬铁路管理局局长。1930 年任杭州市市长。1931 年 4 月任上海市政府财政局局长。1932 年 1 月 20 日至 9 月 16 日任国民政府建设委员会秘书长。1936 年 3 月 7 日任国民政府交通部招商局总经理。1947 年 7 月在中国民主社会党（民社党）全国代表会上当选为海外执行委员。同年 8 月，在民社党革新派全代会上被选为中央执行委员。积极推动旧金山市联邦蓄贷款会在华埠设立支行，出任支行经理。1963 年，与周锐等人发起成立旧金山华埠服务总会，赞助及参加地方上政治、经济、文化、教育、社会和养老、慈善等事业。同年还提议建立中华文化贸易中心。

② 参见黎志刚《李承基先生访问纪录》，中研院近代史研究所，2000；黄居素编《建设新中山言论集》第 1 辑，载龙向洋编《美国哈佛大学燕京图书馆藏民国文献丛刊》第 20 卷，广西师范大学出版社，2001；夏东元编《郑观应集》，上海人民出版社，1982～1988；李道生的个人回忆录（2014）。

成果，① 来探讨蔡增基和这一地区商人的商业网络、经营手法及商贸经验是如何促进中国工商业发展的，这有助我们加深对中国近代企业史，特别是华商、商业组织的认识和了解。此外，中山网络也可加深我们对近代中国一些中山地区人物，包括孙中山、孙科、王云五和吴铁城等的认识，他们的地位在近代中国都是举足轻重的。

蔡增基 17 岁时结识了彼时正在夏威夷从事革命活动的孙中山，由此成为孙中山 "革命事业的追随者"②。1911 年回国，次年进入广东省议会工作。不久，蔡增基在好友卢信的安排下获得赴美留学的助学金，由此重返美国，进入哥伦比亚大学进修。③ 1915 年，蔡氏学成归国，历任香港工商银行副董事长、广州市政厅财政局局长、上海商标局局长、广州国民政府土地局局长等职。1920 年代末，蔡氏还负责过汉口、广州、南京、上海、浙江等地的铁路运输建设、管理工作。蔡增基为中国铁路交通事业的发展做出了杰出贡献，《蔡增基回忆录》二十章中有几乎一半的篇幅与蔡从事的铁路工作有关。1930 年，蔡增基被任命为杭州市市长，次年又转任上海市财政局局长。④ 1935 年，蔡增基开始了长达六年的轮船招商局总经理的职业生涯，在此期间他成功解决了招商局的贷款危机，并铁腕推行

---

① 参见宋钻友《广东人在上海（1843～1949 年）》，上海人民出版社，2007；杨永安《长夜星稀：澳大利亚华人史（1860～1940）》，香港商务印书馆，2014；晓辉《近代粤商与社会经济》，广东人民出版社，2015；蔡志祥《从地方志看香山县地方势力的转移》，《中国社会经济史研究》1991 年第 3 期；胡波编著《商会与商道》，广东人民出版社，2009；胡波《香山商帮》，漓江出版社，2011；王远明、颜泽贤编《百年千年：香山文化溯源与解读》，广东人民出版社，2006；黄鸿钊编《辛亥革命时期的香山社会》，社会科学文献出版社，2011；中山市华侨历史学会、中山市归国华侨联合会编《中山旅外侨团》，国际港澳出版社，2004；中山市外事侨务局、中山市港澳事务局编《中山华侨志》，2011；胡波《走出伶仃洋》，广东人民出版社，2012；珠海市地方志办公室编《珠海历史回眸》，珠海出版社，2006；C. F. Yong, *The New Gold Mountain: The Chinese in Australia 1901 - 1921* (Richmond: Mitchell Press, 1977); Shirley Fitzgerald, *Red Tape, Gold Scissors* (Sydney: State Library of New South Wales Press, 1996); Ching - hwang Yen, *Ethnic Chinese Business in Asia: History, Culture and Business Enterprise* (Singapore: World Scientific, 2014); Philip P. Choy, *Canton Footprints: Sacramento's Chinese Legacy* (Sacramento: Chinese American Council of Sacramento, 2007); Michael Williams, *Returning Home with Glory* (Hong Kong University Press, 2016)。
② 蔡增基著述，胡政编《蔡增基回忆录》，第 i 页。
③ 蔡增基著述，胡政编《蔡增基回忆录》，第 26、30～32 页。
④ 蔡增基著述，胡政编《蔡增基回忆录》，第 xi 页。

一系列改革，扭转了招商局的局面。① 1941年，蔡氏在轮船招商局的工作因战事被打断，他本人亦几经周折奔赴重庆避难，直至1944年返回美国。②

"实用主义"与"理想主义"并存，是蔡增基的儿女对蔡氏之为人的描述。蔡氏亦自称其本人为"一个受理想驱动的实用主义者"③。因此，蔡氏一生有着顽强的信念与务实精神，这也可以说是一个实干家、企业家的必备品质。此外，据蔡增基之子蔡守仁回忆，蔡增基精力旺盛，自学能力极强。及至年过半百回到美国后，还通过三年"马拉松式的阅读"，自学了凯恩斯、拉斯基、弗洛伊德等人的经济学、社会学乃至精神分析学等思想。④

1969年，蔡增基在哥伦比亚大学校长的引介下，将其于1950年代中期撰写的回忆录初稿交给哥伦比亚大学东亚研究所中国口述历史项目组。⑤该项目组通过访谈及书信询问的方式，帮助蔡氏对其回忆进行深入挖掘，并以此对回忆录初稿进行补订及重新编辑。1973年，《蔡增基回忆录》正式出版，其英文书名为 *My China Years：1911 - 1945*。⑥ 2016年首次出版的中文版《蔡增基回忆录》，正是由此转译而来。

《蔡增基回忆录》全书共二十章。其中，前十八章讲述了自1892年蔡氏出生至1944年返美前后的种种经历；第十九、二十章则是蔡增基在1970年代增补的关于对新中国及蒋介石政权的看法，以及1944年返回美国后的生活与工作概述。⑦ 事实上，蔡增基一生在中国的时间，前后不过30年。然而就在这30年间，蔡氏的工作涉及航运、经济、金融、政治等诸多领域，其人生经历更是丰富非常。蔡增基个人传记对民国史诸多课题的研究皆有帮助，学人不可不察。

---

① 蔡增基著述，胡政编《蔡增基回忆录》，第151~160页。
② 蔡增基著述，胡政编《蔡增基回忆录》，第161~221页。
③ 蔡增基著述，胡政编《蔡增基回忆录》，第 vi 页。
④ 蔡增基著述，胡政编《蔡增基回忆录》，第 v 页。
⑤ 蔡增基著述，胡政编《蔡增基回忆录》，第 ii 页。
⑥ 蔡增基著述，胡政编《蔡增基回忆录》，第 ii~iii 页。
⑦ 蔡增基著述，胡政编《蔡增基回忆录》，第222、229~232页。

二　招商局与航运

据蔡增基回忆，接手招商局的管理工作，本是一场意外。

> 我接受了一个新职位，而这个职位是我在中国生活这么多年以来从未想过要担任的……因为我没有丝毫航运方面的经验，所以我对接管轮船招商局一事并不感兴趣。我甚至不知道轮船招商局在上海的总部地址。因此，张群的提议成为我生命中最大的一个意外。我第一个反应是拒绝这个提议，因为轮船招商局最初是由广东人组建的，后来在其他省份人士的管理下变得支离破碎。作为一个广东人，如果我拒绝掌管这个企业，一定会让我的老乡们感到失望。[①]

蔡增基此前一直从事着金融、财政及铁路方面的工作，因而对其不熟悉的航运领域的工作，自然不感兴趣。不过，出于"广东中山人"的身份认同，蔡氏最终接受了这一任命。这一动机倘若不是出于蔡增基本人之口，恐怕难以令人信服。这一案例也为近代史中地缘及乡族认同对经济、社会的影响，带来了新的思考。当时上海有中山同乡会、广肇公所，四大百货公司都是由广东中山人所主持。

蔡增基上任伊始，发现1935年的轮船招商局正面临着一场空前严重的危机。

> 董事会的所有成员和总经理都向政府提交了辞呈，因为香港上海汇丰银行威胁说要取消该公司对其财产和轮船的抵押品赎回权，因为轮船招商局已经欠了这家英国银行1600万元的债……由于总部和全国各地分公司里官员多有贪污腐败和管理不善的问题，公司业绩开始下滑。到民国政府接管该公司并开始重组之时，这家航运公司的状况已经是混乱不堪了……担任轮船招商局的总经理还是一项十分危险的工作，因为轮船招商局一直受制于青帮……其控制力已经渗入了轮船招

---

① 蔡增基著述，胡政编《蔡增基回忆录》，第150、153页。

商局的运营，控制着上海五个码头的作业……轮船招商局的两位前任经理就是被青帮暗杀的；他们还逼迫董事会默许他们按照对自己有利的方式干预轮船招商局经营的要求，而这些都已经成为公开的秘密。①

1600 万的巨额债务、公司内部经营管理体系的腐败与混乱、青帮的胁持、两任死于非命的总经理，蔡增基就在这样的险境中开始了他的工作。

蔡增基首先着手处理最为紧迫的债务危机，因为一旦汇丰银行决定收回招商局对其财产及轮船等抵押品的赎回权，招商局当即"等同破产"②。此前，招商局的总经理面对银行的催收往往采取拖延战术，以至于招商局与汇丰银行在债务问题上，进入了一种毫无转机的恶性循环。然而，蔡增基的到来打破了僵局。

> 我之前曾在沪宁铁路公司工作，而沪宁铁路又是由中英银公司投资兴建的，且与香港上海汇丰银行关系密切，因此香港上海汇丰银行的管理层和我之间一直维持着良好的关系。他们听说我被任命为轮船招商局的负责人之后非常高兴，并且完全相信我能够找出一个清偿拖欠贷款的办法……在接下来的一周里，比尔爵士邀请了利丝罗兹先生和我在华懋饭店共进午餐并进行会谈。当他们要我提出一个建设性的解决方案时，我首先打趣说，一个可能的方法就是香港上海汇丰银行向轮船招商局出借更多的资金，这样轮船招商局就能以此赚钱来偿还之前的旧贷款；另一个更切实可行的方法则是香港上海汇丰银行减免还款金额，降低贷款利率，并同意以按年分期付款的方式偿还剩余贷款……多亏了比尔爵士和利思罗斯先生在清偿贷款一事上的疏通协助，香港上海汇丰银行最终同意将贷款的金额由原来的 1600 万元减免为 1000 万元，将贷款利率从原来的 6% 降为 4%，并且同意招商局 10年分期偿付余额。我说服了财政部长兼行政院副院长孔祥熙，请其下令由政府的中央信托局为招商局担保。因为双方都抱着真诚的态度寻

---

① 蔡增基著述，胡政编《蔡增基回忆录》，第 151~152 页。
② 李培德：《李滋罗斯和蔡增基：1936 年至 1937 年英国对招商局借款书信解读》，载胡政、陈争平、朱荫贵主编《招商局与中国企业史研究》，第 286 页。

求一种合理的解决方案，并且甘愿作出一定让步，所以最终达成了一个令人满意的结局。①

蔡增基利用了此前在铁路、金融领域工作中建立的人脉资源，以及与孔祥熙的密切关系——蔡氏在上海任职时曾协助孔祥熙处理金融及财政问题，并与孔氏建立了"长久友谊"② ——否则难以在短时间内获得汇丰银行管理层的信任及孔祥熙的配合。同时，蔡增基务实的态度与灵活的谈判手腕，也是僵局得以化解的关键。在另一桩招商局与汇丰银行的纠纷中，蔡增基凭借这种"实用主义"的行事风格再一次取得了胜利，他在事后总结道：

> 香港上海汇丰银行和轮船招商局之间另一个有争议的小案件是轮船招商局所签发的一份仓库凭单丢失的规则问题……我于是邀请了香港上海汇丰银行的经理一起吃午餐，并在餐桌上做出了让步和妥协，即双方各承担一半的损失。在处理不涉及原则性问题的纠纷时，我的政策是秉持互谅互让的精神，而我的前任总经理们处理纠纷的政策则是坚决捍卫轮船招商局的利益而完全忽视另一方的利益，所以问题永远得不到解决。③

与处理对外事务时的灵活多变相比，蔡增基在推进招商局内部改革的过程中，则呈现一种完全相反的铁腕风格。尽管招商局的债务危机在蔡增基的努力下暂时得到了解决，但倘若没有盈利能力，招商局终究无力实现债务的最终偿还，遑论长远发展了。为了使招商局的航运业务回归正轨并提高效益，蔡增基以强硬而果断的方式推行了一系列改革措施。

> 在重组轮船招商局的过程中，我尝试使所有的办公室员工和船员变得高效且有纪律性。所有轮船一经装满就立刻下海，以保证投资能实现利用最大化。轮船停靠在码头进行维修时，船长要负责监督轮船的维修工作。所有客票均在岸上的售票处出售，除舱面旅客外，售出

---

① 蔡增基著述，胡政编《蔡增基回忆录》，第 154 ~ 155 页。
② 蔡增基著述，胡政编《蔡增基回忆录》，第 147 ~ 149 页。
③ 蔡增基著述，胡政编《蔡增基回忆录》，第 155 ~ 156 页。

的所有船票上都有一个编号。以前，除头等舱乘客之外，所有乘客都可以登船后再买票，所以船上卖票的买办们往往少报实际销售的票数，而把这部分钱款装进自己的腰包……作为新任总经理，我决定展现我的强硬手腕，并且表明我拥有警力支持……为了协助轮船招商局重组，交通部给我派来了一批技师学校的毕业生。我给这群学生分配的任务是研究导航、客运和货物运输。在过去，学生并不受轮船招商局的欢迎，因为他们被认为是麻烦制造者。但我的政策是只要他们表现良好，就给予他们合理的待遇……我从这些学生中挑选出了一些比较优秀的，然后任命他们为客船上的事务长，以取代已经被我解雇了的那些买办……对河运的下一步改革是清理赚取非法收入的"茶童"……他们的主要作用是走私大烟和毒品，以及在港口之间运送他们自己的货物。他们以损害公司利益为代价赚取个人的收入，还经常逼迫乘客为他们提供的一些微不足道的服务支付高额小费……改革方案的第一步是登记所有的茶童……完成登记工作后，我下令所有茶童要在中国红十字会和上海市卫生局的医生那里接受体检。检查结果出来后，我解雇了所有患传染病、性病、晚期肺结核和其他不治之症的茶童……如此，大约有2/3的茶童都被遣退了……轮船招商局按月向剩余的茶童支付工资，但是严禁他们在港口之间私带货物或做任何其他生意，同时也规定他们向乘客收取小费的额度不得超过10%。[1]

蔡增基的这段回忆，不仅是对其大刀阔斧的航运服务改革的记录，更可反映彼时长江航运的管理之混乱、乘客体验之恶劣。低劣的服务品质，码头及船舶低效的工作方式，为买办、茶童层层截流损耗的利润，再加上外国航运企业在长江上游的竞争，招商局在这样的环境中试图赢利，确实是天方夜谭。

蔡增基改革措施的推行，不可避免地触动了青帮[2]的利益。面对青帮

---

[1] 蔡增基著述，胡政编《蔡增基回忆录》，第156~158页。

[2] 青帮的相关研究可参考 Brian G. Martin, *The Shanghai Green Gang: Politics and Organized Crime*, 1919–1937 (University of California Press, 1996); Frederic Jr. Wakeman, *The Shanghai Badlands: Wartime Terrorism and Urban Crime*, 1937–1941 (Cambridge University Press, 1996); Frederic Jr. Wakeman, *Policing Shanghai*, 1927–1937 (University of California Press, 1995); 漳君谷《杜月笙传》，中国大百科全书出版社，2010。

威胁，蔡增基没有做出任何退让，他以强硬手段进行弹压，以彻底驱逐长期盘踞于招商局之中的青帮势力。

更糟糕的是，轮船招商局的买办常常也是青帮的成员，因此他们的权力甚至比分公司经理或船长的更大。我发现轮船招商局的基层员工中已经有青帮成员渗入，并且公司的高层领导人之间也存在着相互勾结和贿赂的现象……青帮最大的据点是上海法租界的金利源码头，所有客船和河船都要在那里停泊。这些帮派成员会向入境旅客收取定额的服务费……至于旅客们失窃或存储在这个码头的货物丢失造成的损失则难以计数。我下定决心要清除金利源码头的这些帮派成员，于是我邀请了法国的总领事、市政主管和警察局局长共进午餐。我告诉他们我不久将撤走在法租界码头停靠的所有船只，改为停靠在公共租借或浦东的其他码头。这一举动意味着法租界将遭受巨大的经济损失，因此他们主动提出将配合我清除金利源码头上的那些流氓……一周后，法国警察包围了码头，搜查并没收了大量的走私货物和武器。这样，轮船招商局就重新取得了对金利源码头的控制权。上海的青帮十分强大，以至于国民党的许多显赫的领导人都与青帮成员有私交，并以政治伙伴的礼遇对待他们。对轮船招商局的历任总经理而言，上任后立刻去拜访青帮臭名昭著的领导人以请求他们配合甚至成为惯例……但是我就任总经理后根本没有理睬他们，黄金荣于是登门拜访，但我碰巧不在家中，之后我连电话也没给他回过……为了恐吓我，青帮在我办公室前导演了两次武力示威……然后我将此次事件通知给了公共租界当局，并要求他们提供警力保护……他们向我保证，他们的警察能够维护公司所在地的安定与秩序。第二天中午之前，那群恶徒又出现在我办公室前面，但我们已经做好了准备。公共租界的警察获得通知后很快便骑着摩托车到达了现场，驱散了那群恶徒。警察一定是严厉地惩治了参与其中的闹事者，因为他们再也没有出现过。①

蔡增基与青帮的正面冲突，可谓惊心动魄。值得注意的是，蔡增基在

---

① 蔡增基著述，胡政编《蔡增基回忆录》，第 157～160 页。

与青帮的斗争中并未借助南京国民政府及国民党高层的力量。事实上，蔡增基早已意识到蒋介石等国民党领导人与上海青帮的关系，以至于他在与蒋介石的一次会面中，有意回避了关于青帮的"敏感话题"①。由是，蔡增基再度运用圆滑的谈判技巧，在午餐会上以经济利益为导向，促使法租界市政及警方出手帮助招商局清除青帮势力。

独立解决青帮问题，亦为蔡增基及招商局的管理层提供了一种正面界外效应（positive externality），即更大的自主权与独立性。蔡增基曾表示："以强硬而果断的方式处理我面临的问题后，我发现我其实并不需要南京政府的协助，因此，南京政府也就没有理由对公司的管理层说三道四了。"②

对外折冲樽俎，对内雷厉风行，正是借助蔡增基刚柔并济的管理方式，轮船招商局才得以走出危局。

然而好景不长，随着1937年抗战的全面爆发，招商局的正常经营业务被迫中断，蔡增基本人也着手处理一系列战时备战与善后工作。

蔡增基首先参照甲午战争时的先例，在撤离上海前将招商局在上海的财产管理权托管给了一位美国商人卫利韩（William Hunt），后者将负责日军占领上海后招商局在公共租界的日常运营。③ 轮船招商局总部南迁香港后，其运营资金正是源于卫利韩对法租界金利源码头的经营。④

为了避免招商局的河运及海运船只落入日军之手，蔡增基对这些船舶进行了相应的处理。

> 为了避免被拦截，轮船招商局的所有海船都在香港寻求庇护。公司的小型船只已经被政府征收，用来沉入水中以堵塞河道，为的是向日军表明我们永不投降的决心。大型的内河汽船都驶往重庆避难。2000吨级以上的轮船以前从未尝试过由上海或汉口逆流驶向重庆，因为担心长江上游峡谷水流湍急……我告诉他们，如果有好战分子反对我的命令，就对他们说：宁可让我们的船沉在长江里，也不能留给日

---

① 蔡增基著述，胡政编《蔡增基回忆录》，第153页。
② 蔡增基著述，胡政编《蔡增基回忆录》，第157页。
③ 蔡增基著述，胡政编《蔡增基回忆录》，第161页。
④ 蔡增基著述，胡政编《蔡增基回忆录》，第164页。

本人……在战争期间，我们的船全都安然无恙，轮船招商局没有一艘船只被强大的日本海军俘获……轮船招商局在香港避难的大型海运船只都被卖给了英国航运公司。①

由是观之，蔡增基在抗战期间对招商局的船只大体有三种安排：一是遵照政府命令沉入河道以阻挡日军；二是沿长江逆流而上转移至重庆避险；三是运往香港寄身英国航运公司名下以寻求庇护。尽管这样的处置或许存在一定的争议，但至少在客观上避免了招商局的运输力量为日军所用，这也是蔡增基领导下的轮船招商局为抗战做出的一大贡献。

在香港期间，蔡增基曾"多次被重庆政府委派执行复杂任务"②。其中，在与日本争夺烟台正记轮船公司下属的六艘轮船的控制权时，蔡增基与重庆政府发生了龃龉。

重庆方面在周四向我下达命令，并要求我依据中国法律扣留这些船只……我面临的问题就是如何在不适用中国法律的英国殖民地上依据中国法律将这些船只扣留下来……我选择无视重庆方面依据中国法律扣留这些船只的命令，而是根据英国法律提起了诉讼。如果我听从重庆方面的命令，那么我将不得不与香港当局进行外交谈判，而香港当局一心只想避免与日本发生外交接触，这样做只会让我处于更加不利的境地……既然我们处于战争的非常时期，我就不得不按照我认为正确的方法果决地处理问题。使用英国法律大大简化了这个案件，法院不仅向我颁发了禁令，许可我扣押船只，且指定我为这些船只的清算人……这个结果对于中国政府来说是大获全胜了，但交通部仍然执拗地给我写信强调依据中国法律解决这个案子的理由……这些狂热的爱国主义者们不肯承认香港已经不再是中国管辖领域的现状，也不愿面对中国法律不在香港适用的事实。狭隘的民族主义观念在处理国际事务时经常会影响人们的思考能力。③

---

① 蔡增基著述，胡政编《蔡增基回忆录》，第 163～164 页。
② 蔡增基著述，胡政编《蔡增基回忆录》，第 167 页。
③ 蔡增基著述，胡政编《蔡增基回忆录》，第 168～169 页。

蔡增基在处理此事时展现的实用主义作风，为自己引来了重庆政府内部颇为严厉的批评。

蔡增基在轮船招商局的任职，随着日军占领香港而终结。对蔡增基而言，在招商局近六年的任职经历或许并非其人生中最重要的职业生涯；但对于招商局而言，蔡增基却是其百年历程中鲜为该局记住的领导者之一。

三　经济

蔡增基在中国从事的经济方面的活动，主要涉及创办香港工商银行，重组及管理新宁铁路、粤汉铁路、沪宁铁路，以及在广州、杭州、上海从事的财政、税收管理工作。

1917 年秋，蔡增基接受夏威夷同乡陈天斗的邀请，与其一同筹建香港工商银行有限公司。

> 陈天斗也来自檀香山，毕业于芝加哥大学……袁世凯倒台后我又去了一趟北京，并在那里遇到了陈天斗。我们聊到了对中国政治的失望，但是他说服我打消了回美国的想法，于是我转而投入银行业。我成功地说服了我的朋友刘惠民入股，他毕业于纽约大学，认购了 2 万美元的股份……薛仙舟毕业于加利福尼亚大学，后来又去德国留学。民国元年时曾担任中国银行的代理行长。鉴于他在银行业界的声誉，而且又是陈天斗的朋友，所以他也被邀请加入了我们，然后他又推荐了毕业于日本早稻田大学的陈公衡作为我们银行的经理。[①]

从香港工商银行筹建时期的管理层来看，归国留学生群体在其中发挥了主导作用。随着银行业务的扩展，蔡增基甚至吸引了詹天佑的入股。在詹天佑的感召下，王宠佑、蔡国祖等归国留学生亦纷纷投资入股。这些归国留学生大多毕业于海外名校如耶鲁大学、哥伦比亚大学、斯坦福大学、爱丁堡大学等。[②] 据蔡增基回忆，香港工商银行不仅是一间名副其实的

---

① 蔡增基著述，胡政编《蔡增基回忆录》，第 62～63 页。
② 蔡增基著述，胡政编《蔡增基回忆录》，第 68～69 页。

"归国学子银行"，此后更为中国金融界培养了诸多银行家。① 而归国留学生的人际网络，也成为蔡增基此后在中国从事各方面工作的主要助力。

在铁路重组与管理方面，蔡增基的专家顾问及团队亦通常由具有留学背景的人士组成。如蔡增基受孙科之邀重组新宁铁路时，他便派出了"留学日本的陈铁珊、毕业于康奈尔大学的刘菊可和毕业于纽约大学的钟启祥"作为接管小组，前往台山负责铁路管理工作。② 在协助李济深改造粤汉铁路时，蔡增基起用了毕业于麻省理工学院的卢炳玉担任总工程师；而卢氏亦在此后重建沪宁铁路及沪杭铁路时担任蔡增基的技术总顾问。③

除了获得归国留学生群体的大力支持外，蔡增基在负责铁路经营管理方面工作时展现出的优异的筹资能力，亦为我们留下了深刻的印象。蔡增基曾以金融手段巧妙地为陇海铁路重建争取了更多的资金。

> 在筹资方面，我做了多种尝试，试图找到更多未被开发的资金和物资来源。比如，我从交通部接手铁路管理工作时，我们也接收了一批未出售的陇海铁路债券，面值总计约 100 万美元……中国的银行家们试图以票面金额 60% 的价格向交通部收购这些债券。当交通部在周会上讨论这一出价时，我提出了反对，因为这个价格实在太低了……于是我与上海的比利时银行合作，设法以最高的价格销售这些债券。银行和我都同意先找一家著名的、实力雄厚的经纪商行，以确定的价格买走一半的债券，这样便在上海创造了一个市场价。剩余的一半债券则由这家银行通过柜台出售给出价最高的竞买人，出价不得低于经纪商行的购买价格……这样，铁道部就多获得债券面值 20% 以上的价值来用于陇海铁路的恢复工作。④

在重组沪宁铁路时，蔡增基以控制成本及增加收入为核心的财务能力，亦得到了充分的展示。

---

① 蔡增基著述，胡政编《蔡增基回忆录》，第 64、70 页。
② 蔡增基著述，胡政编《蔡增基回忆录》，第 106 页。
③ 蔡增基著述，胡政编《蔡增基回忆录》，第 116、124 页。
④ 蔡增基著述，胡政编《蔡增基回忆录》，第 122～123 页。

我们尝试了一切方法来缩减开支和增加收入。为了创收，大部分的被称为"花车"的豪华私人车厢被改造成了普通客车车厢。这些私人车厢此前是免费供高级官员来往于上海和南京时乘坐的。我们还引入了车次更为频繁的单机组蒸汽式火车来取代上海至吴淞口之间的大编组长列车，这样空余出来的车厢就可以被用到主干线路上拉载更多乘客以实现创收。所有的物资采购均采用公开招标的方式进行。①

与此后处理困扰招商局的青帮问题一样，在对待干扰铁路正常运营秩序的组织及人员方面，蔡增基亦采取了强硬的态度与手段。

机械师协会成员通过各种勒索手段从粤汉铁路榨取利益。由于有自己的私人武装力量，这个工会组织势力十分强大……最后，李济深将军任命我为粤汉铁路总经理。在接受任命前我提出如果没有军队支持，就无法重建和改造粤汉铁路，于是他当即签发了一份密令，授权我指挥他驻扎在粤汉铁路沿线的部队……看到自己对粤汉铁路的控制权受到了损害，机械师协会于是秘密组织了一次大罢工。我的巡查员发现了工人藏在铁路动力室里的80多支步枪。于是我下令逮捕了其中两名劳工头目，并收缴了他们的武器。这次行动标志着机械师协会开始丧失对粤汉铁路的控制权。②

同样强硬的态度被蔡增基带到了市政管理工作之中。1930年，蔡增基被张静江任命为杭州市市长。③ 上任伊始，蔡增基便迅速开展了税款催收工作。

这里的富裕人家都不缴纳市政税费……为了彻底铲除这种特权，我和张静江主席商定将警察划归市政府掌控，这样就可以派他们到拖欠了市政府税款的人家催缴税款。此外，我们还选出了一些拖欠税款的大户，并将他们的名字公布在日报上以施加压力。这两种办法之中，哪一个都会让这些大户人家感到有失颜面，于是他们只好乖乖缴

---

① 蔡增基著述，胡政编《蔡增基回忆录》，第123页。
② 蔡增基著述，胡政编《蔡增基回忆录》，第114～115页。
③ 蔡增基著述，胡政编《蔡增基回忆录》，第139页。

税。有了这笔额外收入，市政府不但改造了杭州的街道，还在郊外修建了更多的通路，方便游客使用。①

不过，诸如此类的强硬手腕，并不代表蔡增基习惯在管理工作中滥用简单粗暴的方式解决问题。通过这些事例，我们不难发现，蔡增基的原则和底线实际上是很清晰的：对于干预破坏秩序的行为及组织——无论是青帮、铁路工会还是逃税市民——蔡氏都秉持决不退让的态度，并运用合理合法的手段对其进行强力的打击。

综上所述，蔡增基在近代金融、铁路交通、经济等领域均有颇多建树，由于篇幅所限，无法逐一详陈。正是出于蔡增基在上述种种工作中的卓越表现，他才得以被张静江、张群等国民党人赏识，并推荐其临危受命成为轮船招商局的总经理。② 此外，在这一系列经济工作中，蔡增基背后的归国留学生群体亦发挥了显著的作用。《蔡增基回忆录》中的不少章节均有述及留学生群体在回国后的工作、活动情况。蔡增基的回忆录将民国时期归国留学生群体再度引入了研究者的视野之中，这一群体对近代中国的影响，仍值得进一步探究。

四　政治

《蔡增基回忆录》中记述了蔡增基对诸多民国政治人物的印象及与他们的交往。③

---

① 蔡增基著述，胡政编《蔡增基回忆录》，第 141 页。
② 蔡增基著述，胡政编《蔡增基回忆录》，第 151～152 页。
③ 有关民国政治人物的研究，著作很多，也很有分量。以袁世凯为例，有 Ernest P. Young, *The Presidency of Yuan Shih - k'ai: Liberalism and Dictatorship in Early Republican China* (Ann Arbor: University of Michigan Press, 1977); Stephen Robert Mackinnon, *Power and Politics in Late Imperial China: Yuan Shi - Kai in Beijing and Tianjin, 1901 - 1908* (Berkeley, University of California Press, 1980); Jerome Chen, *Yuan Shih - k'ai* (Stanford: Stanford University Press, 1972)。有关孙中山的研究成果有 Lyon Sharman, *Sun Yat - sen: His Life and Its Meaning* (Stanford University Press, 1934); C. Martin Wilbur, *Sun Yat - sen: Frustrated Patriot* (Columbia University Press, 1976); Paul Myron Anthony Linebarger, *The Political Doctrines of Sun Yat - sen: An Exposition of the San Min Chu I* (Baltimore: The johns Hopkins Press, 1937)。如果使用这类史料，可加深我们对民国政治史的认识。

蔡增基祖籍广东省香山县，与孙中山不仅是同乡，更是远亲。由是，他与孙中山的长子孙科始终保持着密切的关系。[①] 此外，蔡增基17岁时在夏威夷结识了此后成为中国同盟会广东支部长的卢信，并由卢氏引荐成为广东省议会议员，由此步入民国政坛。[②]

除归国留学生群体外，以孙科、吴铁城等人为代表的政治人脉，是蔡增基在中国的另一资源网络。孙科、吴铁城与蔡增基同为香山人士。蔡增基在孙科与吴铁城的扶持下，参与了市政及铁路管理的工作，并由此获得了诸如张静江、李济深、张群等人的赏识。

蔡增基曾见证了孙科在蒋介石政治谱系中的尴尬处境，并试图为其寻求政治上的出路。

> 那天晚上，我深入地思考了孙科的处境。第二天，我和他谈了一次话，建议他从两条更为宽广的道路中任选一条以应对蒋介石。第一条路，若他只对铁路方面的事物感兴趣，他就不应该参与政治，一旦他选择这样做，那么作为孙逸仙博士唯一的儿子，应该就不会再有人对他进行任何阻挠……第二条路，如果他不能将自己从政治中抽离，那么就应该辞去铁道部的职务，然后前往上海专注于政治事业……对此，孙科的反应却是劝我继续替他管理铁道部，他的政治事业不用我操心……他只想继续依赖于蒋介石，做一名普通的政客，浑浑噩噩地度日，而不愿尝试掌控未来的事态发展。这样做的结果就是孙科和他的幕僚们继续在政府中扮演着无足轻重的消极角色。他缺乏基本的政治才能和组织能力，永远不可能实现他父亲的雄心和理想。[③]

与孙科相比，尽管吴铁城曾在北伐前被蒋介石逮捕入狱，但此后依然得到了蒋的重用，抗战前后还担任过上海市长、国民党中央秘书长等职。[④] 吴铁城在担任上海市长期间，对蔡增基主持的市政及招商局的改革与重组工作颇为关照。抗战爆发后，蔡增基辗转至重庆避难，亦多赖

---

① 蔡增基著述，胡政编《蔡增基回忆录》，第71页。
② 蔡增基著述，胡政编《蔡增基回忆录》，第26页。
③ 蔡增基著述，胡政编《蔡增基回忆录》，第126~127页。
④ 蔡增基著述，胡政编《蔡增基回忆录》，第145、203、204页。

吴铁城照应。① 不过，也正是吴铁城的一番话，使蔡增基萌生了离开中国的想法。

> 在重庆待了大约六个月后，我决定永远离开中国。这一决定并非偶然，但它是在一天晚上变得彻底清晰起来的。当时我和吴铁城在谈论中国的未来和战后的问题，他突然郑重其事地告诉我，中国还不具备成为共和国或建立其他代议制政府的条件。他真心地认为即便是在日本被赶出中国后，也只有独裁专政才能解决中国的战后问题，并使中国保持自由独立。他的这番话在我听来犹如晴天霹雳。那时我才意识到蒋介石所追求的宏图大业与我在中国尽毕生之力所追求的法治民主政府是背道而驰的……我一直认为高于一切的民主理想在战后的中国领导人那里得不到一丝认同。就连多年来的挚友吴铁城，都和我抱着完全相反的政治理念。②

蔡增基的这段回忆，不仅直接转述了吴铁城的意见，也能从一个侧面反映当时的国民党领导层对战后中国政治路线的看法。《蔡增基回忆录》亦载有蔡氏对民国政治的诸多观察与反思。尽管这些看法只是蔡增基带有浓厚个人色彩的一家之言，但也可作为一种参考。

黎志刚　澳大利亚昆士兰大学中国近代史教授，招商局史研究会特邀顾问兼特约研究员。美国加州大学博士，博士论文《上海轮船招商局研究》获得美国经济史学会颁授 1993 年最佳经济史论文奖。目前主要研究中国公司制度的发展及转型与中国近代生活史。

杨彦哲　澳大利亚昆士兰大学历史与哲学学院博士候选人。目前主要关注中国近代乡村建设运动与乡村转型、民国经济人物以及日常生活研究在历史领域的应用等问题。

---

① 蔡增基著述，胡政编《蔡增基回忆录》，第 203 页。
② 蔡增基著述，胡政编《蔡增基回忆录》，第 208 页。

清末民初轮船招商局改归商办与官商博弈*

虞和平　吴鹏程

　　轮船招商局（以下简称"招商局"）是中国最早的现代性企业之一，也是近代第一家股份公司制企业、规模最大的轮船航运企业。该局自 1872 年创办到南京国民政府时期，先后实行过官督商办、完全商办（简称"商办"，亦称"民企"）、国营三种性质的企业组织制度。其中完成于清末民初的由官督商办向完全商办的转变，不仅是该局自身发展历程中的第一次重大制度转轨，而且也是当时官办和官督商办企业（统称"官企"）改制潮流中的一个典型案例。但对于这样一件重要的经济大事，学术界研究较少，尚未见及系统、完整研究的专题论文，仅有少数著作和论文涉及，① 且论述有误，脉络不清，评价偏颇。本文试图从清末民初官企改制趋势的大背景出发，考察其改制的全过程，并揭示其所伴随的官商博弈、内含的时代意义。

一　研究现状和问题的提出

　　关于招商局的改制时间、过程和性质，已有研究有多种说法。最早对

＊　本文原载于《历史研究》2018 年第 3 期。

① 主要著作有夏东元：《郑观应传》，华东师范大学出版社，1981；易惠莉：《郑观应评传》，南京大学出版社，1998；张厚铨主编《招商局史·近代部分》，中国社会科学出版社，2007；朱荫贵：《中国近代股份制企业研究》，上海财经大学出版社，2008。主要论文有陈晗：《政府行为与企业控制权配置——清末民初轮船招商局股权与控制权的演变》，硕士学位论文，浙江大学，2006；李世明：《博弈与嬗变——晚清轮船招商局官商关系探赜（1872～1911）》，硕士学位论文，东北师范大学，2014；仲继银：《轮船招商局：从官督商办到公司》，《中国新时代》2014年第 2 期。其他涉名招商局"改制"的论文，都以论述 1907 年之前招商局官督商办时期企业内部经营管理制度为主，不涉及本文所研究的企业组织性质的法定制度。

此做出论述的是夏东元先生，他说：受盛宣怀和董事会委托，"1909 年 11 月 1 日（宣统元年九月十九日）郑观应赴北京到商部'催请注册'……没有办成功而南旋"；"招商局打算于股东年会后'再递公呈'……1910 年 6 月 12 日（宣统二年五月初六日）[郑观应] 被推举再次前往北京办理商办注册等事宜……虽没有完全达到目的，却争得了不少商权"。又说："1909 年这一年，郑观应主要的精力放在招商局组织商办注册等事上；商办之局已成，就该着手内部的整顿了。"① 其中所说"商办之局已成"，指的是 1910 年 6 月郑观应第二次进京申请注册之后。但这些说法都没有明确的资料依据，也没有明确指出郑观应为招商局争得了哪些"商权"；"商办之局"又成于何时，是 1909 年的那次，还是 1910 年的那次。又据夏东元另一说法，招商局改制为商办的成功似乎与赴部注册无关。他说，1909 年 8 月 15 日召开股东大会，选出第一任董事，"以郑观应为主拟定招商局组织商办章程四十六条。这样，轮船招商局乃成为商办之局了"②。照这一说法，似乎是董事一经自行选出，商办章程一经自行拟定，招商局就可以成为商办公司了，又何需赴部注册和核准。

第二位对此做出论述的是张后铨，与夏东元的说法有所不同。他除了对郑观应第一次进京与夏东元持同一说法之外，还明确说郑观应 1910 年 6 月"再次赴京办理注册之事，仍无结果"③。同样未见资料依据。但是，他却认定招商局在民国初年实现了完全商办，"盛宣怀的东逃，标志着官督商办体制开始动摇。清政府灭亡之后，邮传部派驻招商局的坐办等管理人员相继离局，官督商办体制解体，这就为招商局实现完全商办提供了可能性"④。1912 年 3 月 31 日举行的股东常会选出新一届董事，"伍廷芳被公举为董事会主席，杨士琦副之……是招商局进入完全商办时期的重要标志"⑤。其言下之意，是因为招商局新一届董事及董事会中没有了盛宣怀，所以实现了完全商办，似乎是招商局体制之改变取决于盛宣怀一

① 夏东元：《郑观应传》，第 218～219 页。
② 夏东元：《郑观应传》，第 217 页。
③ 张后铨主编《招商局史·近代部分》，第 243～244 页。
④ 张后铨主编《招商局史·近代部分》，第 260 页。
⑤ 张后铨主编《招商局史·近代部分》，第 261～262 页。

人之去留。但是，盛宣怀从日本回来后，董事会于 1913 年 6 月 22 日再行改选，盛宣怀又进了董事会，并任副会长，仍操控着招商局。对此，张后铨评论："从此以后招商局经历了十余年完全商办时期。"① 前者以盛宣怀退出董事会为其完全商办之标志，后者又以盛宣怀重入董事会担任掌控实权的副会长为完全商办十年之开端，这种解释逻辑不免自相矛盾。盛宣怀对招商局虽然有很大影响力，在招商局体制变换中举足轻重，但不能视为其一人之关系，关键因素还是在于制度变换及其实施状况。

第三位对此做出论述的是易惠莉，所持说法又有所不同。她认为，1909 年招商局申请商办，"由于邮传部的阻扰，注册事终未有结果"。其资料依据是："宣统二年《盛宣怀致陆润庠函》称：'七月杪开会商办，公举粤东郑官应赴部注册，领到商办执照。乃邮传部以招商局奉旨归部管辖，将所呈恪遵商律之商办章程核驳甚多。'"但这则资料并没有说注册未果，而是明确地说"领到商办执照"；问题的关键在于"领到商办执照"与邮传部对"商办章程核驳"的关系。她又说，1910 年郑观应"再度赴京办理招商局商办注册事"，由于这时盛宣怀已"赴邮传部右侍郎本任，有了这样的背景，招商局终于商办注册成功"②。这就是说郑观应在第一次进京时已领到了农工商部颁给的商办公司执照，但随即因所拟定章程受到邮传部批驳而没能改制为商办；到 1910 年因有盛宣怀的关系而获得成功。但其所论未见资料依据。

其他相关论文也有一些类似说法。如陈晗认为，"招商局体制的变动是在辛亥革命之后开始的"③。其所持论据与张后铨相同。李世明的硕士论文有专节论述招商局的"商办运动"，对招商局与邮传部的权利争夺有较多陈述，但着眼点在于官商关系考察，未理清招商局改归商办过程，并认为："汪熙先生将'唐、徐主政期间的招商局定义为商办阶段，而将盛宣怀及以后时期称之为官督商办时期'，本人对此观点表示赞同。"又说"招

---

① 张后铨主编《招商局史·近代部分》，第 268 页。
② 易惠莉：《郑观应评传》，第 684、687 页。
③ 陈晗：《政府行为与企业控制权配置——清末民初轮船招商局股权与控制权的演变》，硕士学位论文，浙江大学，2006。

商局在真正意义上实现'商办'，则要等到民国二年六月"①，也就是盛宣怀重入董事会之时，与张后铨的观点相同，但没有具体论述。仲继银提到了 1909 年招商局的商办注册之事，但其重点是论述招商局董事会的公司经营主权问题，对招商局改归商办及其与官方交涉的全过程，并未进行论述。②

上述几种说法，对招商局改归完全商办提出了四次事件。一是 1909 年的申请商、邮两部注册，大多认为没有结果，唯有仲继银以此为商办起始，但未有论证；二是 1910 年的再请邮传部注册，易惠莉认为注册成功，夏东元与张后铨则认为没有成功，其他论者没有提及或未有明确结论；三是 1912 年的董事会改选，张后铨和陈晗认为这是招商局进入完全商办时期的重要标志；四是 1913 年的董事会改选，张后铨和李世明认为从此招商局进入完全商办时期。其中论述较多的是前两次。那么，招商局究竟是怎样改制为完全商办的？其与这四次事件究竟有怎样的关系？是否还有其他重要的事件？

二　清末民初的"官企"改制趋势

研究招商改归商办之事，不能孤立地就事论事，而是要与相关背景相结合，以更好地揭示其时代意义。上述相关研究成果主要从三个背景切入，即袁世凯与盛宣怀的关系；盛宣怀与郑观应的关系；政府与商界或企业的关系，都各有其用意。除此之外，还有一个重要的背景未被充分关注，这就是清末民初出现的官企改制趋势。1895 年甲午战争以后，外资获得了在华直接设厂的权利，中国朝野从挽救危亡、抗衡外资扩张出发，兴起了一股实业救国的潮流。接着，清廷在遭受八国联军沉重打击后，又进一步提出振兴工商政策，在鼓励民间兴办实业的同时，开始将一批创办于

①　李世明：《博弈与嬗变——晚清轮船招商局官商关系探赜（1872～1911）》，硕士学位论文，东北师范大学，2014。此文所谓的唐廷枢、徐润时期的商办和盛宣怀及以后时期（至 1911 年）的官督商办，是从招商局实际经营中的商权与官权的轻重不同而言，并非指招商局法定组织制度的不同，其实在改归完全商办之前都是官督商办制度。

②　仲继银：《轮船招商局：从官督商办到公司》，《中国新时代》2014 年第 2 期，第 79～80 页。

洋务运动时期的官办和官督商办的民用企业转归完全商办的企业。近代中国出现了第一次官企①改归商企（民企）的潮流。

甲午战争后不久，一些官员开始提出改官办和官督商办企业为商办企业的主张。1895 年 8 月，给事中褚成博上奏朝廷："请招商承买各省船械机器等局。"对此，户部奉旨议奏，认为"中国制造机器等局不下八九处……糜帑已多，未见明效，如能仿照西例，改归商办，弊少利多"②。清廷随即接受户部的这一建议，开始推行改制、劝商、保商政策，除了动员商人集资创办新厂之外，对于旧有洋务派官僚所创办的官办和官督商办企业立意改归商办，下旨明示："原有局厂，经营累岁，所费不赀，办理并无大效。亟应从速变计，招商承办，方不致有名无实。"③ 到 1903 年，清廷议设商部，主管全国农、工、商、矿及铁路、行轮等事务，提出要"通商惠工"，"提倡工艺，鼓舞商情"，"扫除官习"，"保护"商务。④ 1904年又奏定《商律》和《公司注册试办章程》，前者中的《公司律》规定了公司的组织形式、创办呈报程序、经营管理方式、股东权利、董事会的组成和权限等；并将公司分为合资公司、合资有限公司、股份公司、股份有限公司 4 种；后者规定：设立注册局，专办公司注册事宜，"无论现已设立与嗣后设立之公司及局、厂、行、号、店、铺等，均可向商部注册，以享一体保护之利益"。⑤ 这也就是说，清廷要将振兴工商的途径从原先的以官为主转向以商为主，并允许各类企业根据具体情况界定性质、到部注册，保护商人集资创办之企业。

洋务派创办的企业，由于外资企业的扩展与竞争，加之清政府财政拮

---

① 从控制权角度来说，官督商办企业带有严重的官方属性，以往经济史研究大都将这些企业列入"官僚资本"的范畴。如许涤新、吴承明主编的《中国资本主义发展史》第 2 卷（人民出版社，1990，第 610~613、1062~1063 页），在叙述中将招商局与官办企业一起列为"洋务派企业"；在资本估算中则列入"官僚资本"之内，甚至包括改归商办时期。笔者认为，从资本构成和经营责任来说，官督商办企业与官办企业有所不同，但从官方主观认定和官督商办企业受官方直接控制的角度来说，可以把它与官办企业统称为官方企业，简称"官企"。

② 朱寿朋编《光绪朝东华录》（四），中华书局，1958，第 3637 页。

③ 《清实录》第 56 册，中华书局，1987 年影印本，光绪二十一年六月庚寅。

④ 朱寿朋编《光绪朝东华录》（五），第 5013~5014 页。

⑤ 《商律·公司律》，《东方杂志》第 1 卷第 1 期，1904 年 3 月 11 日，第 216 页；《商部奏定公司注册试办章程》，《东方杂志》第 1 卷第 5 期，1904 年 7 月 8 日，第 66 页。

据无力给予扶持，以及企业自身经营不善，大多每况愈下，亏损累累，难以为继，但在陆续改归商人承租经营或完全商办后，企业经营状况逐步改善。在重工业中，由张之洞于1890年起相继创办的官办汉阳铁厂、大冶铁矿和马鞍山煤矿，自开办到1896年耗费近568万两，生产不见起色，官款亦难以为继，遂将该3个厂矿改为官督商办，由盛宣怀招股200万两接办。改为官督商办后，适当改造了生产技术，经营状况有所改善，生铁年产量提高了11倍多，并开始产钢；投资500多万两开采江西萍乡煤矿，满足了炼铁厂的燃料供应。到1909年，为进一步改善经营，又将3个厂矿合并改组为完全商办，名之为"汉冶萍煤铁厂矿公司"。此后，企业生产规模进一步扩大，到1911年时，年产钢7万吨、铁砂50万吨、煤60万吨，成为亚洲规模最大的钢铁联合企业。

第二家改为民营的重工企业是李鸿章始建于1865年的江南机器制造总局的船坞及船厂。1905年，江南船坞为改变经营状况，从总局中独立出来，改为民营。此后，它的经营效益出现重大转机，产量迅速上升，1905~1911年，共造船舰136艘，相当于此前近40年总产量的9倍。产品质量也有很大提高，1911年所造的"江华"轮，质量超过同期英商祥生船厂的轮船，被誉为长江各轮之冠。船坞的营业额和利润大增，至1907年4月，营业总额达到169万余元，盈利13万元；1911年1月至10月，盈利更高达26万余元，生产进入了良性循环。

在轻工业中，一些官企纺织工厂几乎都开始向商办体制转变。如由李鸿章发起的、当时规模最大的棉纺织企业华盛纺织总局，在1894年建成投产后，到1901年首先走上商办之路，其主持者盛宣怀以亏损为由奏准清廷添加商股，逐渐演变为商办企业。由上海道台龚照瑗、聂缉椝先后创办的华新纺织新局，于1891年投产，1897年后陷入困境，维持到1904年出租给商人汤癸生组建的复泰公司经营，1909年又由聂家收买为完全商办企业。湖广总督张之洞在甲午战争前后创办的湖北纺纱、织布、缫丝、制麻4局，初创时均为官办或官商合办，到1902年即因经费不足、严重亏损等原因，不得不租与广东商人韦紫封（韦子封、韦应南）、邓纪常组织的应昌公司承办，企业性质转变为商办商营，并逐渐扭亏为盈，到1907年时获纯利近15万两。由张之洞任两江总督时发起建成于 1896 年和 1897 年的苏经丝厂和苏纶纱厂，初建时采用官督商办体制，到 1898 年就难以为继了，遂招商承租，自主经营，到 1908 年又完全改归商办。

在改制中，清末的官企除了改归商办之外也有少数改归他途。如上海中国电报总局于 1908 年改为官办；漠河金矿在 1900 年被俄国强占 6 年，收回后交由黑龙江省接办；开平煤矿于 1902 年被英国人骗取，成为外资企业。这些官企都是由于特殊原因而有此下场。①

1912 年中华民国成立以后，政府继续采取以商办为主发展工商业的政策，并扩大了官企改归民企的范围。无论是南京临时政府还是北京政府，都制定和颁布了一些保护和鼓励商办企业的政策法规，尤其是南通实业家张謇于 1913～1915 年出任农商总长期间，将改革官企制度作为其施政的基本政策之一。他明确提出，"凡隶属本部之官业，概行停罢，或予招商顶办"，除全国性特大公司外，"余悉听之民办"。② 如前期已由商租办的湖北布、纱、丝、麻 4 局被湖北省政府接收后，从 1913 年起改由湖北商人徐荣廷等组建的楚兴公司继续租办；由张之洞创办的湖北毡呢厂、增源造纸厂、白沙州造纸厂、广东制革厂等陆续改为民营。

清末民初的民用官企改制，虽未包括全部官企，所改者亦并非一律改归商办，但从总体来看，改归商办者已占多数，且效果较好，被朝野较多认同为官企最主要、最有效的新生途径。由此，从清末到民初，以商办企业为主力，改官企为民企的做法，逐渐成为振兴工商的一种基本国策和发展趋势。这种趋势，无疑有利于官企改制的进行，但具体到单个企业，或因利益调整的程度不同，或因企业经营效益的不同，其改制的经历亦各有不同，有的比较容易，有的则颇为艰难，伴随着官商双方激烈的利益博弈。

轮船招商局就是在这样的氛围中展开改归商办之路的，而且因其规模

---

① 清末官企改制详情，参见虞和平《20 世纪的中国——走向现代化历程（经济卷 1900～1949）》，人民出版社，2010，第 61～62 页；宋美云《中国近代官督商办到商办企业经营形式的转换》，《天津社会科学》1993 年第 3 期。

② 张謇：《向部员宣布农林工商政策的通告》，沈家五编《张謇农商总长任期经济资料选编》，南京大学出版社，1987，第 8～9 页。

较大、历史较长、各方关系较多而显得尤为艰难，其在激烈的官商博弈中一步步实现了商办目标。

三 招商局完全商办法律权利的获得

招商局改归完全商办之事从 1895 年起开始酝酿。当时，身为招商局股东和帮办的郑观应，看到甲午战争后李鸿章被解除直隶总督兼北洋大臣职务，在清廷中的地位开始动摇，对招商局的保护力受到削弱，又看到"政府不知恤商战以塞漏卮，只知勒商捐以济眉急"，遂向盛宣怀提出：及早禀请李鸿章上奏清廷，"将招商局准归商办，免日后政府行强硬手段，使数十年维持之功隳于一旦"①。但盛宣怀没有采纳郑观应的这一建议，而只是力图寻求其他得势大员的保护。直到 1902 年袁世凯接任北洋大臣，于 12 月将招商局奏归北洋督办，并于 1903 年 12 月奏派其亲信杨士琦"总理招商局"② 之后，招商局股东主张商办之议重启，郑观应随即再次提醒盛宣怀说："现在官权日重，势必情随事迁。尝再三密陈，商局如不急将官办章程改为公司，仿西人商律办法，恐将来北洋大臣频更，终有听谣言、怀私念、换督办、夺商权……为今之计，宜亟准各股东集议，于轮船、电报两局由众股东公举商董，列名公禀商部大臣，先行注册，遵章办理。"③ 但郑观应的这一建议仍未为盛宣怀采纳。

1907 年，随着官府侵夺行为更加严重，招商局改归商办的行动正式启动。1906 年 11 月 6 日，清廷设立邮传部，轮船、铁路、电报、邮政统归其管辖，其章程中关于轮船一项规定："掌管全国船政。举内港外海各江航业，所有测量、沙线、推广埠头、建设各项公司，营辟厂坞及审议运货

---

① 郑观应：《致督办轮电两局盛京卿论亟宜改良书》，夏东元主编《郑观应集》下册，上海人民出版社，1988，第 1024 页。

② 袁世凯：《派京堂杨士琦总理招商局仍参赞电政片》，光绪二十九年十月十五日（1903 年 12 月 3 日），廖一中、罗真容整理《袁世凯奏议》（中），天津古籍出版社，1987，第 850 页。

③ 郑观应：《致商务大臣盛宫保论轮电两局书》，夏东元主编《郑观应集》下册，第 869～870 页。此件资料无时间，但据内容为 1903 年底或 1904 年初。因标题中有"商务大臣盛宫保"之称，盛宣怀于 1901 年授"太子少保保"，称"宫保"；于 1900 年 12 月至 1903 年初任会办商务大臣；又因文中提及的"商部"，正式设立于 1903 年 9 月。

保险、检查灯台、浮标各事，凡有关于船政者胥掌焉。"① 清廷此举立即引起盛宣怀及招商局股东们的警觉，预感邮传部即将接管招商局，于是盛宣怀便于 1907 年 2 月授命股东陈焕文（陈斗垣）南下，策动粤港澳股东联合发起改归商办行动，提出："遵照商律禀请商部注册立案，永归商办，以维商业而保血本。"② 股东们亦相继在广州、上海集会商量改归商办之法。到 9 月，杨士骧接替袁世凯为北洋大臣后，对招商局干预更甚，进一步激起了招商局的争取商办行动。据郑观应说，"后任北洋大臣杨委派（招商局）会办至七八人之多，不特岁糜巨款，弊窦由此丛生"，因而引发股东"群起要求取归商办"。③ 同时，盛宣怀亦致函郑观应提出："将轮船招商局改归商办，赴部注册，如有应禀之事，与部直接，毋庸官督。"④ 1908 年 2 月，招商局在上海举行股东会，就改归商办之事征求意见、筹议办法，填写公司注册呈式，起草《轮船招商局有限公司章程》。到 1909 年徐世昌出任邮传部尚书后，于 5 月奏准清廷将招商局"归邮传部管辖"⑤；并规定："所有该局一切事宜，自应径报本部，以凭稽核……在局总、会办以下各员司，均俟本部加札委用。"⑥ 对招商局用人之权"仍肆行干预"⑦。在此情景下，招商局遂于 8 月 15 日（六月三十日）举行股东大会，选举董事，成立董事会，并"遵照《商律》公司组织章程四十六节"，"公议禀稿，及隶部商办章程"，"由董事列名"，向"邮传部、农工商

---

① 《奕劻等邮传部官制奏》，光绪三十三年六月二十三日（1907 年 8 月 1 日），陈旭麓、顾廷龙、汪熙主编《轮船招商局·盛宣怀档案资料选辑之八》，上海人民出版社，2002，第 843、845 页。

② 《招商局股东郑官应等启事》，光绪三十三年正月初九日（1907 年 2 月 21 日）；《郑官应致盛宣怀函》，光绪三十三年正月二十九日（1907 年 3 月 13 日），陈旭麓、顾廷龙、汪熙主编《轮船招商局·盛宣怀档案资料选辑之八》，第 841、842 页。

③ 郑观应：《复陈君可良、唐君翘卿、谭君幹臣论商务书》，夏东元编《郑观应集》下册，第 621 页。

④ 《盛宣怀至郑观应函》，转引自易惠莉《郑观应评传》，第 665～666 页。

⑤ 《宣统帝谕旨》，宣统元年三月十五日（1909 年 5 月 4 日），陈旭麓、顾廷龙、汪熙主编《轮船招商局·盛宣怀档案资料选辑之八》，第 871 页。

⑥ 《邮传部札招商局文》，宣统元年三月十九日（1909 年 5 月 8 日），陈旭麓、顾廷龙、汪熙主编《轮船招商局·盛宣怀档案资料选辑之八》，第 873 页。

⑦ 郑观应：《复陈君可良、唐君翘卿、谭君幹臣论商务书》，夏东元编《郑观应集》下册，第 621 页。

部",“分禀注册"。① 一面禀请邮传部核准“立案"“设立董事会"和所拟商办隶部章程；一面禀请农工商部“遵照股份公司律"予以“注册"。②

那么，这次招商局向农工商部申请完全商办注册之事，其结果究竟如何？ 是否如上述有关著作所说的没有成功呢？ 郑观应作为此次赴部申请注册的当事人，他在事后的 1910 年 6 月 12 日招商局第一届股东常会（或称年会）上，叙述其申请注册的经过：

> 去夏股东大会……举定董事，即具禀农工商部注册。候至冬月（阴历十月），未蒙给照，电复，因邮传部意见不同。董事会委某入京赴农工商部，遍谒堂官，催即注册，领照返沪。某虽冬寒喘发，尚幸起居如常，遵即入京，适农工商部溥尚书与司员赴陵未回，杨侍郎谓所呈册文，无股东及创办者姓名，于例不合。嗣由董事另具合例呈文，并股东姓名及股票号数清册送部，始准给照返沪。照内填注商办轮船招商公局股份有限公司。濒行之日，邮传部徐尚书传谕必须官商融洽方能办事。某返沪后宣布宪谕，所谓邮传部签驳章程，所有办事人员不由股东公举，显背商律，应即具呈力争，并求农工商部保护。③

郑观应的这段话有五层意思：其一，1909 年夏天，招商局在召开股东大会推举董事、成立董事会后，即向农工商部递交了注册申请，但等到冬季临近的 10 月下旬尚未获得执照，其原因是邮传部有不同意见；其二，10 月末，郑观应，即文中所说的“某"，始受董事会委托，不顾因冬寒而发的哮喘之病，赴农工商部催促注册之事，经过多方活动，并补充材料，最

---

① 《轮船招商局股东大会纪事》，《申报》1909 年 8 月 16 日，第 3 张第 2 版。

② 《轮船招商公局董事上邮传部禀》，宣统元年六月二十三日（1909 年 8 月 8 日），陈旭麓、顾廷龙、汪熙主编《轮船招商局·盛宣怀档案资料选辑之八》，第 883～885 页。此件所标时间不是实际发送时间，应是预先拟写文件的时间，因内中述及 8 月 8 日之后的活动和股东大会的情况，且有些数据皆为空格，有待股东大会召开后据实填写，因此其实际发送时间应在 8 月 15 日召开的股东大会通过之后。另，此件名称中的“董事"二词亦有误，因文下具名的 8 人中，只有严子均、杨经卿、郑陶斋 3 人当选为董事，但他们 8 人均为此次召开股东大会、成立董事会和运动商办的股东发起人代表。

③ 《商办轮船招商公局第一次股东常会纪事》，宣统二年五月初六日（1910 年 6 月 12 日），“附件：换股票事"，陈旭麓、顾廷龙、汪熙主编《轮船招商局·盛宣怀档案资料选辑之八》，第 951 页。

终领到执照，但受到邮传部尚书徐世昌"必须官商融洽方能办事"的告诫；其三，注册的企业名称是"商办轮船招商公局股份有限公司"；其四，回到上海后，即得知邮传部对商办章程的批驳，并规定招商局所有办事人员不能由股东公举，必须由部委派；其五，认为邮传部的做法显然违背了商部新颁布的商律，应该据理力争，并争取农工商部的支持。

郑观应的这段话，已明确表明招商局改制为商办的注册已获成功。其他的相关资料亦可以证明这一点。郑观应于九月二十日（11 月 2 日）由天津进京，随即与农工商部侍郎杨士琦会谈，杨士琦即答应"俟股东姓名、股票股折式样到部，立即给照"①。1909 年 11 月 20 日，农工商部发给"注册执照"，执照中说，招商局"与奏定公司注册章程所列各款均属相符，应即准其注册。为此特给执照，以资信守"，名为"商办轮船招商公局股份有限公司"，与郑观应所说一致。22 日，又发下批文："此次续呈股东姓名清册及股票息折式样，暨注册呈式内开各节，核与本部定章相符，自应准予先行注册，合行填给执照收单，发交该公司具领。"② 上面被易惠莉引用为注册未果依据的《盛宣怀致陆润庠函》，亦明确提到郑观应此次进京"领到商办执照"③。

认为此次注册未果的说法，可能是对郑观应这段话的误解所致。其误解之处，一是可能将开始由局"具禀"注册的未果归于郑观应进京催办注册，将两者视为一起；二是可能将郑观应进京办理注册的结果与邮传部的批驳混在一起，认为邮传部批驳招商局章程即是注册未果。其实这都是两回事，因为农工商部管辖企业注册之事，一经注册即行生效；邮传部管辖交通行政之事，其对招商局章程的批驳，不能影响农工商部核准注册和发给执照的有效性，亦未见农工商部因邮传部对章程的批驳而撤销招商局的商办注册和执照。正因为农工商部注册给照有效，郑观应才在陈述中提出"求农工商部保护"之对策。

---

① 《郑观应致盛宣怀函》，宣统元年九月二十一日（1909 年 11 月 3 日），陈旭麓、顾廷龙、汪熙主编《轮船招商局·盛宣怀档案资料选辑之八》，第 903 页。

② 《农工商部给发轮船招商局注册执照批文》及《附件：农工商部注册执照》，宣统元年十月初十日（1909 年 11 月 22 日），陈旭麓、顾廷龙、汪熙主编《轮船招商局·盛宣怀档案资料选辑之八》，第 905～906 页。

③ 易惠莉：《郑观应评传》，第 684 页。

由上可见，1909 年由郑观应出面向农工商部申请的招商局商办公司注册是成功的。注册的成功标志着招商局已获得了完全商办的法律权利，从法定制度上来说已是商办企业。不过，这还不足以表明它已成为一个名副其实的商办企业，还要看它是否在实际中获得了独立自主的经营管理权和财产支配权。这就关系到上述几位学者提到的其他几次事件。

四　招商局对商办权利的自卫

招商局在受到邮传部对其商办章程的批驳之后，随即于 1910 年展开了反批驳行动。夏东元、张后铨、易惠莉三位学者，都认为招商局的此次行动是继续争取商办注册，并仍由郑观应出面赴部申请，其实不然。实际上，此次行动是招商局在获得商办注册和执照后，针对邮传部批驳章程做法的一次依法维权行动，郑观应亦没有被举为代表再次进京申请注册。

邮传部对招商局商办章程的批驳，与农工商部的准予注册给照批文同日而下，这表明邮传部并没有干预农工商部准予注册之事，只是企图对获得商办注册后的招商局继续依据官督商办制度，实行更为强势的控制。其批驳中的关键之处有四。一是名称中要删去"公"字和"商办"二字，改为"轮船招商局股份有限公司隶部章程"。二是设立董事会之理由应改为："现在商律早经颁布，本局虽系官督商办，仍应设立董事会，以助官力之所不及"。三是对于董事会之权限，认为"董事会仅系议事机关，而局为执行机关。股东议决后，仍应会同总、副、会办方合"；有关条文须改为："公司遇有紧要事件，董事局可随时召集众股东举行特别会议。此项特别会议事件议决后，由主席、副主席抄录议案，移知总、副、会办，呈部候示施行。"四是对于用人之权，认为"招商局奉旨归部管辖，系官督商办性质，自应由部派员管理，以期联络上下"；有关条文须改为："总、副、会办应由部选派，如有不胜任及舞弊者，董事局查取实在事迹证据禀部，由部查办确实，批饬开除，由部另行选派。"[①] 邮传部的这些批驳，旨在剥

---

① 《邮传部批禀并签驳隶部章程》，宣统元年十月初十日（1909 年 11 月 22 日），陈旭麓、顾廷龙、汪熙主编《轮船招商局·盛宣怀档案资料选辑之八》，第 906～916 页。

夺董事会的独立用人、办事之权，架空招商局的商办实权，将其改为部属企业，继续保持官督商办之实质。

郑观应由京回沪得悉交通部的批文后，立即与盛宣怀等"会商挽救之法"。他向盛宣怀提出"第一策和第二策"：抑或"将注册照、批驳章程石印遍送各埠股商，并求意见书"，但此法比较激烈，可能会激怒邮传部官员；抑或"先具公呈，剀切婉言，使其动心，维持大局，勿露锋芒"，等待"转机"，但此法需要忍气吞声耐心等待。① 盛宣怀遂采取了第一策。

各股东自然是对邮传部的批驳意见一致大加反对和痛加抨击。董事会决定在1910年6月12日召开第一次股东常会，专门商议应对邮传部之策。在会议前夕，由332名股东联合发表公启，向董事会提出应对邮传部的七点建议，并要求立即向邮传部转达。其中第二条说："应由全体股东公请代表赴京谒见堂宪，详陈理由，'商办'二字为本公司命脉……应遵商律及奏案力争。"第三条说："商办则所有用人之权即由商主之。恭读上谕招商局归邮传部管辖，敬绎'管辖'二字意义，即官督之谓也，非侵夺商权之谓也。部批将'商办'二字删除，不特大失商情，亦且未尽遵旨。若如今日情形，用人、行政全归于部，非官督商办，直是官办，竟将数十年之商业、数百万之商本，于无形之中一旦而为官有矣。"第五条则推荐由盛宣怀出任总理，由杨士琦、李国杰出任协理。② 在会议上，董事会汇集各股东意见，交付会议公议，并将各股东意见中之"言有证据、意存公正者"择要作为意见书上呈邮传部，指出："董事等核各股东签注意见及公议情形，要以正名、用人两大端为全体力争一成难变之宗旨，众口同声，一无异议。"要求"商办"二字"未便因隶部而令删除"，"招商局本系完全商股，必须恪遵钦定商律办理"；"准由股东在董事会之内公举会长，并由董事选派理事，仍呈请大部核准，并请遵照钦定商律第七十七条，公司总办或总司理人、司事人等均由董事局选派。如有不胜任及舞弊者，亦由

---

① 《郑官应致盛宣怀函》，宣统元年十月二十二日（1909年12月4日），陈旭麓、顾廷龙、汪熙主编《轮船招商局·盛宣怀档案资料选辑之八》，第917页。

② 《商办轮船招商公局股东公启》，宣统二年五月（1910年6月），陈旭麓、顾廷龙、汪熙主编《轮船招商局·盛宣怀档案资料选辑之八》，第959～960页。

董事局开除。其薪水酬劳等项，均由董事局酌定"。①

　　股东们还按照公启所言，公举郑业臣（郑殿勋，广肇公所董事，与时任邮传部参议梁士诒至好）、王绳伯（王钰孙，1908 年去世的大学士王文韶之孙）二人为代表，进京向邮传部呈送意见书，并当面"请愿"，② 未见有任何公举郑观应为代表的记述。董事会此举，意在借众股东之力向邮传部施压，力图争取商办之权利。这却激怒了邮传部官员，使之觉得丢失面子，邮传部尚书徐世昌明确表示，此事"顾全部面，无可再商"③，部、局关系趋于紧张；加之徐润为谋恢复招商局之职进京活动，离间邮传部官员与盛宣怀的关系，给招商局的争取商办权利增加不少阻力。

　　尽管徐世昌已经放言不予更改前批，但招商局股东们仍然坚持，股东代表仍进京斡旋。两位代表到京后，四处活动，经"再三力争，刚柔互用，唇敝舌焦"，并托人"动以私交"④，解释误会；同时，由供职烟台电报局的盛宣怀之侄盛文颐以私人谋求新职名义进京活动，拜谒徐世昌及左侍郎沈云沛，解释邮传部及徐润对盛宣怀的误解；同时董事会亦坚持"力争商办权限，三次具呈邮部"⑤，才得徐世昌稍作让步，准予采取官督商办时的"三员三董"老办法，即"三员部派司监察，三董商举办事"⑥。邮传部的批文说："查招商局前隶北洋时，原系三员三董，自应仍照旧章，毋庸更改。惟嗣后员不得兼董，董不得兼员。部派之员重在监察，事关兴利除弊，准其据实禀部，随时核夺办理。商举之董，重在办事，凡涉财政

① 《招商局董事会上邮传部呈文》，宣统二年五月（1910 年 6 月），陈旭麓、顾廷龙、汪熙主编《轮船招商局·盛宣怀档案资料选辑之八》，第 954~956 页；《商办轮船招商公局董事会呈邮传部文》，《申报》1910 年 8 月 14、15 日，第 2 张后幅第 2 版。
② 《盛宣怀致张志潭函》，宣统二年五月十五日（1910 年 6 月 21 日），陈旭麓、顾廷龙、汪熙主编《轮船招商局·盛宣怀档案资料选辑之八》，第 951~952 页；《招商局股东代表赴部请愿》，《申报》1910 年 7 月 1 日，第 2 张后幅第 1 版。
③ 《盛宣怀致李国杰电》，宣统二年五月十六日（1910 年 6 月 22 日），陈旭麓、顾廷龙、汪熙主编《轮船招商局·盛宣怀档案资料选辑之八》，第 952 页。
④ 《王继善等致盛宣怀函》，宣统二年六月十八日（1910 年 7 月 24 日），陈旭麓、顾廷龙、汪熙主编《轮船招商局·盛宣怀档案资料选辑之八》，第 969 页。此件篇名以"王继善等"领衔，但文末具名为"钰孙、殿勋"，可能是编者误解所致。
⑤ 《邮部批招商局董事会公呈文》，《申报》1910 年 10 月 14 日，第 1 张第 4、5 版。
⑥ 《盛宣怀致张志潭函》，宣统二年六月二十六日（1910 年 8 月 1 日），陈旭麓、顾廷龙、汪熙主编《轮船招商局·盛宣怀档案资料选辑之八》，第 971 页。

出入、用人进退，略有关系者，仍须交董事会公同议决，不得率意径行。员、董性质既殊，权限自别。"①

对邮传部的这一敷衍做法，各董事和股东均甚感不平，继续为维权而努力，郑观应是其中重要一员。他致函盛宣怀："部执前说，由部委员三人，由股东公举三人……无异仍是官督商办。不能完全商办，未达目的，徒招人怨，殊属不值。"② 不久又致函说："今我商办轮船招商局，业已注册，准归商办，其用人行政，应照商律办理。"邮传部何以"拘守旧例，委员驻局，干预用人行政之权，诸多掣肘糜费呼?"③ 随后，董事会即于8月呈文邮传部进行辩驳，力图减少部管之权，提出：针对袁世凯接管以来招商局中所出现的种种弊端，"整治之策"只有"确守官督成案，实行商办主义。部派之员至多以正副坐办二人为率，均处于监察之地位，一稽核局务，一督率漕务。月支薪费照商律由董事会公议其数，应较现支之三百两为优，庶敷办公。其年终向支津贴，应俟船利实有盈余再行分拨"④。但此事未有结果。

一个月后，董事会对"三员三董"之说又向邮传部发出第三次呈文，坚持自己的立场。其文提出诘问："查招商局官督商办基于北洋奏案……所派各员或本属创办，或曾投巨资，概系休戚相关，绝无丝毫凭藉。至办事商董，历来皆由商举。"而现在由部委派之正副坐办、会办及委员共有5人，由商举的办事董事仍为3人，"是名为三员三董，实已五员三董矣"⑤。但仍然没有任何结果。

到1911年初，盛宣怀升任邮传部尚书（后改称大臣），企图利用自己

① 《邮传部批招商局董事会公呈》，宣统二年八月十八日（1910年9月21日），转引自易惠莉《郑观应评传》，第687页；《邮部批招商局董事会公呈文》，《申报》1910年10月14日，第4、5版。

② 《郑官应致盛宣怀函》，宣统二年六月初九日（1910年7月15日），陈旭麓、顾廷龙、汪熙主编《轮船招商局·盛宣怀档案资料选辑之八》，第961页。

③ 《郑官应致盛宣怀函》宣统二年七月初四日（1910年8月8日），陈旭麓、顾廷龙、汪熙主编《轮船招商局·盛宣怀档案资料选辑之八》，第975页。

④ 《招商局董事施肇曾等上邮传部呈文》，宣统二年七月（1910年8月），陈旭麓、顾廷龙、汪熙主编《轮船招商局·盛宣怀档案资料选辑之八》，第979~980页。

⑤ 《招商局董事会第三次呈邮部文——为力争商办事》，《申报》1910年10月13、14日（宣统二年九月十一日、十二日）第1张第5版；同日《时报》亦刊出《招商局董事会第三次公呈邮传部文》，文内所署日期为宣统二年八月十一日。

执掌的权力实现招商局改归商办之事，指使郑观应出面重新启动这一事项。4 月 12 日，盛宣怀致函郑观应："永归商办章程，似宜早为禀定，关系甚大，万勿迟误。"① 5 月 2 日，又催促郑观应："永归商办章程一事，亦宜趁弟在部奏定为是，望告各董事，妥为改订，从速禀办为要。"② 半个月后，郑观应答复盛宣怀："商办公呈并章程，昨日议案催董事速发矣。"③ 至此，再次呈请确认商办章程之事，在郑观应的具体操办之下方有眉目。

1911 年 9 月 15 日，邮传部将郑观应等所拟订的新章程奏请清廷核准。其奏折中只提出要对招商局"设法整顿"，"以裁冗员为先"，规范"特别输送"，划清"选派员董"权限，而只字未提对朝廷和官府的"报效"之事。并称："此次所陈各办法以及重加修改之章程，臣等再三往复，详加酌核厘定，似已周妥，应由臣部准其施行。"该章程名为《商办轮船招商局股份有限公司章程》，共 30 节，明确了招商局的商办性质及官任监察、商任办事的官商分工。其第一节规定："本局完全商股，已奉农工商部注册给照，悉按《商律》股份有限公司办理。"第三节规定："循照旧章，员归部派，只任监察，董归商举，责在办事。事关重大，悉经董事会公议后行。所举办事董暨各局分董，应由董事会缮给委任书。"第四节规定："部派之员嗣后以二人为限，一人专司监察，一人兼办漕务。"第五节规定：新增外洋航线船只，或新辟外洋通航商埠，"均先期报部立案"。第六节规定：局产"有售变卖换等事，由董事会议定后，必须禀部核准，方能办理"。第二十四节规定："商举办事董如不胜任，及有舞弊等情，其有部派之监察员发觉者，可据实禀揭到部，并知照董事会另举。"部派监察员如有同此情状者，"董事会亦可具文请部另行札派"。④ 由此，招商局获得了

---

① 《盛宣怀致郑官应函》，宣统三年三月十四日（1911 年 4 月 12 日），陈旭麓、顾廷龙、汪熙主编《轮船招商局·盛宣怀档案资料选辑之八》，第 1017 页。

② 《盛宣怀致郑官应函》，宣统三年四月初四日（1911 年 5 月 2 日），陈旭麓、顾廷龙、汪熙主编《轮船招商局·盛宣怀档案资料选辑之八》，第 1027 页。

③ 《郑官应致盛宣怀函》，宣统三年四月二十二日（1911 年 5 月 20 日），陈旭麓、顾廷龙、汪熙主编《轮船招商局·盛宣怀档案资料选辑之八》，第 1029 页。

④ 《邮传部奏审定商办轮船招商局股份有限公司章程并改良办法折并单》，《申报》1911 年 9 月 24 日，第 2 张后幅第 2、3 版；交通部、铁道部交通史编纂委员会编《交通史·航政编》第 1 卷，上海民智出版社，1931，第 161～164 页。

明确的商办股份有限公司身份和基本权利。其与政府之关系只限于有关产业重大扩展和产权重大变更须经邮传部核准；部派之员大幅度减少至两人，且只有监察之权无实际办事之权，如有不轨即可请部撤换。招商局董事会之前所提减少部方干涉的要求得以实现。

至此，招商局虽仍保留了两位部派之员，较其完全商办的构想有所退让，但已基本成为一个产权明晰并自主管理的商办企业。这一管理制度的改变，使招商局距离完全实现商办目标又近了一步，为接下来在民国初年走完最后一步打下了重要的基础。

五 招商局完全商办的实现

辛亥革命后，招商局利用有利时机与官方展开了三次博弈，争得了完全自主用人、独立处置产权的权利，最终实现了完全商办。1911 年 12 月 13 日，上海光复后，"沪军政府委派赵君家蕃到局为总长，并将部派（之）员取消等因。公议本局系商业性质，完全商办，应由股东公举员董办事，两方面均毋庸派员驻局，方为正当。现在董事会已先将部派各员取消，专待交待（代）清楚离局，并不干预局务。所有赵总长名目亦难承认，若果承认，则是以暴易暴，应请军政府转告毋庸到局，以后局务均由办理三董担其责任，另由股东公举监察董一位驻局"[①]。这就是说，招商局乘辛亥革命之机，主动以自己已是完全商办公司为由，既拒绝了新成立的上海军政府派员接管之企图，也取消了清政府邮传部旧派之员，终于实现了完全的自主用人、自主管理。这说明，招商局这一自主权的实现，并不是革命带来的直接成果，而是与新政府博弈的结果。

此外，还有三件事情体现了招商局完全商办的实现。第一件是 1912 年初抵制南京临时政府企图借用招商局财产向日本抵押借款之事。1912 年 1 月 22 日，南京临时政府大总统孙中山和陆军总长黄兴联名致电招商局称："军需紧急，即日将该局抵押一千万两，暂借于中央政府，即由政府分年

---

① 《董事会议事录》，宣统三年十月二十三日（1911 年 12 月 13 日），聂宝璋、朱荫贵编《中国近代航运史资料》第二辑上册，中国社会科学出版社，2002，第 593~594 页。

偿还本息。限四十八点钟内回复。"这虽是新政府迫于财政极度困难的无奈之举，但对招商局来说是一次巨大挑战。董事会的答复是："先由中央政府速觅此项银主受押，一面由董事等电招各省股东来沪，于十日之内开大会，共同议决，以表一致欢迎之诚意。"① 其言下之意在于表明招商局资产归股东所有，应由股东们自主决定，同时也表示了对新政权的好意。随后又要求"政府许有确实担保，并相当利益"②，力图保护自己的财产不受损失。但临时政府只笼统答以："藉该局抵借外债，原属虚抵，于该局权利略无更变。""至于利益则贵局既能为国尽力，当有相当之酬报，自无待言。"③ 面对这一情况，董事会采取两面应对的策略。一方面，由董事会表示愿意由政府抵押借款的态度，在 2 月 1 日的临时股东大会上，董事会动员说："中央政府对于本局权利义务双方兼顾，实获一体共和之幸福。我各位股东皆同处共和之下，对于中央政府应具如何观念，如何感情，是否一致赞成，应请当场发表意见，立时解决，以便确实回复。"④ 其言辞有明显的导向性，表示了对民国新政府的信任和支持。另一方面，董事会借广大股东之力予以抵制，于次日致电孙中山和黄兴：股东大会所到股东"仅得十成之一"，且"有粤澳港"许多股东"来电反对"，声称股东大会到场股东"不及过半数"，所做决议"均作无效"。⑤ 董事会亦随后于 2 月 7 日"全体告辞"。不久，南北议和达成，南京临时政府即将结束，此事便不了了之。⑥

　　第二件是招商局抵制袁世凯政府交通部企图将其收归国营之事。南京

---

① 《招商总局致孙中山、黄兴电》，1912 年 1 月 22 日，陈旭麓、顾廷龙、汪熙主编《轮船招商局·盛宣怀档案资料选辑之八》，第 1062 页。
② 《招商总局致孙中山电》，1912 年 1 月 25 日，陈旭麓、顾廷龙、汪熙主编《轮船招商局·盛宣怀档案资料选辑之八》，第 1064 页。
③ 《黄兴致陈锦涛、汤寿潜电》，1912 年 1 月 25 日；《南京临时政府总统府致招商局电》，1912 年 1 月 26 日，陈旭麓、顾廷龙、汪熙主编《轮船招商局·盛宣怀档案资料选辑之八》，第 1064、1065 页。
④ 《招商局临时股东大会开会宗旨》，1912 年 2 月 1 日，陈旭麓、顾廷龙、汪熙主编《轮船招商局·盛宣怀档案资料选辑之八》，第 1065～1066 页。
⑤ 《招商局致孙中山、黄兴电稿》，1912 年 2 月 2 日，聂宝璋、朱荫贵编《中国近代航运史资料》第二辑上册，第 606 页。
⑥ 此事详情参见朱荫贵《中国近代股份制企业研究》，上海财经大学出版社，2008，第 230～232 页。

临时政府抵借日债风波结束后，为解脱经营困局，招商局董事会于 1912 年 4 月开会讨论三项办法：一为"延雇外人代办"；二为"呈请政府专办"；三为"另组（新）公司担任"，并规定新公司需出资 800 万两收购招商局原有的总值为 400 万两的 4 万股股票，且不准有外资加入。讨论结果"均赞成第三节"①。并于 6 月 16 日股东临时大会和 7 月 14 日特别股东大会两次大会上，以多数赞同而通过。② 随即就有旅沪粤商刘学询等组建的新公司要求接办，但因刘学询早已破产且有日本背景，被股东们及社会各界怀疑其为日资所谋，群起反对，纷纷致电参议院、临时大总统袁世凯、副总统黎元洪、交通部，要求阻止出售招商局给刘学询。于是，参议院、交通部、工商部，直至袁世凯相继出面干预，加之董事会与新公司谈判在附加条件上难以达成一致，以及招商局内部各派系的矛盾冲突，出售局产之事久拖不决，到 1913 年 8 月，由工商部依据大多数股东之意见，最终宣布"此案应已作为了结"，刘学询"勿再多渎"。③

在招商局股东反对将局产售与刘学询所组公司的同时，袁世凯政府亦在图谋将招商局收归国有。1912 年 8 月 26 日，交通部向国务院提出《维持招商局意见书》，声称该局"官督商办之性质，至今并未更改"，最好的维持办法应"仍由交通部按照官督商办成案全权办理"④。随后，总统府特派施肇曾前往招商局磋商办法，10 月，施肇曾向袁世凯提出四项建议："甲、仿照外国邮船会社办法；乙、政府承认保息办法；丙、官商合资办法；丁、收归国有办法。"并力主丁法，认为："国家收回商股，虽出八百万两，若以公债票六百万两、现资二百万两搭配收购，较之现资四百万两，易于筹集，即令现资两百万两犹虞其少，亦可宽留余地，增至现票之数相等，冀无不谐。一面以局产暂行押贷，权济急需……此较甲、乙、丙

---

① 《招商局董事会向股东临时大会报告节略》，1912 年 6 月 16 日，陈旭麓、顾廷龙、汪熙主编《轮船招商局·盛宣怀档案资料选辑之八》，第 1091～1093 页。

② 《招商局董事会向股东临时大会报告节略》，1912 年 6 月 16 日；《招商局董事温宗尧关于本局内讧报告》，1912 年 8 月，陈旭麓、顾廷龙、汪熙主编《轮船招商局·盛宣怀档案资料选辑之八》，第 1093～1094、1111 页。

③ 《工商部批》第 880 号，《政府公报》第 471 号，（1913 年）8 月 27 日，总第 16 册，第 544 页。

④ 《交通部维持招商局之意见书》，《申报》1912 年 9 月 3 日，第 6 版。

之办法其为便利多矣。"① 方由财政总长、总统府财政顾问而出任热河都统的熊希龄，也极力主张将招商局收归国有。他致电袁世凯："该局不售则已，与其售与新公司，易滋国民疑虑，不如暂时售归部有，将来商民有款，仍可承购。目前该部只须筹现款四百万（两），公债四百万（两），已足济事。"②

官方的收归国有计划，随即遭到股东反对和舆论指责。1912 年 10 月，张士记、杨冀如等 30 多户股东发起成立"股东联合会"以抵制官方干预。该会在给全体股东的通告中说：交通部已派曹汝英、施肇曾为督办、会办，"欲肆其攫夺之手段，以遂其官督商办之野心，我生命财产所系之各股东，势难坐毙，亟宜群策群力，共谋抵制之方"③。《民立报》发表文章，指出政府此举的违法和危害："不知公司改革，权在股东，苟非转售外人，即在专制时代亦不能横加干预……无论如何，非强权压力所能越俎代谋，乘机攫取。不特保护中国航权，且以保持全国商办公司股东应享之权利，万不能因一招商局，此后一切营业无人复敢投资，则中国实业前途不堪设想者矣。"④

然而，为了摆脱刘学询等人的继续纠缠，董事会经过商议无奈决定与政府合作。董事会声明：接办招商局，先尽政府，以重航权。同时开出条件以保全股东利益，要求交通部必须在"四星期内能备现银八百万，担任债项三百余万"⑤。但袁世凯政府财政窘迫，且急于解决政局问题，无力兼顾，交通部遂致电董事会，正式告知："目前财力实难兼营航业，只有保障航权，维持国内货物运费，俾农工实业不致专为外人航运所把持，此为政府应尽之责任，并非欲干预商业之事权。至招商局产久为外人所垂涎，凡系国民均有保守之义务。果有巨商具此伟力，聚集国内资本，起维惟一

① 《施肇曾致总统府密电》，1912 年 10 月 2 日，陈旭麓、顾廷龙、汪熙主编《轮船招商局·盛宣怀档案资料选辑之八》，第 1145～1146 页。
② 《熊希龄致袁世凯电》，1912 年 10 月 25 日，陈旭麓、顾廷龙、汪熙主编《轮船招商局·盛宣怀档案资料选辑之八》，第 1149 页。
③ 《招商局股东联合会通告》，《申报》1912 年 11 月 12 日，第 3 版；聂宝璋、朱荫贵编《中国近代航运史资料》第二辑上册，第 640～641 页。
④ 《招商局失败之真相》（致民立报记者），《民立报》1912 年 9 月 7 日，第 12 版。
⑤ 《改组招商局之函电·交通部致董事会电》，《申报》1913 年 2 月 14 日，第 2 张第 7 版。

航权，但期流弊不滋，自属前途之幸。诸公熟审利害，洞澈机微，计划必已周详，政府乐观成效，尚祈及时定议，早整新规，航政幸甚。"[1] 交通部打消了收购招商局的意图，只负责保障航权不被外资侵食，并允许招商局自行决断处置办法，除外资问题之外不再干预此事。于是，便有董事会与新公司"赓续开议"[2] 售卖之事，直至1913年8月完全停止。这无疑体现了招商局对企业主权的有效行使。

第三件是招商局进行资产重组之事，也是官商之间对招商局控制权的最后一次博弈。在上述两次产权转移风波平息之后，招商局于1913年6月22日举行股东大会，选举了新一届董事会，并着手自行整顿局务，其中一项重要举措是重组资产。新一届董事和股东们对以往官方和外资屡屡企图获取招商局的管理权和资产权之事进行了反思，认为主要是招商局的产业增值过多所致。这一时期，招商局的额定股本为400万两，但其实际资产已达到1700万两左右，谁能以原有股本获得此局，即意味着获得了高达3倍多的利润，即使按照招商局开出的800万两售价，亦仍有一倍多的利润，此乃官府和外商争相觊觎的根本原因，所以董事会后来与刘学询、交通部谈判售卖时，在售价800万两之外又增加了350万两的债务转承，使买家的博利空间大为缩小，这也是此次产权买卖停止的主要原因之一。于是，1914年2月16日举行的招商局股东特别大会，决定将产业与航业分离，分为两个公司，以房地产及所持的其他企业股票另立"积余产业公司"；以招商局资产转填股票的方式，将航业公司股本增至840万两，新设积余公司额定股本440万元，其中新填的航业公司股票400万两和积余公司股票的400万元，均按比例派发给旧股东，其余作为花红分发给办事人员。这一做法，既使公司股本与实际资产基本相等，有利于"保全资产"，"杜绝私卖私借"和"局外人之妄想"，也使投资者和经营者得到了应有的利益回报。

但这一资产重组亦曾遭到政府部门的干预。先是交通部以"难保无变

---

① 《院部复招商局董事会电》，1912年12月19日，聂宝璋、朱荫贵编《中国近代航运史资料》第二辑上册，第641～642页。

② 《招商局新公司决议停止》，1913年1月19日，聂宝璋、朱荫贵编《中国近代航运史资料》第二辑上册，第642页。

卖抵押展（辗）转归于外人"为借口，禀请袁世凯对"轮船招商局变更旧股，加增新股"之事，"派人督理稽查"。袁世凯随即命令"杨士琦为督理、王存善为稽查"①，对招商局进行调查；并作批驳："产生于航，航倚于产，断无可分之理。"② 但是招商局并没有受制于北京政府方面的干预，照样依据商办企业的自主权利继续进行。最后交通部只好在限制招商局股票流通上做些文章，将积余公司股票与招商局航业股票捆绑在一起，"不能离开招商局正股另售"③。奉命管理此事的杨士琦最后在给袁世凯的报告中建议："为今之计，只须防止其不准将产业抵押变卖及股票卖于洋人，以杜航权落于外人之手，待时机一到，便可收回国有。"④ 不得不承认既成事实。但是杨士琦所说的这一"收回国有"的"时机"，终北京政府之期一直没有到来。这意味着招商局资产自主权的实施和稳固，完成了实现完全商办的最后一步。

六 结语

综上所述，招商局实现由官督商办到完全商办的改制不是由上述某一次事件单独完成的，而是一个连续进展的过程。这个过程经历了四个阶段：第一阶段是 1909 年 11 月在农工商部注册商办公司成功，获得了完全商办的法定身份，奠定了改归商办的法律基础，也是其改归商办的起始年份；第二阶段是 1911 年初获得邮传部对商办章程的基本承认和官方干涉的减少，开始了商办体制的初步执行；第三阶段是 1911 年末官方所派管理人员的撤销，摆脱了官方的直接干预；第四阶段是 1912 年初至 1914 年 2 月产权自卫和资产重组的成功，行使了对产权的独立处置权利，由此实现了

---

① 《董事会议事录》，1914 年 4 月 22 日，聂宝璋、朱荫贵编《中国近代航运史资料》第二辑上册，第 645 页。
② 《撤免李国杰文电汇刊》，第 7 页，转引自张后铨主编《招商局史·近代部分》，第 273 页。
③ 《呈明限制招商局新式股票分别盖戳呈》，1914 年 5 月 14 日，聂宝璋、朱荫贵编《中国近代航运史资料》第二辑上册，第 647 页。
④ 《招商局电文摘要》，第 103～105 页，转引自张后铨主编《招商局史·近代部分》，第 273 页。

完全商办，并一直延续到 1927 年南京国民政府强制收归国营时。

此外，招商局实现完全商办的改制过程，也显示了下述三个要点。

第一，招商局实现改制是清末民初各官企改制中经历最为艰难、历时最为漫长的一个企业，最主要原因在于官商利益博弈的激烈和持续。官商博弈的焦点在于利益之争，由于招商局是一个盈利颇丰的绩优企业，依据李鸿章时期制定的规则，因其得到官方运漕和垫款等实质性扶持，其利润所得，既要向股东和管理人员付给丰厚的股息和红利，也要向朝廷上交二成红利的报效、4 万～8 万元不等的北洋军费和南、北洋公学经费等。到袁世凯接管时，招商局利润已经大减，也已无官方任何实质性扶持，但官商双方都欲保全自己的固有利益，而且官方又增派人员分取了更多的利润，妨害了招商局的经营。所以招商局除了要求根据企业的盈利和官方扶持实情减轻报效之外，更力争完全商办以改善企业经营效益，提高投资回报。如盛宣怀在争取商办之初就说："回念从前创成此局，谈何容易，岂能听其溃败耶？然欲其持久不败，断不可归官场经理，惟有全归商办之一法。"① 把改归商办作为挽救招商局"溃败"的唯一办法。同时，亦是为了减少不必要的官派人员，以节省开支，增加收益。官方力争督办和用人之权，是为了继续甚至更多地从企业获取财政和个人收入，从袁世凯的北洋衙门到徐世昌的邮传部均是如此。到南京临时政府和北京政府时，虽已无报效之制，但其仍企图通过借用和接收招商局产权获取经济利益。因此，官方不愿放弃对招商局的既得利益，甚至变本加厉；招商局力图摆脱对官方的不合理负担和财产侵夺，并且坚持不懈。双方纠缠不休，协调难成，致使招商局改制的实现经历了漫长的博弈过程。这说明，像招商局这样的绩优官企的改归商办，官商双方的利益能否妥善协调是改制能否顺利进行的关键。

第二，招商局在官商博弈中的胜出是大势所趋，时代使然。招商局在实现改制过程中虽然充满着激烈而持续的官方博弈，但由于清末民初时代大环境的改变，仍得以最终成功。从 1895 年，尤其是 1902 年起直到 1927 年是商办（民营）企业发展的黄金时期，招商局改制是这一时期官企改为

---

① 《盛宣怀致郑观应函》，转引自易惠莉《郑观应评传》，第 665～666 页。

民企趋势中的一个典型案例。它体现了清末新政以来政府劝商、保商政策的实际效应，使商敢于依法向官要权、与官抗衡，保护自己的权利和资产。在上述招商局争取商办的过程中可以看到，其所依据的是商部所奏定的《商律》和商办企业发展的形势。如招商局为争取商办而请求邮传部准予设立董事会的电文中所持理由：一是"从前未颁商律，无可遵循"，现在商律已颁理应设立，"以符商律"；二是"隶部之商办铁路概有董事会，轮船股份公司成效最先，尚未成立"，理应"援引路案"准予"设立董事会"。① 在向商、邮两部呈请注册文中又说："近年公司律钦定颁布，各省商办实业公司先后踵起，商智渐开，轮船股东始恍然于从前放弃之非，亟亟焉欲为失隅收榆之计。"② 其依法改制、顺势而为的意图十分明显。又如盛宣怀说："将轮船招商局改归商办……应照商律，即由各股商公举总理、协理、坐办董、议事董。"③ 郑观应说：邮传部对商办招商局章程的批驳，是"显背商律"④。股东们对邮传部的批驳，则要求"必须恪遵钦定商律办理"⑤。另外，亦体现了政府经济政策的转变、官商关系的大调整，使商的地位、权利得到了较大的提高和尊重。如邮传部虽竭力坚持对招商局的直接控制权，但亦不得不同意招商局依法设立董事会，且只能借口"援照北洋成案……由部监督并派员办理"，"其余悉遵商律"⑥。民国以后，政府的尊商意识更强，虽亦曾有乘机借押、接收招商局的举动，但或因招商局抵制而即刻撤回，或因财力不足而随即停止，且表示出对招商局主权的尊重。如交通部在 1912 年 11 月筹谋接办招商局时，曾明确表示："本部以局为商业，应视股东全体意向，以定解决方针。董事会依商律发生，当然有代表全局股东之法人

① 《轮船招商局股商致邮传部电》，宣统元年三月二十三日（1909 年 5 月 12 日），陈旭麓、顾廷龙、汪熙主编《轮船招商局·盛宣怀档案资料选辑之八》，第 874 页。
② 《轮船招商公局董事上邮传部禀》，宣统元年六月二十三日（1909 年 8 月 8 日），陈旭麓、顾廷龙、汪熙主编《轮船招商局·盛宣怀档案资料选辑之八》，第 883～885 页。
③ 《盛宣怀致郑观应函》，转引自易惠莉《郑观应评传》，第 665～666 页。
④ 《商办轮船招商公局第一次股东常会纪事》，宣统二年五月初六日（1910 年 6 月 12 日），"附件：换股票事"，陈旭麓、顾廷龙、汪熙主编《轮船招商局·盛宣怀档案资料选辑之八》，第 951 页。
⑤ 《招商局董事上邮传部呈文》，宣统二年五月（1910 年 6 月），陈旭麓、顾廷龙、汪熙主编《轮船招商局·盛宣怀档案资料选辑之八》，第 954～957 页。
⑥ 《邮传部批禀并签驳隶部章程》宣统元年十月初十日（1909 年 11 月 22 日），陈旭麓、顾廷龙、汪熙主编《轮船招商局·盛宣怀档案资料选辑之八》，第 907 页。

资格。"① 充分尊重股东的企业裁决权利和董事会的企业法人权利。正是因为有这样有利的大环境，才使得招商局的董事会和股东们能够依法与政府的侵权行为进行持续抗争，最终得以实现完全商办。

第三，招商局改制过程中的官商博弈不是某一官员和某一经营者之间的个体博弈，而是官商之间的体制性博弈。以往的相关研究，都把招商局改制过程视为主要是盛宣怀与袁世凯等官员个人对招商局控制权的争夺过程，但事实并非尽然。就官员而言，袁世凯虽是官方的代表性人物，但并没有主导官府争夺招商局的全过程，只是在他任北洋大臣和北京政府总统时主导过此事。且他以北洋大臣的身份接管招商局事出有因，一是因盛宣怀在 1902 年 10 月丁父忧而被按惯例开去本兼各职（除铁路公司督办之外），清廷准备派奕劻的亲信曾盗卖开平煤矿的张翼为招商局督办，"为户部充实财政收入"，盛宣怀遂请求袁世凯给予"维持"，"勿令其再蹈开平覆辙"②，并彼此商定"船（招商局）宜商办，电（电报局）宜归官"③的基本应对办法。二是袁世凯借此机会以招商局系"前北洋大臣李鸿章经手创办"，"一切要事悉禀承北洋大臣主持"为由，奏准清廷接管该局，仍按旧制"遵办"。④ 前者可谓盛宣怀无奈之下的引狼入室，后者可谓袁世凯循例接替前任职权，有职权的体制性继承之性质，且受盛宣怀所请，因此不能简单地说是袁世凯从盛宣怀手中抢占了招商局的控制权；正因为如此，袁世凯在 1907 年 9 月离开北洋大臣之任后就没有再过问招商局的事了，直到担任北京政府大总统后才因职权所关而有所过问。接替袁世凯出任北洋大臣的杨士骧，又以职权关系继承并加重了对招商局的控制权。1909 年，徐世昌出任邮传部尚书后，奏准清廷将招商局由北洋大臣管辖改为由邮传部管辖，才使邮传部能对招商局"肆行干预"⑤，而北洋大臣则不

---

① 《交通部致招商局董事、股东电》，1912 年 11 月 12 日，陈旭麓、顾廷龙、汪熙主编《轮船招商局·盛宣怀档案资料选辑之八》，第 1151 页。

② 盛宣怀：《愚斋存稿》，台北，文海出版社，1975，第 1305~1306 页。

③ 夏东元：《郑观应传》，第 204 页。

④ 袁世凯：《轮船招商总要务由北洋经理片》，光绪二十八年十一月初九日（1902 年 12 月 8 日），廖一中、罗真容整理《袁世凯奏议》（中），天津古籍出版社，1987，第 676 页。

⑤ 郑观应：《复陈君可良、唐君翘卿、谭君幹臣论商务书》，夏东元编《郑观应集》下册，第 621 页。

再过问。民国以后，南京临时政府和北京政府企图占有招商局之事，更是政府性行为。可见官方控制和企图占有招商局，虽然与某一官员的主观能动性有一定的关系，但更主要是制度性和职权性关系使然。就招商局方面而言，盛宣怀虽拥有该局最大经营管理权和影响力，亦是最大的股东和最大的获利者，但从招商局争取完全商办和抵制官方侵权的全过程来看，起决定性作用的是董事会，尤其是广大股东的集体性意向、主张和行为，盛宣怀只是在其中起到了一时、一定的主导作用。因此，招商局改制过程中虽存在盛宣怀与相关政府官员的一些个人利益之争，但更多更主要的是官商之间的利益博弈。

虞和平 中国社会科学院近代史研究所研究员、华中师范大学中国近代史研究所特聘教授。

吴鹏程 华中师范大学中国近代史研究所博士研究生。

改革开放与招商局企业文化建设

陈争平

招商局被誉为"中国民族企业百年历程的缩影"。改革开放初期，招商局勇立中国改革开放的潮头，创造了历史上新的辉煌。企业文化是企业宝贵的无形资产，是构成企业核心竞争力的基本要素，对企业的长远健康发展具有重大影响。招商局有着丰厚的文化积淀，在改革开放时期招商局企业文化建设也有鲜明的新时代特色，是中国企业的典范。

一　改革与企业文化建设相伴而行

1978 年 8 月，交通部党组听取袁庚关于招商局调查汇报后，经讨论，起草了《关于充分利用香港招商局问题的请示》报送党中央和国务院。请示建议"（招商局）今后的经营方针应当是'立足港澳、背靠内地、面向海外、多种经营、买卖结合、工商结合'"，主张"我们应当冲破束缚，放手大干，争取时间，加快速度"，并对相应招商局改革所需人才队伍的加强提出了建议。[①] 请示播响了招商局改革的战鼓，其中关于人才队伍的讨论亦是揭开了新时期招商局企业文化建设的序幕。从此，招商局改革及企业文化建设有了如下主要特征。

其一，改革、开放与企业文化建设相伴而行。1978 年 10 月，袁庚被任命为交通部所属的香港招商局常务副董事长，全面主持招商局工作，同

---

① 《抄送中央批准我部〈关于充分利用香港招商局问题的请示〉的函》，招商局藏档案，档案号：A001 - WS - 1978 - 永久 - 2。

年向中央建议在广东宝安设立蛇口工业区。招商局改革揭开新的篇章。
1979 年 7 月 20 日，蛇口工业区正式运作，招商局改革迈出重要一大步。
招商局成为全国第一个获得松绑的国企。"有了自主的权力，我们就决定
摆脱国内的旧体制，摆脱行政干预，按照香港的一些办法来开发工业
区。"① 招商局改革一开始就表明要学香港，学外国企业。后来又通过南海
酒店聘请外籍经理等方式，对外开放，学习外国先进管理经验。

　　招商局在蛇口工业区进行的一系列改革试验（包括民主政治等），为
建设有中国特色的社会主义提供了重要经验。同时袁庚等招商局领导人也
清醒地认识到，改革实际上是一个复杂的社会工程，必须培育一大批新的
社会主义建设者。袁庚等人在蛇口工业区人才问题上实行"择优招雇聘请
制"等。1981 年 11 月，蛇口第一期企业管理干部培训班开学，为工业区
培养了大批管理人才，被誉为蛇口的"黄埔军校"。1982 年 3 月，袁庚给
中组部长宋任穷写信，提出在有关省、市、院校"招考招聘"所需人才。
1983 年蛇口工业区试行"干部冻结原有级别，实行聘任制"，并对领导干
部实行公开的民主选举和信任投票制度。袁庚等招商局领导人在蛇口工业
区所进行的人事制度改革得到了当时中共中央总书记胡耀邦的支持。②
1985 年 2 月，袁庚提议派员赴美国和加拿大招聘学成的自费留学生到工业
区工作，以开辟一条人才来源新渠道。在改革与建设过程中，招商局大胆
探索，冲破旧有的价值、时间与人才观念，提出"时间就是金钱，效率就
是生命""空谈误国，实干兴邦"等口号，竭力提倡各种新观念：时间观
念、竞争观念、信息观念、平等观念、职业道德观念等。并在劳动用工制
度、干部聘用制度、薪酬分配制度、住房制度、社会保险制度等方面开展
了多项改革创新。这些可谓招商局企业文化建设的新内容，对全国企业新
文化建设也产生了重要影响。

　　袁庚指出："有计划有步骤地推行民主试验之后，蛇口的社会道德风
尚、人的思想境界、企业的经济效益有了很大的进步。至今许多蛇口人还
怀有一种'蛇口情结'，因为蛇口曾是一个没有贪污，没有腐败，很干净

---

① 招商局集团办公厅、招商局史研究会编《袁庚文集》，招商局，2012，第 348 页。
② 全国政协文史和学习委员会编《经济特区的建设》，中国文史出版社，2009，第 171～172
页。

的地方。至少到我离任的时候止，这里没有发生过携款外逃的事件，也没有发生过恶性刑事案件。这里没有文盲，没有贩毒，没有人在码头上跟在人家屁股后面换外币。这里有第一流的医院、学校，第一流的师资。人们在这里感觉受到尊重，感觉应该而且能够在这里发挥自己的才能。这里造就磨炼了一批年轻有为的干部，成为工业区最宝贵的资本。"① 蛇口工业区被誉为中国的"希望之窗"。

"以开发蛇口工业区为基础，招商局先后创办了新中国第一家企业股份制银行——招商银行，新中国第一家企业股份制保险公司——平安保险公司，并在上海浦东开发中率先投资批租了浦东第一块土地等等。中国改革开放的每一步重大战略部署中，几乎都能看到招商局积极跟进、敢抢先机的英姿。"②

1988 年，《招商局》杂志创刊。这个杂志逐步成熟，初步形成了自己的办刊风格和品味特色，在广大招商局员工中颇有影响，对宣传集团企业形象，促进员工之间沟通交流，推动企业文化建设，扩大招商局影响等都起到了很好的作用。

其二，不但要考虑企业和职工的利益，还要优先考虑国家的长远利益和整体利益。改革初期，招商局掌门人袁庚指出："香港招商局是个比较特殊的企业。它是一个长期生活在国际市场中的老牌国营企业。""它要严格按照香港的法律和市场经济的规律办事，才能得以生存和发展。"袁庚指出，在香港当一个企业家不是容易的。虽然那里没有军事外交战线枪林弹雨、出生入死的危险，但是也同样存在风云变幻，杀机四伏。他常常引用香港谢利源、妙丽、佳宁、海托等破产的例子告诫招商局的干部。他说，我们讲经济效益，讲经济法则，经济法则是六亲不认的，违反就要受到惩罚。他又指出招商局在经营决策时，不但要考虑企业和职工的利益，还要优先考虑国家的长远利益和整体利益。他强调："我们历来认为企业的微观经济效益，必须服从国家的宏观经济效益。"正是从这个基本原则出发，招商局提出了"五不引进"方针，即来料加工的、补偿贸易的、挤

---

① 《袁庚文集》，第 352 ~ 354 页。
② 招商局集团办公厅编《秦晓论文汇编》，招商局集团办公厅，2009，第 388 页。

占国家出口配额的、污染解决不了的和技术落后的工业都不引进，以维护地区的长远利益和国家的整体利益。①

其三，创建工会工作"蛇口模式"，获中央肯定。招商局蛇口工业区工会组建 10 多年来，自觉接受党的领导，以职工利益代表和维护者的鲜明身份，坚持从蛇口工业区的实际出发，独立自主地创造性地开展工作，在代表和维护职工合法权益、协调劳动关系、提高职工素质、推动蛇口工业区的发展及企业文化建设等方面做了大量富有成效的工作。据对蛇口工业区 116 名企业经理（其中三资企业经理占 74.1%）的问卷调查，认为工会在合办企业方面发挥作用很好的占 55.3%，认为较好的占 36.7%，认为一般的仅为 8%；认为工会依法维护职工合法权益工作做得很好的占 61.2%，认为较好的占 31.8%，认为一般的仅为 7%。据 1993 年底统计，在工业区企事业单位中，工会组建率为 98.17%，职工入会率为 92%，工会主席民主直选率为 99.8%，劳动争议调处率为 99.2%，工会经费拨缴率为 99%，工会和职工参与企业管理率为 85.1%，这些都显示了工业区工会的地位和作用。②

蛇口工业区党委把工会视为党紧密联系特区职工与企业的桥梁和纽带，形成了党委放手、工会依法独立自主开展工作的局面；工业区行政领导也把工会视为办好企业、发展经济和建设社区不可缺少的亲密伙伴，形成了行政和工会相互支持、配合默契的新局面。蛇口工业区工会把代表和维护职工利益作为自己的工作重点，使工会成为职工信赖的"大家庭"。职工有困难、有困惑，首先是找工会。工会还按照职工意愿和要求，常年坚持在业余时间组织职工学习，深入企业对职工进行各种教育，包括社区教育、职业道德教育、岗位培训和企业现场管理全过程技能培训、"四有"教育、企业文化教育等，深受职工和企业的欢迎。

1994 年 5 月，中共中央政治局常委胡锦涛同志对全国总工会政策研究室关于蛇口工业区工会工作的调查报告做了重要批示："蛇口工业区工会

---

① 《袁庚文集》，第 187、188 页。
② 全国总工会政策研究室编《蛇口模式》，1995，第 56 页。

工作的思路和成效都是好的。组建率和入会率都达到了较高水平。对于目前各地正蓬勃开展的三资企业和特区开发区的工会组建工作，尤其有借鉴意义。"11月，中共中央政治局委员、中华全国总工会主席尉健行同志考察蛇口工业区工会工作时给予了其充分的肯定和很高的评价。

其四，传承与创新相结合。招商局的企业文化源于140余年的商业实践，既有深厚的历史积淀，又有鲜明的时代特色。改革开放初期，招商局领导人袁庚等在企业文化建设上一方面提倡时间观念、竞争观念、平等观念等各种新观念，另一方面也多次提出要传承招商局以往的好传统，让洋务运动时期招商局自强、求富、不甘落后、积极创业的精神和改革开放时期招商局解放思想、大胆突破、敢为人先的文化一脉相承。1992年，中共中央总书记、国家主席江泽民为招商局成立120周年题词，"继承爱国主义精神，为实现祖国统一大业而奋斗"。这为新时期招商局"传承与创新相结合"的企业文化建设增添了更加亮丽的色彩。

招商局集团领导特别重视招商局历史档案资料的收集、保存和开发利用。1992年正式成立了招商局档案馆。现在其主要馆藏既有交通部档案馆征调的原全国各地交通单位存放的包括招商局第一个章程、招商局股票、龙头印章、晚清漕运文献、招商局抗日沉船的船体遗骸图片、招商局海员起义生死状等在内的晚清、民国招商局档案，也有包括李先念批准建立中国第一个改革开放园区——蛇口工业区时圈划的香港明细全图、邓小平题写的"海上世界"等资料在内的中华人民共和国成立后招商局及招商局开发的蛇口工业区档案等数以万卷的历史资料，实现了招商局自1872年成立以来历史资料的相对集中，为招商局历史资料的开发利用奠定了坚实的基础。招商局在档案工作方面的努力，为企业文化建设赋予了传承与创新相结合的鲜明特色；又因为招商局在中国近代企业发展史上的地位，这一工作也为中国近现代企业史研究提供了宝贵的历史档案资料。1999年，招商局集团提出招商局档案馆要创建国内一流企业档案馆，明确定位档案馆为招商局历史文化研究基地、招商局永久档案保管基地和档案行政管理中心。

二　打造具有国际竞争力的和谐企业

进入 21 世纪以后，中国改革开放进入了一个新时期。招商局集团面对中国加入世界贸易组织等外部环境带来的新变化，积极主动地进行了大规模的重组调整，制定了中长期的发展规划，确立了集中资源发展主要核心产业的战略，向着逐步发展成为具有国际竞争力的企业集团目标迈进。[①]与此同时，集团领导也在考虑招商局企业文化建设如何进一步继承与创新。

1. 集团领导班子高度重视企业文化建设

招商局集团新一届领导班子十分重视企业文化建设工作，认为企业文化建设是招商局长远发展、基础建设的战略需要，是集团的一项重要工作。集团主要领导在多种场合，从不同角度对集团企业文化建设的意义、内涵等提出了明确要求。如前董事长秦晓就曾经在 2001 年 2 月 27 日招商局集团工作会议上指出：企业文化"涵盖企业的价值观、道德观、社会责任感和经营理念，对企业的经营管理有其重要作用"；"企业的员工不仅需要物质的激励也需要精神鼓励和满足。企业的经营不仅要获取商业利益还要承担社会的责任，历史悠久的企业往往会沉淀下来深厚的文化传统，其所蕴含的经营理念和商业准则成了企业重要的竞争财富。对公司的可持续发展产生重大的影响"。[②] 秦晓指出，"我们讲竞争性，讲赚钱讲得较多，但更重要的是要关心员工，激发员工的聪明才智，凝聚员工的创造才能。从企业的竞争力和企业长远发展来看企业文化是十分重要的。从做事业来讲，关心人，重新竖起人文主义思想的旗帜更为重要"[③]。秦晓强调："平常你们听到我的讲话都是关于经常性利润、过程管理、五年规划、第三次辉煌等，这是我关心的事，企业的经营和发展董事长能不关心吗？但我真正内心里更关注的是，我们应当创造一个好的机制、好的文化，在这种机制和文化下，来招商局工作的人，能心情舒畅，能够发挥才能、才智。现

---

① 《秦晓论文汇编》，第 390 页。
② 王玉德、杨磊等：《再造招商局》，中信出版社，2008，第 286～287 页。
③ 招商局集团办公厅编《秦晓讲话汇编》，招商局集团办公厅，2009，第 112 页。

在的企业都讲人才的重要，企业的竞争也可以看做是人才的竞争。但更本质的是，企业也是社会中的一个组成部分，如果说一个职工在你那受到压制，如果说干事的人受到排挤，不干事的人过得很自在，溜须拍马的人可以横行霸道，那么怎么能体现我们的社会责任？胡锦涛主席，温家宝总理讲以人为本，马克思讲人的全面发展，这都是一脉相通的"；"需要树立以人为本的思想，去看看我们企业的制度、文化怎么样，问题在哪？我也提出人力资源部考核时，注意考核你们子公司的文化、部门的文化中有没有有才智的人被压制发挥不出来的现象，有没有不干事在那占着位置，还专挑人的毛病的人。当然，关键还是你们自己觉不觉得这个事情是最重要的事情。如果经过几年的努力，招商局形成了良好的企业文化，我退休之后心里会觉得踏实。但如果说利润很高，风气却不好，退休后我心里也不踏实。"①秦晓认为，企业文化表现为物质、行为、制度和精神四个层次。企业生产的产品和提供的服务及其生产设施、广告、产品包装设计等，既是企业物质产品和物质条件，也构成企业物质文化的内容；企业的行为文化，包括企业的经营理念、企业形象及精神面貌；企业的制度文化主要表现为企业的组织架构和组织管理制度，它的存在形式，既要满足企业的物质文化，也要体现企业的精神文化；企业的精神文化包括企业精神、企业经营理念及企业道德观、企业价值观、企业风貌等，它是企业文化的核心。②

招商局集团新领导班子在企业文化建设中强调人文主义精神，认为人是最高的发展目的，要通过企业的发展为人的发展创造条件。既要为人类社会的进步创造价值，又要让员工从物质上、精神上分享企业的成长。企业与员工形成"两个共同体"，即既要形成一个利益的共同体，也要形成一个精神的共同体。因此，自2004年开始，集团设立了"公司日"，为集团领导与普通员工提供了交流途径。每年"公司日"活动都设立一个主题并以此为主线开展企业文化活动。几年来，集团"公司日"的主题分别为"增强集团意识，树立集团形象，密切公司与员工的关系"、"沟通与和

---

① 《秦晓讲话汇编》，第129~130页。
② 《秦晓论文汇编》，第165页。

谐"、"我与招商局共发展"、"新的起点,新的航程"、"社会责任,企业公民"、"责任与担当"、"学习与创新"和"激情与活力"。通过"公司日"主题活动的开展,每年都深入地推动了一个方面的企业文化建设。

2. 提出了系列新理念

2004 年,招商局利用中国走出经济通缩状态的有利时机,审时度势,认为进入了一个新的发展期,提出了一个新的目标:用五年时间(2004~2008)再造一个招商局,即以 2003 年底的财务指标为基础,到 2008 年,使得企业总资产、净资产、营业收入、利润等综合指标翻一番。到 2006 年底,招商局用了三年时间提前两年实现了这一深具挑战性的目标。在此基础上,招商局启动了"新的再造工程",在 2007 年招商局集团的工作会议上集团领导班子明确提出,招商局企业文化建设的一个核心理念是"把招商局打造成为具有国际竞争力的和谐企业"。为此,秦晓董事长做了专门的阐述,他说:"我们长期以来也关注和谐的问题,或者说企业文化的问题。今天把和谐企业提到这样一个高度是第一次。我想很少有企业把竞争力与和谐并列的,一般都把企业文化当作竞争力的一个要素。从哲学层面看,和谐是一个更终极的目标。希望大家能充分认识这个提法或表述的意义。"①

招商局集团把建设"具有国际竞争力的和谐企业"立为企业愿景,强调:"我们所追求的国际竞争力,是把招商局置于国际竞争的大舞台,去与市场的先进企业比,在自由、开放的经济体系中赢得商业的成功,赢得市场的尊重。构筑国际竞争力体现了招商局开阔的视野和成熟的自信。""我们所追求的和谐企业,着眼于企业整体素质的全面提高,着眼于企业的持续健康发展,着眼于建立良好的内外部关系,合理地处理各个利益主体关系,创造'内和外顺'的利于发展的环境和条件。建设和谐企业,体现了招商局更高的追求。和谐企业基本内涵:结构合理,运行有序,利益兼容,内和外顺,诚信守法,协调发展。和谐企业建设目标:组织氛围健康,企业持续发展,员工全面成长,社会普遍认可。"

围绕这一企业文化建设核心理念,集团又提出招商局核心价值观是

"与祖国共命运，同时代共发展"，招商局企业使命是"以商业成功推动时代进步"，招商局企业理念是"崇商、创新、均衡、和谐"，招商局企业精神是"爱国、自强、开拓、诚信"。

这一系列新理念的提出，使招商局企业文化建设迈上了新的台阶。

3. 成立了企业文化建设指导委员会

为了加强企业文化建设，集团在 2007 年 10 月正式成立了"招商局集团企业文化建设指导委员会"。

委员会的职责为：讨论并规范集团企业文化的基本理念，包括企业愿景、管理理念、行为准则等，并规范、确定有关的表述；讨论决定集团企业文化建设的工作目标，审定集团企业文化建设工作纲要；讨论决定集团企业形象识别系统；讨论决定集团重大庆祝、纪念活动及其他重要企业文化活动的组织方案；对集团企业文化建设推进情况进行定期检查、评估，并根据企业发展等情况的变化，对集团企业文化的核心理念等进行补充、更新；讨论决策与集团企业文化建设相关的其他重大事宜。

集团主要领导担任委员会企业文化建设指导主任和副主任，集团总裁助理、集团总法律顾问和集团总部及下属企业的高级管理人员担任委员。委员会下设秘书处，秘书处为委员会工作机构，主要职责是具体检查、跟进、协调企业文化建设各层面工作的实施开展情况。由集团办公厅承担秘书处职责。集团旗下各公司也先后设立了企业文化工作领导小组，加强对企业文化建设的领导。集团和旗下各单位也都将企业文化建设纳入了"五年发展规划"和年度发展计划。

4. 弘扬历史文化

深厚的历史底蕴是招商局的重要特色，也是招商局的独特优势。招商局的前人在 100 多年的经营管理实践中提出、实践了许多值得招商局后人遵从的思想、理念、精神，形成了良好的文化和优秀的传统，这是集团开展企业文化建设的"源"和"脉"。

2002 年，招商局成立 130 周年，集团充分利用这一机会，通过精心组织，开展了一系列影响广泛的纪念活动。党和国家领导人对招商局为中国近现代建设所做出的贡献和作为中国硕果仅存的百年民族企业的特殊地位给予了充分肯定,招商局广大员工深受鼓舞。集团在北京、香港、蛇口、漳州等地组织了大型庆祝活动;由秦晓董事长带头,在《人民日报》等10多家重要媒体上发表了10余万字的专题纪念文章;与中央电视台联合摄制了反映蛇口工业区早期开发创业活动的16集电视连续剧《激情年代》,并作为十六大重点献礼片在十六大召开期间由中央电视台播出;组织创作、排演了反映招商局百年风雨历程的大型音乐舞蹈史诗剧《百年招商》;邀请著名词作家阎肃、作曲家谷建芬改编创作了新的《招商局之歌》,所以又有了招商局人传送的格言"问我航程有多远,1872到永远";组织了员工广泛参与的招商局知识竞赛;发行了纪念招商局成立130周年邮资明信片等。这些活动收到了良好的效果,社会反响热烈。这些活动的开展进一步树立了招商局的企业形象,扩大了招商局的社会影响,并增强了员工对企业的自豪感、归属感。2007年,招商局成立135周年,集团也举办了有关纪念活动。

2003年,集团建立了招商局历史博物馆,这是深圳市的第一家企业博物馆。招商局历史博物馆设立了招商局历史主题展和"招商局港航"、"招商局印谱"和"招商局历史建筑"等专题展,并根据需要举办了"袁庚图片展"(袁庚在1978年担任招商局的常务副董事长,参加过抗日战争、解放战争,曾任外交官员)、"香港招商局起义"等临时展览,并到集团各地企业巡展,在员工中开展招商局传统文化教育。通过展出活动,参观人员在较短的时间内对招商局的发展历程、历史地位、产业发展、行业影响等有了比较清楚的认识,获得了较好的宣传、展示效果。招商局历史博物馆已成为招商局集团员工的传统教育基地和外界了解招商局的窗口。

2004年,集团成立了招商局史研究会,集团主要领导担任了研究会的正副会长。研究会从海内外学术界、媒体聘请了在招商局史研究方面颇有建树的特约研究员,从社会各界积极吸收会员。招商局史研究会的成立对招商局历史的研究工作起到了推动和规范的作用。招商局史研究工作,使员工和社会人士进一步了解了招商局的企业文化,使绵延百年的历史成为集团的宝贵财富。

三　社会责任，企业公民

21世纪招商局企业文化建设有一重要发展：更加重视履行企业社会责任。集团领导认为企业的生存发展必须建立在与社会相关利益者良性互动和与社会的和谐基础之上。因此企业需要关注民生，融入社会，树立良好的社会公民形象，把自己的商业追求融入整个社会的发展追求之中，赢得社会的接纳和信任，同时使企业获得可持续发展的条件和机会。招商局的社会文化就是建立在这样的认识基础上的，并具体体现为履行企业的社会责任。

1. 履行社会责任的指导原则与基本行动计划

招商局有自己对企业社会责任的理解。企业社会责任是企业在自身价值观念、使命指导下的，以达到企业与社会的和谐互动和可持续发展为目的，以企业公民身份，对企业利益相关者自觉承担的应有责任。

招商局履行社会责任的指导原则有：从本企业实际出发，有自身特色；重点关注社会需求，着眼建设和谐社会；与企业发展相融合，成为企业经营发展的重要组成部分；重在实践，长期坚持，成为全集团的自觉行动；将企业的历史传统同时代潮流相结合。

招商局履行企业社会责任的基本行动计划包括：弘扬优良传统，增强企业公民意识；守法经营，诚实守信，成为一个受社会信任的企业；强化企业环保责任，建设环境友好型企业；关注安全生产，维护员工合法权益；关注民生，热心公益，扶贫济困，奉献社会。[1]

2. 依法经营及保护环境

招商局履行企业社会责任的基本行动计划包括依法经营。集团制定了《招商局集团企业法制建设三年规划（2008~2010年）》，强调要树立主动的知法意识、严格的守法意识、自觉的自律意识、清醒的风险意识、强烈的维权意识"五个意识"；并提出不允许违法经营、不抱侥幸心理、不默认违法经营得利、不鼓励钻法律的空子、不姑息责任人员"五不戒规"。

---

[1]　招商局集团办公厅编《百年商道——招商局企业文化简述》，招商局，2011。

以法律风险防范机制建设为核心，大力推进所属重要子企业的总法律顾问制度建设，积极推动企业重要决策和重大经济活动的法律参与，全面提高企业规章制度、经济合同的法律审核率，使法律事务管理及服务水平有了新的提高。2009 年，一些重大法律纠纷案件得到了及时有效的处理，为企业挽回损失 3559.54 万元。

仅 2009 年，招商局集团就有所属 9 个单位和个人分获"首届全国交通企业法治先进单位""首届全国交通企业法治先进个人""第四届全国交通企业十佳法律顾问""第四届全国交通企业优秀法律顾问""全国'五五'普法中期先进个人"等荣誉称号。

招商局集团提出"宁舍项目，不舍环境"、"宁可放慢速度，不留环保隐患"和"宁可今天受影响，不可日后留骂名"等口号，积极改善环境，并认真做好节能减排工作。

集团 2009 年度节能减排指标总体完成情况良好，符合国务院国资委要求及集团规划进度要求，即"十一五"期末单位增加值能耗可比价比 2005年降低 20%。2009 年万元增加值综合能耗（可比价）为 0.4574 吨标准煤/万元，比 2005 年减少了 41.09%。

2009 年，招商局国际旗下蛇口集装箱码头（SCT）与德国稳孚勒集团联合开发研制的第一台具有国际专利技术的交流安全滑触线供电自动接驳装置正式交付使用，彻底解决了轮胎式龙门起重机（ERTG）转场人工拨接电带来的操作和安全等问题，实现了轮胎式龙门起重机全天候自动转场作业。转场过街时间由原来平均的 15 分钟缩短为 3~4 分钟，大大提高了操作效率和设备利用率。该装置投用后每年可减少柴油消耗量 3118 吨，减少二氧化碳排放量 9884 多吨，共节约运行成本 2000 万元。单台轮胎式龙门起重机噪声大幅减少 70~80 分贝，节能率超过 50%，能耗成本也下降了 70%。招商局国际旗下青岛集装箱码头实施靠岸船舶供电系统的改造项目，使作业船舶靠泊码头后，由码头岸边电源对船舶进行供电，节能减排和降低成本的效果显著，并具有良好的社会效益。该项目于 2009 年 5 月被列为交通运输行业第二批节能减排示范项目之一。招商局工业集团所属蛇口友联、招商轮船、招商局物流集团下属易通公司等依托技术进步和管理创新，实现了节能减排，取得了较好成绩。招商局重庆交科院开展节能研究，在一些关键领域取得了突破。①

3. 积极参与社会公益活动

招商局集团作为在港中央企业，积极响应国家建设和谐社会的号召，重视社会公益活动，将其作为履行企业社会责任的重要内容。据不完全统计，2005～2009 年底，集团以及所属各级公司及员工在赈灾、捐助、扶贫以及社会公益、慈善救助等方面支出款项超过 8700 万元。

2009 年 6 月 15 日，招商局慈善基金会在国家民政部登记成立。它是招商局集团有限公司发起的全国性非公募基金会。基金会宗旨为"关注民生、扶贫济困、热心公益、和谐发展"，原始基金数额为人民币 5000 万元，业务主管单位为国家民政部。招商局慈善基金会在 2009 年底前共向台湾和威宁等地捐款计 580 万元。基金会公益活动的重点开展领域为扶贫济困、助医、赈灾等。基金会致力于以创新而有效率的方式，解决中国贫困地区群众的基本生活困难，提高贫困人口自我实现的能力，实现贫困地区经济的可持续发展和贫困人口的脱贫致富，以及为贫困家庭提供医疗救助，资助特殊疾病的研治，为因自然灾害导致生活困难的人民群众提供帮助等。

招商局集团自 2003 年开始积极参与定点帮扶贵州省威宁县的扶贫开发工作。集团专门成立了定点扶贫工作领导小组，已先后派出 3 人任威宁县挂职副县长，主抓扶贫工作。集团领导高度重视该项工作，每年都有领导带队到威宁考察、调研，下属企业也多次组织员工前往威宁访贫问苦。2005 年 5 月，秦晓董事长亲自到威宁实地考察，听取了威宁县经济及社会发展状况的介绍，先后走访了两个乡镇，了解对口扶贫项目实施情况。集团自 2005 年开始每年都出资帮扶 6～8 个包括建设希望小学在内的整村推进扶贫建设项目，并设立了扶贫教育奖励基金。至 2009 年已建设希望小学 17 所、村级公路四条、桥梁两座、饮水工程两处，投入帮扶资金 600 多万元；奖励优秀教师 400 名，资助贫困大学生 120 名和中学生 900 名，资助总金额已达 80 多万元。招商局积极推动威宁劳务输出项目，集团下属的深圳和漳州等地物业、码头公司以及入区企业优先录用威宁劳务公司输出的劳务工。招商局努力向外界推介威宁旅游资源，协助其对外的招商引资工作，并分别于 2003 年、2008

---

① 详见《招商局集团 2009 年可持续发展报告》，第 31～32 页。

年对遭受地震和冰雪等自然灾害的威宁县进行了捐款。2009 年，集团员工在"滴水成涓、十元捐助"活动中，为贵州省威宁县进行教育捐款，折合人民币共计 33 万余元。截至 2009 年底，集团定点扶贫威宁县已投入资金 1014 万元。经过几年的努力，扶贫取得了显著成效，集团得到当地政府和群众的一致好评。2009 年 1 月，国务院扶贫领导小组发文，授予招商局集团"中央国家机关等单位定点扶贫工作先进单位"称号，对招商局集团在定点帮扶贵州省威宁县工作中所做出的努力表示肯定和感谢。

招商局集团成为中国企业文化建设的典范。仅 2009 年，招商局集团被国务院国资委评为"2008 年度中央企业负责人经营业绩考核 A 级企业"及"国资委 2008 年度中央企业财务决算管理先进单位"，招商局集团总裁傅育宁博士荣获"建国 60 年中国交通运输行业非常领导者"称号，招商局国际有限公司、招商局漳州开发区有限公司也荣获"中央企业先进集体"称号，重庆交科院荣获"全国交通运输企业文化建设优秀单位"称号，北京招商局物业荣获"2008 年度国资委直属机关精神文明建设单位先进集体"称号，招商证券及招商地产荣膺"2009 年度中国最佳雇主企业"称号。2012 年，中国企业文化研究会授予招商局集团有限公司"全国企业文化建设示范基地"称号。

招商局广大员工对集团企业文化认同感不断提高，凝聚力不断增强。通过企业文化建设，广大员工了解了招商局的历史、使命、愿景、核心价值观和理念等。"和谐企业""国际竞争力""责任与担当""学习与创新"等成为激励员工奋发向上的信念。在工作中，广大员工自觉将自己的前途命运与招商局连在一起，增强了企业的凝聚力。

陈争平 经济学博士。曾先后在中国社会科学院经济研究所、清华大学人文学院从事研究与教学工作，为研究员、教授、博士生导师。在社会团体方面任中国经济史学会副会长、顾问等。退休后被山东大学经济研究院聘为特聘一级教授。

抗日战争结束之后招商局轮船
公司的航运活动

〔日〕松浦章

一　序言

　　从近年来出版的很多关于招商局轮船公司的书籍可以看出，学界对招商局轮船公司的研究在不断推进。以张后铨主编的《招商局史（近代部分）》① 为开端，公开出版的《轮船招商局》② 一书则收录了与招商局轮船公司密不可分的盛宣怀所留下的档案。由招商局史研究会出版编纂的《招商局与近代中国研究》③ 将关于为近代中国发展做出贡献的招商局轮船公司的 22 篇论文收录其中。胡政主编的《招商局画史：一家百年民族企业的私家相簿》④、张后铨主编的《招商局史：近代部分》⑤、胡政主编的《招商局与上海》⑥、胡政主编的《招商局与重庆：1943－1949 年档案史料汇编》⑦ 等著作不容忽视。陈潮所著《晚清招商局新考：外资航运业与晚清招商局》⑧ 探究了晚清时期招商局轮船公司与外国轮船企业的关系。

---

① 张后铨主编《招商局史（近代部分）》，人民交通出版社，1988。
② 陈旭麓、顾廷龙、汪熙主编《盛宣怀档案资料选辑之八·轮船招商局》，上海人民出版社，2002。该书收录了1300 余篇档案。
③ 易惠莉、胡政主编《招商局与近代中国研究》，中国社会科学出版社，2005。
④ 胡政主编《招商局画史：一家百年民族企业的私家相簿》，上海社会科学院出版社，2007。
⑤ 张后铨主编《招商局史：近代部分》，中国社会科学出版社，2007。
⑥ 胡政主编《招商局与上海》，上海社会科学院出版社，2007。
⑦ 胡政主编《招商局与重庆：1943－1949 年档案史料汇编》，重庆出版社，2007。
⑧ 陈潮：《晚清招商局新考：外资航运业与晚清招商局》，上海辞书出版社，2007。

此外，还有虞和平、胡政主编的《招商局与中国现代化》①，胡政主编的《招商局珍档》②，胡政、李亚东点校的《招商局创办之初》③。为纪念招商局成立 140 周年发行的"招商局文库·研究丛刊"中收录的张后铨所著《招商局与汉冶萍》④ 一书，详细叙述了招商局与煤炭业、矿业、铁业的关系。黎志刚的《黎志刚论招商局》⑤ 考察了招商局轮船公司创业之初的问题。易惠莉的《易惠莉论招商局》⑥ 论述了招商局创业之初与商人的问题。朱荫贵的《朱荫贵论招商局》⑦ 解析了招商局的诸问题及其与外国轮船企业、民族资本等的问题。刘广京的《刘广京论招商局》⑧ 则论究了招商局与外国轮船企业之间的纠葛纷争。另外还有陈玉庆整理的《国民政府清查整理招商局委员会报告书》⑨、孙慎钦的《招商局史稿外大事记》⑩ 等书。

除此之外，研究买办商人与招商局关系的研究成果也有很多。⑪

除了上述研究成果之外，还有不少其他相关论著。但对抗日战争时期以及抗战结束后的招商局的研究成果则不多见。⑫ 因此本文将论述抗日战争结束之后招商局轮船公司的航运活动。

二 抗日战争结束后中国的轮船业

关于 1947 年 10 月的中国轮船业处于什么样的状况，有日本昭和海运

---

① 虞和平、胡政主编《招商局与中国现代化》，中国社会科学出版社，2008。
② 胡政主编《招商局珍档》，中国社会科学出版社，2009。
③ 胡政、李亚东点校《招商局创办之初》，中国社会科学出版社，2010。
④ 张后铨：《招商局与汉冶萍》，社会科学文献出版社，2012。
⑤ 黎志刚：《黎志刚论招商局》，社会科学文献出版社，2012。
⑥ 易惠莉：《易惠莉论招商局》，社会科学文献出版社，2012。
⑦ 朱荫贵：《朱荫贵论招商局》，社会科学文献出版社，2012。
⑧ 刘广京著，黎志刚编《刘广京论招商局》，社会科学文献出版社，2012。
⑨ 陈玉庆整理《国民政府清查整理招商局委员会报告书》，社会科学文献出版社，2013。
⑩ 孙慎钦编著《招商局史稿外大事记》，社会科学文献出版社，2014。
⑪ 张维安：《买办商人与中国近代工业发展——以轮船招商局为例》，《食货月刊》第 16 卷第 9、10 期，1986 年，第 405~420 页。该论文中附有参考文献。
⑫ 关于抗日战争前后轮船招商局的情况，在张后铨主编的《招商局史（近代部分）》（1988）一书中的第七章"抗日战争时期的招商局"有提及。另外，朱荫贵的《朱荫贵论招商局》中《1927~1937 年的中国轮船航运业》（第 300~330 页）和《抗战胜利后的轮船招商局》（第 92~104 页）两篇论文，以轮船招商局的经营问题为中心进行了考察，但这两个研究成果并未充分判明招商局的航运问题。

社长田中有藏留下的以上海为起点的调查资料。① 1947 年 12 月，《国营招商局七十五周年纪念刊》曾刊登当时各分支机构分布图。②

招商局（广东路 20 号），拥有吨位：300000 吨。航路为天津、观光、海洋线、全部客货船海洋线、宜昌、长沙、重庆。"据四月二十二日《申报》的报道，招商局卖出资产总额的半数，改为民营，总资产共计两亿美元以上"，"大型艇可容纳一千人，其中两艘最近被派往天津线"。③

民成公司，总公司位于重庆，拥有吨位：54000 吨。"专营长江上游航线（与国营无异）。"④

中国油轮公司，拥有吨位：52000 吨。"德国制、从日本接收（原油装载量：一万吨）。"⑤

中兴轮船公司，拥有吨位：34000 吨。航线：台湾、青岛。⑥

台航轮船公司，拥有吨位：33000 吨。"以台湾航线及货物船为主。"⑦

三北轮埠公司，拥有吨位：22000 吨。航线：长江。⑧

大达大通联营处，拥有吨位：12000 吨。航线：汉口。⑨

华商轮船公司，拥有吨位：10000 吨。航线：宁波。⑩

以上是吨位在 10000 吨及以上的公司。

福民轮船公司，航线：天津。"万里号于本年（1948）四月十二日在山东海岸荣成湾触礁沉没。"⑪

泰昌祥轮船公司，航线：天津、海门。⑫

中联企业公司，航线：天津、青岛。⑬

---

① 田中有藏：『中國汽船会社の現状とその沿革』上海経済協会、1948、1~18 頁。
② 国营招商局编《国营招商局七十五周年纪念刊》，国营招商局，1947。
③ 《国营招商局七十五周年纪念刊》，第 3~4 页，各船名省略。
④ 《国营招商局七十五周年纪念刊》，第 5 页。
⑤ 《国营招商局七十五周年纪念刊》，第 5 页。
⑥ 《国营招商局七十五周年纪念刊》，第 5~6 页。
⑦ 《国营招商局七十五周年纪念刊》，第 6 页。
⑧ 《国营招商局七十五周年纪念刊》，第 6 页。
⑨ 《国营招商局七十五周年纪念刊》，第 6 页。
⑩ 《国营招商局七十五周年纪念刊》，第 7 页。
⑪ 《国营招商局七十五周年纪念刊》，第 7 页。
⑫ 《国营招商局七十五周年纪念刊》，第 7 页。
⑬ 《国营招商局七十五周年纪念刊》，第 7 页。

华新公司，航线：台湾、沿海。①

永耀航业公司，航线：天津。

鼎奉轮船行，航线：台湾。

瑞安商轮公司，航线：福州。

海鹰轮船公司，航线：台湾。

茂利商轮公司，航线：宁波、温州。

平安轮船公司，航线：宁波、温州。

穿山轮船公司，航线：定海、温州。②

奉北航业公司，航线：汉口、福州。③

达兴商轮公司，航线：汉口。

上海实业公司，航线：汉口。

众航轮船公司，航线：南通。

远东实业公司，航线：九江。

淞沪轮船局，航线：吴淞。

太古公司，航线：香港（英系）、福州。④

怡和船务行，航线：香港（英系）。

怡太运输公司，航线：长沙（英系列）。

United Corporation of China "德国商人 Carlos Wichita 系"。

W. S. Toog & Son Co. "德国商人 Melrose 系"。

"以上总吨位为：843315。"⑤

以上就是抗战胜利后中国轮船业的情况。

其中也有业绩良好的，比如最近开始运营的益详公司、中兴轮船等。另外，也许是由于水手经验尚浅，海难发生率高达百分之十，他们正经历着仿佛分娩般的痛楚。⑥

① 《国营招商局七十五周年纪念刊》，第7页。
② 《国营招商局七十五周年纪念刊》，第8页。
③ 《国营招商局七十五周年纪念刊》，第8~9页。
④ 《国营招商局七十五周年纪念刊》，第9页。
⑤ 《国营招商局七十五周年纪念刊》，第10页。
⑥ 《国营招商局七十五周年纪念刊》，第2页。

抗日战争后的中国轮船业虽然有一部分经营状况良好，但多数都处在困境当中。

三　抗日战争结束后的招商局轮船公司

抗日战争结束后的招商局轮船公司思索着恢复早期的定期航线。1946年4月14日，上海《申报》第24481号以《招商局增强客运》为题，报道了关于停战后定期航行的计划，内容如下：

> 〔本报讯〕招商局海平新轮改名延问号，已自美抵沪，约下星期二派员接收。该局以往因供应复员，协助军运，客运船舶特少。最近对于长江及沿海南北各线，力谋增加商运。江安轮定十六晨驶汉，海康轮下星期二直驶汕头，海滇轮直驶广州，海苏轮驶天津，海川轮驶青岛，两轮均供军运，预定今日出口。如装货不及，须延期起碇。①

招商局轮船公司计划用海平的新轮船补充船舶不足的长江航线，壮大向北洋及南洋行驶的沿海航线：江安号驶往汉口，海康号驶往汕头，海滇号驶往广州，海苏号驶往天津，海川号驶往青岛。

《申报》第24672号，1946年10月22日，以《请加开沪杭路夜车，邵炳荣》为题的报道中有如下记载：

> （在松江县属的海滨）再搭帆船赴浙东沿海，这种帆船大都是装货用的，所以污秽不堪，而且很多危险，常有倾覆沉没等事发生。
>
> 自从胜利以后，各处交通口岸完全开放，这是大家都很欣喜的。沪甬线虽有招商局的定期航轮行驶，但是所包括旅客的范围，并不广泛，多数属于甬籍旅客，因为宁波的交通工具遭战时破坏后，所以要到余姚上虞等地的旅客，甚至还要在中途夜宿，如上述行旅的不便，都放弃沪甬线航轮，而改搭沪杭路火车，至杭州过钱江，搭钱娥公路。②

---

① 《申报》第24481号，1946年4月14日，第3页。
② 《申报》第24672号，1946年10月22日，第3页。

抗日战争结束后，中国各地开放口岸，航运逐渐自由。招商局轮船公司计划先开设上海至宁波的定期航线，并计划提早恢复作为在上海居住的宁波籍旅客的出行方式的定期航线。

《申报》第 24676 号，1946 年 10 月 26 日《招商局接受靖安轮澳洲皇后号昨离沪赴日》的报道如下：

> 〔本报讯〕招商局昨日又接收海军部移交之靖安轮，该轮原系敌轮江隆号，胜利后经海军部接收后，改名靖安舰。因不适于军用，故仍交招商局接收，作为商船。该局接收后，仍将改名江隆。[①]

招商局轮船公司接收了被海军没收的不再适于军用的靖安号轮船，将其改名为江隆号，并作为商船使用。

当日另有报道如下：

> 〔另讯〕招商局为增强各线海运，曾向美加等国订购客轮及货轮等。顷据确悉：招商局为订购便利计，特派该局韦副总经理赴加拿大向造船公司而订航轮，韦副总经理已定下月出国赴加。[②]

大意是招商局轮船公司为了增强海运、增加船舶，向美国及加拿大造船公司订购了新船。

上海《大公报》第 15449 号，1946 年 11 月 4 日以《招商局增强水上交通，完成国内定期航线网，政府规定定期班轮优待办法，分给官价配给煤并免除军差》为题的报道中，有如下记载：

> 交部月前曾迭次电令国营招商局统筹国内航线，以增强水上交通。招商局奉命，当即拟定整个计卷：招商局现有自一千吨至一万吨之海轮共计五十三艘，此外尚有九百吨至三千三百吨之登陆艇共十五艘，总吨共作定期航线之船舶为〇南洋线：汉民，延阁，仲恺，培德（以上以广州为终点），海湘（以厦门为终点），海厦（途经厦门、香

---

① 《申报》第 24676 号，1946 年 10 月 26 日，第 5 页。
② 《申报》第 24676 号，1946 年 10 月 26 日，第 5 页。

港，以小吕宋为终点）共计六艘。（二）北洋线，执信、其美、黄兴（以天津为终点），海冀（途经青岛，以连云港为终点），海苏（途经青岛，以天津为终点），共计五艘。（三）沪台线：海浙、海康、海黔共计三艘。（四）沪宁线：江亚、江静。（五）沪温线：邓锦、林森。（六）川江线：载重三千吨之中字号登陆艇五艘，及载重九百吨之华字号登陆艇十艘，共计十五艘。此外，载重一万吨之自由轮海天、海地、海玄、海黄、海宇、海宙、海辰、海宿、海列、海时等，备作北洋线之特别差运。载重二千六百吨之胜利轮海皖、海赣、海鄂、海川、海桂、海粤、海闽、海鲁、海陇等九艘，备作南洋线之特别差用。以载重一千五百吨之大轮、大纬二轮，作川江线之特别差运。尚余二千吨之蔡锷，及一千五百吨重之海穗、海甬、海杭、海汉等四艘，及载重一千吨至四千吨之江安、江顺、江新、江华、江汉、江平、江宁、江泰、江和、江庆、江利、江济、江陵等十四艘，视各线事实需要，加以运用。又交通部为鼓励民营航商协助政府确定航线起见，现拟定奖励办法，凡参加定期班轮之各航轮，得享以官价配给煤及免除军差公用之优先权。

根据交通部公布的数据，招商局轮船公司 1946 年 11 月拥有 1000 吨至 1 万吨的轮船 53 艘，900 吨至 3300 吨的登陆艇 15 艘，并规划如下航路：在以广州为终点的南洋线，以厦门为终点的南洋线以及途经厦门、香港，以小吕宋为终点的航线中投入 6 艘轮船；在以天津为终点，以连云港为终点以及途经青岛、以天津为终点的北洋线中投入 5 艘轮船；沪台线中投入海浙、海康、海黔 3 艘轮船；在沪宁线投入江亚、江静 2 艘轮船；在沪温线投入邓锦、林森 2 艘轮船；在川江线投入 3000 吨的中型登陆艇 5 艘，900 吨的华字号登陆艇 10 艘。

《大公报》第 15476 号，1946 年 12 月 1 日，以《招商局今日实施规定班轮不应差五十余艘定期航驶国内外线》为题的报道中有如下记载：

> 国营招商局，经一年来之努力，成绩颇佳。记者昨据该局胡副经理时渊宣称：招商局现有船只参加客货航运者计有海字号二十五艘，江字号十五艘，人名号十三艘，连同其他专供差运等船只之总吨位，

已超出六十万吨之上。为免除无谓损失，调剂码头仓库之拥挤，以及便利客货之往来兴起卸起见，特将内江与外洋之全部轮航班次，予以决定。凡规定班头之轮只，概不应差，自今日（十二月一日）起正次实施。一切登记及购票手续，一律照旧办理，今后行驶北洋线之船只，由上海直放天津者，有海甬、海穗、黄兴、其美、蔡锷等五轮。由上海至青岛者，有海滇、海冀，一归程兼湾连云港，一由青岛至天津者有海汉轮。由天津青岛至营口者有海津、海平二轮，行驶南洋线之船只，由上海至广州者有汉民、仲恺、培德三轮。由上海至福州者有海鄂号。由上海经汕头至香港者有海苏轮。由上海至汕头回程兼湾厦门者有海湘轮。由上海经厦门香港至小吕宋者，有海厦轮。国外线班轮仅此一轮，其他行驶上海至台湾基隆间者，有海黔、海康二轮。其中虽有不无需要改装或修理者，招商局亦指定由不定班线之延阊、林森、执信、邓锦、自忠、登禹、麟阁等七船，随时补充。或客货频繁，原定轮不敷时，亦可由上列七船随时添航。招商局今后外洋线之航运，已定可奠定基础，关于内江船只之支配，亦颇合理想。并于此十三艘江字号内江轮内，拟定七艘专事行驶沪汉线之正班。沪汉两埠每逢二、四、六开航。又每隔两星期，于星期日加开一班。星期六结关星期日开航。关于长江线各埠头装卸货件，招商局亦有规定，上海以三天计，汉口以二天计，沿途各埠停靠时间，应随货物多寡而定。一般应以一小时至四小时为标准。关于上下水航行时间，亦规定上水以五日计，下水以四日计，沪汉两埠总计停留五天。沪汉往返一次，以十四日为标准。中间各埠，计停靠设站者，为镇江、南京、芜湖、安庆、九江等五站，上下水相同。[①]

以上记述的是抗日战争结束后，招商局轮船公司在中国，尤其是以上海为中心所开展的航运活动。1946 年，招商局拥有"海"字号客货轮船25 艘、"江"字号15 艘、"人名"号13 艘等，共计60 万余吨。

以下是招商局轮船公司在1947 年以后开发的航路。北洋线中，由上海

---

① 《大公报》第15476 号，1946 年12 月1 日，第4 页。

开往天津的直航航路有海甬、海穗、黄兴、其美、蔡锷 5 艘，从上海开往青岛的有海滇、海冀 2 艘，船舶从上海返航的途中可在连云港停泊。另外，从青岛开往天津计划航行海汉号。从天津、青岛开往营口则计划航行海津、海平 2 艘。

南洋线中，从上海到广州的有汉民、仲恺、培德 3 艘，从上海开往福州的有海鄂号，从上海出发经由汕头至香港的有海苏号。从上海到汕头的轮船中，海湘号可以中途停靠厦门。

从上海出发，途经厦门、香港，驶往小吕宋的海夏号是唯一开往海外的班轮。另外还有从上海开往台湾基隆的海黔、海康 2 艘。不定期班线的轮船有延闿、林森、执信、邓锦、自忠、登禹、麟阁 7 艘。

从上海出发的航线中，上海至汉口的航线十分重要。上海至汉口各埠每周二、四、六开航，从上海至汉口的上水五日行程中，以及汉口至上海的下水四日行程中，沪汉途中各埠总计停留五天。沪汉往返一次，以 14 日为标准。中间各埠可停靠的站有镇江、南京、芜湖、安庆、九江 5 站。

《申报》第 24712 号，1946 年 12 月 1 日，以《国营招商局调整各行轮班次定期船只概不应差自今日起正式实行》为题，刊登了与《大公报》相同的报道。

> 国营招商局，经一年来之努力，成绩颇佳。记者昨据该局胡副经理时渊宣称：招商局现有船只，参加客货航运者计有海字号廿五艘、江字号十五艘、人名号十三艘，连同其他专供差运等船只之总吨位，已超出六十万吨之上。为免除无谓损失，调剂码头仓库之拥挤，以及便利客货之往来与起卸起见，特将内江与外洋之全部轮航班次，予以决定。凡规定班头之轮只，概不应差，自今日起正式实施，一切登记及购票手续，一律照旧办理。
>
> 北洋线
>
> 今后行驶北洋线之船只，由上海直放天津者，有海甬、海穗、黄兴、其美、蔡锷等五轮，由上海至青岛者，有海滇、海冀，于归程兼湾连云港。由青岛至天津者，有海汉轮，由青岛至营口者有海津，天津至营口者有海平。

南洋线

行驶南洋线之船只，由上海至广州者有汉民、仲恺、培德三轮。由上海至福州者，有海鄂号。由上海经汕头、香港者，有海苏轮。由上海至汕头回程兼厦门者，有海湘轮（该轮现尚在冲城湾）。由上海经厦门香港至小吕宋者，有海夏轮（现在港修理，约本月中工竣，即行复航）。国外线班轮仅此一轮。

沪台线

其他行驶上海至台湾基隆间者，有海黔、海康二轮，其中虽有不无需要改装或修理者。

招商局亦指定由不定班线之延阊、林森、执信、邓铿、自忠、登禹、麟阁等七船随时补充。或客货频繁致原定轮只不敷时，亦可由上列七船随时添航。招商局今后外洋线之航运已可奠定基础。

沪汉线

关于内江船只之支配，亦颇合理想，并于此十三艘江字号内江轮内，拟定七艘专事行驶沪汉线之正班。沪汉两埠每逢星期一、三、五对航，又每隔两星期于星期日加开一班。

装卸货件规定标准

长江线各埠装卸货件，招商局亦有规定，上海以三天计，汉口以二天计，沿途各埠停靠时间，应随货物多寡而定，一般应以一小时至四小时为标准。关于上下水航行时间亦经规定，上水以五日计，下水以四日计。沪汉两埠总计停留五天，沪汉往返一次，以十四日为标准。中间各埠计停靠设站者，为镇江、南京、芜湖、安庆、九江等五站，上下水相同。本月三日江宁轮由沪驶汉，为实行第一轮。嗣后沿途各埠，无特殊情形，可照预定班期行驶。[①]

以上是 1946 年末至 1947 年之后招商局轮船公司的航运情况。另外，关于长江航线的运行时间也进行了探究。

---

① 《申报》第 24712 号，1946 年 12 月 1 日，第 5 页。

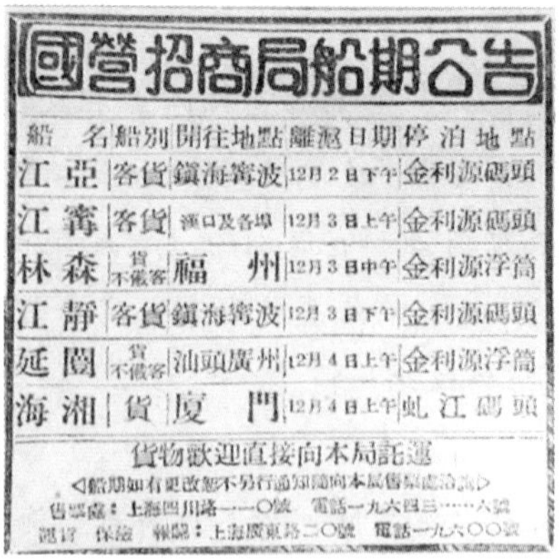

國營招商局船期公告

船名	船別	開往地點	離滬日期	停泊地點
江亞	客貨	鎮海寧波	12月2日下午	金利源碼頭
江寧	客貨	漢口及各埠	12月3日上午	金利源碼頭
林森	貨 不載客	福州	12月3日中午	金利源浮筒
江靜	客貨	鎮海寧波	12月3日下午	金利源碼頭
延閩	貨 不載客	汕頭廣州	12月4日上午	金利源浮筒
海湘	貨	廈門	12月4日上午	虬江碼頭

貨物歡迎直接向本局託運

◁船期如有更改恕不另行通知隨向本局售票處洽詢▷

售票處：上海四川路一一〇號　電話一九六四三……六號

運貨　保險　報關：上海廣東路二〇號　電話一九六〇〇號

图 1　《国营招商局船期公告》（1946 年 12 月 1 日）

《大公报》刊登的《国营招商局船期公告》公示了长江航路的运行时间，以下以 1946 年 12 月中的公告为例。

《大公报》第 15476 号，1946 年 12 月 1 日的《国营招商局船期公告》（见图 1）如下：

船名	船别	开往地点	离沪日期	停泊地点
江亚	客货	镇海·宁波	12 月 2 日下午	金利源码头
江宁	客货	汉口及各埠	12 月 3 日上午	金利源码头
林森	货·不载客	福州	12 月 3 日中午	金利源浮筒
江静	客货	镇海·宁波	12 月 3 日下午	金利源码头
延闿	货·不载客	汕头·广州	12 月 4 日上午	金利源浮筒
海湘	货	厦门	12 月 4 日上午	虬江码头

货物欢迎直接向本局托运

（船期如有更改恕不另行通知随向本局售票处洽询）

售票处：上海四川路一一〇号　电话一九六四三……六号

运货保险报关：上海广东路二〇号　电话一九六〇〇号[①]

《大公报》第 15478 号，12 月 3 日，公告如下：

① 《大公报》第 15476 号，1946 年 12 月 1 日，第 8 页。

船名	船别	开往地点	离沪日期	停泊地点
延闽	货·不载客	汕头·广州	12月4日晨	金利源浮筒
海沪	货·不载客	基隆	12月4日晨	19～20号浮筒
江亚	客货	镇海·宁波	12月4日下午	金利源码头
江安	客货	汉口及各埠	12月5日晨	金利源码头
海湘	货	厦门	12月5日晨	U.S.6～7号码头
黄兴	货·不载客	天津	12月5日上午	金利源浮筒①

《大公报》第15480号，12月5日，公告如下：

船名	船别	开往地点	离沪日期	停泊地点
江静	客货	镇海·宁波	12月5日下午	金利源码头
黄兴	货·不载客	天津	12月6日上午	金利源浮筒
江亚	客货	镇海·宁波	12月6日下午	金利源码头
江汉	客货	汉口及各埠	12月7日晨	杨家渡码头
海苏	货	天津	12月8日上午	13～14号浮筒
执信	货·不载客	天津	12月8日上午	金利源浮筒
海湘	货	厦门	12月5日晨	U.S.6～7号码头②

《大公报》第15482号，12月7日，公告如下：

船名	船别	开往地点	离沪日期	停泊地点
江静	客货	镇海·宁波	12月7日下午	金利源码头
江汉	客货	汉口及各埠	12月8日晨	金利源码头
海苏	货	天津	12月9日上午	13～14号浮筒
江亚	客货	镇海·宁波	12月9日下午	金利源码头
江建	客货	汉口及各埠	12月10日晨	金利源码头
执信	货·不载客	天津	12月10日上午	金利源浮筒③

---

① 《大公报》第15478号，1946年12月3日，第8页。
② 《大公报》第15480号，1946年12月5日，第8页。
③ 《大公报》第15482号，1946年12月7日，第8页。

《大公报》第 15484 号，12 月 9 日，公告如下：

船名	船别	开往地点	离沪日期	停泊地点
海苏	货	天津	12 月 9 日晨	杨家渡码头
江建	客货	汉口及各埠	12 月 10 日晨	第三码头
江静	客货	镇海·宁波	12 月 10 日下午	第三码头
执信	货·不载客	天津	12 月 11 日晨	金利源浮筒
蔡锷	货·不载客	天津	12 月 12 日晨	金利源码头
江静	客货	镇海·宁波	12 月 12 日下午	第三码头①

《大公报》第 15486 号，12 月 11 日，公告如下：

船名	船别	开往地点	离沪日期	停泊地点
江静	客货	镇海·宁波	12 月 12 日下午	金利源码头
蔡锷	货·不载客	天津	12 月 13 日晨	金利源浮筒
江泰	客货	汉口	12 月 14 日晨	金利源码头
林森	货·不载客	天津	12 月 14 日晨	金利源浮筒
海津	货·不载客	天津	12 月 14 日晨	金利源浮筒
江静	客货	镇海·宁波	12 月 12 日下午	金利源码头②

《大公报》第 15488 号，12 月 13 日，公告如下：

船名	船别	开往地点	离沪日期	停泊地点
海津	货·不载客	天津	12 月 14 日晨	金利源浮筒
林森	货·不载客	天津	12 月 14 日晨	金利源浮筒
江静	客货	镇海·宁波	12 月 12 日下午	金利源码头
江泰	客货	汉口及各埠	12 月 15 日晨	金利源码头
海黔	客货	基隆	12 月 15 日晨	杨家渡码头
江静	客货	镇海·宁波	12 月 17 日下午	金利源码头③

---

① 《大公报》第 15484 号，1946 年 12 月 9 日，第 8 页。
② 《大公报》第 15486 号，1946 年 12 月 11 日，第 8 页。
③ 《大公报》第 15488 号，1946 年 12 月 13 日，第 8 页。

《大公报》第 15490 号，12 月 15 日，公告如下：

船名	船别	开往地点	离沪日期	停泊地点
海黔	客货	基隆	12 月 16 日中午	18～19 号码头
江亚	客货	镇海·宁波	12 月 16 日下午	金利源码头
江静	客货	镇海·宁波	12 月 17 日下午	金利源码头
其美	货·不载客	天津	12 月 18 日中午	金利源浮筒
江亚	客货	天津	12 月 18 日下午	金利源码头
江安	客货	汉口及各埠	12 月 19 日晨	金利源码头①

《大公报》第 15492 号，12 月 17 日，公告如下：

船名	船别	开往地点	离沪日期	停泊地点
江静	客货	镇海·宁波	12 月 17 日下午	金利源码头
培德	货·不载客	广州	12 月 18 日晨	中栈码头
江亚	客货	镇海·宁波	12 月 18 日下午	金利源码头
江安	客货	汉口及各埠	12 月 19 日晨	金利源码头
其美	货·不载客	天津	12 月 19 日晨	金利源浮筒
江静	客货	镇海·宁波	12 月 19 日下午	金利源码头②

《大公报》第 15494 号，12 月 19 日，公告如下：

船名	船别	开往地点	离沪日期	停泊地点
江静	客货	镇海·宁波	12 月 19 日下午	金利源码头
培德	货·不载客	广州	12 月 20 日晨	中栈码头
江亚	客货	镇海·宁波	12 月 20 日下午	金利源码头
江平	客货	汉口及各埠	12 月 21 日晨	金利源码头
海湘	货	厦门·汕头	12 月 21 日晨	杨家渡码头
江静	客货	镇海·宁波	12 月 21 日下午	金利源码头③

---

① 《大公报》第 15490 号，1946 年 12 月 15 日，第 8 页。
② 《大公报》第 15492 号，1946 年 12 月 17 日，第 8 页。
③ 《大公报》第 15494 号，1946 年 12 月 19 日，第 8 页。

《大公报》第 15496 号，12 月 21 日，公告如下：

船名	船别	开往地点	离沪日期	停泊地点
江静	客货	镇海·宁波	12 月 21 日下午 3：00	金利源码头
江平	客货	汉口及各埠	12 月 22 日晨	金利源码头
海湘	货	厦门·汕头	12 月 22 日晨	20～21 号浮筒
江亚	客货	镇海·宁波	12 月 23 日下午 4：30	金利源码头
江建	客货	汉口及各埠	12 月 24 日晨	金利源码头
江静	客货	镇海·宁波	12 月 24 日下午 4：30	金利源码头①

《大公报》第 15498 号，12 月 23 日，公告如下：

船名	船别	开往地点	离沪日期	停泊地点
江亚	客货	镇海·宁波	12 月 23 日下午 4：30	金利源码头
仲恺	货·不载客	广州	12 月 24 日晨	杨家渡码头
江建	客货	汉口及各埠	12 月 24 日晨	金利源码头
海鄂	货·不载客	连云港	12 月 24 日晨	三井一栈
江静	客货	镇海·宁波	12 月 24 日下午 4：30	金利源码头
黄兴	货·不载客	天津	12 月 25 日晨	杨家渡码头②

《大公报》第 15500 号，12 月 25 日，公告如下：

船名	船别	开往地点	离沪日期	停泊地点
江亚	客货	镇海·宁波	12 月 25 日下午	金利源码头
黄兴	货·不载客	天津	12 月 26 日午	杨家渡码头
江静	客货	镇海·宁波	12 月 26 日下午	金利源码头
江亚	客货	镇海·宁波	12 月 27 日下午	金利源码头
江静	客货	镇海·宁波	12 月 28 日下午	金利源码头
江亚	客货	镇海·宁波	12 月 29 日下午	金利源码头③

---

① 《大公报》第 15496 号，1946 年 12 月 21 日，第 8 页。
② 《大公报》第 15498 号，1946 年 12 月 23 日，第 8 页。
③ 《大公报》第 15500 号，1946 年 12 月 25 日，第 8 页。

《大公报》第 15506 号，12 月 31 日，公告如下：

船名	船别	开往地点	离沪日期	停泊地点
江静	客货	镇海·宁波	12 月 31 日下午	金利源码头
江安	客货	汉口及各埠	1 月 1 日晨	金利源码头
江亚	客货	镇海·宁波	1 月 1 日下午	金利源码头
海康	货·不载客	青岛	1 月 2 日晨	杨家渡码头
江静	客货	镇海·宁波	1 月 2 日下午	金利源码头
江泰	客货	汉口及各埠	1 月 4 日下午	金利源码头①

从 1946 年 12 月一个月的《国营招商局船期公告》可以看出，江亚号、江静号可搭载乘客和货物往来镇海和宁波，江宁号也可以搭载乘客及货物往来长江航线的汉口及各埠。上海、宁波航线和前往上海、汉口的长江航线是重要的航运基础，驶往天津、福州、厦门、汕头以及广州的沿海航线为航运的重点。

《申报》第 24814 号，1947 年 3 月 18 日以《沪台航轮开始恢复》为题，报道了如下内容：

〔本报讯〕上海台湾间航运，自台北区发生暴动后，即行停航，迄将二周，暴动业已平静，现悉台湾航业公司开始复航，台南号已在基隆装货，将于本星期日到沪，台东号定本星期五复航，由沪驶基隆。招商局计有海皖、海湘、海黔三轮泊隆，系应差驶台。该局何日恢复商运，尚未规定。②

虽然运行了上海至台湾的航线，但由于台湾政局动荡，停航时有发生。运行后的定期航运为每周一班。

《申报》第 24885 号，1947 年 5 月 28 日《厦门马尼剌线 海陇轮将复航》报道：

国营招商局厦门至马尼剌线停航已久，该局为加强华南与南洋各

① 《大公报》第 15506 号，1946 年 12 月 31 日，第 8 页。
② 《申报》第 24814 号，1947 年 3 月 18 日，第 4 页。

地之客货运业务，已决定由海陇轮于短期内恢复行驶此一航线。现海
陇正加装铺位中。①

招商局试图恢复和增强从厦门到吕宋马尼剌（Manila）的航线，以及
连接着华南和南洋各国的航线，作为其中的一环，计划将海陇轮投入厦门
至马尼剌航线中。

《申报》第 25014 号，1947 年 10 月 4 日以《招商局复航海外　新轮一
艘下周到》为题的报道如下：

〔本报讯〕招商局海外线各轮，前因□差，暂停出国，现悉已有
数轮即将复航，行驶厦岷（马尼剌）线之海陇轮，已于本月二日自厦
驶岷。中印线之海玄轮于本月二日抵仰光，

昨日离仰驶印，预计明日可抵加尔各答。海地轮定明日离沪，
驶往塞班岛、关岛、澳属曼纳斯岛及芬起海文港等处，装运剩余物
资。又该局在美订购新轮 N3 型十五艘。昨据确悉：首批来沪新轮共
有八艘，四艘自美驶出，四艘由英驶出，一艘 TENGG 一四〇五号，
将于下星期二到沪，并载来中信局采购之汽油七千六百九十四桶。②

招商局试图扩张海外航线，继厦门—马尼剌线之后，在中国与印度间
的航线行驶海玄轮，海地轮驶往塞班岛（Saipan）、关岛（Guam）、澳属曼
纳斯岛（Australia Manas Island）等地。又从美国、英国购入新型轮船，意
在增强运输能力。

《申报》第 25018 号，1947 年 10 月 8 日以《驶甬轮起碇提早一小时
招商局沪甬线将复航》为题的报道如下：

〔本报讯〕招商局沪甬线江亚、江静两轮，规定除星期日外，星
期一至六沪甬对开，上海定下午六时自金利源码头起碇，宁波下午五
时启程，现因天日较短，该局为便利旅客起见，已于本月五日起提早
一小时起碇，准下午五时离埠，由甬返沪仍定下午五时起碇。

---

① 《申报》第 24885 号，1947 年 5 月 28 日，第 4 页。
② 《申报》第 25014 号，1947 年 10 月 4 日，第 4 页。

又该局为谋早日恢复上海烟台间航运起见，已派民一一五号轮，载青岛分局经理方重及干员多人前往烟台，筹备复局，及恢复航运事宜，最短期内，将有正式班轮开航。①

即在上海、宁波航线投入江亚、江静两艘，每周一至周六运行。上海定于下午 6 点从金利源码头出发，宁波则是下午 5 点启程。并且计划近日恢复运行上海至烟台的航运。

《申报》第 25044 号，1947 年 11 月 4 日报道如下：

〔本报讯〕招商局海天轮，昨日复航中印线，计运出棉纱六百件、棉布二百八十五件，系中信居报运曼谷，豆子一百吨、洋山芋一百吨运香港，杂货二十余吨运新加坡，运喀尔各塔者寥寥。②

招商局的海天轮复航中印线，装载"棉纱六百件、棉布二百八十五件"运送至曼谷，"豆子一百吨、洋山芋一百吨"运送至香港，"杂货二十余吨"运送至新加坡。

《申报》第 25574 号，1949 年 5 月 1 日以《台东轮驶南洋线首次自星岛载物资返台》为题的报道记载，招商局轮船公司之外的公司也开启了南洋航路。

台航公司台东轮，上月向新加坡所作处女航，获得当地华侨热烈欢迎后，公司当局顷决定以该轮定期行驶南洋航线。该轮已于十九日驶离星岛，载回废铁、木材、肥皂、树胶及火柴一千余吨，可望于卅日经香港抵台，预定于五月十日二次驶槟榔屿、马尼剌及新加坡。现除招商局曾派轮行驶南洋航线外，民生实业公司最近亦派一代表赴新埠，据称亦拟派轮行驶该线。③

继招商局轮船公司之后，台航公司也开通了驶往新加坡的台东轮，民生实业公司也计划开通南洋航路。

---

① 《申报》第 25018 号，1947 年 10 月 8 日，第 4 页。
② 《申报》第 25044 号，1947 年 11 月 4 日，第 7 页。
③ 《申报》第 25574 号，1949 年 5 月 1 日，第 1 页。

四　小结

从 1946 年 11 月起，因抗日战争陷入混乱的招商局轮船公司开始恢复国内尤其是以上海为中心的航路。1946 年，招商局投入了包括"海"字号货客船共 25 艘，"江"字号共 15 艘等，总计高达 60 余万吨的轮船。

抗日战争结束后重新开放的定期航线中，招商局最为重视的是上海—宁波航线和长江航线。上海—宁波航线除了周日之外每日运行。上海—汉口的长江航路也受到了同样的重视。长江各埠驶往上海、汉口的船舶每周二、四、六出发；从上海到汉口五天，从汉口到上海四天，其间在各埠共停留五日，往返共十四天。途中可停泊港口为镇江、南京、芜湖、安庆、九江五港。长江航线航运十分繁忙，几乎隔日就有班次。长江航线与上海—宁波航线共同为重建抗日战争结束后凋敝的社会做出了巨大的贡献。

另外，在 1947 年之后运行的航线中，北洋线，即上海直达天津的航线行驶海甬、海穗、黄兴、其美、蔡锷五艘，上海到青岛航线行驶海滇、海冀两艘，另外计划在青岛至天津航线投入海汉号，在天津、青岛至营口航线投入海津、海平两艘。

南洋线中，从上海到广州的是汉民、仲恺、培德三艘。从上海到福州的有海鄂号，从上海经由汕头赴香港的有海苏号。从上海到汕头的轮船有海湘号，中途停靠厦门。

从上海出发，中途停靠厦门、香港，驶向小吕宋的海夏号是国外线唯一的航运船舶。除此之外，从上海驶往台湾基隆的有海黔、海康两艘。不定期航运的轮船有延闿、林森、执信、邓锦、自忠、登禹、麟阁七艘。

如上所述，抗日战争结束后的招商局轮船公司以上海为中心，以驶往宁波、汉口的航路为基轴，同时恢复了驶往北洋、南洋以及东南亚的定期航线。

松浦章（MATSUURA Akira），1947 年生，专攻明清经济史、中日关系史、东亚轮船航运史、东亚文化交流史。自 1988 年成为关西大学文学部教授（1989 年获关西大学文学博士学位、2011 年获关西大学文化交涉学博士学位）以来，一直任教于关西大学；2009～2013 年担任日本关西大学东西学术研究所所长。2011～2016 年任关西大学亚洲文化研究中心主任。2017 年成为关西大学荣誉教授。研究领域以中国沿海的帆船航运开始，逐渐扩大到东亚海域的人物、商品、资金等的流动和组织结构，对此均有深入的探讨。迄今已出版日文专著『汽船の時代　東アジア海域』等 17 种、中文专著《清代海外贸易史研究》等 11 种。

招商局与抗战后船舶接收工作

陈俊仁

国民政府在抗战胜利后整体的接收工作失误频频，贪污舞弊，数见不鲜，学者认为接收变成劫收是国民党在大陆失去政权的主因之一。然而，经整理及分析接收敌伪船舶的相关史料，我们看到国民政府在这方面的表现远胜于对其他资产的接收，而此现象与招商局的努力及贡献有莫大关系。

一 国民政府接收敌伪资产的失误

1945 年 9 月 23 日，重庆《大公报》社论谓："半个月以前，没有料到胜利即刻来临，战争即刻结束，一两年来政府对复员设计与讨论，面对突如其来的胜利，日本无条件投降，使得以前所制定的复员计划，如军事的逐步推进，金融、政治等机构逐渐完成，一并打消，几年来的计划准备，到头来有些凑不上来。"[①] 可以说是非常生动地描述了接收筹备计划与胜利初期实际工作的落差。

另一个落差则是来自人民的期望。1945 年 11 月 18 日，《新华日报》形容战后人民对国民政府官员抱着渴望，等这些官员到达后，渴望就变成了希望，再等国军到达后，希望就变为了失望，等到国民党的接收工作开始后，由失望变为了怨望，接着怨望变成了仇恨。[②]

---

① 重庆《大公报》，1945 年 9 月 23 日。
② 《新华日报》，1945 年 11 月 18 日，转引自陈益民编《民国旧事——老新闻（1944 - 1946）》，天津人民出版社，1998，第 111 页。

时任北平行营主任的李宗仁日后忆述："当时在北平的所谓接收，确如民间报纸所讥讽的，实在是劫收。"① 曾任职天津市党政接收委员会及平津区敌伪产业处理局的李绍泌谓："各部门派出之接收大员亦均想乘此混乱之机发笔横财，有如恶狗扑食，你抱我夺。霎时接收大员成为风云一时的人物，官商勾结，盗卖物资，中饱私囊，当时称之为五子登科人物（即掠夺金子、房子、票子、车子、女子）。"②

国民党迁台后，根据台湾有关机构的检讨，胜利后整体接收工作的失误可简述如下。准备方面，各机关对于接收，既无经验，又乏成规可循。当时接收工作急于进行，不得不临时规划，分头赶拟接收法令。既不明白日伪机构产业的部署，又缺乏对收复地区实际情况的认识，所拟办法多与事实脱节。处理方面，各部门对于所接收的机关或产业，其处理方法，各有不同。接收人员的册报过迟，甚至有的就没有册报，使上级不能及时处理，致使所接收的工厂、生产部门，不能迅速复工，影响国家经济；接收之物资、粮食、原料等，则因封存过久，霉烂变质。人员方面，负责实际接收的工作人员，多系临时凑集，事先没有经过训练，其学识素养，亦未详加考察，以致接收时错误百出。至于接收人员的心理，多以胜利者自居，目空一切，生活上则群趋享受，纪纲荡然。初期中央远在重庆，无法监督，因而从中舞弊，数见不鲜。③

上述三类失误，某种程度上在航运接收方面亦有显现。准备方面，交通部在胜利初期出现接收法规不周全的情况。例如，1945 年 8 月 16 日，日本宣布投降翌日，交通部颁布四项有关水运接收的训令，赋予招商局权力，处置敌伪及外国公司的产业及设备，④ 但不久后，交通部于 8 月 27 日发出另一训令，⑤ 表示关于码头仓库等的支配指定事项，在复员期间暂归

① 李宗仁口述，唐德刚撰写《李宗仁回忆录》下册，永莲清出版社，1986，第 828 页。
② 李绍泌：《国民党劫收平津敌伪产业概况》，《天津文史资料选辑》第 5 辑，天津人民出版社，1979，第 83 页。
③ 《战地接管工作》，1954，转引自邵毓麟《对于张兹闿先生〈胜利后接收的经验〉一文的几点答复》，《传记文学》第 10 卷第 4 期，1967 年 4 月，第 88 页。
④ 《交通部训令航字第 11778 号》，蛇口招商局档案馆所藏招商局档案（以下简称《蛇口招档》），档案号：B015 - WS - 69。
⑤ 《交通部训令航字第 12450 号》，《蛇口招档》，档案号：B015 - WS - 69。

军委会战时运输管理局成立的长江区复员航运管理委员会统筹办理，以致招商局总经理徐学禹于 8 月 30 日函电向交通部部长俞飞鹏查询，结果交通部于 9 月 8 日澄清，码头仓库等的支配暂归委员会，而敌伪在沿海以及其他各轮埠设备的接收使用仍归招商局。①

此外，接收机关的反复设置亦见规划混乱。交通部早任命刘鸿生为主任委员，成立京沪区航业整理委员会，成员有杨志雄（代理主任委员）、沈士华、李孤帆、杜月笙、盛升颐、张树霖、徐学禹、丁贵堂，秘书蒋炜祖、钟山道。委员会在招商局大楼办公，于 10 月 2 日召开第一次会议，积极展开工作。可是，全国性事业接收委员会不久成立，下设上海敌伪产业处理局，职务与刘鸿生的委员会相同。结果，刘鸿生的委员会于 11 月 1 日第四次会议后，函请交通部自行结束，工作交由产业处理局负责。②

二 接收船舶的贪污舞弊

各种接收失误中，当以贪污舞弊一项对国民政府的声誉影响最大。为打击贪污舞弊，行政院于 1945 年 11 月 5 日通过《奖励密报敌伪产业办法》，11 月 27 日核定《密报案件处理办法》，而 12 月 4 日再核定《奖励密报敌伪产业补充办法》，③ 交通部特于 1946 年 6 月 24 日颁布《奖励密报敌伪船舶办法》。④

1946 年 5 月 5 日，蒋介石迫于内外压力，宣布由国民参政会（2~5人）、国民党中央监察委员会（1~2人）和国民政府监察院（1~2人）三单位联合组成清查团。1946 年 6 月，监察院组织了"接收处理敌伪物资清查团"，共分 18 个小组，分赴苏浙皖、湘鄂赣、东北、粤桂、冀察热绥、鲁豫、闽台 7 个区，负责清查接收工作中的不法行为，清查期限

---

① 《交通部训令航字第 13159 号》，《蛇口招档》，档案号：B015 - WS - 69。
② 《刘鸿生致交通部部长函电》（1945 年 11 月 3 日），《蛇口招档》，档案号：B015 - WS - 69。
③ 秦孝仪主编《中华民国重要史料初编——对日抗战时期》第 7 编《战后中国》第 4 册，中国国民党党史委员会，1988，第 273 页。
④ 《交通部训令航字第 2129 号》，《国营招商局业务通讯》第 31 号，1946 年 7 月 16 日。

为 50 天。①

往各地的清查团到埠后积极开展工作，曾办理一定数量的弊案，例如清查团逗留平津地区 50 日内，接获密告的案件多达 1000 余件。经清查后，大部分证据不足，但后送法院查办者，初步估计有 30 余件，涉案约 50 人。② 然而，一般舆论认为清查团未能彻底对付权贵及地方势力，又属短期机关，清查团离开后，弊案容易不了了之，所以成效不彰，未孚众望。③ 当时确有不少弊案令舆论高度关注。例如平津方面，曾有李宗仁、王翼臣、孙越崎、石志仁、熊斌、杜建时等的贪污传闻而无实据，但天津公用局长王锡钧、华北海军专员办事处主任刘乃沂、上海宪兵队长姜公美、山东省敌伪产业委员会主任委员高传珠及下属等，④ 为涉及接收舞弊案而被提公诉中层级较高者，而北平经济接收特派员张果为则被监察院弹劾。⑤

除了清查团，各相关机构亦查处不少舞弊案。例如，苏浙皖区敌伪产业处理局查缉组于 1945 年 11 月 11 日成立，至 1946 年 6 月 30 日结束，为时七月有余，受理密报案件 2496 宗，查获物资最低估值约 176 亿元。⑥ 1946 年度，军务局经办的贪污不法案件有 554 宗，⑦ 当中明确分类为接收舞弊者 40 宗，而因各种贪污舞弊而被军法处判刑的有 274 人（其中 56 人判死刑）。政府人员方面，1945 年中至 1947 年中，全国各地法院审结的贪污案有 16974 宗，涉案公务人员有 17454 人，已判刑者有 6285 人（占被告总数 37.5%）。⑧

---

① 林桶法：《战后中国的变局：以国民党为中心的探讨（1945－1949 年）》，台北商务印书馆，2003，第 44 页。
② 林桶法：《战后中国的变局：以国民党为中心的探讨（1945－1949 年）》，第 35 页。
③ 曹仲德：《舞弊特辑》，《国际新闻画报》第 57 期，1946 年，第 6 页；《清查团归京有日，接收舞弊者可出生天》，《针报》（广州）第 42 期，1946 年，第 1 页；《针针见血：假如承认接收有舞弊……》第 33 期，1946 年，第 14 页。
④ 有关鲁豫区清查团参见《接收清查团第一炮，周自钦舞弊已扣押法办》，《交通部津浦区铁路管理局局日报》1946 年 9 月 3 日，第 4 页。
⑤ 林桶法：《战后中国的变局：以国民党为中心的探讨（1945－1949 年）》，第 34 页。
⑥ 秦孝仪主编《中华民国重要史料初编——对日抗战时期》第 7 编《战后中国》第 4 册，第 273 页。
⑦ 台湾"国史馆"藏《蒋中正总统档》《特交档案》，第 39 册，转引自林桶法《战后中国的变局：以国民党为中心的探讨（1945－1949 年）》，第 42 页。
⑧ 南京《和平日报》，1947 年 12 月 4 日，转引自林桶法《战后中国的变局：以国民党为中心的探讨（1945－1949 年）》，第 42 页。

接收变劫收，被认为是国民党走向败亡的第一步。然而上述舞弊检举、办理以至判刑为数似亦不少，究竟在当时只是冰山一角，还是舆论有所偏颇，导致民众认为接收舞弊极为严重，这问题值得详细探讨。可是，单就航业接收而言，我们却观察到不同的情况。

检视当时曝光的舞弊大案后，我们发现不到舆论曾揭发涉及航产接收的大弊案。再者，在查办的弊案中，也看不到涉及大宗航产接收的弊案。虽然其中可能由于舞弊案件没有按资产种类做仔细统计，故不易翻查，但上文提及的苏浙皖区敌伪产业处理局查缉组查获各类隐匿物资数量非常庞大，最低估值约176亿元，但涉及航运的却很少，只查获机帆船23艘。① 苏浙皖区接收敌伪船舶占全国约四成半，② 应可作为一个典型的例子。

假如上述观察准确，我们相信，相对于其他类别的敌伪资产而言，敌伪船舶的接收情况应较为理想及顺利，故涉及的舞弊情况亦较少。

有关航运接收的舞弊情况，可参考一篇成于1963年的回忆文章。作者笔名"宗于"，从作者在文中自述的生平推断，他应是招商局秘书室主任秘书陈仲瑜。作者因认识徐学禹的父亲，徐便邀请他到招商局，他们同日入职，陈为主任秘书，到徐学禹在1949年升为董事长，陈跟随转为董事会主任秘书。③

陈仲瑜忆述，招商局接收了大批船只，除了留归自用及有些军政机关领用外，或发还私人原主，或标卖价让，或租给私营航商修复使用等。在这中间就隐藏着各种生财之道。除了徐学禹、刘攻芸外，招商局的副总经理兼业务处长胡时渊也参与其事。胜利后，私人原主若有机会取回被敌伪没收的航产，自然喜出望外，少不了钻门路送谢礼。至于标卖价让或出租修用，那便容易上下其手，徐学禹、胡时渊亦趁此机会多方获利。有些军阀，如顾祝同、上官云相、汤恩伯等，都各由部属或副官出面接头，创办

---

① 秦孝仪主编《中华民国重要史料初编——对日抗战时期》第7编《战后中国》第4册，第279~280页。

② 秦孝仪主编《中华民国重要史料初编——对日抗战时期》第7编《战后中国》第4册，第495页。

③ 宗于：《漫话末代招商局》，中国人民政治协商会议全国委员会文史资料研究委员会编《文史资料选辑》第64辑，文史资料出版社，1979，第238页。

公司，领购船舶。闻人方面主要是杜月笙，他的大徒弟骆清华（中国通商银行经理）主持的大通大达公司，另一徒弟杨管北主持的怡太公司，杨志雄主办的益祥公司，特务头子徐恩曾的远东打捞公司，以胡时渊为背景的志新公司，胡兄时灏和浚泉的公益实业公司，以徐学禹为背景的通安公司，钱永铭的兴中公司，魏文瀚的海鹰公司，屠起伯的拖驳公司等，都或多或少从中得到便宜的船舶。① 胡时渊亦曾忆述，大通大达公司、益祥公司的有关人员与杜月笙的亲信、亲属一起成立的江浙内河轮船联营公司承租了一批小轮和木驳，后来再向敌伪产业处理局申请折价购进这批船只。②

总结上面的忆述，当时的航产接收舞弊有两种形式。第一，航产原主通过提供利益予负责接收的人员，希望取回被敌伪没收的产业；或取回自己的产业后，向负责接收的人员提供利益，以为答谢。第二，政府内外有权势者开设公司，通过向接收机关廉价承租或承购敌伪船舶，从中得利。

就第一种舞弊形式而言，曾任交通部参事及招商局轮船股份有限公司监察的项雄霄曾忆述，在招商局接收的船只中，有的是战前属于民营被日本人抢去的，原业主蒙受了极大损失。③ 项氏所述的情况应是原拥有人因各种原因，难以在战后提交产权证明，他们的航产不获政府发还。若当时航产接收机关贿赂舞弊大行其道，原物主大可通过贿赂方式，取回私产，减低损失，不致大量出现如项氏所说的苦况。

即使陈氏所述情况普遍，招商局作为接收航产的其中一个经办机关，是否容易从中渔利呢？招商局于1946年1月1日公布："本局奉命接收敌伪船舶中，有属民营公司或盟商公司所有，每来函请求发还，但本局立场对于接收之航产，并无审议处理之权责。特为公告，航商对于上项航产之所有权，应向上海区敌伪产业处理局申请，本局俟接到处理局通知后，始可照办、惟在接管期内所有本局对于该项航产垫付费用，应由申请人清偿。"④ 有关规条

① 宗于：《漫话末代招商局》，《文史资料选辑》第64辑，第244~245页。
② 胡时渊：《我在招商局从事航运事业的回忆》（油印件），1984年3月31日，转引自张后铨主编《招商局史：近代部分》，中国社会科学出版社，2007，第460页。
③ 项雄霄：《我在陆总接收委员会了解的点滴情况》，文闻编《抗战胜利后受降与接收秘档》，中国文史出版社，2007，第145页。
④ 《指导发还航产》，《国营招商局业务通讯》第18号，1946年1月1日，见《蛇口招档》。

程序相当明确，权既在敌产处理局，又已公告周知，招商局中人想亦未必能予取予携。以前述苏浙皖区为例，产权有疑问的案件，需经由敌伪产业处理局会同航政局、招商局及江海关审核验认。经审议会通过发还者，盟国商民船舶 319 艘，本国人民船舶 182 艘。[①]

至于权贵资本承租承购船舶方面，首先值得探讨的是政府出售出租接收资产的程序为何，当中又是否存在很多贪污舞弊的漏洞。

苏浙皖区敌伪产业处理局报告谓："自敌伪接收之产业物资，除发还原业主、拨交政府机关或委托营运出租外，概以变价售现为原则。变售方式，经本局先后采用者为（一）平卖，（二）委托代售，（三）标卖，（四）拍卖，（五）价让等。并为迅赴事功，节省开支，多委托有关机关及殷实商行办理。变售之前，先经本局缜密之估价，或委托估价后由本局核定。各次公开标售，或重要产业让售移交时，均由审计机关之指定代表莅场监标及监交。"[②] 按此规定，变卖接收船舶的程序有一定规范。敌产处理局有估价及监察的权责，若非失职，招商局亦难上下其手，而且 1945 年 12 月 27 日，交通部训令招商局，奉命处分或出租敌伪产业物资得款，应存中央银行汇解国库，不得擅自动支。[③]

截至 1946 年 12 月，苏浙皖区所接收水运工具业已标卖的有 133 艘，让售 340 艘，[④] 而委托招商局标售的船只分 5 批，共 105 艘。[⑤] 招商局举行船舶投标，依产业局规定采用公开形式。例如，1945 年 11 月 29 日，招商局曾于总局公开投标出租船舶，投标航商有 50 组，此期可供投标的轮船只有 25 艘，分为 5 组，每组可租得轮船 5 艘，每艘 60 吨至 200 吨不等，总计每组 600 吨。租期 6 个月，租金每吨每月 2000 元，预缴保证金两个月，并交 1000 万元铺保两家。唯交通部命令 200 吨以上的

---

① 秦孝仪主编《中华民国重要史料初编——对日抗战时期》第 7 编《战后中国》第 4 册，第 192 页。
② 秦孝仪主编《中华民国重要史料初编——对日抗战时期》第 7 编《战后中国》第 4 册，第 198 页。
③ 《国营招商局业务通讯》第 19 号，1946 年 1 月 16 日，见《蛇口招档》。
④ 秦孝仪主编《中华民国重要史料初编——对日抗战时期》第 7 编《战后中国》第 4 册，第 256 ~ 257 页。
⑤ 秦孝仪主编《中华民国重要史料初编——对日抗战时期》第 7 编《战后中国》第 4 册，第 257 ~ 258 页。

船舶须保留公用运煤，故招商局决定此等船只投标后暂留局使用，任务完成后才拨归航商。①

从上述例子看到，招商局办的投标不但公开，亦有一定竞争性。再者，航商通过招商局承租船舶亦承担一定风险。例如1946年2月底，招商局因政府还都期近，决定将所有出租的机帆船全部收回，所有承租航商应如期交还，绝不通融。② 若投标程序明确，主理机关权责清晰，定会减少贪污舞弊的漏洞。

除了标卖和出租，上面提及苏浙皖区敌产局让售船舶为数亦不少。资料没有说明船舶让售对象是谁，是不是权贵资本。然而，当时苏浙皖区敌伪工厂的让售对象绝大部分为政府机关，③ 未知船舶让售是否相同。

官员经商，其私人公司与有关的机关部门进行商业交易，从中取利，乃当时的常见舞弊现象之一。1946年度，在军务局经办的贪污不法案件中，有22宗为官员经商，④ 而招商局总经理徐学禹早年亦曾因经商而被监察院弹劾。由于史料的缺乏，我们未能详细了解战后敌伪航产舞弊的具体操作过程。然而，翻查招商局一份造于1946年12月底的接收敌伪船舶清册（虽未确定是否完整，但约300页），我们发现大通大达联营处曾向招商局承租江轮1艘、承购江轮3艘；公益实业公司承购小轮1艘、机帆船2艘、渔轮及铁驳各1艘；而江浙内河轮船联营公司则承租小轮1艘、承购小轮33艘及木驳20艘。⑤ 相对于近700艘（最高估计数字）可被出售的船舶，上述权贵资本公司承购船舶总计63艘，所占比重并非很大。

根据1946年12月底的统计，上海各民营轮船公司拥有船舶共396艘，而陈仲瑜和胡时渊提及的权贵资本公司只拥有13艘，包括大通大达（2艘）、益祥（4艘）、公益实业（3艘）、通安（2艘）、兴中（1艘）、海鹰

---

① 《招商局接收船舶公开投标出租》，《金融周报》第13卷第9期，1945年，第26~27页。

② 《收回全部出租机帆船》，《国营招商局业务通讯》第22号，1946年3月1日，见《蛇口招档》。

③ 秦孝仪主编《中华民国重要史料初编——对日抗战时期》第7编《战后中国》第4册，第209~212页。

④ 台湾"国史馆"藏《蒋中正总统档》《特交档案》，第39册，转引自林桶法《战后中国的变局：以国民党为中心的探讨（1945-1949年）》，第42页。

⑤ 《国营招商局接收敌伪船舶概况表》（截至1946年12月31日），见《蛇口招档》，档案号：B014-WS-21。

（1 艘）。① 虽然上述统计数字未必完整，但这些涉嫌舞弊的权贵公司似乎未能在接收敌伪船舶的过程中，取得明显的利益。考虑到当时的官场习气与社会氛围，人们所忆述的敌伪航产舞弊现象未必不可信，但是有关问题的严重性却未能证实。

三　招商局接收敌伪船舶的筹划

招商局于 1943 年在重庆恢复总局之前，便着手计划复员工作，并开始具体行动，包括购船、修船及调查局产等，为复员铺路。自 1943 年起朝野开始讨论航运复员的问题，而交通部亦于此时下令招商局在重庆恢复总局。1944 年 7 月，国民党国防最高委员会第 141 次常务会议通过下属中央设计局提出的《复员计划纲要》，② 纲要中有关航运接收复员的重要原则，涵盖面颇为广泛，涉及原有交通设备及工具的利用及改善、交通工具的补充及修造能力、敌伪交通事业的接办、预定接收人选、收复区民营交通事业的维持以及码头等设备的修整等。③ 交通接收复员的具体负责机关为交通部，但一直未见它提议由下属的招商局负责接收收复区船舶，而《复员计划纲要》亦没有提及此事。

相反，招商局显然早已预见敌伪船舶对战后航业的影响，并且考虑到其可能在战后负责接收及暂管敌伪以及其他航业的资产。招商局管理层于 1945 年 5 月 25 日，召开特别会议商讨复员计划，已决定"各沦陷区除友帮产业外，凡攸关公有及敌产船舶、码头、仓库均应临时代管"④。因此，招商局在 6 月 7 日呈交交通部核准的《国营招商局配合反攻军事进展收复各地资产筹备复航工作计划大纲》⑤ 中，建议在敌人撤退时，他们尽量保

---

① 《上海各轮船公司所有船舶统计表》（截至 1946 年 12 月底），见《蛇口招档》，档案号：B014 - WS - 122。

② 秦孝仪主编《中华民国重要史料初编——对日抗战时期》第 7 编《战后中国》第 4 册，第 351 页。

③ 秦孝仪主编《中华民国重要史料初编——对日抗战时期》第 7 编《战后中国》第 4 册，第 367 ~ 369 页。

④ 胡政主编《招商局与重庆：1943 - 1949 年档案史料汇编》，重庆出版社，2007，第 28 ~ 29 页。

⑤ 胡政主编《招商局与重庆：1943 - 1949 年档案史料汇编》，第 103 ~ 105 页。

全局方资产，兼及其他航业资产，避免不必要的损失，以便早日收复利用；敌人撤退后，尽力暂时接管敌伪航业资产。

招商局鉴于福州刚收复，相信厦门收复为期不运，为保全局产，当时已派定王济贤为福州办事处主任，筹划福州复航事，又委任黄克立为专员，驻闽筹备接收厦门局产及复航之事。①

招商局同时向交通部建议，聘请曾在该局任职的杨志雄为高等顾问，回上海秘密策划复员工作，一旦胜利便可充任该局上海临时办事处主任，负责推行所呈的工作大纲。招商局的《国营招商局业务部分初步复员计划意见书》拟定得更详细，列出复员初期各分局的裁撤与恢复、各船只的航线分配、各船只开航的次序、各轮开航前业务上的准备工作、人员的补充及复员经费预算。"为维持运输秩序，加强效率起见，由本局呈准最高当局，负通筹支配军公运输之责，不使临时紊乱"，又谓"宜昌以下港务设备均待整理，且为配合运量、加强运能起见，由本局呈准交通部，所有民营川江轮船暂一律至宜昌为止，不再开下，其宜汉间军公运输由本局负责接运"。②

越接近胜利之日，招商局的复员计划越见仔细。还没有等到抗战正式胜利，招商局早在1945年6月已开始按实际情况做出接收局产的人事安排，展开复航的筹备工作。日本于1945年8月15日宣布投降后，招商局副总经理沈仲毅及总经理徐学禹分别于9月6日及11日回到上海，需时不过三周已在沪开始办公，安排接收局产及复航工作。而9月16日，交通部京沪区航业接收委员会则于招商局内开始办公，主任委员是沈仲毅。③ 鉴于招商局极早筹划和仔细部署复员工作，它的工作效率可算颇高。

有说徐学禹希望可以争取接收大量敌伪船舶，抗战胜利后，他通过好友尹仲容（宋子文的亲信、中国建设银公司总经理）的关系，常于宋家奔走。为取得宋子文的信任，徐接纳与宋关系密切的刘鸿生（宋刘为同学）、余仕荣及林旭如加入招商局理事会。④ 徐与行政院敌伪产业处理局局长刘

---

① 胡政主编《招商局与重庆：1943－1949年档案史料汇编》，第104页。
② 胡政主编《招商局与重庆：1943－1949年档案史料汇编》，第105～108页。
③ 《中华民国三十四年九月国营招商局大事记》，《蛇口招档》，档案号：B015－WS－116。
④ 宋子：《漫话术代招商局》，《文史资料选辑》第64辑，第244页。

攻芸合作，把原来交通部统一接收各地船舶航产的办法，改为凡系有关水运的产业和船舶均由招商局统一接收，再交由敌产处理局。

我们不知以上说法是否完全准确，但招商局与国民政府高层负责接收任务的大员颇有联系。1945 年 11 月 1 日，行政院收复区全国性事业接收委员会在南京成立。委员之一的韦以黻于 1928 年至 1946 年为交通部技监，亦曾任交通部常务次长，并于 1943 年至 1946 年被交通部任命为招商局理事。另一委员杨继曾与徐学禹渊源甚深，他们是德国柏林工业大学的同学。1932 年初淞沪战役时，他们与林继庸、包可永等制造化学武器，攻击停泊在黄浦江的日本战舰"出云号"。① 既然徐学禹在公在私均可与接收大员有密切沟通，相信不难取得政府高层的信任。

四　招商局的船舶接收工作

1945 年 8 月 6 日，美军在日本广岛投下第一枚原子弹，预示抗战胜利即将来临。8 月 9 日，上海轮船业同业公会驻渝办事处召开临时会议，商讨胜利后复员、接管敌伪船只财产以及索赔等问题；同意成立复员委员会；并决议因各会员公司过去均经营航业有年，而且敌伪航业财产中不免尚有部分是会员公司的原有财产，因此要求政府同意由同业公会委派代表参与接收工作；而接管敌伪航业财产中，原属于本国各轮船公司所有者，应尽快发还。接管敌伪航业财产除发还本国各公司外，其余应尽速分配补偿予各有损失的轮船公司。决议呈交交通部备案，② 而交通部亦同意民营航业公司与政府接收人员一同前往收复区，各自接收原有产业。

8 月 16 日，日本宣布投降翌日，交通部训令：

（一）自宜昌起至上海为止，各商轮公司在各轮埠所置之栈埠房屋及一切设备颇多，应由各商轮公司迅派人员随同前往各埠接收，并

---

① 刘绍唐：《民国人物小传·林继庸》，《传记文学》第 47 卷第 4 期，1985 年 4 月，第 136 页；《民国人物小传·杨继曾》，《传记文学》第 64 卷第 1 期，1994 年 1 月，第 133 页。

② 《上海轮船业同业公会会议记录》（1945 年 8 月 9 日及 14 日），转引自郑会欣《董浩云与中国远洋航运》，中华书局（香港）有限公司，2015，第 87 页。

统由该（招商）局支配利用，以利复员。

（二）敌伪在各轮埠所置之上项设备，统由该（招商）局查明，接收使用。

（三）各轮埠外商公司之上项设备，统由该（招商）局接洽，暂行借用。

（四）各商轮航线，候另行规定。①

上述训令率先明确指出招商局在航业接收工作中的任务及其关键角色。然而，训令只有四项，显然是急就章。1945 年 8 月 25 日，招商局将草拟的《接管敌伪船只办法》上呈交通部。交通部修订后于 9 月 12 日呈报行政院，并向陆军总司令部备案，旋即分令各区特派员办理。②

《接管敌伪船只办法》共有 12 项，包括如何接收及管理敌伪船只的具体规定。有关招商局方面，办法订明所有敌伪在内河及沿海的商船，一律由交通部派员商请各地区接收军事长官派员协助接收管理，而交通部接收的敌伪船只暂交招商局负责营运。招商局应视实际需要，在沿江、沿海适中地点设置供应站，大量储备燃料、油料及其他航用物品，以及食米、菜蔬、油盐等膳食材料，以备各轮就近领用。新的接管办法比原来的训令具体可行，但招商局对敌伪航产的处置权，却由接收使用变成暂时营运，当中转变未知是否由于民营航业的意见。

负责接收工作的陆军总司令何应钦认为，水运接收工作至关重要。他于 1945 年 9 月 14 日函电向蒋介石报告，已先派交通接收委员沈仲毅、杨成质、杨志雄、黄季弼、施复昌等接收上海及沿扬子江至芜湖与其附近各内河各埠各航业机构，及其所有轮船与码头仓库等一切运输设备，并命令他们接收后继续维持业务，不得停顿，受水运主管机关调配运务。③

9 月 21 日，何应钦又函电向蒋介石报告，华北、武汉各区交通事业已

---

① 《交通部训令航字第 11778 号》，《蛇口招档》，档案号：B015 - WS - 69。
② 《接管敌伪船只办法》，《蛇口招档》，档案号：B015 - WS - 69。
③ 秦孝仪主编《中华民国重要史料初编——对日抗战时期》第 7 编《战后中国》第 4 册，第 20 页。

分派交通特派员陈伯庄、石志仁、夏光钦等分往接收，续派杜镇远接收广东区交通事业，并命令他们接收后继续维持业务，听候主管部门接管。①

收到抗战胜利消息后不久，招商局于 8 月 21 日及 28 日举行了临时紧急会议，做出多项决定，② 又针对迁回上海办公，拟定《国营招商局复员迁沪办法大纲草案》，当中有 12 项要点，作为办理复员事宜的指引。③ 徐学禹及沈仲毅先率领一部分员工东下，接收上海广东路 20 号日本邮船会社房屋，于 10 月 1 日成立国营招商局上海临时办公处，办理复员工作，并派员赴长江及沿海各地，筹备恢复各分支机构与办理接收事宜。等到副总经理胡时渊率领留渝全部工作人员抵沪后，总局便于 10 月 23 日正式在沪恢复办公。④

在布置交通接收人员时，招商局早已抢占先机。何应钦派往上海从事水运接收的骨干成员，以招商局人员为主，包括招商局副总经理沈仲毅、招商局高等顾问杨志雄、抗战前招商局南京分局经理施复昌，而民营公司只有抗战前民生公司上海分公司襄理杨成质。

招商局派沈仲毅为先遣人员于 9 月 6 日到上海开始办公，所以徐学禹于 9 月 11 日在上海办公后，很快便掌握了接收航产及收复区航运的情况。徐于 9 月 21 日向交通部部长俞飞鹏及经济部常务次长何廉呈文，报告除友安公司来往连云港及青岛运媒的华升轮外，尚无轮船适用于南北洋海运，东亚公司有江轮 5 艘短期勉强可用。江轮中已接收的只有东亚公司武陵丸，但需修理，方可行驶。另中华公司有江轮 9 艘在沪。经查明滞留长江各埠而拟进行接收的，有东亚公司 10 艘、中华公司 7 艘。中支公司各航线拖轮 58 艘、铁驳 170 艘，足见招商局行事快速。胜利不足 3 个月，副总经理沈仲毅于 11 月 10 日向外公布，招商局在上海区接收敌伪船舶初步完成。该局所接收之船舶，除原为国人者得依照手续归还外，其余船舶的处理步骤为：第一，将各船舶的人事加以调整；第二，

---

① 秦孝仪主编《中华民国重要史料初编——对日抗战时期》第 7 编《战后中国》第 4 册，第 21 页。
② 《国营招商局有关复员问题的两次临时紧急会议记录》，《蛇口招档》，档案号：B014 - WS - 51。
③ 胡政主编《招商局与重庆：1943 - 1949 年档案史料汇编》，第 29～30 页。
④ 《国营招商局七十五周年纪念刊》，第 11 页。

负责运兵、运美方物资、运煤、运米；第三，始供给一般交通之用。接收船舶的第一期（即上海区）已经完竣。计有 1000 吨以上汽船 3 艘（兴亚、兴平、兴国），小汽船及拖船 21 艘，机帆船 7 艘，铁驳 111 艘，木驳 78 艘，共 220 艘，37298 吨。①

　　1945 年 11 月 23 日，《收复区敌伪产业处理办法》颁布。② 规定收复区敌伪产业的接收及处理，以全国性事业接收委员会为中心机关，并颁令招商局接收、保管、运用水上运输工具，直至完成处理有关产业。一个月后，即 12 月 26 日，报载行政院长宋子文接见徐学禹，徐向宋呈送接收敌伪船只及处理情形报告。③ 办事效率之高，足见招商局对此任务非常重视，应是预为部署，全力以赴。曾任交通部参事及招商局轮船股份有限公司监察的项雄霄④忆述，日本投降后，徐学禹就把原在广东路口的招商局大厦和沿黄浦江一带的码头仓库等设备，以及日伪控制下的一切大小轮船、机帆船、拖驳等一概接收下来；同时又派员至沿江、沿海各埠设立分局，分头接收。⑤

　　恢复各地分局对招商局的复员工作影响重大，分局早日办公，便可早日安排接收局产及船只复航之事。招商局收归国营后，它的业务网络全盛时（1933 年）共有分局 19 个，办事处及代理处共 10 个。因广大地区沦陷及业务萎缩，招商局在抗战胜利前夕，只剩下宜宾分局、万县分局、泸县分局及巴东办事处。⑥ 然而，抗战胜利后，它全力恢复在各地的分局，速度惊人，至 1945 年 12 月，该局有 23 个分局或办事处已开始办公，抗战前的分局网络已恢复旧观，并增设台湾分局。

　　招商局在短时间内便成功布置妥当分局网络，对它在各地的接收工作

---

① 《招商局上海区船舶接收业已竣事》，《金融周报》第 13 卷第 6 期，1945 年，第 15 页。
② 秦孝仪主编《中华民国重要史料初编——对日抗战时期》第 7 编《战后中国》第 4 册，第 45 页。
③ 《申报》1945 年 12 月 27 日。
④ 曾任战时运输管理局参事、陆军总司令部接收委员会副秘书长。有说他是陈仪女婿的长兄，参见张果为《浮生的经历与见证》，台北，传记文学出版社，1996，第 65 页。
⑤ 项雄霄：《我在陆总接收委员会了解的点滴情况》，文闻编《抗战胜利后受降与接收秘档》，第 145 页。
⑥ 邱树荣：《抗战时期招商局组织机构的沦陷、恢复与发展》，胡政、陈争平、朱荫贵主编《招商局与中国企业史研究》，社会科学文献出版社，2015，第 312～317 页。

有极大帮助。在同一时期（即 1945 年 9 月至 12 月），招商局在各埠已接收到不少敌伪船舶，详细统计见表 1。

表 1　招商局在各埠接收敌伪船舶数量（1945 年 9 月至 12 月）

单位：艘

类别	海轮	江轮	拖轮小轮	机帆船	机动木船	铁驳	木驳民船	特种船只	合计
海军部交来		4	7	11		14	5	14	55
上海	1	12	95	66		96	165	23	458
南京		6	94	57		113	57	5	332
汉口		5	5			12	5		27
芜湖		2	16			22	15		55
镇江			64			4	124	2	194
广州		2	13		147	4	5	17	188
九江			2			2			4
天津		4	31			53	2	5	95
青岛	4		4			4	8		20
合计	5	35	331	134	147	324	386	66	1428

资料来源：《国营招商局原有船舶及接收船舶统计表》（1945 年 12 月），《蛇口招档》，档案号：B014 - WS - 20。

1946 年 8 月 26 日，招商局将一份接收敌伪船舶统计资料发给中央社，似乎想向公众说明它并没有霸占垄断接收的船舶。该统计显示招商局从抗战胜利至 1946 年 7 月，共接收船舶 2158 艘。可是，只有 299 艘拨归招商局使用（即 14% 的船只，26% 的吨位），[①] 详细统计见表 2。

表 2　从抗战胜利至 1946 年 7 月拨归招商局使用的船舶情况

单位：艘，吨

类　别	接收		留局运用	
	数量	吨位	数量	吨位
海轮	10	18685	2	757
江轮	31	42251	2	5093

① 《国营招商局经手接收敌伪船舶统计》（1946 年 8 月 26 日），《蛇口招档》，档案号：B015 - WS - 69。

类　别	接收		留局运用	
	数量	吨位	数量	吨位
拖轮小轮	431	22135	112	8475
机帆船	235	19039	4	644
铁驳	368	101947	126	43216
木驳	698	26971	46	2656
杂项特种船只	385	8113	7	1233
合计	2158	2391	299	62074

注：原资料合计吨数有误差，照录原文。

资料来源：《国营招商局经手接收敌伪船舶统计》（1946 年 8 月 26 日），《蛇口招档》，档案号：B015 - WS - 69。

余下 86% 的船只，大部分出租出售、发还原主或拨交各政府机关。处置办法分类统计见表 3。

表 3　从抗战胜利至 1946 年 7 月没有拨归招商局使用的船舶的处置情况

单位：艘，吨

处置情况	数量	吨位
决定标售或等候审核发还	578	18448
经敌产处理局审核通知发还原主	334	60238
出租给民营航业公司修复运用	301	26701
奉令拨交各政府机关使用	208	11145
因损毁太严重，会同处理局标售或价让	161	4852
由军事机关商借或占用	164	40841
年久失修，尚待修理始能运用	81	13270
因破损或意外面致沉没	32	1113
合　计	1859	177066

注：原资料合计吨数有误差，照录原文。

资料来源：《国营招商局经手接收敌伪船舶统计》（1946 年 8 月 26 日），《蛇口招档》，档案号：B015 - WS - 69。

1946 年度，招商局接收船舶 2358 艘，留供自用的只有 282 艘（约 65000 吨）（即 12% 的船只，27% 的吨位），处置情况分类统计见表 4。

表4　1946年度招商局接收船舶的处置情况

处置情况	数量（艘）
发还原主	897
标售	656
出租给民营航业公司	160
被各政府机关征借	73
尚待处理	217
留供自用	282
待修理，留供自用	73
合　计	2358

资料来源：《国营招商局一九四六年度工作计划及报告》，《蛇口招档》，档案号：B015－WS－57。

1947年2月10日，招商局船务处编制《国营招商局留用敌伪船舶概况表》，累计留用敌伪船舶共325艘（另四川原有船舶24艘）。[①] 1947年5月，招商局累计接收敌伪船舶共2169艘，共246568吨，该局留用的有297艘，69888吨。[②] 同年10月20日，留用315艘；1948年5月28日，则是286艘。[③] 另有统计指1946年与1947年，招商局留用的敌伪船舶分别为89810吨和81297吨，各占该年度招商局船舶总吨位的30%和24%。虽然招商局留用的只占接收船舶的较小部分，但足以令该局的船队实力迅速增强。[④]

再者，招商局明言，"所经手接收者，实际仍仅系敌伪船只之一部分，尚有相当数量之船只被其他机关接收，径自处分"[⑤]。1946年8月，据交通部委派会计师玉书、陆庆黻结算，招商局经手接收的敌伪船舶，占国民政府接收敌伪船舶总数的82%。[⑥]

---

① 《国营招商局留用敌伪船舶概况表》，《蛇口招档》，档案号：B015－WS－86。

② 国营招商局编《国营招商局产业总录》，国营招商局，1947，第311页。

③ 《国营招商局留用敌伪船舶概况表》，《蛇口招档》，档案号：B015－WS－86。

④ 《招商局接收敌伪船舶报告书》（1946年8月），四六八/5292，《蛇口招档》，转引自张后铨主编《招商局史：近代部分》，第460页。

⑤ 《国营招商局经手接收敌伪船舶统计》（1946年8月26日），《蛇口招档》，档案号：B015－WS－69。

⑥ 《招商局接收敌伪船舶报告书》（1946年8月），四六八/5292，《蛇口招档》，转引自张后铨主编《招商局史：近代部分》，第460页。

五 结语

　　招商局在 1943 年于重庆恢复总局时，已开始筹划复员接收工作，经长时间的仔细部署，接收工作的效率颇高。1945 年 8 月，收到抗战胜利消息后不久，招商局徐学禹及沈仲毅率领一部分员工东下，于 10 月 1 日成立上海临时办公处。等到副总经理胡时渊率领留渝全部工作人员抵沪后，总局便于 10 月 23 日正式恢复办公。在布置交通接收人员时，招商局早已抢占先机，很快便掌握了接收航产及收复区航运的情况。胜利不足 3 个月，招商局于 11 月初步完成在上海区接收敌伪船舶的工作。抗战胜利后的前 4 个月，该局的分局网络已恢复抗战前的旧观。虽然招商局接收的敌伪及收复区资产只属临时托管，但此项命令对招商局此后的发展起着非常关键的作用，使它向日后的高速发展迈出了第一步。

　　国民政府在胜利后整体的接收工作失误频频，先是准备不足，接着是处理接收工作欠佳，而且接收人员的素质不尽理想，最严重而又最令政府声誉受损的是贪污舞弊。虽然在航运接收方面亦出现相同问题，但是我们未发现舆论曾揭发涉及航产接收的大弊案。在经查办的弊案中，涉及航产接收的亦不太多。史料显示处理敌伪航产程序明确，主理机关权责清晰，相信可减少贪污舞弊的漏洞。相对于其他类别的敌伪资产而言，敌伪船舶的接收情况较为理想及顺利，而涉及的隐报舞弊情况亦不算严重，招商局在此所做的贡献，实在不容忽视。

陈俊仁 1962 年生，香港人，祖籍广东汕头。香港新亚研究所历史学硕士，复旦大学历史系博士。主要研究兴趣为中国近代经济史、航运史。

招商局融资方式变迁研究（1872～1948）

王玉茹　刘福星

一　近代招商局的发展历程

招商局是特指招商局集团这个企业实体，招商局企业的名称在其发展历程中随着企业体制和经营的变化而变化。它是 1872 年洋务运动时期在李鸿章的支持下成立一直存续至今的企业，是中国企业的"活化石"。1872年成立时称为轮船招商公局，1873 年企业改组，改名为轮船招商局，1909年又更名为招商局股份有限公司。1912 年招商局实现商办后更名为商办招商局轮船公司，1932 年招商局被收归国有后改为国营招商局，1948 年企业通过股份化改造后更名为招商局轮船股份有限公司。

在晚清时期，招商局取得了一定的发展，无论是从企业股本还是从轮船情况上都可以看出，从 1872 年到 1911 年，招商局的股本从 6 万两增加到 400 万两，增加了近 66 倍；企业的轮船数量从 1 艘增加到 29 艘，轮船总吨位从 619 吨增加到 49000 多吨，增加了 78 倍。但如果深入审视企业不同年份的发展状况，在晚清时期招商局的发展可以分为两个阶段，其分界线为 1898 年。在 1898 年之前，招商局大部分时期都有盈利；1898 年之后，企业经营状况恶化，盈利消失甚至出现亏损的状况（见图 1）。

民国时期，招商局经营的大部分时期都处于衰退状态，仅有两个时期曾出现短暂的繁荣。一个时期是一战期间，外国轮船公司受到严重冲击，从而为国内航运企业提供了发展机会；另一个时期是二战结束初期，招商局通过接收大量航运资产，实力大增，规模迅速膨胀。在这两个时期，招商局也取得了一定的盈利，而其他年份多为亏损，如招商局在 1912 年、

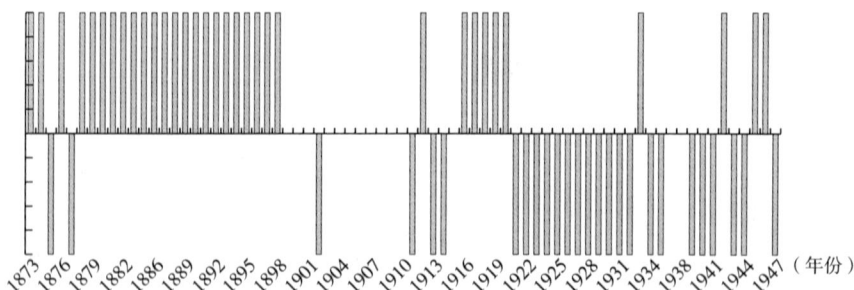

图 1　招商局盈亏情况变化（1873～1947）

资料来源：许涤新、吴承明主编《中国资本主义发展史》第 2 卷，社会科学文献出版社，2007，第 307 页；汪敬虞《中国近代经济史（1895～1927）》，人民出版社，2012，第 2092～2093 页；张后铨主编《招商局史：近代部分》，中国社会科学出版社，2007，第 358、383 页。

1916～1920 年、1933 年、1946～1947 年有所盈利，其他年份都为亏损。从股本情况来看，招商局的股本从 1912 年的 500 多万元增加到 1947 年的 17 亿元，增加了 300 多倍；中间一段时期也曾有股本降低的情况，从招商局国有化之后到 1943 年，招商局股本一度从 1000 多万元骤降到 290 多万元。从拥有轮船数量上看，招商局的轮船数量从 1912 年的 29 艘增加到 1947 年的 85 艘，1946 年达到高峰为 101 艘；拥有轮船吨位也从 1912 年的 5 万多吨增加到 1947 年的 23 万多吨，1946 年达到最高的 27 万多吨。但从 1912 年到 1945 年这段时间，招商局轮船数量是逐渐降低的，从 1912 年的 29 艘降低到 1945 年的 18 艘（见图 2）。

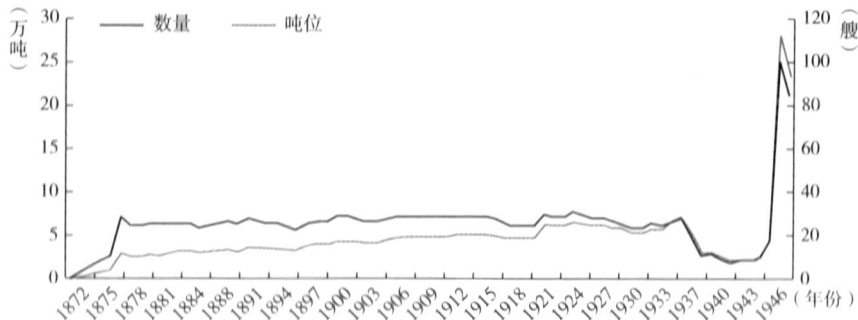

图 2　招商局轮船数量及吨位变化（1872～1946）

资料来源：许涤新、吴承明主编《中国资本主义发展史》第 2 卷，社会科学文献出版社，2007，第 307 页；汪敬虞《中国近代经济史（1895～1927）》，人民出版社，2012，第 2092～2093 页；张后铨主编《招商局史：近代部分》，中国社会科学出版社，2007，第 358、383 页。

二 招商局融资方式的变迁

企业的发展直接决定了企业的融资方式，企业的融资方式主要有两种，股权融资和债务性融资，企业融资结构反映了两者之间的比例关系，它代表了所有者权益和债权人权益关系，在一定程度上决定着企业的偿债和再融资能力以及企业未来的盈利能力，它同时还反映了企业股东、债权人和经营者之间的利益关系。衡量资产结构的指标为资产负债率，它是负债总额除以资产总额的百分比，资产负债率反映了总资产中有多大比重是通过借债来筹资的，合理的资本结构有利于提高企业价值。近代招商局的融资方式随着政府支持、金融市场发育和企业自身状况表现出不同的特点，根据两种融资方式在企业融资中的地位，招商局融资方式可分为如下几个阶段。

（一） 债务融资主导阶段 （1872～1886）

这一阶段企业的融资方式主要以债务融资为主。[①] 如图 3 所示，招商局的资产负债率一度高达 83%，到 1887 年才从前一年的 52% 降到 48%。1880 年代初期，上海股市投资日盛，招商局股票成为热门股票，招商局于 1882 年增资扩股，从 100 万两增加到 200 万两；如果没有增资扩股，那么 1882 年以后的资产负债率可能将超过 100%。而招商局股本都是由商人来购买，早期商股的招募主要由官方指定商人进行，而招募对象也多为商人自身及亲友，还有官僚阶层，范围较狭隘。1880 年代以后，招股的范围扩大，开始向社会公开招募，企业融资渠道突破以往依靠少数商人及其亲友的范围，扩展到全国。

为取信于投资者，给予他们稳定的收益预期，招商局就在企业盈利分配上实施官利制度。对企业的股东每年都给予固定收益，而不论企业的盈亏状况，股东每年收的官利利率一般为 5%～10%。在官利制度安排下，企业每年财务结算方式是先派官利，然后再计算营业利益。招商局作为第一家股份制公司，最早引入官利制度，[②] 招商局局规规定："本局各帐以每

---

① 1872 年和 1873 年为企业成立初期，资本筹措手段尚不成熟，故这一阶段主要从 1874 年开始。
② 朱荫贵：《引进与变革：近代中国企业官利制度分析》，《近代史研究》2001 年第 4 期，第 145～167 页。

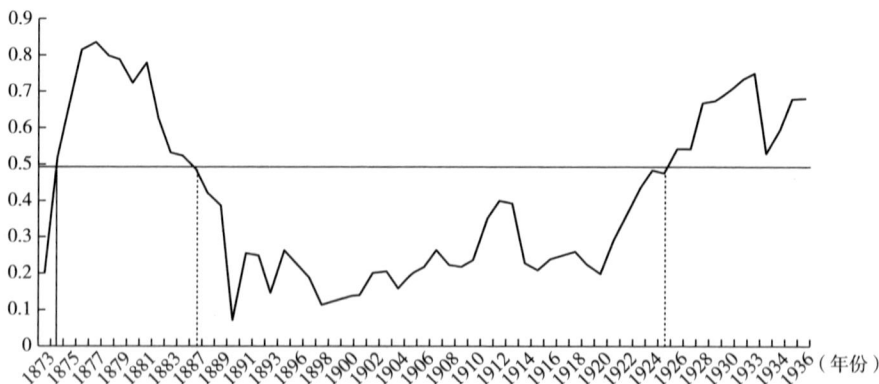

图3　招商局资产负债率（1873～1936）

资料来源：许涤新、吴承明主编《中国资本主义发展史》第 2 卷，社会科学文献出版社，2007，第 307 页；汪敬虞《中国近代经济史（1895～1927）》，人民出版社，2012，第 2092～2093 页；张后铨主编《招商局史：近代部分》，中国社会科学出版社，2007，第 358、383 页。

年六月底漕米运竣之后截止总结，凡有股份者定于八月初一日午刻到总局会议，所有官利余润，亦于是日分派。"从 1873 年到 1879 年，招商局"第一年派利一分，第二年派利一分五厘，第三、第四年均派利一分，第五年派利五厘，第六年仍派利一分，总共六年已派利六分，与开办章程相符"[①]。招商局受到上海金融风潮和中法战争冲击，在经营异常艰难的情况下，仍发放股息六厘。[②] 官利制度从晚清一直持续到民国，中间虽历经多次制度变迁，公司法也经过多次修改，但官利制度不但没有废除，还在公司法中得到确认。官利制度保证了投资者稳定的收益，对企业的稳定经营同样也有利，在招商局早期筹资过程中发挥了积极作用。而官利制度本质上是西方股份制与中国高利贷结合的产物，虽有利于提高企业筹资成本，但不利于企业积累；同时弱化了企业股东投资的风险意识，扭曲了股份公司治理的基础。[③]

　　而借款中官商的比例出现互有消长的态势。如图 4 所示，在 1873～

---

① 聂宝璋编《中国近代航运史资料》第一辑下册，上海人民出版社，1983，第 975～976 页。
② 李志英：《近代中国资本主义经济形态的多重考察》，商务印书馆，2008，第 57～62、68～69 页。
③ 邹进文、姚会元：《近代股份制的"中国特色"之一：试论清末股份企业的"官利制"》，《中国经济史研究》1996 年第 4 期，第 27～33 页。

1886 年的大多数年份官方借款占较大比重，商人借款在某些年份也曾占据较高比重，如在 1874 年、1875 年、1881 年和 1882 年商人借款都占到 60% 以上。商人的借款多来自招商局系统内部公司或个人在招商局所存的款项，商人的借款可分为绅商存款、往来存款以及招商局仁和保险公司、济和水火险公司存入的保险股款。

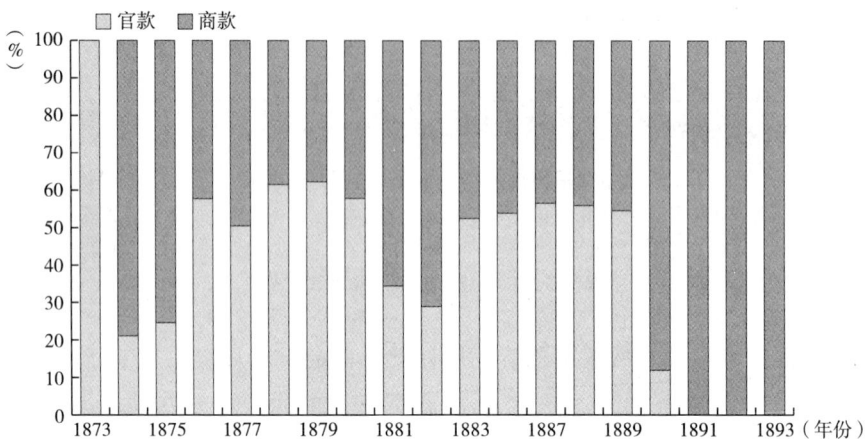

图 4　轮船招商局借款构成（1873～1893）

资料来源：张国辉《洋务运动与中国近代企业》，中国社会科学出版社，1979，第 171～172 页。

（二）股权融资主导阶段（1887～1925）

1883 年上海金融风潮之后，股市崩溃，大量上海钱庄倒闭，早期投资招商局的徐润、唐廷枢等财务遭遇困境。与此同时，政府官僚直接控制企业的经营管理，商股的性质也发生了变化，社会对官督商办企业产生了怀疑，企业融资较为困难。1894 年甲午战争之后李鸿章在政治上失势，清政府为偿还战争赔款财政不支，政府对招商局扶持也随之减弱。在此期间，招商局借款融资在总资本中占较小比重，从 1887 年到 1925 年招商局债务融资比重降到 50% 以下，在大多数年份企业资产负债率都在 20% 左右（见图 3），而此时股权在资本中占较大比重。招商局先后在 1897 年和 1914 年增资扩股，分别增加到 400 万两和 840 万两。1897 年，招商局在企业净余公积项和船险公积项下各提规银 100 万两转入股本，加上原有股本，增股后股本增加到 400 万两；而 1914 年则是把积余公司估值 440 万两作为资本转入招商局股本，转入后从 400 万两增加到 840 万两。

招商局经过多年积累，企业局产不断增加，加之房地产市场的繁荣，招商局财产价值开始提升。1913 年，招商局局产价值为 1700 万两，其中房地产占 748 万两。但企业账面盈余却较少甚至出现亏损，企业流动资金较少，常出现资金周转不灵的困境。甲午战争后，招商局连年亏损或收支相抵，仅在一战期间有所盈利。企业经营的困境导致股息发放也出现了困难，1910 年每股 15 两利息中，仅发放 5 两现金，另外 10 两则以通商银行股票的形式发放，1911 年股息降为 10 两，仍是通过通商银行股票的形式发放。[①] 辛亥革命期间政局动荡，为保护财产，许多晚清官僚纷纷从招商局提取存款，但从企业股息发放来看，招商局股息仍可发放到 10 两以上，而招商局的借款利息则是在 10% 或 10% 以下，因此股权投资对商人仍有一定的吸引力。

在债务安排上，1891 年招商局终于还清官方借款，此后至 1911 年则通过民间借款筹资。而借款主要来自仁济和保险公司存入招商局的存款、银行借款、钱庄和私人借款等，其借款途径如表 1 所示。1895 年到 1911 年以国内的天津借款、钱庄及私人借款、招商局仁济和存款为主要借款来源。其中，钱庄及私人借款占最大的比重，其次是仁济和存款，1907 年开始通过国内通商银行贷款进行融资，但到了 1911 年开始通过外资银行——汇丰银行进行贷款。

表 1   1895～1911 年招商局借款构成

单位：两

年份	天津借款	钱庄及私人借款	仁济和存款	其　他
1895	314000	396790		
1896	251200	324927		
1897	188400	424443	320000	
1898	125600	389253		
1899	62800	510412		

---

①　许涤新、吴承明主编《中国资本主义发展史》第 2 卷，第 470～471 页。

续表

年份	天津借款	钱庄及私人借款	仁济和存款	其 他
1900	62800	565388		
1901	62800	589333		
1902	62800	538077	400000	
1903		639617	400000	
1904		545942	200000	
1905		671378	300000	
1906		690536	400000	
1907		738510	500000	通商银行 200000
1908		793894	350000	
1909		760651	350000	
1910		791393	450000	
1911		605290	450000	通商银行 50000；汇丰银行 1061074

资料来源：张后铨主编《招商局史：近代部分》，第 212 页。

　　1912 年以后，招商局实现了商办，商权在企业盛行。但在商权时代，因招商局前期引入晚清股东，为争夺企业控制权，这些大股东在股东会上经常发生选举纠纷，企业经营混乱，营业仍然亏损。1912 年，沪军都督借去银 40.2 万两，招商局经营出现入不敷出的局面。

（三）债务融资主导阶段（1926～1948）

　　在一般情况下，企业资产负债率的理想指标为 50%，资产负债率过高会影响企业的偿债能力，企业的财务风险加大，容易陷入财务危机甚至破产。从图 3 可以看出，招商局从 1920 年代开始，企业资产负债率连年增加，到 1926 年已达到 53%。在企业能够获得正常盈利的情况下，该水平的资产负债率是可以承受的，如在招商局成立初期，企业资产负债率一度高达 70%～80%，但那时企业获得的政府贷款利率较低，还可以通过行政手段缓缴本金和利息，对企业财务压力较小。但进入民国早期，招商局不但难以获得政府资助，同时还饱受军阀的盘剥，加之企业自身经营管理的混乱，导致企业 1920 年代之后连年亏损。在这种情况下，企业偿债能力下降，经营面临极大的财务危机。

1932 年招商局国有化之后，国家收购了招商局所有股权，企业成为政府部门，国民政府对招商局进行改革，同时增大了对招商局的扶持力度，但企业仍面临巨大的偿债压力。招商局曾在国有化前后在 1927 年以月息 15% 向东莱银行借 6 个月短期借款 5000 两，1929 年以月息 8% 向永亨银行借 20 万元抵押款，同年又以月息 8.5% 向四明银行借 10 个月短期抵押款 70 万两，它还以月息 9% 向恒隆钱庄借 12 个月短期抵押款 20 万两，1932 年以月息 9.5% 向中国实业银行借 18 个月抵押款 25 万元。到 1932 年，招商局负债高达 1700 多万两，折合银元 2500 多万元，每年债务支出高达 200 多万元。招商局连年亏损，连利息都难以支付，债务越堆越高，已经处于破产的边缘。

刘鸿生任招商局总经理后为清还债务、发展业务，向交通部申请拨款 3000 万元，交通部又转呈全国经济委员会讨论，但未通过。刘鸿生又降低申请额度，两次向政府申请 1500 万元拨款，仍均未通过。到 1933 年招商局积欠汇丰银行的利息就高达 390 多万元。最终招商局只好通过借款还债。1933 年招商局向邮政储金汇业总局借 1 年期借款 100 万元。第二年邮政储金汇业总局透支 100 万元抵押借款给招商局，月息 9 厘，每月结算一次，并要求其 1935 年 4 月还清。招商局因 1933 年借款没有如期偿还，在 1934 年向邮政储金汇业总局借抵押款 50 万元时，扣除已欠的 10 万元，仅得到 40 万元贷款。

1934 年，招商局向中国银行贷款 30 万元，随后又向中央银行借抵押款 160 万元，招商局曾于 1932 年与中央银行签订 200 万元透支合同，到 1934 年已超过透支额。招商局还欠中孚银行 8 万两也没能如期归还，中孚银行以处理抵押品的方法催还债务。1935 年，招商局又向邮政储金汇业总局借抵押款 15 万元。招商局已被繁杂的债务拖累到破产的边缘。信康钱庄、永丰钱庄、鼎大钱庄、宝昶钱庄等都表示愿意免除招商局全部利息，而收一半本金。到 1935 年，招商局负债总额高达 3414 多万元（法币），[1] 其债务状况如表 2 所示。

---

① 张后铨主编《招商局史·近代部分》，第 380～382 页。

表 2　1935 年招商局债务一览

单位：万元

债权人	债额	积欠本息
汇丰银行	6993007	12452888
花旗银行	1398601	1400555
中国营业公司	1949021	1903607
中英庚款董事会	6000000	5282668
邮政储金汇业总局	2000000	1886230
中央银行	3600000	3332739
中国银行	210000	115962
交通银行	162000	98883
浙江实业等六银行	230000	272845
四十八家银行钱庄团	2745455	2496382
永亨银行	200000	233210
通商银行	809150	810866
通易银行	363279	271466
中孚银行	111888	144895
中国实业银行	250000	204508
四明银行	2101958	2113557
东莱银行	6993	13949
上海市银行	130000	34515
同余钱庄	251748	302856
恒隆钱庄	279720	3330
福泰钱庄	91258	333048
久昌公司	150000	87555
昌记	16783	153514
确记	36364	65441
金梅先	9790	13334
张豫谦	69930	88342

资料来源：张后铨主编《招商局史：近代部分》，第 382 页。

三　招商局融资方式变迁的原因

融资方式变迁与政府对企业影响度、金融市场发育程度、企业自身的经营状况有着密切关系。

（一） 政府对企业的影响

从企业环境角度来看，近代政府与企业的关系主要表现在政府对企业的政治整合和政策制度环境的影响上。政府通过垄断权力、资源分配、制定和执行政策甚至直接干预等途径，施加对企业的影响，具体可分为企业经营资质的确定、企业经营行为的规范、企业的税赋和社会责任以及官员勒索等。[1] 政府对企业融资方式的影响主要是在债务的影响上。招商局创立早期，从业务到财务都得到了政府大力支持，特别是李鸿章的支持。李鸿章动用全国军政资源给予招商局借款以解决其日常所需，招商局成立时在商股筹集不足的情况下，李鸿章通过向天津练饷局借款的方式帮助招商局筹款，招商局成立后又动员江苏、浙江、江西、湖北、天津等地区和动用塘工、关库、藩库、丝捐甚至国防和外交等经费给予招商局官款上的支持，并通过缓息帮助招商局解决创立初期资金不足的困难。1872～1877年，李鸿章先后动员政府机关对招商局借款四次。贷款本息从1880年开始扣还，到1891年全部还清，同时兼顾招商局的还款能力采取 "分年还本，缓缴利息" 的措施。[2] 1882年前，招商局从政府取得借款数额高于公司实收资本，政府借款占总借款的50%～60%，是1876～1880年最高实收资本的2.2倍，官方借款利息7～10厘，比股东10厘官利还低。1877年，招商局经清廷允许暂停交利息3年，并可5年偿还本金。1877～1885年，招商局并未偿还利息，在此8年待付利息为90万两，是1882～1893年公司实收资本的一半。[3] 由于有充足的政府财政等方面的资金支持及利息优惠待遇，招商局早期的融资倾向于通过政府借款方式解决，企业因此也能够保持较高的负债水平，而对企业经营产生较小的影响。

政府对招商局的影响是把双刃剑，在获得政府支持的同时，也很容易受到官方的盘剥和勒索。从权限上讲，官方在招商局企业内部有用人和财务大权；从道义上讲，招商局成立之初受到政府的扶持，理应回报政府。

---

① 樊卫国：《民国上海同业公会与企业外部环境研究》，上海人民出版社，2014，第317页。
② 汪熙：《从轮船招商局看洋务派经济活动的历史作用》，《历史研究》1963年第2期。
③ 黎志刚：《黎志刚论招商局》，社会科学文献出版社，2012，第17页。

所以招商局发展良好时，政府就会以各种形式向招商局索取回报，在一定程度上招商局甚至成为政府的私产。1883 年，招商局在李鸿章的指示下对朝鲜政府贷款 25 万两，使得局内现金短缺。从 1890 年开始，招商局每年向政府报效。1890 年因"江浙赈捐"，招商局第一次报效 2 万两；1891 年由李鸿章奏准又报效 10 万两，从公积金内提取；1894 年慈禧生日又报效 55200 余两；同年因甲午战争，招商局又筹款借户部银 411000 两。从 1896 年起，招商局每年捐助学堂经费 8 万两，后增加到每年 14 万两，按余利 70 万两的二成计算，报效行为也逐渐走向制度化。据朱荫贵先生统计，1891 ~ 1911 年，招商局在官方的要求下一共报效了 1688400 两，[①] 占同期招商局资本总额的 42.21%（1907 年招商局资本总额为 400 万两）。招商局还先后投资政府的项目 250 万余两，加上向政府报效的和政府中饱私囊的总共在 500 万两以上，这笔资金远超过招商局在 1872 ~ 1911 年所借外债 462 万两。[②] 随着政府支持的降低和借款的减少，招商局负债水平开始下降。

（二）金融市场发育程度

中国金融市场是中国国内市场中的一个组成部分，鸦片战争后近代金融市场以上海为中心向其他沿海城市、内地中小城市逐步扩展。19 世纪 70 年代以后，中国的金融市场首先在沿海的商埠发展起来，但其主要服务对象是商业活动，与当时近代工业的兴起联系甚少。当时无论是官办企业还是民办企业筹款都甚困难，尤其是洋务派所办企业，不得不依靠官款或通过私人关系筹集。[③] 但随着外资银行的不断涌入和我国近代证券市场的发展，新式金融机构更大范围地涌现，我国金融市场进一步完善，企业贷款有了更多的渠道。金融市场发育对企业融资方式的影响主要体现在影响企业的股权和负债上。19 世纪 80 年代初，上海证券业进入繁荣时期，招商局的股票获得较大升值。如图 5 所示，招商局面值 100 两的股票到 1882 年一度上涨到 200 两以上，到 1883 年上海金融风潮期间才降下来。在 1883

① 朱荫贵：《中国近代轮船航运业研究》，中国社会科学出版社，2008，第 270 ~ 272 页。
② 汪熙：《从轮船招商局看洋务派经济活动的历史作用》，《历史研究》1963 年第 2 期。
③ 刘佛丁、王玉茹：《中国近代的市场发育与经济增长》，高等教育出版社，1996，第 237 页。

年之前，招商局股票一直是市面上的抢手股票，唐廷枢抓住股票高涨的时机增发第二期 100 万两新股，在数月内便已招齐，而第一期则用了 8 年。招商局利用股市融资的方式突破了以往依靠少数商人及其亲友的狭隘范围，把企业融资渠道扩大到全国。[①]

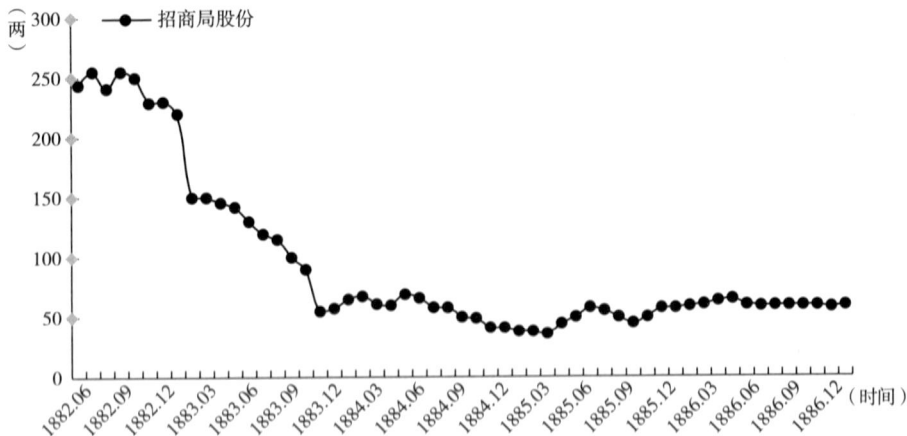

图 5　招商局股价月度走势（1882.6 ~ 1886.12）

资料来源：耶鲁大学上海证券交易所项目数据库，http://som.yale.edu/sites/default/files/shen%20Bao%20index.xls，最后访问日期：2017 年 5 月 21 日。

但 1883 年上海金融风潮期间，主持招商局局务的徐润因个人投资亏欠局款 16.2 万两，盛宣怀奉李鸿章命令查办招商局，得出"本根不固，弊窦滋生，几难收拾"的结论。[②] 1884 年，徐润被革职，唐廷枢也被调离。1885 年，李鸿章任命盛宣怀为招商局督办，掌管招商局。招商局官商结构发生变化，商办势力大减，盛宣怀入主招商局后开始大规模整顿。在股权控制上，盛宣怀迫使徐润交出招商局股票 830 股，抵消所欠局款 8.8 万两，唐廷枢则交出 800 股抵消所欠局款 7.7 万两，与唐廷枢和徐润关系密切的股东也开始纷纷退出招商局，唐、徐"控股"的格局从此被打破。在"花红"分配上，"花红"是企业在年营利中扣除股息后发给职员的奖金，这原本是企业对职工特别是对高层领导的奖励，盛宣怀入主招商局后，开始

---

① 尹振涛：《历史演进、制度变迁与效率考量中国证券市场的近代化之路》，商务印书馆，2011，第 46 页。

② 熊月之：《稀见上海史志资料丛书》（3），上海书店出版社，2012，第 63 页。

实行压低股息、提高"花红"的手段增加自身收入，自己每年可得 5000 ~ 10000 两的"花红"（相当于 500 ~ 1000 股的股息收入），他还利用招商局股票下跌时机，吸收招商局股票，逐渐成为招商局第一大股东。

随着招商局地产价值的凸显和金融市场的发展，招商局走上了通过房地产抵押来获取银行贷款的道路。1912 年，招商局以局产作抵押向汇丰银行借得规银 150 万两。由于外资机构提供的贷款利率较低，规模较大，招商局在经营困难的时期，不得不通过外资银行等机构进行借款。如图 6 所示，从 1912 年开始，新式借款途径——银行借款在招商局借款比重中逐渐上升，已超过传统的借款途径——仁济和存款及钱庄、私人借款。1923 年，招商局积欠钱庄借款就达到 300 余万两，董事会通过抵押贷款向汇丰银行增借贷款，1924 年又开始向花旗银行借款。随着借款的不断增加，招商局资产负债率快速上升，1920 年资产负债率还是 19%，到 1925 年已达到 47%，1926 年企业资产负债率已突破 50%（见图 3）。

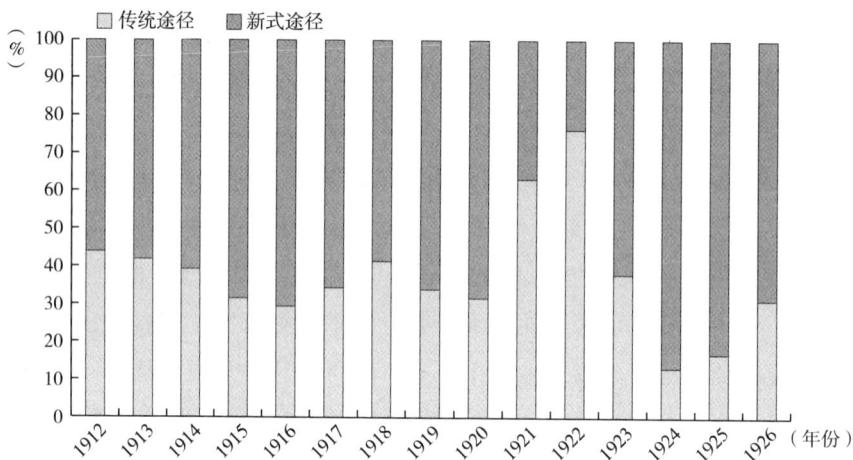

图 6 招商局借款途径（1912 ~ 1926）

资料来源：张后铨主编《招商局史：近代部分》，第 294 页。

（三）企业经营能力

企业的融资方式还与企业经营者的经营能力有很大关系。在企业经营良好的情况下，企业能够较快地筹集到所需资金；但当企业经营不佳时，企业融资能力下降，这也是考验企业经营者能力的时候。朱其昂在创办招商局过程中也遇到过重重困难。股本招募中，很难得到商人响应，最后仅有李鸿章投资 5 万两，上海商人投资 1 万两，朱其昂投资额估计在 7.2 万两，还有认股而未缴款的约 10 万两，在活动中资金匮乏，收支严重失衡。① 在朱其昂请辞后，李鸿章邀请买办唐廷枢、徐润加入，唐廷枢入主招商局后制定了局规十四条并附章程八条，在公司股权、经营权等方面进行改革。轮船招商局局规中规定招商局资本 100 万两，先收 50 万两，分1000 股发行，每股 500 两，在商董选任和职权上 "每百股举一商董，于众董之中推一总董……商总为总局主政……总局分局栈房司事人等由商总商董挑选精明强干朴实老诚之人"②。这些规定增加了商人的成分和实力，公司的经营权归商人。他还推出合股投资体制，实行股份转让，向社会公开发售股份，上海投资者纷纷投资；公司财务三个月一小结，一年一汇结，并编册分发给股东供其查账。商总为总局主政，分配一到两个副商总；企业监督权，除来自官方委派的总办和会办外，还有股东们选举出的董事。③通过这些制度安排可以看出，唐廷枢把现代的公司制度引入了招商局，同时也结合中国国情，结合官督这一特色进行改造，把两者有机地结合到了一起。

唐廷枢入主招商局后，在各个方面对招商局进行改革，同时也引入了买办制度。资本筹措方面，唐廷枢和徐润入局后，来自买办的投资很快也进入招商局，并占很大比重。第一期 100 万两资本中，徐润占 24 万两，唐廷枢占 10 万两。到 1878 年筹集到股本 80 万两，二人从亲友方面筹得 50多万两，两人及其亲友资本共占招商局股本的 70%。到 1882 年股本增为100 万两，第二年又增加到 200 万两，还拨还官款 100 万两。④ 由此可以看出唐廷枢和徐润在资本筹措方面的能力。

为筹措资本，唐、徐二人也采取了诸多策略。对于社会游资的观望态

① 孔令仁、李德征：《中国近代企业的开拓者》上册，山东人民出版社，1991，第 256 页。
② 交通部、铁道部交通史编纂委员会编《近代交通史全编》第 2 册，国家图书馆出版社，2009，第 227 页。
③ 罗肇前：《晚清官督商办研究》，厦门大学出版社，2004，第 106～107 页。
④ 刘广京著，黎志刚编《刘广京论招商局》，社会科学文献出版社，2012，第 34 页。

度，唐廷枢等先把个人资本投入招商局经营，还动员亲友入股，并把原来委托洋行经营的轮船（包括南浔号、洞庭号、永宁号和满洲号四艘轮船）也带入招商局经营。这些举措不仅取信了投资者，还形成了示范效应，引导更多投资者投资招商局。唐廷枢还通过报纸扩大企业影响力，进而招徕投资者。企业重大事项（如企业盈利状况、股息和"花红"发放情况等）都登报宣传，到 1881 年招商局第一期股本 100 万两已经招齐。从 1874 年到 1884 年，招商局每年都进行股息发放。如表 3 所示，在一般年份招商局股息发放多为 1 分，同时会根据经营状况调整股息，企业经营状况不佳时股息降到 5 厘，股息最高时可达 1 分 5 厘。1874 ~ 1879 年，招商局共招股3303 股。

表 3　1874 ~ 1884 年招商局股息发放与招股情况

年　份	股息	招股数
1874	1 分	1024 股
1875	1 分 5 厘	827 股
1876	1 分	
1877	1 分	659 股
1878	5 厘	496 股
1879	1 分	297 股
1880	1 分	
1881	1 分	
1882	1 分	
1884	6 厘	

资料来源：聂宝璋编《中国近代航运史资料》第一辑下册，第 972 ~ 979 页。

由此可见，作为中国第一家近代意义上的股份制企业，招商局的融资方式在债务和股权之间不断变换，这不仅反映出近代以来企业与政府、市场之间关系的变迁，同时还反映出企业在这种关系当中的适应和创新能力，这也是企业持续发展的内生力量。

王玉茹　1954 年生。1982 年毕业于南开大学。1985 年、1994 年分别获得南开大学经济学硕士学位、博士学位。1998 年任教授，2000 年任博士生导师。曾应邀赴美国、英国、日本和我国台湾等地讲学。主要研究领域为中国近代经济发展、中外经济发展比较研究、价格史、金融史、企业史等。

刘福星 广州市社会科学院助理研究员，2016 年毕业于南开大学经济学院，获经济学博士学位，研究方向为企业史。

招商局所属各保险公司考

——兼论招商局的金融保险属性

赵兰亮

　　中国历史上虽然有比较丰富的社会保障思想及制度安排，比如《汉书·食货志》曾记载古时民众"种谷必杂五种，以备灾害"，这可以说是最早的带有风险分散理念的农耕思想。再如，各类义仓、善会善堂以及长寿会等机构，提供了多种社会保障。但毫无疑问，这些并不是现代意义上的保险理念或保险行业。作为一种外来的风险应对机制与金融制度，保险实际上是随着晚清时期海外贸易的扩展而进入中国的。学术界一般认为，1805 年英国商人在广州设立谏当保安行（Canton Insurance Society），标志着保险业正式传入中国。这样说并不否认保险行为早在此前的中外贸易中的存在。其实，早在东印度公司对华贸易以来，保险这一贸易配套制度就如影随形，始终保障着中欧间船舶、货物及人员的安全，只不过直到 1805 年才在中国落地生根。

　　1872 年轮船招商局创办，它是中国近代最早的新式航运企业，也标志着晚清新经济的兴起。三年后轮船招商局即附设保险招商局，此为中国民族保险业的起源。此后招商局系统内又设立仁和、济和两家保险公司，后几经合并演变为仁济和保险公司。自清末特别是民国初年以来，关于这几家保险公司的沿革变迁既已多有错误及不清之处，本文依据上海图书馆所藏的盛宣怀档案，辅以报刊资料，一方面还原了招商局系统内这几家保险公司的流变，阐述了其业务经营方面的诸多问题；另一方面据此阐述了招商局的金融保险属性。立论有失公允之处，敬请方家教正。

一 轮船招商局创办保险企业的缘起

1843 年底，五口开埠通商。此后中外贸易的发展不仅有了量的巨大增长，在空间上也逐渐从以广州为中心的华南区域向以上海为中心的长江流域转换。但在轮船招商局成立前，几乎全部的中外航运与贸易都是由各洋行垄断的，甚至国内的沿海与沿江航运都被洋行染指。受第二次鸦片战争与太平天国运动的冲击，清政府痛定思痛，以船坚炮利为追求，启动了自强式的洋务运动。这也是轮船招商局设立的时代背景。自 1842 年《南京条约》的签订到 1872 年轮船招商局的筹备，30 年里清政府的一些新派官员学到的新知识中最主要的即是轮船与保险两点，并且深刻认识到这两者的紧密关系，"夫轮船与保险，事属两歧，而实则归于一本，有如许保险生意，则必有如许轮船生意"[①]，反之亦然，这在轮船招商局筹备之初拟定的章程中有清晰体现。

同治十一年十一月二十三日（1872 年 12 月 23 日），李鸿章在上奏圣上的《试办招商轮船折》中对开展轮船与保险经营提出了规划，即"设局招商……现已购集坚捷轮船三只。所有津沪应需栈房码头，及保险股份事宜，海运米数等项，均办有头绪"[②]。

《奉宪核定轮船招商章程》则是同年朱其昂等人奉李鸿章之令拟具呈奉的关于招商局成立与业务发展的重要文件，共八条，其中两条涉及保险，并对此做了明确的规划，这无疑是以李鸿章为代表的洋务派官员保险理念的体现。其文如下：

> 一栈房轮船均宜保险以重资本也。栈房原为轮船利于装卸起见，客商货物应由原人自行保险。惟所存漕粮一时未能运竣，万一失火，关系匪轻，应由商局向保险行保火险。至海面水险一层，保费较重，虽经入奏有案，并未奉准。应请仿照沙宁船定例，遇风沉没，准商局禀请豁免。至轮船船价甚巨，亦应保险。惟每年每船约需保费万金，

---

① 《论招商保险之利》，《申报》1881 年 3 月 12 日。
② 《试办招商轮船折》，《李鸿章全集》卷 20，商务印书馆，1921，第 713 页。

绝非长策，应请俟三年之后，将所得余银除提利息花红外，另列一保险公款，自行保险。俟保险资本集有巨款，不但可保自船，即他船亦可兼保。一起两得，其利自溥。

……

一轮船宜选择能干之人学习驾驶，以育人才而免掣肘也。夫不精于针盘、度线、风潮、水性者，不足以当船主大伙，不识机器水器者不能管机器。此辈中土不多，即中土有可用之人，洋行亦不保险。开办之初似应向保险洋行雇用外洋人船主大伙等项三五人，仍派能干华人副之，俾可留心学习。将来学有成功，商局所提保险资本又集有巨款，则可全用华人驾驶矣。①

从上述章程可见，李鸿章等洋务派在轮船招商局尚在筹划之时就对进一步设立保险公司做了三年的规划。同年（1872）拟定的《轮船招商公局规条》对此做了进一步的明确规定，即"本局招商畅旺，轮船愈多，保险银两愈重，拟由本局自行保险，俟银两积有成数，再行设立公局，广为保险，如有盈余，仍归本局股分"②。后来的历史发展也的确是按照李鸿章的设计进行的。1873 年 1 月，轮船招商局开门营业。1875 年 12 月，保险招商局按既定的三年计划而创办。

轮船招商局之所以创办保险企业，还有一个直接的也是广为人知的原因，那就是"伊敦轮"因悬挂中国龙旗和双鱼局旗而被洋商保险行拒保的刺激。虽经沟通并同意支付每月一分的巨额保费后，怡和与保安两家洋商保险公司同意承保，但每船仅保十五天，且每家保险公司愿意承担的保额仅为一万五千两，这较之每船动辄十余万两的价格相差甚远。此后，洋商保险行虽然提高了保额，但每船最多仍限保银六万两，超过部分由轮船招商局自行负担。

在轮船招商局创办保险公司以及这些公司的发展过程中，有一个人物起着关键作用，这就是晚清重臣、大名鼎鼎的盛宣怀。

筹划保险公局的消息，从轮船招商局设立以来就不胫而走，颇受中外

---

① 胡政、李亚东点校《招商局创办之初》，中国社会科学出版社，2010，第 4～5 页。

② 陈旭麓、顾廷龙、汪熙主编《轮船招商局》，上海人民出版社，2002，第 4 页。

人士关注。1874 年 4 月 8 日，左宗棠的属下、后曾任定海总兵的管带贝锦泉自福州致函担任招商局会办的盛宣怀，提到了英国友人欲谋求招商局保险职位之事。函内这样写道："昨接英国友法乐来函，据称：'招商局欲请保险行掌事一节，但未知有多少股份资本，公议□准保自家轮船，或不论别国之船均保，每年掌事之人有多少薪水，合约字能作几年，烦为查实赐示，以定进止。……倘保险行不能就绪，或当招商局总管各轮船船主事务，亦无不可，每年可得薪水若干，亦祈指示'等词。弟披展之余，难以答复，应请大才斟酌，祈赐南针，俾弟可以筹办也，是所盼祷。"盛宣怀回复为"招商局总管拟用华人，保险局事，须俟秋中方有就绪，届时再当奉闻"①。自然，这也就断了外人掌控招商保险的念想。

1875 年 4 月 1 日（农历二月二十八日），轮船招商局的福星轮在黑水洋面被怡和洋行的澳顺轮撞沉，溺死 63 人，船货全部沉失。虽然事后法庭判招商局胜诉，获得赔银四万两千两，但因为澳顺轮船主脱逃，招商局最后追到的赔款仅四千两不到，余数尽由招商局自己承担，损失巨大。这一事件深深触动了招商局的神经，更加快了保险招商局的成立步伐。

二 轮船招商局所属各保险公司的成立及演变过程

1. 保险招商局的创办

轮船招商局营业的头三年，也是保险招商局筹备的三年。1875 年 11 月 4 日，轮船招商局在《申报》上刊登了《招商局告白》，落款则为"保险招商局公启"，标志着保险招商局的正式创办。该文在保险招商局的历史上具有重要地位，以前各类书籍和文章多有引用，但可惜的是有多处句读错误，容易引发歧义。因此，重新句读并全引如下：

招商局告白

窃维保险之设，起自泰西，不论船货房屋等项，均可按价立限具保，早有成规。在物主所出不及一分之赀，即能化险为夷。惟中国于

---

① 陈旭麓、顾廷龙、汪熙主编《轮船招商局》，第 17 页。

保险一事向未专办。现在轮船招商局之船货均归洋行保险，其获利既速且多。是以公同集股，由唐景星、徐雨之二君总理其事，设立保险招商局，仿照各保险行章程办理，不特商局轮船货物可酌量保险，即洋商船货投局请保者，均可照章承保，以广招徕。

复思洋商保险行，即上海而论，数十年来从未决裂，所保口岸自中国至泰西，路途辽远，口岸亦广，兼之时日较多，风险更重，夹板船行驶不能克期亦且照例承保。似此每行核计，每年生意有六七十万至百余万者，惟统扯赔款每年或五六十万或三四十万。且洋商存息不定，其开行、用人、工食、纸笔一切开销缴费，动辄数万。

而我局，夹板等船概不承保，所保轮船货本拟有限制。口岸少而途路近，时日浅而风险轻，资本随时生息，用度竭力撙节。如此平稳试办，较之洋商，利益之多可操左券。再查保险洋行，资本多则三十万两，少则十万两。本局今议酌中办法，集股一千五百分，每股规元一百两，共成保险本银十五万两。其银分存于殷实钱庄等处生息，均有券据存局为凭。所有应设保险口岸，姑先悉照轮船招商局已立各码头为限，随后再行加广。如有愿附股本者，请就近赴局报名。其股本定于十一月二十日以前划付总局收存。截至十一月二十日，以后一概不收。议自光绪元年十二月初一日起至二年十二月底止，试办一年。每号轮船只保船本一万两、货本三万两为度。如投报之数逾此定额，余向洋商保险行代为转保，庶有画一限制。至各局账目，总归上海保险招商局，周年汇算结总，倘有盈绌，集众公议，照股均派，各无异言。除收到股本之日，填给股票收执，以昭信守外，今将议办情形缕陈大概，并将各口员董开列于后。

上海总局唐景星、徐雨之

镇江分局吴左仪

九江分局黄灼棠

汉口分局刘述庭

宁波分局汪子述

天津分局郑陟山

燕台分局陈雨亭

营口分局郑聘三

广东分局唐应星

福州分局唐静庵

香港分局陈茇南

厦门分局王渊如

汕头分局郑用川

其余台湾淡水、鸡笼、打狗及星加坡、吕宋、西贡、长崎、横滨、神户、大阪、箱馆等处再行陆续逐口推广，次第照章举办，合并登明。

光绪元年十月　日

保险招商局公启

这份告白不仅宣告了保险招商局将于光绪元年十二月初一（即 1875 年 12 月 28 日）开始营业，也表明了其管理体制、组织形式、资本额、业务种类、会计特点、营业网络及与轮船招商局的关系等。这些特点将在后面专门讨论，在此不表。

保险招商局的成立，如同轮船招商局当年设立一样，是划时代的大事。告白刊登的这天，《申报》一同发表了《华人新设保险局》的评论，文曰："阅今日本报所列之新告白，知华人有创议开设保险公司一举，取名保险招商局，欲集股一千五百份，每股规银一百两，计共合本银十五万两，主谋者则唐君景星是也。查华商装货保险为习者，已实繁有。徒而向设保险公司者，惟西人独擅其事。今见华人倡设此举，想华商无有不为之庆喜者。"[1] 诚哉斯言！保险招商局的创办，不仅标志着中国自主创办股份制保险公司的开始，也标志着中国新式金融业的起点。在中国民族保险业的起点上，以往学界多认为是 1865 年创办的义和公司保险行，中国保险学会主编的权威著作《中国保险史》即持有此种观点。[2] 这一观点的主要依据是《上海新报》上的一则广告史料，其内容为："新开保险行：谨启者，

---

[1] 《申报》1875 年 11 月 4 日。

[2] 中国保险学会中国保险史编审委员会编《中国保险史》，中国金融出版社，1998，第 39 页。

自通以来，设有保险之行，以远涉重洋，固能保全血本，凡我华商无不乐从而恒就其规也。由来虽久，无如言语不同，字样迥别，殊多未便。爰我华商等议开义和公司保险行，保家纸系写一面番字、一面唐字，规例俱有载明，并无含糊。倘如贵客商有货配搭轮船或是夹板往各口者，请至本行取保，决不至误。特此布闻。同治四年五月初一日。上海德盛号内开设义和公司保险行启。"①《上海新报》每逢周二、四、六出版，该广告共刊登在同治四年五月的全部 12 期上。此后，直至 1872 年 12 月底《上海新报》停刊及新媒体《申报》出现，均未再有义和公司保险行的任何信息。其他资料目前也未见有关义和公司保险行的记载。因此，这份广告就成为孤证。该保险行是否正式营业，目前看来是存疑的。此其一。另外，该保险行附设在德盛号内，体制上乃是学习当时洋行代理保险的通行模式。因此，即便该保险行曾有业务，大致也是附属性的机构，恐怕很难说是独立的公司形态。此其二。因此，以保险招商局的设立作为中国民族保险业和民族金融业的起点是更为妥当和可行的。

保险招商局每股股银 100 两，在当时这是很高的价格，但它的招股仍吸引了投资热情的民众，特别是与轮船招商局有业务关系的各口岸的民众。故此，一个月后保险招商局决定扩股，登报告示说："本局设立保险一事，原议集股本银十五万两。嗣因投股逾额，且近日各口来股更多，均与局中有关，交易无可推却，是以加广五万，共成二十万两为度，准定本月底截止。"② 第一家保险企业的创办即得到了民众的欢迎，无疑说明保险这一经济保障制度早已被商民所认可。

2. 仁和保险公司的创办

光绪元年腊月初一（1875 年 12 月 28 日），保险招商局开门营业。其业务主要有两点：一是承保船壳，每船限保一万两；二是承保货物，每船限保三万两。这是保险招商局初创阶段资力较弱下的谨慎之举，无可厚非。随着几个月的营业尝试，在业务向好的激励下，轮船招商局决定乘势而进，发起设立仁和保险公司。

---

① 《上海新报》1865 年 5 月 27 日。
② 《申报》1875 年 12 月 20 日。

1876 年 7 月 3 日，《申报》刊登了《仁和保险公司公启》，即仁和保险公司的招股成立公告。文不长，全引如下：

> 窃闻事宜分任，利贵兼权，善贾必仗多财，盛业何妨继兴，审时乘势、合璧联珠，此仁和公司之所由设也。盖保险招商局之设，自乙亥腊月开办，原议集资十五万两，嗣以入股者多，复增五万两，共成二十万两。业经刊有成规，办理颇称起色。凡所保本局及各洋商船货，子母相衡，原有限制。每因投保逾额，至代转保于洋商，傍落利权，能无介意？某等思维再四，允宜循照成章，广集厚资，别分一帜。因与茶商及各帮公议，另立仁和保险公司。现已集资八万两，再招十二万两，共成二十万两，分作二千股，每股一百两，准于七月朔开办。凡我同志，无论一股至数十百股，悉听乐从，须于六月底以前先赴招商总局暨各分局挂号交银，由总局填给仁和股票。虽名目稍分，而事权归一。所有账目总局经理，周年汇给，盈绌均分。从此普庆安澜，并行不悖，咸沾利益，济美后先，岂不盛哉！
>
> 唐景星、徐雨之、陈荗南、姚筠溪、畬富庭、郑秀山、唐静庵、唐应星公启

这份招股公告，说明了几个问题：第一，仁和保险公司的设立，是为了弥补前设保险招商局营业上保额过小的不足；第二，公开招股前，轮船招商局已与茶叶商人及各商帮先行募集了八万两的资本；第三，开业的时间是该年七月初一，即 1876 年 8 月 19 日；第四，会计上与保险招商局相同，均由轮船招商局代理（这一模式深刻影响了以后仁和保险公司的发展，后续还会进一步讨论）；第五，发起人既有唐廷枢、徐润等轮船招商局的总会办，也有姚筠溪、畬富庭、郑秀山等茶叶及商帮人士。这不同于轮船招商局独自发起创立保险招商局时的情形，发起人的扩大化或者社会化说明仁和保险公司从一开始就有更宽广的视野。

保险招商局与仁和保险公司的创始，不仅拉开了中国新式金融业的帷幕，带来了新式保险业，也给投资者带来了回报。光绪三年正月二十五（1877 年 3 月 9 日），保险招商局以总局名义发布了股息余利的支取通告。通告说："启者保险招商总局，自乙亥十二月初一日起至丙子十二月底止，

连闰共计十四个月，经办以来，叨在股诸公鸿运，尚称顺手，所得余利银两谨定于二月初十日按股照派，凡有股各公，届期持同股票来局支取。特此布闻。"① 这是保险招商局第一次发放官余利，可惜的是由于没有详细的营业资料，无法知悉官余利的数额，但根据晚清时期官余利的惯例以及后期仁和保险公司的发放标准，"按年算给一分利息"，也就是说如果以 20万两资本计，14 个月的官余利约为 23000 两。仁和保险公司原定资本额为 20 万两，但由于没有收齐，最后实收 15 万两，以每年一分的官余利计算，每年支付约在 15000 两。

尽管仁和保险公司设立时曾言明"别分一帜"，其股东组成也的确不同，但由于它与保险招商局同属轮船招商局的附属机构，两者在管理及事权上其实是高度合一的。1878 年 2 月 28 日，两者一同发出《招取保险余利》的公告，公告称"启者本局保险及仁和保险，应派余利均订于二月初一日照发，凡在股诸君，届期持同票折来局支取。特此布闻。保险招商仁和保险局同启"②。这一模式一直持续到 1882 年。其间轮船招商局于 1878年又发起设立了济和保险公司，但济和保险公司每年单独发布自己的官余利领取公告。而保险招商局和仁和保险公司仍一同发布，可见两者的紧密程度与高度一致。

3. 济和保险公司的创办

保险招商局和仁和保险公司的业务是一样的，都是承保船壳和货物，仁和保险公司创办时也特别说明是为了弥补保险招商局承保能力不足的问题。换言之，保险招商局没有选择增厚资本而壮大实力的举措，而是选择另觅股份分设一家而合作经营的策略。但随着轮船招商局业务的拓展，特别是收购旗昌轮船公司后各地船栈码头火险业务需要的产生，而这些火险业务却是保险招商局和仁和保险公司提供不了的，因此这也就直接推动轮船招商局筹划组建了济和保险公司。

1878 年 3 月 15 日，《申报》刊登了《济和船栈招集保险股份》的公告，公告说："窃维善贾必赖多财，权利尤宜推广。轮船招商局自设仁和

---

① 《申报》1877 年 3 月 9 日。
② 《申报》1878 年 2 月 28 日。

保险以来，经理数年，俱臻妥善，第投保者踊跃，每多逾额，历向他处转保，统年计之，为数甚巨，利权外溢诚可惜也。且有储栈各货，屡有来局相投保者，而仁和公司以专保船货，并不兼保栈货，因此溢利亦非浅鲜。兹拟招集股银二十万两，专保仁和所保逾额，并试办招商局栈储各货保险，目之曰济和船栈保险局，所有限制保本章程另行详刊，其股分仍照旧章，每股百两，准于三月十五日举行，俟办有成效再行分别推广。凡我同志先期来局言定股分，俾免拥挤，为厚幸焉。二月十一日。济和船栈保险局启。"① 次日该公告仍刊登在《申报》上，但值得注意的是落款改为"上海保险招商总局启"，可见这几家保险公司的关系：名分三家，统管为一。

济和船栈保险局，也称济和保险公司，其股本也是二十万两，以船栈保险业务为重点，营业开始于当年三月十五，即 1878 年 4 月 17 日。因为背靠着轮船招商局，济和保险公司开业一年就有不错的效益。1879 年 5 月 13 日，保险招商总局在《申报》上刊登了《济和船栈保险局支利》公告，公告说："启者本局济和保险应支周年利息，今于肆月初一日支取。请在股诸君届期持票来局补折取利可也。谨此布闻。"② 此后直至 1884 年，济和保险公司每年均将发放官余利登报，未曾中断。

4. 保险招商局与仁和保险公司的合并

前已述及，保险招商局与仁和保险公司的成立时间前后仅相差半年多，虽然股份有所区别，各有各股，但业务与管理其实是合二为一的。两者的业务方向一致，保险招商局的溢额部分则由仁和保险公司承保，后者类似于前者的分保公司。在轮船招商局内部也常常用仁和保险公司指称它们两者。1877 年 12 月，招商总局在回复上海道的查询中这样说："（答）复仁和保险股本三十五万：查此次保险局二十万，仁和保险十五万，现存招商局，按年算给一分利息。"③ 文中明确用仁和保险代表两者，股份总额也合并计算，每股都是一百两。在股票市场交易中，也仅有仁和保险的股票，而没有保险招商局的股价。比如，《申报》1882 年 6 月 11 日第一次刊

---

① 《申报》1878 年 3 月 15 日。
② 《申报》1879 年 5 月 13 日。
③ 陈旭麓、顾廷龙、汪熙主编《轮船招商局》，第 62 页。

登市面上的股票交易信息，其中有招商局、仁和保险公司、济和保险公司三家的市场交易价。当时仁和保险公司每股实收白银 100 两，而市场实际交易价为"仁和保险二百二十两"①，可见受追捧程度之高。

1882 年 7 月，招商局决定不再将两者分立，正式归并为一。7 月 15 日，《申报》刊登了招商局的"告白"，通告说："所有光绪元年起招商保险、二年起仁和保险、四年起济和船栈保险，今已复位新章，于六月初一日起，请将以上各项股票折至轮船招商总局倒换新票，并支公积银两。特此布闻。谨启。"② 这次"重订新章"的细节现已无法知悉，但 7 月 18 日刊登的股票交易信息第一次出现"仁和保险新股"的字样，股价也由前一日的"二百十五两"变为"七十二两五"，原先每股实收一百两则改为每股实收五十两。合并后的新仁和保险公司资本总额为五十万两，分为一万股。济和保险公司的股票信息前后则没有任何变动。③ 另外，也正是从此时起，仁和保险公司的官余利领取公告中已没有了保险招商局的联合署名。换言之，1882 年 7 月，仁和保险公司合并了保险招商局，继承了中国第一家民族保险企业的招牌，直到四年后与济和保险公司合并。

5. 仁和、济和保险公司合并成为仁济和保险公司

济和保险公司成立时资本额为二十万两，每股股银一百两，由于募集不力，最终实际募集到的资本额仅十万多两。随着业务的扩展，招商局希望能将济和保险公司的资本额相应扩大，以便增强实力，推动业务的进一步发展。1882 年 3 月 9 日（正月二十），招商总局发布了济和保险公司的扩股声明，声明内容为："济和保险公司现拟招足百万，先收五十万两，除前集十一万五千两外，余额先尽有保险生意附股，准于二月十五日截止。如欲附股，请速来挂号。特此布闻。"④ 前后相比可见，其打算从创办时的两千股扩大到一万股，每股股银不变，仍为每股一百两，但此次每股实收五十两。目前所见最早的济和保险公司的股票交易记录时间是 1882 年

---

① 《申报》1882 年 6 月 11 日。
② 《申报》1882 年 7 月 15 日。
③ 《申报》1882 年 7 月 18 日。
④ 《申报》1882 年 3 月 9 日。

6 月 10 日。该天，济和保险公司的交易价是"七十二两。原价一百两，先收五十两"①。溢额二十二两，可见仍受市场追捧。同年 7 月，招商局决定仁和保险公司合并保险招商局，济和保险公司也重订章程，这样一来招商局的附属保险企业也就由三变二。1883 年的股息支取通告说："启者仁和保险及济和保险，应支股息均于六月初一日照支，按月派息一分。请君至日凭折来局照取。特此布闻。上海仁和济和保险公司启。"② 从落款可见，仁和、济和两者亲密无间，俨然一体。

然而 1884 年 8 月底清廷上谕的发布，相当于向法宣战，中法战争的战火随即烧到中国沿海。此前的 7 月 31 日，轮船招商局为了规避中法战争的风险，已将局产假售于旗昌洋行。对于招商局售给旗昌洋行一事，外界并不知晓其中的真相，部分小股东对此颇感愤慨。8 月 28 日，《申报》发表了《众股商人启》的檄文，文中说："今即中法和议未成，轮船稍有停走，每月或费二三万金，尚有盈余可抵，何至一言不露，竟将十数年创成之事业一旦弃之如敝屣耶？似此任性妄为，实属有伤国体。"③ 招商局的这些动向开始直接影响到仁和与济和保险公司的生存，部分股东甚至提出了关停保险的主张。

8 月 20 日，招商局会办马建忠在致盛宣怀的信中提到了部分股东要求提取保险股份及质问仁和、济和两保险公司在此次售产换旗中的去向问题。他说："……因串通广帮之有保险股者，至局索银。此系景翁之事，弟调停其间……至保险生意，可仍附入旗昌。旗昌原有扬子保险，所保无多，往往以五六成分与其他保险行。今士米士约以分与其他保险之五六成，一概归入仁济两保险，则仁济保险较前更旺。无如有股者或挟嫌怨，或希图现银，竟商景翁将保险息业。"④ 所幸因为马建忠的坚持和盛宣怀的支持，仁和、济和保险公司随同招商局一起盘交旗昌洋行，避免了散股歇业的命运。但"该局董屡来拔本，恐巨资涣散，

① 《申报》1882 年 6 月 11 日。
② 《申报》1883 年 6 月 29 日。
③ 《申报》1884 年 8 月 28 日。
④ 陈旭麓、顾廷龙、汪熙主编《轮船招商局》，第 165～166 页。

阻之不从，暂付还七万五千两"①，幸运的是数额仅有 75000 两，未伤及两公司根基。

1885 年 4 月，中法战争结束。6 月，两国签订《中法新约》。8 月 1 日，招商局与旗昌洋行签订契约，购回原先卖给旗昌洋行的局产。一切重回轨道。

早在赎回局产之前，筹划仁和与济和保险公司复业的工作即在进行中。7 月 28 日，仁济和发出董事通告，称"启者仁济和保险公司，今拟复举，理应邀集在股诸君公议同订妥章。兹于六月十八日一点钟，请至大马路亦宜轩汇读，届期务乞惠临赐教，勿却是盼"②。局产收回后，仁济和复业的申请也得到了北洋大臣的批示同意。8 月 12 日，仁济和再次登报公告，通知股东集议："启者仁济和保险公司，昨接招商局来函，并抄录北洋大臣批示复举保险事宜等情，但本公司以集众股而成，理应知照有股诸君，订于七月初七日准二点钟，假座大马路亦宜轩汇议如何办法，以期公允，望切荐切。特此布闻。仁济和保险公司谨白。"③ 从以上两份公告可见，此时的仁和与济和保险公司，虽然尚未正式合并，但行文已是一家公司的苗头了。招商局也正是按照两者合并的思路在组建仁济和保险公司。

经过多次股东会议讨论，新的公司章程《重订仁济和保险章程》共十条④也已拟好。光绪十二年正月初五（1886 年 2 月 8 日）是上海传统的请财神的日子，全新的仁济和保险公司正式开门营业。其开办公告刊登在第二天的各大报纸上，曰："招商局仁济和保险公司现定于本年正月初五日起仍归各埠招商局兼办，保费悉照大例，务祈贵客商格外照顾，同沾利益为幸。招商总局保险处谨启。"⑤ 值得注意的是，这份公告是由招商总局保险处发出的，仁济和保险公司前有招商局字样，无疑都说明了仁济和保险公司与招商局的紧密关系：它是招商局的附属公司。

仁济和保险公司业务上"专保轮船装载之货，一切事宜悉照保险洋行

---

① 陈旭麓、顾廷龙、汪熙主编《轮船招商局》，第 225 页。
② 《申报》1885 年 7 月 28 日。
③ 《申报》1885 年 8 月 12 日。
④ 《重订仁济和保险章程》，上海图书馆藏盛宣怀档案，档案号：020079。全文见本文附录。
⑤ 《申报》1886 年 2 月 9 日。

章程办理"。其资本额也就是股本"规银一百万两，分存招商总局六十万两，按年六厘生息；开平矿局三十万两，按年八厘生息；汇丰、麦加利银行各五万两，合十万两，按年五厘生息"①。

在管理体制上，与前面的保险招商局、仁和时代一样，仁济和保险公司仍依存于招商局体系内。"上海仍为总局，综理一切事宜，仍照向来皆由招商总局督会办专主，不另请派总办。照旧仍由局订请熟谙洋务、公正绅士一位为总管。凡保货联单等项，归其一手签字。每日收支帐目及各分局保险单帐，由其详细稽察。遇有要事，面与商局督会办商酌办理。至通商口岸，亦照轮船所立分局口岸为限，即归招商分局照章一律兼办，以免纷歧并节靡费。"②

仁济和保险公司成立后，这种相关性或者说伴生性体制一直持续，招商局并没有因清政府的倒台而结束，仁济和保险公司自然也没有停业。但在 1928 年，它却面临着新的转折点。

6. 仁济和保险公司 1928 年的改组独立

自 1875 年保险招商局成立至 1927 年，轮船业务与保险业务在招商局体系内始终是捆绑在一起的。其主要体现就是红提单的存在，通俗地说就是附有保险单的海运提单是招商局航运业务的要件，因此才有人得出"有如许保险生意，则必有如许轮船生意"的论断。但是，1927 年 5 月 23 日，上海各轮船公司取消了红提单的原有规定，原先由招商局收取水脚费时一并代收保费的做法也就失效了，改为自由收费。这对毫无竞争意识的仁济和保险公司的打击是立竿见影的。原先端坐高堂就有稳定的业务收入，现今则面临着源头活水的断绝。对此困境，国民政府清查整理招商局委员会在当年 10 月的报告中如是记录："最近红提单办法取消，该公司实际上完全停业，所有职员竟终日无所事事。"③ 再以 1928 年上半年的营业状况而言，"自本年阴历正月起至阳历五月底止，共亏损实洋一千三百三十二元

---

① 《重订仁济和保险章程》，上海图书馆藏盛宣怀档案，档案号：020079。
② 《重订仁济和保险章程》，上海图书馆藏盛宣怀档案，档案号：020079。
③ 陈玉庆整理《国民政府清查整理招商局委员会报告书》，社会科学文献出版社，2013，第388 页。

三角九分"①。以前每年均有盈余，现在则处处亏损。为了应对这一断崖式的业务下降，1924 年开始执掌招商局董事会兼仁济和保险公司总董的李国杰不得不考虑仁济和的未来，方案即是仁济和的改组独立。

1928 年 5 月 7 日，乘招商局改组之际，李国杰呈请交通部监督招商局办公处，主要诉求是申请将仁济和保险公司改组为独立的股份有限公司，同时希望在仁济和保险公司内添设火险部。5 月 12 日，交通部部令第 21 号核准了仁济和保险公司的改组独立申请，并同意将招商局的轮船、货栈、房屋等水火险业务统归仁济和保险公司承保。仁济和保险公司于是聘请了当时上海保险界的著名保险人欧阳荣之为总经理。又因添设火险业务，公司名称也相应更改为仁济和水火保险公司。7 月 2 日，火险部正式营业，随后再次聘请著名的上海华商保险公会会长、福安保险公司总经理罗倬云为营业督察，襄助仁济和公司大力推广各地营业事宜。②

招商局所属轮船货栈等业务统归仁济和承保的规定以及得力的经理人选，使仁济和起死回生。以 1928 年改组前后统计数据为例："总计自本年阴历正月起至阳历七月底止，共亏损洋四千五百四十二元五角五分，八、九月份共赢余洋一万三千零五十三元零四分。两抵净计赢余洋八千五百十元零四角九分。是以半年之亏损，而两月完全抵偿，且获有巨额之赢余。"③

既然已受命改组独立，仁济和保险公司的下一步举动必然是召开股东会及董事会，重订规章并决定公司发展的新方向。11 月 5 日，李国杰呈请交通部部长王伯群，"为依法办理仁济和保险公司股东登记，并附呈登记暂行规则，请为备案"④。次日即收到部长指令，内云："此次该公司办理股东登记，自系为编制股东名簿、召集股东大会之准备，应即准予备案。仍将办理情形随时呈报，仰即遵照。"⑤

11 月 7 日，仁济和保险公司登报通告各股东尽快领取股息并实名登

---

① 《李国杰呈报仁济和营业状况》，《申报》1928 年 12 月 21 日。
② 《申报》1928 年 7 月 2 日、8 月 21 日。
③ 《申报》1928 年 12 月 21 日。
④ 《申报》1928 年 11 月 10 日。
⑤ 《申报》1928 年 11 月 10 日。

记，文曰："兹因本公司股东名簿向来多用堂名牌记，其真实姓名、籍贯住址均未详载印鉴，亦无留存，与公司条例未能符合。特乘给发股息之便，同时办理登记。业经订定股东登记暂行规则，并备具各项簿册书式，以便股东取用。特即登报通告，所有本埠股东，自阳历十一月十二日起至十二月三十日止，请股东各携带股票息折，备具印鉴，到福州路五号本公司，依式登记后即凭印鉴将息金照数领取。外埠股东，在广州、福州、营口、汉口、天津各埠附近者，就近向各该分公司照式登记，由该分公司发给取息凭条，转报本公司后，汇拨息金，凭条转发。其未设分公司之各埠，可将股票息折印鉴并开明姓名籍贯住址寄沪，委托代理人到本公司登记，并代取息金。一俟登记齐全后，即当依法订期召集股东大会，事关股东全体利益，尚望早日惠临为幸。专此布闻。"① 随后，《仁济和水火保险股份有限公司股东登记暂行规则》全文也刊登在 11 月 10 日的各大报纸上。

股东登记工作延迟到 1929 年 1 月 15 日才告竣。3 月 4 日，仁济和保险公司登报通告股东大会将于 4 月 2 日举行，希望各股东在会期十日前到公司领取议决票、选举票等材料。

4 月 2 日下午 2 时，福州路五号，仁济和保险公司正式召开了第一次股东大会。到会股东有李国杰、唐应华、李次山、欧阳荣之、许修直等共 7430 权。大会首先审议了上一年度即 1928 年的营业报告，然后通过了新的公司章程，并选举产生了董事、监事，李国杰、唐应华、李次山、欧阳荣之、许修直五人当选为董事，张锦、徐永祚两人当选为监事。②

《仁济和水火保险股份有限公司章程》共六章二十八条。第一条确定了公司名称，第二条确定了公司营业范围为"以经营各种水火保险业务为营业"，第三条确定了营业地点"本公司设于上海，但必要时得于他处设立分公司或经理处"，第五条规定了资本额"本公司资本总额国币一百二十万元，分为四万八千股，每股二十五元，一次收足"③。

股东大会通过章程及相关决议后，仁济和保险公司随即向上海市社会

---

① 《申报》1928 年 11 月 7 日。
② 《申报》1929 年 4 月 3 日。
③ 《仁济和水火保险股份有限公司章程》，上海市档案馆藏档，档案号：Y10－1－347。

局转呈工商部申请核准并注册。5月初收到工商部的指令，"查保险法尚未颁行，姑念该公司成立有年，应准营业，俟保险法颁布后再行依据办理"①。

1929年12月30日，国民政府公布了《保险法》。仁济和保险公司随即按照规定补行手续，但业务经营的黄金时期已经逝去。繁华不再，它实际上在走下坡路了。

关于以上从保险招商局到仁济和保险公司的沿革，时人即已混淆前后，多有演绎成分。比如1927年国民政府清查整理招商局时，招商局董事、会计科科长邵子愉兼仁济和保险公司总董在函复清查整理委员会说："查仁济和公司当初系仁和、济和两家，仁和火险济和水险。自仁和停办，而改称仁济和，专营水险生意。"② 这是完全错误的。1931年编辑出版的《交通史航政编》也认为："是年（指光绪元年）十一月乃另招股设立保险招商一局，以分仔肩，名为济和保险公司。"③ 这就属于明显的张冠李戴了。

三 业务经营的拓展与起伏

1. 资本与股东

1875年12月底保险招商局创办时，初始资本为上海规元十五万两，分为一千五百股，每股一百两。其募集对象是上海和其他各口岸民众，特别是与招商局有业务关系的客户。由于各口岸民众汇款购买股份的热情高涨，保险招商局将资本扩大到二十万两。这是当时华商对保险行业认可的直观体现。

受保险招商局超额吸收资本的刺激，1876年8月中旬仁和保险公司成立时，规划的资本额也定为二十万两，每股一百两。但不知是否因为不久之前的保险招商局招股的透支，仁和保险公司的资本额未能募足，最后仅

---

① 台北中研院近代史研究所藏仁济和水火保险公司档案。档案号：17－23a－72。
② 陈玉庆整理《国民政府清查整理招商局委员会报告书》，第65页。
③ 交通、铁道部交通史编纂委员会编《交通史航政编》，交通、铁道部交通史编纂委员会，1931，第217页。

募到十五万两。仁和保险公司的股东，以茶叶商人和在沪各商帮为主，著名者有姚筠溪、畬富庭、郑秀山等人，先行募集的八万两资本即由他们承担，其次是各口岸与招商局有业务往来的客商和普通商民。

1878 年 4 月济和保险公司成立时，资本额再次设定为二十万两，每股一百两，共两千股。但实际募集到的仅有十一万五千两。1882 年 3 月，招商局决定将济和保险公司资本额扩大为一百万两，分成一万股，每股名义股本一百两，但实收一半即五十两，因此实收资本额为五十万两。此次所扩增出的三十八万五千两股份，"先尽有保险生意附股"，其次再由各口岸商民认购。四个月后，招商局决定将保险招商局与仁和保险公司合并为新的仁和保险公司，资本额也相应扩增，由原先的保险招商局二十万两、仁和保险公司十五万两增加到新仁和保险公司的五十万两，扩股数额为十五万两。

基于仁和与济和前几年来营业上的极大成功，1882 年 3 月和 7 月它们两家的分别扩股，吸引力是空前的，因此短时间内就完成了募集，没有再出现成立时募不到足额股份的困窘情形，倒是追捧程度之高使得分配股份时甚至不得不按照认购人与招商局的生意密切度来划分额度。

济和保险公司扩股时，盛宣怀曾致函招商局，表示此次他也认购了五千两的股份。没承想，招商局总办也是仁和、济和保险公司创始人的唐廷枢迅速回了一封信，内容非常有趣。他在信里说："杏荪仁兄大人阁下，所有济和保险股分，尊意欲附做五千两一节。顷接上海总局开来各户公派细数，查股分共招十九万余银，为数无多。而各户按派，其最大者，并无有五千之股。惟有同昌利等五户，每年与商局交易甚大，各派四千两。其次十户，各派二千两。尊名已在十户之列。余者股分递减。按照所派，洵属公平。限于股数，谅邀原鉴。至股银二千两，已由上海大有豫庄付交。承交津局银五千两，当嘱花兄奉还。特此布闻。敬请勋安，惟照不具。愚弟唐廷枢顿首。廿四日。"[①] 盛宣怀五千两的附股竟然被拒了，原因是他的额度仅为两千两，哪怕他曾贵为招商局的会办也不可以！

1886 年 2 月，仁和、济和两公司合并为仁济和保险公司，资本额自然

---

① 《唐廷枢致盛宣怀函》，上海图书馆藏盛宣怀档案，档案号：000956。

也合并计算，即一百万两，分为两万股，每股股银五十两。就当时企业状况而言，这个资本额是非常高的。1872 年轮船招商局创办时，额定资本也不过是一百万两，并且仅收半数，到 1881 年才勉力招足全部资本，1882年又扩增到二百万两，是当时中国企业中资本额最大的一家。仁和与济和保险公司自两家分立时的 1882 年起合计就有一百万两资本，这笔巨额的资本金，成为招商局的重要投资资金。后面还会深入讨论，在此不赘。

就现代公司发展的一般规律来讲，随着公司业务的拓展，为了做大做强，公司一般会增资、扩股，资本金逐步扩大。但是，仁济和保险公司在1891 年却走了相反的路。

1891 年是仁济和保险公司合并办理以来的第六年，除了该年保费收入达到前所未有的八万七千多两的高度外，另一重要的变动就是公司资本额从成立时的一百万两减为八十万两，此后直至 1929 年 8 月，38 年间未曾再有任何改动。对于这次资本额的减少，仁济和保险公司在该年账略中记载了来龙去脉："公司股本原系一百万两。前年马观察（马建忠——引者注）有三畏堂押款四万八千逾期未赎，奉文将股票收回抵销。除轮船三百六十七股推归招商局外，其保险二百五十一股照原本一万二千五百五十两推归本公司。连前共有未填以及收回股票三千六百五十六股，本银十八万二千八百两。爰嘱朱静山观察收买三百四十四股，计票本银一万七千二百两。共收回四千股，计本银二十万两。虚股空存，窃虑疏失，持饬涂销。用昭核实，本年结总实存正本八十万两。"[1] 从上可见，仁济和保险公司领导者对资本额与公司发展的关系，认识上无疑还处在初级阶段。当然，他们之所以产生资本额的多少对仁济和保险公司的发展并无影响的判断，其根本原因是仁济和依附于招商局的这种体制上的关系。

1929 年 4 月 2 日，仁济和保险公司召开了自成立以来的第一次股东大会，大会通过了新章程，改选董事、监事，并决定："现值废两改元之际，为营业及会计便利计，（资本额）改定为国币一百二十万元，分为四万八千股，每股二十五元。"[2] 8 月 1 日发布了领取股息红利和更换新股票的通

---

① 《仁济和保险公司帐略》，光绪十七年（1891），上海图书馆藏盛宣怀档案，档案号：020261。

② 《仁济和保险公司股东会决议录》，1929 年 4 月 2 日，上海市档案馆藏，档案号：Y10－1－349。

告。该年每股股息红利合计为 4.777 元。并且决定"除在每股股息及红利内提拨洋二元七角七分四厘，作为扩充之资本外，每股尚应发洋二元零二分三厘。又股东所执老股票，一股计银五十两，改换新股票三股，合洋七十五元"①。

仁济和保险公司这次资本额废两改元，可谓是走在了时代前列。众所周知，国民政府在 1933 年 3 月 10 日才颁发《废两改元令》，通令全国取消银两制度，货币单位一律改用银元。而仁济和保险公司实际早在 1929 年 8 月就完成了这一改革。此后仁济和保险公司的资本额始终维持在 120 万元的水准。这一数额虽然就当时的保险市场来说并不算少，但由于市场格局已与晚清时期完全不同，市场上不仅实力雄厚的保险公司众多，而且中外之间、中国公司内部竞争都更为激烈。仁济和保险公司此时早已丧失了原先的领头羊地位，1936 年前后一度沦落到要歇业的地步。

从保险招商局到仁济和保险公司资本额变化见表 1。

表 1　从保险招商局到仁济和保险公司资本额变化

公司名称	时　间	资本额（实收）
保险招商局	1875.12 ~ 1882.07	20 万两
仁和保险公司	1876.08 ~ 1882.07	15 万两
济和保险公司	1878.04 ~ 1882.03	11.5 万两
仁和保险公司	1882.07 ~ 1886.02	50 万两
济和保险公司	1882.03 ~ 1886.02	50 万两
仁济和保险公司	1886.02 ~ 1890.12	100 万两
仁济和保险公司	1891.01 ~ 1929.08	80 万两
仁济和保险公司	1929.08 ~ 1949.10	120 万元

资料来源：根据上海图书馆藏盛宣怀档案和仁济和保险公司历年账略整理。

自保险招商局开始，特别是仁济和保险公司成立以来，盛宣怀无疑是其产生及发展历史上最为关键的人物。他在仁济和保险公司中持有多少股份，历来不为人所知。直到 1928 年 11 月，上海租界临时法院在审理"接

① 《申报》1929 年 8 月 1 日。

收愚斋义庄四成慈善基金"一案时，在扣押的财产一栏中显示盛宣怀家族此时持有"仁济和四千八百股，价值十五万三千六百两"①。仁济和保险公司资本八十万两，每股五十两，共分一万六千股。盛家股份占总股份的30%，说仁济和保险公司是盛家的公司应该是不为过的，只不过原价值二十四万两的股份缩水成十五万三千六百两，名义损失高达三成六。

2. 业务范围

招商局创办保险企业的初衷是因为外商保险行一开始拒绝承保其轮船，经交涉后虽然愿意承保，但每船限保六万两，并且保费高昂，剩下部分由招商局自保。这在前面已经述及。所以 1875 年 12 月底保险招商局的成立，就是为了接过招商局自保轮船的担子，在承保轮船的同时也保货物，其"每号轮船只保船本一万两，货本三万两为度"。比如，1876 年 2 月 4 日招商局厚生轮失事，徐润致函盛宣怀时明确说明该船船身"由洋商承保六万，本局自保三万，保险商局保一万，合共十万两"②。1876 年 8 月仁和保险公司成立后，主要承担保险招商局的溢额部分，因此业务上应该是相同的。1877 年，招商局收购旗昌轮船公司后，总办唐廷枢决定将所有轮船收回自保，并决定自 1878 年起每年提取自保船险公积银十五万两。此后，招商局的保险业务即一分为二：所有轮船船身由招商局建立船险公积金自保，保险招商局和仁和保险公司则专保水险等货物运输险。1878 年 4 月济和保险公司成立后，以承保货栈火险为主。

1886 年 2 月仁和与济和合并为仁济和保险公司，《重订仁济和保险章程》第三条即为业务规定，具体是："所保船货本银均有限制。江船最坚固者，每船限保十二万两。海船最坚固者，每船限保八万两。其次各船限保不得逾六万两。设有逾额，即向洋商保险行转保。夹舨船坚固者，每船限保一万两，次者不保。其保船等差，无论本局与洋行轮船，皆由总管平日与总船主察验实在，分别记注底册，以定保本之多寡。"这里所说的"所保船货"仅是指货物而言，不包括船舶本身的保险。仁和、济和的改组，在业务上的另一变化是对原货栈火险业务的收缩，改以轮船运输保险

---

① 《申报》1928 年 11 月 17 日及 1929 年 2 月 17 日分别报道。

② 《徐润致盛宣怀函》，光绪二年正月十五日（1876 年 2 月 9 日），上海图书馆藏盛宣怀档案，档案号：019022a。

即水险为业务重点。《交通史航政编》对仁济和成立后的营业范围调整和营业特点记述道："最高职员办事董二人即招商局办事董，余办事人共七人。专营招商轮船装货保险事业。对于北洋、温州船货物保费，并与怡和、太古两家立有合同，保险费由招商局于收水脚时一并代收。外埠事务并由招商分局代理，在保费额内给百分之五代理费，并于年底加给回俸酬劳一成。现金统由招商局经营。对于收付款项，一并由招商局会计科代理。本公司帐目不过转账而已。"① 简言之，并入招商局与专营船货保险，是仁济和保险公司的两大特点。

招商局自保船壳（船身）险与仁济和保险公司承保货物运输保险的这一业务分工模式，自 1878 年招商局设立自保船险公积到 1928 年仁济和保险公司独立前，始终如一，绝少例外。关于这一业务分工模式，外界当时就不十分清晰，后来的研究者更是混为一谈。②

1929 年 1 月 16 日，招商局新华轮在香港触礁失事，损失惨重。媒体报道说该轮在仁济和保险公司保有船壳险及货物险等，暗示可以获得大量赔偿。仁济和保险公司迅即发表了澄清公告，内容如下："阅贵报登载招商局新华轮船在港触礁各节，内有该轮本身由本局仁济和保险，闻保额近三十万两，七年之中所纳保费亦有二十余万，故保险上不生问题等语。确系调查错误。查招商局江海各轮，向由该局自保船险，与敝公司毫不相涉。惟各轮货物水险，间有由敝公司承保者。即此次新华货险，敝公司亦仅保至汕头卸货为止，实无丝毫关系。合亟声明。敬希迅予更正为感。此致申报编辑部。"③

1936 年的《中国保险年鉴》仅登记了仁济和水火保险公司的资本额、董事成员、营业种类及地址等基本信息，具体营业数据一概没有。其营业种类登记为：水险、火险、船壳险三类。如上所述，水险和火险是仁济和保险公司的基本业务，但船壳险在仁济和保险公司未独立之前，是由招商局自保的。1928 年 5 月独立，10 月后仁济和保险公司才对外开展船壳险业务，但并不涵盖招商局轮船在内。该年统计仁济和保险公司火险保费收入

① 《交通史航政编》，第 217~218 页。
② 《招商局会计史》（人民交通出版社，1994）在这一问题上即混为一谈。
③ 《申报》1929 年 1 月 19 日。

为 8474.45 元，水险保费收入为 45529.15 元，而船险保费收入为 2713.18
元，算是小有起色。① 1929 年船险保费收入上升到 6949.61 元，但与火险
保费 112926.095 元、水险保费 15094.881 元的收入相比，无疑还是较少
的。② 1930 年船险保费收入大幅减少，仅有 629.92 元。但该年开辟了车险
业务，虽然仅收入保费 66.3 元，却意义深远。③

　　1935 年底 1936 年初，仁济和保险公司因巨额资金受困于招商局，业
务经营大受影响，股东会于是议决"暂行缩小范围，停保水火险"④，无形
中就使仁济和保险公司陷入了收缩状态。这也是仁济和保险公司在 1936 年
倒闭一说的由来。但是令人存疑的是，1937 年版的《中国保险年鉴》将以
上信息再次登载。其实仁济和保险公司只是业务发展受阻，停保水火险后
还有船险和车险业务在，并未就此倒闭。尽管后期可能仅是一定的管理机
构在运作，但它没有关门而是一直存在，直到中华人民共和国成立后才逐
渐消失在新形势里。

　　3. 营业网络

　　1875 年 12 月保险招商局创办时，招商局即明确保险局的营业网络依赖
既有的招商局的各局，"所有应设保险口岸，姑先悉照轮船招商局已立各码
头为限，随后再行加广"。并把当时招商局各分局及负责人名单列入公告中，
计有上海总局唐景星、徐雨之，镇江分局吴左仪，九江分局黄灼棠，汉口分
局刘述庭，宁波分局汪子述，天津分局郑陟山，烟台分局陈雨亭，营口分局
郑聘三，广东分局唐应星，福州分局唐静庵，香港分局陈芰南，厦门分局王
渊如，汕头分局郑用川。招股公告中也对后来的营业网络做规划，对海外网
点，比如"其余台湾淡水、鸡笼、打狗及星加坡、吕宋、西贡、长崎、横
滨、神户、大阪、箱馆等处再行陆续逐口推广，次第照章举办"⑤。

　　成立仅三四个月，营业网络即扩展到了日本。1876 年 4 月，决定在长
崎和神户两个港口开展保险业务。"启者本局办理保险事宜，业经办有成

　　① 《查核账目报告书》（1928 年），上海市档案馆藏档，档案号：Y10 - 1 - 348。
　　② 《查核账目报告书》（1929 年），上海市档案馆藏档，档案号：Y10 - 1 - 349。
　　③ 《查核账目报告书》（1930 年），上海市档案馆藏档，档案号：Y10 - 1 - 350。
　　④ 中国保险年鉴社编《中国保险年鉴》，中国保险年鉴社，1936，第 11 页。
　　⑤ 《申报》1875 年 11 月 4 日。

效，并已设立各口分局，以广招徕。惟东洋等处尚未分设，每荷客商下问，是以现派黎君荫泉寓长崎广裕隆内经理保险事务，又派何君筠如寓神户广裕隆内经理保险事务。"① 1880 年，"本届以生意平顺、获利较丰，即开拓新加坡、旧金山等处保险生意"②。长崎、神户、新加坡、旧金山等处保险生意的开展，是近代中国保险业最早向海外扩张的代表与路径。

此后仁和保险公司、济和保险公司设立，直到两者合并为仁济和保险公司，营业网络均与招商局的营业网络重合。用仁济和保险公司开办告白里的话来说，就是"招商局仁济和保险公司现定于本年正月初五日起仍归各埠招商局兼办"③。

1886 年仁济和保险公司开办时，其营业口岸，有上海总局、营口（时称牛庄）分局、天津分局、烟台分局、宜昌分局、汉口分局、九江分局、芜湖分局、镇江分局、宁波分局、温州分局、福州分局、厦门分局、汕头分局、广东分局、淡水分局、香港分局、神户分局。1892 年添设仁川分局，但开办仅两年即因甲午战争影响而关闭。1896 年 12 月开办沙市分局，1897 年前后开办南京分局。1901 年后，营口分局因局势和业务的原因而停歇。1911 年前后宜昌分局也停歇。

虽然各地营业网络多有变动，但在 1928 年独立前，仁济和保险公司仍背靠着招商局的分支机构开展业务，招商局的上海总局也是仁济和保险公司的总局，网络体制上还是合一的。1928 年 5 月独立，随后添设火险业务，8 月又聘请了著名的保险界人士"罗倬云先生为营业督察，襄助推广本外埠营业事宜"④。但这次独立实属名义上的，两者的营业网络关系仍然很深厚，大约到抗战前后才慢慢分离开来。

4. 保费与收益

保险招商局与仁和保险公司开办两年后，1878 年保费收入据有关记载约为 14 万两，该年初招商局厚生轮失事，公司赔偿该轮船货损失后，仍剩

① 《申报》1876 年 4 月 12 日。
② 《申报》1881 年 3 月 12 日。
③ 《申报》1886 年 2 月 9 日。
④ 《申报》1928 年 8 月 21 日。罗倬云曾任羊城水火险置业公司上海司理、（香港）广恒水火保险公司上海司理、福安保险公司上海司理，后升为该公司总经理、上海华商保险公会会长、仁济和水火保险公司营业督察。

余 72500 两左右。

合并前仁和、济和两家保险公司的保费收入，目前难以见到详尽的统计数据，但根据公司的股息支付数据，大致可以推断当时的保费收入应该极为可观。比如，1881 年 3 月媒体报道："即如仁和保险公司，由轮船招商局兼办，昨观其光绪六年分彩结一纸，有不禁令人眉飞色舞者。盖自中国开创以来，其利益之显可见者，胥当以是为嚆矢已。……查自光绪元年十二月起至六年年底止，已共给息二十五万三千余两。"数据能令人眉飞色舞，那一定是极好的。

1886 年 2 月，仁和、济和保险公司合并为仁济和继续营业，盛宣怀作为总办，公司历年账略均须呈请盛氏签署。哪怕是他离开招商局和仁和保险公司后，相关业务报告仍会送呈盛氏过目。1916 年盛宣怀过世，此后仁济和保险公司向盛氏的汇报工作也就终止了。目前所能看到的仁济和保险公司的账略，除了刊登在当时《申报》等媒体上的以外，基本留存在上海图书馆所藏的盛宣怀档案中。表 2 是根据各类资料汇总的仁济和保险公司保费收入统计情况。

表 2　1886～1930 年部分年份仁济和保险公司总保费收入统计

单位：银两

年　份	总保费收入	年　份	总保费收入
1886	67211.090	1904	74125.458
1887	67431.352	1905	66820.032
1888	70197.223	1906	55285.384
1889	69924.472	1907	51544.460
1890	75000.850	1908	57521.100
1891	87116.354	1910	45000.000
1892	86728.625	1911	36989.564
1893	76758.576	1912	27651.881
1896	64781.828	1913	30499.557
1899	76194.381	1914	36155.729
1900	50460.020	1928	56716.780
1901	68022.317	1929	134970.586
1902	61634.998	1930	90435.931
1903	66980.470		

注：1910 年的数据为约数；自 1928 年起，单位为银元。

资料来源：根据上海图书馆藏盛宣怀档案和仁济和保险公司历年账略整理。

从表 2 可见，仁济和保险公司的保费收入在光绪年间大致是平稳的，但自宣统年间开始下降，1912 年因局势的影响下降到历史上的最低点，全年收入仅为最高时的三成左右。1915～1927 年的数据已无从得知，但自 1928 年开始保费收入有所上升。

仁济和保险公司的保费收入，在整个晚清时期，无疑是市场中最令人瞩目的成绩。一方面因为此时保险市场中除了外商保险公司外，华商保险公司在 1905 年之前唯独仁济和一家，1905 年华兴保险公司、1906 年华成经保火险公司等成立，保险市场才开始出现竞争。另一方面当然是因为它背靠着招商局，"皇帝的女儿不愁嫁"。但进入民国后，特别是 20 世纪 20 年代末以来，仁济和保险公司的生意受到极大冲击。主因是保险市场竞争激烈，国内诸多银行业杀入保险市场，纷纷设立了自己所属的保险公司。比如，上海商业储蓄银行设立了宝丰保险公司，中国银行设立了中国保险公司，金城银行设立了太平保险公司。1937 年，总公司设在上海的华商保险公司已达到 24 家。① 再加上众多的外商保险公司，市场竞争极为激烈。仁济和保险公司原属于受庇护的温室中的花朵，在烈日下适应性大成问题，几乎关门停业。

再就地域特征而言，仁济和保险公司的保费收入中，上海无疑是最大的收入来源地。这与上海是近代中国的经济贸易航运中心密切相关。表 3 是仁济和保险公司保费收入的地域来源。

从表 3 中可以发现以下四个特点。

第一，上海总局保费收入始终占据第一位，但起伏较大，并且自 1901 年后呈现明显的下降趋势。

第二，天津、烟台、汉口三个分局的地位始终处在第二梯队，保费收入较多。但汉口分局受辛亥革命的影响很大，1911～1913 年业务大受打击。

第三，南方三个分局香港、广东（指广州）、汕头在 1893 年之前保费收入占有重要地位，但自 1896 年开始，业务衰落异常剧烈。特别是香港分局的业务呈现直线下降态势，1893 年保费收入还有 3800 多两，1913 年却下降到连一两都不到，凌厉的下跌状态令人震惊。

---

① 《中国保险年鉴（1937）》，上编第 4 页。

表3 1886～1914年部分年份仁济和保险公司各局收入保费统计

单位：规银两

年份	上海总局	营口（牛庄）分局	天津分局	烟台分局	沙市分局	宜昌分局	汉口分局	九江分局	芜湖分局	镇江分局	南京分局
1886	35087.63	1245.364	7318.615	3611.978		106.718	4623.784	1123.479	53.139	362.191	
1887	30736.53	1311.386	7697.107	4319.227		210.037	6839.021	1323.845	133.286	644.113	
1888	35063.67	1391.290	7883.399	4769.484		186.611	7476.122	1386.021	54.171	541.166	
1889	35256.43	1632.939	9170.311	4358.088		161.761	6049.818	1630.905	32.735	691.194	
1890	34035.33	2376.117	10907.310	4191.934		56.319	6781.580	2068.414	275.790	806.390	
1891	50199.13	1831.123	10149.610	4645.192		1051.853	6310.472	2363.370	516.006	517.223	
1892	49480.62	1710.899	9283.839	5370.980		1372.844	6253.501	2376.877	292.951	637.902	
1893	39017.44	1832.175	8487.606	5684.164		777.658	7676.225	2053.373	239.839	640.234	
1896	38875.43	330.422	10194.700	4824.929	4.429	716.746	4400.900	1666.315	83.660	705.705	
1899	43645.18	770.074	12260.760	5462.225	60.070	1430.957	5350.026	995.989	1618.181	497.445	181.835
1900	28215.72	463.795	2875.919	7360.952	223.457	1168.081	2973.672	801.569	277.740	364.390	296.600
1901	50338.48		2079.740	6912.079	281.654	553.583	2619.145	806.298	175.615	120.115	482.831
1903	40120.15		8422.911	6819.436	227.165	40.820	3999.787	704.010	851.622	126.980	498.723
1904	45658.08		7805.685	6534.056	318.237	503.617	3984.081	698.394	2273.445	143.490	591.450
1905	41086.35		6813.554	5105.394	309.175	635.634	4929.424	1030.059	1571.638	194.340	824.664
1906	30957.34		4720.600	6269.088	332.392	918.297	4460.434	1105.727	1801.229	78.770	419.444
1907	26531.95		7636.715	6914.015	356.256	654.121	4307.330	848.544	1515.047	97.230	898.666

年份	上海总局	营口（牛庄）分局	天津分局	烟台分局	沙市分局	宜昌分局	汉口分局	九江分局	芜湖分局	镇江分局	南京分局
1908	30366.04		9524.144	7136.579	332.084	110.427	3969.306	617.114	1277.341	98.560	1287.329
1911	20658.18		5271.732	3778.825	187.100	0	1132.558	1329.342	975.828	107.810	460.552
1912	12208.22		4421.312	4443.797	93.596	0	727.623	1070.595	57.684	122.380	904.354
1913	13041.07		7624.817	3711.702	54.518	0	564.912	994.227	532.126	104.900	379.104
1914	15658.21		6994.554	4306.456	12.587	0	2433.509	1359.676	0	86.490	228.723

年份	宁波分局	温州分局	福州分局	厦门分局	汕头分局	广东分局	香港分局	神户分局	淡水分局	仁川分局	总计
1886	131.779	467.775	1011.124	684.813	4093.289	3501.966	3626.216	79.935	81.299		67211.09
1887	119.632	199.162	566.099	521.816	4902.522	3261.710	4645.859				67431.35
1888	99.052	111.743	298.889	414.070	3572.043	3068.080	3881.417				70197.22
1889	103.004	99.537	691.918	681.280	2407.219	2913.871	4043.462				69924.47
1890	693.302	85.095	789.883	865.038	2908.234	3420.722	4739.460				75000.85
1891	183.149	247.270	419.326	525.614	2018.870	3128.947	3009.198				87116.35
1892	109.792	161.590	358.013	347.040	2601.221	2522.529	3556.082			291.941	86728.63
1893	82.147	274.970	366.414	404.358	3358.584	1767.460	3866.090			229.840	76758.58
1896	226.840	316.484	219.057	360.799	708.194	825.892	321.320				64781.83
1899	619.281	252.708	833.004	124.272	1034.143	853.016	205.217				76194.38
1900	706.020	1774.483	966.127	99.198	735.350	904.605	252.340				50460.02
1901	719.650	1407.550	261.623	57.553	560.599	482.820	162.980				68022.32

续表

年份	宁波分局	温州分局	福州分局	厦门分局	汕头分局	广东分局	香港分局	神户分局	淡水分局	仁川分局	总　计
1903	1475.191	2175.931	392.209	0	504.461	554.112	66.961				66980.47
1904	984.739	2346.546	768.170	4.611	512.589	947.961	50.305				74125.46
1905	795.327	1896.159	919.786	0	80.089	602.240	26.194				66820.03
1906	712.428	2444.180	673.149	0	18.911	344.687	28.712				55285.38
1907	776.093	1373.747	39.800	0	26.050	305.027	43.842				51544.46
1908	274.509	1605.320	572.694	0	58.937	287.405	2.589				57521.10
1911	657.576	1818.779	7.587	2.109	181.341	405.627	14.623				36989.56
1912	883.364	2097.899	117.351	12.974	209.815	274.299	6.619				27651.88
1913	856.947	1638.741	50.568	3.837	222.220	719.156	0.717				30499.56
1914	879.386	2149.775	93.561	18.940	375.927	1649.490	8.444				36155.73

资料来源：根据上海图书馆藏盛宣怀档案和仁济和保险公司历年账略整理。

第四，三个境外分局仅起到点缀作用。神户、淡水两个分局仅1886年有数十两的保费收入。仁川分局在1892年开办，仅开办两年，有数百两的保费收入，1894年因甲午战后朝鲜半岛落入日本的势力范围而不再营业。

除了保费收入之外，仁济和保险公司的其他收入在其整个收入体系中占有重要地位。在1905年之前，以保费收入为主。但从1906年开始，保费收入在仁济和保险公司总收入中的比重总体呈下降趋势，到1930年保费收入仅占全部总收入的26.35%。具体可参见表4。

表4 1886~1930年部分年份仁济和保险公司收益构成

单位：银两，%

年份	保费收入	投资收益合计	收入总计	保费收入占总收入的比例
1886	67211.090	63456.108	130667.198	51.44
1887	67431.352	87191.581	154622.933	43.61
1888	70197.223	90940.183	161137.406	43.56
1889	69924.472	81286.508	151210.980	46.24
1890	75000.850	75891.918	150892.768	49.70
1891	87116.354	59172.816	146289.170	59.55
1892	86728.625	48707.935	135436.560	64.04
1893	76758.576	41538.245	118296.821	64.89
1896	64781.828	35064.700	99846.528	64.88
1899	76194.381	45473.293	121667.674	62.63
1900	50460.020	56005.114	106465.134	47.40
1901	68022.317	52134.749	120157.066	56.61
1902	61634.998	58456.432	120091.430	51.32
1903	66980.470	51832.419	118812.889	56.37
1904	74125.458	49981.967	124107.425	59.73
1905	66820.032	49743.959	116563.991	57.32
1906	55285.384	59096.048	114381.432	48.33
1907	51544.460	57042.313	108586.773	47.47
1908	57521.100	58982.422	116503.522	49.37
1911	36989.564	60546.990	97536.554	37.92
1912	27651.881	59768.543	87420.424	31.63
1913	30499.557	60214.537	90714.094	33.62

年份	保费收入	投资收益合计	收入总计	保费收入占总收入的比例
1914	36155.729	61710.620	97866.349	36.94
1928	56716.780	89607.800	146324.580	38.76
1929	134970.586	86185.544	221156.130	61.03
1930	41833.035	116902.597	158735.632	26.35

注：自 1928 年开始，单位为银元。

资料来源：根据上海图书馆藏盛宣怀档案和仁济和保险公司历年账略整理。

5. 股息红利与股价

股息是近代中国股份制公司发展史中的一个特殊现象，投资者按照招股书中的约定，每年固定领取利息，年利率一般在一分上下。这种股息类似于定期或长期存款，并不以公司的盈利状况为前提，无论盈亏，招股公司均须支付给各位股东。除此之外，尚有红利。红利则视公司盈余状况而言。股息、红利在近代一般合称为官利余利或官余利。官余利的存在，说明近代中国股份制公司初创时期招股的不易。但随后却成为惯例，到 20 世纪三四十年代，许多公司创办时仍有股息的规定。

无论是保险招商局，还是仁和保险公司，以及后来的仁济和保险公司，自始至终一直在支付官余利。官利利息高，数额大。1881 年《申报》报道仁和保险公司说："仁和保险公司计本银三十五万两。……查自光绪元年十二月起至六年年底止，已共给息二十五万三千余两。而本届所派之余息尚不在此数内。由此观之，其获利亦可谓厚矣。"[1] 1881 年又支付了十万五千两的官利。

仁济和保险公司合并创立以来，每年均有巨额的官余利支付，具体可见表 5，有些年份官余利的数额甚至是该年保费收入的两倍多。高额的官余利支付，对仁济和保险公司的持续发展及壮大无疑是起负面作用的。

虽然保险招商局比仁和保险公司成立早半年多，但在股票市场中代表

---

[1] 《论招商保险之利》，《申报》1881 年 3 月 12 日。

中国保险公司最早交易的股票却是仁和保险公司的，因此可以说仁和保险公司的股票是近代以来中国证券市场中的第一支保险股。

表5　1886～1930年部分年份仁济和保险公司发放的官余利统计

年份	股本（万股）	官余利（银两）	同期保费收入（银两）	同期营业总收入（银两）	官余利占总收入的比例（%）	官余利占保费收入的比例（%）
1886	100	80000	67211.090	130667.198	61.22	119.03
1887	100	60000	67431.352	154622.933	38.80	88.98
1888	100	80000	70197.223	161137.406	49.65	113.96
1889	100	80000	69924.472	151210.980	52.91	114.41
1890	100	80000	75000.850	150892.768	53.02	106.67
1891	80	80000	87116.354	146289.170	54.69	91.83
1892	80	64000	86728.625	135436.560	47.25	73.79
1893	80	80000	76758.576	118296.821	67.63	104.22
1896	80	80000	64781.828	99846.528	80.12	123.49
1899	80	96000	76194.381	121667.674	78.90	125.99
1900	80	96000	50460.020	106465.134	90.17	190.25
1901	80	96000	68022.317	120157.066	79.90	141.13
1903	80	96000	66980.470	118812.889	80.80	143.33
1904	80	88000	74125.458	124107.425	70.91	118.72
1905	80	96000	66820.032	116563.991	82.36	143.67
1906	80	88000	55285.384	114381.432	76.94	159.17
1907	80	88000	51544.460	108586.773	81.04	170.73
1908	80	96000	57521.100	116503.522	82.40	166.90
1911	80	72000	36989.564	97536.554	73.82	194.65
1912	80	72000	27651.881	87420.424	82.36	260.38
1913	80	72000	30499.557	90714.094	79.37	236.07
1914	80	80000	36155.729	97866.349	81.74	221.27
1915	80	80000				
1919	80	64000				
1921	80	64000				
1922	80	64000				
1923	80	72000				

年份	股本（万股）	官余利（银两）	同期保费收入（银两）	同期营业总收入（银两）	官余利占总收入的比例（％）	官余利占保费收入的比例（％）
1924	80	64000				
1925	80	72000				
1926	80					
1927	80	48000				
1928	120	32368				
1930	120	36000				

注：自 1928 年起，单位为银元。

资料来源：根据上海图书馆藏盛宣怀档案和仁济和保险公司历年账略整理。

1882 年 6 月 11 日，《申报》第一次刊登了前一天的仁和保险公司股票的市场价格：每股原价一百两照数收足，现价二百二十两。① 股价上涨了120%，可见当时仁和保险公司的股票是多么受市场追捧。同一天的济和保险公司股票交易价格为七十二两，原价每股一百两实收五十两，也就是说股价上涨了44%。

同年 7 月 15 日起，仁和保险公司和保险招商局合并，并换发新股票。7 月 17 日，仁和保险公司新股上市交易，实收五十两的股票，交易价是七十二两半，显示仍受市场极度追捧。此后直到 1883 年 7 月 9 日，股票价格波动不大，在 66 两至 72 两之间起伏。济和保险公司的股票波动情形类似。但从 7 月 10 日开始，受胡雪岩投机生丝生意失败而引发的上海金融风潮以及随后中法之间局势进一步紧张的影响，仁和与济和保险公司的股票开始双双出现急剧下跌。到该年底，双双跌到每股三十二两左右，跌幅都在 50% 以上。1884 年继续下跌，到 1885 年 3 月 19 日，仁和保险与济和保险的股票双双跌至历史最低值每股十八两，仅是票面价格的三成多，令广大持股者损失惨重。中法战争结束后，两公司股票虽有所反弹，但至多上涨到每股三十两左右。这次持续两年多的股市下跌，使得仁和与济和股票的形势大坏，部分亏损严重的持股者干脆置之不理。1885 年 9 月 5 日，《申报》最后一次登载仁和与济和两家保险公司的股价，都是每股二十三

① 《申报》1882 年 6 月 11 日。

两，仍不到票面价格的一半。

1886 年 2 月仁济和保险公司重新成立，每股五十两收足。但受前两年股票市场的打击，仁济和保险公司的股票始终没有多少起色，1887 年 10 月每股交易价为五十一两，可谓一潭死水。但到了该年 11 月却跌到每股三十五两。关于仁济和保险公司的股价信息极为不全，仅有零星的几个数据，1905 年 6 月 28 日为每股五十四两，1928 年 11 月每股为三十二两，无法看出其走势。不过，整体上可以断定，当年极受欢迎、极为火爆的行情大概是一去不返了。

6. 赔款与公积

保险业对经济发展的贡献集中体现在损失赔偿上，从而使受损企业能最大限度地减少损失并恢复生产。招商局创办保险的初衷无疑也是希望能在危险发生后得到很好的赔偿。自保险招商局成立以来，保障船身与货物安全的赔款支出始终是支出的大宗，具体可参见表 6。

表 6　仁济和保险公司部分年份赔款支出情况

年份	赔款支出总额（银两）	重要赔款案例
1886	13117.352	海晏轮至天津货物损失 7071.64 两；丰顺轮至天津货物损失 3221.18 两；香港英公司吣列打船至横滨货物损失 2365.327 两
1887	88517.585	保大轮失事赔款 78906 两；杭州船货物损失 4047.9 两；杭州船烟土损失 1000 两
1888	49329.555	广济轮货物损失 8352.07 两；拱北船货物损失 27475 两；汕头轮船失事货物损失 8235.944 两；汉口船货物损失 1678.807 两
1889	85178.890	丰顺轮在天津货物损失 30354.4 两；丰顺轮在成山头货物损失 48790.8 两；和生船货物损失 3411.36 两
1890	47492.337	富有轮货物损失 16210 两；上年丰顺轮补交赔款 5139.3 两；图南轮货物损失 4663.66 两；香港央思轮货物损失 12571.5 两；海定轮货物损失 3366.08 两
1891	7691.230	海晏轮、永清轮货物损失 6375.2 两
1892	114247.697	新盛轮 13 次货物损失 67226 两；飞马轮货物损失 26600 两；海晏轮 15 次货物损失 13600.406 两；怡和亚基船货物损失 2805.841 两

年份	赔款支出总额（银两）	重要赔款案例
1893	34383.762	太古黄埔轮货物损失 32810 两
1896	27318.881	安和轮沉没货物损失 6800 两；新裕轮 12 次货物损失 6573.021 两；新丰轮 15 次货物损失 6033.88 两；新济轮、新丰轮货物损失 2690.123 两
1899	17679.614	利运轮货物损失 5359.2 两；飞鲸轮货物损失 5940 两；安平轮货物损失 3212.581 两；飞鲸轮货物损失 2025.691 两
1900	674.136	
1901	1126.897	
1902	1928.480	
1903	3195.125	大利轮货物损失 2250.25 两
1904	24404.930	海琛轮货物损失 19162.5 两；新丰轮、丰顺轮货物损失 1566.455 两
1905	7162.588	协和轮失事货物损失 6367.977 两
1906	13563.678	公平轮货物损失 8140.67 两；乐生轮货物损失 3565 两
1907	530.100	
1908	3717.845	新裕轮货物损失 3352.7 两
1911	3285.419	美富轮货物损失 1619.029 两；新丰轮货物损失 1510 两
1912	594.140	
1913	2933.635	图南轮货物损失 2633.635 两
1914	592.750	
1928	3319.100	
1929	125970.490	
1930	62098.200	

注：自 1928 年起，单位为银元。

资料来源：根据《国民政府清查整理招商局委员会报告书》整理而成。

　　虽然每年均须支付数万两的官余利以及赔款，但保险招商局至仁济和保险公司时期，利润还是非常优厚的。由于近代中国长期采用传统的会计制度，仁济和保险公司直到 20 世纪 20 年代才采用新的会计记账格式，因此，晚清时期大致可用每年所结余公积作为公司最终盈利的考核指标，具体见表 7 所示。

表 7　1886～1930 年部分年份仁济和保险公司净计结余公积

单位：银两

年　份	该年底共计结余公积	年　份	该年底共计结余公积
1886	45453.379	1903	71308.515
1887	38590.328	1904	74024.178
1888	81639.098	1905	80162.361
1889	101961.642	1906	88765.553
1890	113036.928	1907	100044.653
1891	59308.116	1908	109756.839
1892	42393.572	1910	130200.173
1893	45564.913	1911	144543.368
1895	94451.810	1912	152061.166
1896	90633.951	1913	160075.063
1898	49225.624	1914	168131.523
1899	56901.298	1928	99415.210
1900	56509.010	1929	-10052.663
1901	69417.037	1930	41833.035
1902	61738.294		

注：1891 年原为 159308.116 两，后从结余公积中拨出公积银 10 万两入股织布局；1928 年起为纯益，且单位为银元。

资料来源：根据《国民政府清查整理招商局委员会报告书》整理。

从表 7 可见，到 1891 年仁济和保险公司已结余公积高达近十六万两，公司随即以其中的十万两作为对织布局的股份投资。然而奇怪的是，这笔对织布局的股份投资从未出现在以后任一年份的仁济和保险公司账略中。1892 年的该公司账略中，与织布局有关的会计项目是在织布局的存款为八万两，持有织布局股票的价值为一万七千两。① 织布局的档案则显示："保险局名下保公记名户上海机器织布局股分……共计票折十副，计票本规银一万七千两。"② 这与仁济和保险公司账略中的数字正好对上，可见记载不虚。

① 《仁济和保险公司帐略》（1892），上海图书馆藏盛宣怀档案，档案号：041207。

② 陈旭麓、顾廷龙、汪熙主编《上海机器织布局》，上海人民出版社，2001，第 159 页。

1914 年结余公积再次累积至十六万多两。上述数据虽不完整，有些年份缺失，但绝大多数都有盈余，仅 1929 年净亏损一万多元。

7. 资金运用

轮船招商局是最早的洋务企业之一，其主导者李鸿章、盛宣怀等人深知这类新式企业对晚清中国的重要意义。因此，自轮船招商局创办保险招商局、仁和保险公司等一众保险企业后，在提供风险保障之外，李、盛等人即以轮船招商局为基础和抓手，使用轮船招商局所有的资金，更使用轮船招商局属下这些保险企业所筹集及积累起来的资金，或由自己出面，或以这些保险企业的名义，投资于更多的新式洋务企业，以扶持经济的发展。

（1）对各类新式洋务企业的投资扶持

对开平矿务局的财务投资。1878 年 7 月 24 日，开平矿务局正式挂牌开局，其主创者唐廷枢也是轮船招商局的创办者。因唐廷枢的关系，轮船招商局作为开平矿务局的创办方之一，不仅出资二十万两入股，1883 年底又由李鸿章批复同意，动用了原存于它账户内的属于仁和、济和保险公司合计三十万两的股份资金，即"仁和、济和保险局借支三十万"①，拨借开平矿务局作为运营资金，年利率 8%，这可谓近代中国民族保险资金的第一笔对外投资。1886 年仁和、济和保险公司合并为仁济和后，这笔投资自然由仁济和继承。随后开平矿务局订立规章，确定四年内分期归还这笔借款。1887 年，开平矿务局首次以煤炭数千吨抵作规银五万两交付仁济和保险公司，仁济和在开平矿务局的投资相应减少到二十五万两。1888 年，开平矿务局再次以煤炭抵作五万两拨还仁济和保险公司，仁济和在开平矿务局的投资款项减为二十万两。1889 年又以煤炭抵作六万两拨还仁济和，剩余投资金额变成十四万两。1890 年仍以煤炭抵作七万两拨还仁济和，剩余投资金额变为七万两。1891 年，开平矿务局最后一次仍以煤炭抵作投资款，仁济和将剩余资金悉数收回，从而退出了在开平矿务局的投资。

纵观仁济和对开平矿务局的这笔投资，前十年是以稳定的财务投资为

---

① 李保平、邓子平、韩小白主编《开滦煤矿档案史料集》第 1 册，河北教育出版社，2012，第 293 页。

主，每年收取固定的利息。但自 1887 年起到 1891 年仁济和收回全部投资，开平矿务局每次均以煤炭抵资，这无疑反映了开平矿务局初期业务经营的困难与资金的匮乏。因此可以说，如果没有仁济和在资金和业务上的大力扶持，开平矿务局的发展也许更为滞缓。当然，对仁济和而言，资金被举步维艰的开平矿务局占用曾引发了盛宣怀、徐润等人的忧虑。或许这也是仁济和认同开平矿务局以煤炭抵还借款而退出投资的原因。1889 年，开平矿务局一度筹划再次商借仁济和五万两，"三年为期，按年八厘生息"。但马建忠、沈能虎在致盛宣怀的信函中认为"然前款未清，后款又起，似非所宜"①。最后这笔投资未能成功，显然是不难理解的。

对上海机器织布局的股份投资。上海机器织布局是近代中国第一家民族机器纺织企业，筹建于 1878 年。该局初期阶段，仁济和保险公司并未参股。1890 年 9 月 14 日，因"奉北洋商宪谕，向仁济和保险公司借拨织布局规银三十万两……按周年六厘行息……搭入布股"②。该官方收据由马建忠代表仁济和保险公司、杨宗瀚代表上海机器织布总局签字画押。上海机器织布局初期名义资本一百万两，实为五十万两。与之相较，仁济和保险公司的这三十万两投资不可谓不大。

对于这笔投资的收回，马建忠原与上海机器织布局商定的是自 1899 年开始每年偿还六万两，至 1904 年还清。不过，1891 年仁济和保险公司就收回了二十二万两投资，剩余投资仅八万两，于是改作借款名义。1893 年 10 月 19 日，上海机器织布局不幸因大火而焚毁。1894 年，盛宣怀奉李鸿章指令负责重建，并将其改名为华盛机器纺织总厂。仁济和保险公司的原剩余八万两借款改以新厂股票为抵押，直到 1897 年才全部收回。另外还应指出的是，仁济和保险公司曾以公积金名义另持有少量织布局股票，股份金额仅为一万七千两。

对华盛机器纺织总厂的股份投资。上海机器织布局被焚毁后，1894 年重建为华盛机器纺织总厂，资本总额为一百万两，仁济和保险公司出资高达三十三万九千四百两。1897 年，招商局为了"巩固仁济和根本起见"，

① 李保平、邓子平、韩小白主编《开滦煤矿档案史料集》第 1 册，第 296 页。
② 《仁济和保险公司附股上海机器织布局收据》，上海图书馆藏盛宣怀档案，档案号：041571。

将仁济和保险公司原来拨交华盛机器纺织总厂股本银中的三十二万两归入自己名下，将同等银数则拨还仁济和保险公司。① 这样一来，仁济和保险公司在华盛机器纺织厂的投资仅剩一万九千四百两，持有至1901年底因华盛机器纺织总厂"原股亏完"，这笔股份打了水漂。②

此外，仁济和保险公司对华盛机器纺织总厂的投资还有1899年的一笔栈单抵押贷款，贷款总额为十万两，年利率6%，1901年底此笔贷款到期收回。

对华兴水火保险公司的股份投资。保险招商局、仁和保险公司的创办，标志着中国民族保险业的诞生与发展，但在晚清时期市场中新出现的民族保险公司并不算多，能持续经营到中华人民共和国成立前后的就更少。上海华兴水火保险公司即是其中为数不多的成功者。华兴水火保险公司成立于1905年，其发起者是中国通商银行的朱葆三、严信厚、傅筱庵等人。因这些人与招商局及仁济和保险公司有着密切的关系，华兴水火保险公司创办时即由仁济和出资两万两，作为"附搭股本"，每年股息为八厘。第二年又增加了六千两的股份投资，合计共为两万六千两。③ 这是仁济和保险公司在漫长的发展史中唯一一次对保险同业的投资。

1926年，因经营不善，华兴水火保险公司倒闭。仁济和保险公司原有的投资共亏损两万四千六百余两，可以说几乎是全损。1926年冬，华兴水火保险公司重组，仁济和保险公司再次附股五万两。这其中的主要原因是傅筱庵此时身兼这两家保险公司的总经理、总董。1927年，国民政府在清查整理招商局时对此曾颇为疑惑，认为"既已失败，致该局受巨大损失两万余两之多，何得再附股银五万两之巨，其中有无黑幕尚待查明"④。最后是否查明就不得而知了。

（2）一方面存放在招商局生息，另一方面被招商局作为对外投资资金而支配使用

自1875年12月轮船招商局创办保险招商局以来，到1882年仁和、济

---

① 陈玉庆整理《国民政府清查整理招商局委员会报告书》，第452页。

② 《仁济和保险公司1902年营业报告》，上海图书馆藏盛宣怀档案，档案号：020402。

③ 《仁济和保险公司1905、1906年营业报告》，上海图书馆藏盛宣怀档案，档案号：041215、041216。

④ 陈玉庆整理《国民政府清查整理招商局委员会报告书》，第128页。

和增资收足合计一百万两的资本金，这些保险企业向市场所募集的资金悉数存放于招商局内，供招商局使用。1883 年由招商局拨出三十万两给开平矿务局作为借款，见上面所述。此后，直到中华人民共和国成立前后的 60 多年内，除个别年份外，以目前资料所见，仁济和的大部分资本金均以定期存款的形式，始终存放在招商局内，年利率初期在八厘至一分，后逐渐下降到六厘。这笔存放在招商局的资本金，对仁济和而言类同定期存款，对招商局而言则是调度资金。1914 年 4 月，招商局董事会在答复股东对这笔资金的质询时说道："此外借用仁济和保险公司八十万两，系本公司附设机关调度应用，与他项欠借不同。"①

另外，基于与招商局的业务往来关系，仁济和在招商局的会计账户上始终有一笔日常往来资金。这笔日常资金数额增减不定，多时曾达三十多万两，少时也有数万两之巨。这笔日常资金与前面的保险资本常项一起成为招商局所借重的重要运营资金，对招商局的意义不言而喻。表 8 是仁济和在招商局账户内的保险资金明细。

表 8　1875～1948 年部分年份仁济和保险公司在招商局内的资本金与日常往来存款

年　份	被招商局借用的资本金额	存放于招商局日常往来账户中的金额
1875～1877	350000	—
1877～1878	418430	—
1878～1879	582632	—
1879～1880	619848	—
1882～1883	1000000	—
1884～1885	700000	—
1886	600000	63685.611
1887	500000	123032.991
1888	300000	88301.924
1889	300000	75277.875
1890	300000	132404.331
1891	200000	191948.792
1892	200000	155652.268

① 陈旭麓、顾廷龙、汪熙主编《轮船招商局》，第 1213 页。

年　份	被招商局借用的资本金额	存放于招商局日常往来账户中的金额
1893	0	137926.257
1896	0	141422.951
1897	320000	—
1899	0	133873.749
1900	0	147665.314
1901	0	154362.230
1902	400000	155219.985
1903	400000	278184.938
1904	200000	154237.470
1905	300000	192586.354
1906	400000	201429.055
1907	500000	227150.008
1908	350000	250283.388
1909	350000	—
1910	450000	—
1911	450000	307144.213
1912	550000	315454.771
1913	550000	224135.892
1914	300000	234284.705
1921	300000	—
1922	700000	—
1923	700000	—
1924	700000	—
1925	700000	—
1926	700000	—
1928	958904.110	148215.890
1929	958904.110	132710.541
1930	958904.110	49777.931

续表

年　份	被招商局借用的资本金额	存放于招商局日常往来账户中的金额
1937	800000	—
1948	800000	—

注：①单位：1928 年前为银两，1928 年开始为银元，1935 年后为法币元。

②1875～1885 年，即仁济和保险公司合并成立前，保险招商局、仁和保险、济和保险的股本都存于招商局，每年股息为一分。1886 年仁济和保险公司合并成立后，其股本大部分长期存在招商局，年利息一般为六厘半。

③1928 年 70 万两折合银元为 958904.11 元。

资料来源：根据仁济和保险公司各年账略和上海图书馆藏盛宣怀档案整理而成。1877～1880 年数据来源于 Chi Kong Lai（黎志刚），"The Managerial Problems and Investment Strategy of the China Merchants'Company"，该论文收入胡政等主编《招商局与中国企业研究》，社会科学文献出版社，2015，第 54～57 页。

（3）银行存款

在 1886 年以前，仁和、济和等保险公司没有将资本金存放在外商银行生息。1886 年仁济和保险公司成立后，开始将部分资本额以定期存款的形式存放在汇丰银行、麦加利银行等生息，年利率在 5% 左右。此后几年，与仁济和有存款关系的银行逐渐增加，包括法兰西银行、德华银行以及华俄道胜银行等。最多时有九成资本额存放在外商银行内，其明细见表 9。

表 9　1886～1896 年部分年份仁济和保险公司在外商银行的存款明细

单位：两

年　份	存款额
1886	100000（汇丰、麦加利各 5 万）
1887	200000（汇丰、麦加利各 5 万，法兰西 10 万）
1888	400000（汇丰 15 万、麦加利 5 万、法兰西 20 万）
1889	350000（汇丰 10 万、麦加利 5 万、法兰西 15 万、有利 5 万）
1890	150000（汇丰 5 万、有利 5 万、惠通 5 万）
1891	470000（汇丰 17 万、有利 15 万、法兰西 10 万、麦加利五 5 万）
1892	470000（汇丰 27 万、法兰西 15 万、麦加利 5 万）
1893	720000（汇丰 15 万、法兰西 30 万、麦加利 20 万、德华 7 万）
1896	400000（汇丰 15 万、华俄道胜 10 万、麦加利 15 万）

资料来源：根据上海图书馆藏盛宣怀档案和仁济和保险公司历年账略整理。

1897 年中国通商银行成立后，为了表示对本国银行业的扶持，仁济和保险公司逐渐将原存于外商银行的资本金转移到了中国通商银行。1899 年存有七十万两，接近资本总额八十万两的九成。此后虽有起伏，但直到民国初年，中国通商银行始终存有高额的仁济和保险公司的资本金，即便是少时也有十五万两之巨。但 1928 年后仁济和的资本存款急遽减少，1930 年时仅剩下五百元。所抽走的资本金重新回到了招商局的账户内。

（4）以房产（地契）为主的抵押放款

纵观仁济和保险公司几十年有账可稽的对外投资，它仅仅做过两笔以地契为抵押的贷款业务。一笔是 1886 年给徐润的抵押放款三万五千两。徐润虽然是招商局及仁济和保险公司的创始人之一，但仍需以其堂号徐雨记属下的房屋为抵押。对于给徐润的这笔贷款，1886 年 12 月 14 日，唐廷枢在致盛宣怀的函中这样说道："雨翁欲向保险押银，已承阁下慷慨允许，弟感激之至。想房产抵借，乃极稳当之事，且保险提存银行之银不过周息五厘，毋论雨翁能出一分或八九厘，诚如来示所云，总与仁济和有益无损，自当按照尊意转告各董酌办便是。"① 给徐润的这笔抵押放款，本来都以为很稳当，但因为徐润后续投资的失败，经多次延期后才最终收回。

另一笔是 1888 年给叶澄衷的放款，以其堂号叶成记地契为抵押，放款两万五千两，年利率七厘（7%），期限一年。这笔款项收回顺利。

从仅有这两笔地契抵押放款来看，仁济和保险公司的对外投资还是很谨慎的。

（5）政治借款

仁济和保险公司在其存在期间，仅做过一次对户部的政治性贷款，即 1894 年贷给户部白银十万两。该笔贷款三年左右结清。1895 年归还第一期一万七千八百两，1896 年再次归还第二期、第三期共五万四千八百两，1897 年底归还剩余借款两万七千四百两。

仁济和保险公司虽然全部由商股组成，但各方面均与招商局密不可

---

① 陈旭麓、顾廷龙、汪熙主编《轮船招商局》，第 245 页。

分，实际上也是官督商办企业的典型，但它与晚清政府各部门的关系，不仅在保险业务上，即便在资金关系上都基本没有来往。而后期成立的中国通商银行，则与晚清政府保持着密切的各类关系，前后两者，非常不同。

（6）公债投资

广义而言，公债投资其实可算作政治性投资的一种，是对某项政治举措的支持。仁济和保险公司数十年的历史中仅有一笔公债投资，即1905年仁济和保险公司购买了库平银六万两的直隶公债票，合上海规银为六万五千七百六十两。该项公债年利率为8%。自1906年开始，仁济和保险公司每年兑付库平银一万两，至1911年收清。

纵观以上仁济和保险公司的所有投资种类，我们可以得出一个清晰又直观的结论，那就是它的投资是稳健的，同时对近代新式企业的产生与发展起了积极的推动作用，这也说明了中国民族保险业自产生以来就体现出了与实业发展的融合趋势。

四 轮船招商局与各附属保险公司的关系：从"经创经办"到独立

保险招商局是招商局发起创办的，仁和保险公司也是招商局发起创办的，济和保险公司还是招商局发起创办的，仁济和保险公司仍是招商局主持合并改组的。虽然这些保险公司中并没有招商局的一分一股，但并不妨碍招商局控制它们，在公司章程中把它们规定为自己的附属企业。1928年仁济和保险公司申请独立后，与招商局仍有着千丝万缕剪不断的关系。

1. 组织形式与管理制度上的依附性

早在保险招商局、仁和与济和保险公司分立的时期，一切经营都是由招商局兼理。仁济和保险公司虽然是仁和与济和合并而来，不过在组织上而言，是股份有限公司，而且纯粹由民间资本投资而成。但是公司本身并没有设立董事会（招商局自身也是直到1909年才有第一任董事会），管理体制也与招商局合二为一。1886年《重订仁济和保险章程》的多条内容均对此有明确规定：

四　上海仍为总局，综理一切事宜，仍照向来皆由招商总局督会办专主，不另请派总办。照旧仍由局订请熟谙洋务、公正绅士一位为总管。凡保货联单等项，归其一手签字。每日收支帐目及各分局保险单帐，由其详细稽察。遇有要事，面与商局督会办商酌办理。至通商口岸，亦照轮船所立分局口岸为限，即归招商分局照章一律兼办，以免纷歧并节靡费。

五　总局董事向推股分最多或生意最大者，公举八位，以便遇事商议、查核账目。如须更换增减，再于年终集众公议。

……

七　总局除用司帐兼填联票正副二人作正开支外，催收客欠保费者一人，招商局揽载司事代为兼揽保险者二三人，并出店茶房各一人，所支薪水、工食、账簿、纸笔、烟茶等项，及各端口招商分局代理者，均归五分经费用内开支，亦无另行津贴之款。

……

九　各项帐目须仿生意常规。每日小结，由总管核对签字。每月月结，由招商局督会办核对签字。每年总结，督会办邀请董事会同核对签字，以重勾稽。每年应派股本利息，须俟正二月各埠单帐寄齐，汇结大总、刊印帐略，于三月初一日请股商到局看账，凭折支利，分送帐略。至应酬、提办事人等花红及董事酬劳，届时察看余利多寡，再行会议。

十　仁济和既并作一气，总办、董事均已更动，应于本届结账分利时，预先登报更换股票、息折，仍由招商局督会办二人，并于保险董事内酌请二人签字，以昭慎重。

以上十条，系招商局督会办主稿，与保险局董事会议核定。一面刊本照办，一面禀明南北洋商宪存案。嗣后如有未尽事宜，再行会商补列。①

从上可见，招商局的管理层即仁济和保险公司的管理层，两者不分彼

---

① 《重订仁济和保险章程》，上海图书馆藏盛宣怀档案，档案号：020079。

此，但仁济和保险公司名义上仍有董事数名。这些董事中部分身兼招商局的董事，部分是其他商界的代表，比如汇丰银行买办唐国泰，麦加利银行买办韦华国，柯化威银行买办郑廷江，著名茶商姚锟、萧郁文等人。1886～1902 年仁济和保险公司董事名录见表 10。

表 10　仁济和保险董事名录（1886～1902）

年　份	董事成员
1886	盛宣怀、马建忠、萧郁文、姚锟、韦华国、唐国泰、郑廷江、李耐三
1887～1888	盛宣怀、马建忠、萧郁文、姚锟、韦华国、唐国泰、郑廷江、欧阳煌
1889	盛宣怀、马建忠、萧郁文、姚锟、经元善、唐国泰、郑廷江、欧阳煌
1890～1891	盛宣怀、马建忠、萧郁文、陈猷、经元善、唐国泰、郑廷江、欧阳煌
1892～1893	盛宣怀、郑观应、萧郁文、沈能虎、经元善、唐国泰、张鸿禄、欧阳煌
1896	郑观应、沈能虎、经元善、唐国泰、张鸿禄、盛昌颐、曾铸
1899～1902	郑观应、唐国泰、张鸿禄、盛昌颐、唐德熙、严潆、曾铸

资料来源：根据上海图书馆藏盛宣怀档案和仁济和保险公司历年账略整理。

这些董事成员，每人每年领取董事酬劳二百两。公司具体经营则主要由招商局的办事员董承担，他们大多并不直接负责业务。

另外，虽然盛宣怀于 1896 年辞去仁济和保险公司的董事，但其实自 1886 年第一届仁济和账略开始，直到 1901 年第十六届，因为他在招商局的督办身份关系，所有仁济和的账略仍然得送盛本人审阅、签署，从未中断。然而在 1902 年的账略上，他已不再署名，改由唐国泰、张鸿禄、盛昌颐、唐德熙、严潆和曾铸六名董事联署。

1903 年杨士琦出任招商局总理后，仁济和保险公司的管理体制发生了重大变动，即撤销了原先的董事制度，改为由多名总董负责公司日常运营，招商局总理、会办兼任仁济和保险公司总理、会办的体制。杨士琦在解释这一变动时说："本公司向有董事六位，[①] 每年每位酬劳银二百两，历有年矣。然本公司系招商局经创经办，即保险生意亦赖招商局船者十居七

---

① 不确，前为八位，后为七位，见表 10。1903 年最后一次的确仅支取唐国泰、张鸿禄、盛昌颐、唐德熙、严潆、曾铸六位董事的酬劳。——引者注

八，原与招商局相为表里者也。公司事务较简，故虽有董事，未尝或有烦劳。且董事之中，有颐养林泉久离申浦者，有荣任他方勤劳王事者，则本公司纵或有事，亦未便相渎。而况公事本简，是以公同筹商，改为现办之员董出名，以昭核实。以前董事酬劳送至今年为止，以后概不再送。今总理、会办皆不开支酬劳，惟总董乃日常办事之人，仍应酌支薪水，亦实事求是之一道也。"[1] 署名者包括：总理杨士琦，会办徐润、沈能虎、顾肇熙、徐杰，总董唐德熙、陈猷、施亦爵。

连这种名义上的董事制都取消后，仁济和保险公司实际上成了招商局的一个保险部门。这种组织制度上的重大改变，并没有任何董事或者股东提出反对意见，这无疑反映了当时民众对股份公司管理与运营上的隔膜，或者说民众仅把这类公司当成了可以固定领取官余利的机构，至于其他则是漠不关心的。目前对近代股份制公司的研究支持了这一论断。仁济和保险公司的这次变更，无疑也是一个鲜明的案例。这次组织体制上的改变，逐渐开始影响到仁济和保险公司的业务。就保费收入而言，1904 年达到七万四千多两的高点后，逐年开始下滑，1912 年降到两万七千多两，连之前的一半都不到。这一点已在前面的业务中提及。

1924 年 11 月 1 日，招商局在宁波旅沪同乡会召开股东大会，选举出新一届的董事成员，并讨论通过了《商办轮船招商局股份有限公司章程修订草案》。该草案第九章"附属代理机关"第四十条内容为："本公司受股东之委托，代理仁济和保险公司一切业务，专设经理主管，由董事会监督之。"[2] 两天后召开新董事会会议，选举李国杰（即李伟侯）为会长，盛泽承（即盛恩颐，盛宣怀的第四子）为副会长，傅筱庵、邵义堃等七人为办事董事。会议再次讨论了仁济和保险公司与招商局的关系问题，认为仁济和"仍暂由本局代理，在未交出以前不能无人管理"。但也同时决定："仁济和保险公司似应另组董事会，公推李会长兼仁济和董事长，盛泽承、陈

---

[1] 《仁济和保险公司帐略》，光绪二十九年（1903），上海图书馆藏盛宣怀档案，档案号：041213。

[2] 陈玉庆整理《国民政府清查整理招商局委员会报告书》，第 591 页。

翊周、邵子愉（即邵义蝥）、傅筱庵四君兼董事，邵傅两君并均兼办事董事。"① 其中，邵义蝥自1914年即以招商局会计科科长身份执掌仁济和保险公司，并于1917年升任招商局董事，此次仍以新一届董事会成员及会计科科长身份兼理仁济和保险公司业务。

1928年5月，仁济和保险公司脱离招商局而独立，但这次独立仅是名义上的，新选出的董事长仍由招商局董事长李国杰担任，前后延续关系可参见表11。

表11 1924～1937年仁济和保险公司的董事成员名录

年 份	董事成员
1924	李国杰（董事长）、盛恩颐、陈兆焘、邵义蝥、傅筱庵
1928	李国杰（董事长），其他不详
1929	欧阳荣之（仁济和经理）、李国杰（董事长）、唐应华、李次山、许修直
1933	欧阳荣之（仁济和经理）、唐应华、庞仲雅、郭顺、许修直（董事长）
1936～1937	郭顺、庞仲雅、许修直、唐应华（总经理）、欧阳璁

至1937年，招商局对仁济和保险公司的人事影响才逐渐消退，仁济和也就变身为纯粹商办性质的保险公司了。

2. 股本长期存放在招商局

保险招商局招股时曾言明："本局今议酌中办法，集股一千五百分，每股规元一百两，共成保险本银十五万两。其银分存于股实钱庄等处生息，均有券据存局为凭。"② 但包括随后成立的仁和保险公司和后来的济和保险公司，其股本大都存在招商局。比如，1877年12月招商局答复上海道问询时曾说："查此次保险局二十万，仁和保险十五万，现存招商局，按年算给一分利息。"③

仁济和保险公司时期仍遵循这一制度，大量的股本长期存放在招商局，成为招商局从事营业或者对外投资的资本。仁济和保险公司在招商局的股本金额明细如表12所示。

---

① 陈玉庆整理《国民政府清查整理招商局委员会报告书》，第531页。
② 《申报》1875年11月4日。
③ 陈旭麓、顾廷龙、汪熙主编《轮船招商局》，第62页。

表 12　1875～1930 年部分年份仁济和保险公司在招商局的股本金额明细

单位：两

年　份	资本额	年　份	资本额
1875～1877	350000	1909	350000
1877～1878	418430	1910	450000
1878～1879	582652	1911	450000
1879～1880	619848	1912	550000
1882～1883	1000000	1913	550000
1884～1885	700000	1914	300000
1886	600000	1921	300000
1897	320000	1922	700000
1902	400000	1923	700000
1903	400000	1924	700000
1904	200000	1925	700000
1905	300000	1926	700000
1906	400000	1928	958904.11
1907	500000	1929	958904.11
1908	350000	1930	958904.11

注：①自 1928 年起，单位为银元。

②1875～1885 年，即仁济和保险公司合并成立前，保险招商局、仁和保险、济和保险的股本都存于招商局，每年利息为一分。1886 年仁济和保险公司合并成立后，其股本大部分也长期存在招商局，年利息一般为六厘半。

资料来源：根据《国民政府清查整理招商局委员会报告书》整理而成。其中，1877～1880 年招商局内所存放的保险股本数据来源于 Chi Kong Lai（黎志刚），"The Managerial Problems and Investment Strategy of the China Merchants'Company"，该论文收入胡政等主编《招商局与中国企业研究》，第 54～57 页。

3. 经营方式与会计上的依附性

1875 年 12 月保险招商局创办时，招商局对其经营方式及会计特点明确说："至各局账目，总归上海保险招商局，周年汇算结总，倘有盈绌，集众公议，照股均派，各无异言。"① 此后仁和保险公司创办时仍延续这一

---

① 《申报》1875 年 11 月 4 日。

说法，即"虽名目稍分，而事权归一。所有账目总局经理，周年汇给，盈绌均分"①。1886年2月，仁和、济和两家合并，《重订仁济和保险章程》第八条对这一业务及会计管理体制明确规定为："保险总局帐房与招商总局帐房各立往来账目。所有收进保险费银以及不测赔贴并支股息等项，均归招商总局代为收支，一月一结。存欠悉照按年六厘计息。至外埠所收保费，亦经各分局按月开一总单寄沪，将银列入招商总局往来帐内，由沪转收保险局帐。两局往来帐目，每届月终均送招商局督会办过目。至外埠保货票根，即由原船附招商局号信寄沪。设有保险事务，亦于函内详明，毋庸另信叙述。其上海寄外埠票根等事，仿此办理。"② 也就是说，仁济和保险公司并没有独立的会计体系，一切均在招商局的账目内单列为一个保险项而已。从这个意义上而言，仁济和保险公司不仅是招商局的附属企业，也可以说是招商局的保险部门。

会计上合二为一，还体现在红提单的使用上。所谓红提单，即一种具有海运提单和保险单双重性质的提单，或者说是附有保险单的海运提单。其实在保险招商局和仁和保险公司创办之前，招商局汉口分局总理唐德熙1874年就已设计了轮船保险单格式并拟定了章程，③ 保险招商局及仁和保险公司成立后随即采用。唐德熙1891年后升任招商局商董、总董兼会办，1899～1917年为仁济和保险公司的主要负责人之一，对仁济和保险公司的发展做出了积极贡献。

因红提单的存在，招商局在收取船货水脚即运费时，一并收取相应的保费，列入相关账目内。以各分局为例，"按帐上所注局名，过入该局帐内付项，其经手水脚数多于应得佣金，则以余额过入分局付项，反之以缺数入分局收项。保险过各口分局内保险户收项"④。这再次说明仁济和保险公司在业务运营上并没有独立的会计体系，各口保险业务以保险账户的形式列入招商局的会计科目，最后由上海总局汇总后转移支付。每年保费

---

① 《申报》1876年7月3日。
② 《重订仁济和保险章程》，上海图书馆藏盛宣怀档案，档案号：020079。
③ 陈旭麓、顾廷龙、汪熙主编《轮船招商局》，第26、118页。
④ 交通部财务会计司、中国交通会计学会组织编《招商局会计史》上册，人民交通出版社，1994，第142页。

收入与赔项支出结总后的余额列入招商局负债类下的仁济和往来项，"仁济和保险公司股本完全独立，唯应系招商局代理，故进出帐款均有该局经手。收恒多于付，应为存帐。按年利六厘给息"①。

1878 年招商局的所有轮船均由自保船险公积承保后，留给这几家保险公司的其实只有运输货物保险业务了，红提单对它们的影响不可谓不深远。红提单的部分保费率如下："沪津保货价费，每百两三钱七分半算。沪津金银菘，每百两一钱六分六厘六算。沪烟保货价费，每百两一钱二分半算。沪烟金银菘，每百两一钱二分半算。"② 因此，假如在费率恒定的情况下，仁济和保险公司的保费收入完全随招商局运输货物价值的增长而增长，双方联动共振。因此，扩大业务的一种方法是扩大保额，然而 1886 年的《重订仁济和保险章程》中曾有限制性规定："所保船货本银均有限制。江船最坚固者，每船限保十二万两。海船最坚固者，每船限保八万两。其次各船限保不得逾六万两。设有逾额，即向洋商保险行转保。夹舨船坚固者，每船限保一万两，次者不保。其保船等差，无论本局与洋行轮船，皆由总管平日与总船主察验实在，分别记注底册，以定保本之多寡。"③ 经过一段实践后，仁济和保险公司决定自 1897 年起提高保额。"据各董声称，本局轮船红提单多有额满分让洋行者。请自二十三年为始，海船最坚固者，向限保八万两者，准保十万两。其次各船限保六万者，不得逾八万两。自系为保费生色起见也。"④

红提单的存在也使仁济和保险公司的业务操作趋于简单，它可以完全依赖招商局的业务和会计部门人员即可完成，"总局除用司帐兼填联票正副二人作正开支外，催收客欠保费者一人，招商局揽载司事代为兼揽保险者二三人"⑤，除了增加一两个出店茶房外，并不需要额外的人员。这也是 1903 年杨士琦充任招商局总理兼署理仁济和保险公司时认为"公司事务较简"而砍掉董事设置和减少酬劳支出的主要原因。1927 年南

---

① 《招商局会计史》上册，第 131 页。
② 陈旭麓、顾廷龙、汪熙主编《轮船招商局》，第 419 页。
③ 《重订仁济和保险章程》，上海图书馆藏盛宣怀档案，档案号：020079。
④ 《仁济和保险公司帐略》，光绪二十二年（1896），上海图书馆藏盛宣怀档案，档案号：041209。
⑤ 《重订仁济和保险章程》，上海图书馆藏盛宣怀档案，档案号：020079。

京国民政府清查整理招商局时，更是直接认为仁济和保险公司的"现金统由招商局经营，对于收付款项，一并由招商局会计科代理。本公司帐目，不过转账而已"①。其具体会计操作手法是："各分局代收保费及代支赔款等项均由转账收入本户（指招商局账户），其所收现款悉数解入总局收账；付款则据该公司支单（逐次编号）及股息单。故本户收项为各局代收保费及该公司解款；付项为分局代支款项及总局代付股息暨其它支款。"②

然而，招商局的董事兼会计科科长，也是仁济和保险公司自 1914 年以来的主要办事总董邵义鋈（即邵子愉）在答复清查整理委员会的函询时，对此却有不同看法。他说："查仁济和公司当初系仁和、济和两家，仁和火险济和水险。自仁和停办，而改称仁济和，专营水险生意。此系另一公司另一股东，与积余公司之附属代理者完全不同。至章程所称附属代理机关将仁济和与积余公司并列为二者，实觉似是而非。惟因仁济和公司附设招商局内，一也；办事董有由招商局科长所兼者，二也；其股本八十万两近且存放招商局生息，三也。然而即此数端，亦并无明文规定，各有各股本各做各生意，既非附属于招商公司，又非招商公司所代理。"③ 作为 1914 年以来仁济和保险公司的实际负责人，邵义鋈却连公司的历史沿革都完全说错，实属不该。他对于仁济和不属于招商局的辩解，也是苍白无力的。股本悉数存在招商局、业务完全依赖招商局、一切出纳款项均由招商局会计科经手、所有管理及办事人员均由招商局人员兼任，仁济和与招商局的关系恐怕比附属公司性质还要更近一步。各有各股本不假，各做各生意不真。两者在人事上的重合可参见表 13。

表 13 1927 年仁济和保险公司职员名单

单位：两

职　员	职　务	薪　金
邵子愉	办事总董	月支夫马费五十

---

① 陈玉庆整理《国民政府清查整理招商局委员会报告书》，第 128 页。
② 陈玉庆整理《国民政府清查整理招商局委员会报告书》，第 156 页。
③ 陈玉庆整理《国民政府清查整理招商局委员会报告书》，第 65 页。

续表

职 员	职 务	薪 金
傅筱庵	办事总董	月支夫马费五十
严秋庚		月支夫马费二十
陈伯肇		月支夫马费二十
陆梧孙	正帐	月薪水一百三十
张婶卿	副帐	月薪水六十六
陆春生	保险单（办理）	月薪水五十九
张惠君	洋文	月薪水八十六
关少平	翻译	月薪水三十四
招商总局同事		年酬二百
招商水脚账房		年酬二百
招商号信房		年酬一百五十

资料来源：陈玉庆整理《国民政府清查整理招商局委员会报告书》，第 129 页。

　　红提单对仁济和保险公司的积极意义，早期任仁济和保险公司总理的朱静山（即朱格仁，字静山，以字行）曾有不同声音。1890 年 8 月 24 日，朱静山致函盛宣怀，谈到了红提单及招商局内部管理对仁济和业务影响孰轻孰重的问题。他说："眉叔谈及，'近来仁济和除红提单之外，毫无生意，由于鄙人不肯认真招徕，且于小处苛细之故。'查上年敝处填出保单共计三千二百四十一张，内保沪局红提单货二百四十八张，其余保各号之货二千九百九十三张，皆是红提单外之生意。兹将鄙处所存之联单一份寄呈台阅，则毫无生意之话是真是假，不辩自明矣。然造此言者亦必有故。弟素性迂执，凡我经手之款，必然认真管理，断不肯听其剥削。本公司与商局银钱进出之处甚多，商局往往要占便宜，弟专司保险，不忍坐视吃亏，常与争论，致拂其意。即如今年三公司合同既散，水脚互跌，凤墀硬要减少保费，弟坚执不允，本年保费迄未划付。就商局一边论，轮船公司斗气，船局自应认亏，何与保险局事？就我局一边论，各保险行今年并未跌价，何以独减我局之费？且商局进出甚大，今年一斗，已去数十万金，即少付我一二千金，何补于事？保险生意较小，实在吃亏不起。凡事须讲情理，论情论理，似皆不当少付。凤墀不划，我局已吃亏拆息不少，此事惟有仰恳阁下定夺。若尊意可以少付，弟固不敢置喙。倘蒙惠顾保险，即请严饬凤墀速将本年保费一律照向章划清，勿再拖迟。盼切祷切！"① 这封信中朱静山在为自己所付出的努力辩白的同时，也指出了仁济和保险公司依赖于招商局划拨保费的会计业务特点。红提单业务的确不是仁济和保险公司的唯一业务，但其比重很快上升到绝对多数也是不争的事实。正是基于这点，1927 年 5 月 23 日红提单格式取消，改为货主自由投保，这对仁济和保险公司而言，确确实实是致命的打击。它面临着艰难的抉择。

4. 附属还是独立？这是个问题！

从保险招商局到仁济和保险公司，这种与招商局名为分立实则一体的依附性、伴生类关系，导致它们一荣俱荣、一损俱损。以辛亥革命的影响为例。武昌起事后，招商局被迫停开长江沿岸的轮船。这不仅致使该年轮船航运业务量急遽下降，也相应导致仁济和保险公司的保费收入大为减少。仁济和保险公司在该年的报告中这样总结说："上届无闰尚收保费四万五千余两，今届有闰反较少八千余两者，因八月间民军在武汉起义以来，各处市面摧残，商界尽受影响。商局上下游各江轮停驶数月，遂致长江一带生意尤为减色，不仅保险一业然也。"② 1913 年又是如此境遇。该年夏秋之交，长江及淞沪等处受兵戈之扰，招商局的长江航线被迫停航两个多月，致使该年保费收入再受打击。③

仁济和保险公司与招商局这一紧密相连的关系，导致招商局对仁济和的影响是全方位的。不仅运量的多少对保费收入产生影响，所运输货物的构成都能对仁济和的保费收入有巨大影响。

仁济和保险公司自合并成立以来，承保对象主要是招商局的轮船及夹板船等所装载的货物，而这些货物中漕米和棉花丝茶等是大宗。因此，仁济和保险公司每年的保费收入不仅要受当年大环境的影响，比如中法战争、辛亥革命等，还要具体受当年这些大宗货物结构及总量的影响。以1912 年为例。该年市面已渐宁靖，但保费收入还不如兵荒马乱的前一年，

---

① 《朱格仁致盛宣怀函》（1890 年 8 月 24 日），陈旭麓、顾廷龙、汪熙主编《轮船招商局》，第 310 页。

② 《仁济和保险公司帐略》（1911），上海图书馆藏盛宣怀档案，档案号：020082。

③ 《仁济和保险公司帐略》（1913），上海图书馆藏盛宣怀档案，档案号：020084。

其具体原因就是"因漕米绝止,遂少收保费五千余两。汉口西茶仅有往年三分之一,又少收保费二三千两"①。因此,仁济和保险公司总结自己的生意时时刻刻是"虎尾春冰",着实不易。

仁济和保险公司附属于招商局的这一模式,某种意义上也可以说是开创了中国近代集团公司的组织形式,故此在1914年初又被再次复制。1914年1月,招商局决定"仿照仁济和保险公司附属于招商局之成例,在总局内另组机关,事归专责,定其名曰积余产业有限公司,所以图保存而期久远也"②。公司资本金为银币440万元,于该年1月30日"成立开办,逐日收支各项及各埠转账之款,仍由招商局会计科专派一人分管,仿照仁济和保险公司办法,与招商局往来存该各项周息六厘核结"③。在人事方面,积余公司"各科长、局长及附属机关主任,均由总会办呈请监督核定委派……而董事会受托代理之仁济和及积余公司经理之选任,则仍由董事会径商监督办理"④。就以上所列各点显示,体制上其与招商局的关系,完全是仁济和保险公司的翻版。

1927年10月,国民政府清查整理招商局委员会对仁济和保险公司与招商局的这种附属性关系提出了整顿意见:"宜注重营业,添设火险部,同时经营水火保险业务,一面应维持其与招商局历史上之关系,所有招商局全部栈房房屋及积余公司房产之火险均应由该公司承保,以此宗营业为其火险营业之基础。至水险营业,亦宜以承保招商局运输货物之水险为其主要营业,水火险营业既均有巩固之基础,不难再谋向外发展。惟该公司基本金全部存入招商局,一时难以提回。故为治标计,此时不宜独立营业,可择殷实之保险公司与之订立代理契约,专取代理佣金而不负赔偿之风险。俟办有成效,再谋自保办法,先自行承保一部分或与他公司订立契约,分认其所出保单之一部分责任。如进行顺利,再逐渐扩大自保保额。"⑤

---

① 《仁济和保险公司帐略》(1912),上海图书馆藏盛宣怀档案,档案号:020083。
② 《商办轮船招商总局布告积余产业公司办理章程》,《申报》1914年5月26日。
③ 《商办轮船招商总局布告积余产业公司办理章程》,《申报》1914年5月26日。
④ 《申报》1930年3月31日。
⑤ 陈玉庆整理《国民政府清查整理招商局委员会报告书》,第388页。

一句话，还是暂不独立为好。

然而，李国杰任招商局及仁济和保险公司董事长后，认为解决仁济和营业困顿的办法应该是独立，于是在 1928 年 5 月呈请交通部并得到了核准。关于此点，前已讨论，不再赘述。就公司体制而言，独立肯定比附属要好。但仁济和保险公司是被宠爱着长大的孩子，一下子被抛进了激烈竞争的社会，那份不适还是很明显的，特别是在大部分资本金被招商局占用的情况下，业务的拓展实属不易。对它而言，虎尾春冰才刚刚开始！

五　保险是近代以来招商局金融属性的集中体现

传统观点认为轮船招商局是近代中国第一家新式航运企业，也是第一家股份制企业。[①] 这当然是准确的，因为从公司名称上即一目了然。不过，如果说轮船招商局仅仅是一家航运企业，则多少有点小觑了招商局。其实，从诞生开始，头三年可以说招商局是纯粹的航运企业。但自 1875 年 12 月始，它就被赋予了另一重属性，即金融性。可以说，招商局一半是轮船企业，一半是保险企业。

1. 中国金融保险业的起点

早在轮船招商局尚在筹备阶段，李鸿章就已对保险事业做了规划，正如在《论试办招商轮船》折中所提及的"设局招商……现已购集坚捷轮船三只。所有津沪应需栈房码头，及保险股份事宜，海运米数等项，均办有头绪"。1875 年 11 月轮船招商局发起设立保险招商局，正是按照李鸿章的规划思路而进行的反映。名称叫"保险招商局"，更恰恰反映了轮船即是保险的理念，关于这点在文章开头已经提及。

此后 1876 年 8 月仁和保险公司、1878 年 4 月济和保险公司的相继设立，使招商局属下同时存有三个保险企业。这在近代中国历史上是绝无仅有的事情。这三家保险公司，在 1882 年 7 月合并成仁和与济和两家，资本

---

① 学术界对招商局研究的重要人物，比如聂宝璋、刘广京、朱荫贵、黎志刚、易惠莉、虞和平等著名学者，都认为招商局的企业属性是近代中国第一家股份制航运企业。

总额也扩大到一百万两，与招商局相比毫不逊色。要知道，招商局是到1881 年才勉强募足一百万两的资本额，1882 年只不过趁势扩大到二百万两而已。

1886 年 2 月，仁和、济和合并为仁济和保险公司，从数量上而言，三变一，但性质与前并无区别。无论是三家时代，还是一家时期，它都是招商局的附属企业。除了股份不同，其他均由招商局一并兼理。从这一意义上说，招商局左手是轮船业务，右手是保险业务。用当时人的话来讲，"夫轮船与保险，事属两歧，而实则归于一本，有如许保险生意，则必有如许轮船生意"。招商局的金融保险属性得到了极好的展现。

1928 年 5 月仁济和保险公司申请独立。但正如上文所论证的，它的独立多多少少是名义上的。一方面，它的股本始终在招商局，从未分离出来；另一方面，它的营业网络与具体业务仍依赖于招商局，并未彻底脱离。此外，管理人员更与招商局有着千丝万缕的关系。因此，从某种意义上说，1928 年 5 月以后的仁济和保险公司仍是招商局的半附属性企业。

招商局的这一金融保险属性，与它投资设立的中国通商银行不同。

众所周知，中国通商银行是盛宣怀倡议并主导创办的。1896 年 7 月 27 日，盛宣怀致电时任直隶总督兼北洋大臣的王文韶和两江总督张之洞，提出铁路银行应同时兴办的设想，即"华商必欲银行铁路并举，方有把握。如银行权属洋人，则路股必无成"[1]。此后数月盛宣怀就举办银行一事，与王文韶、张之洞、翁同龢等晚清重臣多有电文往来，并最终得到翁同龢拟以"官本一半辅之"[2] 的支持。同年 11 月 1 日，盛宣怀又奏呈《自强大计折附片》，正式提请清政府"简派大臣，遴选各省公正殷实之绅商，号召华商，招集股本银五百万两，先在京都、上海设立中国银行，其余各省会口岸，以次添设分行，照泰西商例，悉由商董自行经理"[3]。这一奏议得到了光绪帝的批准。11 月 12 日，军机处将谕旨同时批交总理各国事务衙门、

---

[1] 《愚斋存稿》卷 25，台北，文海出版社，1975，第 5 页。

[2] 《愚斋存稿》卷 90，第 18 页。

[3] 陈旭麓、顾廷龙、汪熙主编《中国通商银行》，上海人民出版社，2000，第 4 页。

户部及候补四品京堂盛（宣怀），内称"着即责成盛宣怀选择股商，设立总董，招集股本，合力兴办，以收利权。钦此"①。这就是盛宣怀创办中国通商银行的由来。

中国通商银行获准组建后，名称有过多个选择。在《自强大计折附片》中，盛宣怀提出的名称是中国银行。这个中国银行只是个泛称，此时盛宣怀除了身为候补四品京堂外，还有一个重要身份是招商局督办，因此他一度希望将新筹设的银行命名为招商银行。这样一来的话，轮船、保险、银行三大行业均有招商字号，招商局可以组成独一无二的招商企业集团。但另一筹备者严信厚在1897年1月12日拟具的《银行条议办法》中提议将新银行命名为中华商会银行。一周后，严信厚又将名字改为中华裕通银行。李鸿章认可了严氏所提的前者，认为招商银行不如中华商会银行大气，"商会即公司别名，较为大方"②。此外，由于当时港沪两地已有英商开办的中华汇理银行，为免重复起见，盛宣怀最终决定将银行名字修改为中国通商银行。③1987年4月，招商局集团创办招商银行，也算弥补了90年前的遗憾，是为后话。

中国通商银行于1897年5月27日正式开办。此前2月20日拟定的《中国通商银行大概章程》对股本分配规定为："先收股本规银二百五十万两。盛大臣认招轮船、电报两局华商股份一百万两；各总董认招华商股份一百万两；其余五十万两，应听各口岸、各省会华商投股。"④ 之所以规定盛大人认招轮船、电报两局一百万两股份，其原因很简单，即盛宣怀此时身兼招商局督办和电报局总办的重要身份。根据该年中国通商银行最终招股统计，招商局持有一万六千股，合计规银八十万两；电报局持有四千股，合计规银二十万两。两者合计也就是章程中言明的一百万两。至于盛宣怀本人，在中国通商银行的股份则高达一万四千六百股，合计规银七十三万两，几乎接近招商局的持股额数。⑤

① 陈旭麓、顾廷龙、汪熙主编《中国通商银行》，第8页。
② 中国人民银行上海市分行金融研究室编《中国第一家银行》，中国社会科学出版社，1982，第91页。
③ 《愚斋存稿》卷25，第37页。
④ 陈旭麓、顾廷龙、汪熙主编《中国通商银行》，第57页。
⑤ 《中国第一家银行》，第109页。

从以上概述中国通商银行的筹办过程可见招商局参与其中、投资创办的逻辑。一般认为招商局是近代中国第一家银行的创办者。概而言之，这一观点没错，毕竟招商局在中国通商银行创办时出资额高达八十万两，是第一大股东。但客观而言，招商局在创办中国通商银行的过程中，是从属性的，是因为盛宣怀身兼招商局督办而附带着参与的。这与招商局所创办一系列保险企业时明显不同。前文已经详细叙述了招商局创办保险招商局、仁和保险公司、济和保险公司的过程，从中可见招商局始终主导着它们的创立，并且在经营上亲力亲为，这就是招商局自己所言的"经创经办"。1886 仁济和保险公司的合并成立，也是在招商局的框架内由盛宣怀等主导完成的。进而言之，中国通商银行的创办比保险招商局晚了 22 年。因此，我们完全有根据地断定，保险招商局是近代中国新式金融业的起点，并且保险是招商局自 1872 年创设以来最大的金融属性。

1928 年 5 月仁济和保险公司独立后，招商局与其关系并未断绝。关于此点，前已多有论述，不再论及。此后，因业务发展的需要，招商局仍先后多次参与保险业的组建。1945 年，招商局参与创办了长华保险公司，并且出于代理长华保险公司业务的需要，还特意在业务处内设立了保险部。[①] 1948 年 4 月，招商局又参与创办了中国航联保险公司。[②] 从上可见招商局对保险企业的热爱。

2. 最早的自保船险基金

第二个体现招商局金融保险属性的是自保船险基金的设立与运作。

1878 年，招商局确定以自保船险公积的形式提供其所属船舶的船壳险保障，当时规定"轮船、趸船、驳船等船只，均系自保船险。保费每千五两。每月将各船应任保费付各船船帐而收自保船险"[③]。1878 年决定提取十五万两，1884 年已累积至八十万两，此后这一公积额增加更加迅速，最高时曾达到二百六十五万多两，是招商局内部最大的一笔资金。具体数额可见表 14。

①　《国营招商局业务通讯》1945 年第 2 期。
②　《招商局会计史》上册，第 60 页。
③　《招商局会计史》上册，第 128 页。

表 14　1873～1927 年部分年份招商局自保船险公积概况

年　份	自保船险建立过程及概况
1873	保家行每船仅保六万两，超过部分由局中自行保险
1875	设立保险招商局，参与局船自保
1876	设立仁和保险公司，参与局船自保
1877	收购旗昌轮船公司，唐廷枢总办决定一切轮船均归自保
1878	决定自光绪四年正月起每年提自保险公积银十五万两
1881	自保船险公积积存 44526.309 两
1882	自保船险公积积存 256000 余两
1884	自盈余内提出 34 万两，连前合成 80 万两
1892	自保船险积存 1038000 余两
1893	自保船险公积 1186716 两。自保趸船险自光绪十四年起每年提存五千两，至该年底积存三万两
1898	自保船险公积 1187000 余两；自保趸船险五万两
1899	自保船险公积 1395000 余两
1901	自保船险公积 183 万两；自保趸船险公积 65000 两
1902	自保船险公积 1975000 余两；自保趸船险公积 7 万两
1903	自保船险公积增加 136000 两；自保趸船险公积增加 5000 两。该年划拨自保船险公积 20 万两为船栈折旧项下
1904	该年海琛轮失事，由自保船险公积项下赔还船本银 35000 两；丰顺轮撞沉法公司轮，赔款 47000 余两
1905	自保船险公积 2217000 余两；自保趸船险公积 9 万两。该年秋协和轮在黑水洋被鱼雷炸沉，由自保船险项下赔还船本银 226000 两。该年再次将自保船险公积项下 20 万两拨入船栈折旧项下
1906	自保船险公积增加 17 万两（原增加 37 万两，拨出 20 万两为船栈折旧）
1907	自保船险公积增加 77000 两；自保趸船险公积增加 8000 两。该年自保船险公积项下再次拨出 20 万两充作船栈折旧
1908	自保船险公积项下再拨出 30 万两充作船栈折旧
1909	自保船险公积增加九万余两；自保趸船险公积增加 13000 两。该年再次从自保船险公积项下拨出 10 万两充作船栈折旧。该年自保船险公积结存为 2521800 两
1910	自保船险公积减少约 13 万两。该年自保船险公积结存为 2392300 两
1911	自保船险公积减少 22000 两；自保趸船险公积减少 7000 两。该年自保船险共收保费 237000 余两，但赔偿美富轮 89000 余两以及其他各轮，同时拨出 10 万两为船栈折旧，致使该年自保船险公积反而减少 22000 余两

年 份	自保船险建立过程及概况
1912	自保船险公积增加 196000 余两。该年自保船险项下拨出 10 万两充作船栈折旧
1913	自保船险公积增加 171000 余两。该年自保船险项下拨出 10 万两充作船栈折旧。另再拨 292000 两作为招商局股息
1914	自保船险公积增加 229000 余两
1915	自保船险公积积存为 2231000 两。该年自保船险保费收入为 204000 余两
1916	自保船险公积积存 2323000 余两。该年自保船险保费收入为 217600 余两，除了赔偿轮船损失外，付给各船洋员花红银 76200 余两
1917	自保船险公积积存 2323000 余两。该年自保船险保费收入为 302200 余两。重大赔偿有安平轮失事赔偿船本 189400 余两
1918	自保船险公积积存 2340900 余两。该年自保船险保费收入为 309400 余两。重大赔偿有致远轮失事船本 14 万两、江宽轮失事船本 147600 余两
1919	自保船险保费收入 336900 余两。自保船险实存公积 2650600 余两
1920	自保船险保费收入 322200 余两。重大赔偿新大轮船本银 813400 余两。拨出 40 万两为船栈折旧。实存公积 1677200 余两
1921	自保船险保费收入 276000 余两。除各赔偿开支外，实存公积 1863600 余两
1922	自保船险保费收入 360700 余两。除重大赔偿江通轮失事船本 42000 余两及其他各项赔偿外，实存公积 166 万余两
1923	自保船险保费收入 320400 余两。拨出 60 万两为船栈折旧，实存公积 1358000 余两
1924	自保船险保费收入 314500 余两。再次拨出 60 万两为船栈折旧，实存公积 1026900 余两
1925	自保船险保费收入 319600 余两。再次拨出 50 万两为船栈折旧，实存公积 964400 余两
1926	自保船险保费收入 275600 余两。除重大赔偿飞鲸轮失事船本 49000 余两、江永轮失事船本 76000 余两外，实存公积 995700 余两
1928	自保船险准备金 1341426.815 两
1929	自保船险准备金 1156529.262 两

注：有的年份移作船栈折旧项下的自保船险公积实际为了支付政府报效。

资料来源：根据《国民政府清查整理招商局委员会报告书》整理。

从表 14 可见，自保船险公积不仅支付招商局所属船舶出险后的船本赔偿，使招商局能重新添置船舶，后期更成为招商局移作船栈折旧和政府报效的资金来源，应该说偏离了它的设立初衷，也反映了招商局当时内部管理的混乱。1927 年国民政府清查整理招商局时曾对此有过清晰的断语，负责审查的会计师徐广德在报告里这样说："查该局对于轮船保险，采取自保船险办法，已历有年所。惟查自保船险一门，按照欧美各国办法，必得将按期提出之保费，另行存储，以期稳固可靠。今该局对于各轮，每月按船价抽千分之五，为自保船险准备金，即每万两提五十两为保费。以全年计，每万两存六百两。此款若能分别存储，不作别用，未始不可。乃阅该局丙寅年（指 1926 年）账略，该自保船险一项，计共九十九万五千七百余两。虽有此项科目，事实上该局并不将该项现金提出，分别存储。每次提出若干，仅就账上转过一遍。考诸事实，实与自保船险原则不符。又查得该局第三十八届发股息廿九万两，乃用该局汉冶萍股票四十万元折合发给，由自保船险项内开支。第三十九届发股息三十万两，亦用汉冶萍股票四十万元折合发给，照旧由自保船险项下开支。又该局第三十八届及第三十九届船身折旧，均由自保船险项下扣除抵冲。又四十一届船本估价增加，而自保船险费并未照增。凡此种种，均与自保船险原则不相符合。"①

虽然有种种缺陷，会计上既不独立，多次被挪作他用，更不是纯粹意义上的自保公司性质，大家也一致认为"自保船险为准备金性质，专备抵补损失，计分自保船险及自保趸船、拖驳船险二户，均在各款总登内"②。但是就像仁济和保险公司在组织管理层面与会计制度上均由招商局代理而不独立一样，自保船险公积的不独立并不妨碍它存在的积极意义。自保船险公积的设置是近代中国第一家企业第一次试图用自保的形式来解决经营中面临的巨大风险而采取的措施。换句话说，招商局也是近代中国第一家开创自保模式的企业。

表 15 是 1912～1926 年更为准确的自保船险基金总额统计，可作上述解释的补充。

应该指出的是，已往有关研究曾将招商局的这笔自保船险基金认为是仁济和保险公司所缴存的风险储备金，这是不正确的。③

① 陈玉庆整理《国民政府清查整理招商局委员会报告书》，第 88 页。
② 《招商局会计史》上册，第 128 页。
③ 将这笔自保船险基金认为是仁济和保险公司在招商局的风险储备金，这一观点以黎志刚教授为代表。见其论文 "The Managerial Problems and Investment Strategy of the China Merchants'Company"，该论文收入胡政等主编《招商局与中国企业研究》，第 54～57 页。

表 15　1912～1926 年轮船招商局年度自保船险基金数

单位：两

年　份	自保船险	自保趸船、拖驳船险	合　计
1912	2173799.253	146953.680	2320752.933
1913	1953770.567	159953.680	2113724.247
1914	2049107.934	170378.680	2219486.614
1915	2231396.265	178628.680	2410024.945
1916	2333363.427	186628.680	2519992.107
1917	2323651.708	192865.152	2516516.860
1918	2340949.322	202865.152	2543814.474
1919	2659683.859	212865.152	2872549.011
1920	1677287.514	222865.152	1900152.666
1921	1863675.835	235865.152	2099540.987
1922	1660075.474	255069.152	1915144.626
1923	1358393.045	273790.864	1632183.909
1924	1026931.165	294790.864	1321722.029
1925	964430.015	315790.864	1280220.879
1926	995764.690	336790.864	1332555.554

资料来源：根据《国民政府清查整理招商局委员会报告书》整理。

六　融入新时代

从保险招商局到仁济和保险公司，其股本及往来款项大都长存在招商局生息。当时对招商局和仁济和保险公司而言，这是互利双赢的。一方面，招商局可以随意使用这部分资金，作为对外投资或者业务发展的拓展资金；另一方面，仁济和保险公司作为债权方，可以固定地从招商局手中获得丰厚的利息回报，在有些年份这份利息收入对仁济和总收益而言甚至是至关重要的。换言之，在红提单和未独立时期，仁济和保险公司的营业虽然颇为简单，但每届均有盈余，股息也照发不误。这一点可参见前面的讨论，不再赘述。

1927 年 5 月 23 日红提单的取消和 1928 年 5 月仁济和保险公司的独立，则改变了这一均衡的态势。当仁济和保险公司因业务拓展，需要动用资本金的时候，却发现根本无法收回。1927 年 10 月，清查整理招商局委员会在呈报国民政府的《整理招商局办法大纲》中对涉及仁济和保险公司的整理意见即是"惟该公司基本金全部存入招商局，一时难以提回。故为治标计，此时不宜独立营业"[①]但次年 5 月李国杰迅速主持仁济和独立。独立的最初几年，业务经营还算良好，1929 年保费收入高达十三万四千九百多元。但从 1933 年起，因受世界经济大萧条的影响，国内航运经济开始陷入困顿。此时的仁济和保险公司名义上已独立，但主体业务仍依赖招商局的航运货物保险，雪上加霜的是一方面各口岸严重拖欠保费，另一方面退保严重，从表 16 可见一二。

表 16 1928～1930 年仁济和保险公司保费收入概况

单位：银元

年份	名义保费收入	未收保费及退保费
1928	56716.780	未收保费高达 25608.39 元
1929	134970.586	未收保费为 50163.349 元。水火险退保费为 3970.95 元
1930	90435.931	未收保费 43489.258 元。水火及船舶险退保费为 6029.853 元

资料来源：上海市档案馆藏档，档案号：Y10-1-348/349/350。

在这些未交保费的地方，上海无疑是最大者，东三省的情况也异常严重。1928～1930 年仁济和保险公司各口岸未交保费情况可参见表 17。

表 17 1928～1930 年仁济和保险公司各口岸未交保费明细

单位：银元

局　名	1928 年	1929 年	1930 年
上　海	12496.5	35584.107	33439.327
福　州	1004.52	556.075	619.586
南　京	3.23		191.6
杭　州	286.44		231.16
扬　州	81.86	45.14	
汉　口	1047.12	129.82	
东三省	8450.16	8038.35	3844.49

① 陈玉庆整理《国民政府清查整理招商局委员会报告书》，第 388 页。

续表

局　名	1928 年	1929 年	1930 年
镇　江	18.75	151.14	38.49
广　东	423.38	1219.27	1954.8
天　津	278.29	929.59	1090.41
其　他		3509.857	2079.395
合　计	24090.25	50163.349	43489.258

资料来源：上海市档案馆藏档，档案号：Y10 - 1 - 348/349/350。

在资本金及往来款项被招商局占用而无法收回、各口岸拖欠保费严重、退保问题又是一大困扰的情况下，1936 年前后仁济和保险公司决定收缩业务，暂停水火险业务。这就是市场传言仁济和停业的原因。然而，这仅是传言，仁济和保险公司即便在抗战时期其实都一直在营业。

抗战胜利后，上海市场中再次出现仁济和保险公司的身影。1948 年 4 月 16 日，仁济和保险公司因遗失上海金城银行总行"第四种第二〇二三号保管箱第八八二号锁匙两柄，除向该行报失外，特此登报声明作废"①。

差不多与此同时，仁济和保险公司还向招商局展开了追讨资本金的行动。

1948 年 4 月 10 日，近代中国最著名的会计师之一、正明会计师事务所主任徐永祚受仁济和保险公司董事会委托，给招商局写了一封讨债的公函。徐永祚曾是仁济和保险公司的监事，也曾任招商局的会计师，可谓两公司均熟知之人。但招商局对徐永祚的第一封信并未回应。6 月 4 日，徐永祚换以会计师私人身份，再次致函招商局。前后两函无大区别。后函全文如下：

敬启者。据仁济和水火保险股份有限公司董事会委称：本公司战前存出于国营招商局长期存款国币八十万元，订明周息八厘，执有存票八纸为证。此项长期存款之利息部分，结至二十八年底止，共计国币十九万二千元，已分期转入招商局往来帐户。其往来帐户原结至二十五年底止，计有往来存款国币二十万零四千零三十五元六角四分。

① 《申报》1948 年 4 月 16 日。

除过二十六年一月十五日收还国币四千元，同年四月九日收还国币二千二百十五元三角四分。加以二十六年至二十八年止，按周息六厘计算之利息，共计国币四万九千五百八十元零三角。总计往来存款至二十八年底止，共为国币四十三万九千四百元零六角。此项往来存款原有存折为证。三十年夏间曾将往来存折函送香港招商局会计室，请照往年例登记长期存款之利息。嗣因港战爆发，迄未领回。业已向招商局声明挂失，并请贵会计师予以证明，请求补给新折。目下币值日低，上述长期及往来存款自应从速收取，并应依法请求增加给付，以免多受损失。查贵会计师原为本公司监察人，特委请全权代表本公司办理向招商局洽商收取上开战前存款、应予增加给付等一切进行手续。除已允受委，并于本年四月十日具函奉达外，屈指月余，虽经几度奉访贵局总副经理徐学禹先生及沈仲毅先生，未蒙明确之答复。兹以仁济和公司董事会迭来催询，特再据情函达。至请关照并盼示复为荷。此致国营招商局。会计师徐永祚。三十七年六月四日。①

6月8日，招商局终于回函了，答复称："关于嘱付仁济和保险公司往来存款一节。查该公司存折遗失，当向本局挂失。当时因本局蔡前总经理（指蔡增基）帐册卷宗尚未移交，目前整理旧债，均依债款凭证核付。存折挂失，以无案可稽，歉难照办。经于卅五年九月以总会字第八五四一号函复在案。相应函复，查照为荷。此致徐永祚会计师。"②

通读以上两封函件，一句话来概括招商局的态度就是：对不起，没有凭证也就没法证明，对此1946年9月我们就已答复过了，请不要再来讨债了。就这样，招商局竟然大言不惭地把仁济和保险公司存放的八十万元资本金和四十三万多元往来存款给黑掉了。

1949年5月27日，上海解放，招商局随即被上海市军管会接管，成为新中国的重要航运企业。仁济和保险公司则在此后率先展开的金融保险业公私合营中，大约在1952年前后汇入保险业整合的历史洪流中，最终消

---

① 《徐永祚致招商局函》（1948年6月4日），招商局档案馆藏档，档案号：003-018。
② 《招商局致徐永祚函》（1948年6月8日），招商局档案馆藏档，档案号：004-019。

失不见。

当然，在某种意义上说，仁济和保险公司并未消失，它其实一直存在于招商局的体制内，因为它的资本金始终都在招商局，招商局也自始至终无论从人员到资本再到业务都在控制着它。这笔 1939 年时即高达一百二十三万多元的款项，以现在的价值计算，恐怕已是令人瞠目的天文数字了。

附　录

重订仁济和保险章程
（1886 年 2 月）

一　谨自光绪十二年正月起，将仁和、济和保险公司合而为一，名曰仁济和保险局，专保轮船装载之货，一切事宜悉照保险洋行章程办理。其从前进出帐目，应结至十一年十二月底止，以清界限。

二　仁和济和股本规银一百万两，分存招商总局六十万两，按年六厘生息；开平矿局三十万两，按年八厘生息；汇丰、麦加利银行各五万两，合十万两，按年五厘生息。至存开平局之三十万两，有开平印据在保险局，应随时向归本利。所收本银，尽数并存银行。以上存银凭据，均封存商局铁箱之内，钥匙交保险局总管。如欲提动本银，应与各董事会议，一同签名，方准提取。

三　所保船货本银均有限制。江船最坚固者，每船限保十二万两。海船最坚固者，每船限保八万两。其次各船限保不得逾六万两。设有逾额，即向洋商保险行转保。夹版船坚固者，每船限保一万两，次者不保。其保船等差，无论本局与洋行轮船，皆由总管平日与总船主察验实在，分别记注底册，以定保本之多寡。

四　上海仍为总局，综理一切事宜，仍照向来皆由招商总局督会办专主，不另请派总办。照旧仍由局订请熟谙洋务、公正绅士一位为总管。凡保货联单等项，归其一手签字。每日收支帐目及各分局保险单帐，由其详细稽察。遇有要事，面与商局督会办商酌办理。至通商口岸，亦照轮船所立分局口岸为限，即归招商分局照章一律兼办，以免纷歧并节靡费。

五　总局董事向推股分最多或生意最大者，公举八位，以便遇事商议、查核账目。如须更换增减，再于年终集众公议。

六　保险生意近来愈跌愈贱，获利甚微。是以开销必须撙节。议定所收保险银两，每两提银五分，作为局中经费，无论总局分局一律办理，不准再有别项分文开支。惟总管每月薪水一百两，总船主每月薪水一百两，司帐每月薪水四十两，以及各局联票，准作正项开支。此外皆在五分经费之内。

七　总局除用司帐兼填联票正副二人作正开支外，催收客欠保费者一人，招商局揽载司事代为兼揽保险者二三人，并出店茶房各一人，所支薪水、工食、账簿、纸笔、烟茶等项，及各端口招商分局代理者，均归五分经费用内开支，亦无另行津贴之款。

八　保险总局帐房与招商总局帐房各立往来账目。所有收进保险费银以及不测赔贴并支股息等项，均归招商总局代为收支，一月一结。存欠悉照按年六厘计息。至外埠所收保费，亦经各分局按月开一总单寄沪，将银列入招商总局往来帐内，由沪转收保险局帐。两局往来帐目，每届月终均送招商局督会办过目。至外埠保货票根，即由原船附招商局号信寄沪。设有保险事务，亦于函内详明，毋庸另信叙述。其上海寄外埠票根等事，仿此办理。

九　各项帐目须仿生意常规。每日小结，由总管核对签字。每月月结，由招商局督会办核对签字。每年总结，督会办邀请董事会同核对签字，以重勾稽。每年应派股本利息，须俟正二月各埠单帐寄齐，汇结大总、刊印账略，于三月初一日请股商到局看账，凭折支利，分送账略。至应酌提办事人等花红及董事酬劳，届时察看余利多寡，再行会议。

十　仁济和既并作一气，总办、董事均已更动，应于本届结账分利时，预先登报更换股票、息折，仍由招商局督会办二人并于保险董事内酌请二人签字，以昭慎重。

以上十条，系招商局督会办主稿，与保险局董事会议核定。一面刊本照办，一面禀明南北洋商宪存案。嗣后如有未尽事宜，再行会商补列。合并声明。

光绪十二年正月初八日

仁济和保险局重订

董事：盛杏荪、马眉叔、韦文圃、萧蔚南、唐翘卿、李耐三、姚筠溪

经理：朱静山

赵兰亮 1971 年生，历史学博士，先后在韩国高丽大学和德国法兰克福大学做访问教授。现执教于复旦大学历史学系，从事中国近现代经济金融史、企业史等研究。著有《近代上海保险市场研究》等著述。

轮船招商局与中国金融组织变迁[*]

兰日旭

1872 年设立的轮船招商局是中国首家股份制企业。它的创立虽然是作为洋务运动"求富"的开端，从事轮船航运业务，但其创立却与中国的现代金融组织结下了不解之缘。不管是在近代首开保险、银行等现代金融组织，发行股票和开展股票交易，还是在中华人民共和国成立之后，特别是改革开放以来，再次创设银行、保险、证券、基金等金融组织，都直接推动了中国现代金融业的快速发展。轮船招商局与金融之间的关系，引发了学术界、企业界和社会大众的关注，一大批相关论著先后出版和发表。[①]但现有研究更多是从轮船招商局内部业务、历史过程或从近现代经济发展的角度来分析的，而很少从金融组织内部变迁的视角来论述两者之间的关系。本文尝试从交易成本的角度来分析轮船招商局与近现代中国金融组织变迁的关系，以厘清其发展的轨迹，揭开其 140 多年来演进的特征，为当前轮船招商局特别是招商集团的发展等提供有益的镜鉴。

交易成本理论，最早由科斯在 1937 年发表的《企业的性质》一文中提出。之后，经过制度经济学派的不断发展，逐步成为新制度经济学的一个核心理论构件。所谓交易成本，就是包括所有与制度或组织的建立或变迁及其使用有关的成本。"……除那些与物质生产过程和运输过程直接有关的成本以外，社会中所有可想象的成本都是交易成本。"[②] 在这

* 本文是国家社科基金项目"新中国金融发展研究（1949～2019）"（17BJL001）的中期成果。

① 王玉德、郑清、付玉：《招商局与中国金融业》，浙江大学出版社，2013，等等。
② 张五常：《经济解释》，易宪容等译，商务印书馆，2000，第 517～518 页。

一概念下，本文对轮船招商局涉足金融业的过程加以梳理，并从中总结其规律。

一 轮船招商局的设立与近代中国金融组织的衍生

轮船招商局创办于 1872 年，是中国近代首家股份制企业。在此之前，山西票号等传统金融企业曾出现了所有权与经营权初步分化的企业组织形式，但从其内部来看，它们仍然是一种原始物权关系，没有完全实现资本的社会化，在某种程度上还是合伙制的一种延伸。[①] 洋务运动揭开了中国近代化的序幕，19 世纪 60 年代一大批军工企业在清政府海关等经费的支撑下逐渐创办起来。它们虽然采取了机器大生产、雇佣劳动的经营方式，但其产品却不按市场规则进行有偿配置，只是根据全国各地需要进行分配。如此方式，给企业的运行带来了一个资金可持续性问题。在政府财政收支盈余时，这些近代化企业能够顺利发展；而在面对外债、国内财政收支紧张之际，企业的运作资金问题就日益凸显出来，同时因其耗资巨大也成为清廷内部顽固派染指削减的对象。19 世纪 70 年代前后，以内阁大学士宋晋为首的顽固派挑起反对洋务军工的"靡费之争"，给这些军工企业的创办者带来了巨大的压力。这样，以李鸿章等为首的洋务派为了军工企业的可持续，企图采取引进民间资本创办民用企业，并以其盈利等方式来维系军工企业生存和发展的策略。

在上述背景下，面对国内一些商人提出由国人组建新式轮船运输企业的呼声，加上清政府担心新式航运的发展影响朝廷漕运，李鸿章起用朱其昂在上海召集商贾，以"官督商办"的形式于 1872 年创立轮船招商局。轮船招商局创办之后，其发行的股票就逐步在民间开始了某种形式的交易，促进了国内近现代股票的交易形成。当然，轮船招商局设立之初要想能够顺利开业，就必须首先解决所购轮船的业务、路线、保险等问题；而此时国内新式航运业以及依附在其中的水火保险等均被外资在华企业所垄

---

① 兰日旭：《中国近代银行制度变迁及其绩效研究》，中国人民大学出版社，2013，第 25 ~ 26 页。

断。在航线、运费、轮船保险等方面遭遇太古、怡和、日清、旗昌等外资航运公司压制的情况下，李鸿章向政府争取到运送漕粮等业务，使轮船招商局的业务获得了一定程度的保障，但它的轮船却难以得到外资保险公司的承保。即使获得承保的轮船，其保费也远远高于外资轮船公司的保费，费用昂贵，还要受制于洋人，常遭掣肘。像"伊敦轮"仅因悬挂晚清龙旗，就遭遇外资保险公司的拒保。之后，虽然在轮船招商局的力争下被外资公司纳保，但其纳保时间、保费上又遭遇多方刁难。只能保六万两，超过部分不保，且以十五天为限。此外，它的保费奇高，比如招商局轮船向洋商保险行保险，只准每船限保白银六万两，其超过六万两之额，由局中自行保险，保险费均系通年每月一分九扣，风灾触礁碰船险均保在内，值十万两之船，每年保险费须纳一万两有零。① 10% 的保费，而能获得外资保险公司承保的轮船，还必须是从外国购买的铁制船，中国自制的轮船则无法获得外资保险公司的承保。事实上，中国在创办轮船招商局时，李鸿章在《筹议制造轮船未可裁撤折》中就已经提到了办保险的艰辛和重要性，"本局招商畅旺，轮船愈多，保险银两愈重。拟由本局自行保险，俟银两积有成数，再行设立公司、广为保险"②。1875 年，"福星轮"事件，则最终促成轮船招商局自办保险公司的决心。"1875 年 4 月，轮船招商局所属船只'福星'轮在黑水洋附近被怡和洋行的'澳顺'轮撞沉，导致溺死 63 人，损失漕米 7000 余石及多宗其他物资，价值数十万两白银。此案虽经上海道与英领事会审，判定为应由'澳顺'轮赔偿主要损失。但是由于'澳顺'轮船主逃走，轮船招商局不仅未追回一分赔款，反而为此支付了巨额抚恤费。"③

面对繁重的保费和外资保险公司的多方掣肘，轮船招商局最终在 1875 年实现了自办保险的目标。1875 年 11 月 4 日，保险招商局向社会发布招股公告，"窃维保险之设，起自泰西。不论船货房屋等项，均可按价立限

① 叶奕德、吴越、朱元仁主编《中国保险史》，中国金融出版社，1998，第 42 页。
② 王珏麟：《同治时期：洋务运动启蒙民族保险——从 1862 到 1874 年（续）》，《中国保险报》2015 年 11 月 21 日。
③ 赵兰亮：《中国保险业的源头：自轮船招商局到保险招商局》，《中国金融》2011 年第 8 期。

具保，早有成规。在物主所出不及一分之费，即能化险为夷。唯中国于保险一事，向未专办。现在轮船招商局之船货，均归洋行保险，其获利既速且多。是以公同集股，由唐景星、徐润之二君总理其事，设立保险招商局，仿照各保险行章程办理。不特商局轮船货物可以酌量保险，即洋商船货投局请保者，均可照章承保，以光招徕……"① 经过一段时间准备，保险招商局于 1875 年 12 月 18 日在上海成立，这样就初步化解了招商局内部轮船承保问题。由于保险招商局刚开始只承保航运保险业务，对火险、码头货栈等业务并不承保，仍然必须借助外资保险公司，无法从外资保险公司的压榨下完全获得独立。为此，轮船招商局在 1876 年 8 月 19 日在上海设立了仁和保险公司以承担水火险；1878 年又成立济和船栈保险公司以承保码头货栈等业务，初步完成从外资保险公司的歧视中独立起来的目标。之后，为了加强对招商局内部多家保险公司的管理和扩大向社会承保业务的范围，轮船招商局在 1886 年完成对仁和、济和保险公司的合并，并命名为"仁济和保险公司"。仁济和保险公司虽然在名义上成为一家独立的公司，但其管理等方面仍然没有从轮船招商局中完全分离出来，直到 1928 年以后才渐趋分离出来。

轮船招商局不断向新业务扩张，以化解相关市场极高的交易费用问题。伴随业务发展、并购旗昌轮船公司、国际航线的开拓，轮船招商局的规模迅速扩展，形成了以航运为中心越来越长的产业链，这样对资金产生了越来越大的需求；同时其在经营过程中也游移出巨额的、暂时性剩余资金，需要加以有效利用，以提升其效率。在此过程中，受 1883 年上海金融风潮的影响，轮船招商局内部股权结构出现了巨大变化，原先的主持者徐润等人在危机中被迫退出，他们所持有的股份逐渐集中到以盛宣怀为首的人员中。随着盛宣怀对轮船招商局的控制，他又利用国内外对中国创立银行的争议，巧妙地抓住了张之洞、王文韶等人的不同需求，借助他所控制的轮船招商局等洋务企业的资金，以公开招股的形式，于 1897 年在上海成功设立了中国第一家现代银行——中国通商银行。② 中国通商银行的设立虽然在表面上是由盛

---

① 赵兰亮：《中国保险业的源头：自轮船招商局到保险招商局》，《中国金融》2011 年第 8 期。
② 至于中国通商银行设立的原因，可参见兰日旭《中国近代银行制度变迁及其绩效研究》一书第 49~55 页的"中国的银行产生原因"。

宣怀通过社会公开招股创设的，但如果从中国通商银行的股本构成来看，轮船招商局无疑占据第一大股东的地位，如表1所示。

表1　1897年中国通商银行创办之初股份统计

单位：股，两

成员构成	股　份	股　金
招商局	16000	800000
电报局	2000	100000
外埠招商局代收股款	3350	167500
盛宣怀	14600	730000
张振勋	2000	100000
严筱舫	1000	50000
洪植臣	800	40000
梁于卿	200	10000
其他	2585	169500
外埠股款	92	4600
合　计	42627	2171600

资料来源：中国人民银行上海分行金融研究室编《中国第一家银行》，中国社会科学出版社，1982，第109页。

作为轮船招商局实际控制人的盛宣怀，自然借助自身和其所控制企业占有的股份达到了完全掌控中国通商银行的目的。中国通商银行总行所在地外滩中山东路的6号大楼，是轮船招商局在并购旗昌轮船公司之后获取的物产之一；严筱舫、陈猷、施则敬则作为轮船招商局的代表被盛宣怀指定为总董组成人员，从此角度来说，轮船招商局是中国首家银行的主要创办者之一。中国通商银行成立以后，对轮船招商局提供各种类型的贷款以满足其业务扩张之需，而轮船招商局在业务经营过程中游移出来的暂时闲置资金也存入中国通商银行。它仅在银行开张之日就存入32万两，同时轮船招商局在各地分支机构的收银也存入中国通商银行，从而大大夯实了中国通商银行的早期发展。辛亥革命之后，盛宣怀虽然被迫退出了对轮船招商局、中国通商银行等的控制，持有中国通商银行股份的自然人及一些企业持有的股份在社会分散后，轮船招商局则仍维持了控股地位，故在中国通商银行1916年召开股东大会之际，作为轮船招商局股份代表的傅筱庵被推选为董事长，成为实际的控制者，直至1935年在中国通商银行官办化后被杜月笙所替代。在同一时期，轮船招商局及其各个组成部分也相继被官办化，从而改变了轮船招商局因交易成本变化而自发形成的外部成本内生化的过程。

二 轮船招商局的发展与现代中国金融组织的铺设

中华人民共和国成立之后，接管了轮船招商局上海总公司及其分布在内地的分公司，1951年改称为中国人民轮船总公司；香港分公司则向港英当局注册而成为一家独立的公司，于1950年回归中国，其核心业务则仍留在香港，以从事传统的运输业务。之后到1978年，轮船招商局并没有像近代刚创办时那样获得快速发展，而是处于一种停滞状态。改革开放之初，交通部派袁庚到香港考察，之后向党中央、国务院起草了《关于充分利用香港招商局问题的请示》。请示得到了党中央、国务院的高度重视，由此使招商局逐步摆脱了计划经济体制的羁绊。之后，袁庚出任招商局的掌门人，由此揭开了招商局快速发展、迅速壮大的序幕。

随后，招商局结合发达国家、地区和一些发展中国家的经验，向党中央、国务院提出建立工业园区的设想，此构想得到了中央和广东省的充分肯定，并给予其政策上的优先支持。之后，招商局在多方考察的前提下，最终选择了以蛇口为核心区域构建工业园区的方案。当时，虽然得到了中央的政策支撑，但并未得到资金上的支持。在此背景下，招商局除了自身筹集资金外，还向银行申请贷款、大力吸收外资、发行股票和债券，以满足蛇口工业园区建设的资金需求。在蛇口工业园区的初期建设中，招商局以航运业为中心，构建起集装箱制造业、钢丝绳厂、拆船厂、氧气厂、玻璃纤维厂等。招商局蛇口工业园区的成功，大大推进了经济特区的建设；而经济特区工作的展开，又大大推进了招商局蛇口工业园区各种业务的拓展。外资引进使规模迅速扩展，给招商局业务的发展奠定了必要的基础，但同时也在资金供需效率等方面产生了众多问题。为此，招商局除了继续发展以航运业为中心的业务外，还成为改革开放之后中国首家涉足金融业的工业企业。

在蛇口工业园区的建设和业务拓展过程中，资金问题一直困扰着招商局。"上世纪 80 年代初，深圳金融业十分落后，全市仅有 4 家国有银行的分行，分支机构 30 多处，农村信用社 100 余家，全部存款余款仅 1.01 亿元，这些存款大都来自当地居民的储蓄和港澳同胞、海外华侨的汇款。建设资金更为匮乏……"① 在此背景下，招商局开始涉足金融业以化解资金困境。招商局进入金融业发端于香港。1986 年 6 月，招商局成功收购香港上市的友联银行，成为第一家利用股票市场收购上市公司的中资企业，也成为第一家拥有银行的非金融类企业。并购友联银行，加快了招商局集团内部资金的融通和管理，大大提高了资金供需效率。与此同时，为了实现企业内部各部门资金的调剂和有效使用，招商局展开了内部资金的整合。理顺内部资金的关系，交易费用问题的解决就成为招商局面临的一个关键。1984 年，招商局首先在蛇口工业园区成立内部资金结算中心，以强化园区内部各公司资金的集中管理。"该中心的成立，一是提高了资金使用的合理性，减少了存款利息差的损失；二是确保了资金的安全性，大大降低了因企业单独开户引发的金融风险。"② 之后，该中心升级为财务公司，以扩大融资渠道和资金使用范围。1986 年，招商局正式向中国人民银行递交申请在财务公司的基础上设立招商银行的报告。该报告明确指出了升级为银行的目的是促进资金横向流动、建立资金市场和提高资金融通及使用效率。招商局的报告，很快就获得了中国人民银行的认同和批示，并于 1987 年 4 月 8 日在蛇口工业区财务公司基础上成立了招商银行，招商银行也成为中国第一家完全由企业法人持股的股份制商业银行，开辟了股份制银行创办的先河。招商银行的成立，既推动了资金在招商局内部的流动，又实现了资金在招商局内部延伸到外部的效果，从而大大提升了招商局集团的实力和影响力。之后，招商局在围绕航运业务这个中心的前提下，不断向金融业务拓展见（表2）。

---

① 胡政主编《招商局与深圳》，花城出版社，2007，第 181 页。
② 胡政主编《招商局与深圳》，第 182 页。

表 2　改革开放以来招商局发起组建的金融组织

组建时间	名　称
1987	招商银行
1988	中国平安保险公司
1991	招商证券
1993	招商局中国基金
1999	招商局金融集团
2012	招商局资本

招商局集团以招商银行为基础，逐渐延长金融领域的产业链，向保险和保险经纪、证券、基金和基金管理等领域发展，初步形成了集多种金融行业、具备招商局自身特色、门类齐全、层次分明的金融集团。显然，招商局在自身业务拓展的基础上，为了化解内部各公司资金供需困境而不断向金融产业链延伸的行为，无疑是招商局集团把业务发展中所产生的较高交易费用内部化的必然结晶。沿着这一思路，招商局重演了近代中国首创保险、银行等现代金融的创举，开辟了诸多现代中国金融业务的先河。在金融领域，招商局集团的发展也必然会走多元化的发展道路，为自身航运核心业务的发展夯实金融基础。

三　轮船招商局与中国金融组织变迁的特征

轮船招商局从 1872 年创办至今，经历了早期的快速发展、官办化后的沉寂和 1949～1978 年的停滞、改革开放后的爆发式发展三个明显阶段。在前后两个阶段中，招商局均在自身业务拓展的基础上，衍生出了中国自身设立的最早的保险、银行等现代金融组织，在中国金融组织变迁中明显起到了带头的作用。它们两者关系的演进，具有如下一些明显的特征。

一是招商局在主营业务拓展基础上向金融业延伸是源于交易费用的内部化。不管是近代时期还是改革开放之后，招商局都是在围绕航运主业，不断向上下游产业链进行拓展。此时，招商局不但面临内部各个公司主体之间资金供需调剂，以提升使用效率和增加融资渠道的需求，而且依托外部机构来实现内部诉求，还存在诸多压力和高昂的费用。通过内部组织的变迁，则能够实现外部成本内部化，达到组织效率提升的目的。招商局正是在这样的背景下，通过改进原有企业组织中一些低效或扭曲的因素，以重构一个更加有效率的组织，从而实现了"将个人的经济努力变成私人收益率接近社会收益率的活动"①。在招商局初创时期，它不但在主业上面临来自怡和、太古、日清等外资航运公司的打压，而且在业务拓展后公司内部还需面对轮船、码头、货物等如何取得承保问题。在经营环境恶劣的背景下，招商局的轮船需要获得外资保险公司的保障，正如前文所提到的，即使给予高昂的保费，还要受到外资保险公司的诸多歧视性限制。显然，招商局在内部资金积累等前提下，根据公司实际逐步进入保险的各个业务的做法，不但缩减了公司保费的开支，拓展了与公司发展相关的保险业务，还使公司赢得了业务发展的主动性。之后，借助轮船招商局在1883年上海金融风潮后的股权变更机会，盛宣怀又利用自身的关系在1897年成功向银行业延伸。中国通商银行为招商局及各地的分支机构提供资金融通、结算等金融业务服务，而招商局及其分支机构和控股公司又能为中国通商银行提供大量短期闲置资金。仁济和保险公司在银行开办的当年，向银行存款40万两，后又陆续增至70万两。轮船招商局在银行开办不久，也暂存了32万两。改革开放以来，招商局从几乎停滞的状态中得到了前所未有的发展。在此过程中，招商局之所以能够从以初期的传统航运业务为主，迅速拓展到多样化金融业务之中，其变迁的动力与近代时期一样，均是出于集团内部各个公司及其分支机构的需求，是为化解建设资金匮乏和提高资金使用效益，而进行组织变迁的结晶。只是与近代相比，此时招商局在内需下不断向金融业务拓展，完全是在中国各级政府政策支持下主动演进的，不存在早期那种外资企业不平等条约的歧视性行为压挤，由此也使招商局向金融领域拓展的外部问题内部化过程更加迅捷和顺利。

二是招商局的快速发展得益于各个金融组织的全面反哺。在招商局两

---

① 〔美〕道格拉斯·诺思、罗伯斯·托马斯：《西方世界的兴起》，厉以平、蔡磊译，华夏出版社，1999，第5页。

个快速成长的时期，其发展得益于诸多因素，而在其延伸至金融业务之后，来自金融组织的全方位服务也是其壮大的一个关键因素。通过自身控制的金融组织，招商局不但大大降低了对其他相关金融组织的依赖，独立性增强，还提高了公司内部各个子公司及其分支机构的资金使用效率，大大增强了资金之间的横向联系，降低了资金融通的成本，由此也使招商局能够更加集中资源拓展公司主营业务，增强与同业之间的竞争力。招商局初创时，业务遭遇了外资航运公司的压倒性竞争，其生存也一度出现问题，最后在以清廷漕运交由招商局运送的条件下才得以度过危机。在向保险等金融业务延伸之后，招商局的实力得到大幅提升，它不但成功兼并旗昌轮船航运公司，还与太古、怡和等实力强劲的外资航运公司三度订立"齐价合同"，取得了在运费、航线等方面的划分权利，完全改变了早期视外资航运公司规则行事的格局。在此过程中，招商局的发展与来自各相关金融组织的资金反哺密切相关。其仅向仁济和保险公司借用和来自它们存放的资金每年就达到几十万两，多的年份达到一百多万两，如图1所示。

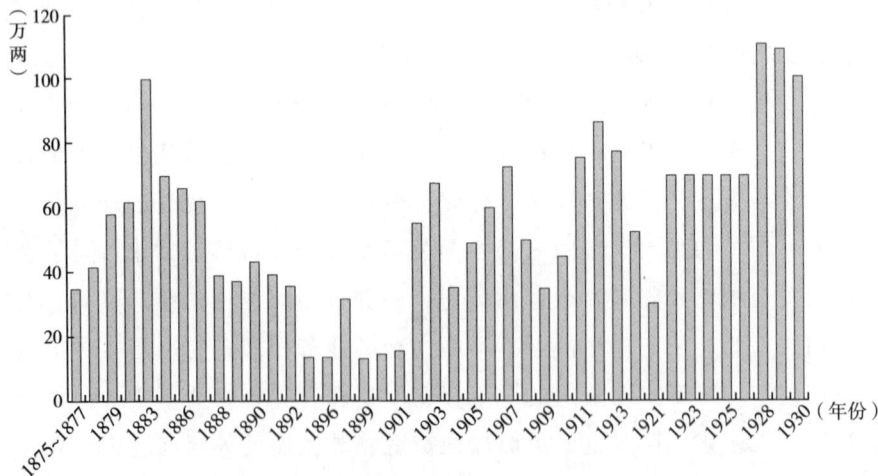

图1 1875～1930年部分年份轮船招商局向仁济和保险公司借用及其存入的资金

资料来源：根据赵兰亮的《招商局所属各保险公司考：兼论招商局的金融保险属性》（2017年10月纪念招商局创立145周年"招商局历史与创新发展"国际学术研讨会论文集）一文表8数据整理而成。

显然，如果加上来自中国通商银行的资金垫借，资金无疑达到了上百万两，从而为招商局在近代的发展提供了必要的资金支撑。改革开放之后，招商局获得中国各级政府的政策支持，业务爆发式增长，很快就在内部需求满足的条件下延伸到金融业的各个领域。全方位金融集团的形成，成为招商局以航运为中心的业务拓展的基础。借助金融实力的支撑，招商局集团不但在国内占据超强的地位，而且在国际航运企业中也排在前列。

三是招商局向金融组织延伸的路径选择，以渐进性为主，但在近现代之间有所差异。"制度既对经济条件起重要作用，也反映经济条件。"① 中国近现代制度上的差异，在招商局与金融组织演进之间完全体现了出来。晚清以降，中国在社会制度上条件恶劣，在南京国民政府成立之前基本失去了独立的政治环境。在此背景下，招商局向金融相关领域的渗透，很大程度上是在外部环境逼迫下做出的、与企业实力相应的渐进性路径选择，以规避来自外资企业超"国民待遇"的压制。南京国民政府成立之后，随着招商局及其相关公司的官僚化，它也失去了早期那种相对自由发展的空间，陷入日益萎缩的境地。中华人民共和国成立之后，招商局受政治、经济等因素的综合约束，在很长一段时间内围绕传统的航运业务在极其有限的空间内几乎保持一种停滞式存在状态。改革开放以来，招商局在蛇口工业园区开发引导下，迅速发展，初步形成一个以交通物流为中心的完整产业链。在此过程中，招商局完全是在自身诉求和中国各级政府支持下渐进涉足金融的各个领域。在招商局的各个构成要素中，以交通物流为核心的商业体系无疑是其骨架，金融则承担了维系整个骨架的"血液"。各个部分之间的构成、演进渐进形成，具有浑然一体的感觉。当然，其演进在某个阶段存在政府强制性变迁的痕迹，但其整体还是在以满足集团内部需求为主的前提下渐进变迁的结晶。

四　结论

通过对轮船招商局与中国近现代金融组织变迁关系史实的梳理及其特

---

① 〔美〕查尔斯·P. 金德尔伯格：《西欧金融史》，徐子健等译，中国金融出版社，2007，第 130 页。

征的总结，我们明显可以得出如下几点结论。一是招商局向现代金融组织的延伸很大程度上是源于企业内部业务拓展的需求。近代时期是在市场、政府等主体无法供应的条件下，招商局内部出于降低交易费用而产生的结晶；而改革开放以来则是在政府政策支持下化解市场和企业内部资金困境的结果。招商局在金融组织上的涉足却开创了中国众多现代金融组织创立的先声，具有极其重要的时代意义。招商局涉足金融业务虽然刚开始具有一定的被动性，但之后的延伸则越来越顺应业务发展而进入金融的各个领域，过程的复杂性则反映出了中国近代时期企业现代化的艰辛。二是招商局在晚清和改革开放以来的快速发展、整体实力的提升和形成以交通物流为中心的相对完整产业链，在一定程度上得益于各类金融组织创立后的巨额资金反哺性输送。三是招商局在向金融组织演进过程中，近现代虽然存在某种程度的差异，但其路径选择无疑都遵循了渐进的方式，避免了企业发展中的剧烈性变更，迎合了组织或制度变迁中以降低交易费用为目的的诉求。

兰日旭　中央财经大学经济学院教授、博士生导师，中外经济比较研究中心主任。主要研究领域：金融理论与近现代金融史、中外经济关系。主持国家社科基金项目、教育部哲学社会科学基金项目等 9 项，参与国家社科基金重大项目、教育部哲学社会科学基金项目、北京市哲学社会科学重点课题等 8 项。在《经济学动态》等报刊上发表学术论文 70 多篇，出版《中国金融现代化之路》、《中国近代银行制度变迁及绩效研究》（该书获得 2014 年第二届金融图书"金羊奖"、北京市第十三届哲学社会科学优秀成果二等奖）、《经济强国之路》、*Transformation of China's Modern Banking System from the Late Qing Era to the 1930s*（*Vol. 1*，*2*）、《中外金融组织变迁：基于市场－技术－组织的视角》等 6 部学术专著；主编《一带一路倡议中的风险及防范》，参编《新中国经济发展 60 年》等 6 部著作。

西方股份公司制度在中国最初的实践和评价

——官督商办企业的再评价

周建波

晚清官督商办企业出现于 19 世纪 70 年代，兴盛于 80 年代初，1883 ~ 1884 年金融风潮后走向衰落。

官督商办企业除了洋务大吏通过招股产生这一种形式外，还有一种形式就是一些私人企业为了取得官方的保护，而主动戴上"官督商办"帽子。19 世纪 70 年代末 80 年代初，中国兴起了一个筹办矿业公司的热潮，拟用西法挖掘煤矿、铜矿、金矿及其他各种金属矿。筹办这些矿业事务的多半是地方官员和一般商人，大抵是一些缺乏政治势力的人物。为了创办新式产业，他们不得不寻找各种门路，期望取得洋务大吏的支持。因此，这些中小型矿业公司，虽然多是由私人资本所创办，却都尽量拉上官督商办的关系，借以作为企业的靠山。1877 ~ 1882 年，先后创办的安徽池州煤矿、山东峄县煤矿和江苏利国驿煤矿可以作为既与洋务大吏有联系、在一定程度上受洋务大吏控制，又是比较独立进行经营的私人资本新式煤矿的典型。不过由于官办企业的激励机制不足，当时的官督商办企业经营得普遍不成功。在 19 世纪 80 年代中期的那场金融风潮中，中小型官督商办企业基本停产，大型官督商办企业靠着官方的扶持和对外的借款勉强维持。自此，民间商人对公司视若畏途（当时能在上海证券市场集资的均是得到官方支持的官督商办企业），批判官督商办企业，要求民商自办工厂的呼声越来越高。一直到现在，提起官督商办企业，学术界基本的倾向还是批评。笔者认为，应该客观公正地评价官督商办企业及其作用。

一　官督商办企业的创办原因

1872 年，内阁学士宋晋上奏折，以糜费过大、成效甚微为由，请罢修造福州轮船局，经李鸿章、左宗棠、沈葆桢等力争，总算是把造船业保了下来。然而为了给造船厂的产品——船只寻找出路，也为了让洋务大业能够继续办下去，深受资金匮乏之苦的洋务大吏想出了官督商办的法子。轮船招商局的创立，就是官督商办企业的最初尝试。这家企业之所以未以"公司"为名，是因为"按西例，由官设立办国事者谓之局，由绅商设立为商贾事者谓之公司"①。此后，李鸿章、左宗棠等洋务大吏又按照轮船招商局的模式组建了一系列股份公司。

官督商办作为一种企业组织形式，是东西方文化交汇融合的产物。

西方企业为筹集经济建设需要的巨大资本，发明了集股经营制度，这是西方社会为迎接工业化时代的挑战而进行的一项具有重大历史价值的企业经营方法创新。这一制度是随着西方殖民者的炮舰来到中国的，它刚一出现，就受到了"睁眼看世界"的先进中国人的注意。魏源在《海国图志》中用赞赏的语气介绍了这种中国古来未有的经营方式。他说："西洋互市广东者数十国，皆散商无公司，惟英吉利有之。公司者，数十商辏资营运，出则通力合作，归则计本均分，其局大而联。"② 此后不少中国人希望采用这种集股经营方式投资新式产业。1872 年，李鸿章向清廷要求以集股经营方式建立轮船公司，得到批准，遂组建了中国第一家股份制公司——轮船招商局。

官督商办虽借用了西方社会企业的创办形式——股份公司，骨子里面却还是封建主义的国家干预主义的经济管理思想起作用。

中国在汉武帝时代就形成了以"轻重论"为代表的国家干预主义与以"善因论"为代表的经济自由主义相结合的国民经济管理思想。这一思想的主要观点是：统治者要管理国家经济，不能只运用行政和法律手

---

① 夏东元编《郑观应集》上册，上海人民出版社，1982，第 612 页。
② 魏源：《海国图志》，中州古籍出版社，1999，第 111 页。

段，还要运用经济手段。他们认为"不通于轻重（轻重是中国古代货币范畴的一对概念），不可为笼以守民，不能调通民利，不可以语制为大治"①。所谓"通于轻重"，就是指运用经济手段管理国家经济。他们主张通过政府控制经济，以达到"民无不系于上"的目的，这样国家政权就巩固了。同时他们还认为"民富不可以禄使也，贫则不可以罚威也"②，因此统治者还必须运用"轻重之术"调节人民的经济利益，这样就可以"予之在君，夺之在君，贫之在君，富之在君"③，从而取得两个结果。一是"民力可得而尽也"，即人民的劳动积极性得到了充分发挥；二是"民之戴上如日月，亲君若父母"④，对政权的向心力更强。

政府如何运用"轻重之术"呢？他们强调政府要尽可能垄断对国计民生有重大影响的产业，"毋授人以财"。同时他们还认为，人民的性情是"夺之则怒，予之则喜"⑤，通过对各种自然资源的垄断，即"官天财""官山海"，即可达到"见予之形，不见夺之理"的效果。

一般来讲，一个王朝在财政有困难，且政府对社会资源还有相当支配权的时候，往往倾向于国家干预主义。中国历代王朝对山川等各种自然资源的垄断，及各种官办手工业的建立，就是国家干预主义理论的具体运用。在传统社会，这都是与人民生计密切相关、需求弹性低的产品，政府要增加财政收入，而又不通过增加税收的手段，只需在产品上加价就可以了。弄明白这一点，就不难明白历代王朝为什么对需求弹性更低的盐实行专卖了。中国近代的官办企业，包括官督商办企业的兴办，就是在这种管理思想下进行的。

洋务运动兴起后，恭亲王从《春秋左氏传》中汲取治国之道的智慧，他写道："守国之道则在于行政而得民。国之安危视乎政之得失。若君弱臣强，国柄下移，欲政令之行，胡可得也。国以民为本，苟无民，何有？君若公室日瘠，厚施在家，欲无失其民，弗可得也。"⑥ 显然奕䜣既想增强

---

① 赵守正：《白话管子》，岳麓书社，1993，第613页。
② 赵守正：《白话管子》，第613页。
③ 赵守正：《白话管子》，第613页。
④ 赵守正：《白话管子》，第613页。
⑤ 赵守正：《白话管子》，第645页。
⑥ 奕䜣：《乐道堂文钞》，北京图书馆善本室。

国力，实现富国强兵的目标，又想保持对人民的统治。对此，深受传统思想影响的洋务大吏（洋务运动之初，他们对西方的了解只限于船坚炮利等实用功利的层次）只能实行国家干预主义政策，只能实行"官天财""官山海"式的行业垄断政策。他们借鉴了历代王朝，也包括清政府管理"盐政"的经验，套用西方股份公司的形式，创造出一种既有利于实现"富国"目标，又能满足人们投资新式工商业愿望的企业创办形式——官督商办。这是传统经济干预主义思想在近代企业创办形式上的表现，是商鞅"利出一空"（即百姓只能在政府规定的范围内实现"富家"，从而实现百姓"富家"与政府"富国"目标的统一）思想在新时代下的再版。

而从另外一个方面看，民间受到外国在华近代企业高利润的刺激，有投资新式经济的强烈愿望和财力，但清政府传统的经济政策不准民间兴办工矿业；封建习俗势力又把近代技术视为"洪水猛兽"，认为会"妨碍小民生计"、"震动地脉"和"破坏风水"而加以阻挠，致使他们欲投资近代工矿业而无门可入。官督商办形式的出现，打破了这一僵局。它既从经济政策上为这些资本投资近代工矿业开放了条件，又得以用股份制方式集中分散的资本，开办像航运、纺织、电报、矿业等大型骨干企业。其有利于近代工业在中国封建主义大地上迅速诞生，加速了中国由传统社会向现代社会迈进的步伐。

二 官督商办企业的内在矛盾及其改革实践

官督商办企业是运用官商合作的形式组建的股份制公司。其特点有二：一是在投资关系上，商股未凑齐以前，先有官本垫入，以后再逐步归还；二是在官商权力的划分上，"由官总其大纲，察其利病，而听商董自立条议，悦服众商"，"赖商为承办，尤赖官为主持"。① 所谓"官督""商办"即由此而来。目的是官、商两头兼顾，各扬其长，不过在双方的关系上，商办重要，官督更重要。

---

① 《李鸿章全集》卷2，海南出版社，1998，第990页。

官督商办作为一种企业组织形式，体现了国家资本、私人资本一起上的精神，在一定程度上解决了封建农业国家兴办新式工业企业之初资金启动难的问题，有利于中国早期现代化的开展。然而，这种以官商合作方式举办的股份制公司，却没有如创办人所设想的那样：官商各扬其长，通力合作。而是存在很深的矛盾，原因在于公司内部产权关系混乱。从投资上讲，官方的投资是以债权人的面貌出现的，投资所获是固定利息收入；商人的投资是风险资本，所获是不固定的风险收入，即去掉各种支出（包括官本利息）后的所得。按照现代企业产权理论，当企业处于正常的经营状态（未破产状态）时，享有企业控制权的应该是承担经营风险的商人，而非债权人。只有在企业处于破产状态、债权人的利益受到威胁时，债权人才掌握企业的控制权。如果企业归还了债权人的资本，则债权人将不再拥有对企业的任何形式的控制权。然而官督商办企业内部官权、商权的划分，却不符合这样的原则。在企业正常的经营状态下，最应该掌握企业控制权的商股却无这种权力，而落在不应掌握这种权力的官府手中。即使企业归还了官款，也并不意味着商股完全控制了企业。正如两江总督刘坤一所述"盖官帑还清后，局本全系商资，即有亏折，无碍官帑，并无局务不归官之意。……其实员董由官用舍，账目由官稽查，仍属商为承办，官为维持也"[1]，企业仍受官府控制。在这种情况下，商股的积极性自然受到严重影响，企业效益的低下也就是必然的结局。在 19 世纪 80 年代中期的那场金融风潮中，中小型官督商办企业基本停产，大型官督商办企业靠着官方的扶持和对外的借款勉强维持。自此，民间商人对公司视若畏途，批判官督商办，要求民商自办工厂的呼声越来越高，官督商办企业的改革势在必行。

围绕官督商办企业的改革，洋务派内部有两种意见。以郑观应为代表的民商希望按市场化原则进行经营，以李鸿章为代表的洋务大吏则基于官督商办企业是优先发展军事工业目标的重要组成部分的考虑，一定要掌握企业的大权。在这场围绕权力的争夺战中，民商失败。原因不仅仅是官权大于民权，还在于这时的官督商办企业已普遍停止了招商股活动，资金不

---

[1] 《洋务运动》卷 6，上海人民出版社，1973，第 44 页。

足时，则由官方作保向洋行借债，这样官府就在企业取得了比以前更大的权力，商股的权力则受到严重影响。

然而一个掌握了权力的集团，如果长期不能提高组织的效率，也是必定要垮台的。为避免这种结局，出路只有一条，就是实行旨在提高效率的改革。事实上，自19世纪80年代中期开始，官督商办企业就被迫着进行改革。这场改革，先从中小型官督商办企业开始，到90年代转向大型官督商办企业。

在19世纪80年代初的那场金融风潮中，实则为私人资本，但挂着"官督商办企业"牌子的中小型矿局，纷纷停产，民间资本对官府集股开矿视如"畏途"。清政府对铜铁等项需用甚殷，而库款支绌又无力开办，又不能像大型官督商办企业一样借洋债，在这种情况下，清政府不得不采取变通办法，即允许若干小矿由私人资本自报开采，官方稽查，收购产品。例如，1883年热河承德府三山银矿、1884年甘肃西宁大通县之乙思门庆地方金厂、1885年福州石竹山铅矿，都采取这种方式。在这种情况下，企业的生产经营、财务收支，都由私人资本家自己负责，而不再由政府委派官僚来控制，政府对"矿局诸事概不过问"，只"弹压保护"，稽查和收购产品，因此企业属于私人资本性质。在收购产品方面，必须尽官作价购买一定数量，所"余听该商自行销售"和支配。显然，政府对企业的干预比过去那种直接控制企业的生产、人事、理财权要好得多。当然，官府在收购产品时，经办人员各种刁难、勒索，仍在所难免。

19世纪90年代以后，某些大型官督商办企业也不能再按老样子继续下去了，因此不得不走上按市场化原则经营的道路。1893年，上海机器织布局被一把大火焚烧后，为重振中国的棉纺织行业，新任督办盛宣怀要求将新设的纺织公司作为私人产业来办。他向李鸿章提出，"股商远虑他日办好恐为官夺，拟改为总厂，亦照公共章程，请署厂名，一律商办"。李鸿章对这个方案表示赞成，他答复盛宣怀说："织局拟改为总厂，一律商办……似甚周妥。"① 新设的公司更名为"华盛纺织总厂"。其实在这个公司里面，

---

① 《李鸿章全集》卷7，海南出版社，1998，第3850页。

官商关系的模式与前面讲的中小型官督商办企业改革后的模式是一样的。因为，新公司规定，每出纱一包，要捐银一两，以弥补投资在机器织布局里面的官本损失，为此，新公司特设一个督销公所，以保证官方利益。显然，华盛纺织总厂已转化为私人资本性质。其他大型官督商办企业的命运也大致类似。中国最早的官督商办企业轮船招商局于宣统年间改为完全商办。开平矿务局则于1900年转为英资企业，以另外一种形式完成了商办的历程。

不过官督商办企业转为商办的过程，往往是以众多股东付出巨大代价为前提的。上海机器织布局商股所受的损害及这家企业的归宿，可说是一个最有力的例证。这家企业经历了多次改组，每经一次改组，向私人资本转化的洋务官僚对企业的控制程度就加深一步，而投资入局的私人资本便蒙受一次损害。1887年，龚寿图、龚易图兄弟对机器织布局进行"清理"时，对初创时投资的商股一律课以七折，为此上海《申报》揭出织布局"在股含冤同人"公启，要求"旧账揭清"。① 到了1893年，织布局毁于一炬，织布局领导集团决定对旧时商股一律以烬余物料折价偿还，使那些原初每股投资一百两，后又增资三十两的旧股东，仅仅领回十余两的股金，而企业则在改头换面下变为洋务官僚的私产。在当时，像上海机器织布局这样的情况不是个别的现象，而是有代表性的。也就是说，它的演变过程确切地反映了官督商办企业的发展路径。所以，到90年代，目睹一些主要的官督商办企业先后沦为一些洋务官僚的私产之后，郑观应不禁发出感叹："轮船招商开平矿，创自商人尽商股……办有成效倏变更，官夺商权难自主。……名为保商实剥商，官督商办势如虎。"

三 官督商办企业的历史进步作用

在中国投资新式产业风气未开且"民贫于下，财绌上""散借于凡

---

① 《申报》1888年7月13日。

民，则苦其零星难集"① 的状况下，发展现代公司制度，不能不寄希望于官府出面协助。世界经济发展的历史表明，一国从传统社会向现代社会过渡，资本主义企业这株幼小的嫩芽能否茁壮成长，在很大程度上取决于国家的支持力度有多大，重商主义就是反映国家干预的理论。后发展国家要追赶先进国家，需要国家支持的力度就更大。

马建忠曾以当时西方各国兴办铁路为例，指出官、商合作在企业发展中的作用。他说，当时西方铁路股份公司的资金来自不同的投资主体，"或纠集于商，或取给于官，或官与商相合办"。如果铁路公司无贸易之利可图，"于是官自办之"有之，"官先创造而交商经理，或商先创造而官为经理"有之；如果铁路公司"利入甚微，制造经理之费难于取偿，始有官商合办之一法"。而官商合办之法又有几种类型："有官租地与商而不取其值，权其利息之厚薄以定租地之久暂，限满归官者；有商自造自理而官为津贴者；有商股难集而官代为偿其息以鼓舞之者；有需股甚厚难以纠集，而告贷于人难以取信，于是官为具保者。"② 这些都是欧美国家发展近代工业、组织股份公司成功的经验。不幸的是，当时清政府仍受着前现代社会超经济控制传统的影响，官权大于民权，未能起到像欧美各国政府那样的有利作用。我们可以谴责清政府及其官僚集团对近代工业之发展未起到应有的作用，但不能认为政府参与工商业一定会起消极作用，即以人们所歌颂的由商民集股设立公司的形式而言，其大方向可能是正确的，但也不是完美无缺。马建忠曾指出，那时的英美有一些公司，系私商"自集股、自设局"而成，官府不予过问，终因"同行争、市价低，得不偿"而倒闭甚多，最后还得靠官府出而扶持。③ 何况我国那时幼弱的民族工商业还面临国际资本主义的强大竞争压力。在这种既无集股习惯而资本投资市场又尚未出现的情况下，如否定官府的任何形式的参与，近代工商业尤其是较大规模的工商业将如何产生？在与国外企业激烈的竞争中又如何生存下来且有所发展？正因为如此，我们看到，著

---

① 马建忠：《适可斋记言》，中华书局，1960，第21页。
② 马建忠：《适可斋记言》，第11页。
③ 马建忠：《适可斋记言》，第11页。

名的洋务派人士①中，没有一个不期望政府对企业的发展予以一定支持的。即使批评官督商办企业弱点、坚持工商业由私人纠股自由经营的洋务派思想家，也非常强调政府在企业发展中的扶持作用。例如，主张商战的郑观应就反复强调官商联合兴办新式工商业的重要性，主张"既应借官力以维持，而工艺之行尤必藉官权以为振作"，总之是要"用官以助商力之不逮"。②

所不同的是，洋务大吏和洋务派思想家对国家支持的理解有差别。洋务大吏理解的国家支持是官对企业经营的全面干预，即"官总其大纲，察其利病"。而洋务派思想家所理解的国家支持是在特定的领域，即"民力所不逮"之处，官发挥保护和稽查的作用，而并不是要求他们掌理企业的经营大权。在洋务派思想家看来，企业的经营管理权由商任之，企业和国家的关系是依法纳税和征税关系。

笔者认为，在一国现代化的初期，出现一批"官营"的或官府参与的带有不少缺点的近代大工商业，无论如何总比没有它们时要好些。官督商办企业在近代中国的发展历程中至少起过以下两个积极作用。

首先，诞生了一批近代意义上的大中型企业。如果没有政府的支持，像轮船招商局、开平矿务局等大型民用企业是不会产生的。

其次，鼓励了更多民用工业的诞生，起到了开风气之先的作用。当时，民营工业发展的地区常是官督商办企业所在的一些大城市，如上海，而其他没有官督商办企业存在的地区民营工业也并不发达。之所以会出现这种情况，主要是官督商办企业出现后，对民营工业的兴起至少起到了四种作用：一是以其高收益刺激了人们投资新式工业的兴趣，转变了人们的观念，为民营新式工商业的创办奠定了基础；二是要求出现为其进行配套

---

① 依笔者之见，在洋务运动期间，凡拥护"中体西用"原则，主张对内改革、对外开放，并积极从事洋务实践的人都属洋务派的范畴。所谓洋务派，在运动的前期，主要与反对变法的顽固派相区别；在运动的后期，主要与主张全面学习西方的维新派相区别。当然洋务派内部也存在思想上的分歧，为便于识别和研究的方便，笔者将曾国藩、李鸿章、左宗棠、张之洞等人称为洋务大吏，他们是这一运动的领袖和庇护者；将郭嵩焘、王韬、薛福成、郑观应、马建忠等人称为洋务思想家或洋务派思想家，他们是这一运动的鼓吹者、实践者和批评者；其他介于二者之间的洋务运动参加者，包括企业家、教育家、官员等，则称他们为一般洋务派人士。

② 段之略：《皇朝经世文三编》卷61，北京图书馆善本室。

加工的零部件企业，直接刺激了民营工业的兴起；三是有利于传播现代技术和管理知识，为民营工业的成长创造了条件；四是有利于创造"制度变迁"的规模效应，从而使该地区成为全国改革速度最快的地区之一，有利于刺激外地新式工商业的兴办。

四　官督商办企业的负面作用

随着中国民族资本主义经济的不断发展，19世纪80年代以后，越来越多的人对投资新式经济产生了兴趣。在这种情况下，国家全面干预经济的方针，就应该向退出微观经营领域而重在宏观调控的方向转变，这也正是亚当·斯密的经济自由主义所鼓吹的。此时继续坚持国家对经济全面干预的方针，将会造成消极后果。

一是严重阻碍了民间资本企业的发展。由于担心国内同行企业的竞争，有碍于优先发展军事工业目标的实现，洋务大吏遂通过专利权的手段，通过行业垄断人为扶持官督商办企业的成长。这在经济发展初期，应该说是很有必要的，但到后来，这一制度越来越成为阻碍民间资本企业发展的绊脚石。时人将这种行业垄断非常恰当地形容为"是何异临敌而反缚其众将士手足，仅以一身挡关拒守，不亦乎？"[1] 英国专栏作家干德利在他所写的《中国进步的标记》一文中，对轮船招商局有这样一段评论："招商局的经理们对能够参加贸易以及和外国的敌手们和平共处外，已感到满足了。""当局习惯于干涉私人企业，因而严重地阻碍整个民族的进步。我们也许可以再指出另外的一件奇异的事情，就是台湾的巡抚为着帮助该岛发展贸易，曾购买了两只火轮船，而招商局的保护者们反对这两只船到北方贸易，认为是对招商局商场的侵犯！"[2] 正因为此，当时希望中国企业制度发展的人们无不批评这种影响经济发展的政策，指责这种垄断是"损华益洋"的"短视"。[3]

二是束缚了企业自身的发展。资本主义经济是在竞争中逐渐发展起来

---

① 段之略：《皇朝经世文三编》卷61。

② 《洋务运动》卷8，上海人民出版社，1973，第441~442页。

③ 阮芳纪：《洋务运动史论文选》，人民出版社，1985，第495页。

的。企业之间的自由竞争是促使企业不断改善经营管理、不断改进技术设备和营销方式，从而提高生产效率的推动力量。李鸿章等人为地扼杀竞争，进行"只此一家别无分店"的垄断，使自己所办企业处于无国内同行竞争的优越地位。这样，企业便缺乏改善经营管理、改进生产技术设备、改善营销机制的推动力，因而日益陷入停滞、不振甚至萎缩的境地。从这个意义上说，李鸿章的行业垄断思想，并不具有保护先进生产关系、促进社会经济发展的先进性，而是保护了落后，从根本上制约了洋务官办企业的发展。

五 结 论

创办官督商办企业是中国现代化过程中与国际惯例接轨的一项重要举措，它不但带动了风气的开化，而且带动了一系列相关产业的崛起，对中国现代化建设有推进之功。然而，股份公司制度毕竟是与先进的社会化大生产方式联系在一起的，需要社会在典章制度、精神和习俗等方面及时地加以配合。中国传统社会的文物典章、风俗习惯与股份公司制度所需要的社会条件有较大差距，因而股份公司制度在中国表现出了相当的不适应，出现了很多的问题。不过，世界经济一体化的发展大势是谁也违背不了的，因而官督商办企业自 19 世纪 80 年代中期后就不得不按照市场化的原则进行变革，这也说明，在工业社会时代，要解决企业效率低下的问题，只有将市场化原则引入企业内部一途，舍此别无他法。

周建波 北京大学经济学院教授、博士生导师。主要研究领域为中国经济思想史，中国商业管理思想史，中国金融发展史，宗教、文化与经济，中古时期的寺院经济与金融的兴衰。撰写著作十余部，在核心期刊等刊物上发表论文 90 余篇，主持过数项国家社科基金项目。

轮船招商局早期的企业制度特征
（1872～1883）

张忠民

  多年来，轮船招商局或者说招商局一直是海内外中国经济史学者研究近代中国经济史、企业史所关注的重要对象，关于招商局早期企业制度演进的史料辑录以及研究著述也早已是成果累累。[①] 本文拟在前人研究的基础上，从产权制度、治理结构、剩余分配三大层面，对轮船招商局自 1872 年筹设到中法战争爆发之前的 1883 年十多年的早期企业制度特征再行一番考察。[②]

[①] 参见聂宝璋编《中国近代航运史资料》第一辑，上海人民出版社，1983；汤照连主编《招商局与中国近现代化》，广东人民出版社，1994；陈潮《晚清招商局新考》，上海辞书出版社，2007；张后铨主编《招商局史：近代部分》，中国社会科学出版社，2007；朱荫贵《中国近代轮船航运业研究》，中国社会科学出版社，2008；胡政、李亚东点校《招商局创办之初（1873～1880）》，中国社会科学出版社，2010；汪熙《从轮船招商局看洋务派经济活动的历史作用》，《历史研究》1963 年第 2 期；张国辉《关于轮船招商局产生与初期发展的几个问题》，《经济研究》1965 年第 10 期；张国辉《关于轮船招商局产生与初期发展的几个问题（续）》，《经济研究》1965 年第 11 期；夏东元、杨晓敏《论清季轮船招商局的性质》，《历史研究》1980 年第 4 期；陈绛《唐廷枢与轮船招商局》，《近代史研究》1990 年第 5 期；胡显中《中国历史上第一家股份制企业轮船招商局》，《经济纵横》1992 年第 8 期；朱荫贵《论清季轮船招商局的资金外流》，《中国经济史研究》1993 年第 7 期；冀满红、燕红忠《近代早期企业的治理特征——以 1873 年～1911 年的轮船招商局为例》，《暨南学报》（人文科学与社会科学版）2004 年第 4 期；罗苏文《轮船招商局官督商办经营体制形成的原因及影响》，《史林》2008 年第 2 期；易惠莉《招商局并购美商旗昌轮船公司案与"商战论"》，《史林》2009 年第 4 期；黎志刚《清政府与商办企业：轮船招商局，1872～1902》，《近代中国》第 20 辑，上海社会科学院出版社，2010；等等。

[②] 所谓"轮船招商局早期"只是一个相对的时间阶段。在已有的著述中，有的将 1873 年轮船招商公局成立，半年后改称轮船招商总局，从 1873 年到 1880 年的 7 年间称为轮船招商局

一 轮船招商局早期的产权制度特征

讨论早期轮船招商局的产权制度特征，首先需要明了的是其设立的直接起因。不少著述认为，轮船招商局是近代中国第一家股份制企业，但问题在于这所谓的中国第一家股份制企业，其设立的直接起因或者说是直接发起者究竟是商人或者说是商人的自发行为，还是手握企业设立"特许"大权的清政府地方大宪。

近代中国华商经营航运事业，大致经历了三个阶段。首先是华商的附股、诡寄洋商轮船。所谓"敝处试办招商……大都殷富诡寄洋行"①。其次是清廷准许华商造办、租、雇轮船。1867 年 10 月 3 日，曾国藩曾经以上海通商大臣名义公布《华商买用洋商火轮夹板等项船只章程》。最后才是明令允准本国资本经办航运企业。

早在轮船招商局正式设立之前的 1868 年，江浙船商已经不乏请求集资购买轮船试行运送漕粮事宜，但是并没有得到地方政府及其大员的允准。② 1869 年，也有"为将来长久之计，舍设立轮船公司一层，此外别无办法"之议，③ 但也都没有下文。而到了 1872 年，当地方大宪李鸿章下决心做此事时，情况就完全不一样了。这从李鸿章 1872 年底的奏折中可以看得很清楚。李鸿章不仅"以朱其昂议设轮船商局"④，而且还"商令浙局总办海运委员候补知府朱其昂等，酌拟轮船招商章程"⑤。

由此可见，19 世纪 70 年代初轮船招商局创办的直接起因，并不是民

的早期，如胡政、李亚东点校《招商局创办之初（1873~1880）》。也有的将 1873 年至 1884 年称为开创时期的招商局，亦可视之为轮船招商局的早期，如张后铨主编《招商局史：近代部分》。也有将从 1873 年到 1911 年皆认为是属于"早期"的，如冀满红、燕红忠：《近代早期企业的治理特征——以 1873 年~1911 年的轮船招商局为例》，《暨南学报》（人文科学与社会科学版）2004 年第 4 期。本文所称"轮船招商局早期"，指的是从 1872 年轮船招商局筹办到中法战争爆发之前的 1883 年这一段时间。

① 中国史学会主编《洋务运动》（六），上海人民出版社、上海书店出版社，2000，第 89 页。
② 《洋务运动》（六），第 79~80 页。
③ 聂宝璋编《中国近代航运史资料》第一辑下册，第 755 页。
④ 聂宝璋编《中国近代航运史资料》第一辑下册，第 766 页。
⑤ 《同治十一年十一月二十三日李鸿章折》，《洋务运动》（六），第 5 页。

间资本自下而上的自发奏请，而是在"特许制"体制下自上而下的地方大宪的"商令"。由此，当地方大宪设立企业的决心下定之后，这一新设的企业采取什么样的组织形式，同样也是由地方大宪而不是商人所决定。这也就是说，即使认为轮船招商局是近代中国第一家商办企业，那它的创办也是自上而下，而不是自下而上的。这实际上意味着在当时的历史条件下，如果没有政府官员的决策和推动，所谓的"商办"轮船招商局似乎还较难实现。

正是从这样的背景和前提出发，早期轮船招商局产权制度的基本特征主要体现在以下三个方面。

首先是特许制下的地方大宪奏准设立。

如同世界各主要国家近代企业制度的演变一样，近代中国企业制度在其生成、演变的过程中，大致上经历了"特许制"与"准则制"两大阶段。在西方，特许制是代表国家最高王权的特许，但在近代中国，在近代公司法尚未制定和颁行之前，所谓的特许制则是经地方封疆大吏奏准后的特许。如轮船招商局不是依照适用法律注册登记，而是经地方官员向朝廷奏准后设立。这在轮船招商局最初发行的股票中写得十分清楚，轮船招商局"奉直隶爵阁督部堂李奏准设局招商"①。这一由地方大宪奏准设立的重要性不仅仅在于特许制本身，更重要的是在当时的体制下，由谁奏设，谁就取得了该企业的实际掌控权。这也就是奕䜣日后所说的"招商局由李鸿章奏设，局务应由李鸿章主政"，"唐廷枢等均系李鸿章派委之员，该大臣责无旁贷，凡有关利弊各事，自应随时实力整顿，维持大局"。② 早期的企业设立实行特许制，以及由特许制下的地方大宪掌控，是近代中国早期企业产权制度的一个极为重要的制度特征。

早期特许制下，谁拥有企业的权力更大，朝廷还是地方大宪，答案是十分明显的。清廷户部认为，"轮船招商局之设，创于同治十一年。当时如何招商集股，有无借拨官款，部中无案可稽。……此后行之十年，官本之盈亏，商情之衰旺，该局从未报部，部中均无从查悉"③。由此可见，招

① 《轮船招商公局股份票》，胡政、李亚东点校《招商局创办之初（1873~1880）》，第13页。
② 《洋务运动》（六），第68、69页。
③ 聂宝璋编《中国近代航运史资料》第一辑下册，第825页。

商局开办之后其真正的控制权始终掌握在地方官府或者说地方大宪手中。

其次是官府借款的债权与民间资本的股权并存。

与前述企业开办乃是特许制下地方大宪的奏准设立相适应，招商局在 1872 年底的正式开办，企业最初的开办经费并不是来自商股的募集，而是由李鸿章奏请的 20 万串练饷制钱的官府借款。

早期轮船招商局的官府借款大致上有几种情况。第一种是开办之初的借款。第二种是企业开办之后对日常营运资本的补充，最明显的就是招商局开办之后，李鸿章利用权势要求各地官府陆续支拨的借款。第三种是专项费用的垫资，最典型的就是收购美商旗昌轮船公司时，"南洋各省协力筹拨官本银一百万两"①。

招商局开办之初，各项开支大约需银 40 万两，其中"领直隶练饷局公款制钱二十万串，并在津拨领股份银五万两，约共合银十七万两外，尚需银二十三万两，拟暂由皂府等陆续措垫，在沪各商股份，虽有十万两，只将姓名登记，未即掣单收取"②。可见企业开办之初的主要开办资金是来自各地的官府借款，而不是商股募集。开办之初的招商局在尚无商股筹集的情况下，就是依靠这些官府借款才得以购买船只、置办码头仓栈而开始营业的。

关于官府的借款投入，不仅现在学界说法不一，即使在当时也有不同的称呼。李鸿章在光绪三年的一份奏折中说，招商局"实本仅分领各省官帑一百九十万两有奇，商股七十三万零，共银二百六十余万两"③。似乎将官府的借款官帑也视为招商局的实际股本。事实上，这里的"实本"不能理解为实际的股本，至多也只能是"正本"与"附本"的总称。李鸿章之所以称之为"官帑"，说明在他的认识中，官府的支出还是借款，而不是入股。否则也与官督商办的体制不合，而成为"官商合办"之企业了。

在早期招商局的产权制度上，官府借款当然不能视作真正意义上的股权，但似乎也不能看作普通意义上的债权，它们在近代中国早期的企业产权制度中具有特别的意义。作为债权，它们体现的是当时的官府对新办企

---

① 《洋务运动》（六），第 14 页。

② 聂宝璋编《中国近代航运史资料》第一辑下册，第 787～788 页。

③ 《洋务运动》（六），第 23 页。

业的一种借款支持,企业每年向官府支付固定的利息;但是以对企业的实际权力而言,则有些类同于传统企业中的"附本",甚至可以说是企业"官督"制度存在的最充分的理由之一。光绪六年王先谦的一份奏折将此意说得很明白,"招商局之设……赖商为承办,尤赖官为维持……近闻该督(唐廷枢)复奏请将公款一百九十余万两,分五年提还后,局务归商而不归官"①。

尽管在此之后屡屡有将官府借款转化为"官股"之议,其中最为重要的是光绪三年时,对官款先缓息三年,然后分五年再行缓息还本,等到八年之后"官款全清,其缓收息款,以后或作官股,或陆续带缴"之议。② 若此议实行,转为官股的历年息银可达九十余万两。光绪七年,更有将招商局是时的官府垫资以及未付官息共计银 150 余万两全部转为官股的动议。③ 若真如此,其数额不仅超过了商股,而且招商局也将由此而成"官商合办"企业。但所有这些"债转股"的建议,似乎并未真正实行。对企业而言,官府历年借款所形成的始终只是一种债权而不是股权。

招商局开办之初,所准备招募之股份皆为商股。这也是此后的研究者多认为招商局为近代中国最早的商办股份制企业的主要理由。④ 然而,与前述的官府借款迅捷而又成为企业创办之初的主要资金来源不同,开办之初的轮船招商局,商股募集艰难,数额有限。同治十一年十二月,招商局正式开局。与此同时开始"招徕各绅商入股"⑤。但直到翌年六月,"愿入股者,核数已三十七万两,而实收仅十八万两云。截止闰六月底,商股股份陆续送到者,计有银二十六万余两。至次年六月底第一届结账时,共招得九百五十二股,连朱云记所留之六十股股额已足矣。惟实收银数,计惟规元四十七万六千两"⑥。这也就是说,招商局创办之初预定招集的商股

---

① 《洋务运动》(六),第 39 页。
② 聂宝璋编《中国近代航运史资料》第一辑下册,第 853 页。
③ 聂宝璋编《中国近代航运史资料》第一辑下册,第 856 页。
④ 不少著述都认为自 1873 年唐廷枢接办后,轮船招商局实行的是商办体制,《招商局史:近代部分》则认为,此时期的招商局"名为商办,实为官督商办"(张后铨主编《招商局史:近代部分》,第 53 页),这是很有道理的。
⑤ 聂宝璋编《中国近代航运史资料》第一辑下册,第 780 页。
⑥ 聂宝璋编《中国近代航运史资料》第一辑下册,第 778 ~ 789 页。

1000 股，每股 1000 两，共计规银 100 万两，其中先收 50 万两，直到同治十三年年中，也就是企业正式开办之后的第三个年头方才基本募足。

而按照当时不少官员的想法，招商局之所以允许招收商股，完全是因为官府不宜直接出面办理企业之故。所谓"该局本系奏办，在局员董由官派委，只以揽载贸易，未便由官出场，与商争利。且揽载必与华洋商人交涉，一作官局，诸多掣肘，兼之招股则众商必不踊跃，揽载则市面亦不乐从，不得不以商局出名，其实员董由官用舍，账目由官稽查，仍属商为承办，而官为维持也"①。

也许正因为如此，在朱其昂同治十一年七月间拟定的最初章程中，对招商局产权制度的设计是含糊不清的。一方面说"轮船之有商局，犹外国之有公司也"，"轮船请由商局广为招商"；但另一方面又称"设若一时商股分不足，即由商局禀请所剩下股分作为官股"。故而李鸿章才会认为此章程"其大意在于官商合办"②。同时鉴于招商局创办之初并无官股入局，故而李鸿章将招商局的产权制度定为"无庸官商合办，应仍官督商办，由官总其大纲，察其利病，而听该商董等自立条议，悦服众商"③。作为官督的产权依据，则是"准照苏浙典商借领练饷制钱定章，借拨钱二十万串，以为倡导"④。

在现存的招商局历年账略中，我们不仅可以清晰地看到体现"股权"的股份资本，还可以看到体现企业"债权"的"公款存项"、"公款等项"以及"其他往来"等科目。其中的官府借款，第一年是规元 12.3 万余两，第二年是规元 13.6 万余两。⑤ 此后数额屡有增加，到 1877～1878 年，竟然增加到了 190 万两之多（见表 1）。加上其他的各项借款，企业借款居然高达银 340 万两之巨，几乎是同时期股本的五倍。这也就是说，在早期招商局的资产构成中，来自官府借款部分的债权，再加上其他的往来负债的债权，其数额比重要远远高于商股股权的数额。这不能不说是早期招商局一

---

① 《光绪七年正月十五日两江总督刘坤一奏》，《洋务运动》（六），第 44 页。

② 聂宝璋编《中国近代航运史资料》第一辑下册，第 771、779 页。

③ 聂宝璋编《中国近代航运史资料》第一辑下册，第 780 页。

④ 聂宝璋编《中国近代航运史资料》第一辑下册，第 780 页。

⑤ 《轮船招商局第二年账略》，胡政、李亚东点校《招商局创办之初（1873～1880）》，第 27 页。

个十分重要的产权制度特征。

表1 1873～1880年轮船招商局股本、借款一览

单位：规元两

年份	商股股本	企业借款		
		官府借款	其他借款	合　计
1873～1874	476000	123022	—	123022
1874～1875	602400	136956	475354	612310
1875～1876	685100	353499	238327	591826
1876～1877	730200	1866978	335776	2202754
1877～1878	751000	1928868	1472403	3401271
1878～1879	800600	1928868	884087	2812955
1879～1880	830300	1903868	593028	2496896

注：官府借款为历年账略中"公款存项""官股资本"等科目；其他借款为历年账略中"各户长存""各户存项"等科目，账略中的"外账房往来""各户往来""钱庄往来"等科目未计入其中。

资料来源：胡政、李亚东点校《招商局创办之初（1873～1880）》，第22、33、45、49、53、59、67页。

最后是产权制度中对商股股东权利的设定。

早期招商局产权制度的另一重要特征是商股股东的权利。这一权利大致包含三方面的内容：一是形式上的决策参与权及对日常经营的督察权，二是部分大股东对企业管理的参与权，三是全体商股股东的剩余索取权。①

早期招商局的商股股东在形式上拥有对企业决策的参与权，以及对企业日常经营的督察权。在早期的《轮船招商局规》中有明确规定："每届三个月结小总，一年汇结大总，造册刊印，分送在股诸人存查。平时在局收付诸账，任凭在股诸人随时到局查阅。"②

然而，这种纸面上的规定在当时的情况下似乎只是一种形式上的东西。如有著述认为："股东以优先获得10%的官利将部分的权利特别是对企业的剩余控制权转让给了'官权'拥有者，即轮船招商局的实际管理者和最终控制者。中小股东并无意过问轮船招商局的经营管理情况，股东议

---

① 关于二、三两部分内容，将在后面的小节中详述。

② 胡政、李亚东点校《招商局创办之初（1873～1880）》，第7页。

事会也常常是仅为广大股东进行'情况通报'。诚如 1883 年《申报》的一则评论所言：'公事未说，先排筵席，更有雅兴，招妓侍侧'，'迨至既醉既饱，然后以所议之事出以相示。其实则所议早已拟定，笔之于书，特令众人略一过目而已。原拟以为可者，无人焉否之；原拟以为否者，无人焉可之。此一会也，殊显可有可无，于公司之事绝无裨益'。"①

早期商股股东权利设定的另一内容商股股权转让也有一定的限制。其一是股权转让必须要在原股东中实行转让，其二是转让必须按照企业的章程办理，否则就是"私相授受"，将会受到"本股停息"的处罚。②

二　轮船招商局早期的企业治理结构特征

招商局创办最初的半年时间里，企业的科层以及治理似乎尚未成型。朱其昂虽然是李鸿章指定的企业负责人，但是整个企业治理的结构似乎尚未建立，这与股份筹集的艰难和缓慢亦有相当大的关联。1873 年 7 月，唐廷枢入主招商局后，早期的企业治理结构渐见雏形。③

首先，早期的招商局，其高层经理人员的遴选完全取决于地方大宪。此如郑观应所说，"招商局乃官督商办，各总、会、帮办俱由北洋大臣札委"，"而股东辈亦无可如何"。④ 而早期治理结构中，高层经理人员遴选的主要特征有二。

一是企业的上层经理人员大多须满足三个条件：拥有一定数量的招商局股份，有高低不等的候补官员身份，以及一定的从商经验。如李鸿章最初选定筹办招商局的朱其昂，身为候补知府；"承办海运已十余年，于商情

---

① 冀满红、燕红忠：《近代早期企业的治理特征——以 1873 年～1911 年的轮船招商局为例》，《暨南学报》（人文科学与社会科学版）2004 年第 4 期。

② 《轮船招商公局股份票》，胡政、李亚东点校《招商局创办之初（1873～1880）》，第 13 页。

③ 有文章认为，"轮船招商局等'官督商办''官商合办'企业实质上是一种官权与股权的合伙治理"。"轮船招商局的治理结构与制度安排表明，它还不是一个完全意义上的公司制企业，而是一种在中国特定环境中'官权'与'股权'的合伙治理。"参见冀满红、燕红忠《近代早期企业的治理特征——以 1873 年～1911 年的轮船招商局为例》，《暨南学报》（人文科学与社会科学版）2004 年第 4 期。

④ 《洋务运动》（六），第 111 页。

极为熟悉，人亦明于"①；在最初的商股中亦拥有相当的股份。1873 年后的"商总"与"商董"制度中，其治理结构上的首要特征是"产权"与"治权"，或者说是"资本的所有权"与"资本的经营权"的相对合一，也就是拥有一定数量企业产权的股东，才能出任企业的高层管理职位。

二是即使满足上述的基本条件，企业的高层经理人员仍然须由地方大宪遴选、核定。尽管如章程、条规所规定，担任企业高层经理的人员必须持有企业一定数量的股权，但是他们的遴选以及充任则完全取决于地方大宪的核准。当郑观应被李鸿章委任后，随即以《禀谢李傅相札委帮办轮船招商总局》感祷之。② 招商局创办三年之际，"津局董事宋达泉太守经已自退，蒙李伯相批准饬知在案"③。

由此而来的是企业的实际控制权。在招商局早期的治理结构中，真正对企业实现实际控制的不是基于企业商股的股权，而是基于"官督"体制下的大宪意志。此如当时舆论所称，招商局"实系直督及总理衙门内诸大臣所掌握者，诚人所共知，华商实鲜有与其内焉"④。

其次，早期招商局的企业治理结构中，董事及董事会阶层与职业经理阶层的分工与区别不甚明显。

在近代企业治理结构中，由股东会选出的董事会以及董事长，与由董事会或者董事长任命的企业委托代理总经理、经理是企业治理结构中的两个不同层面。但是，在早期轮船招商局的委托代理结构中，两者的区别是不明显的。早期招商局的主持人称为"商总"。关于商总的产生，《奉宪核定轮船招商章程》是这样规定的："商局设于上海，议交唐丞廷枢专管，作为商总以专责成。"⑤ 按这里的意思，商总一职似乎有"官督"委派的意思。

协助商总管理局务的称为"商董"，其产生的办法是在持有一定数额的股东中，按照股份多少选定，也就是"选举董事每百股举一商董"，

---

① 《同治十一年十一月二十三日李鸿章折》，《洋务运动》（六），第 6 页。

② 《洋务运动》（六），第 111 页。

③ 《轮船招商局第三年账略》，胡政、李亚东点校《招商局创办之初（1873~1880）》，第 39 页。

④ 《申报》1874 年 8 月 10 日。

⑤ 胡政、李亚东点校《招商局创办之初（1873~1880）》，第 3 页。

"将股份较大之人公举入局，作为商董协同办理"。① 可见，商董并不是由股东任意选举或者推选，而是按照每百股推举 1 名的办法产生。推举出来的商董并不是只尽议事之责，而是实实在在的"分派总局、各局办事"②。招商局成立之初，总股本仅 1000 股，每股银 1000 两，先收 500 两。持股 100 股已达股本 10%，即使每股交银 500 两，总股银也高达 5 万两。由此，可出任商董的人数应该是很少的，故而才有《奉宪核定轮船招商章程》中所定，拟将朱其昂、徐润"拟为上海局内商董"③。

关于商总和商董，很多著述认为其类似于"总经理""副总经理"，而不是"董事长""副董事长"。原因就在于"商总"以及"商董"的职责是负责企业的日常经营事务，而不是重大事务的决策事务。故而其职能是类似于公司制下的"总经理""副总经理"。

然而这只是问题的一个方面。因为，在标准的公司治理结构中，作为由董事会任命的总经理，作为企业股东雇佣的高层经理人员，其个人并不需要拥有企业的股权，或者说其本人并不一定就是企业产权的所有者之一。而在早期轮船招商局的商总、商董任命中，一个必要的条件却是商总、商董不仅需要有企业的股权，而且还必须达到一定的数量。而公司制性质的企业只有在由股东大会选举董事会成员的时候，才会对当选成员提出是否拥有企业股权，以及拥有多少企业股权的规定。由此，对商董、商总的股权要求，似乎使得商总、商董又成了类似董事长、董事的遴选，而不是总经理、副总经理的遴选。

由此可见，在早期的轮船招商局中，企业的决策权与经营权在制度安排上是合为一体的。企业在制度安排上并没有明显的董事会与经理阶层的划分或者区分。这种委托代理混淆不清的状况，似乎正是早期轮船招商局企业治理结构的主要特征，同时也是同时期许多类似企业的共同特征。

再次，企业治理中的内部人控制问题。

如前所述，早期的招商局地方大宪拥有绝对的控制权，以及高层管

---

① 胡政、李亚东点校《招商局创办之初（1873～1880）》，第 6、3 页。
② 胡政、李亚东点校《招商局创办之初（1873～1880）》，第 6、3 页。
③ 胡政、李亚东点校《招商局创办之初（1873～1880）》，第 3 页。

理的任命权，但企业的日常管理却完全掌握在企业的高管层手中。尽管他们拥有大宪任命、商股股东代表以及企业高管三重身份，但就其对企业的经营管理而言，他们是企业治理结构中真正的"内部控制人"。对企业的经营管理拥有极大的自由裁量权。如挪用企业资产等，所谓"侵帑把持、排挤各情"。再有就是用人问题，有指责称之为"设局之后，引用半属商贾纨绔市井无赖之徒，持筹握算既不精通，频年耗折"①。

大宪任命体制下，在委托代理、约束激励机制缺损状况下高层经理人员对内部人控制的问题上，对企业的影响十分值得考量。其中最值得注意的是，商总、商董的企业用人权。光绪三年，当招商局的规模扩张已经达到"各口岸总分各局共二十七处"时，已经不断有对企业高层"用人太滥"的指责。② 各地的分局负责人名义上是企业的中层管理人员，他们多由地方上既有股权，又有一定声望以及经营经验的人充任。所谓"将股份较大之人，公举入局，作为商董，协同办理"。但他们在各分局的经营事务中却握有很大的内部人控制权。这种内部人控制的重要表现之一就是对企业科层结构中被称为"栈房司事人等"的中下管理层的推荐任用。由此而导致的是人浮于事、不尽称职的现象较为普遍存在。光绪三年的一份奏折称："该闻局轮船每年遇运载漕粮之际，各上司暨官亲幕友以及同寅故旧，纷纷荐人，函牍盈尺，平时亦复络绎不绝。所荐之人无非为图谋薪水起见，求其能谙练办公者，十不获一。"③

值得注意的是，早期招商局在企业治理结构以及激励约束机制的制度安排中，有一项似乎与企业早期的内部人控制相适应，那就是企业日常管理费用与管理人员薪水合一的"包办制"。

按照招商局的章程，企业的商总、商董等高层管理人员并不支取相应的薪水，而只是在年度结算时，按照章程分派相应比重的花红。④ 而根据第一届到第七届账略来看，企业并没有实现分红。在企业治理中真正实行

---

① 《洋务运动》（六），第 106 页。
② 《洋务运动》（六），第 23 页。
③ 《洋务运动》（六），第 19 页。
④ 《轮船招商局第二年账略》，胡政、李亚东点校《招商局创办之初（1873～1880）》，第 32 页。

的是对企业中高层经理人员以及各自的办公费用，实行按照营业额提取
5%费用的包办制。"同治十二年六月重定章程，综理者自愿不取薪水，只
按生意每两内抽提五分，以作办公经费。"① 不仅上海的总局如此，即使是
设于各口岸的分局实行的同样是包办制。"局员商董人等辛工饭食纸张杂
用，拟于轮船水脚之内，每百两提出五两，以作局内一切经费。"② "各分
局开支，则有九五局佣。局长由总局董事部议决委派，局中营业用人以及
各项开支，一应由局长包办。"③ "按各口所揽载水脚每百抽五，除将各口
所置房产按生意大小议还租银之外，余归各局开销，所有一切费用，不拘
何项名目，均不能另支公账。"④

这种费用与酬劳一体的承包制度，或者说这一早期的企业治理中的约
束激励机制，一方面固然可以固化企业的运营成本，对企业而言，既不需
要实行复杂的成本核算，更不需要担心企业的人员及经营开支过度；但另
一方面也使得包括各地局董在内的企业经理阶层在企业治理中获得了更多
的自由裁量权和绝大的权力，由此而为企业治理中的内部人控制奠定了坚
实的基础。

最后，对早期的轮船招商局而言，其经理阶层一定不是职业化的，
这是因为在当时的历史条件下并不具备这个条件。早期招商局最重要的
企业主持人唐廷枢，在当时被认为是经营近代企业不可多得的最杰出人
才。"唐廷枢素习外国语言文字，为招商必不可少之人。"⑤ 此外，如朱
其昂"熟悉海运事宜，轮船生意"⑥。早期招商局"委员四人，朱道其昂、
盛道宣怀管理招商运米各事；唐丞廷枢、徐郎中润管理轮船揽载各事；皆
熟习生意，殷实明于"⑦。由此可见，在早期招商局乃至近代中国早期的
近代企业中，企业的科层只能是以"股东＋人际关系＋传统从商经验"
为主要人选的经理阶层。所谓各分局商董，"皆唐、徐诸公因友及友，辗

---

① 《洋务运动》（六），第98页。
② 聂宝璋编《中国近代航运史资料》第一辑下册，第823页。
③ 聂宝璋编《中国近代航运史资料》第一辑下册，第850页。
④ 《轮船招商局第七届账略》，《新报》1879年9月18日。
⑤ 《洋务运动》（六），第47页。
⑥ 《洋务运动》（六），第47页。
⑦ 《洋务运动》（六），第90页。

转邀集"①。

三　轮船招商局早期的企业剩余分配特征

企业产权的体现之一是剩余索取权以及剩余控制权。在讨论轮船招商局的剩余分配特征之前，首先要明确的一个问题是与之相关的早期招商局的营运资金构成问题。

如前所言，早期轮船招商局的资金构成主要来自三个部分：一是商股的股本，二是各种形式的政府借款，三是各种其他借款。光绪三年底，招商局资产"计价银四百二十余万两，其中实本仅分领各省官帑一百九十万两有奇，商股七十三万零，共银二百六十余万两，尚短一百六十万两，系以浮存挪借抵用，计息不赀"②。由此可见，在当时的总资产中，属于股本部分的仅占17.3%，而官府借款高达44.9%，其他各项借款也多达37.8%。这样的一个资产结构对于早期招商局的剩余分配有着很大的影响。

在前面的论述中我们已经说过，就企业的资产或资金性质而言，商股属于企业的资本，体现的是股东对企业的股权；而政府垫资以及行庄往来等属于企业的借款，属于企业债务人对企业的债权。就企业的资金使用成本而言，对股权支出的是属于剩余分配性质的股息与红利；而对债权支出的则是财务费用性质的利息。因此，严格意义上说，股息及红利的分配属于企业的剩余分配；而对债权支出的利息则是企业剩余分配之前成本性质的财务费用支出，其本身并不构成真正的剩余分配。

在最早的招商局条规中，对企业商股的剩余分配规定是："每股官利，定以按年一分起息，逢闰不计。年终凭股分单按数支取，不准徇情预支。"③ 之后，在《轮船招商公局股份票》中，对股息分配的规定，仍

---

① 《字林沪报》1885年12月5日；汪敬虞：《唐廷枢研究》，中国社会科学出版社，1983，第178页。

② 《洋务运动》（六），第23页。

③ 聂宝璋编《中国近代航运史资料》第一辑下册，第775页。

然是"每年一分生息，闰月不计，另给息折，期至八月初一日，凭折给付"①。

在这里，有两个问题值得注意和讨论。

一是股份票中只有对股息派送的规定，而没有对红利发放的说法，而且对股息的派发并不是按照企业的盈余能力及利润水平规定分配比例，而只是规定了一个确数。这就使得所谓的股份票，从其功能上而言，似乎更像是"债权"而不是"股权"的索取凭证。

二是尽管在股份票中规定了股息的份额以及领取的时间和方法，但是，这样的一种规定在之后是不是真的实现，以及实现到什么程度，仅仅凭筹资之初的股份票的字面规定是远远不够的。从现存的账略来看，早期的招商局股息分配不论盈余状况如何，都做到了当初所承诺的年息10％，应该说对于早期招商局的商股股东而言，其资本回报率是很高的。

从现存的企业账略看，招商局商股股东在最初的十年内凭借每年的股息分配，资本回报率几乎已经达到了100％。而更有研究认为，早期的商股股东包括股票市价的溢价在内，商股股东的资本年回报率可以达到21％。②

与股息分配相关的是官府借款的利息回报。在这里有两个问题需要分析，一是对企业而言，这一支出的性质究竟是利润分配还是财务费用；二是回报率的问题。

第一个问题的核心是官府垫资对于企业而言究竟是股权还是债权。如果是股权，那么其回报就是股息；如果是债权，那么其回报就只是利息支出或者说只是企业的财务费用。从现存的资料来看，早期的官府垫资应该是属于债权而不是股权，其回报也只能是企业的财务费用支出而不是股息分配。

第二个是回报率的问题。对于官府垫支的借款，企业必须按期支付固

---

① 《轮船招商公局股份票》，胡政、李亚东点校《招商局创办之初（1873～1880）》，第13页。

② 冀满红、燕红忠：《近代早期企业的治理特征——以1873年～1911年的轮船招商局为例》，《暨南学报》（人文科学与社会科学版）2004年第4期。

定的利息，称为"公款钱息"或者"官款庄息"，年息总体上控制在 7%
~8%，与当时的行庄借款支付的利息大致相当。但要低于同时期企业支
付股息的息率。

表 2　1873~1884 年轮船招商局股息、利息等支出情况

单位：两

	分配股息	支出利息	其他	积累	合计
金额	970834	1781191	159752	15563	2927340
比例（%）	33.16	60.85	5.46	0.53	100

资料来源：根据轮船招商局第 1~38 届账略及张后铨主编《招商局史：近代部分》第 90、
187、243 页数据制成。

从支付的回报率来看，股息的支出无疑高于利息。这也就是说，对
企业而言，借款的使用成本（财务费用）要低于股权的使用成本（股
息）。但是，如果从支出的绝对数额而言，则利息的支出总额要大大高
于股息的支出总额。由表 2 可以看出，1873 年到 1884 年，招商局支付
商股股东的股息共计银 970834 两，而同时期支付的各种利息高达银
1781191 两，几乎是股息支出的一倍。[1] 之所以如此，是因为在企业的总
负债中，以官府垫资为主体的企业借款要大大高于企业的资本额。以 1878
年为例，该年度招商局的资本为银 800600 两，而积存的借拨官款达到了
1928868 两，其他借款也有 1890834 两，[2] 企业借款数额几乎是企业资本的
4.8 倍。如此之高的企业资产负债率，唯有近代中国的早期企业方能维持。

从前述的资产构成中可以看出，债权性质的资产比重要远高于股权性
质的资产，这也就意味着企业对财务费用性质的利息支出要远远高于剩余
分配性质的股息与红利支出，即使利息率低于股息率。也正是因为沉重的
利息支出，才会有如前所述光绪三年要求朝廷"官帑缓息八年"的奏请。[3]

最后，剩余分配中最值得一提的是在企业盈余有限，甚至没有盈余的
情况下，都要按照创办之初的约定，向股东分配高额的股息。当企业经营

---

[1]　张后铨主编《招商局史：近代部分》，第 86 页。
[2]　聂宝璋编《中国近代航运史资料》第一辑下册，第 1000 页；张后铨主编《招商局史：近
　　代部分》，第 50~51 页。
[3]　《洋务运动》（六），第 25 页。

困难时，在地方大宪主持下，采取的则是奏请朝廷对巨额的官府垫资缓付利息，而对商股则继续支付股息的办法。此如李鸿章所言："是以历年商股均照一分付息，即上年生意亏折，余利仅有五厘，该局仍筹给商息一分。本年结账，亦仍照办。设局本意，重在招商，非万不得已，不可议减商息也。"① 特别是在招商局对旗昌轮船公司实行收购之后，企业的对外负债更是急剧上升，每年负债的财务费用高达白银 20 余万两。"商局领官款一百九十万，又欠旗昌一百二十二万均照八厘息，即使商股不计，每年亦需利二十余万两。"② 由此，唯一的缓解办法只能是求助于朝廷，奏请"将该局承领各省公款，暂行缓缴三年利息，藉以休息周转"③。这似乎昭示，在当时的历史条件下，如果没有地方大宪的干预以及朝廷的支持，早期招商局的经营以及扩张似乎都是很难实现的。

四 结论

在本文之前，笔者已论述过大生纱厂、汉阳铁厂的早期企业制度特征。④ 从这些研究来看，在近代中国早期的特定历史条件下出现和形成的最初的近代企业，无论是官办企业，还是官督商办企业，或者是近乎商办的企业，其企业制度安排一方面有明显的共同之处，但另一方面亦有各自不同的特征或者说特点。

首先，就轮船招商局而言，其开办的时间在近代中国不算最早（晚于江南制造局），但也不算太晚（早于汉阳铁厂）。但其与江南制造局及汉阳铁厂完全由官府出资兴办不同，轮船招商局在产权制度上最显著的特征是，企业开办虽然说需要募集商股，但实际情况却是股本尚未募集，企业便先开张。这开张的资金就是官府的主动垫资，而官府也就由此而以"官督商办"的制度形式，取得对企业治理的极大

---

① 《洋务运动》（六），第 95 页。
② 《洋务运动》（六），第 99 页。
③ 《洋务运动》（六），第 95 页。
④ 参见张忠民《晚清大生纱厂的早期企业制度特征》，《清史研究》2016 年第 3 期；《汉阳铁厂早期（1890～1896）的企业制度特征》，《湖北大学学报》（哲学社会科学版）2017 年第 4 期。

话语权。

就轮船招商局的企业治理结构而言，其早期的办公费用实行"包办制"，这一点值得高度重视。近代中国的早期企业治理中，经营上的包办制，以及生产中的包工制都是极具中国特色的制度。与早期生产企业实行生产过程中的包工制不同，早期招商局的包办制是对企业管理层以及管理费用实行的综合性的承包制，这在早期企业中是极具特色的。这种早期的包办制似乎可以固化和减低交易费用，简化交易成本。但是从现代企业的治理结构而言，这种没有预算、缺乏科学依据的包办制似乎又显得那样的不科学。但这在近代中国早期不仅似乎是不可避免的，而且在当时的条件下对于企业的经营管理似乎还具有积极的意义。

在早期招商局的剩余分配或者说盈余分配制度上，已往的研究往往将股权性质的股息分配与债权性质的利息分配都视为企业的剩余分配或者是盈余分配。这在理论上值得斟酌。企业的剩余分配，其分配的主体是企业的资本，分配的标的是企业扣除各项费用之后的盈余。由此而言，只有股权性质的股息及红利才是企业真正的剩余分配；而企业债权所获取的利息只能视为企业经营中对资金使用的一种财务费用，即使是早期的官府垫资、借款，其性质也应该同样如此。

其次，近代中国早期企业制度表明，在近代中国企业制度生成和演进的早期，社会环境以及传统因素的影响是至关重要的，其中特别重要的是官府的作用。从招商局早期的制度特征可以明显看出，如果没有官府以及地方大宪和朝廷的准许，在当时的中国社会中，很难说可以出现招商局这样的近代企业。而官府既然准许招商局这样的近代企业开办，极为重要的一条就是即使企业是集商股而成，官府或者更准确地说是倡办企业的地方大宪，也绝对不能丧失对企业的实际掌控权。这就是近代中国早期的现实，也是近代早期企业制度最基本的特征。

最后，从历史演进的趋势而言，近代中国早期的企业制度特征所显示的必然只是一种过渡时期的特征。随着时间的推移，人们认识的深入，以及社会政治、经济制度的演化，社会经济的发展，近代中国的企业制度必将越来越与世界的潮流与趋势趋于一致。

张忠民 1952 年生，1985 年复旦大学经济史专业硕士研究生毕业。上海社会科学院经济研究所二级研究员，博士研究生导师，上海市首批领军人才，获国务院政府特殊津贴。主要学术著作有《上海：从开发走向开放1368～1842》、《前近代中国社会的商人资本与社会再生产》、《艰难的变迁——近代中国公司制度研究》、《南京国民政府时期的国有企业（1927～1949）》以及《公私合营研究（1949－1956)》等。

晚清新式企业中的股份制分析

——以轮船招商局为中心

陆兴龙

晚清新式民用企业开办时，采用政府和商人共同出资的形式。按理来讲，这种形式称为"官商合办"更为确切。但是因为在企业经营过程中，企业的支配、经营、分配等产权利益并不是按照股权的数量按比例享有，而是即便在官股远少于商股的情况下，仍由政府委派的官员对企业"总揽其纲"，进行总管监督，形成了"官权"与"股权"的共同治理，甚至"官权"远大于"股权"的"官督商办"体制。轮船招商局即是近代第一家"官督商办"体制下的股份制企业，本文就这种体制对企业的影响进行分析。

一

1872年轮船招商局（以下简称招商局）开办时，以招股方式筹集资本，成为中国近代第一家股份制企业。尽管招股过程并不算顺利，但最终还是通过招股、官款和借贷三种方式筹集了开办资金。1873年招商局开办初，资本总额约60万两，其中47.6万两来自商股，12.3万两拨借直隶官款，商股占到近八成。招商局能够仿效西方企业以招股方式筹集开办资本，与当时中国的国情是有相当联系的。

英商宝顺洋行于1835年在澳门开设的于仁洋面保安行（即保险公司）是近代洋商在华开设的第一家股份制企业。不过这家洋商保险行，并非完全由洋商投资，而是由"广东省城商人联合西商纠合本银"共同开设的,① 其中买办的投资占了很大一部分。洋行把这些中国商人称为他们在华业务的合股人,学界则把这种中国商人参与外商企业的投资活动称为华商在外商企业的"附股"。

鸦片战争以后,外商企业中的华商附股现象是很多的。据估计,1970年前后,有华商投资的外商企业超过 60 家,这些外商企业实收资本中的华商资本占半数以上,尤其是买办的投资更在华商投资中占多数。② 其中不少外商公司中的华股占 40% ~80%。如琼记洋行、旗昌和东海轮船公司、金利源仓栈和上海自来水公司等,这些外商企业中的华股都占半数以上。烟台、怡和等丝厂和华兴玻璃厂的华股占 60% 以上,大东惠通银行和中国玻璃公司中的华股更是高达 80%。如按平均 50% 的比例计算,外商企业中的华商资本共有 2000 万两之多,其中买办的附股估计有 1200 万两。③ 因此,也有人把这些企业称为中国最早的中外合资企业。

可以这么说,19 世纪在外商企业中投资最多的乃是买办商人。美国旗昌洋行创办的旗昌轮船公司是大规模利用中国商人资本最成功的典型。1861 年,大班金能亨在筹备旗昌轮船公司时集资 45 万两,主要依靠华商的投资;④ 1861 年至 1862 年 3 月,旗昌轮船公司增资到 100 万两,中国商人又是"最大的股东",买办商人总投资达 60 万两。⑤ 此外,外商设立的公正、北清、华海、扬子 4 家轮船公司共约 98.9 万两资本,也大部分是在上海商人中募集的。

附股经营是前近代中国社会早已存在的一种合伙经营形式。明代徽商中就有一种所谓的"附本"经营,即投资者将一定数量的合伙资本交与投资发起人或主要投资人,由其出面组织经营。"附本"的出资人通常不参与具体的经营活动,也不对企业的经营方式发表意见,只是按期分享企业的经营利润,因此可以把"附本"看作一种较特殊的借贷活动。但是合股

---

① 汪敬虞:《唐廷枢研究》,中国社会科学出版社,1983,第 138 页。
② 许涤新、吴承明:《中国资本主义发展史》第一卷,人民出版社,1990,第 179 页。
③ 汪敬虞:《唐廷枢研究》,第 105 页;汪敬虞:《十九世纪西方资本主义对中国的经济侵略》,人民出版社,1983,第 529 页。
④ 刘广京:《英美在华航运势力的竞争(1862—1874 年)》,上海社会科学院出版社,1988,第 18 页。
⑤ 刘广京:《英美在华航运势力的竞争(1862—1874 年)》,第 26 ~27 页。

则不同，出资者以资本入伙的形式存在，不仅享有对外商企业资本经营红利的分配权，而且还直接在外商企业中参与经营活动，尤其是在外商企业合股的买办，他们在外商企业中通常负有一定的责任。如怡和洋行买办唐廷枢，从1869年起，他就开始对英商轮船公司投入资金，成为公正、北清两家轮船公司的股东，并且成为这两家轮船公司的董事会董事。[①] 1870年他以30000两白银投资怡和洋行的"南浔号"，并对另外两艘由怡和经营的轮船也拥有股权，当怡和将该行旗下的航运事业合并成立华海轮船公司时，他也顺理成章地当上了华海轮船公司的董事。[②] 他担任怡和洋行买办期间，不仅掌管洋行的金库，推销洋行的产品，还负责替洋行开展福州航运业务，甚至一度全面主持怡和洋行的船舶代理业务。[③] 另一位宝顺洋行买办徐润，也同样在洋行中有数量庞大的投资，不仅担任董事会成员，还经常受大班指派远赴各口岸开拓业务，多年来一直在洋行中主持船务。所以，这些买办商人不仅熟悉西方企业制度，而且往往还是其附股企业的身体力行的执行者，拥有西方股份制企业中因股权而赋予的职权。

可见，在为外商代理商务、附股外资企业的经营活动中，买办商人是在一定程度上参与外商企业的经营管理的。在外资企业先进的管理制度、西方商业精神的熏陶下，他们了解和掌握了资本主义的企业制度和管理方式，从而催生了一批懂行的企业管理人才。他们不仅通过附股活动积累了资本，而且学到了企业管理的实际知识，为其在以后投资近代实业的实践积累了比较丰富的经验，为后来投资和管理本国企业打下了基础。招商局创办时的首任总办唐廷枢、首任会办徐润都是如此走上经营近代新式企业之路的。徐润是招商局开办时最大的股东，在招商局两期共200万两资本总额中，不仅一人独占48万两，还出面"招徕各亲友之入股者不下五六十万两"。唐氏个人入股不少于8万两，并"随带资本并'南浔'轮船入局经营"，据说他亦"凑集商股数十万两"，[④] 并在1873年制定了《轮船招

① 刘广京：《唐廷枢之买办时代》，上海社会科学院出版社，1990，第165页。
② 郝延平：《十九世纪的中国买办：东西间的桥梁》，上海社会科学院出版社，1988，第149页。
③ 汪敬虞：《唐廷枢研究》，第157页。
④ 参见张后铨主编《招商局史：近代部分》，中国社会科学出版社，2007，第48页。

商章程》和《轮船招商局规》。他们对于推进西方先进企业制度在近代中国传播所发挥的作用，相比资产阶级改良派的文字宣传来讲，不仅在时间上要更早一些，而且通过具体的实践操作，作用更直观，效果也更明显。

二

招商局是由清政府倡办的一家大型近代企业，与前些时期清政府开办近代军工企业时相比，此时清政府在开办新式企业投资方面已经显得力不从心了，不得不由官办转为商办，让出政府垄断航运资源的部分份额。从世界资本主义发展史来看，后发展国家大多采用国家资本主义的发展方式，即政府投资成为国家经济体系中的重要环节，以获得投资起点相对较高、投资规模相对较大、发展速度相对较快的优势，这有利于缩短国家近代化发展中的资本积累过程。马克思在论述原始积累的各种方式时指出："所有这些方法都利用国家权力，也就是利用集中的有组织的社会暴力，来大力促进从封建生产方式向资本主义生产方式的转变过程，缩短过渡时间。"① 因此，从这方面来讲，招商局的设立无论是官办还是商办，都是一种社会进步现象。但是，从西方股份制企业的运行原则的角度来看，招商局内部明显存在官权对商权的侵占，所产生的弊端是很严重的。

清政府的本意是通过实施行政力量来维护其对航运资源的垄断权，所以曾国藩、李鸿章最初均有阻止华商仿照西法自办轮船公司的意图。1865年，沿海商民提出建立新式轮运公司的要求，总理衙门立即咨文沿海各省说："中国欲购买洋船或雇洋船均由官经理，不得任凭民间私相授受。"② 1867年容闳提出《联办新轮船公司章程》时，他揣摩曾、李的意图，提出不准"洋人及买办在内"，并主张"物色众商所深信之人，而勿绳以官法"③。尽管此前曾国藩曾向各海关明确宣布"华商造买洋船，或租或雇，无论火轮夹板，装运出进江海各关，悉听自便"，"既不绳以章程，亦不强

---

① 马克思：《资本论》第一卷，人民出版社，1985，第819页。
② 聂宝璋编《中国近代航运史资料》第一辑下册，上海人民出版社，1983，第750页。
③ 《总署收曾国藩函，附沪商拟联设新轮船公司章程》，中研院近代史研究所编《海防档》，1957，第875页。

令济运"。① 这次真提到日程上了，他却断然拒绝。至于不批准的原因，一说是担心轮船冲击沙船，引起失业船民动乱；一说是怕洋人乘机插手，或暗中唆使，"于官亦未为得计"。其实，真实的原因还是希望官办。李鸿章则认为轮船公司即使允许商办，也必须在官府控制之下。即便如此，这份章程呈报总理衙门后就遭搁置，然后便杳无音信了。之后，虽有不少商人和官员给曾、李两人和总理衙门上书，但都遭到严词拒绝或婉言推诿。

直到 1870 年后，为缓和朝臣指责福州船政局和江南制造局靡费太重的舆论，同时也给两局自造的轮船寻觅有收益的出路，此时曾、李两人都意识到开办新式轮船航运业乃是可用之计。但此时朝廷经历了太平天国运动后，财政元气大伤，虽然田赋、关税、厘金各项均有增加，并强行流通票钞和大钱，但开办洋务军工企业的开支数额十分巨大，加上塞防、海防、平捻军饷和对外赔款，清政府的财政根本上是入不敷出的，不得不依靠举债维持。除了外债，甚至钱庄票号向政府财政垫款亦成为常项。胡光墉曾称："国库支转黜，有时常通有无，颇恃以为缓急之计。"② 若招商局由政府官办，财政乏力，资本无处可觅。李鸿章也承认："若官自办，恐有法无人且财力不逮，不可持久。"于是，只能建议朝廷仍采用传统的官办手工业招商承办的方法，即在官府控制下的商办的制度模式。曾国藩主张物色"熟悉商情，公廉明干之员，不必处以官位，绳之官法，但令与华商交接"③；李鸿章也提出"更宜物色为股商所深信之官，使之领袖，假以事权……官为之倡，民可无顾虑"④。然而他们并不愿轻易放弃对航运资源的政府控制。所以在招商局筹办之初，李鸿章除提出筹办之三要义——地方衙门提供部分官帑借款，"只取官利，不负盈亏"和赋予招商局独占华轮航运市场的特权外，还特别强调了"官为领袖，假以事权"的对招商局的人事控制权。他在《论试办招商轮船》折中强调商为官用，"由官方设立商局招徕，则各商所有轮船、资本，必渐归并官局，似足顺商情而张国体"⑤。后来上海

---

① 《总署收曾国藩函，附沪商拟联设新轮船公司章程》，《海防档》，第 131 页。
② 中国人民银行上海市分行编《上海钱庄史料》，上海人民出版社，1978，第 47 页。
③ 张国辉：《洋务运动与中国近代企业》，中国科学出版社，1979，第 139 页。
④ 张国辉：《洋务运动与中国近代企业》，第 139 页。
⑤ 李鸿章：《论试办招商轮船》（1873 年 12 月 21 日），转引自胡政主编《我说招商局》，招商局集团，2004，第 48 页。

商人叶澄衷呈报设立广运局时，即遭李鸿章批驳，以招商局享有 50 年的特许专利为由，以北洋大臣身份饬令其他华商均不准独树一帜。①

可以说在《公司律》颁布前，凡新式企业的设立，都是出于政府的特许，而不是依法律的登记注册。因此，政府对企业的控制也变得顺理成章了，而叶澄衷的碰壁也是必然的事情了。

招商局最初还是以"官商合办"的形式开办的，至于官府的合办资本，朝廷是用福州、江南两局自造轮船抵充的。1872 年 11 月，总理衙门批准"间造轮船，华商领雇一节，李鸿章、沈葆桢俱以为可行，应由该督抚随时察看情形，妥筹办理"②。当时，李鸿章委派有 10 多年经办海运经历的浙江候补知府朱其昂专司招商局开办事务。朱到任后发现，江南制造局没有可领用的现成轮船，也就是说以固定资产投资充作官股的"官商合办"做法根本无法落实。于是，在朱的建议下，李鸿章将"官商合办"改成"官督商办"，并从户部借给 20 万串饷银。

"官督商办"一词最早出现在李鸿章上奏的《筹议制造轮船未可裁撤折》中。这份奏折是李鸿章为清政府策划控制民间开采煤铁等矿产政策而言的，时间是 1872 年 6 月，略早于招商局的开办。半年后招商局成立时，便明确地确立了"官督商办"方针，在以后开办的开平矿务局、电报局、织布局、汉阳铁厂、通商银行等都沿袭了这种制度，"官督商办"成为清政府开办洋务民用企业的一种模式，③ 而招商局则是其中的首家。但实际上，清政府对传统商事活动进行"官督"经营是早已存在的。清中期食盐运销中就有"官督商销""官运商销"的方式。鸦片战争前在云南、贵州等地矿业中，政府招商开办铜铅矿山，对小型厂矿则由地方官员"就近兼管督察"；凡属开采有年、出产较丰的大厂，则由政府派员"总理厂务"。林则徐任云贵总督时也曾上奏，要求将有各类经济纠纷，"凡属易于纷争滋事的厂矿"改为"督办"，或"官为督办"。④ 可见对招商局等民用企业实行官督商办制度是源于清政府对传统官办企业的管理模式，西方企业制

① 李允俊：《晚清经济史事编年》，上海古籍出版社，2000，第 451 页。

② 中国史学会主编《洋务运动》（六），上海人民出版社、上海书店出版社，2000，第 5 页。

③ 苑书义等编著《中国近代史新编》中册，人民出版社，1981，第 249 页。

④ 王开玺：《论洋务派官督商办企业的经营形式》，《河北学刊》2009 年第 3 期。

度在植入中国时不可避免地会受到本土传统因素的影响。

最初，清政府对招商局只是在筹备初注入官款"钱二十万串"（实收 18.8 万串，合 12.3 万两，占资本总额的 20%）。按李鸿章的说法，是"请照户部练饷制钱借给苏浙典商章程，准该商（即招商局）筹领二十万串，以作设局商本而示信于众商，仍预缴息钱助赈。所有盈亏，全归商认，与官无涉"①。这段话表明，官款只是官府借给招商局的设局"商本"，只按本金数额收取利息，无论招商局经营是否成功，均不承担连带的经济责任，同时，官府也不借借款干涉局务。但是，在产权概念还不规范的当时，无论是商人还是官员，都对借贷和投资之权责的界限模糊不清。况且，最终这笔贷款是偿还了政府，还是转化成资本用于招商局的经营，至今还有不同的说法。

此后，招商局多次借贷官款，一度高达 190 余万两。毋庸讳言，这些官款的注入对招商局在经营上确实有很大的益处，甚至使招商局在与外轮势力的竞争中得以有效地收购旗昌轮船公司；但是这些官款在相当长时间内只是对招商局的借款，每年不论招商局经营盈亏，均收取 7% ~ 10% 的官利，而不是作为官股充作企业资本，与企业的经营业绩相联系，共同承担市场风险。并且官款最终成为清政府控制招商局的最重要途径，自企业创办到清政府垮台的近 40 年间，招商局的历任督办、总办、会办、帮办、总理、座办，计凡 19 位，他们无一不是由北洋大臣札委或受邮传部委派；至于招商局的商董虽有《轮船招商局章程》规定，由"每百股举一商董"，实际操作中却无论是由股东公举，还是由督办任命，都必须"禀请关宪转详大宪存查"，如有变动亦须"禀请大宪（指李鸿章）"裁定。② 因此，招商局的经理人员也往往由对董事局负责转向对官方负责。1885 年盛宣怀入局任督办主事后，官权对企业的控制更加严重。盛氏大权独揽，根据他提出的"用人十条"，招商局应归北洋大臣"专辖"，"权操在上"，由其"握其大纲"，"专派大员一人认真督办，用人理财悉听调度，专其责成"。③ 负责具体事宜的会办则由督办考察保荐，并经北洋大臣札委，遇有

---

① 《洋务运动》（六），第 35 页。

② 交通、铁道部交通史编纂委员会编《交通史航政编》第 1 册，交通、铁道部交通史编纂委员会，1931，第 143 页。

③ 《交通史航政编》第 1 册，第 156 页。

"重大公事"，必须向督办说明或通过督办向北洋大臣"转禀请示"；督办、会办经北洋大臣批准均可以连任；等等。至此，西方股份公司制度的内涵已经大大走样了。尽管政府始终控制着企业最高人事权，但还是不断有官员上奏要把招商局收为国有，改成纯粹官办。

对于官督商办制度，官府与商民两者各有侧重。在政府方面，不管是否投入资本，出资多少，政府倡办企业必须"由官总其大纲，察其利病"，"员董由官用舍，账由官稽查"。因而企业主要负责人的任免权就长期由官方控制。如《招商局条规》第5条为"总局由总办派定总执事一人，经理贸易业务，各分局执事，均由总办商同总执事派用，轮船执事仿此"。又第27条规定："所有公牍事件，悉归总办主裁。"可见，官督商办的招商局实行的是政府指派总办负责制。

商董对官督商办的态度则是不同的。最初他们希望李鸿章所言之官督商办停留在"商为承办，官为扶持"的层面上；对于"官督"，他们既表示出对政府以居高临下的姿态从纵向对企业各项权限干预的无奈，却又期待官权能从横向在外部环境上对企业给予支持和保护，如减免税收、承揽漕运、特许专利等。他们投资招商局，是为当时轮船航运的高额利润所吸引，认为在"官为扶持"下，用4条轮船航行上海至武汉间，3个月至少可得20%红利，于是禁不住欢呼："此事固当时创千古未有之局，亦为万世可行之利。"[1] 他们更多地注重李鸿章所做的由"商自立条议"，"所有盈亏全归商认，于官无涉"之承诺，因而对局务归官还是归商之争议，只是在拟订章程中做一番力所能及的努力。他们甚至在思想中对"官督"还抱有不切实际的幻想。如曾任招商局会办的郑观应就说：创办企业时若"全恃官方，则巨费难筹；兼集商资，则众擎易举。然全归商办，则土棍或至阻挠；兼倚官威，则吏役又多需索，必官督商办，方能各有责成"。他还说："商务之战，既应借官力为护持，而工艺之兴，尤必借官权为振作"，"用官权以助商力所不逮"，所以他把官督商办看成是"上下相维"，而"二弊俱去"的妙方。[2] 很显然，此时的郑观应和那些商董都还对招商

---

[1] 《交通史航政编》第1册，第147页。

[2] 夏东元编《郑观应集》上册，上海人民出版社，1982，第690页。

局源自官督商办企业普遍存在的官权与商权的失衡、贷款与资本划分界限不清、所有权与控制权的错位将带来的恶果没有认识。

三

创办招商局的目的，按照李鸿章的说法，是借开办之机从被洋商侵占的中国沿海和内河航运中收回利权，并徐图自强之计，"冀为中土开此风气，渐收利权"，"庶使我内江外海之利不致为洋人尽占"①。1873 年 1 月 17 日，招商局在上海南市永安街正式开局营业，其宗旨刊登于各家报纸，称"当五口通商之初，货物转徙，多用外国帆船运输，本国固有船业，坐是日趋衰落。……潮流如斯，势难阻遏。中国惟有急起直追，自行设局置轮，以维航业而塞漏厄"②。连 1902 年招商局内河轮船公司发行的股票上也赫然印着"唯通商以来，沿江濒海番舶奔驰，各洋商攘利侵权，赖有招商公局为之抵制"③。但实际上，从招商局成立伊始，官权对商权的侵占就表现出十分明显的迹象了。

唐廷枢完成招股接办局务后，招商局便完全依照官督商办的体制运作。唐使用的招商局印章即为"总办轮船招商局关防"，名称、字迹、样式均与清政府派遣的职事官员的关防相同；招商局股票上加盖关防，并标有"奏准设局招商，置备轮船运漕揽载，札饬商办"字样；招商局轮船同时悬挂清政府龙旗及双鱼局旗。这些无不说明官权对企业财产主体的控制，或者说表明了政府要达到的商股官用的意图。招商局最初的规条、章程虽无官员督办的明文，也未任命过专职的督办，但涉及局务的整套事项、决策均由李鸿章定夺，李在招商局内被尊称为"大宪"，形成了重大决策"大宪"独断、官督体制凌驾于章程之上的局面。所以近代第一家股份制企业就与官督商办制度联系在了一起，成为兼有官府职事衙门和商事机构的双重身份。

从招商局最初十年的经营情况来看，还是颇见实效的，不仅在与外商

---

① 《李文忠公全集·函稿》第 20 卷，台北，文海出版社，1984，第 35 页。
② 张后铨主编《招商局史：近代部分》，中国社会科学出版社，2007，第 34 页。
③ 见上海中国航海博物馆收藏轮船招商局内河轮船公司股票。

轮船公司竞争中不失先机，收购了美商旗昌轮船公司，而且 1873～1879 年的盈利十分可观。1873～1874 年盈利 81608 两，1874～1875 年盈利增加至 156144 两，1875～1876 年盈利比上年度略有增加，为 161384 两。此后两年的盈利则增长较快，1877～1878 年盈利比上年度增长 1 倍多，达到 359162 两，而 1878～1879 年盈利 442418 两，为招商局开办初期盈利最多的年份。[①] 1881 年，李鸿章沾沾自喜地说：招商局现已"占江海生意之大半"，"统计九年来，华商运货水脚少入洋人之手者，约二三千万两"。[②] 但是纵观招商局在晚清近 40 年的经营状况来看，其风光的时期是很短暂的。自 19 世纪 80 年代后，它的账面利润常年不到 10%，支付官利和报效朝廷后，实际是连年亏损的，不仅没有积累，而且时常连仅剩的折旧提成也屡被挪用，企业的扩展也处于停滞不前的状况。1877 年，招商局的资产总额为 457.7 万余两，轮船 29 只，总吨位 3 万余吨；1893 年，企业资产总额下降到 380.5 万两，轮船 26 只，总吨位徘徊在 3 万吨。[③] 这段时期，招商局是依赖享有减免厘税和独揽漕运等特权保护才勉强维持的。自甲午战争后企业的经营状况更是每况愈下了。

招商局迅速由盈利走向亏损并不断衰弱的原因是多方面的，其中官督商办这种官商一体化的政企不分的经营模式所造成的危害显然是最重要的因素。除前面提到的由"官督"导致出现了国家对企业的许多控制条款，政府及洋务官员实际掌握着招商局的决策权、监察权、人事权、执行权等经营管理权外，同时由"官督"带入企业的官场戾气和衙门恶习也吞噬了企业的活力，贪贿行为完全侵蚀了企业资产。企业内"假公济私，侵隐私吞而无人综核"，管理上"有账无实，公私混乱，挪欠自如，甚至有将局产私自抽换抵押出卖者"[④]。如会办徐润挪用局款在上海做私人房地产投机，破产后亏欠局款 16.2 万两；督办杨士琦私分漕运余款 10 余万两等；贪腐事件屡屡发生，更是有人指责盛宣怀上下其手，侵吞豪夺，"挟官以凌商，挟商以蒙官"。诚如 1910 年招商局股东意见书中所说："腐败至极，弊

---

① 张后铨主编《招商局史：近代部分》，第 84 页表 2-4-2。
② 《李文忠公全集·奏稿》第 6 卷，台北，文海出版社，1984，第 60 页。
③ 聂宝璋编《中国近代航运史资料》第一辑下册，第 844 页。
④ 《洋务运动》（六），第 125 页。

点极多。买煤有弊，买船有弊，揽载水脚短报有弊，轮船栈房出入客货有弊，分局上下浮升有弊，种种弊端不胜枚举。"①

同时，政府以报效之名对招商局进行勒索，从而使企业盈利的很大部分落入政府的口袋，企业对此则无法拒绝而致不堪重负，特别在盛宣怀入局主事后，报效成为每年的定例。固然，在此之前报效制就已存在，但尚未形成定例，且捐款额度有限，并有漕运作为补贴，总体上官方对企业以扶持为主；而 1885～1895 年，官方要求轮船招商局的捐款成为定例，规定该局"按年酌提盈余二成，以尽报效之恫"，招商局为此资金被无偿划拨的数额很大。如 1883 年李鸿章强令招商局对朝鲜政府贷款 25 万两；1890年盛宣怀不顾会办郑观应反对，亦不与商董协商，指令招商局对上海机器织布局投资 30 万两；同年又有"江浙赈捐"2 万两；1891 年，李鸿章奏准在公积内提出官款免利报效银 10 万两，指定作为预备赈济之用；因创办北洋大学堂，招商局每年捐款 2 万两；设立南洋公学及达成馆，招商局岁捐 6 万两；1894 年慈祥万寿庆典，报效银 5.52 万两；中日开战后又以筹措军费为名勒借 41 万两；1896 年，盛宣怀又从招商局提款 80 万两，转到他新办的中国通商银行；等等。招商局几乎被视为官府银库，任意运用企业资金来弥补政府的财政亏空，或挪用作官办企业的开办资金。此外，变相报效也构成了轮船招商局的沉重负担。这主要包括官差的负担。比如承担军运，水脚"均照定数或七八折，或五六折，从减核收"②。除军运之外，又加上官运，把强加于企业的各类官运业务作为向政府的报效，并形成惯例。徐润对官方的种种侵权行径痛恨不已，指责官方"有强权而无公理，何以服人。余明知不合公理，但卵石之势，无可奈何，只可随众而已"③。这也是当时官督商办企业中商人投资者的普遍感受。郑观应也是直到经历了主持局务失败，对官督商办彻底失望后，才终于明白"一经官督，枝节横生"，才喊出了"名为保商实剥商，官督商办势如虎"④ 的心

---

① 《郑观应致盛宣怀函》附件，陈旭麓、顾廷龙、汪熙主编《盛宣怀档案资料》，上海人民出版社，2016，第 361 页。
② 聂宝璋编《中国近代航运史资料》第一辑下册，第 820 页。
③ 徐润：《徐愚斋自叙年谱》，江西人民出版社，2012，第 73 页。
④ 郑观应：《待鹤山房诗集》，夏东元编《郑观应集》下册，上海人民出版社，1982，第341 页。

声。他的经历和思想在当时商人和买办中间是有相当代表性的。左宗棠自己也曾经说过，各种洋务企业，只要"一经官办，则利少弊多"①；郭嵩焘也对官督商办表示不满，说"天地自然之利，百姓皆能经营，不必官为督率"②；王韬更是直截了当地提出"官办不如商办"③。由此，也可以反映出一个呼吁"官退民进"舆论思潮产生和清末私有化浪潮发生的时代前景。

综上所述，清季招商局的官督商办下的股份制企业制度，是西方企业制度与晚清官僚政治相结合的产物。专制政府在财政困窘的境况下无法实现对资源的全部垄断，以让渡垄断地位的方式吸引民间资金用"商办"的形式参与资源的共同开发；而民间商人在力量不足以抵御外力压迫的情况下甘愿接受"官督"以期获得政府的扶持。这两者的结合产生了中国近代第一家股份制企业。可以说官督商办催生了近代股份制企业，对促进中国民族资本主义的产生和发展，改变近代落后的社会经济结构起到了一些积极的作用。但是，招商局主导方面来自官督而非商办，代表官权入主企业的清政府已经是一个吏治腐败、体制落后的专制政权，其本身的腐朽性最终又扼杀了代表新兴因素的招商局，表明官督商办制度下的招商局只是具有股份制的躯壳而缺乏股份制的精神，更说明用封建专制体制来办西方股份制企业，其结果必然是官权压垮商权。在近代中国不进行政治变革，单纯寻求经济改革的道路是行不通的。

陆兴龙　上海社会科学院经济研究所研究员。主要学术成果：《企业发展中的制度变迁》（主编）、《近代上海工业企业发展史论》（合著）、《近代中国企业：制度和发展》（合著）、《城市建设变迁》（主编）、《上海近代经济史》第二卷（合著）、《困难中的中国企业家》（合著）、《上海近代经济史》第一卷（合著）、《中国经济政策思想史》（合著）、《近代中国国情透视》（合著）、《长江沿江城市与中国近代化》（合著）等。

---

① 《左宗棠全集》，岳麓书社，1996，第495页。
② 《洋务运动》（六），第320页。
③ 王韬：《韬园文录外编》，中华书局，1959，第301页。

制度变迁中招商局政企关系的
嬗递和治理模式的选择

贺　沛

一　轮船招商局早期"官进民退"的路径选择

　　"国进民退"是近来学术界感兴趣的焦点问题之一。从狭义上讲，"国进民退"表现为国有经济在某一或某些产业领域市场份额的扩大，以及民营企业在该领域市场份额的缩小，甚至退出；从广义上讲，除上述内容外，还表现为政府对经济干预或者说宏观调控力度的加强。"国进民退"，无论是广义还是狭义，其实质是经济运行当中政府职能的行为边界问题。吴敬琏认为，明智合理地界定政府和市场之间的适宜边界，是经济稳定运行和长期增长的一个重大问题。①张维迎基于政治经济学古典学派关于市场经济的理论，对政府职能和行为边界的后果及影响做了大胆的假设，其认为，不管哪一个国家或地方，政府在处理企业问题上花的精力越多，企业在处理与政府关系上花的精力越多，这个国家就越落后。②

　　对于"国进民退"，从经济史角度进行分析解读，目前并不多见，但此问题的重要性又显而易见。从近代企业史的典型个案轮船招商局入手，尝试对其 1873~1895 年"官进民退"的企业制度特性和经济绩效做历史的考察，不仅可以使我们转换研究视角，获得启发，亦可从历史的轨迹中，为社会主义市场经济条件下正确处理政府和企业的关系，提供更为现

---

　　① 吴敬琏：《当代中国经济改革》，上海远东出版社，2005。
　　② 张维迎：《产权、政府与信誉》，生活·读书·新知三联书店，2001。

实的理论依据和路径参考。

作为具有近代特征的中国第一家大型轮运企业，轮船招商局在 1873～1883 年当中，由粤籍买办商人唐廷枢、徐润负责主持局务，确立起具有近代特征的运营模式：面向社会招募股份，充实资金；以市场需求为导向，组建各口岸分支机构，拓展航线，扩大营运范围；把握有利时机兼并外商在华航运公司，快速壮大企业规模，企业"商办"特性显著。1883 年之后，徐润、唐廷枢相继离开招商局，盛宣怀受朝廷之命全面接管企业的经营管理。盛宣怀入主轮船招商局之后，改弦易辙，对企业制度和经营管理进行了大的调整，基本废弃了唐、徐时期的企业经营模式，官方对企业的行政干预越来越多，官权日重。

在企业制度、经营管理和具体营运目标上，轮船招商局商办特征渐趋弱化，"官进民退"特征日益凸显，企业经济绩效下滑。致力于企业规章制度建设，制定《轮船招商局规》和《轮船招商章程》。《轮船招商局规》着力提高商股地位，把企业经营人员的任命直接与商股挂钩，规定每 100 股（每股 500 两）推举一名商董，从商董中推举出一名总董，并特别强调商总"为商局主政"，而以一二商董协助，其余商董分派各分局任事。总局、分局和栈房司事人员，由商总、商董挑选任用。《轮船招商章程》则进一步规定招商局"议交唐丞廷枢专管，作为商总，以专责成；再将股份较大之人公举入局，作为商董，协同办理"①。

通过企业的建章立制，明确了作为商股代表的商总和商董对企业人事任用的权力，商股与企业之间不仅仅是投入成本与领取薪水的关系，而是参与到企业的经营管理当中。上述规定不但反映了商股要求，保障了商股的利益，更使企业经营者的利益同企业的发展前途直接联系。"局员皆有巨资，倡为商股，即各董事亦系有股之人所充；孰不望局务蒸蒸日上。"②企业的实际经营者由于切身利益，对企业的盈亏成败自然更加关心。随着招商局经营规模扩大，陆续在各口岸设立分支机构，除上海总局和天津分局外，相继设立了牛庄、烟台、福州、厦门、广州、香港、汕头、宁波、

① 交通部、铁道部交通史编纂委员会编《交通史航政篇》第 1 册，民智书局，1940。
② 盛宣怀用人十条原文（光绪十一年），《招商局档案》，中国第二历史档案馆。

镇江、九江、汉口及海外的长崎、横滨、神户、新加坡、槟榔屿、安南、吕宋等分局。这些分局基本都由出资大的商董负责管理，企业组织结构、管理体系的"商办"特征明显。

作为"商为承办，官为扶持"的第一家近代新兴民用企业，虽然招商局的倡办人李鸿章掌握着企业的高层人事控制权，然而，作为民间资本的代言人，唐廷枢、徐润深知官权若不加限制，干预太多，必然会影响企业的商业化运营，因此企业章程中明确指出："惟事属商办，似宜俯照买卖常规，庶易遵守。兹局内即拟公举商董数人，协同商总料理，其余司事人等，必须认真选充，不得人浮于事，请免添派委员，并拟除去文案、书写、听差等名目，以节靡费。"① 限制官方对企业的过多干预，一定程度上保障了企业的经营自主权。这一阶段轮船招商局企业制度呈现明显的"商办"特征，成为近代中国股份制企业的样本。

徐润、唐廷枢相继离开招商局之后，盛宣怀接手全面负责企业的经营管理。轮船招商局虽然在形式上并没有改变"商为承办，官为扶持"的官督商办体制，但实质上企业制度发生了根本变化。盛宣怀主持制定了新的企业管理制度《企业用人理财章程》，轮船招商局由"专派大员一人认真督办，用人理财悉听调度"；"会办三四人应由督办察度商情，秉公保荐"，三年一任；"各分局总办皆称董事，得力而无亏空者酌量留用"；"各局司事由各局董事自行选用"；"得力董事必须优给花红，不得力者亦须随时惩撤"；"如旧人不用者，或荐来人员不得力而撤退者，造谣惑众，请发交督办明白禀复"，② 加以处置。新的企业制度大大扩展了督办的权力。督办是由官方指定的专派大员，之前每百股举一商董，于众董之中推一总董的制度被废除。企业会办（即副总董）也不再依照所据股权情况选举产生，改为由督办保荐。招商局下属各分局，也都由督办认为得力的人员控制。各分局总办，不再实行以往由董事会公议决定选派的程序，而是由督办根据他是否得力来酌量留用，企业经营人员存"董事"之名而去其实。在大权独揽的督办体制下，盛宣怀又在招商局总局平行设立了揽载、运漕、银

---

① 虞和平：《经元善集》，华中师范大学出版社，1988。
② 虞和平：《经元善集》。

钱、保险、修验、煤料、翻译、案牍八股，每股负责人称为帮办董事，也完全由盛宣怀任免。企业组织结构最终形成以督办为首的垂直权力网。

总之，1885～1895 年轮船招商局的用人理财章程，完全摒弃了之前规定的由股东推选局董和"轮船归商办理"的原则，保证了企业督办对招商局人事权的严密控制，加大了官方干预企业经营管理的力度，民间资本相对独立运营的能力大为弱化。同时，在重新确立企业管理模式的过程中，以盛宣怀为代表的官方势力，凭借政治权势，辅之以高压手段，对那些心怀不满，甚至反对督办所作所为的投资者、中高级职员，可以加上造谣惑众的罪名，由盛宣怀禀告大宪，严加惩处。在这种官权主导的态势下，轮船招商局原本照买卖常规办理的"商办化"管理机制完全被废止。经元善评价说"盛公官气太浓，即是商情之障"；"盛公之摹仿西法，似其常州土产扎彩绒花，像生充真，动人耳目"而已。① 企业商办特性大为减弱，官方主导色彩日益浓厚。

二 唐廷枢、徐润主持轮船招商局局务之时的"官进民退"

唐廷枢、徐润主持轮船招商局局务之时，在企业筹集资金方面，注重招收商股，吸纳民间资本。唐、徐除自身投资入股外，还联系众多亲朋好友，投资入股轮船招商局。一年之内轮船招商局招股 40 多万两，资本筹集方面取得突破性进展。之后，招商局召开股东会议，重订入股章程，决定继续招收新股。在 1881 年招商局招足 100 万两之后，由于营业较为顺利，股票面值达 200 万两，升值达 200% 以上。1882 年，招商局决定另招新股 100 万两。

在招收新股过程中，对老股东实行了一些优惠措施，规定凡持有百两旧股者，每股只需再交银 80 两，便可以领到一张百两的新股票，到 1883 年，新股 100 万两已收足，招商局股份银（即资本额）总共达到 200 万两。此外，招商局重视在南洋华侨及华裔商人中吸收投资者。然而，在 1885～1895 年，招商局一改过去对外公开招募股份的筹集资金办法，再没

① 朱荫贵：《国家干预与中日近代化》，东方出版社，1994。

有对外招集股份，商人股份在官督商办股份公司中的比重有所降低，而官方款项和外国借款在官督商办公司总资产中的比例明显上升。

对照《徐愚斋自叙年谱》与《盛宣怀年谱长编》可以看出，企业督办盛宣怀入主轮船招商局后，企业资本构成出现了大幅度变动。首先是以唐廷枢、徐润二人为突破口，打破了他们控股企业的格局。督办盛宣怀借唐、徐挪欠企业公款之机，迫使唐廷枢以其"轮船股份八百股作抵"清偿"银元七万七千"余两，徐润则交出轮船招商局 830 股股票，抵偿所欠银 88000 多两。唐廷枢、徐润离局，损伤了其他商人投资的积极性，通过他们联系而获得的买办资本次第以提款、下股（撤退）的形式退出企业。

莱特在《商埠志》中也指出，近年以来，公司（指招商局）的所有权发生了某些变化。其成立时，股票的 75% ~ 85% 为中国商人所有。但之后，中国官吏不断地购买股票。到目前为止，他们像以前商人一样控制了该企业的大部分权益。轮船招商局的"商办"局面被打破。1885 ~ 1895 年，轮船招商局各种抽提资金的活动接连不断，外流资金的数额增长明显。招商局资金外流项目多、金额大，资金集中于投资和借款两大部分，所投资金回款周期较长，同时，企业投资范围涉及当时洋务民用企业的煤、纺织等主要行业，这和企业督办盛宣怀所主持的企业紧密相关。

招商局的资金外流项目中，除了投资的煤矿业领域是为企业用煤方便外，绝大部分都与招商局的业务无关。虽然 1873 年唐廷枢、徐润入主招商局后制定的《轮船招商局规》第 14 条规定："本局专以轮船运漕载货取利，此外生意概不与闻，无论商总董司事人等均不准藉口营私任意侵挪。"1885 年盛宣怀入主招商局后制定的"用人理财章程"双十条中也有"本局于轮船之外，不准分做别事"的明文规定，但这些规定在企业"官进民退"的主导模式下是难以为继的。较大的几笔资金外流情况有：1885 年安徽贵池煤矿借款 230000 两，1888 年招商局投入台湾商务局的资金 20000 两，1891 年对上海机器织布局的投资 100000 两，1894 年借给户部的款项 411000 两。①

从以上企业"资金外流项目"可以看出，这一阶段企业外流资金的去

① 聂宝璋编《中国近代航运史资料》第一辑下册，上海人民出版社，1983。

向，一种类型是官方出借，即 1894 年的户部借款；另一种类型是向其他洋务事业或企业的横向借款或投资。但招商局资金大量外流，并非在自身资本已经充裕和过剩的情况下，为追求借贷利润或为了自身经济实力进行的投资，恰恰是在自身承担巨额债务的情况下进行的。资金的非正常外流，一方面，削弱了企业内部资金的积累，导致企业本身发展所需要的资金得不到满足；另一方面，招商局资金的短缺直接影响到企业的经营业绩，而这反过来又会影响到企业资金的积累。大量资金脱离生产和扩大再生产轨道造成的恶性循环，势必使企业发展严重受限。

在 1885~1895 年轮船招商局资金的划拨中，清政府要求轮船招商局的报效占了很大额度。报效分为直接报效和以其他方式进行的变相报效两大类，官方要求轮船招商局的直接报效，1873~1883 年就已存在，但此时尚未形成定例，捐款额度有限，总体上官方对企业以扶持为主。而 1885~1895 年，官方要求轮船招商局的捐款成为定例，资金被无偿划拨的数额很大。

此外，变相报效也构成轮船招商局的沉重负担。这主要包括官差的负担，比如承担军运，水脚"均照定数或七八折，或五六折，从减核收"①；除军运之外，还要承运官务，如赈粮运输。轮船招商局创办初期，官方实行漕粮运输补贴的优惠，成为对企业的一笔补贴。此后，清政府逐渐降低漕粮运价，漕粮运输的性质发生了根本的变化，由原来一项扶持轮船招商局的带有经济补贴的政策，蜕变为将国家财政负担转移给企业的变相报效方式了。

招商局不仅承受运费损失，由于承运漕粮是采用包购包运方式，所需粮款常要招商局垫付，这种变相报效给招商局的经营造成了沉重的负担。私人投资近代新式企业的首要目的是获取利润，营利是商人、官僚等群体入股新式企业的原动力。报效制的存在，使企业盈余有很大一部分流入政府口袋之中，"……每岁入资数百万，股商仅收官息八厘，公积则虚有其名，余利则不能过问"。同时，由于报效的强制性、随意性，私人投资者很难获得预期的投资回报。因此，报效制打击了私人投资者参股企业的积

---

① 冀满红、燕红忠：《近代早期企业的治理特征》，《暨南学报》2004 年第 4 期。

极性，削弱了股东对企业经营的信心，助长了股东一味要求分享盈余、不愿多提企业积累基金的倾向。

三　早期轮船招商局经济绩效的分析

1. 1873～1895 年轮船招商局不同时段企业经济绩效的波动

在 1873～1895 年轮船招商局企业制度"官进民退"的变动态势下，企业的经济绩效出现较大波动。1873～1883 年企业"商办化"特征明显阶段，轮船招商局业务发展很快，船只数从 4 艘大幅增加到 26 艘，船舶总吨位从 2000 多吨一举增加到 30000 多吨，企业实力提升迅猛，拥有很强的竞争力；而在 1885～1895 年官权日重的十年，轮船招商局业务停滞不前：1895 年船舶总吨位为 34531 吨，与 1883 年的 33378 吨基本持平，而拥有轮船数仅为 24 只，少于 1883 年。[①]

在企业固定资产的分布和变化方面，1873～1883 年和 1885～1895 年（1894 年和 1895 年数据缺失）两个阶段当中，企业在后一阶段地产（仓库、栈房、码头）价值虽然微有增长，但是轮船价值急剧下降。1883 年船值（包括轮船、小轮船、趸船和驳船等）为白银 301 万两，而 1893 年船值仅为 170 万两，这反映了企业折旧提成和新投资补偿不了原有船只的损耗。对于一个航运企业而言，栈房和码头等地产是经营活动必不可少的配套设施，但直接从事客货运输的轮船是企业生存和发展的支柱性生产要素，这反映了 1885～1895 年，招商局的经济力量在经营中不是增强，而是逐步削弱。

2. 与同期在华欧美航运公司经济绩效的比较

轮船招商局在 1873～1883 年有显著的发展。1877 年招商局拥有 30 艘轮船，吨位雄冠于当时中国的轮船公司，1878～1883 年，招商局又购置 9 艘新船，并且完成了码头和货栈的大量投资。然而企业在 1885 年以后没有继续发展，1893 年，轮船招商局只有一支拥有 26 艘船只的船队。与此同时，外国轮船公司在中国水域的吨位却迅速增加。外资在华轮运企业一直

---

① 易惠莉、胡政主编《招商局与近代中国研究》，中国社会科学出版社，2005。

是轮船招商局的重要竞争对手。

1881 年，怡和洋行合并了华海轮船公司和扬子轮船公司，正式成立怡和轮船公司。1883 年轮船招商局有轮船 26 艘，船只总吨位 33378 吨；怡和轮船公司有 13 艘，总吨位 12571 吨。怡和船只数仅为招商局的一半，船舶吨位约为招商局的 1/3。经过 10 年左右的发展，怡和轮船公司的船只数为 22 艘，已接近轮船招商局拥有的船只数 26 艘，船只总吨位也大幅度提升到 23953 吨，达到聂宝璋统计 1894 年招商局船只总吨位的 67.56%（35457 吨）；若按照刘广京的统计数据（23284 吨），怡和轮船公司已经超越招商局的经营规模。无论按哪个数据，轮船招商局在 1885～1895 年的发展明显滞后，而这一阶段正是企业经营当中"官进民退"特征凸显的时期。

3. 与同期日本邮船株式会社经济绩效的对比分析

轮船招商局与日本邮船株式会社是同一时期中日两国分别创办的近代大型轮运企业，两个企业产生时的国内背景和世界形势比较相似，但在企业的发展过程中，却呈现很大差异。19 世纪中叶以后，日本丧失了关税自主权、商权和航权，欧美轮运业迅速垄断了日本商品贸易运输权。日本明治政府意识到发展本国航运企业的重要性，鼓励民间购置船只从事航运。

1873 年民营航运企业三菱商会成立之后，购买船只，积极拓展航路，逐渐压倒了官办的日本国邮便蒸汽船会社。之后，由于三菱商会圆满完成 1874 年侵台之役的军事运输，赢得了日本官方的信赖，从而与政府建立了较为密切的关系。1875 年 7 月，日本政府确立"政府督导保护下民有民营的海运政策"，把三菱商会确定为保护对象，利用国家力量给予大力支持，使之具有同外国航运势力相抗衡的力量。日本政府还出资收买和解散了日本国邮便蒸汽船会社，把收购的 17 条船舶无偿交付三菱商会使用。

1875 年以后，三菱商会陆续在竞争中击败在日本营运的几个英美轮船企业，一跃成为日本国内最大的轮运公司。1885 年 9 月，三菱商会和日本另一轮运企业——共同运输会社合并成立了日本海运史上占有重要地位的最大海运公司日本邮船株式会社。企业合并后对船舶进行了大力清理和更新，开始显现往大型化船舶转化的趋势。同时，日本邮船株式会社召开股东大会，把会社改组为商办的股份公司。

通过比较两个企业 1873～1895 年不同时段的经济绩效，能够深入理解招商局企业主导模式变迁的特性及影响。1873～1883 年两个企业整体上都呈上升的发展势头，1883 年轮船招商局拥有的船舶数为 26 艘，虽略少于三菱商会 33 艘的船舶数，但 33378 吨的轮船总吨位要高于后者的 21597 吨。这反映出轮船招商局在"商办"模式下，企业的经济绩效是值得肯定的。

然而，在 1885～1895 年，轮船招商局与日本邮船株式会社的经营情况却迥然不同。轮船招商局这一阶段业务基本停滞不前，而后者发展迅速，两个企业的经济绩效出现了很大差别。1895 年轮船招商局船只和总吨位与 1883 年差别不大，而日本邮船株式会社拥有的船舶数为 57 艘，几乎是其 1883 年的 2 倍，总吨位几乎是 1883 年的 5 倍，达到 101342 吨。这反映出 1885～1895 年轮船招商局"官进民退"模式下企业发展滞后，经济绩效欠佳。

四 制度变迁中招商局政企关系的嬗递

在传统社会，历朝政府常常以制度规定的形式将有关国计民生的重要经济部门纳入政治体系，并由各级行政官员兼任主管。手工业方面的制度设计主要有土贡制度、官工业制度、匠籍制度等。而对流通领域的控制则要远甚于生产领域，其主要制度形式为禁榷与专卖。

鸦片战争之后，随着西方生产方式与制度模式的渗透，中国开明官僚和知识群体逐渐认识到振兴商务、开设近代意义上的企业公司的意义。为了"顺商情而张国体"，只有"仿西国公司之例"创立自己的企业，才能达到富国强兵之目的。但是，传统社会对经济领域垄断的传统与思维方式，使这些洋务官员不可能立即放弃对微观经济活动的参与，也不可能轻易放弃对新兴经济事业的控制权。因此，近代早期企业治理模式的设计必然要以官权的参与并掌握很大一部分控制权为基础。

在强调政府和官方控制的同时，人们往往忽略了近代早期工商业者自身的个性与特点。私营工商业者在国家政权的长期压抑之下，习惯于对中央集权政府与权威人物的服从和倚赖。由于宗法等级秩序与上下层之间的极端不平等，加之除了以血缘、地缘为纽带的家庭、宗族、同乡成员之间的部分协作之外，商人之间很少有横向的联系和自由的组合。私营工商业者和广大民众社会地位微贱，缺乏法律的保障和社会契约性质的制度安排，从而不具备同国家及其代理人之间谈判、重新签约以及谋求产权保护的能力与空间。直到 20 世纪初期，随着一系列经济法规的颁布和商会团体的产生，工商业者的地位才真正得到提高。但在近代第一批企业产生时，许多商人甚至是买办商人虽然特别富有，但"尚不免市侩之羞，终不敢与大员抗礼"①。

在筹办招商局时，为了"仿西国公司之例"，并取得广大商人的信任，提出"所有盈亏，全归商认，与官无涉"②，"一切张弛缓急事宜，皆由商董经管"③，给予商人经营企业的一定自主权。然而，面对"华商初犹观望，洋人又复嫉忌"的局面，李鸿章等人为了"示信于众商"，不得不将直隶练饷等官款拨借入局作为商本，招商局才收到一定股份，局务得以初创，即所谓"资本虽系商股集成，实赖官帑之倡率"④。其间，为了鼓励商人入股，据说李鸿章本人也投资了 5 万两。之后在唐廷枢、徐润、盛宣怀等人入局的示范作用下，招商局的招股工作才出现新的进展，使该局"近殊盛旺，大异初创之时，上海银主多欲附入股份者"⑤。

因此，在近代初期，单纯地给予工商业者对企业的经营自主权与比较宽松的投资环境，并不能将广大地主、富商的财富引至近代企业领域。他们已经习惯于一种逆风险选择的投资策略，即以风险的最小化替代利润最大化。只有在大官僚、大买办商人的"保护"与示范下，他们才会对盈利的前景做出较为乐观的预期。

总之，政府对经济领域垄断与控制的传统与工商业者地位低下及其依赖心理的现实，使得以招商局为代表的近代早期企业的治理模式必须寻求一种让政府觉得可以接受，而广大工商业者还能够忍受的制度安排。这一

---

① 《论官商相维之道》，《申报》1883 年 12 月 3 日。
② 中国史学会主编《洋务运动》（六），上海人民出版社，1961，第 6 页。
③ 朱寿朋编《光绪朝东华录》第 2 册，中华书局，1984，第 1768 页。
④ 李鸿章：《李文忠公全集》第 6 册，安徽教育出版社，2008，第 257 页。
⑤ 刘锦藻编《清朝续文献通考》卷 361，商务印书馆，1936。

制度安排也是工商业者同政府官僚之间的一个博弈均衡，反映了他们通过讨价还价寻找一种共同参与近代企业治理的方式。

近代早期企业选择"官权"与"股权"合伙的治理模式还在于需充分利用传统的商业习惯与人际关系，有效地节约交易成本。近代企业的治理结构属于正式制度安排的范畴，而这些制度安排也必须符合当时社会民众的商业习惯、心理观念与意识形态才能够符合效率的要求。中国传统商业习惯的一个重要方面是组织和交易关系的人际化。私人信用、人情关系构成了传统商业习惯的一个重要方面，商业组织主要是以家族血缘为纽带的合伙制或伙计制。

这些以人际关系为特色的商业惯例与经营理念在很大程度上构成了近代企业制度安排的选择空间。另外，外商在华企业的商业实践也证明了近代企业在制度选择方面的路径特征。洋行与外商企业是中国近代市场的主要参与者，但是在中国市场上活动的外国公司并没有完全实施运行于西方国家的层级体系进行管理，"无论是西方资本的、日资的，还是中国自己资本的大公司都与关系网息息相关，相互影响"①。早期的洋行与外商公司都是通过买办的代理业务才得以在中国市场上打开局面，但是买办本身有其独立的办事机构和经营管理方式，他们同外商之间更像是一种中外商人之间的合伙关系。

直到一战以后，一些外国公司才开始通过在华雇佣高级职员的方式，替代买办的职能。早期在中国市场上取得成功的外资企业，如琼记洋行、太古洋行、沙逊洋行以及汇丰银行等公司的老板都深刻体会到，只有接受并采用中国传统市场上作为主体的经营者处理人际关系的某些方法和伦理道德观念才能生存和发展，只有通过在中国社会中有地位、有势力的买办与中国官府、士绅、富商乃至包括黑社会势力在内的各种帮派、团体建立起良好的关系，进行合作经营，才能在中国市场上站住脚。②

因此，中国早期的企业选择"官权"与"股权"合伙治理的模式正是利用了中国社会中最有势力的官僚、买办等社会与经济关系，利用了传统

---

① 《招商局情形》，《申报》1873 年 7 月 29 日。
② 高家龙：《大公司与关系网》，程麟苏译，上海社会科学院出版社，2000，序，第 1 页。

商业领域中的某些组织惯例与环节，最大限度地节约了交易成本。轮船招商局在李鸿章亲自主持并得到其同僚及其下属的大力支持下才得以筹备与开创，而其最初业务的开展也主要是依赖官方关系，通过筹借官款、承运漕粮、免征厘税才在市场上站稳脚跟并打开局面。其股本的募集则是通过沙船商人与买办商人"因友及友，辗转邀集"，唐廷枢承认，"最初附股之人，固由廷枢招至，即后来买受者，廷枢亦大半相识"①。甚至有学者提出"近代企业的资本集掖只是到了80年代以后才开始突破商帮亲友的狭隘范围，扩大到以全国主要商业城市的商人作为争取对象"②。但是直到19世纪90年代，人们"被传统束缚的态度并未为所持有近代公司的股票所取代"，轮船招商局等企业的股份制并没有像西方一样，"带来所有权与经营权的分离，也没有减轻家庭在所有权中的影响"③。虽然一些西方的企业组织原则相继被引入与利用，但与此同时，更多传统的人际关系及其相应的组织惯例也被保持了下来。招商局等近代企业的经营管理乃至利润分配基本上都是循着上述过程进行的。

五 制度变迁中产权、"专用性资产"与治理模式的选择

近代早期投资者之所以不愿意涉足近代工矿企业，很大程度上在于其财产权利没有保障，或者说产权界定不清，股东的权利在政府或企业的制度安排中没有得到清楚的界定。1876年，上海某外国记者谈道："中国有极多私人资本欲谋出路，但无路可寻，盖深恐所企图实施之事，正进行时为政府官吏或征税胥役所剥削，致使事业之发起者遭受摧毁与损失也。"尽管从19世纪中期以后，许多开明官僚与知识人士认识到了发展近代意义上的工业企业的重要性，也提出了一些"体恤商情"的政策。但是在没有明确的经济法规保障的条件下，国家政策具有很大的不确定性，这些政策依赖于官员的解释与执行，从而使得工商业活动仍然面临着因产权不清晰而带来的风险。

---

① 刘佛丁主编《中国近代经济发展史》，高等教育出版社，1999，第159页。
② 汪敬虞：《唐廷枢研究》，中国社会科学出版社，1983，第178页。
③ 张国辉：《洋务运动与中国近代企业》，中国社会出版社，1979，第368～369页。

同时，在向近代社会转化过程中，对工商企业的强调、政府财政上的压力以及地方督抚权力的坐大，经济实力与政治权力之间的隔阂被打破，利用金钱和财富很容易获得官衔与政治职位，而只有通过政治权力才能够有效地保证其财产权利。官位、职衔不仅成为工商业者竞相追捧的对象，而且也成为政府劝兴工商的主要手段。因此，招商局等近代企业的主要管理人员都领有一定的实职或虚职官衔，属于官僚等级中的一员。从经济学的角度而言，近代早期社会中的产权关系实际上是由社会政治权力与经济财产权利共同界定的。没有实力官员的参与，就没有界定清晰的所有权，企业也就不可能有效地经营运作。也就是说，在完全竞争的市场经济条件下，人们获取商品或劳务的次序依赖于他们在市场中支付价格的能力；在绝对或完全专制的社会政治体制下，人们获取稀缺物品的次序则依赖于他们在等级秩序中所处的位置；而在近代社会中，人们获取资源、进行生产并获得收益的大小与程度由官僚等级与自身的经济实力共同决定。

对于单个企业而言，"官权"与"股权"均是保证其顺利生产的必要条件，从而也就成为其生产中必不可少的"生产要素"。又因为"官权"与"股权"同时具有"专用性资产"的特性，所以他们的最佳选择便是共同拥有企业的所有权，通过合伙来进行治理。生产要素的专用性对企业治理方式或组织方式的影响是由经济学家奥利弗·威廉姆森（Oliver Williamson）提出的，他还特别强调，只有在与受到限制的理性思考或机会主义一起，并且在存在不确定性的情况下，资产特殊性才具有重要性。企业若拥有两种或两种以上的专用性资产（要素）共同参与生产活动，他们将会共同拥有企业的所有权并通过合伙的方式进行治理，此时通过公司或其他形式的治理方式将是无效率的。

根据专用性资产这一理论，历史上"官权"与"股权"的"合同"订立方式与治理特征至少有三种形式。其一，在等级权力居主导地位的条件下，如明清时期，由于财产权利对政治权力的依附性和双方地位的极端不平等，主要是通过官权"雇佣"股权的生产方式来进行，将商人纳入等级体系，由专门的官商、皇商来实现。其二，在现代市场经济条件下，政府或官员直接参与企业活动被法律所禁止，从而"官权"已经不构成企业生产运营的必要条件。当然，在利益的驱动下，许多企业通过各种方式贿赂政府官员，获取有利的信息或者影响政府制定有利于自己的政策。这实际上也是"股权"对"官权"的一种扭曲的"雇佣"形式。其三，在近代社会，由于"官权"与"股权"都是保障企业运营的必要条件，而且双方都存在很强的机会主义行为的可能，从而"官权"与"股权"在企业中是一种合伙治理。由政府完全支配与控制的"官办"企业很难从民间吸收股份，从而无法满足现代企业对大规模资本的需求。

同样，纯粹的私人企业也会因各种势力的干扰而无法保障其权益，投资于近代企业的中小商人的命运和遭遇常常是"倾家荡产，犹有余累"，出现"官不过问，往往流弊丛生，不得持久"的状况。时人对此也有深刻的认识，诚如郑观应所言："全恃官力，则巨费难筹；兼集商资，则众擎易举。然全归商办，则土棍或至阻挠；兼倚官威，则吏役又多需索。必官督商办，各有责成……则上下相维，二弊俱去。"[①]

总之，在近代早期的社会条件下，"官权"与"股权"共同界定了企业的产权关系，并且由于"官权"与"股权"的专用性资产的特性，双方共同拥有对企业的所有权，进行合伙治理。当然，由于双方的地位不平等，他们在企业中的剩余索取权的大小也不同。随着工商业者地位的上升与讨价还价能力的增强，双方在企业中的地位也会不断进行调整。

六 结语

通过对 1873～1895 年轮船招商局"官进民退"的企业制度特性及其经济绩效的分析和阐述，我们对于把握现代经济中政府职能的行为边界有了一定衡量标准。政府对企业干预过重，实质上是民营企业自主权的"国进民退"，这意味着市场化进程的倒退，社会经济资源的配置可能进一步扭曲，效率低下。政府做的应该不在经济之内，不在市场里，而是经济和市场之外的制度建设，以制度保证所有的人、所有的企业享有同样的权利，从观念上充分相信民间力量，在措施上激发民间投资，才是经济长期良性发展的根本动力。

---

① 科大卫：《公司法与近代商号的出现》，《中国经济史研究》2002 年第 3 期。

贺沛 1970 年生于湖北省天门市。1992 年毕业于武汉大学，先后在新华社福建分社、海峡交流促进会从事对台报道和交流工作。2003 年至今，在招商局漳州开发区战略研究部从事企业战略研究工作。主要著作有《国际格局变迁中的台湾问题》《李登辉时期的两岸关系和统独斗争》《晚清海防格局中的轮船招商局和马尾船政局》等。

困境与复兴：1933～1934年招商局的庚款购船活动[*]

姚清铁　陈　倩

一　引言

对于招商局来说，1932年收归国营是其发展历史上的一次重要转变。收归国营后，国民政府对招商局进行了系列改组工作，设理事会、监事会，聘请各界声望素著人士充任理事、监事，实业家刘鸿生出任总经理。受邀后，叶琢堂等理监事"热心国营航业，义务任职，不支薪金"，刘鸿生亦"抱牺牲精神"[①]，锐意整顿。

当时的招商局虽然规模庞大，但面临的问题众多，诸如人事关系杂芜、负债过重、设备陈旧、连年亏损等。刘鸿生接任之后，即着手对招商局进行系列改革，这其中可圈可点的举措主要有以下几个方面。购进新航轮，开辟新航线。1933年，借用中英庚子赔款，派伍大名等人到英国购置了4艘3000吨级的海运客货轮，取名海元、海亨、海利、海贞，并增辟了上海至青岛、天津和上海至厦门、汕头、香港、广州两条航线。废除轮船上的买办制，杜绝客运、货运的偷漏积弊，增加了业务收入。规范码头仓库制度，查处腐败及偷盗行为。实施和扩大货物的水陆联运。自1934年起，通过与民生公司订立合同，划分营业范围，避免过度竞争，实现了双赢。

　＊　本文得到了国家社科基金项目资助，项目号：14BJL015。
　①　《国营招商局现状》，《中行月刊》第5期，1933，第135～137页。

与刘鸿生接手招商局之后所提出的若干改进局务建议相比，能够落实的改革措施数量并不算多。就招商局当时实际的运作困难来说，能起到实质性改善的措施，总结起来：一为注资，此举既可减轻招商局过重的利息负担，也可使招商局获得一定的流动资金；二是提高资产质量，即提高其既有资产的盈利能力。而后者又与前者紧密联系在一起，即更高的资产盈利能力可以提高企业的偿债能力，缓解其债务负担。遗憾的是，在刘鸿生任上，前者一直没有得到落实；对于后者，刘鸿生的努力则收到了一些成效：招商局成功添置了 4 艘当时较为先进的海轮，提升了盈利能力。

对于招商局 1933 年庚款购船活动，学界早已有研究，凡涉及 1932 年前后招商局整顿改组命题的分析，大多会提及此事，但对于购船活动的过程与细节，还没有看到详细的描述。笔者认为，从商业史的角度来说，分析刘鸿生在招商局的各种努力，包括从企业发展战略角度所做的种种打算，试图挽救一家"病入膏肓"的大企业的整顿计划，有着重要的镜鉴意义。这一分析既可以说明作为企业家的刘鸿生对当时招商局及航运业的看法，也可以说明在购船活动中，企业家、国民政府和中英庚款委员会等方面的不同立场与态度。

本文拟以上海社会科学院经济研究所中国企业史研究中心藏刘鸿记账房档案为主要依据，来还原 1933 年招商局庚款购船的经过。这些档案主要包括：1933～1935 年提交给财政部的财务整顿计划；1933～1934 年中英庚款购船期间，刘鸿生与在英国的工程师伍大名的往来书信。原件大多为英文，引用时均做翻译处理，后文不再一一说明。

二 困境

作为华商航运企业的龙头老大，招商局在 1930 年代前后的规模是巨大的，即使与当时沿江、沿海的几家主要的外资航运企业相比，也毫不逊色。从表 1 不难看出，单以长江航线论，招商局无论是船只数量，还是吨位，与其他几家主要的外资航运企业相比，不相上下。

表1　1924～1936年部分年份太古、怡和、日清、招商局长江航线
所配轮船数量及吨位

年份	太古			怡和			日清			招商局		
	数量（艘）	吨位		数量（艘）	吨位		数量（艘）	吨位		数量（艘）	吨位	
		吨数（吨）	占比（%）		吨数（吨）	占比（%）		吨数（吨）	占比（%）		吨数（吨）	占比（%）
1924	15	20744	26	11	18302	23	16	21486	27	13	19145	24
1928	20	22343	26.4	14	20796	24.6	18	22003	26	12	19425	23
1930	22	40046	29.7	16	31179	23.1	17	34038	25.3	11	29456	21.9
1934	15	34496	27.8	12	30806	24.8	14	30247	24.3	12	28692	23.1
1936	16	29721	25.1	13	32275	27.2	17	35077	29.6	7	21464	18.1

资料来源：严中平等编《中国近代经济史统计资料选辑》，中国社会科学出版社，2012，第168页。

然而，巨大的规模并不能掩盖招商局当时所面临的重重困难。这些困难主要有二：一是设施陈旧，尤其是船只老化；二是过于庞大的债务及利息负担。

关于船只的数量，其他资料有不同说法。按1947年《国营招商局七十五周年纪念刊》载，1929年之后，1930年，"新昌轮沉没，广大轮停航"；1932年，"向挪威商购进海祥、海瑞两轮"。如果1929年共有27艘船，那么1932年应有27艘船，但该书中提道："后以接收之江海轮共计二十六艘。"而刘鸿记账房档案08-033卷中1932年12月31日《招商局财产目录》载船舶共25艘，与赵兰亭表格相比，少了"江永""飞鲸"二轮。

对招商局过于陈旧的船只，当时人们是这样描述的：

> 凡在海上有一些旅行经验的人，就切身的阅历而论，便都能道其梗概。据熟悉内幕的人说，最荒唐的是那些早过了保险期限的老船，还在那里行驶。船壳上发现蟛漏时，便师荷兰童子障堤的故事，用装洋灰的木桶来堵塞。有一位朋友说，我搭招商船的时候，先得问明白有几只洋灰桶，一两只不打紧，要是六七只的话，我就决意不搭了……①

---

① 《"国营"后的招商局》，《华年》第2卷第43期，1933年，第843～860页。

虽是戏语，也足见船只破旧是人们对招商局的一个普遍印象。1929
年，孔祥熙欲请刘鸿生出任招商局总办，虽然此事后因时局一度搁置，
但当时刘鸿生已经在为出任总办做种种准备工作了，包括与林允方、卢
作孚、陈仲舒等造船及航运业人士进行书信往来，咨询磋商，寻求整理
对策。在这些往来函件中，我们看到一份 1929 年 10 月由赵兰亭发给刘
鸿生的信函，建议刘鸿生对"船身年岁及坚固与否，并用煤之多寡，咸
应详细考察"①，颇有价值的是，在这封函件里附了一份详细的招商局船
只技术参数的清单（见表 2）。这份清单也使我们可以从中窥得当时招
商局船只状况之一斑：船只数量众多，但船龄老、煤耗量大、速度低。就
船龄来说，当时招商局虽然有 27 艘船，但平均船龄达 32.9 年，而平均
速率只有 10.68 节。与同期的外资航运企业船只相比，招商局的高龄船
只占比明显偏大（见表 3）。需要注意的是，在表 3 的对比中，我们看
到，船龄偏老不只是招商局一家的问题，而是 1930 年代初华资航运公司
的普遍问题。

虽然船龄如此之老，但招商局在 1929 年之后，1933 年利用庚款购
置新船之前，也只是在 1932 年春，向挪威商购进海祥、海瑞两轮。并
且这两艘船均是建于 1918 年的旧轮。1932 年购入两轮时，船龄均已
达 14 年。对于购入旧船的买卖是否划算的问题，林允方②作为造船业
的业内人士在 1929 年给刘鸿生的函件中是这样写的：

> 至拟购用旧轮补充之议，弟为局外人未知招商局各航线之收入支
> 出如何，无可置词。然此尚非急务，即阁下若一旦接事，对于此事亦
> 应慎重计划，以期万无一失。盖旧船于十年至十二年间者，如有劳合
> 氏之验单尚可将就再用十年或十五年，但必须修改后方能适用，则于
> 购轮款外，有须一笔修费。且旧轮每年或须大修，方能应用。在修理

---

① 《赵兰亭致刘鸿生》（1929 年 10 月 10 日），上海社会科学院经济研究所中国企业史研究
中心藏刘鸿记账房档案，档案号：08 - 026 - 075。
② 林允方，又名林志澄，伍廷芳之外甥。1909 年入麻省理工学院造船工程系学习，
1916 年获得硕士学位，1917 年回国入江南造船厂任营业部主任、允元实业公司经
理，经营机械生产及桥梁建筑工程，中国扶轮社早期成员。见广州市地方志编纂委
员会《广州市志》卷 19，广州出版社，1996，第 359 页。

表2 1929年招商局所保有的轮船及各自参数（截至1929年10月10日）

	船名	建造年份	船龄（年）	建造地	装载量（吨）	毛吨量（吨）	净吨量（吨）	马力（匹）	速率（节）	每日夜用煤（吨）	现价（元）	航线	大餐间人数（人）	官舱人数（人）	房舱人数（人）	次等房舱人数（人）	统舱客位（人）
1	江天	1870	59	格拉斯哥（英）	1737	2561	1737	900	9.50	28	73007	上海—汉口	16	37	48	155	1020
2	江永	1876	53	格拉斯哥（英）	1451	1921	1451	785	10.00	28	106294	上海—汉口	16	40	106	167	1140
3	江裕	1883	46	格拉斯哥（英）	2235	1195	2235	1750	12.00	34	130070	上海—汉口	14	34	92	246	1150
4	江新	1905	24	上海	2102	3373	2101	1500	13.00	34	531469	上海—汉口	22	57	118	164	1450
5	江华	1912	17	上海	2321	3692	2321	2800	14.00	45	559441	上海—汉口	20	34	110	200	1500
6	江安	1921	8	上海	2150	4243	1732	1570	12.50	41～45	818182	上海—汉口	24	118	308		1572
7	江顺	1920	9	上海	2150	4243	1732	1570	12.50	41～45	818182	上海—汉口	24	118	308	30	1572
8	江大	1900	29	上海	710	1176	860	400	10.00	21	55944	上海—汉口	16	13	25	170	300
9	江靖	1900	29	上海	710	1176	860	400	10.00	20	61119	上海—汉口	16	13	25	170	300
10	新江天	1912	17	上海	1600	3659	2387	2000	12.00	36	671329	上海—宁波	28	118	308	300	1572
11	新丰	1892	37	格拉斯哥（英）	1063	1846	1385	900	10.50	23	170070	上海、烟台、天津	16	26	44	26	450
12	新昌	1905	24	格拉斯哥（英）	2000	1923	1256	987	10.00	27	221818	南北洋各口无定	8	9	60	44	370
13	新铭	1906	23	格拉斯哥（英）	1603	2133	1428	1600	12.00	36	265734	天津—上海	22	42	37	62	476
14	广大	1883	46	格拉斯哥（英）	1536	2474	1536	1015	10.40	33	184755	上海—粤港	12	12	168	13	641
15	广利	1883	46	格拉斯哥（英）	1468	3359	1466	1015	10.50	35	185455	上海—粤港	22	126	757		
16	广济	1887	42	上海	880	505	313	540	9.00	16	82517	上海—温州	4	13	20	20	200
17	峨嵋	1920	9	上海	393	1111	837	1555	13.00	54	345455	上海—温州	16	6	12	30	150
18	海晏	1873	56	格拉斯哥（英）	837	1340	837	885	11.5～12	22	81818	上海—温州	18	16	50		195

续表

序号	船名	建造年份(年)	船龄(年)	建造地	装载量(吨)	毛吨量(吨)	净吨量(吨)	马力(匹)	速率(节)	每日夜用煤(吨)	现价(元)	航线	大餐间人数(人)	官舱人数(人)	房舱人数(人)	次等房舱人数(人)	统舱客位(人)
19	快利	1893	36	格拉斯哥(英)	876	1293	879	800	8.25	23	1357273	汉口—宜昌	12		50	80	523
20	公平	1890	39	格拉斯哥(英)	1742	2705	1742	900	9.50	28	200000	南北洋各口无定	16	30			750
21	顺泰	1896	33	格拉斯哥(英)	1216	1962	1216	860	9.50	23	164755	上海—粤港	8		116		476
22	飞鲸	1883	46	鲁昂(法)	980	1539	986	790	9.50	26	124476	南、北洋,长江无定	6	30	36		460
23	遇顺	1900	29	格兰慕斯(英)	1079	1696	1079	950	9.50	26	159441	南、北洋无定	5		51		400
24	同华	1906	23	弗里敦(丹)	746	1176	746	685	9.50	17	122378	南、北洋无定	4		2		250
25	图南	1881	48	纽卡斯尔(英)	942	1537	942	850	10.50	23	81818	上海—营口	4	116			476
26	嘉禾	1892	37	格拉斯哥(英)	977	1588	977	600	9.00	18	107692	南、北洋无定	12	8	22	72	175
27	建国	1905	24	敦克尔克(法)	1500	2868	1735	1000	10.50	31	216783	上海—汉口	18	80	80	168	280
总值					37004	59294	36776	29607		900	7897273		399	1096	2953	2117	17848
平均值			32.93		1370.52	2159.04	1362.07	1096.56	10.68	29.37	564091		14.8	47.7	118.1	117.6	686.5

注:原表中的船价为银两,玆银本位币1元=上海银两0.715折算为国币元。

资料来源:《赵兰亭致刘鸿生》(1929年10月10日),刘鸿记账房档案,档案号:08－026－112。

表 3 1935 年在中国水域航行不同船龄段船舶吨位及占比情况

船龄	日本		英国		中国		招商局（1929）	
	吨位（吨）	比重（%）	吨位（吨）	比重（%）	吨位（吨）	比重（%）	吨位（吨）	比重（%）
10 年以下者	32925	23.4	52241	17.1	18801	11.0	9597	16.19
10～25 年者	77905	55.1	156875	51.4	58149	33.8	18824	31.75
25 年以上者	30301	21.5	95984	31.5	94785	55.2	29873	50.38

注：日本、英国、中国为1935年数据。

资料来源：严中平等编《中国近代经济史统计资料选辑》，第161页。招商局数字整理自本文表2。

期中，船又不能航行，又须多受一项损失，故购买旧船未必定能相宜。阁下如实有意经营此项事业者，望勿俟其亏空过深，且虑政局一有变化以后，对于职工更动问题，又多纠纷矣。①

显然，购置旧船，每年会有一笔维修费，甚至大修，并不划算。但在1936年刘鸿生卸任之前，除了1933年庚款添置新船的举措之外，并无其他购置新船举措，尽管在给宋子文的函件中，刘鸿生自己也认为"有些旧船由于维修与运转的成本过高，已经无法盈利"②。1933年，江天、江裕、广利三轮以残旧停航；广济轮日久失修，峨嵋轮触礁损坏，亦一并停航。招商局应对的办法是"另租原安、安兴、普安、无羔、海上、龙山等轮，以资补充"③。这是因为，除了船龄老化，资金不足是招商局当时面临的另一重大难题。

1930年代招商局资金的困难在《招商局七十五周年纪念刊》的《本局债务清偿记》和《本局编年记事》中有大量详细记述，这里不做过度铺陈，但举一例。截至1934年5月底，招商局已清偿的银行钱庄本息计1351049.01元，除了恒润钱庄的8391.61元是通过水脚券偿还外，其余

① 《林允方致刘鸿生》（1929 年 9 月 28 日），刘鸿记账房档案，档案号：08－026－071－074。

② 《刘鸿生致宋子文》（1934 年 1 月 12 日），刘鸿记账房档案，档案号：08－031－008－009。

③ 招商局编《国营招商局七十五周年纪念刊》，1947，第81页。

都是通过借新债还旧债的方式偿还的；未清欠款本息合计则达 2430757.18 元。①

对于这样的财政困难，招商局希望从国民政府处获得支持，遂一次又一次给交通部、全国经济委员会等递交报告，请求拨付资金。先是 1933 年下半年，招商局给全国经济委员会递交报告，要求提供 1500 万元资本，用于付还汇丰银行债款、重建码头栈房和新股票抵付旧股票等项，其中 200 万元用于新江轮及拖驳船营造。② 这份报告应当写于 1933 年 8 月 7 日庚款购船合同草签之后，因为在报告里已经明确提到用庚款购新江轮，但事后的发展，除了庚款购新江轮之外，其他的资金要求均没有下文。1934 年初，刘鸿生再次给宋子文递交报告，申请 700 万元的紧急资金援助，其中 300 万元用于偿付旧债，100 万元用于购置轮船与驳船，同样，并没有看到宋子文对这一申请的响应。有趣的是，这份给宋子文的报告还有一份草稿，草稿与正稿的唯一差别是申请的钱款数量不同，草稿中要求的数字更高，为 1000 万元。③ 大概是刘鸿生自己也觉得宋子文不可能给予这么多的资金支持，而主动降低了钱款要求。

1935 年，刘鸿生又一次提交折呈，要求国民政府为招商局提供 2277.5 万元建设费用，其中 1665 万元用于扩充航线，添加船只。并认为这些钱款"系本局目前最低限度之建设费用，万不可少，否则业务前途仍难有发展之望也"④，这一提议同样也没有下文。

国民政府对于招商局这样的资金援助请求一直没有响应，分析起来，一方面是财政收入降低，另一方面是财政支出不减，甚至提高。财政收入降低的原因有二：一是 1929 年开始的世界经济萧条，在 30 年代初期波及中国，导致物价低落，银价提高，国际贸易受影响，关税收入因此短绌；二是 1931 年的九一八事变及 1932 年的"一·二八"淞沪会战，不仅使国民政府失去了东北三省的国土，其更因猖獗的华北走私活动，1935 年的关税收

---

① 《招商局银行钱庄已还清各户（计 24 家）》（1935 年），刘鸿记账房档案，档案号：08 - 027 - 029 - 030。

② 《整理招商局之先决问题》（1933 年），刘鸿记账房档案，档案号：08 - 026 - 019 - 029。

③ 《刘鸿生致宋子文》（1934 年 1 月 12 日），刘鸿记账房档案，档案号：08 - 031 - 008 - 009。

④ 《刘鸿生给国民政府〈折呈〉》（1935 年），刘鸿记账房档案，档案号：08 - 033 - 026。

入每周损失 200 万之巨。与此同时，财政支出却没有减少，一方面是因为日本侵华战争导致国民政府军费开支居高不下，另一方面则是 1931 年上半年至次年初华中连续发生大水，使得国民政府财政开支巨大。

国民政府在财政上的困难可以从图 1 的财政收支对比中窥得一二。

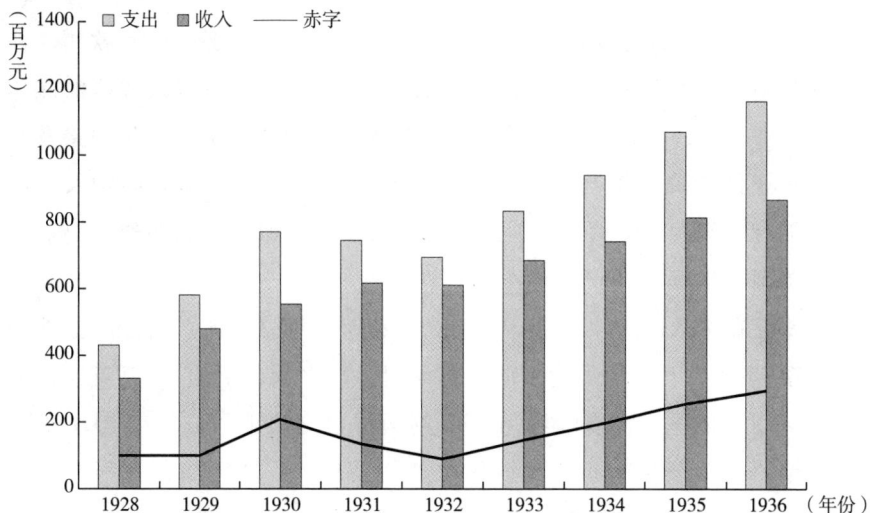

图 1　1928～1936 年国民政府中央财政收支情况

1928～1936 年，中央财政一直处于赤字状态。1931 年削减军费及 1932 年整理内债，这两年赤字才有所减小；但 1933 年之后，经济危机的影响及关税锐减的影响显现，赤字一路攀升。对于这一时期的中央财政，孔祥熙在 1936 年的报告中称，1933 年以来，国民政府在财政上所遭遇的困难，"于近代史中得未所有"①。在这样的政治与经济环境中，要想中央财政拿出钱来支持招商局的重组，的确显得镜花水月。

三　购船

基于前面的讨论，我们可以得出两个基本的看法：一是更新船只对于当时招商局的发展非常重要，而招商局自身又因为负债过重而没有能力完

---

① 刘克祥、吴太昌：《中国近代经济史（1927～1937）》，人民出版社，2010，第 2110～2112 页。

成这样的更新；二是国民政府当时没有足够的动机与财政余力去帮助招商局进行船只的更新。在这样的背景下，招商局1933年利用中英庚款购买船只则具有一定的偶然性。

关于中英庚款的由来，大体上源于1926年英国国会通过的退还庚款案。后来，英国于1931年比照美国的做法，成立了一个中英庚款委员会。所不同的是，英国所退庚款叙明要用在建设事业上，以退还的庚款作为基金，通过借贷的方式提供建设经费，尔后将事业所得利息投入中国的文化与教育事业。此外，还要求必须在伦敦设立一个购料委员会，凡铁路及其他生产事业借用资金需购外洋器材者，则交购料委员会在英国购买。因此，虽能有一部分资金拨补中国的文化事业发展，但大多数的经费仍被用作拓展英国在华市场、开展英国工商规模。①

这些存在伦敦的庚款，总计约200万英镑，年息2厘。其分配标准为2/3铁道，1/3水利。但因为须向英国购料，故水利名下的60万英镑，一直无法取用，必须"转借给国内需要英国材料之事业，方得变为现款"。而转借给招商局添购新轮，"俟该局将来偿还现款，即可举办水利事业"。所以，在时人看来，这项贷款的成立，"实为一举两得之事"②。

1933年5月，中央政治会议议决，将中英庚款的水利部分，除导淮事业外，所有存于伦敦不能动用之款，计36万英镑，借给招商局用于添置新轮。后刘鸿生以还需购置江轮6艘，尚不敷用为由，要求追加借款。所追加的4万英镑，于7月1日在中英庚款委员会议决通过。故实际借款400200英镑，其中用于海元、海亨、海利、海贞四轮的费用为349838.4542英镑，按付款日汇率折国币为5134128.37元。③

7月，刘鸿生与中英庚款委员会的曾镕浦等人进行了密切的函件往来，讨论的主要事项是关于用庚款购置海轮及江轮的料单事宜，以用于英国10月的造船招标。从函件来看，这一料单的准备工作是较为仓促的，"虽漏夜

① 朱庆葆等：《中华民国专题史》第10卷《教育的变革与发展》，南京大学出版社，2015，第101页。

② 徐宗士：《一月来之交通：招商局借用庚款扩充营业》，《时事月报》第9卷第1期，1933年，第37页。

③ 《交通部国营招商局购买海轮四艘借款契约》（1936年4月11日），《管理中英庚款董事会年刊》第10期，1936年，第50~53页。

工作"，"恐非三五日内可能竣事"。① 而行事仓促背后的原因，可能是这笔造船庚款借款的到来并没有在招商局的意料之中。8月，草签合同，规定所借钱款，完全用于在英订造海轮及江轮、购买材料、造船之用。并以所购或所造轮船的各宗收入为还本付息担保，年利5厘，1935年7月1日前利息一次清付，7月1日后利息半年为一期，共分20期，限10年偿还。②

为了监督轮船的营造，招商局委派工程师伍大名和Scurr船长前往英国。四轮分建于两地，其中海元和海利在纽卡斯尔的Swan，Hunter & Wigham Richardson Ltd. Neptune Yard建造；海亨、海贞在Glasgow的Bareloy Curle & Co. Ltd. North British Engine Works建造。③

在随后约一年的督造过程中，除了官方的报告往来之外，在英国的伍大名和Scurr船长与在上海的刘鸿生之间还进行了频繁的私函往来，就造船的事宜进行汇报、商议并讨论解决方案。下面首先简单介绍这两位在英国的招商局负责人。

伍大名（T. M. Wu, 1892～?），别号亮功，广东新会人。1909年广东黄埔水师学堂第十二期学生，1910年毕业。学习期间被选出，随同筹办海军大臣贝勒载洵、提督萨镇冰前往英国，并留在英国格拉斯哥大学学习舰船制造。1915年奉调赴美国麻省理工学院继续学习造船，1917年回国后被派往上海江南造船所，任至高级工程师。1933年8月交通部聘其专办招商局新船设计事宜，④ 10月被交通部委派为交通部船员检定委员会第一次船员考验委员，随后赴英负责海元等四轮的督造工作。赴英前，伍大名的职务是交通部的一名科长。需要提到的是，伍大名还曾于1935年1月24日代替许建廷接任吴淞商船专科学校校长，这间学校当时是隶属于交通部的一所航运学校，与招商局关系密切。

关于在英国督造船只的另外一个人物Capt. Scurr，在已有的关于刘鸿生招商局改组活动中所广泛引用的一条刘鸿生知人善用的材料中，大多会

① 《张寿生致曾镕浦》（1933年7月28日），刘鸿记账房档案，档案号：08 – 030 – 008。
② 《招商局以庚款余额造江轮》，《轮机期刊》第8期，1934年，第49页。
③ 励精、河上：《国营招商局海元轮新装置之介绍》，《航海杂志》第1卷第1期，1935年，第19页。
④ 交通部指令：《第一零零一一号》（1934年8月5日），《交通公报》第479期，1933年，第10页。

提到刘鸿生任用 Acurr 船长一条。追溯起来，这一说法来自刘鸿生四子刘念智的一段回忆："一九三三年夏，宋子文拨出一部分由英国退还的庚子赔款给招商局，由我父亲派伍大名、刘××和技术顾问 Capt. Acurr 到英国订购了三千吨级的客货轮四艘，取名海元、海亨、海利、海贞，增辟了上海至青岛、天津和上海至厦门……"[①] 但在刘鸿生接管招商局期间的刘鸿记账房档案中，并没有看到 Acurr 船长的记载，而 Scurr 船长则频繁出现。因此，笔者推测，很大的可能是刘念智的记述有误，误将 Scurr 船长写作 Acurr 船长，并导致后来的转引中以讹传讹。但是，档案中看不到 Scurr 船长更为详细的背景资料。

从 1933 年到 1934 年刘鸿生与伍大名等人购船过程中的通信来看，伍大名除了表现出对招商局利益的维护外，同时也体现出对中英庚款委员会专断做法的不满；刘鸿生则呈现出务实与变通的态度，行事作风具有目标导向。而在刘、伍等人口中的中英庚款委员会的英国方面，则更多地表现出对全局的掌控及强硬立场。

这些态度与立场集中地体现在购船过程中的两个事件上：一是对四船的承建商招标的争议；二是对已经建成的海轮移交方式的争议。下面分别叙述。

1. 对造船商招标的争议

我们先来看对这一事件的往来函件。

（1）伍大名和 Scurr 船长致刘鸿生（1934 年 1 月 1 日）

尽管事先我们已经从中国发电报告知庚款委员会我们的到来，并且要求其推迟招标行动，等我们到英国之后再说。但看起来，庚款委员会的英国方面早在他们刚一收到购船计划和相关技术规格要求之后，就把相关资料交给了他们的顾问 Sir John Biles 公司，并即刻着手采取各种措施推进这项工作。1933 年 11 月 10 日，他们就已经在新闻发布会上公布了此次招标信息。而后，庚款委员会实际上已经将轮船的长度定为 340 英尺，并于 12 月 12 日就已经公之于众。

---

① 刘念智：《回忆我的父亲刘鸿生》，中国文史出版社，2016，第 50 页。

正如您将从我们的官方报告中所看到的，我们已经向庚款委员会提出质疑，质疑其为什么要这么快就做出决定，而不是等到收到至少三至四家竞标公司的标书后，审查其声誉是否良好，是否有能力按指定尺寸造船，是否有能力在装货量、速度和其他方面达到我们的要求之后，再做决定。

英国方面的态势表明，由于庚款委员会大多由商人构成，而这些商人多忙于自己的生意而顾不上庚款委员会事务，因此，他们把大部分的决策权交由给了顾问 Sir John Biles 公司。对于这一点，如果造船合同中，有关我方的利益（我们正在审查合同中的有关条款与安排）得到了应有的考虑，我们当然没有意见。我们毫不怀疑庚款委员会及其顾问们的行动方向，正在努力确保招商局所要建造的轮船将会是由著名船商操刀，品质一流。但是我们认为，可能由于委员会开展业务的方式，显得操之过急。在我们到达英国之前，事情不应该进展到签署合同这一步。这里有必要强调，我们最初发给他们的情况说明里包含了一个非常明确的条款，要求其提供必要条件，使船舶建造委托方代表和建造商之间可以就建造的具体细节进行讨论，并且我们希望能有这样的机会可以进行细节磋商。很明显，这些磋商应该在合同决定之前进行，而不是等生米煮成熟饭之后再来做……

出乎我们意料的一点是，我们发现庚款委员会顾问的工资竟然是从招商局贷款中支出的，这些费用总数达新轮船合同价款的2%。我们认为，这种付款方式有失公平。像庚款委员会这样的专门机构，理应常年聘请技术顾问，顾问的工资显然应从委员会的公共基金中支付，而不应从我们这样的单笔贷款中开销。[①]

(2) 伍大名和 Scurr 船长致刘鸿生（1934 年 2 月 28 日）

正如您所意识到的，我们发现这里的形势十分严峻（extremely difficult），并且我们与庚款委员会及其顾问之间的沟通，极需（vitally necessary）手腕与耐心。很多面对面的商谈，包括最近的一次，都令

---

① 刘鸿记账房档案，档案号：08 - 034 - 059。

人非常不快（distinctly unpleasant）。虽然目前情况似有缓解的迹象。在我们极力去争取招商局利益的时候，我们也很庆幸背后能有您的支持。

总体来说，我们的主要目的已经达到，轮船将按照招商局最初要求的规格进行实际建造。尽管这一目的达成了，但在签订正式合同之前，我们与庚款委员会就谈判的方式而言，仍是存在分歧的。就造船来说，相关的两家公司直到把合同给他们的时候，他们才接到通知，目前，相关的文件还没有签署。另外，由于不了解中国沿海海事服务的具体要求，细节调整一改再改，并且由于在我们到达英国之前，庚款委员会对此事的处置过于草率，我们在这里浪费了至少1个月的时间。

我们今天已经经得到口头通知，将与两家造船商签订合同，但愿不会再出现进一步的纠纷。我们急于看到新轮船的交付，也希望能够尽早回到上海，以免增加招商局额外的费用开支。[①]

(3) 刘鸿生致伍大名和 Scurr 船长（1934 年 4 月 3 日）

我已经收到你们 2 月 28 日发出的私函，从中我十分遗憾地了解到你们与委员会和顾问在沟通中所遭遇的困难。整个委员会向并不了解中国沿海情形的顾问去听取建议，并且没有给予我方代表应有的重视，这听起来非常不可思议。我十分感谢你们会坚定地维护招商局的利益。我也希望随着时间的推移，你们和庚款委员会以及他们的顾问之间的关系能够更加和谐和密切，并能够加深彼此之间的理解。[②]

(4) 刘鸿生致伍大名和 Scurr 船长（1934 年 5 月 1 日）

根据庚款委员会过去的一贯态度，我估计如果我方不做一定的努力，这样的愿望与要求就无法实现。因此为防万一，你们如果发现你

---

① 刘鸿记账房档案，档案号：08－034－056。
② 刘鸿记账房档案，档案号：08－034－054。

们与庚款委员会及造船方的谈判进展不顺的话，请及时通知我，我会尽力调动各方资源，从中斡旋，以求达到我方目标。①

从这四封函件中，不难看出，对于整个招标、造船的过程，英国的庚款委员会及其顾问在其中起着主导作用，他们违背招商局的意愿，按自己的节奏进行船只的招标和合同的签订。对此，伍大名和 Scurr 则充分注意到了营造船只的技术细节和时间安排，关注的焦点较多放在合同的技术层面。而在伍大名要求英方对造船合同按事先约定，在造船程序和船只规格上做调整时，英方最终进行更正并做调整，说明伍大名等人的商谈是有效果的。同时，伍大名还尽可能地与上海的刘鸿生保持联系，以获得必要的支持。而刘鸿生尽管十分清楚英国庚款委员会的姿态与立场，但仍然叮嘱伍大名与其搞好关系。人在屋檐下，不得不低头，这显然是一种务实的态度。

2. 对是否由中国船员驾驶新船返回上海的争议

1934 年 4 月，招商局决定加派一支由两名船长、两名首席工程师和两名工程师组成的团队去英国学习与进行增援。增派人员均从吴淞商船专科学校挑选产生，费用则由招商局自己承担。除了学习与锻炼本国船员，刘鸿生的另一层意思是希望可以由这些船员驾驶新船返回上海，在实际操作中锻炼提高，熟悉新船，进而改变当时招商局的船长大量依赖外籍人士的状态。

（1）刘鸿生致伍大名和 Scurr 船长（1934 年 5 月 1 日）

我非常希望我们的新轮船能由我们自己的船长驶回中国，这对招商局未来海洋事务的发展将十分有利。我很重视此事，并且希望你们能排除万难，加以实现。

8 月份派到英国的船长中有一位马船长，是一位经验丰富的海员，长期担任诸多海轮的船长。我希望你们能会同庚款委员会努力磋商，争取安排其中一艘新轮船由他驾驶回国。②

----

① 刘鸿记账房档案，档案号：08 - 034 - 053。
② 刘鸿记账房档案，档案号：08 - 034 - 053。

（2）刘鸿生致伍大名和 Scurr 船长（1934 年 6 月 29 日）

我非常想知道（very anxious）你们与庚款委员会以及营造商们，在关于新轮由中国船员驾驶回上海的沟通是否顺利。由于此事十分重要（of great importance），我希望你们能够排除万难，努力达成目标。①

（3）伍大名和 Scurr 船长致刘鸿生（1934 年 6 月 19 日）

因此，虽然庚款委员会并不反对由招商局自己的员工来交付新船，驶回上海，但强调所有与交付相关的费用均需由招商局自己来负担。您手上的文件已经表明，建造商们所估计的轮船交付费用约为每艘 3810英镑到 5800 英镑。庚款合同规定，这笔钱可以付给分包商，但是在把船交到他们手上之前，会发生各种费用，诸如码头费等。而如果由建造商自己来交付的话，那么这笔钱就会由建造商来付。如果由招商局自己的职员来交付船只的话，那么这些钱，包括船只在中国的注册费都必须由招商局来承担。如果这样操作的话，造船商可以省下一笔钱，因为这些交付的费用，庚款委员会事先已经做了扣除，即便招商局自己派人把船开回上海，所省下的钱招商局也拿不到。除了上述费用，招商局还要支付航行到中国途中的保险费。因此，算下来，我们估计一艘新船的全部交付费用至少要 7000 英镑。②

（4）刘鸿生致伍大名和 Scurr 船长（1934 年 7 月 25 日）

我已经收到你们 6 月 19 日的私函，得知我们让招商局自己的船员交付新轮船的计划由于各方面的阻碍而流产，对此我非常失望。但既然是这样的情况，且事关巨大的费用安排，情势不由人，我们也不得不去面对，尽人事而听天命。③

显然，委派中国船员驾驶新轮返回上海的设想是刘鸿生期待已久的事，

---

① 刘鸿记账房档案，档案号：08 - 034 - 045。
② 刘鸿记账房档案，档案号：08 - 034 - 034。
③ 刘鸿记账房档案，档案号：08 - 034 - 038。

但招商局艰难的财务状况，庚款委员会在合同规定中占据的主动地位，使得这一设想无法实现，而伍大名与 Scurr 虽然做出种种努力，最终也不得不抱憾面对现实。当然，出于财务考虑而另择他法，也是一种更务实的姿态。

不过对于一年多的营造努力，最终的结果是令人满意的。1934 年 10 月 8 日，伍大名和 Scurr 从纽卡斯尔致刘鸿生的函件里写道：

> 我们所建造的这几艘船即便在英国的航运圈里，也属于公认的上乘的轮船。相信这几艘船在有序交接之后，能够良好运转。它们的速度、装货量以及耗煤量等均已达到了我们之前的预期。希望这几艘船到达上海之后，其技术性能能够得到您的首肯。[1]

庚款营造的四艘海轮于 1934 年下半年陆续驶回上海，引为盛事，而见诸大小报纸版面。有了这四艘新船，招商局的船只结构也得到了更新，不只是船龄，新船的航速、载货量和煤耗量表现均更为先进。从表 4 中可以看到，1934 年新船加盟后，招商局轮船的船龄结构得到了优化，旧船退役停用，新船更新补入，总载重吨位则在上升。

表 4　招商局自有船舶各船龄段载重及占比情况

船龄	招商局（1929 年）		招商局（1932 年）		招商局（1935 年）	
	载重（吨）	比重（%）	载重（吨）	比重（%）	载重（吨）	比重（%）
10 年以下者	4693	12.7	0	0	12800	28.3
10～25 年者	11872	32.1	14364	36.6	13971	30.8
25 年以上者	20439	55.2	24854	63.4	18534	40.9
合　计	37004	100	39218	100	45305	100

资料来源：根据本文表 2、表 3 及《国营招商局七十五周年纪念刊》和《二十四年航业年鉴》（上海市轮船业同业公会编，1936）整理而成。

四　结语

1933 年接任招商局总经理时，刘鸿生面对招商局亏损的财务和庞杂的

[1]　刘鸿记账房档案，档案号：08－034－024。

多线局务，很快就敏锐地意识到，应尽快剥离其地产和码头业务，回归航运主业。而在其航运主业的发展战略中，又前瞻性地察觉到长江内河航运的衰弱及海运的增长潜力，着力发展水陆联运。1933～1934年庚款购船活动既是招商局更新船只的努力，也是招商局着重发展海运战略布局中的一环。

1947年，在为《招商局七十五周年纪念刊》撰写纪念文时，刘鸿生开篇写道："创业难，守成不易，而不知复兴更为艰难。"复又提道："自改国营，鸿生承乏总经理，幸承朱部长全力主持，借用中英庚款，建造海轮四艘，及以借款添购海云轮船，但旧船因不堪行驶而停航者，亦有五艘，一消一长，吨位如旧，蹉跎三年毫无成绩，遂乃退避贤路。"这"复兴"二字，固然是写徐学禹，又何尝不是描述自己在招商局的努力。

而1936年招商局编年纪事中则是这样记载："……自添造元、亨、利、贞四海轮后，航驶青岛广州各线，营业渐有起色。"无疑，这是一次成功的复兴。

姚清铁 毕业于上海社会科学院经济研究所，经济学博士。现为南京财经大学经济学院副教授。主要研究领域：家族企业、中国企业史。

陈倩 江苏宝应人。现为南京财经大学经济学院硕士研究生。主要研究领域：粮食经济史、中国企业史。

中国通商银行与轮船招商局关系述论

谢俊美

19 世纪下半叶，中国一批能人志士面对西方列强的侵略和掠夺，打出"自强""求富"的口号，历尽各种艰难，开办了一系列洋务新政。1873 年（同治十一年）创办的轮船招商局（以下简称招商局）① 和 1897 年创办的中国通商银行（以下简称通商银行）就是两个具有代表性的企业。前者是中国近代航运业的嚆矢，洋务企业的领军代表；后者是中国第一家带资本主义性质的商业银行。他们前后相继出现，显示了中国近代化的发生、发展，具有反对和抵制外国资本入侵、捍卫和挽回民族利权的重大意义，是民族觉醒的标志。这里就通商银行与招商局的关系略作论述。

一 通商银行筹集股本，招商局认股最多

甲午战败后，清朝统治力量遭到严重削弱，面临的形势也更加严峻。"内忧迭起，外患丛兴。法既虎视于南，俄欲鲸吞东北，复有英、德、美、奥诸大国耽耽窥伺。"有识之士深感"欲泯外人侵夺，惟有振兴商务；而商务之兴，则非银行无以收转圜之益，且利权外溢，纯属漏卮，故创设银

---

① 关于招商局成立的时间，一说是同治十年。宣统元年十月《股商调查轮船招商局缘起利弊》报告中写道："同治十年，盛宫保在直隶条陈于李中堂，请设轮船招商局。公举唐景星、徐雨之为商董，招集商股百万，并由盛借领官本制钱二十万串，购置旧轮船数号及上海浦东、天津紫竹林码头两处，先从津、沪办起运漕、揽载，资本甚薄，不成局面。"参见汪熙、陈绛编《盛宣怀档案资料选辑之八·轮船招商局》，上海人民出版社，2002，第 918 页。以下简称《招商局档》。

行实有刻不容缓之势"①。

1896 年 9 月（光绪二十二年八月），盛宣怀从湖广总督张之洞手中接办汉阳铁厂后，感到"因办铁厂，不能不办铁路。因为有了铁路，钢材才有销路"。经过一番活动，在军机大臣、户部尚书翁同龢的支持下，由张之洞和直隶总督兼北洋大臣王文韶联名保举，盛宣怀被任命为铁路督办大臣，负责修建芦汉铁路。在铁路招股时，商人们担心芦汉铁路"工巨货少，利无把握"，都不敢认购。盛宣怀认为只有银行与铁路"同时并举"，才能解决铁路招股问题，于是决定开设银行。

同年 10 月，盛宣怀向清廷递呈了一道《条陈自强大计折》，正式提出创办银行的计划。根据他的计划，他要开办一家由国家资助、商股商办的商业银行。新银行可以代理国债，以足国用，可以帮助国家解决困难等。当时因为筹措对日赔款，清廷无奈向俄、法、英、德等列强重息商借。被借款弄得焦头烂额的翁同龢对盛氏的银行计划非常感兴趣。他曾说："此人综核精能，苟在农部，百事举矣。""杏生自是彼中能手，货殖传中人，往往能尽人之才力，其静思不可及也。"② 所以，全力支持盛宣怀开办银行。次年一月，清廷正式谕令盛宣怀"着照所拟办法，延订商董，招集股本，妥定章程，以收利权"③，择期开办。稍后，盛宣怀递呈了《中国通商银行大略章程》。章程规定银行资本一千万两，先收一半，五百万两；每股股银一百两，共五万股；开办时先收二百五十万两。

根据盛宣怀的计划，银行开办首先要争取清廷的支持。他主张仿照当年招商局开办的办法，由户部或南、北洋"发洋二百万（南洋百万，北洋亦凑百万），作股份可，暂借亦可，合成商股五百万"。认为"此等事，商办能持久无弊，然初创时非藉官力辅助，因商力不足也"④。总董们同意"官力辅助"，但"不领官本"，坚持"商股商办"，担心一旦领有官股，政府势必插手控制。"近时招股风气尚未大开，如一时难于集股，拟拨借

① 《陈惠勋致盛宣怀函》（光绪二十二年十月二十日），谢俊美编《盛宣怀档案资料选辑之五·中国通商银行》，上海人民出版社，2000，第 17 页。以下简称《通商银行档》。
② 《翁同龢致翁曾荣函》，谢俊美编《翁同龢集》，中华书局，2005，第 255 页。
③ 《盛宣怀禀》（光绪二十二年十月二十六日），《通商银行档》，第 26 页。
④ 《盛宣怀致李鸿章函》（光绪二十二年十月二十五日），《通商银行档》，第 26 页。

北洋发商生息之款，暂为垫足，待开办后，果有利益，商股易于招集，陆续拨还官款。从前招商创办之初，借给官本而仍还官府，并无短少，此其明证。"① 协商结果，银行最终不领官本而领存官款。银行开张之日，户部正式拨存银一百万两交通商银行储存，年息五厘，以六年为限，按年付息。限满后分作五年归本，每年二十万两，息亦递减。② 以示对通商银行开办的支持。户部拨存的这笔款项，仍具有临时资本的作用。

通商银行开办前，盛宣怀还掌控经营着其他企业，如招商局、电报局、仁济和保险公司、汉冶萍煤铁公司、华盛纺织厂、磁州煤矿等。这些企业有的经营好、收益多，如招商局、电报局等，有些则需要资金资助，如汉冶萍煤铁公司。通商银行的股本一半来自这些盈利企业，其中又以招商局为主。招商局"为中华第一发韧之大航业"③。"中华航业之先河，中国公司之领袖。"④ 根据股商宣统元年（1909）调查，招商局在"盛宣怀督办任内，自光绪十一年至二十九年止，历届细帐，除各项开支外，实在还清前欠官项银一百七万余两，报效银九十一万二千两，还清前欠洋商各款银一百七十九万五千两，又磅亏二十七万六千余两，股商利息及还款利息银五百三十七万八千余两，总、分各局董事、司事奖赏花红四十二万两，股商公积添入本局股本银二百万两，公积入通商银行股本银八十万两，湖北铁厂股本银二十七万四千两，萍乡煤矿股本银十六万四千两，铁厂、萍矿存款银四十六万九千余两。船栈添本一百八十五万两，备添船栈公积银八十六万两，共总收存余利银一千五百四十余万两。至于商股，新旧各银四百万两。盛于交卸之日，结存码头，栈房、轮船、地产，按照时价估值，并连公积，不下二千万两之数，可谓厚矣"⑤。由于获利丰厚，为权贵所垂涎。后来一度为袁世凯夺去，这是后话。从这段资料中知道，招商局从公积银中购买了通商银行八十万两股份。

招商局认购通商银行股银八十万两，是由盛宣怀亲自"电谕"决定的。

---

① 《严信厚拟通商银行章程》（光绪二十二年十二月初十日），《通商银行档》，第43页。

② 谢俊美：《翁同龢传》，中华书局，1994，第493页。

③ 《庄篆致盛宣怀函》（1912年6月3日），《招商局档》，第1088页。

④ 《招商局董事会向股东临时大会报告节略》（1912年6月16日），《招商局档》，第1088页。

⑤ 《股商调查轮船招商局缘起利弊》（宣统元年十月），《招商局档》，第919页。

当时他正忙于铁路借款事，无暇顾及银行招股。通商银行档案存有这方面的记录。"盛大臣认招轮船、电报两局华商股份一百万两。"一百万两中，"电谕（招）商局拨银八十万两，望日向取，已关照商局"；① 电报局"股银十万，（四月）二十六日前准付"；"电局三千八百股，内有电商十万在内，其余十万须在三月以前余利内提给"。② 这些印证了招商局、电报局分别承购了通商银行股银八十万两和二十万两。这一数目占了通商银行股银的40%，而其中招商局又占了32%。招商局对通商银行的开办起了关键性作用。

通商银行章程规定，银行日常经营活动由总董负责，总董必须是华人，必须是"公正殷实、声望素著、招集巨款、为股商信服者，方可保充"③。"各总董认招华商股份一百万两。"通商银行共选定了张振勋、叶成忠、严信厚、杨文骏、刘学询、严潆、陈猷、杨廷杲、施则敬、朱佩珍十人为总董，每名总董都认购或认招了十万两股银。十名总董中，严潆、陈猷、施则敬都是招商局的人。他们都跟随盛宣怀多年，为招商局立下了汗马功劳，深得盛宣怀的信任和业界的好评。他们不仅在通商银行认招了三十万两股银，而且为通商银行日后的经营提供了许多宝贵的经验。

通商银行的另外五十万股银则由各省区招集认购。从通商银行所存资料来看，大多由各地分行董事、大班认购，其中京、津分行和香港、镇江、烟台、重庆等地分行认购较多。截至光绪二十三年四月开张前夕，银行招股大致完成，所欠十余万两最后由盛宣怀个人认购，总算凑足开办所需的二百五十万两。

二 通商银行的经营管理较多地吸取了招商局"官督商办"的教训

通商银行开办之初，盛宣怀就一再强调办事必须"尽除官场习气"，这多半是吸取招商局存在已久问题的教训。招商局创办之初，名义上"事权

---

① 《沪（杨）子萱来电》（四月十一日），《通商银行档》，第545页。
② 《严潆送银行总董电》（四月二十日），《通商银行档》，第548页。
③ 《中国通商银行大略章程》，《通商银行档》，第48页。

属之于商"，但因"事系（李）文忠手创，所谓总办，副会办者揽其大纲。且多由李氏任命"，即所谓"官督商办"。"上司视其为调剂属员之优差，于是奔竞钻谋视同禄位。上以是求，下以是应。当总、副会办极盛之时，委有七、八人之多，营业日败，余利日削，有虚縻而无实业，莫此为甚。"① 此外，挂名支薪的人也不少。这些人里既有京官大僚、官僚子弟（代表官僚），也有与盛宣怀关系较深的人。这种情况，作为通商银行督办的盛宣怀最清楚不过，对此感慨也最深。所以，在银行章程中明确规定，通商银行是一家"商业银行"，而非"官督商办"银行，是"商股商办，官为护持，与寻常商家银行不同"。"银行之得利，全在乎管事当手之得人。今中国开办银行，无论现下将来，管事经手必须除去官场习气，皆用熟悉商务之人。"章程还规定："银行用人办事悉以汇丰为准，不用委员而用董事，不刻关防而用图记，尽除官场习气，俱遵商务规矩，绝不徇情，毫无私意。总期权归总董、利归股商，中外以信相孚，生意以实为主。"②

这种"尽除官场习气"，"用人办事悉以汇丰为准"的提法和规定，是对先前洋务企业管理中存在问题的总结，是商人要求摆脱封建官府束缚、争取企业自主管理的反映，也是对西方在华企业管理的学习和借鉴，是一个历史性的进步。但话又说回来，规定归规定，事实又是另一回事。就通商银行督办、总董而言，他们大多是拥有官衔的人，盛宣怀官四品卿衔，义和团运动后赏加少保，故人们称他"盛宫保"。总董中，张振勋官太仆寺卿，其他如严潆、陈猷、严信厚、施则敬、杨文骏等人几乎都拥有候补道、府、县和同知、县丞等官衔。中国是个官本位国家，洋务企业的董事、总董们，若不拥有官衔就无法同官府打交道，办理有关企业经营中遇到的若干问题。因此，在经营管理方面很难做到"尽除官场习气"，通商银行分行大班、董事中虽无招商局有关分局如镇江分局总办朱某平日抽鸦片、下午起床、不务正业③的情况，但总行、总董们也不得不承认，各地分行"官气未免太重"。"用人办事悉以汇丰为准"，但实际并未做到。在总行，"华人往往到班不依期，告假无定时，且多年轻人，算盘笔墨均未

① 《严义彬致沈云沛说帖》（宣统元年十二月），《招商局档》，第934页。
② 《中国通商银行大略章程》（光绪二十二年十二月），《通商银行档》，第49、51页。
③ 《镇江众华商上盛宣怀公禀》（宣统二年正月初七日），《招商局档》，第937页。

娴熟"。通商银行各分行虽不存在招商局轮船中存在的偷窃商旅货物、"经手管理人员通同作弊、朋比分肥""侵吞搭客水脚"等现象，[①] 但同样存在大班、董事将总行资金和地方所存官款私下拆放，为个人谋利，造成总行严重亏损的现象。许多分行大班、董事如天津分行的梁景和、镇江分行的尹稚山、烟台分行的万霞如、香港分行的冯厚光等大多为当地庄号老板、钱业老手，"既办行，又开钱庄、票号，一心两用"。且通商银行自始至终都未能制定一部分行章程，这就使各地分行董事、大班钻了空子。

招商局在经营管理方面虽实行"官督商办"，存在诸多不尽如人意之处，但毕竟是"商办"，所用董事都是华人，得天时、地利、人事等优越条件，所揽生意也以运送漕粮、官物及中国商民为主，所以，经营颇能持久。但值得注意的是，通商银行"用人办事悉以汇丰为准"并建立洋账房、聘用曾在汇丰银行任职多年的美德伦为洋大班，目的是便于同外国银行打交道，与外资在华企业做交易。但银行开办后，外资银行拒不承认通商银行钞票，后由美德伦签名，方才接受。外资在华企业也绝少同通商银行有业务往来。总董们承认"卑行自开办以来，均系华商交易，绝少洋商往来"。因为过分强调"悉照西国规矩，未能与华商通融办理"，严重脱离国情，结果造成"营业日益萎缩，盈利无多"[②]。

三 通商银行总行的筹备开张多得招商局大力协助

由于通商银行与招商局同属"一家"，都是由盛宣怀督办，所以，通商银行的筹备活动，从股金的收存、"收单"的开具到银行开办资料的印刷和宣传活动，乃至银行总行的开张等，都是由招商局大力协助完成的。

1897 年 2 月（光绪二十三年正月），盛宣怀接奉办行谕旨后，就在招商局上海总局内设立通商银行筹备处，委托招商局负责银行开设的一切筹备活动。

同年四月初，盛宣怀指示筹备处办理"股银收挂"事宜："银行招股现

---

① 《俞朝棨〈密查招商轮局情形说略〉》（宣统元年），《招商局档》，第 923 页。
② 《中国通商银行总董会议记录和公信录》，《通商银行档》，第 717 页。

定初十日，先在商局挂号，所有挂号事件即派令陈辉庭兄（即陈猷）经理。"并令"先收股银十成之一"①。不久，总董和华大班陈淯就致电盛宣怀："今日又收招商局代挂号及股银五万二千六百六十两。"直到银行总行开张前十天，四月十六日，"股银及收银单"才改归"银行收发"，具体由陈淯收存和负责"填发收银单"。②

招商局总局和各分局还积极负责通商银行开办的宣传活动和招股工作以及物色分行董事和大班的人选事宜。如四月二十四日，盛宣怀急电上海总行总董，要他们赶快寄百本银行章程和股份收单到鄂。次日，总董回电："章程百本、收单二百张已交（招）商局寄鄂。"③通商银行厦门分行、烟台分行大班人选久久不能择定，最终是招商局厦门分局及烟台分局的董事一手物色帮助解决的。总行开张之日，盛宣怀"因洋债、路工担搁"，无法到沪参加总行开张典礼活动。"二十六日赶不到沪，开张偏劳诸位费神。"④所以，银行总行开张活动也是由招商局总局大力协助完成的。为了通商银行的开办，招商局出了大力，功不可没。

四 招商局盈利多存通商银行，在经营活动方面同通商银行多所配合

根据盛宣怀"自家生意自家做、利益不落外人"的经营原则，凡盛宣怀所掌控企业的存款和放款、押借款大多交由通商银行办理，这对稳定其所掌控企业的正常营运，至关重要。通商银行开张之日，招商局一次就在通商银行存银三十二万两。电报局也拨存银十八万四千两。仁济和保险公司则拨存银二十一万两，六天之后，再存银十万两。⑤与此同时，招商局各地分局、海关道、盐道等机构也陆续将收银储存于通商银行，以示对通

① 《中国通商银行总董会议记录和公信录》，《通商银行档》，第713页。
② 《沪陈猷、施则敬来电》（光绪二十三年四月十六日），《通商银行档》，第547页。
③ 《中国通商银行总董会议记录和公信录》，《通商银行档》，第548页。
④ 《盛宣怀来电》（四月十九日），《通商银行档》，第548页。
⑤ 《通商银行往来电报抄存（一）》，《通商银行档》，第550页。

商银行开办的支持。

通商银行日常的经营活动，同样得到了招商局的支持和配合。1900 年（光绪二十六年），义和团运动和八国联军入侵天津、北京期间，京津地区的经济遭到严重破坏。商家歇业、工厂倒闭，比比皆是。通商银行北京分行遭抢被毁，所存官款，包括武卫中军饷银在内，大多作为拆放款，拆放出去，以致一时无法收回。而官款，尤其是军饷催还甚急。荣禄以军饷告急，要求银行尽快拨还。直隶总督兼北洋大臣袁世凯曾将一笔海防捐款十二万八千多两活期存放在天津分行，由天津道张振榜担保，言明十月还款。袁世凯勒限张道一个月内还清。而此时天津分行大班梁景和因病去世不久，张道无法，只得求助上海总行。而总行此时也缺少现银。若挪用他项垫付，要损失一万六千多两。正好此时招商局天津分局有一笔采买军米款暂未启用，招商局会办沈能虎（子梅）了解后，表示"有款可拨"，愿意"随时划付"①，此举遂解了通商银行"一时之难"，为通商银行总行"节省银万余两"。招商局天津分局汪道（瑞高）致电通商银行总董："张道款已备齐，并有纱厂备息一万，商局（指招商局天津分局）缴报效六万两，均请购米拨用，以省汇兑。"②

招商局除了在业务经营方面与通商银行保持协调外，在信息方面也能及时沟通。1902 年 2 月（光绪二十八年正月），署顺天府尹孙宝琦（慕韩）上折奏请户部开设官银号，即户部银行。天津招商分局和北京电报局董事们得知后，立即电告通商银行上海总行。北京电报分局冯子仙探知后，直接找到军机大臣鹿传霖，指出孙氏此折"其意欲藉此架空通商钞票，且为随时通挪起见"。冯氏还亲自"电询慕韩，请将官银号归并通商银行办理"③。次年又传出袁世凯欲开"国家银行"。盛宣怀感到"国家银行"一旦开设，通商银行已无足轻重，计划将通商银行商股二百五十万两改作萍乡煤矿商股。如此"可使醴潭铁路速成，煤焦通运，即可添置炉机，粤汉轨料亦可自办，出铁日多，则获利在即"。至于部存官款一百万两仍储存于通商银行。他征求张之洞的意见，张氏对此

---

① 《天津张道来电》，《通商银行档》，第 600 页。

② 《天津招商分局汪道来电》，《通商银行档》，第 601 页。

③ 《冯道来电》（正月二十七日），《通商银行档》，第 598 页。

"亦以为然"①，但外务部讨论时则坚决不同意，结果盛停办银行的计划未获通过。

五 时势多舛，社会多故，招商局、通商银行在艰难中挣扎前行

企业的发展需要良好的社会环境，然而近代中国是一个外患频仍、内忧不断的国度。通商银行成立后相继发生了一系列重大事件：1898 年（光绪二十四年），光绪帝进行变法、慈禧太后发动推翻变法的政变；1899 年（光绪二十五年），发生慈禧太后欲废除光绪帝、另立溥儁为大阿哥的"废立事件"；1900 年（光绪二十六年），发生义和团运动和八国联军侵华战争。动荡的社会环境，尤其是义和团运动和八国联军入侵战争，给洋务企业的经营活动带来了巨大冲击和破坏。

1900 年（光绪二十六年），即通商银行开办第四年，华北地区爆发大规模义和团运动，各国借口保护使馆，联合发动了侵华战争。在八国联军入侵期间，通商银行北京分行、天津分行损失惨重。北京分行被抢被焚。当时行中存有荣禄的"武卫中军饷银二十六万，又往来浮存银五万两，统核规银三十三万两之谱"②。"当银行未焚之先，荣中堂之兵（该兵衣上有武卫中军字样）及'拳匪'即将银库及大铁柜击开，并将行内所有抢劫一空。""当银库被击开时，除紧要值钱单据外，有存现银洋约八万两，均为荣中堂之兵及'拳匪'所窃，银行房屋、银库铁柜钞票尽被焚毁。""计抢去钞票十万两，现银二万八千余两，银元二万五千余元及各户借券契据一概无存。"③ 武卫中军存行饷银二十多万两早被银行作为放款，放给天津、北京两地钱庄及商家，由于京津市面被摧毁，放出之款无法追回，总行一时也无力拨还。但荣禄催还甚急，总行只得暂时先垫还一部分。八国联军占领天津后，天津分行大班梁景和去沪避难，不久去世。总行在清查其分行账目时，发现无法收回的拆放款高达二十九万三千余两，梁氏挪用官款私下放债款不下三十万两。总行为之共垫赔银六十六万七千四百余两之

① 《外务部致盛宣怀文》（光绪二十九年三月初六日），《通商银行档》，第 291 页。
② 《冯景彝致陈淦函》（光绪二十六年六月二十二日），《通商银行档》，第 137 页。
③ 《北京分行洋大班厚士教禀》（光绪二十六年八月二十五日），《通商银行档》，第 136 页。

多。为了减少亏损，总行后来找到梁氏保人梁绍刚，向其索赔，但无结果。不得已，银行向香港地方高等裁判所起诉梁氏，裁判所以梁氏当初担保梁景和为"经理"而非变更后的"大班"，经理和大班两者任职不同，梁绍刚不再负有担保责任为由，判决通商银行败诉。官司一直打到伦敦英国高等法院，结果因辛亥革命爆发，盛宣怀出走日本，最后不了了之。在清查天津分行账目的同时，又发生镇江分行大班尹稚山拖欠镇江海关道存银及拖欠客户存银四十多万两的严重事件，后在两江总督端方和江宁布政使周馥及江苏布政使黄建莞等人协助下，通过没收尹氏家产、发行彩票，收回了大部分款项，但总行仍为之垫赔银七万多两。总之，经过义和团运动和八国联军侵华战争，通商银行共垫赔了九十多万两。这是一笔巨额亏空。经过十多年的积累，直到 1914 年，银行才将此亏空垫完。盛宣怀在致银行总董、大班的信中不无伤感地写道："本督办奉旨招股选董承办此举，原欲为中国开利源，不料迭遭患难，致亏巨本，始愿难偿，尚赖诸公驻行办事，不辞劳怨，得以完璧归赵，此必为股东所钦佩感戴不遑者也，绝无归怨之理。"①

相比之下，招商局在这场事变中损失要小得多。义和团运动发生后，招商局因忙于海运，基本未受大的冲击。八国联军入侵天津时，商局在紫竹林一带的房屋被毁，海运一度中断数月，所以，财产损失不大。招商局的业务活动主要集中在长江中下游地区。刘坤一、张之洞、盛宣怀等发起"东南互保"，同英法等驻沪领事签订"互保"协定，从而保证了长江航运的畅通和东南地区的社会稳定，使得招商局经营活动得以照常进行，营运收入未见减少。招商局的艰难曲折则主要表现为光绪二十八年以后的人事变更，损失以辛亥革命中最为惨重。

1901 年（光绪二十七年），李鸿章去世，袁世凯当上直隶总督兼北洋大臣。因为招商局获利丰厚，袁世凯和一些满族权贵对之垂涎已久。还在1899 年（光绪二十五年），军机大臣刚毅在南下视察后，就曾与大学士徐桐上奏，要求招商局向朝廷报效。招商局此前每年已报效银一百二十多万

---

① 《盛宣怀致中国通商银行总董、大班函》（宣统元年闰二月十二日），《通商银行档》，第453 页。

两，主要用于南北洋学堂、北洋海军余舰维修、实业学堂等常年经费开支。但在强势面前，盛宣怀与招商局只好同意每年再报效现银十万两。从"二十五年始，每年报效实银，船局（指招商局）六万，电（报）局四万，共十万两，年终如数报解"①。邮传部成立后，盛宣怀原先掌控的"轮船、铁路、电报、邮信，分作四项，归部管辖"。袁世凯"以轮船（招商局）系属商办性质，不以归部辖为然，局中委员仍归北洋委派"，委派杨士琦来控制，将招商局夺到自己手中。宣统改元，载沣摄政后，认为袁世凯手握重兵，对清朝威胁太大，借口将其逐出政坛。经过多年的折腾，招商局已无盈利可言。自杨氏督办，所用委员，盛气凌人，且与船务隔膜，与股东、董事势同对立。因而华商解体，洋人猖獗。加上"市情多变，生意减色，水脚跌价，遂致亏败"。1910 年（宣统二年），招商局第三十七期商况"收支不相偿，亏损伙多"②。

袁世凯失势后，招商局收归邮传部管辖。局中的许多股东见营业日亏，向邮传部提出要求成立董事会，将招商局改为由九名董事、两名查账员组成的董事会管理、经营，但遭到邮传部的反对。邮传部强调招商局系"官督"，力批"商办"。"招商局只可仍照从前由官派一、二委员，专管运漕、文案，其余轮船商务必须悉由董事会公举熟悉轮船及商务之人办理。至于航路、吨位、造船一切关系交通之事，应由董事会禀请邮传部核定，每年盈亏账目，亦由董事会禀报。"③ 股商对此非常不满。

由于营业亏损，股东们要求按原先约定的股息银每股一分发放。董事会犹豫不决。盛宣怀自袁世凯夺取招商局后，一直心有不甘，伺机重新夺回。袁世凯失势后，他认为机不可失，是夺回重新掌控的时候了，于是积极鼓动股东要求董事会将公积股银分给股东。他致函郑观应："通商银行股票八十万两，汉冶萍股票一百二十余万两，皆弟任内千辛万苦得来，若存在局中，他日必为（邮传）部提，莫若趁此时候，尽数分给各股东作为余利，提出之后，则公积均是码头栈房呆产，不怕官场强夺也。务望我公

---

① 《盛宣怀咨顾咏铨、郑观应文》（光绪二十五年七月二十九日），《招商局档》，第 765 页。
② 《高木六郎致盛宣怀函》（宣统三年七月十九日），《招商局档》，第 1055 页。
③ 《招商局档》，第 946 页。

速与贵同乡股东商酌，赶紧寄意见书两、三封交于董事会，弟必当切实作主，赶正月底结帐时即行议定，约计每般可分得通商股票银二十两、汉冶萍煤铁厂矿股票□□□元，庶几股票可以值钱，方能有效。"① 于是郑观应联络香港、澳门招商轮船有限公司的郑慎记、郑秀记等股东写信给董事会，要求将招商局所存公积通商股票、汉冶萍股票作为股息发放给股东。"查公司章程，不准别营事业，请将所存通商银行股份八十万两、汉冶萍煤铁厂股份一百二十万元，应即照股摊分。所存本公司之股票亦请估出清还欠款，此是股东应有之权利，望各董事于股东常会之期，请决议施行为荷。"② 在盛宣怀、顾咏铨、王子展等人的幕后活动下，股东大会表决通过，董事会顺势表示同意。于是招商局所购通商银行股银就这样发放给了众多股东。而这些持有通商银行股份的招商局股东一下子又成了通商银行股东。傅筱庵等一批人就是这样进入通商银行的。

招商局在 1911 年 7 月（宣统三年六月）前，局中已无现金存储。又因自保船险、添置船械，亏累严重。同年十月，革命党人发动武昌起义，辛亥革命爆发。武汉三镇控驭长江中下游，左右南北形势，成为南北双方交战之区，战事特别激烈。而"招商局长江航业以汉口一埠为大宗，局置财产也以汉口为巨，每岁商货出入，估计货本约值七、八百万两，所得货脚常在五十万之外，而产息尚不在内，实为航运最发达之区"。武昌起义后，商局"停航四月，除少得水脚银二十万两不计外，该埠猝被兵祸，至击沉趸船二艘，现已日久朽坏，尚难设法捞起。又焚毁栈房四座，小洋楼一所，均已变成瓦砾，无从检拾。又局产验货房、码头驳岸等处，均被蹂躏不谌，非重建大修，无可应用，此项工费核计业已不赀。又拆毁水龙船一艘，沉没挑船四只及起锚胖筒一号。以上损失估银十七万数千两之谱"。"其被焚被抢损失最巨、又索赔最急，尤以各栈所储商货为大宗，而商货之内尤以土药、洋纱、匹头为大宗"，此次商局因战事损失"总共估本银为一百二十一万二千五百三十万两"③。

相比之下，这次通商银行损失要比招商局小得多。除了上海总行所存

---

① 《盛宣怀致郑观应函》（宣统二年正月初四日），《招商局档》，第 936 页。

② 《郑慎记等致招商局董事会函》（宣统二年二月十二日），《招商局档》，第 940 页。

③ 《招商局上交通部呈文》（一九一二年五月七日），《招商局档》，第 1083 页。

度支部造币所用银三十万两被沪军都督府查封没收外，都督府对通商银行再无其他损害行为。都督府原打算查封通商银行，但由于军政府领导层中如李钟珏、王一亭等人都是该行董事，不少人持有该行股票和在该行存有钱款，加上该行登报声明其是家商业银行，并非官办，银行一切变更须待股东大会讨论决定，等等，沪军都督府就不再过问了。不过通商银行因在义和团运动和八国联军侵华战争期间遭到巨大亏损，这时乃至以后一段时期，经营仍处于相对困难之中。民国改元后，盛宣怀失去清廷这座靠山，不能再对通商银行进行"督办"。1913 年，通商银行召开首届股东大会，选举产生新的董事会。盛宣怀虽拥有该行大量股份，但因名声所系，未入董事会。虽然他的外甥顾咏铨和亲信王子展担任董事，但他们的影响已非常有限。1916 年盛宣怀去世后，通商银行的领导权逐渐落入傅筱庵手中。中华人民共和国成立后，通商银行并入中国人民银行上海市分银行，即今天的中国工商银行上海市分行。

进入民国后，招商局的营运虽还在继续，但内容已发生很大变化。清时享有的种种特权不复存在，也不再专门运漕，它直接隶属民国交通部，按照新的航运章程进行营运。营运的环境并没有太大的改变。民国年间，军阀混战，招商局的船只常常为军阀强行征用或野蛮截留，改作运兵、运械之用。货运常遭乱兵、土匪劫掠，根本无法正常运行，损失惨重。1929 年改归南京国民政府管理。就是在这种十分艰难的环境下，招商局的先辈们披荆斩棘，风雨前行，一直坚持营运数十年。1949 年 9 月，招商局正式停运，次年并入中国轮船航运有限公司。香港招商局后来则另组轮船招商局集团，继续为中国现代航运事业做贡献。

人世有代谢，青山无古今。一百多年过去了，中国社会几多变迁，历史早已翻开新的一页。作为中国近代航运业鼻祖的招商局和中国第一家银行通商银行，它们的活动事迹早已载入史册。然而先辈们为维护民族权益、抵制外国侵略的爱国创新精神将永远激励着我们。为了实现伟大的中国梦，把中国建成一个富强繁荣的国家，我们共同努力吧！

　　谢俊美　1942 年生，江苏盐城人。现为华东师范大学历史系教授、博士生导师。1967 年南开大学历史系毕业。1981 年为陈旭麓教授研究生，学习中国近现代史。毕业留校至今。主要从事晚清史、中国近现代史教学与研究。主要著作有《翁同龢传》《翁同龢年谱长编》《翁同龢人际交往与晚清政局》《东亚世界与近代中国》《政治制度与近代中国》《中国第一家银行——中国通商银行简史》等十多部。主编"醒狮丛书""国学传承丛书"，编有《盛宣怀档案资料选辑之五·中国通商银行》《翁同龢集》。

中法战争时期招商局与旗昌洋行的
轮船交易

吴翎君

前　言

　　1872 年由李鸿章负责创办的轮船招商局，是晚清洋务运动的官督商办企业中，最早引进西方技术和管理模式的最大航运企业。轮船招商局成立的主要目的为借由民间投资、政府经营，以发展中国内河和沿海的航运运输，免得中国航权和利益始终掌控于外人手中。① 招商局成立以后和美国旗昌洋行有两次重大的交易。一是 1877 年顺利盘购旗昌轮船公司，使得招商局成为航行中国内河和沿海最大规模的轮船公司，拥有船只量甚至超逾任何一家外国在华经营的轮船公司。二是 1884～1885 年中法越南战争中，李鸿章鉴于中国海防危急，将招商局所有船只全部转让给旗昌洋行，改悬美国国旗，双方密约待战事结束后，船队始归还招商局。关于招商局与旗昌洋行的交易，过去的研究主要针对 1877 年招商局成立之初盘购旗昌轮船公司案的经过及其与英美轮船公司在中国内河的航运竞争。② 至于中法战争期间的这场中美交易，

---

① 详见黎志刚《轮船招商局经营管理问题，1872～1901》，《中央研究院近代史研究所集刊》第 19 期，1990，第 67～108 页。

② 已往对于招商局的成立及 1877 年盘购旗昌轮船公司案例的研究已相当充分，本文不拟详述。最重要的研究为刘广京《中国境内英美轮船竞争》，该书主要探讨了美商旗昌洋行、英商怡和洋行、太古洋行在中国航运市场的活动，以及中国成立轮船招商局以后与这些外轮洋行的竞争。Kwang - Ching Liu, *Anglo - American Steamship Rivalry in China*, *1862 - 1874*, (Harvard University Press, 1962)；黎志刚的《中国近代的国家与市场》（香港教育图书公司，2003）及其有关招商局的相关论文。此外，陈潮的研究探讨 1877 年招商局

并未有学者深入研究。如间有提及者也多囿于中国民族主义观点的负面评述，而未从中美关系及国际视角来探讨。[①] 在中法战争期间，两国的轮船交易是否纯为商人企业的私人交易？在国际关系上，这件交易攸关已进入近代国际秩序的国家主权者对于国际战争采取怎样的相应国家行为的认知和处置。

自海运开通以来，中国民间船只为逃避海盗或为逃避重复征税等，屡有悬挂外国旗帜接受保护的情形。然而，招商局为清季洋务运动中标举自办轮船企业用以抵制长期掌控中国内河航运的英美轮船公司，如何能悬挂外国国旗并接受其保护？此事攸关中国初起步的航运事业之成败毁誉，其和一般商船悬挂洋旗的性质大大不同。当时招商局何以选择旗昌洋行换旗，或是旗昌洋行何以接受这项交易？其间不仅牵涉两个企业间长期的交往关系，更与中法战争时期中美两国政府的联系有关。这件悬挂美国国旗的轮船交易案本身已颇不寻常，同时也突显战争期间外人在华各个条约口岸的贸易投资和航行内河等权益该如何处置的问题。本文利用总理衙门档案，美国政府档案和《北华捷报》等资料探讨此一轮船交易案在中美关系上的意义，并从企业活动、国家治理与对外关系等方面来探讨近代中国寻求富强之路的特别遭逢。

盘购旗昌轮船的交涉过程，侧重负责此案交涉的李鸿章、徐润和盛宣怀等人。见陈潮《轮船招商局盘购旗昌轮船公司述论》，《史林》1988 年第 1 期，第 51～58 页。聂宝璋和易惠莉的研究或从买办角色或从商战论，探讨并购旗昌轮船公司案，见聂宝璋《从美商旗昌轮船公司的创办与发展看买办的作用》，《历史研究》1964 年第 2 期，第 91～110 页；易惠莉《招商局并购美商旗昌轮船案与商战论》，《史林》2009 年第 4 期，第 41～53 页；易惠莉《唐廷枢、徐润与招商局之筹建与改组》，载香港中文大学中国文化研究所文物馆、香港中文大学历史系合编《买办与近代中国》，香港三联书店，2009，第 194～221 页。

① 过去有关招商局于中法战争时期换旗一事研究的中文著作，较多从中国民族主义的立场批判招商局的虚假出售，称其为"借外国势力的庇护逃避反侵略战争中应尽的义务"，甚至有"控制招商局的官僚买办阶级是外国侵略势力豢养的附庸"的说法。张国辉《中国近代航运业的酝酿和轮船招商局的产生》，载易惠莉、胡政主编《招商局与近代中国研究》，中国社会科学出版社，2005，第 211 页。上述观点反映了二三十年前史学研究的时代局限。

一 旗昌洋行和招商局的早期历史

旗昌洋行（Russell and Company）发迹于广州十三行时代，1824 年由塞缪尔·罗素（Samuel Russell，1789~1862）所建立，主要经销茶叶、丝和鸦片，在华的商业合伙人主要是广州十三行富商伍秉鉴。1834 年东印度公司对华贸易的垄断被废除后，旗昌洋行成为仅次于英商怡和洋行（Jardine Matheson & Co.）及颠地洋行（Dent & Co.）之后的第三大鸦片走私商。当时美国在华贸易量虽不大，但集中在琼记洋行（Augustine Heard & Co.）和旗昌洋行等大洋行手中。1840 年代，波士顿商人福布斯（Robert Bennet Forbes，1804~1889）掌控公司大股，福布斯家族成员福士（Paul Siemen Forbes，1806~1886）于 1844 年出任美国驻广州口岸领事。该行经理兼合伙人金能亨（Edward Cunningham，1823~1889）于 1852 年任上海副领事，其曾任上海工部局董事，是游走于政商界的风云人物。[①] 中法战争期间，厦门美副领事哮哈也是旗昌洋行的合伙人。[②] 旗昌洋行的股东与波士顿商业集团及华盛顿政要均有密切关系，且其洋行经理或合伙人出任美国驻中国主要通商口岸的领事职位，旗昌洋行是一家代表美国对华商业利益集团的典型大企业。

金能亨看到中国航运界的商机潜力，在 1861 年 2 月向旗昌洋行董事会力荐，拟成立一家开辟长江航运的轮船公司。他同时利用个人的关系募集到华人买办和英国商人资金合计 70 万关两，再加上公司的挹注，以一百万关两（约美金 1358000）起步，于该年 3 月 27 日创立旗昌轮船公司（The Shanghai Steam Navigation Company）。这是美国资本在华设立的第一家轮船公司，其很快称霸于中国长江水域，并获得巨大利益。旗昌轮船公司于 1867 年有 12 艘船，1869 年增加到 15 艘船；到了 1872 年有 18 艘船，该年

① 不仅旗昌洋行的合伙人，甚至雇员也出任美国驻中国口岸领事，例如，任职旗昌洋行且不通晓汉语的毕理格（William Breck，又译为别列子或柏赖克），于 1863 年出任汉口领事。中研院近代史研究所编印《中美关系史料（同治朝）》，1968，第 52 页。美国商人兼领事的问题，详见吴翎君《美国大企业与近代中国的国际化》（台北，联经出版公司，2012；社会科学文献出版社，2014）第 1 章。

② 《总署收总税务司赫德呈》，光绪十年三月二十二日（1884 年 4 月 17 日），载《中美关系史料（光绪朝二）》，1988，第 1029 页。

账面载明的股本是 225 万两，此外共有现金储备 100 万两。① 由于中国内河轮船航运业务的利润不断增加，1870 年代初期外资轮船纷纷投入，旗昌洋行在轮船航运业的龙头地位因而发生动摇。它的对手有较早成立的英国公正轮船公司（Union Steam Navigation Co.）、资金雄厚的太古轮船公司（The China Navigation Co. Ltd.）和成立于 1873 年由英商怡和洋行创办的华海轮船公司（The China Coast Steam Navigation Company）。②

1872 年，李鸿章主导的官督商办企业招商局成立，招商局享有漕粮运输上的种种优惠，而且所承运的货品还免征厘金，成立之初即对英美轮船在中国内河水域的航行优势造成威胁。在招商局创立之初，朱其昂、盛宣怀和徐润各为会办，"朱道其昂、盛道宣怀管理招商、运米等事。唐丞廷枢、徐郎中润管理轮船、揽载等事，皆熟谙生意，殷实干明"③。招商局早期的经营在招股方式、官利分派、人事和财务管理、揽载和保险等方式的成效，特别是唐廷枢和徐润两人的资本筹集、销售策略和拓展局务等能力，使局务蒸蒸日上。招商局的资本额由 1872 年的 60000 两，增加到 1877 年的 751000 两，到 1880 年扩资到 100 万两，1882 年又增加到 200 万两。④

招商局成立后，一方面旗昌洋行因业务竞争与英国轮船公司合手倾挤

---

① 香港上海汇丰银行（The Hongkong and Shanghai Banking Corporation Limited，HSBC）于 1864 年成立之初，看中旗昌在中国市场的影响力，积极拉拢旗昌大股东福布斯家族，后来威廉·福布斯（William Howell Forbes，1837～1896）于 1879～1880 年出任汇丰银行第十一届董事会总裁（Chairman），可见旗昌洋行在远东市场的动见观瞻。详见 Ji Zhaojin, *A History of Modern Shanghai Banking: The Rise and Decline of China Finance Capitalism*（Armonk, New York, London, M. E. Sharpe, 2003）。波士顿商人福布斯家族档案收存于美国波士顿麻省历史学会（Massachusetts Historical Society）。详见 http://www.masshist.org/collection-guides/view/fa0269。

② 公正轮船公司早于 1860 年代成立，是资本较小的企业。太古轮船公司为一家在英国集股的大企业，创办资本 36 万英镑，由史怀尔（John Samuel Swire，1825～1898）于 1872 年在伦敦筹集。由怡和洋行创办的华海轮船公司，除原本怡和洋行的资金外，另有部分资金来自中国口岸的中国买办商人和英国小洋行的认股。刘广京：《中英轮船航运竞争，1872～1885》，载氏著《经世思想与新兴企业》，台北，联经出版公司，1990，第 528～531 页。

③ 《李文忠公全集·朋僚函电》，同治十二年十一月十三日（1874 年 1 月 1 日），台北，文海出版社，1962，第 24 页。

④ 黎志刚：《轮船招商局经营管理问题，1872～1901》，《中央研究院近代史研究所集刊》第 19 期，1990，第 75 页。

招商局，另一方面英美轮船之间也不惜跌价竞争，结果旗昌节节败退。1873 年以前旗昌股东每年可分得 12% 以上的红利，但 1874 年后每年红利跌到 7%。① 此时适值美国南北战争结束后开展大重建计划，基础建设和交通事业大有荣景，一些股东乃有意将资本转向美国市场，因此旗昌轮船公司面临经营和转型抉择，要么投下更大的技术和设备，力战中国市场，要么就转回美国本土。旗昌轮船公司原有 22500 股资本额，每股 100 两，到了 1876 年市值跌到每股 60 ~ 66 两，这次交易，招商局以高于市值的每股 103 两买入，股东大会拍手称庆，不仅拿回了成本，还略有小赚。② 1877 年，旗昌公司将 16 艘船只、码头和栈房等全数产业，总计作价 222 万两，出清卖给招商局。招商局由 17 艘轮船（11706 净吨）增加到 33 艘（23967 净吨），规模增加一倍，成为中国水域最大的航运公司。③

1877 年盘购旗昌轮船公司案的拍板，主要由盛宣怀与唐廷枢、徐润具禀北洋大臣李鸿章和两江总督沈葆桢，最后奏功。李鸿章反复分析得失利弊，指出八弊之后，权其利害，认为有裨于通商大局者固多，仍主张归并。其中，最主要原因在于和英国在华轮船公司的竞争，"旗昌既并之后，我局声名大振，太古怡和决不肯再添资本，与我争已定之局"，"旗昌甘心归并而我恝置之，或为太古怡和所并，或另为洋商所并，则彼以生力军与我相抗，年复一年既不能制人，必至为人所制，前功尽弃，后患无穷，其不归并之害又如此"④。李鸿章和沈葆桢等人认为此事"关系中国收回利权之举"，"事机仓猝，断非招股所能应手"；对盘购旗昌的资金筹措如何以"官照商力"做出具体建议。归并之事，由政府筹款。"以后资本二百二十万，除旗昌向有华商

---

① 刘广京：《中英轮船航运竞争，1872 ~ 1885》，载氏著《经世思想与新兴企业》，第 525 ~ 565 页。

② Mr. Seaward to Mr. Fish, Jan. 30, 1877, *Foreign Relations of the United States*（简称 FRUS，以下同），1877 – 1878, p. 90.

③ 1887 年招商局投入营运的轮船只有 28 艘；甚至在 1914 年该局也只有 30 艘轮船，因此，并购旗昌轮船公司，可说是中国早期轮船工业的一次重大发展。费维恺（Albert Feuerwerker）：《中国早期的工业化》，虞和平译，中国社会科学出版社，1990，第 233 页。

④ 《北洋通商大臣李鸿章函总署》，1877 年 1 月 20 日（光绪二年十二月七日），载《总理各国事务衙门档案》，中研院近代史研究所档案馆藏，档案号：01 – 05 – 010 – 03 – 006。另见，中研院近代史研究所编《海防档·甲·购买船炮（三）》，中研院近代史研究所，1957，第 952 ~ 956 页。

旧存股本银二十万两，可以劝令仍充股份外……奏明各省筹拨官本银一百万两，发交商局，免其缴利，分作十年拨本。"① 因此，1877 年盘购旗昌轮船公司案得以顺利成功，仍在于"官照商力"，主其事者以国家力量主导了整个盘购案，希望发达中国民族轮船工业，使其勿受制于外国轮船公司。

旗昌轮船公司退出中国内河航运，结束了美国在长江航运业的风光时代，这事引起了美国驻华领馆相当的重视。1877 年 1 月，美国驻华特命全权公使（Envoy Extraordinary and Minister Plenipotentiary）熙华德（George Frederick Seward，1840~1910）在电报中提到招商局会办唐廷枢（唐景星，电报原件称 Tong King Sing）居间交涉这事，拟从部分海关所得支付这次交易。熙华德提到中国招商局享有运送漕粮和税率上的优惠，且招商局更有意打算训练自己的经理人、职员、技术人员，创办船政学校，意图将外国轮船势力驱逐出中国。熙华德说，如果在公平竞争的条件下中国人是不可能挤垮像旗昌这样长期经营中国内河航线的公司，但他不敢断言清廷是否具有能力来管理招商局，并能充分让招商局股东和人民感到满意。熙华德当然是以美国自由市场的理念来看待中国企业的发展；因为招商局所享有的特权不仅将运输业中的外国竞争者排挤出去，而且也阻止了任何潜在的中国竞争者进入这一市场。他直言，如果中国的企业是自主发展，并由中国人民取得这种商业成就，美国人可能觉得自在一些。他寄望中国市场越来越走向自由开放和竞争。②

招商局盘购旗昌轮船公司之后，既受到政府大力扶持，却在数年之间，由盛转衰，失去初创时的声势。这是何故？据刘广京研究的结果，招商局盘购旗昌轮船公司后，虽有政府在货运吨位和补助方面的优势，但是不仅未能挤下英国轮船在中国长江航运的优势，招商局内部的管理行政弊端却日渐严重。由于 1883 上海发生金融风潮，而同年法国在越南的行动导

---

① 由江南各库局（五省）筹借五十万。"事机仓猝，断非招股所能应手。欲求大局持久，似非官照商力不妥。拟是由江南筹借五十万。浙江江西湖北四川山东五省合筹五十万，可否免支利息分作十年，由该局每年缴还十万，一定不移。"《总理各国事务衙门档案》，档案号：01-05-010-03-006，1877 年 1 月 20 日（光绪二年十二月七日），照录复南洋大臣两江督院沈咨稿。另见《海防档·甲·购买船炮（三）》，第 939~947 页。

② Mr. Seward to Mr. Fish, Jan. 30, 1877, FRUS, 1877-1878, pp. 88-91.

致两国形势剑拔弩张，市场耳语更助长了这次的金融恐慌，上海78家钱庄竟有68家倒闭。上海钱庄倒闭事件，使得原本担任招商局局董的徐润挪借招商局资金用于个人房产等多项投资，以致周转不灵，不仅徐润个人破产，也导致招商局大亏空。① 另一位官董唐廷枢也因大胆盗用招商局资金而被撤去局董职务。这一波金融风潮，导致招商局在1884～1885年进行人事大改组，也使得李鸿章弟子马建忠和幕僚盛宣怀顺利入主招商局。② 据海关总税务司赫德（Robert Hart，1865～1911）的函电，在谈判中法和约的同时，李鸿章除曾拜托天津海关税务司德璀琳（Gustav von Detring，1842～1913，英籍德国人）协助他注意谈判和约的细节外，还要研究招商局的事务，"设法使这垂死的企业复苏"。电文中所指的即是招商局内部人事和经营管理的腐败问题。③ 当时盛宣怀在天津，在上海的招商局会办马建忠便成为中法战争期间的轮船招商局和旗昌洋行交易案的第一线主导人物。

二 招商局轮船悬挂美国国旗的买卖

1883年12月，法军进攻驻扎在越南红河三角洲北圻的清军，所谓的中法战争以此为爆发点，在此之前中法已为越南问题争议甚久。中法战争先从陆战开端，接着有海战和台澎战场。早在1883年8月，清廷就希望美国公使杨约翰（John Russell Young，1840～1899）出面调停，赔款可由美使酌议。时任美国国务卿的弗里林海森（Frederick Theodore Frelinghuysen，1817～1885）指示："除非中法两国都认可美国驻华使馆的斡旋，美国不应介入这场争端；但是如果中法都同意美国斡旋，那么美国将尽全力促成

---

① 刘广京：《1883年上海金融风暴》，载氏著《经济世思想与新兴企业》，第571～593页。卜永坚：《徐润与晚清经济》，载香港中文大学中国文化研究所文物馆、香港中文大学历史系合编《买办与近代中国》，香港三联书店，2009，第221～232页。
② 招商局的这次大改组是盛宣怀日后长期掌控招商局的一个起点，盛氏在1885～1902年成为招商局的督办，实际掌控了招商局。黎志刚：《轮船招商局经营管理问题，1872～1901》，《中央研究院近代史研究所集刊》第19期，1990，第67～108页。费维恺：《中国早期的工业化》，第192～240页。
③ 陈霞飞编《中国海关密档：赫德和金登干的往来函电汇编》第4册，中华书局，1990，第555页。

和平。"美国国务院显然不愿积极介入调停。① 主和派的直隶总督李鸿章在交涉和议的同时，火速处理、移转招商局财产。这时与李鸿章颇有私谊的美国驻华公使杨约翰则居中扮演关键角色促成了这桩买卖。②

1884 年，李鸿章于 5 月 11 日受命与法国签订《中法会议简明条款》（中法天津条约）。待条约细目确定后再决定撤兵之日。③ 就在细则交涉之中，中法之间又发生北黎冲突事件（观音桥事件），以致和谈破局，不久再度交火。7 月，法国兵船 8 艘进逼福建口岸"欲踞地为质"；而留屯于烟台口外的 3 艘法国兵舰"每日生火作欲动之势"显系威吓。④ 旅顺、大沽、北塘各口岸之防护吃紧，南北洋复称"无船可拨"，避战之声四起。李鸿章意识到若真动兵闽口外，不足挡铁舰，"内河多船，亦无大用，倘被掳夺便损威"⑤。李鸿章的幕僚马建忠拟议将招商局的轮船公司"名义上"卖给旗昌洋行，以此保护招商局的船只免遭法国舰队炮击和劫掠。这项交易是在密约的情况下进行。马建忠称曾征询过英国商人的意向："局船必难尽避，即尽避，闲搁经费，经费不支，售英商，英律苛细，美律简易可售旗昌。"在马建忠初拟的奏折中，谋策出"换公司、换旗，不论限皆权自我操"的"假买卖"，使"局产可保，公私款皆存，并有无须有实在出入之款"。函电中提到不能令法国人知有"转移之法，以不能确知开衅而预换

① Jules Davids eds., *American Diplomatic and Public Papers*, Series 2: *The United States*, *China*, *and Imperial Rivalries*, 1861 – 1893. Vol. 6, *The French – China War* (Wilmington, Del.: Scholarly Resources Inc., 1979), pp. 170 – 171.

② 杨约翰曾伴随美国第 18 届总统格兰特（Ulysses S. Grant, 1822~1885）卸任后开展的两年环球之行，访行中国时对李鸿章甚有好感。杨约翰著有 *Around the World with General Grant*（American News Company, 1879），记录了前总统格兰特访问欧洲、亚洲和非洲各国的见闻及美国的对外政策。杨约翰对李鸿章赞誉有加，称这位素有"东方俾斯麦"（The Bismarck of East）之称的李鸿章，充满睿智，手段圆融，位高而权重。书中提到有趣的比较是，格兰特将军崛起于美国南北战争，其时李鸿章所练的淮军则是平定太平天国运动的主力，李鸿章自负地说："格兰特将军和我镇压了历史上最知名的叛乱。"还开玩笑说他姓李，格兰特的对手也姓李（指李将军，Robert Edward Lee, 1807~1870）。见该书第 371~372 页。后来格兰特向美国第 21 届总统阿瑟（Chester Alan Arthur）推荐杨约翰出任驻华公使（1882~1885）。

③ 中国近代史丛书编写组编《中法战争》第 7 册，上海人民出版社，1972，第 719 页。

④ 《寄译署》，光绪十年六月初四（1884 年 7 月 25 日）午刻，载《李文忠公全集·电稿》第 3 卷，台北，文海出版社，1962，第 64 页。

⑤ 《寄闽防张会办》，光绪十年六月初四（1884 年 7 月 25 日）申刻，载《李文忠公全集·电稿》第 3 卷，第 64 页。

旗，设不开衅必来物议，确知衅端始行换旗，物议虽免，法已无益"①。

此一换旗交涉，为何不能让法国知悉？除了李鸿章等主和派认为中国海防不足以抵御法国轮船大炮，法国公使巴德诺正在向中国漫天要价，并要求中国限期答复外，一旦招商局和美国旗昌洋行的暗盘交易公开，肯定遭到法方批评，且可能导致法、美关系的紧张。但从美国的档案来看则有另解，美国方面更在意的是如果中法处于交战状态，美国必须保持中立，就不能介入此事。加之，负责议和大任的李鸿章不仅火速安排其与旗昌洋行的密约，并打算请美国出面调停议和金额，因此，和旗昌换旗一事就必须更加机密。

李鸿章与在京的招商局经理唐景星商议，最担心的是此一合约万一不够详备，将使招商局受制于人。李在一日之间发了两次电报。第一次的电报中提道："局本共计五百余万，旗昌应给新股票一百万归局统售，其余旧股二百万听商自换存款借项，二百余万均归旗昌接认，方可交盘。换旗另立暗约代办。"最重要的是，"无论早迟，事定仍还伊银票，收回局产，转华商名，换华旗，注销明约，如此乃为权自我操，望妥密筹，议勿稍含混"②。当日，李又再电"此事纠葛甚多"，可先订简约，电商换旗，但详细方案则应俟唐道（唐廷枢）回到上海后会商议定。该电报提到法国要求清廷须于8月1日（农历六月十一日）前议定恤金。次日，马建忠偕同招商局委任律师英国人担文（William Venn Drummond，1842～1915）和旗昌洋行老板面商后，由担文起草售契和新公司章程。由于中法战事紧急，为避免生枝节，决定十一日押定，并马上申告美总领事电令各领事换旗。③

7月30日，李鸿章给招商局马建忠的电报可以更清楚地看出招商局换旗一事的急迫性。美国公使杨约翰居中斡旋，派遣天津领事赴上海责成此事：

> 巴（按：法使巴德诺）昨与曾宫保（按：曾国荃）议不合……初十不允偿仍即动兵，是展延之说不确。杨使（按：美使杨约翰）谓于

---

① 《马道由沪局来电》，光绪十年六月初五（1884年7月26日），载《李文忠公全集·电稿》第3卷，第64页。

② 《寄沪招商局马道》，光绪十年六月初六（1884年7月27日）午刻，载《李文忠公全集·电稿》第3卷，第65页。

③ 《寄沪招商局马道》，光绪十年六月初六（1884年7月27日）申刻，载《李文忠公全集·电稿》第3卷，第65页。

十一日前交盘不宜有暗约，尊电换收回先于领事处押卖契。所重尤在他日事平回收一节，弟须独担，责成津美领事已为此事赴沪，事急期促，务望妥办，勿贻后悔。①

"他日事平回收"一节尤其重要，李鸿章自陈独担后果。文中提到参与上海和谈的是两江总督兼南洋通商大臣曾国荃。李鸿章对索赔一事早有策略，"先允恤，再缓磨数目，似是一定层次"，"否则决裂，船厂万不可保，他处亦兵连祸结奈何"。② 福州将军同日函电，法军铁船雷、鱼雷船和大小兵船环伺江口逼其开衅，闽口海防恐不保。③ 然而，曾国荃为求和局速成，遽许法国恤银五十万，但遭法方严词拒绝，朝中乃有"于事无补，徒贻笑柄"之声。④ 李鸿章担心一旦中法在闽开战，福州船政局肯定不保，因此未战即计谋撤离："我自度兵船不敌，莫如全调他往，腾出一座空厂，彼即暂据。事定必仍原物交还，否则一经轰毁，从此海防根本扫尽难兴。"⑤ 于此可见李鸿章对中国开办不久的新兴轮船工业的重视，如果福州船政局保不住，至少可守住轮船招商局。

在李鸿章而言，招商局换旗之事乃急急如火，遂决定 8 月 1 日在美领事押券，共计五百二十五万，分期摊还银票，在上海的既有八艘船只马上办理，其他停在各口岸的招商局船随即照办。⑥ 后来中法谈判中，法国一再抬高议价，有三百万两或三百五十万两（或英镑一百万镑）不等，步步紧逼。⑦ 总理衙门对赔款的有限让步引起主战派的严厉申斥，对外谈判气

① 《寄沪招商局马道》，光绪十年六月初九（1884 年 7 月 30 日）申刻，载《李文忠公全集·电稿》第 3 卷，第 66 页。
② 《寄上海曾宫保》，光绪十年六月初九（1884 年 7 月 30 日）午刻，载《李文忠公全集·电稿》第 3 卷，第 66 页。
③ 《福州将军等致译署》，光绪十年六月初九（1884 年 7 月 30 日）酉刻，载《李文忠公全集·电稿》第 3 卷，第 66 页。
④ 《曾宫保来电》，光绪十年六月初九（1884 年 7 月 30 日）巳刻，《译署致曾宫保》，光绪十年六月十一日丑刻，载《李文忠公全集·电稿》第 3 卷，第 66～67 页。
⑤ 《寄译署》，光绪十年六月初十（1884 年 7 月 31 日）午刻，载《李文忠公全集·电稿》第 3 卷，第 67 页。
⑥ 《马道来电》，光绪十年六月初十（1884 年 7 月 31 日）酉刻，载《李文忠公全集·电稿》第 3 卷，第 67 页。
⑦ 《寄译署》，光绪十年六月十八日（1884 年 8 月 8 日）酉刻，载《李文忠公全集·电稿》第 3 卷，第 70 页。

氛紧张，宫中又有备战之争；主战派既主开战，招商局轮船为运输主力，当然不可能同意其换旗。① 1884 年 8 月 26 日（光绪十年七月初六日），内阁奉上谕颁布对法宣战的同一天（但未召见各国公使递送正式照会，详下），李鸿章接到总理衙门密电，斥以"现闻招商局售于美国，李鸿章何以未经具奏等因"。李鸿章奉旨"伏读之下，悚惕莫名"，他上奏称法人开衅情况危急："轮船恐被劫夺，乃与商董密筹照西国通例，暂售于美国旗昌洋行，以保成本。"电报中也首次披露了李鸿章认为中法未宣战以前"换旗"之举并不违反国际各国成法。在此之前的李鸿章和马建忠的函电往来中，并未提到这一理由："查招商局本西国公司之意，虽赖官为扶助一切，张弛缓急，事宜皆由商董经营，至于外人交涉权变之处，官法所不能绳者，尚可援西例之相维持。"此处"西例"为何？李鸿章提到招商局所雇英国律师担文的解释如下：

> 细查各国律例成案，凡本国商船改用他国旗帜须在两国未开衅以前。黑海之战俄商皆悬美国之旗，有二艘换旗在战事，三月前遂为法人所夺。复有二艘易旗于战前，特立售回据亦为美国所夺。布（普）法之战两国商船多售于他国易旗驶行，事后仍复原主。若暂行租赁则非实在转售，他国必不能保护，此万国通行之公例也。②

这份奏折不仅提到"实在转售"，他国始能保护；也首度提到唐廷枢在上海原有意与怡和洋行接洽，但英律繁苛难罄，美律简易，"易从美与中国交情较厚，应换美旗为妥适"。同时陈述马建忠和律师担文如何确

---

① 《醇亲王致翁同龢函稿第五十六》，光绪十年六月初八（1884 年 7 月 29 日），载翁万戈辑《翁同龢文献丛编》（四），台北，艺文印书馆，2002，第 155～157 页。编者翁万戈为翁同龢后人。奕訢所指挥的军机处因处理中法战争，和战不定，清军屡遭败退，慈禧太后借口"委靡因循"，于 1884 年 3 月罢去奕訢一切职务，令其居家养疾，同时由礼亲王世铎、醇亲王奕譞取而代之，以慈禧为首的中枢改组。然朝廷内部因和战问题仍纷扰不止。醇亲王奕譞受命总理海军事务，名义上为清末海军及北洋水师最高统帅，实际上指挥权属于李鸿章及淮军丁汝昌。中法战争中的主战派以清流派代表翁同龢为首。
② 《直隶总督李鸿章奏法人开衅招商局轮船拟暂售与美国旗昌洋行折》，载王彦威编《清季外交史料》第 45 卷之 15，台北，文海出版社，1985，第 844～845 页。

保所押契据、银行期票与收票等细节，"交涉彼此全凭信义，律师即援西例担保，而官长却未便主议"，"外侮横加，商情惶迫，数千人身家关系，而官无法以保护之"；将此事定位为商人设法保全成本，"官尤不便抑勒"。李鸿章为此举反复辩解，强调："战前商船换旗出售为各国常有之事，中国虽属创见而众商为时事所迫，亦属万不得已。"电报中也吐露美国官商之隐讳助力："法人四处侦探总疑商局轮船并非实售与美国，尚思援西例以乘间攫拿俾为军用，美国官商亦惴惴焉，相与隐讳，竭力保护。"① 这份奏折充分显示了招商局作为官督商办企业在政商关系的庇护依存特性，而李鸿章又将整件换旗案抬高到比附西方国家在开战前私人商船之保护成例，以保住商人出资认股、政府委派官员管理的中国招商局事业。

换旗之后，海关总税务司赫德函电招商局询问旗昌洋行是否可享有原来政府补贴的运粮水脚及二成货物之免税优惠。李鸿章清楚说明"所有格外优益，断不能让与他国商人"，"局船暂交旗昌经管运漕，毋庸免二成货税。俟收回时仍复商局旧章，庶无窒碍"。最重要的是，"美旗虽是局船，然只当论旗不论船，守定约章，以免借口。将来商局收回后，该关再查照旧章办理，界限自清"②。至于招商局房屋产权售与美商旗昌洋行后，应否令其搬移界内，也做出权变办法"暂从缓议"，以免镣镣相应。因为事平之后，招商局的轮船栈房码头仍当"照议收回"③。

李鸿章卖船在数日内火速拍板，出于对美国的信任，订立密约。这次交易虽和1877年盘购旗昌轮船公司未有直接关联，但是招商局和旗昌洋行长久的特殊关系亦应有助于这次交易的达成。1884年8月，广州地方当局曾支付旗昌洋行8993美金，作为该洋行仓库在1883年广东动乱中被暴民

---

① 《直隶总督李鸿章奏法人开衅招商局轮船拟暂售与美国旗昌洋行折》，载王彦威编《清季外交史料》第45卷之15，第845页。

② 《总署直隶总督李鸿章函》，1885年5月23日（光绪十一年四月十日），载《总理各国事务衙门档案》，档案号：01-13-007-06-005。

③ 《总署收南洋大臣曾国荃文》，1884年11月13日（光绪十年九月二十六日），载《总理各国事务衙门档案》，档案号：01-18-002-01-039。

毁损的补偿金。① 这笔金额据悉是当时诸多索赔中唯一有结果的。国驻广州领事喜默（Charles Seymour，生卒不知）不懈努力，固有其功；但也于此可见旗昌洋行与清廷的特殊交谊。②

三 宣战、局外中立与中美关系

招商局和旗昌洋行的交易在中法战争期间来回转手。战争时期船务运输在供应煤料、军火和物资方面无一不重要，因此招商局和旗昌洋行的买卖就不只是一桩普通的交易，它牵涉到列强如何看待中法之间是否处于国际秩序中国家之间的战争行为及其法律效果。从 19 世纪中叶以后，欧美各国对近代国际秩序中宣战行为的法律程序越来越成熟，"宣战"往往被视为武装敌对行为的开始，并依此构成战争时期国际社会中交战国和非交战国所依循的法律行为的基础和效果，包括外交关系、条约承认、商务关系、财产货物、船舶航运等。③ 中法战争是否有正式的"宣战"之事，还是一场"不宣之战"（undeclared War）？如果中法已有列强所认知的具战争状态的国际武力敌对行为，列强驻华使团最关注的便是各国是否需保持中立原则，以及如何中立的问题。其中与轮船最直接的便是港口封锁（blockade）和战时违禁品（contraband of war）的管制——交战国要求中立

① Mr. Young to Mr. Frelinghuysen, Nov. 8, 1883（received Jan. 9, 1884），FRUS, 1884 - 1885, p. 46；Mr. Seymour to Mr. Young, Sep. 10, 1883, FRUS, 1884 - 1885, pp. 46 - 47. 这次广东动乱的起源是 1883 年 9 月航行于广州和香港的英船"汉口号"（Hankow）停靠在广州时发生的一起事件。该船葡籍水手可能是蓄意或意外将一名中国平民推下船，致其溺毙，因而引起广东人民的愤怒。数名暴民试图烧掉船只和码头，接着群聚的中国民众大肆破坏广州沙面的洋人居留区住宅、设施建筑和工厂，从新建成的 Raven 工厂开始，一路破坏掠夺，甚至连广州英国公使馆东侧和邻近的旗昌洋行，也不能幸免。广州人的愤怒其来有自，因为之前发生过一名喝醉酒的英国公民谋杀一名无辜中国人的事件，广州人的愤怒尚未平息，接着又发生英船"汉口号"事件，乃有这次的广东动乱。

② Mr. Young to Mr. Frelinghuysen, Aug. 12, 1884, FRUS, 1884 - 1885, p.103.

③ 19 世纪末，因为"不宣而战"导致国际危机不断，例如，1700 ~ 1870 年，发生 107 次未经宣战的敌对行为，使得宣战程序越来越受重视。20 世纪初以前，国际"不宣而战"仍是普遍现象。1906 年"国际法学会"（International Law Association）通过决议，主张国际非先提出宣战书或最后通牒，即不得开始战争。1907 年第二次海牙和平会议正式接纳此项主张，制定"战争开始条约"（Convention on the Opening of Hostilities）。丘宏达：《现代国际法》，台北，三民书局，1993，第 677 ~ 694 页。

国家不得资助交战国家的运输措施。

1884 年初，清廷准备阻塞广州口岸。英美国家热烈讨论对他们在广州的庞大贸易利益该采取怎样的保护措施。如果中法处于交战状态，那么清廷或广州当局是否有权自行关闭条约口岸？因为广州为条约口岸，其他条约口岸恐将面临一致的局面。如果中法未正式宣战，但基于防卫上的必要，那么中国是否有权阻塞或自行封锁条约口岸？此一举措如果对在条约口岸贸易的国家造成经济损失，他国是否有权提出抗议？如果中法处于战争状态，那么各国领事是否应严加禁止该国的轮船不得帮助中法两国运送货品，免得有介入战争之嫌？这些外交问题使得旗昌与招商局的交易成为中法战争时期美国对华政策的一块试金石。

针对中法危机中的中国条约口岸是否影响外人在华利益问题，美国驻伦敦公使劳威尔（James Russell Lowell，1819 ~ 1891）与英国外交大臣格朗维勒（Granville Leveson - Gower，2nd Earl Granville，1815 ~ 1891）进行了晤谈。1884 年 1 月 22 日，美国国务卿弗里林海森给美国驻北京公使杨约翰的训令："不论法国或中国封闭通商口岸均不得认为正当，惟后者为了必要的保卫而封闭时则另当别论；假若法国绝对同意（而非有条件地）不会攻击通商口岸，那么美国政府将对中国阻塞港口的行动提出抗议。当中国政府认为有防卫上的必要而採取此一措施，美国将不提出抗议。"①

美国驻京公使杨约翰给美国国务院的报告中，提到两个立即必须处理的问题。

第一，根据 1858 年中美签订的《天津条约》第 26 款，当中国与他国交战时，美国船只可以自由出入通商口岸。条约又称："倘日后另有别国与中国不和，中国只应禁阻不和之国不准来各口交易，其大合众国人自往别国贸易，或贩运其他之货物前来各口，中国应认明大合众国旗号，便准入港。"但是这一条约是在 1858 年签订的，自从那时候起进攻及防御的方法即发生了彻底的改变。美国内战时用装载石头的船只堵住查尔斯敦港（Charleston）的水路，以获得有效的封锁。德国最近同法国作战时，用水

---

① Mr. Frelinghuysen to Mr. Young, Jan. 22, 1884, FRUS, 1884 – 1885, p. 64.

雷保护它在波罗的海诸港口。"如果我企图说服总署说：'德国及美国所认为是光荣的战争方法，对中国人是不许可的'的话，我当要感到一些烦恼。"杨约翰提到当时国际法正在改变，美国和普鲁士在战争时期也曾封锁港口，希望国务院有明确的主张和指示。①

第二，中国政府在和平的时候采取一种交战行为，来反对友邦的商务；假若我们在广州容许这种行为的话，这种行为将成为封闭中国所有通商口岸的先例。关于这一问题，杨约翰担心总督是一个两省的地方官，假若容许阻塞广州而不提出一个迅速的、断然的抗议的话，那么现任政府或后来的政府，两广总督或其他省份执政者，就有理由阻塞或封闭中国所有的通商口岸了。无论如何，他觉得应慎重些，即在向总署做任何表示以前，请美国国务院就他所引用的条款和美国主张的权利问题，做进一步训示。②

1884 年 9 月中旬，北京外交使团多次询问总署，中法目前是否处于实际战争状态，但总理衙门显然将使此事定调为"国内事件"（domestic incident），系中国对越南宗主权的问题，因此无须照会外交使团。然而，清廷总理衙门却拜托日本领事要日本人千万不能帮法国人载运燃煤，英美领事也曾收到这样的请求。法国方面也表明未正式宣战。时任总理茹费理（Jules Ferry，1832 ~ 1893）向欧洲各国政要表示中法并未开战，法国驻上海总领事李梅（Victor – Gabriel Lemaire，1839 ~ 1907）亦对外如此宣称。然而攻占基隆的法军却以中法处于"交战行为"（belligerent act）状态而强令阻止德国商船上岸卸货。这种混乱不明、各说各话的情势，令美国驻华领事感到不知所措。美国驻天津领事询问国务院是否可准许美国商船为中国运送军火，驻厦门领事也询问可否替法国轮船领航。美国公使杨约翰提到德国领事电询德相俾斯麦（Otto Eduard Leopold von Bismarck，1815 ~ 1898）意见，除非中法正式宣战，德国领事认为没有必要履行中立国家的义务。美国公使杨约翰又再次请示国务院在华人民在此不悦的战争事件中是否应保持明确中立，依他所见除非战争状态存在，否则美国人民没有保

① Mr. Young to Mr. Frelinghuysen, Feb. 11, 1884, FRUS, 1884 – 1885, pp. 66 – 69.
② Mr. Young to Mr. Frelinghuysen, Feb. 11, 1884, FRUS, 1884 – 1885, pp. 66 – 69.

持中立的义务；假如法国或中国希望美国表态中立，应通过他们两国在华盛顿的公使馆进行交涉。①

10 月，英公使巴夏礼（Harry Smith Parkes，1828 ~ 1885）针对清廷禁止英国商民将煤油、食物、军火运济法船一事，表示清廷未将"中法业已开仗一事明布英国朝廷"，而法国驻京公使也表示无开仗之宣示。英商天祥洋行以煤济法自不能视为违反局外之例，要求清廷准许英国商民得以运煤前往各个口岸，以免有碍商务。② 基于对中国口岸利益的维护，最后美国国务院的立场与英国一致。7 月，杨约翰正式照会总署，因法国并未明确主张宣战一事，福建总督堵塞马尾口岸，则与条约不合。"中国若非为保护疆土，断不作此事，以致有损于贸易。"美国国务院更向清廷揭示宣战的重要意义："按战事常例，两国必于有约之各国，均须先将开仗之事早行声明，然后可以开仗也。"③ 由此可见，中法冲突是否符合国际法上的真正战争行为的界定，牵涉到同属欧美较早进入国际法规范体系的法国，乃至西方各国采取怎样相应的外交措施。而清廷未正式递送宣战照会，就成为各国得在中国继续合法保有自由出入条约口岸贸易和通商的理由。

清廷没有正式宣战，总理衙门却照会各国务必严守中立，并封锁中国港口。1884 年 7 月，总署通告美国及各国领事谅山之役系法国挑衅，如今法国兵船滋扰中国口岸，以致贸易阻滞，财产损伤，"一切应由法国独认赔补，丝毫与中国无涉，各国并应禁止各处商民，不得私自接济军前一切攻

---

① Legation of United States（Mr. Young）to the Secretary of United States（Mr. Frelinghuysen），Sep. 16, 1884. FRUS, 1884 – 1885, pp. 103 – 104.

② 《英国公使巴夏礼照会署》，光绪十年八月十六日（1884 年 10 月 4 日），载《总理各国事务衙门档案》，越南档，档案号：01 – 24 – 013 – 03 – 013。这份照会也提到英国轮船亦有装运军火接济台湾华军之事，英国领事"实无权力禁止"。此外，次年（1885）2 月，法国一度宣布将运往广州以北的大米作为违禁品，企图切断中国漕米的供应，遭到英国反对。因为大部分运送米粮的船只系悬挂英国国旗，指摘法国此举违反中立国权利。但法国的禁运并未实施，因战事不久即告终。关于英国对法国行动的反应，详见林学忠《从万国公法到公法外交》，上海古籍出版社，2009，第 270 ~ 272 页。美国政府档案中亦收有法国照会各国驻上海领事代表，宣布自 2 月 26 日起大米运送为违禁品，美国政府对此亦表抗议的记录。Mr. Young to Mr. Byard, March 13, 1885, "Rice to be Considered Contraband of War", FRUS, 1884 – 1885, p. 161.

③ 《总署收美使杨约翰照会》，1884 年 7 月 29 日（光绪十年六月初五），载《中美关系史料（光绪朝二）》，第 1047 页。Mr. Young to Mr. Frelinghuysen, Sep. 16, 1884, FRUS, 1884 – 1885, p. 104.

战食用对象，以守公法"①。两广总督张之洞曾数次照会葡萄牙驻澳门官员务必严守"局外公法"："贵国与我国和好日久，此次中法战事，谅必守公法局外之义，凡法船所需米穀牛羊、甜水、煤炭以及军车军装一切应用等物，务不可接济，以敦友谊。"② 清廷是否认为借此将中法战争造成外人在华条约口岸的贸易投资和航行内河等权益完全摊在各国眼前，或许可让各国干预或进行调停。此一外交谋略，征诸总理衙门档案系有可能。

中法战争进行时，清廷迟迟未向法国宣战，即使其他各国公使频频询问宣战之举。直到1884年8月马尾海战后福建水师几全军覆灭，1884年8月26日（光绪十年七月初六日），清廷下诏对法国宣战，但是仍未依循西方近代国际社会的宣战程序——通过法国驻华公使致达正式宣战照会，并通告各国驻华使节。法国一方亦未明示对清宣战，中法战争乃有"不宣而战"之说。③

中法和谈之际，总理衙门曾寻求德国和美国的帮助，进行战事调停。出使德、法等国公使的李凤苞曾向德国代理外相探询德国是否肯助清攻法或居间协调。德国外相明言法国因深陷越南和埃及问题以致其深惧德国趁机报复，甚至因德取回阿尔萨斯和洛林两省，将不愿顺服德国之两省人民驱逐出境，以致两国边界人心汹汹，又言"德君衰老，不得不保泰持盈，不愿与法有事"。显然德国不愿介入中法问题，拟恪守局外之分。④ 清廷也

---

① 《总署致美使杨约翰照会》，1884年7月19日（光绪十年闰五月二十七日），载《中美关系史料（光绪朝二）》，第1043~1044页。

② 《照会澳门罗大臣严守局外公法》，1884年8月24日（光绪十年七月初四日），载《张文襄公全集》，转引自沈云龙编《中法战争资料》（四），台北，文海出版社，1967，第438页。1885年2月21日，张之洞又照会澳门官府阻止法人借地屯兵，亦援引万国公法，"凡局外之国，均不得在境内准交战之国招募兵勇，置办战具，并不准战船入口及借地顿兵等事……深知贵大臣必援公法，自守局外之义，坚持不许"。《照会澳门罗大臣阻止法人借地屯兵》，1885年2月21日（光绪十一年正月初七日），载《张文襄公全集》，转引自沈云龙编《中法战争资料》（四），第441页。

③ 《光绪十年对法宣战诏书》（光绪十年七月初六日），维基文库，https://zh.wikisource.org/wiki/光绪十年对法宣战诏书。法国对于"不宣而战"的见解，详见 Lewis M. Chere, *The Diplomacy of the Sino - French War*, *1883 - 1885*: *Global Complications of An Undeclared War* (Notre Dame, Ind: Cross Cultural Publications, Cross Roads Books. 1988)。

④ 《出使大臣李凤苞函总署》，1884年10月20日（光绪十年九月二日），载《总理各国事务衙门档案》，档案号：01 - 24 - 014 - 4 - 012。李凤苞为出使德国、法国、奥国、荷兰、意大利公使。

自知中国未和其他国家有所谓协约盟友关系，外国自可不必相助。更令清廷担心的是德国垂涎台湾已久，德国首任驻京公使巴兰德（Max von Brandt，1835～1920）又要求内地通商，万一德国"肯助我而索赠，是直以暴易暴耳"①。总理衙门又多次照会美使，中美"两国友谊素最睦"，商请美国居中转圜，并要求杨约翰亲赴上海与法国公使面商调停。② 法国方面显然不接受美使的调停，李凤苞函文中提到"惟调停者不宜请美国，因系民主，且欧洲各国不喜其干预也"③。法国果以"碍难允准"回复美国，和局无可再商。④

四　招商局收回轮船——"正当交易"风波

美国驻京公使杨约翰当然理解上述中法战争时期西方各国对"宣战"或中立国家应采取怎样的国际法相应措施。特别是美国南北内战结束后，1872 年"阿拉巴马号"仲裁案（The Alabama Claims Arbitration）的结果引起了欧美各国瞩目。美国内战期间，南部邦联在英国利物浦建造了一艘名叫"阿拉巴马"的战舰，该船在内战期间充当搜捕舰，击毁多艘北方商船。战后美国联邦政府就"阿拉巴马"号和其他战舰击毁美国多艘船舶所造成的损失向英国提出赔偿请求。1871 年英美两国订立《华盛顿条约》（Treaty of Washington），将该案提交设于日内瓦的仲裁法庭裁决。仲裁结

---

① 出使大臣李凤苞函总署抄档，《谕旨饬凤苞》，1884 年 10 月 20 日（光绪十年九月二日），载《总理各国事务衙门档案》，档案号：01 - 24 - 014 - 4 - 012。

② 这篇函电中提到杨约翰的善意"我两国友谊素最睦，无论何事何时，如有关中国强盛及致与天下相和之处，本馆自必乐于为之尽力也"。《总署收美使杨约翰照会》，1884 年 8 月 15 日（光绪十年六月二十五），载《中美关系史料（光绪朝二）》，第 1056 页。Jules Davids ed. *American Diplomatic and Public Papers*，Series 2：*The United States，China，and Imperial Rivalries，1861 - 1893. Vol. 6，The French - China War.* pp. 231 - 232。

③ 《出使大臣李凤苞函总署》，1884 年 10 月 20 日（光绪十年九月二日），载《总理各国事务衙门档案》，档案号：01 - 24 - 014 - 4 - 012。

④ 《总署致美使杨约翰照会》，1884 年 8 月 18 日（光绪十年六月二十八），载《中美关系史料（光绪朝二）》，第 1057 页。Jules Davids ed.，*American Diplomatic and Public Papers，The French - China War.* pp. 92 - 93。关于中法战争期间美国的调停，另可参见 Robert Hopkins Miller，*United States and Vietnam，1787 - 1941*（Washington，DC：National Defense University Press，1990），pp. 102 - 103。

果认定英国对于国际法的中立国家义务未能做到"相当注意",并应向美国支付 1550 万美元的金币作为损害赔偿。"阿拉巴马号"仲裁案的重要性在于促成日后欧美各国在战争期间遵守有关中立国家的义务规则所适用的国际法依据,更引起了 1899 年和 1907 年两次海牙保和会对战争国际法的重视。为此,美国政府还编印了一份厚达 550 余页相关档案文件以昭后世。①"阿拉巴马号"事件在当时轰动国际社会,甚至连清廷官员恭亲王奕䜣都知悉此事。②尽管内战和国际战争的情况有所不同,但都攸关战争期间中立国家的行为义务及国际法适用原则,美国国务院官员和外交官对此不可能不有警惕。美国驻京公使杨约翰于 1885 年 5 月卸任公使后不久,招商局要买回旗昌洋行的这批轮船,此事在美国方面引起不少困扰和争议。美国国务院如何看待此事,参与其事的驻华使领又如何自圆其说,此事亦引起在华外人的讨论。在中法交战之际,它属于"正当交易"(bona fide transaction)吗?如果它是一桩假买卖而美国政府知情的话,这种行为是否得当?

1885 年 6 月 9 日《中法新约》签订,中法战争结束。李鸿章和盛宣怀等早在该年 4 月即积极筹划收回招商局船业。清廷本来盘算的是招商局轮船、栈房、码头售与美商旗昌洋行"代为经管事,定仍当照议收回"③。4 月 23 日会见旗昌船东士米德(C. V. Smith,生卒不详)预筹此事,双方于 6 月 6 日议定拟于 6 月 21 日起换旗换契,船只有去上海较远而不及调回者,即在别埠换旗。至 7 月 1 日将轮船、栈房、码头各项产业悉照原盘收回,仍归招商局员董自办。"旗昌原给银票依旧付还,其原立售契密约带回上海,于各项收清后,彼此交还销废。至旗昌代商局垫付款项账目亦即

① 美国政府编印"阿拉巴马号"仲裁案和 1871 年《华盛顿条约》的相关文件,详见:*Papers Relating to the Treaty of Washington*,*Geneva Arbitration Tribunal*,*Unites States Dept. of State*,Government Print Office,1872。

② Prince Kung to Anson Burlingame,March 15,1864,FRUS,1864,Ⅲ,p. 377。"阿拉巴马号"事件发生时,美国驻华公使蒲安臣(Anson Burlingame)曾致函给总理衙门表示,由于"阿拉巴马号"船舰在太平洋攻击和掠夺联邦政府的商船,希望清廷勿让该船停靠在中国口岸。恭亲王不仅答应,而且表示美国内战的情况如同当时的太平天国运动,美国的处境和清廷非常相似,自当乐意配合美国的要求。

③ 《总署收南洋大臣曾国荃文》,1884 年 11 月 13 日(光绪十年九月二十六日),载《总理各国事务衙门档案》,档案号:01 – 18 – 002 – 01 – 039。

分别核算清结。"旗昌洋行看似保有义气，力践前约，实则招商局以五千两的年薪雇用船东士米德为总查董事三年，"遇事相助"，"以资酬答，期满后或去或留，悉听局中众商主持，不致再有缪辖"。①

换旗转回招商局之事，清廷从 4 月筹议，到 7 月初原盘收回，看似平静；但在美国方面却为如何兼顾美国政府的立场及其人民在中国的私人利益，反复讨论。早在旗昌洋行转售案之前，福州领事荣日德约瑟（Joseph C. A. Wingate，1830 ~ 1905）曾来电询问对一家旧金山公司愿意卖给中国爆炸物资的指示。杨约翰建议驻华领事尽可能将这家企业的请求书送给某家商店，让商务走商务的途径，不去管它。假若一位领事能够向中国政府推荐一个美国企业，或解释它的优点或保证它的信用，用以促进美国某一商务利益的话，是没有理由不这样做的。但是同时必须适当地注意这一行动的官方性质。因此，"目前我愿意避免向中国方面推荐任何工业品如火药或火器之类或任何其他物力，可以用作军事目的来反对法国的。我们同法国的关系是友好的。我希望所有领事官不必做——甚至连非正式都应避免——任何可以被认为是破坏严格中立的事情"②。至于如有美国船员在中国水域替法国军舰服勤，美国政府也善意规劝美国公民尽可能不卷入交战的一方；但是如有美国公民不听规劝，那么必须很清楚他们的行为是私人契约，这绝非受雇于美国政府的国家行为，他们和美国政府完全无涉。③ 从这些函电来看，美国一方面要保护美国人民在中国通商口岸的通商贸易等权利，但另一方面基于和清、法双方的友好关系，也不愿担负违反中立国家应尽义务之名，最好的方式便是敬告美国公民私人契约须自行承担风险。

旗昌洋行"再转售"给招商局的事，关系到私人企业和政府交往的正当程序，且一年内来回周折，美国政府首要宣示的便是中立立场。美国新任国务卿贝亚德（Thomas Francis Bayard，1828 ~ 1898）于 1885 年 4 月致

---

① 《商局船业全数收回折》，光绪十一年六月初八日，载《李文忠公全集·奏稿》第 54 卷，第 33 页。

② Mr. Young to Wingate, Feb. 14, 1885, FRUS, 1885 - 1886, p. 157.

③ Mr. Bayard to Mr. Young, March 11, 1885, *American Diplomatic and Public Papers*, *The French - China War*, p. 460.

电代理公使石米德（Enoch J. Smithers, 1828～1895）①，表示他同意前任公使杨约翰给驻福州领事荣日德约瑟的指令。鉴于美国与中法两国的关系俱为友好，领事官员应避免做出任何违反严守中立（the strictest neutrality）的行为，即使是任何非正式的手段（informal manner）。因此，对于在上海的美国公民卖轮船给中国的事，其状况也和福州领事呈报的情形相似，国务院对上海总领事司塔立（Julius H. Stahel, 1825～1912）采取一致的立场和指示。②

国务卿贝亚德在回复上海领事司塔立询问"美国人可卖轮船给中国人吗？"时因司塔立交代不清，国务院要他留意几个重点，因为每个选项牵涉不同国际法的适用。一是，这些有疑问的轮船系注册为美国船只往返于美国口岸和中国口岸吗？或它们是航行于中国水域的外国轮船，通过正当（bona fide）的交易成为美国公民的财产？二是，这些轮船的船东是住在中国或非中国司法管辖地吗？三是，这些轮船是要卖给中国政府或中国平民吗？四是，这些轮船是被注册为战争使用的船只，还是中国平民的私人武装船或是政府的运输轮船？是在开放口岸合法贸易的商船或是偷渡船吗？国务院提醒不论这四种情况如何，任何有美国官方的指示去介入这桩轮船或财产的交易都是极为不适当，因为美国政府应当在似有战争目的或交战倾向的状态中，维持一种中立态度。假如这桩交易肯定带有平和并且不论在任何方面看来都不具有敌视目的，那么领事馆介入去注销这些轮船的档案才不违反美国政府的国际义务。国务卿要求上海领事采取最慎重的态度处理这桩交易，指示这桩交易必须有显明而肯定的合法程序，若有任何疑虑，领事馆就应拒绝介入。③ 6月初，美国国务院还下了一道指示，说明美国对中法战争时任何悬挂美国国旗的轮船从事战时违禁品（contraband of war）的立场。国务院表示中、法两国都和美国处于友好和平状态，警告美国轮船尽可能不要从事战时违禁品运输，否则美国人民将冒着被交战国家捕获的风险。同时，美国政府也表示没有理由禁止美国人民在通商口岸的

① 杨约翰于4月10日卸任，由原任镇江领事石米德署领，田夏礼（Charles Denby）于10月1日接任。《清季中外使领年表》，中华书局，1997，第61页。
② Mr. Bayard to Mr. Smithers, Apr. 20, 1885, FRUS, 1885–1886, p. 170.
③ Mr. Bayard to Mr. Stahel, Apr. 14, 1885, FRUS, 1885–1886, pp. 170–171.

航运通商，就算美国货品被交战一方拦截或没收，也不应被扩大解释为美国政府破坏国际法的中立原则。①

旗昌洋行将轮船转回招商局之事已成定局。8 月 7 日，《北华捷报》（*The North China Herald*）于同一天刊出两份信息。一是署名为旗昌洋行代表担文（William Venn Drummond，即前述招商局所聘用的英国籍法律顾问）指控《北华捷报》对这项交易的不实报道。因该报说旗昌洋行将名下一批轮船改挂中国旗，"明显意含"（evidently mean to infer）旗昌洋行并非这些轮船的产权者，只是挂在美国国旗下的中国轮船。又说该报的一位非正式天津记者也曾指称这份交易仅是"挂名和虚构的"（nominal and fictitious）。担文表示，去年招商局卖船给旗昌洋行是"正当交易"（bonafide transaction），现在旗昌洋行也是在"没有义务、法律和道德（obligation, legal and moral）之下，将轮船再卖给招商局"；要求该报务必澄清并道歉，否则将采取法律行动控告《北华捷报》涉及诽谤罪。② 二是同一天《北华捷报》编辑部刊出"拒绝道歉"声明，说明担文指涉该报"明显意含"的指控说法是不正确的，他们绝未有此意图。该报使用的"经理"（manage）和"再转让"（retransfer）是正确用法，不仅完全驳斥担文的指控，且提到中法战争适已结束，招商局和旗昌的交易案有必要公开向社会大众解释清楚。主编提到他们早就收到一些质疑说该报压制了无数个攻击旗昌洋行的信息报道，好像在帮旗昌洋行埋单一样。该报严正说他们无须道歉，也拒绝道歉。③

上述涉及诽谤之事也逼得招商局必须出面回应。8 月 21 日，《北华捷报》刊出招商局给主编的英文声明，招商局先以案主身份澄清这事。表示招商局"换旗与再换旗"（transfer and retransfer）绝对是"正当交易"，是依照美国政府法律程序所完成的私人交易，双方当事人是互相独立的，任何一方都不受对方控制或影响。首先，强调杨约翰公使是负责之人，不可能用法律来压制像旗昌这样有信誉的企业。其次，招商局指出担文不仅是

① Mr. Bayard to Mr. Smithers, June 1, 1885, FRUS, 1885－1886, pp. 172－173。国务院给代理驻华公使石米德的指示。

② "W. V. Drummond to the Editor," *The North China Herald and Supreme Court & Consular Gazette* 7（1885）：152.

③ No Title, *The North China Herald and Supreme Court & Consular Gazette* 7（1885）：152.

旗昌代表，也兼有招商局非正式法律顾问的身份，他实际参与了这次招商局马道台（马建忠）的合约签署。当他说轮船已交易并付款之后，杨约翰公使才能担保这是"诚实的交易"（an honest transaction）。担文比杨约翰更清楚这是笔"正当的交易"①。招商局的用意主要是不愿让前公使杨约翰卷入这场风波，而是让英籍律师担文扛起所有责任，以免让美国政府难堪。然而，也有人说前公使杨约翰是精通世故的人，当他处理这笔庞大交易时说是"诚实的买卖"，但涉及换旗一事时又宣称这是美国人给招商局船只在战时接受保护的恩典，这种两面说法不具有公信力。②

8月21日，《北华捷报》也有一长文讨论中法战争期间的美国中立问题（The United Neutrality in the Franco - Chinese War）。认为1884年招商局将轮船卖给旗昌洋行这件事如果说是"正当买卖"，那么旗昌洋行"再度卖给"（resale）招商局这件事就需要更周全的解释。他认为美国政府对于招商局换旗一事务必宣称所有程序都是按照美国法律程序。中法宣战之前所做的交易，尽管可被解读为旗昌洋行私下领域（private side）的交易，但这件事所具有的公共层面（public side）的意义，不能被忽略。因为换旗一事关系战争期间的中立和国际法，不仅牵涉美国与法国的关系，并且也将为美国与其他国家的关系开先例。他质疑旗昌洋行的代表担文宣称的"没有义务、法律和道德"的条件下的再转卖，指涉的理由不够充分，对于李鸿章方面给予怎样的压力更是语焉不详，使得美国政府必须冒着破坏中法战争中立立场的风险。如果美国政府在此一特殊的政治情况下赞成"再交易"这件事，从国际观点来看势将愈为复杂。③

这件事情引发的争议风波，见诸美国国务院给驻华公使馆的指示。很明显美国政府是从一开始即不愿介入任何可能违反中立的事情，但又不愿限制美国人民的商业活动，而将类似美国公民在中国口岸的活动定调为私人企业的风险。李鸿章经历这次换旗买卖后，深庆招商局得以保全轮船，

---

① "THE CHINA MERCHANTS' S N. CO," *The North China Herald and Supreme Court & Consular Gazette* 21 (1885): 220.

② "MINISTER AND INTERVIEWEE. THE CHINA MERCHANTS' S N. CO," *The North China Herald and Supreme Court & Consular Gazette* 21 (1885): 220.

③ "The United Neutrality in the Franco - Chinese War," *The North China Herald and Supreme Court & Consular Gazette* 21 (1885): 219.

等到中日甲午战争时也仿照前例，将船寄托给德国洋行接受保护，事后德国洋行再将财产转回中国。①

五 结论

招商局与旗昌洋行在中法战争中的轮船交易，凸显了欧美各国对于中法两国武力冲突是否已属国际法认知的战争状态及各国应采取的相应外交行动。为了保护在中国通商口岸的权益免受中国地方政府和中央政府的干扰，欧美国家以两国未正式宣战为由，不需遵守战争国家中对港口封锁、军火供应和航行运输的一些禁令。而清廷未曾宣示开战，却封锁广州口岸，同时又要求各国严守局外中立，宣告外国轮船不得运送敌船军火物资，有意将情势拉高到影响各国在华的口岸贸易和利益，可以说这是总理衙门在外交上的成功谋略。当时李鸿章等主和派意识到清廷无法抵挡拥有现代武装设备的法国蒸汽轮船，不仅向关系一向友好的美国寻求调和，也指望与法国交恶的德国调停，但德国并无意愿，美国乃成为李鸿章最冀盼的调停国家。然而，法国根本不愿美国出面调停，欧洲列强在1892年始将其驻华盛顿的外交使节由公使升格为大使，到一战前夕美国至多是徘徊于强权体系边缘的国家，欧洲主要国家并不把美国视为影响国际权力均衡的一个砝码。②

近代以来中国被迫加入国际秩序，此时也是19世纪后半叶帝国主义国家因殖民侵略而不断发动大小战役的时期，因而国际开始积极谋求如何补救国际法上无开战规则的缺点。战争时期，中立国家被要求遵守战时国际法之措施，即使是民间轮船亦必须遵守军火禁运和轮船运济，更何况具有半官方性质的轮船企业。从这一角度而言，中法战争的不宣而战性质，是

---

① 例如1894年至少有两篇报道论及此事。一是9月份Ph. Lieder购买招商局3船（Haean, Hsinchi, Hsinfung），悬挂德旗，并重新命名为Kungyi, Shengyi, Mingui，洋行为Messrs. H. Mandl & Co。参见 *The North China Herald and Supreme Court & Consular Gazette* 28 (1894)：512。二是11月招商局将4艘船只（Hsinyü, Haeting, Fungshun, Meifoo）寄存德商B. Schmacker的礼和洋行（Messrs, Carlowitz & Co.）名下，改挂德国旗帜，并更名为Leeyü, Leeting, Leeshun, Leefoo。参见 *The North China Herald and Supreme Court & Consular Gazette* 2 (1894)：716。

② Paul Kennedy, *The Rise and Fall of the Great Powers* (London：Unwin Hyman Limited, 1988), pp. 194, 248-249.

实践国际法的外交历程及适法性的探索，受到各国驻华公使的重视。事实上，当时国际法对于战争或敌对行为的开始及其法律效果仍有所争议，如同本文提到中法战争时期美国杨约翰公使曾提出中国或有权利封锁广州口岸的疑问，希望国务院能有明白指示，因为南北战争及普法战争中都曾有类似封锁本国口岸的情形。旗昌洋行与招商局的交易是否妥帖的疑虑，延伸为一桩公众讨论事件，可能令美国朝野联想起记忆犹新的"阿拉巴马号"仲裁案，得以使美国人重新思考美国对华政策如何能有内外一致、自圆其说的法律见解。但是不论如何，欧美各国系以保有其在中国的条约权利为考虑，中法"并未宣战"的理由最能保有欧美各国保护他们在中国条约口岸的最大权益。

这桩交易中的美国案主旗昌洋行在华的庞大利益，是 19 世纪后半叶商人利益主导下美国对华政策的投射。美国在华使领馆与商人集团间的紧密合作得以顺利操纵这桩敏感的跨国交易案，也说明了早期中美关系中美国政府如何在国家利益和私人大企业间左右逢源。轮船卖给旗昌洋行一事是否有损美国的中立？美国驻华领事馆该如何对外解释此事，并以此事评价美国政府在中法战争的中立政策？面对这些疑问，美国政府既为保有其商人在华的商务权益，又为避免美国政府被质疑违反战时中立的立场，最好的方式便是将商人的投资风险定调为一种与政府无涉的私人契约。旗昌洋行和招商局的长期交往所奠定的信任基础和利益互惠，加之杨约翰公使与李鸿章的私谊，均说明中法战争时期这桩"真买卖、假交易"的轮船交易案颇不寻常，也再度印证了早期中外关系中美国人时时赢得中国朝野所谓"最为恭顺"赞语的特殊原因。①

清末官督商办的机制最后造成的人事制度弊端，长期为学者所诟病，但在中法战争的特殊时期正是因为官督商办机制，由李鸿章和其幕僚亲信马建忠精心策划的这场政治布局才得以如此顺利。招商局是李鸿章一手促成以收回中国内河航行利权的事业，因中法战争的爆发，招商局不得不和

---

① 19 世纪中叶以来中美关系的特殊性已有诸多学者论析，颇具代表的研究有：H. Michael Hunt, *The Making of A Special Relationship: the United States and China to* 1914 (New York: Columbia University Press, 1983); Xu Guoqi, *Chinese and Americans: A Shared History* (Cambridge, MA: Harvard University Press, 2014)。

外国轮船公司合作接受保护。如何以密约的形式让轮船招商局在战后可以收回自己的财产，李鸿章很快就做出决定。这项协约对当时上海的通商团体和投资者以保密方式进行，更将这件交易的法律见解援引到西方各国商船在开战前之成例，而其交涉细则有英国籍律师担文为之负责。不论是李鸿章的奏折还是李鸿章掌控下的招商局在《北华捷报》声明中都特别强调整件事情系由律师出面交涉的私人契约。

这场交易略带有李鸿章个人的"托孤"性质，也可以说是李鸿章个人的政治风险，万一战事结束后旗昌洋行抬高身价反为美商所制，或者旗昌翻脸不认密约不愿回售，将会给招商局造成巨大的损失。设想若是招商局当时为主战派——清流派所揽，可能就有不一样的结果。或许也可以说政治动荡和战争因素始终是近代中国经济发展过程中的重大障碍，以及必须考虑到的非经济因素的治理层面是如何影响了近代中国经济的发展和停滞，一直持续到民国时期。本文所讨论的政治外交因素都在一定程度上影响了中法战争时期招商局与旗昌洋行的这次交易，也深化了我们对于战争时期企业活动和外交决策的理解。然而，换旗一事也为李鸿章自嘲的"裱糊匠"事业再添一桩，只能东补西贴、虚有其表。李鸿章处理的仅仅是换旗的政治操作及保住招商局几艘轮船和财产，如此小格局实为敷衍一时而已，并未从招商局的经营定位和人事制度等方面全盘规划如何扶植民族企业以及解决"官督商办"问题所面临的真正难题。当然，1880 年代中叶以后招商局本身或洋务运动所面临的政治外交困境，恐非李鸿章一人甚或李系人马所能扭转，只是从后见之明我们看见招商局所错失的一个改革契机。就在换旗之前，招商局人事弊端已现，换旗之后李系人马彻底接掌了招商局。除了人事管理的舞弊之外，招商局更加成为官僚资本的保护机构，资本的不足、技术的落后和缺乏活力等，严重限制了中国早期工业化企业的发展。[1]

---

[1] 黎志刚：《轮船招商局经营管理问题，1872～1901》，《中央研究院近代史研究所集刊》第 19 期，1990，第 67～108 页。黎志刚：《李鸿章与近代企业：轮船招商局（1872～1885）》，载易惠莉、胡政主编《招商局与近代中国研究》，第 434～471 页。作者从管理角度对 1872～1901 年轮船招商局从艰难起步到步入全盛，又由盛跌入泥淖的历程，进行了全面和详尽的分析，指出这一切变化的根本原因在于管理不善，而管理不善又与中国社会结构内的官商关系和商人人际关系网有着直接的关系，从而为中国近代化延误的原因提出新的解释。费维恺：《中国早期的工业化》，第 185～192 页"舞弊问题"和第 312～321 页第 7 章"结论：走向官僚资本"。

吴翎君 现任台湾师范大学历史系教授。主要研究方向为 19 世纪到冷战时期的中美关系史。曾任台湾"东华大学"历史系教授、哥伦比亚大学东亚文化研究访问学者、美国哈佛大学费正清中国研究中心傅尔布莱特（Fulbright）学者，著有《美国与中国政治，1917~1928——以南北分裂政局为中心的探讨》《美孚石油公司在中国（1870~1933）》《历史教学理论与实务》《晚清中国朝野对美国的认识》《美国大企业与近代中国的国际化》等学术专著，发表相关学术论文二十余篇。

近代日本轮船航运的崛起与轮船招商局

杨 蕾

19 世纪中后期，传统的帆船航运逐渐被轮船航运所取代。日本航运业经历了明治维新、甲午战争、日俄战争、第一次世界大战，迅速走上了崛起之路。日本航运的扩张，在中国市场上与英、美、德形成了激烈的竞争。在列强竞争的夹缝中，中国的洋务企业轮船招商局艰难地发展着。

本文运用日本轮船会社社史、新闻报道等资料，考察了 19 世纪中后期到 20 世纪初期日本海运近代化的过程及轮船招商局的发展。

一 近代日本轮船业崛起的四大"跳板"

1. 欧美轮船公司的"侵入"与大型轮船公司的相继建立

1862 年（文久二年），日本废除了长达 220 余年的锁国令，对外实行以建立国交和开港贸易为中心的开放政策。欧美的轮船公司进入日本航运市场，开通了日本和欧美之间的轮船航线。如英国的大英轮船公司①经营横滨—上海—香港线；海洋轮船公司（Ocean Steam Ship Co.）经营利物浦—横滨的直通航线；美国的太平洋邮递公司（Pacific Mail S. S. Co.）经营海参崴—横滨—香港的远东航线；美国东西洋轮船公司（Oriental and Occidental Steamship Co.）经营海参崴和香港线等。② 这些外国船只从日本输出生丝、茶、米、煤炭，往日本输入棉毛纺织品、砂糖和石油等。面对欧美

---

① 半岛东方轮船公司（Peninsular and Oriental Steam Navigation Company, London），俗称铁行轮船公司或大英轮船公司，简称 P&O。
② 冈田俊雄编《大阪商船会社 80 年史》，大阪商船三井船舶株式会社，1966，第 2~4 页。

轮船公司的"侵入"，明治维新开始后的第二年（1869 年）10 月，日本政府颁布命令，允许各地大名自由建造船舰并允许庶民购置大船。1870 年，日本政府又发布商船规则，对西洋轮船的所有者实施保护奖励，并成立了半官半民的洄漕会社。该会社经营东京和大阪间的定期航线，是日本最早的海运会社。1870 年 5 月成立三菱会社，经营东京、大阪、高知间的国内航运。1875 年 1 月，在日本政府主导下，三菱会社开通了首条外国航线——横滨—上海线，利用东京丸、新潟丸、金川丸、高砂丸四艘轮船，每周航行 1 次，并在与大英轮船公司竞争中逐渐取得优势，① 给日本海运带来了发展的信心，海运事业开始兴起。

> 彼阿汽船（P&O 公司）已经终止了这条航路，我辈将在日本沿海实现雄飞。可以说，如果我们利用日本邮便航路横断地球，海运事业将相当可观。②

由此可见，大英轮船公司终止中日航线，使日本海运事业信心大增，并准备以中日航线为契机，把海运航线拓展到全球。

1877 年（明治 10 年）2 月，西南战争爆发后，由于战争需要的增加，日本成立了很多轮船会社。日本国内海运业迅速发展起来。

> 当时的大阪是西南战争的军需基地，因此以大阪为中心的船运需要增大，轮船的建造和买卖盛行。在大阪附近设立的轮船会社有：冈山的偕行会社，广岛的广凌会社，丸龟的玉藻社，和歌山的明光会社、共立会社，德岛的船场会社、太阳会社，淡路的淡路汽船会社等。此外，个人从事海运业的也很多，这些船舶有 110 余只，船主有 70 名以上。③

到 19 世纪 80 年代，日本两大轮船会社的成立成为明治时代日本海运业飞速发展的标志。大阪商船株式会社于 1884 年在大阪成立，主要经营大

---

① 参见冈田俊雄编《大阪商船会社 80 年史》，第 6 页。
② 《七十年史》，日本邮船株式会社，1956，第 12 页。
③ 冈田俊雄编《大阪商船会社 80 年史》，第 8 页。

阪以西的 22 条国内航路；日本邮船株式会社于 1885 年在东京成立，主要经营 11 条日本内海航路和 3 条日本近海航路［横滨—上海、长崎—浦汐（海参崴）、长崎—仁川］。①

可以说，在与欧美航运势力的竞争中，19 世纪七八十年代，洄漕会社、三菱会社、以大阪为中心的多家轮船会社的相继建立，是明治初期日本航运业初步兴起的标志。

2. 中日甲午战争加速海运在东亚的扩张

19 世纪末期，日本在甲午战争中取得胜利，给日本政治、经济带来新的刺激。通过《马关条约》的签订，日本不仅实现对台湾及其附属岛屿的占领，还攫取了其他利益。这成为日本发展东亚海运，开辟中国航路的一个重要契机，加速了日本海运的海外扩张。

> 日清战争胜利的结果，我国不仅占领了台湾，而且还在中国获得了各种权益，我国的海运自然也将视野扩展到国外。迄今为止的贸易及对外航路实权一直被外国所独占。日清战争时，海运界完成了物资和兵力的输送，战争结束后必须将重点转移到贸易这一重大任务上来。因此，明治 29 年（1896）10 月造船奖励法和航海奖励法颁布实施，同时指定了特定航路的补助。在政府这些海运补助政策下，我国海运业在近海航路和远洋航路飞速发展。……我社台湾航路、中国航路的发展就是其显著表现。②
>
> 日清战争使政府看到了海运业和造船业的盛衰可以左右国家的发展，于是明治 29 年 10 月日本政府施行了造船奖励法、航海奖励法，资助国内的造船和航路的开设。③

日本在甲午战争中的胜利，是 19 世纪末期大阪商船株式会社将航路进一步扩展到海外的一个直接背景，航运的发展甚至被提高到可以"左右国家发展"的高度。1896 年，日本颁布了造船奖励法和航海奖励法。这两项

---

① 长谷川茂：《关西汽船 25 年的路》，关西汽船株式会社，1886，第 28 页。
② 冈田俊雄编《大阪商船会社 80 年史》，第 22～23 页。
③ 冈田俊雄编《大阪商船会社 80 年史》，第 28 页。

法案的通过，大大促进了日本海运的发展。中国却在甲午战争的失败中逐渐丧失了主权和发展贸易的机会。

3. 日俄战争的胜利对日本航运的刺激

进入 20 世纪，1904 年日俄战争的爆发再次推动了日本海运的发展。日俄战争中，大阪商船株式会社和日本邮船株式会社的轮船都有轮船被政府征用，被称为"御用船"。"为了支持日俄战争，船舶 1088 只、65 万 7 千吨中的大部分被征用，最多时，陆军使用 177 只、44 万吨，海军使用 89 只、23 万吨，合计达 266 只、67 万吨。"[1] 战争的征用使可以正常进行货物运输的船只数量大大减少，从而影响了一些航路的运营，如欧洲航线，并且导致一些船只沉没和损坏。但日本的海运业不仅没有因此受到限制，反而由于战争胜利得到了发展契机。日本借日俄战争的胜利获得了更多的海外权益，进出口贸易快速发展（见表 1）。

表 1　日俄战争前后日本与外国贸易统计

单位：万円

时　间	输　出	输　入
明治 31 年（1898）	16575	27750
明治 36 年（1903）	28950	31713
明治 40 年（1907）	43241	49446

资料来源：根据《七十年史》第 113 页整理。

在造船奖励法的推动下，各大造船厂，如三菱长崎造船所和川崎造船所等的造船数量也不断增加（见表 2）。加上日本国内铁路的修建使货物运输更为便利，于是，各轮船公司为了满足贸易需要，开始大量从外国购入新船和订制新船。"明治 38 年（1905）末，我国船舶达到 1390 只、93.2 吨，和战前相比，总吨数增加了 5 成。"[2] 可以说，船舶数量和运载能力的增加成为 19 世纪末 20 世纪初日本航运业发展的显著表现。

---

① 冈田俊雄编《大阪商船会社 80 年史》，第 33 页。
② 冈田俊雄编《大阪商船会社 80 年史》，第 33 页。

表 2　根据造船奖励法所造的合格船只统计（1896. 10～1913. 12）

单位：只，吨

造船所	数　量	总吨数
三菱长崎造船所	43	207765
川崎造船所	35	101713
大阪铁工所	30	30521
其他	4	4568
合　计	112	344567

资料来源：根据《七十年史》第 118 页整理。

航线方面，大阪商船株式会社和日本邮船株式会社在不断增加船只数量的同时，纷纷借两次战争胜利之后的经济恢复和发展之机，迅速开辟新的航线。除原有的内海航路之外，新增了很多东亚航线和远洋航线。日本邮船株式会社的远洋航线从最初的伦敦航线等 4 条航线，到 1910 年增加到 23 条。东亚航线中与中国的航运最为频繁，航线集中在上海、天津、汉口、大连这几个大港口，以及中国北部的牛庄、青岛及香港。[①] 中日之间的航运和贸易逐渐被日本所垄断，中国逐渐丧失了抢占东亚乃至世界市场的良机。

大阪商船株式会社发展也很迅速，其运载能力比创立之初增长了10 倍。

> 根据明治 26 年的统计，日本船的装载量 15.2 万吨，世界排名 12位，日清战争后明治 29 年 33.5 万吨，日俄战争后明治 39 年达 100 万吨，到大正 2 年成为世界第 7 位的海运国家。20 年间，日本船的装载增加约 10 倍，取得了令世界震惊的发展。我社明治 26 年总装载量 1.8万吨，日清战争后 3 万吨，日俄战争后 11 万吨，现在达到 17.7 万吨，与建立初期比增长了 10 倍。[②]

甲午战争和日俄战争对大阪商船株式会社的发展起到了促进作用。

---

① 日本经营史研究所编《日本邮船百年史资料》，日本邮船株式会社，1988，第 704～705 页。

② 冈田俊雄编《大阪商船会社 80 年史》，第 23 页。

运输能力由甲午战前的不到 2 万吨，跃进到日俄战争后的 11 万吨，继而在第一次世界大战之前，达到近 18 万吨，比建成时运输能力增加了 10 倍。到 1913 年，大阪商船的汽船运输总吨数已经超过 19 万吨，拥有 44 条定期航路，成为仅次于日本邮船株式会社的第二大汽船会社。[①]

根据大阪商船株式会社所统计的日本运输能力与世界运输能力比较可以看出，第一次世界大战之前（1913 年），"日本以运输能力 150 万吨的规模一跃成为世界排名第七位的海运强国"[②]（见表 3）。

表 3　世界和日本的船舶运输能力比较

单位：千吨

年份	世界	日本	日本船运能力在世界上的排名
1893	15264	152	12
1896	17738	335	9
1903	27183	586	9
1906	31745	997	6
1913	43079	1500	7

资料来源：根据冈田俊雄编《大阪商船株式会社 80 年史》第 23 页整理。

4. 一战给日本海运带来的发展良机

第一次世界大战的爆发，给日本飞速起步的近代海运业带来了新的刺激，使日本海运在前期发展的基础上实现了新的跃进。

日本邮船株式会社社史《七十年史》对一战给海运业带来的新契机有如下描述：

> 日本远离战局中心，又恰逢战乱扩大和欧洲方面生产的减退及物资需求激增，我们产业界迎来了大发展，带来了输出贸易的盛况。我们海运界也因外国船的撤退，出现了前所未有的繁荣。[③]

第一次世界大战以欧洲为主要战场，远离战争中心的日本不仅没有直

---

① 财团法人日本经营史研究所编《创业百年史》，大阪商船三井船舶株式会社，1985，第 139 页。
② 冈田俊雄编《大阪商船会社 80 年史》，第 23 页。
③ 《七十年史》，第 123 页。

接受到战争的破坏，还因欧洲商品生产的衰退和物资短缺而获得了更多的商贸机会。随着生产和贸易的增加以及欧洲商船因战争造成的航运能力减退，日本的轮船航运业出现了"前所未有的繁荣"。

各大报纸对当时的航运盛况也进行了报道：

> 受到时局的影响，各海运国不得不从世界航路上撤退。以致于我国船舶以堂堂雄姿傲然海上，欣喜之情不能自已。①

日本海运在 20 世纪初期得到大发展的直接因素就是以往活跃在世界海运市场上的欧洲船舶因战争影响而大量减少，世界物流业出现航运不足的局面，这给日本航运业拓展海外市场带来了很好的时机。对于欧洲船舶不足的原因和如何抓住良机发展日本海运，《大阪每日新闻》有如下的报道：

> 现今（我国）海运界活跃的原因以一言以蔽之，就是欧洲船舶不足。造成船舶不足的原因则有三条：第一，建造数减少。第二，因战争损失船数增加。第三，不能用于贸易的船只增加。对于建造数的减少，毫无疑问，主要是因为战争的征用，造成造船材料的不足和工人数量的缺乏。如英国，平时每年新造船吨数大约一百六十万吨到二百万吨，但是去年 9 个月的建造数只有五十六万一千一百吨。即便前一年也没超过七十五万吨。……世界各国造船数在之前五年间每年平均大约造船二百六十万吨到三百三十万吨之间。然而，去年的新造船只有一百五十万吨，还不到往年的一半。②

欧洲海运界因一战遭受重创，主要表现为用于贸易运输的船只不足。这和造船数量减少、战争损耗等息息相关。一战以前在造船和海运界首屈一指的英国，在战争爆发后，其所造船只的总吨数减少了一半以上，可以说影响巨大。除了英国，德国海运也在一战中损失惨重。

> 德国在大正 3 年（1914）6 月曾以 513 万吨的装载量居于世界第

---

① 《欧洲战乱与邦船活动》，《时事新报》1914 年 10 月 31 日。
② 「世界海運業の趨勢」，『大阪每日新聞』1916 年 4 月 22 日。

二位，但是因终战后的讲和条约，大部分海洋船只被联合国没收，减少到只有42万吨，其国际航线也因此暂时隐退。①

德国在一战前夕曾经是世界第二位的海运强国，但是战后大部分船只因战后合约被联合国没收，国际航线也受到重创。在这种情况下，与欧洲船只不足相对，日本海运界得到了发展良机：

> 由于世界船舶依然处于（运力）不足的局面，我国海运界在欧洲、澳州、南北美洲之间空前活跃。对于期待海运进步的我们来说，实则为千载一遇的良机。②

可以说，一战对于日本海运界来说，可以称为"千载一遇"的好机会，达到了"空前活跃"的局面，拓展了欧洲、澳大利亚和美洲的诸多航线："我社在大战中就尽早着眼于诸航路，进出欧洲、澳大利亚、印度、南洋，日本邮船、山下汽船、三井物产等会社也扩张了许多航线。"③

《福冈日日新闻》曾有这样的报道：

> 去年二月末开始，随着欧洲交战国生产状态的调整，诸种物资和军需品的订单纷纷从我国订货。从神户、横滨出发前往国外的船舶平均一个月有二十三、四艘之多……由此可见，海运界呈现出未曾出现过的活跃局面。④

神户和横滨作为日本大型对外贸易港，成为对欧美贸易运输的基地。欧洲因战争导致的生产萧条，给日本企业带来了大量商品订单。这些来自欧洲的订货大大激活了日本的贸易和经济，使运输业也呈现活跃的局面。

> 我国海运业者应该很好地利用这次良机，而且必须抱有雄飞于世

---

① 冈田俊雄编《大阪商船会社80年史》，第40页。
② 「海運界空前の殷盛」，『中外商業新報』1915年6月7日。
③ 冈田俊雄编《大阪商船会社80年史》，第41页。
④ 「海運界の近勢」『福岡日日新聞』1916年5月16日。

界的觉悟。要扩大商权、促进对外贸易，需要以扩充海外航路为先手。①

日本航运业努力抓住一战中的发展良机，扩充贸易。将扩充海外航线作为贸易和海运发展的当务之急。于是，各大轮船公司在维持欧洲航线的同时，开辟了更多远洋航线。

> 由于一战中的"无限制潜水艇战"，欧洲航线受到极大影响。为了在战争中进一步抢占欧洲市场，日本采取增加欧洲航线的海运保险，申请交战区联合国军舰的保护等做法维持欧洲线的顺利运营。此外，还相继开通新的远洋航线，如世界一周线、纽约线、地中海线、加尔各答·纽约线等等，日本与美洲的航线进一步扩充。②

日本采取了增加海运保险、申请联合国军舰保护等措施，维持战争中欧洲航线的正常运行，以保证日欧间贸易的顺利发展。同时，进一步扩充了日本到世界各地的航线。

大阪商船株式会社在1918年的时候，已经有亚洲航线、美洲航线、澳大利亚航线、欧洲航线，与建立初期相比，航线范围大大扩充，覆盖除南极洲之外的各个大洲。航线不断扩充的另一个重要表现是日本输出、输入商品贸易额的大量增加。

表4　1914～1919年日本输出、输入贸易

年份	输出（万円）	指数	输入（万円）	指数	合计（万円）	指数
1914	59110	100	59537	100	118647	100
1915	70830	120	53244	89	124074	105
1916	112746	191	75642	127	188388	159
1917	160300	271	103581	174	263881	222
1918	196210	332	166814	280	363024	306
1919	209887	355	217345	365	427232	360

资料来源：《七十年史》，第124页。

---

① 「世界海運業と我が日本」『大阪朝日新聞』1915年11月20日。

② 《七十年史》，第125页。

由表 4 可以看出，随着一战的爆发，日本的输出、输入贸易额逐年增加。如果以 1914 年的输出、输入数量为指数 100 来看，到 1918 年，日本贸易输出、输入指数达到 306，是 1914 年的 3 倍之多，1919 年更是达到 360。在战争中的 1915～1918 年，输出贸易额都比输入的总额度大，从 1915 年开始，输出贸易额和输入贸易额的差距逐年增加，是日本产品借欧洲生产不景气之机，抢占世界市场的体现。这些贸易额的增加大大增强了日本的国力，为日本实现二战前的强盛打下了基础。

二　日文报纸中所见 19 世纪初的中国航运及轮船招商局

19 世纪末 20 世纪初，在日本海运大举在东亚扩张之时，创办于 1872 年的轮船招商局也逐步发展起来，并和欧美及日本的轮船公司展开了激烈的竞争。招商局的创办引起了日本极大的注意。1879 年创办于大阪的《大阪朝日新闻》在 20 世纪 30 年代成为日本三大报刊媒体之一，一直保持对东亚局势的报道和关注。中国最大的航运企业轮船招商局自然也成为其报道的对象。该报 1922 年 7 月 22 日和 23 日，连续两天以《中国的海运与日本对策》为题对中国海运的情况进行了报道，并提出了日本航运的对策。

中国八千六百里的海岸线按照航路区域划分，北部以大连、天津、青岛等为中心，中部是上海，南部以广东、香港为主。沿岸贸易就靠这些港口相联系，上海居于以上港口的中心，所以具有重要地位。而且就连接的内容看，上海与北支的主要航路有上海大连线、上海天津线、上海青岛线、上海牛庄线、上海秦皇岛线、上海安东线等中国航线，还有印度支那航线（以上英国），满铁、大连汽船、日华协信公司（以上日本）、招商局、三北轮船公司（以上中国），开乐矿务局（英中合作）等，各国船主拥有二千吨乃至二千五百吨级的船舶约三十五只，配船五万七千二百吨。上海北支方面，到大战前主要是德国船主的势力范围，中国船虽然也有侵入但没有优势，战争爆发的同时，英国船主取代德国地位，货物以豆粕、落花生、麦秆、油类、苠叶、猪毛、麻袋、面粉、杂货等为主，上海青岛线还搭载大量的烟草。

上海南支航路

上海香港广东线、上海汕头线、上海福州线、上海温州线、上海宁波线等为主，支那航业、印度支那航业、日清汽船、招商局、三北轮船公司、宁绍公司、平安轮船公司等二千五百吨到三千吨级的中型船三十只，共五万二千余吨，其他联络南北中国的航线天津广东、青岛广东两线由支那航运、印度支那航业、招商局等经营，使用中型货物船二十余只。在广东、香港、汕头、厦门、上海、威海卫、芝罘、青岛、天津等地停靠，货物主要是豆粕、砂糖、棉花、麻、杂货等。大阪商船的大阪线，在天津、青岛、上海、福州停靠，大连汽船、政记公司、丸木商店拥有大连青岛安东线、天津线、青岛线，还有以香港为起点的香港广东线、福州线、新加坡线、澳门线等，大阪商船的基隆香港线、广东线，也在厦门、汕头、香港停靠。这些航线基本不受海运界不景气的影响，常年保持相当的货物量。

重要的长江航路

该航路最重要的是上海汉口航路，停靠镇江、南京、芜湖、九江等，经营此航路的有日清汽船、支那航业、印度支那、招商局、三北轮船公司、宁绍轮船公司六个公司，合计三十三只，五万六千吨的中型船。长江上游为日清汽船的汉口宜昌线、汉口湘潭线、常德线，共二到五只配船，最近天华洋行（日本）和义顺公司（美国）也经营长江上游航路，开始互相竞争。这些都是在中国沿岸的定期航路，但经营不定期船的三井物业、三菱公司、铃木商店、古川公司等船主也具有相当的势力。

去年度中国海外贸易和沿岸贸易比较如下表（单位：千两）

种类	输入	输出
海外贸易	七九九、九六〇	六一七、〇五一
沿岸贸易	七七〇、二五七	七七六、六〇一

沿岸贸易的输入额有略微减少，输出方面凌驾于外国贸易额之

上。而且中国贸易港的中心上海的贸易状态上年度如下表（略）。

从这里可以看出，沿岸贸易和外国贸易的金额大约匹敌。香港、澳门两港的情况如下表（单位：千两）：

	输出	输入
香港	一五九、三一三	一三六、四六二
澳门	九、八三九	四、七三七
合计	一六九、一五二	一四一、一九九

此两港合计三亿一千万两，占中国贸易量的25%，如果把外朝鲜、台湾等的贸易加上，增加会更加显著，可见，中国沿岸及近海贸易在大正四年（1914）年以来取得了长足的进步，特别是扬子江沿岸的工业逐年计划，上一年根据上海会议所的调查，长江航路的六家轮船会社的货物出上海四十万吨、上海入六十七万吨，合计一百一十五万吨，虽然比前年减少，但去年时间有世界经济不景气，水害、棉花等其他农产品产量低下等特殊情况，上海大连间贸易上海积十五万吨、扬二十四万吨，合计三十九万吨，比前年增加十二万吨。将来满洲方面日本人的发展，以及长江流域的开发等，应该在中国的海运角度大大留意。特别是支那内地的铁道，其延长一万多英里，对于百万平方英里的面积来说微不足道，（覆盖）不到0.14（平方）英里。因此，陆上货物的移动，铁路用处少，更多使用船舶。从去年和外国船只的比较看，从地势上，和中国是邻邦，因此对于支那沿岸贸易，日本船舶应该还有相当大的扶植空间。

日本船发展的好机遇

我国的实业家对支那的矿产业、农业、林业等大量地投资，开发其富源。战前德国势力侵入，海运方面振兴微弱，然而，战后支那再次成为世界各国经济战的舞台，去年以来，英、德、美、日诸国努力恢复在战争中失去的市场。现在英国的怡和洋行、太古洋行、二汽船会社，拥有沿岸不定期航路，可以预见将来的活跃，现在撤废老朽船只，配备三千吨级的新造船，已经将新船用在上海航路上。本年十月为止，德国船主将用二三只特朗普船，从事支那沿岸的输

送事业。……现在世界海运竞争目光对准了支那……①

虽然以上报道写作的目的是在分析中国海运状况的基础上，给日本海运发展在一定程度上提供一些建议。但由这段史料可以清晰地看到，19 世纪 20 年代，也就是一战之后，各国在中国沿岸航线和近海航线的竞争非常激烈。英、美、德、日等国的轮船公司都在中国强占航运地盘，轮船招商局正是在这样的夹缝中艰难地发展着。轮船招商局所涉及的航线有：以上海为起点的航线，如上海大连线、上海天津线、上海青岛线、上海牛庄线、上海秦皇岛线、上海安东线、上海香港广东线、上海汕头线、上海福州线、上海温州线、上海宁波线等；还有联通中国南北方的航线，如天津广东线、青岛广东线；在内河航运上，有长江航路中的上海汉口线；等等。轮船招商局与其他轮船公司展开了激烈竞争，既有外国公司，如英国公司印度支那公司、太古洋行、怡和洋行，日本航运公司满铁、大连汽船、日华协信公司，还有中国的轮船公司，如三北轮船公司等。

三 结语

19 世纪中后期到 20 世纪初期，是日本航运业崛起的重要时期。经历了明治维新、甲午战争、日俄战争和第一次世界大战这几个时期，日本的航运业，无论是航线还是贸易量，都呈现猛烈的发展势头。日本在东亚的航运扩张，成为英、美、德等国在东亚扩张的竞争对手，就中国沿岸和近海贸易来说，以上几个国家形成了非常激烈的竞争。在这个夹缝中，作为洋务企业的轮船招商局，自建立之初就面临 19 世纪末期各国占领中国航运市场的局面，到 20 世纪初期，虽然一战中德国势力衰弱，但航运市场仍然是外国列强把持的局面。轮船招商局经营着以上海为中心的航线，在中国航运市场上占有一席之地，实属不易。

---

① 《中国的海运与日本对策》，《大阪朝日新闻》1922 年 7 月 22 日、23 日。

杨蕾 山东济南人，山东师范大学历史与社会发展学院副教授。毕业于日本关西大学，专攻东洋史专业，获历史学博士学位。主要研究方向为东亚海域史、中国近代史、近代中日关系史。出版译著 3 部，在中日两国学术期刊上发表论文 10 余篇，译文 20 余篇。

关于招商局集团与伯克希尔·
哈撒韦的比较

彭 波

一 招商局集团与伯克希尔·哈撒韦的简介

伯克希尔·哈撒韦是美国投资家、原世界首富沃伦·巴菲特（Warren Buffett）掌握的投资集团。巴菲特于 1965 年接手，并将其发展为一家主营保险业务，但是在其他许多领域也有商业活动的、具有深远影响的投资控股公司。根据伯克希尔·哈撒韦公司的《2016 年度财务报告》，巴菲特的哈撒韦公司经营性资产主要分三个板块：保险业、铁路公用事业和能源、金融及金融产品。2016 年《财富》发布世界 500 强排行榜，伯克希尔·哈撒韦公司排名第 11 位。在 2017 年的世界 500 强排名中，伯克希尔·哈撒韦的排名进一步向前移动到了第 8 位；在全世界所有保险公司中，股东净资产名列第一。对于整个美国的资本市场及投资理念，伯克希尔·哈撒韦公司的影响都很大。

与伯克希尔·哈撒韦相比，招商局集团对于中国更是具有引领时代发展与改革开放的历史作用。招商局集团是中国民族工商业的先驱，由晚清重臣、北洋领袖李鸿章于 1872 年一手创立。从创立至今，它已经跨越了 3 个世纪，走过了 146 年的历程。在承三千年未有之变，历经各种革命冲击的中国，一个企业能够维持这样长的时间，是不多见的。现在，招商局集团（以下简称"招商局"）是中央直接管理的国有重要骨干企业，经营总部设于香港，被列为香港四大中资企业之一。多年以来，招商局业绩优异，2004～2016 年，招商局集团连续 13 年被国务院国资委评为 A 级中央企业和连续四个任期"业绩优秀企业"。①

目前，招商局集团是一家业务多元的综合企业，业务主要集中于交通（港口、公路、航运、物流、海洋工业、贸易）、金融（银行、证券、基金、保险）、地产（园区开发与房地产）三大板块。招商局集团的子公司——招商银行，在 2016 年世界 500 强当中排第 189 位。

当前，招商局集团与伯克希尔·哈撒韦两者都非常有影响力，在各自的市场中举足轻重。当然，相比之下，伯克希尔·哈撒韦在全球的影响力更大，而招商局集团则更能反映中国的时代变迁与大国兴衰。这两者的比较，对于理解中美经济发展的阶段及企业在市场中的处境和作用，具有相当大的意义。同时，也对中美两国市场及企业集团未来的发展具有相当的启示作用。

二　招商局集团与伯克希尔·哈撒韦的业绩比较

招商局集团与伯克希尔·哈撒韦的经营都非常成功，业绩突出，是各自领域的佼佼者。

（一）伯克希尔·哈撒韦的资产及经营业绩

2016 年底，伯克希尔·哈撒韦的净资产为 2864 亿美元，总资产大约是 6209 亿美元，按目前的汇率折算相当于 4 万亿元人民币。

1965～2016 年的 52 年中（自从当前管理层接管以后），伯克希尔·哈撒韦的每股账面价值从 19 美元增至 2016 年的 172108 美元，年复合增长率为 19%。这个数字约为同期标普 500 的 2 倍还多。② 2015 年和 2016 年，伯克希尔·哈撒韦均夺得美国企业美元收益保有量第一名，其收益要比排名

① 招商局集团官网，http：//www.cmhk.com/main/a/2015/k07/a199_ 201.shtml，最后访问日期：2017 年 8 月 13 日。
② 《伯克希尔·哈撒韦 2016 年度财务报告》。《伯克希尔·哈撒韦公司 2017 年度的致股东信》再次确认了这一数字。

第二的企业多出数十亿美元。① 2017 年 10 月 22 日，伯克希尔·哈撒韦的股票价格又涨到 283352.50 美元，② 创历史新高。不过，2015 年巴菲特就指出过当时伯克希尔·哈撒韦股票价格过高："以接近账面价值近一倍的价格购入伯克希尔·哈撒韦股票，这意味着可能要花多年时间才能获得收益。"目前来看，当前这个股票溢价只会更高，因而是大大超过其实际价值的。

巴菲特不同时期的投资年均收益情况如下。青年时期（13 年：1956～1969 年/合伙企业）：年均 29.4%。中年时期（29 年：1970～1998 年/伯克希尔·哈撒韦）：年均 26.2%。晚年时期（15 年：1999～2013 年/伯克希尔·哈撒韦）：年均 8.4%。伯克希尔·哈撒韦整个时期（49 年：1965～2013 年）：年均 19.70%。

2015 年，伯克希尔·哈撒韦所投资的"五大引擎"（伯克希尔能源公司、北伯灵顿铁路公司、以色列金属加工工具供应商、路博润以及玛蒙集团）为其实现 131 亿美元利润，相当于 900 亿元人民币，资产利润率约为 6.55%。总体上利润率并不高。但是，考虑到其使用的保险资金成本很低，而且加上了 1.6 倍的杠杆，总计的回报率还是相当不错的。再加上其经营的稳健性，③ 其回报就更有竞争力了。

（二）招商局集团的经营业绩

招商局集团虽然历史悠久，但是在历史发展进程中曾经历过非常大的冲击，走过一条高开低走的发展道路。到改革开放前夕，招商局集团实际上已经极其虚弱了。

1978 年，袁庚刚刚接手招商局集团的时候，总资产还不到 2 亿元人民币，此后发展虽然曲折反复，但总体上是爆发式的增长。截至 2015 年底，招商局集团总资产 9011 亿元，管理总资产 6.2 万亿元。按自有资产计算，37 年当中增长了 4500 多倍，年均复合增长 25.5%。如果按管理总资产计

---

① 《伯克希尔·哈撒韦公司 2017 年度的致股东信》。

② 网易财经美股行情，http://quotes.money.163.com/usstock/BRK.A.html，最后访问日期：2017 年 10 月 22 日。

③ 金融市场的规律在于：安全性越高，则收益性就越差。安全性与收益性成反比。

算，则增长 3.1 万倍，年均复合增长 32.2%。到 2016 年底，招商局集团的管理总资产又进一步提升到 6.8 万亿元。① 因此，招商局集团的总资产其实是要高于伯克希尔·哈撒韦的。

招商局集团 2015 年实现的利润总额为 788 亿人民币，资产利润率为 8.75%，与伯克希尔·哈撒韦相比，大致相当而略高一些。

特别是在 21 世纪，招商局集团的发展更加稳健快速。总资产由 2000 年的 496 亿元人民币增长到 2015 年的 9011 亿元，增长 17 倍多，年均增长 21.32%；利润由 13 亿元提升到 788 亿元，增长 59.6 倍，年均增长 31.47%。②

其中，在秦晓时期的表现更为突出。2000 年底，秦晓出任招商局集团董事长。他在任期间，先后经历了 1997 年亚洲金融危机的冲击余波和 2007 年下半年开始的全球金融危机。从 2000 年到 2010 年的 10 年间，招商局总资产从 496 亿元增长到 3233 亿元，增长 5.5 倍，年复合增长 20.6%；净资产从 180 亿元增长到 1411 亿元，增长 6.8 倍，年复合增长 22.9%；母公司净资产从 107 亿元增长到 860 亿元，增长 7 倍，年复合增长 23.2%；营业收入从 124 亿元增长到 452 亿元，增长 2.6 倍，年复合增长 13.8%；利润总额从 13 亿元增长到 216 亿元，增长 15.6 倍，年复合增长 32.4%；母公司利润增长 25.7 倍，年复合增长 38.4%；10 年累计创造利润 1004 亿元，累计创造母公司利润 587 亿元，累计上交各种税费 203 亿元。与 2000 年底相比，可以说发生了根本性的变化。③

总之，招商局集团在 21 世纪的表现非常突出，大大超出伯克希尔·哈撒韦的水平。1999~2013 年，伯克希尔·哈撒韦的年均收益率仅为 8.4%。当然，这跟伯克希尔·哈撒韦规模过大，难以找到合适的投资对象也存在一定关系。

招商局集团资产占中国 GDP 的比重要大于伯克希尔·哈撒韦占美国经

---

① 招商局集团官网，http://www.cmhk.com/main/a/2015/k07/a199_201.shtml，最后访问日期：2017 年 8 月 13 日。

② 招商局集团官网，http://www.cmhk.com/main/a/2015/k07/a199_201.shtml，最后访问时间：2018 年 4 月 20 日。

③ 傅育宁：《继承、创新、跨越：迈向新的十年，开启新的航程》，招商局集团办公厅等编《傅育宁工作文集》，2012，第 410 页。

济总量的比重。

2016 年，美国的 GDP 是 185619 亿美元，2016 年底，伯克希尔·哈撒韦的总资产大约是 6208.54 亿美元，相当于美国 GDP 的 3.34%。

截至 2016 年底，招商局集团总资产为 6.81 万亿元，中国的 GDP 是 744127 亿元，招商局集团的资产相当于中国 GDP 的 9.15%。也就是说，招商局集团总资产占国家 GDP 的比重约为伯克希尔·哈撒韦占美国 GDP 比重的 3 倍。这说明招商局在中国经济中的地位更加重要。同时也说明，招商局集团要扩大自己的规模，提升自己的发展速度和回报率，可能更加困难。

总而言之，招商局集团与伯克希尔·哈撒韦在各自的国内市场中都是"一条大鱼"，位于整个市场的中心，举足轻重。既受益于整个国内市场及国际市场的发展，同时也推动了国内市场及国际市场的发展及稳定。

三 招商局集团与伯克希尔·哈撒韦的经营策略对比

招商局集团与伯克希尔·哈撒韦相比，两者在经营策略方面存在较大的区别。

1. 伯克希尔·哈撒韦的经营策略

2016 年 11 月，美国马萨诸塞州坎布里奇国家经济研究局（National Bureau of Economic Research，"NBER"，以下简称"国家经济研究局"）发表了一项研究成果，声称找到了巴菲特的投资秘诀，而这篇论文的题目就叫作"BUFFETT'S ALPHA"。根据国家经济研究局的研究成果，财经专业人士赫伯特（Mark Hulbert）发表了一篇题为"Want to invest like Buffett?"的文章，并得到各大财经媒体的广泛转载（中文译为《巴菲特的投资公式找到了!》）。在文中，其援引国家经济研究局的结论，将巴菲特的投资秘诀总结为：专注于便宜、安全、优质的股票；在投资时使用"杠杆"。换句话说，就是借钱炒股。

在这两条所谓的伯克希尔·哈撒韦的投资秘诀当中，第一条是众所周知而且广泛宣扬的：那就是查理·芒格和巴菲特的典型投资策略是寻找最有价值的公司，也就是最伟大的公司，在合适的时机以合适的价格购买其股票，或者直接购买股份，然后坐等这些公司发展升值。——巴菲特与伯克希尔·哈撒韦正是以此闻名于世。他的"四大投资"——美国运通、可口可乐、万国商业机器公司和富国都是此类，而且常常根据市场行情不断增加投资，提升所有者权益。

关于第二条秘诀，其实本应该更清楚——伯克希尔·哈撒韦本来就是一家保险公司，因为能够获得廉价、充裕的资金，所以可以谨慎稳健地使用杠杆。《巴菲特的阿尔法》的作者估计，巴菲特大约用了 1.6 倍的杠杆，这个比率并不高，但是很有效，也能够良好地控制风险。根据国家经济研究局的研究，伯克希尔·哈撒韦 36% 的负债是下属保险及再保险业务的浮存金，其年均获取成本仅为 2.2%。保险业务浮存金，尤其是寿险浮存金，期限往往很长（几年、十几年甚至几十年不等），且体量巨大（例如 2013 年三季报显示，伯克希尔·哈撒韦保险浮存金高达 770 亿美元），亦对投资损失有较高的忍受力（极少会造成强制平仓）。除去浮存金，伯克希尔·哈撒韦用于投资的另一部分资金，来源于集团内部公司之间的拆借，这些也均是低成本、长期、忍受力高的债务资金；另外，伯克希尔·哈撒韦长期维持了 AAA 级的高评级，也使其能够以很低的成本在集团外部融入长期债务。——这一点本应为人所周知，因为伯克希尔·哈撒韦的公司性质明白展示。更重要的是，伯克希尔·哈撒韦每年的公司年报当中也反复提到了这一点，毫无遮掩，也不可能遮掩。但是急功近利的投资者往往对此视而不见。

当然，上述两条所谓的成功诀窍远不能概括巴菲特投资理念的全部。巴菲特在师从格雷厄姆之后，就学会了用实业的方式和角度做投资。可以说巴菲特从一开始就是在做企业投资或是企业收购之类，股票只是巴菲特参与企业的一种手段。在巴菲特 30 多岁的时候，就已经有类似买下股票成为大股东然后改造公司、参与公司决策的习惯了。

巴菲特的投资可分为三个阶段：1969 年即 40 岁前，几乎全是股票投资；1969～1999 年即 40～70 岁，股票投资占比逐渐减少，企业收购投资逐渐扩大；70 岁后以并购为主，兼做股票。晚年巴菲特投资收益率下降，与此有关。主要是因为旗下公司资产已巨大，不得不如此。

因此，巴菲特及伯克希尔·哈撒韦并非为了炒股而购买股票，而是为了投资公司。巴菲特一直在做实业，并用做实业的方式做投资，所以不存在固定不变的套路和指标，其所有的分析和结果，都是基于对企业的前景和效率的判断。分红不分红，包括其他所有的一切都只是这个逻辑之后的表现而已。

这才是真正的公开的秘密。

2. 招商局集团的经营策略

招商局集团的经营策略与伯克希尔·哈撒韦显然不同。招商局集团的经营策略是主动出击，在全市场范围内进行整合，攻城略地，主动开展多元化经营。

1978 年 10 月 9 日，袁庚以交通部党组的名义，执笔起草了一份名为《关于充分利用香港招商局问题的请示》的报告，上报给中共中央。在这份请示报告中，袁庚写道："根据过去的经验和今后的要求，我们认为今后的经营方针应当是'立足港澳，背靠国内，面向海外，多种经营，买卖结合，工商结合'，争取 5 至 8 年内将招商局集团发展成为能控制香港航运业的综合性大企业。我们应当冲破束缚，放手大干，争取时间，加快速度，适应国际市场的特点，走出门去搞调查、做买卖，凡是投资少、收效快、盈利多、适应性强的企业可以争取多办。"①

这个报告是招商局集团的总体发展战略，在以后几十年的时间内，招商局集团其实一直都是这样做的。当然，在不同的时代，具体的做法也会多少有所不同，有时候扩张很快，有时候则适当收缩调整，但是横向多元化经营的基本战略并没有发生根本上的改变。到目前为止，招商局集团也是同时介入多个产业领域的。

招商局集团自身不仅是一个投资者，同时也是一个经营者。但是，集团总部只是战略的制定者和投资者，并不负责具体经营。招商局前董事长秦晓认为："总体来讲，总部承担战略性决策，下属经营单位负责经营性决策是一个基本的原则，也是现代大型企业权力配置的主流形态。"② 招商局集团负责制定整个集团的发展战略与规划，协调并指挥 500～700 家子孙

---

① 招商局集团办公厅、招商局局史研究会编印《袁庚文集》，2012，第 21 页。
② 招商局集团办公厅编《秦晓论文汇编》，招商局集团办公厅，2009，第 161 页。

公司的发展。

秦晓有意识地把自己下属的子孙公司打造成一个相互配合的整体，按照统一的步骤来行动。这些子孙公司，符合整体发展战略与规划的就保留，或者扩张；不符合整合发展战略的就削减，甚至卖掉。如果集团对某个子孙公司的控制出现了问题，无法掌握其行动的话，哪怕效益再好也卖掉。比如平安保险原是招商局集团所创办的子孙公司，最初是作为招商局集团内部的一个服务部门发展起来的。但是随着资本市场的不断变化，平安保险成了一家相当独立的公司，引入了越来越多的战略投资者，招商局集团掌握的平安保险的股份下降到 14% 左右。秦晓认为已经无法把平安保险纳入整个集团的统一行动当中，于是就果断把它卖掉了。

3. 投资理念与人的不理性本质

2017 年诺贝尔经济学奖授予了美国经济学家理查德·塞勒教授，理查德·塞勒的研究成果揭示了这样一个结论：人是不理性的；而且，在经济实践当中，人类通过理性获得的利益是比较小的，而通过利用别人的不理性所获得的利益则要大得多。

这个结论早为巴菲特所洞悉。巴菲特一直强调的就是：别人贪婪的时候我恐惧，别人恐惧的时候我贪婪。同时，查理·芒格和巴菲特对现代的投资理念几乎是持完全的不信任态度。他们不相信贝塔系数和现代组合投资理论等，认为这些没有什么用。他们也不相信分散投资的理念，而是坚持集中投资。他们似乎也不大相信市场分析的方法，认为那套方法不可能战胜市场。而且他们更是极力反对金融衍生产品，认为这些都是骗局。他们当然更不相信市场完全有效的理论，认为那些都是疯狂的理论。他们一贯的理念和成功的经验就是耐心等待，直到合适的目标出现。因此，市场出现危机的时候，才是伯克希尔·哈撒韦出现大的获利机会的时候。当然他们说的等待并不是指坐在家里等机会上门，而是指不轻易出手，出手则必中。

但是，伯克希尔·哈撒韦资产规模巨大，利用别人的不理性获利只是开始，真正要实现盈利，还是必须要依靠理性。伯克希尔·哈撒韦并非利用危机收购廉价资产，等待危机缓解再拉高出售。伯克希尔·哈撒韦的经营策略是选择合适的资产，辅导其经营，为其保驾护航，并且长期耐心持有，与投资企业共同成长，并不轻易变现。也就是，从利用不理性开始，却以理性来告终。毕竟，财富在根本上还是要依靠理性来创造的。只有理性，才能实现双赢。

与伯克希尔·哈撒韦相比，招商局集团的性质决定了其经营更加受制于经济波动，往往在市场扩张的时候跟随扩张，市场萧条的时候跟随收缩。实践证明，这种发展模式是不利于企业的发展的。在20世纪80年代，尤其是90年代，招商局集团伴随经济过热，大量高息举债发展，结果是企业规模虽然扩大了，但是入不敷出、负债累累，几乎破产。到20世纪末的时候，招商局集团共拥有大大小小500多家子孙公司，但是总体资本回报率低，不良资产非常严重。当时，集团资本回报率（ROIC）仅为4%，而资本成本却高达11%，相当于投入3元钱只能回收一元钱；不良资产达到73亿元，整体不良资产率约为12.12%，集团整体负债率达61.6%，每年获取的经常性收益不能满足对应的经常性支出，经常性现金流缺口约为8亿元。债务结构不合理，短期债务与长期投资不对应，外币债务与人民币收益不对应，形成严重的错配。① 从社会机会成本的角度来说，招商局集团的经营对社会总效益造成的影响是负面的。

进入21世纪之后，招商局集团及时加以调整，改变了过去的盲目扩张发展策略。但是，正是经济过热时期的盲目扩张，造成了过重的包袱，不得不在后面更好的发展时期牺牲大量优质资源进行调整。因此，从逆周期资产配置方面来说，招商局集团的操作比不上伯克希尔·哈撒韦。

四　招商局集团与伯克希尔·哈撒韦的组织架构

美国企业管理学家钱德勒说过："战略引领组织，组织支持战略。"在招商局集团与伯克希尔·哈撒韦的比较当中，可以很清晰地看出这一点的影响。

---

① 招商局集团战略研究部、招商局集团办公厅编印《秦晓讲话汇编》，2009，第4~5页。

1. 伯克希尔·哈撒韦的组织架构

伯克希尔·哈撒韦以投资成熟企业为主，满足于财务投资及获得分红收益，不干预投资企业的内部管理经营，所以无须复杂的组织架构。

目前，伯克希尔·哈撒韦的总部设在美国中西部的一个小镇上，全部办公人员不超过 25 个人，主要包括巴菲特和他的合作伙伴查理·芒格，首席财务官马克哈姆·伯格，巴菲特的助手兼秘书格拉迪丝·凯瑟，投资助理比尔·斯科特，此外还有两名秘书、一名接待员、三名会计师、一名股票经纪人、一名财务主管以及保险经理。

伯克希尔·哈撒韦的副董事长查理·芒格在他的《副主席的想法：过去和未来》中对此有详细的阐述：第一，管理所有的证券投资业务，它们通常属于伯克希尔·哈撒韦的灾害保险公司；第二，负责选择所有重要子公司的首席执行官以及他们的继任者；第三，负责撰写年度报告中的重要材料和其他重要文件；第四，负责寻找潜在的收购目标；第五，调配现金和贷款。

伯克希尔·哈撒韦仅将资金调配、投资、重要的人事任命、寻找潜在的收购目标和年度报告的撰写等最核心的工作集中于总部。而对横向的各个业务单元，或纵向人事、采购、投资、研究、行政等职能，均未分化出专门的部门来管理，实现了最大程度的"职能精简"。正因为如此，伯克希尔的总部人员只有 25 人左右即可满足要求。

2. 招商局集团的组织架构

而招商局集团则不然，采取的是集团总部主导的发展策略。所以，与伯克希尔·哈撒韦相比，招商局集团的组织架构是非常复杂的。

（1）招商局集团组织架构复杂化阶段

邓小平南方谈话之后，招商局集团也如当时的很多企业一样，盲目投资，横向上进行无关的多元化扩张，纵向上实行松散的多级法人制。战线过长，核心产业不突出，投资涉及 17 个业务领域，包括航运、公路、港口、金融、地产、工业、贸易、旅游、酒店、科技、通信、物流等。管理链条超过七级，每一级都有投资权、资金支配权等，最多的时候有 500 多家子孙公司。更重要的是，这些子孙公司之间叠床架屋，权责不清，相互扯皮，最终的结果当然是效益十分低下，整个集团的效益入不敷出。

(2) 招商局集团组织架构整顿阶段

面对招商局集团早期多元发展、群龙无首的局面，2001 年，新上任的秦晓董事长开始大刀阔斧加以整顿。

漳州会议的第二天，秦晓在"现代企业管理理论、理念与实践"的讲座中，系统地论述了强化总部建设的理由、总部的功能等，统一了集团上下的认识，为招商局集团的总部建设奠定了基础。正是在这个讲座中，秦晓介绍了美国经济学家钱德勒和威廉姆森的企业组织结构理论，即将企业从组织结构的角度划分为 U 型（一元结构）、H 型（控股结构）和 M 型（多元结构）三种类型。秦晓认为，U 型更多的是用组织手段，H 型更多的是用市场手段，而 M 型则是二者的一种结合。①

在秦晓上任之前，招商局集团是典型的 H 型组织结构。而秦晓的目标，是 M 型组织架构。

秦晓提出，总部是负责战略性决策的。它应具有制定战略，配置、调动内部资源，通过转移价格实施内部交易的权威和功能；典型的 M 型公司是个比较集权的公司，集中的权力主要包括：融资、资本项下的活动、资金的集中管控、重要人事调配、法律活动、研究开发、广告、销售、采购等。

因此，招商局集团明确提出，总部是战略性决策中心，子公司是经营性决策中心；总部是投资中心，子公司是利润中心或成本中心。亦即总部主要负责全面的资源配置，子公司负责在给定资源条件下对资源的运用，当然也包括一部分资源配置。总部最主要有两个基本功能，一是要能根据市场和自身的变化，及时确定新的战略，具备实施战略的能力；二是要具有内部资源配置和内部交易协调的功能。

招商局集团近年来推进的许多工作，如建立财务模型、推行经营计划管理、改革预算管理制度、加强财务信息化建设、推动企业文化建设等，实际上都是在逐步加强总部的管理能力，强化总部的权威。

---

① 《秦晓论文汇编》，第 412 页。

五 招商局集团与伯克希尔·哈撒韦的发展背景

1. 招商局集团与伯克希尔·哈撒韦的发展均受益于环境

每个企业的发展都不是在真空中发展的，而是受制于各种内外条件。美国管理学家罗杰·弗里德兰和罗伯特·阿尔福德提出了一个把环境、治理、个体区别出来的三层次企业发展框架。他们认为这三个层次是"嵌套在一起的，其中组织与制度确定了个人行为的水平越来越高的约束与机遇"。招商局集团与伯克希尔·哈撒韦的发展，都是赶上了时代的大发展，受益于整个国家的上升。

对此，巴菲特曾经满怀深情地说，得益于美国经济活力的推进，我们的努力增加了伯克希尔·哈撒韦的盈利。一个词来总结我们国家取得的成就：奇迹。自从 240 年前美国建国开始，美国人民结合了人类的聪明才智，市场体系，有才华和雄心勃勃的移民潮，以及法治，使我们的富裕程度超越我们祖先的任何梦想。

除此之外，伯克希尔·哈撒韦所处的时代，也是美元及美国资本市场大发展的时代。二战之后，美元成为全球储备货币，在全球各地被接受和追捧。美元的强势，也促进了美国资本市场的发展。这也给伯克希尔·哈撒韦以良好的发展机遇。

招商局集团的发展同样是搭上了中国发展的顺风车，主要包括如下几个方面。

第一是中国经济大发展。1979～2012 年，中国经济年均增速达 9.8%，同期世界经济年均增速只有 2.8%；国内生产总值从 3645 亿元增长至744127 亿元，增长了 203 倍。1978 年中国经济总量仅居世界第十位，2010年成为世界第二大经济体，按购买力平价计算，中国在 2014 年成为世界第一大经济体。中国经济总量占世界的份额由 1978 年的 1.8%，提高到 2012年的 11.5%。中国人均国民总收入由 1978 年的 190 美元上升至 2016 年的8000 多美元，按照世界银行的划分标准，已经由低收入国家跃升至上中等收入国家。

第二是中国货币发行的大扩张。1978 年 1 月，中国货币中流通现金

（MO）为 229.59 亿元；2012 年 9 月，这一数字达到 53400.00 亿元。1986 年底，中国广义货币（M2）还不足 4000 亿元，到 1990 年 12 月则达到 15293.40 亿元。这一轮经济增长周期开始的 2002 年底则只有 19 万亿元，在此轮金融危机之前的 2007 年底是 40 万亿元；到 2016 年末，中国的广义货币达到 155 万亿元，与 1986 年相比，增长了 380 多倍。

第三是中国外贸的大飞跃。1978 年，中国进出口总额仅为 355 亿元人民币（206.4 亿美元）。到 2014 年，中国进出口总额已经达到 43015 亿美元，增长了 207 倍。

第四是作为央企，招商局得到了国家的大力支持。在招商局发展之初，得到了国家土地拨给及资金、政策方面的大力支持。在 20 世纪末招商局遭遇严重的支付危机的时候，中国交通部原常务副部长坐镇，多方协调，将招商局集团从生死线上抢救了回来。

因此，可以认为招商局集团的发展搭上了中国经济高速发展的顺风车，这是其有利之处。

2. 招商局集团与伯克希尔·哈撒韦的发展均受制于环境

但是，招商局集团和伯克希尔·哈撒韦在受到时代助力的同时，也都受制于时代。

巴菲特所处的美国，经济增长已经渐渐减速，虽然与其他西方国家相比，表现相对优异，但是与自己早期的增长相比，增速已经下降不少。尤其是在 20 世纪七八十年代之后，美国的制造业大量向外转移；而这些产业多是巴菲特所熟悉的，这些产业的转移及衰落，影响了巴菲特的投资选择。而很多新兴的产业是巴菲特所不熟悉的，也是其投资理念所难以接受的。如此种种，给巴菲特的经营造成了诸多困难。90 年代之后，伯克希尔·哈撒韦的收益率即开始明显下降。除了规模的扩大，不易找到合适的投资对象，以及美国通货膨胀率开始显著下降之外，美国自身经济增长速度的下降，实体经济的相对萎缩甚至绝对萎缩也是重要原因。

招商局集团的背后有政府的支持，这是其高速发展的重要支撑及凭借，但是同时也因此而受制于政府的低效和种种公共责任的承担。当然也要受到国家的多重制约，包括国家的政策法律——无论是央企还是民企都是一样的，党纪的约束——这主要针对央企的领导人及员工。此外，还有国资委的发展规划——这属于国家的资本要求。也就是说，与伯克希尔·哈撒韦相比，与民企相比，招商局集团要接受三重制约。伯克希尔·哈撒韦在发展过程当中，可以不考虑社会总体发展的需要，不能获利的项目可以自主决定不参与。但是招商局集团则不然，其必须发挥引领国家及地方经济增长的作用。21世纪的前几年，招商局集团还陷在20世纪90年代盲目扩张及1997年亚洲金融风暴带来的危机当中，而这种扩张本身也是经济发展的客观要求。招商局集团费了很大的力气，清理了很多不良资产才从中走出，这是其不利之处。

两者对比，巴菲特和查理·芒格更像是市场背后的支持力量，在一个发展已经相当完善的市场基础之上，伯克希尔·哈撒韦通过自己的冷静与逆市场投资，起到稳定市场及进一步完善市场的作用。而招商局集团则处于一个相当不完善的市场，甚至在改革开放初期并无市场，招商局集团必须从无到有建设市场，推动市场发展。与伯克希尔·哈撒韦相比，招商局集团不是市场的完善者，而更类似于市场前面的引导力量。

这也决定了招商局集团与伯克希尔·哈撒韦的经营策略的差别。招商局集团的整个经营框架是所谓的M型结构，总部负责战略决策与整体规划。在一个并不完善的市场上，招商局集团这样做是不得已的，但保证了整个集团按一个步调行动。

巴菲特与查理·芒格从未尝试过把自己持股的这些企业整合起来，促进它们之间产生有机的反应，所以从来没有制定过所谓的发展战略与规划。伯克希尔·哈撒韦在总体上其实是一个财务投资者，只要所投资的企业在价值上增长，可以体现为总公司的价值增长，就是可以接受的。就如华润集团作为万科公司的最大股东，从来没有干预过其内部的经营，而是听任其发展壮大。但是，伯克希尔·哈撒韦不想成为招商局集团，非不为也，实不能也。以美国的资本市场状况，巴菲特如果想把其投资的公司整合起来，制定统一的发展战略，恐怕也是做不到的。在美国，各上市公司的内向性很强，企业的经营者们已经形成了强大的利益集团，假如不是经营特别糟糕，股东们难以更换企业的经营者。否则，就会成为"门口的野蛮人"。因此，巴菲特不到万不得已，一般不干预其所投资企业的内部经营。并非其乐意这样做，而是无能为力而已。

同样的道理，招商局集团不能成为伯克希尔·哈撒韦第二，同样是因为时势所限，无能为力。当然，也没有必要。

六　招商局集团与伯克希尔·哈撒韦的危机管理

在经营当中，招商局集团与伯克希尔·哈撒韦都经历过一些考验。

1. 危机的到来

（1）招商局遭遇的挫折

如果不把政局变动考虑进去（企业只能适应政局，而无力扭转政局），招商局集团经历的最大的考验是20世纪90年代的大扩张。

在改革开放之初，具有悠久历史的招商局集团既拥有国企的身份，又作为交通部的直属企业，拥有国内得天独厚的资源及政策优势，同时其总部又身处香港，重要发展基地又在改革的特区深圳。对外国投资者而言，它是中国政府担保的企业，拥有近乎无尽的资本支持；对内地政府而言，招商局集团又是外资企业，可以享受吸引外资的各项优惠政策。因此，招商局取得了超常规的高速发展，而这也给其后来的困局埋下了隐患。

总体资本回报率较低，不良资产严重。当时，集团资本回报率（ROIC）仅为4%，而资本成本却高达11%。不良资产达到73亿元，整体不良资产率约为12.12%，集团整体负债率达61.6%，每年获取的经常性收益不能满足对应的经常性支出，经常性现金流缺口约为8亿元。债务结构不合理，短期债务与长期投资不对应，外币债务与人民币收益不对应，形成严重的错配。1997年发生的亚洲金融危机对当时投资过度、负债经营的招商局集团来说不啻重重一击，给企业的生存提出了严峻的考验。

（2）伯克希尔·哈撒韦遭遇的挫折

严格地说，在巴菲特接手之后，伯克希尔·哈撒韦没有遭遇过什么显著的危机，只是在投资当中出现一些难以避免的失误而已。

伯克希尔·哈撒韦的主要问题在于，随着时代的发展，巴菲特越来越不适应经济的新形式，对于新的、不熟悉的产业，巴菲特一般采取回避的态度，这就导致伯克希尔·哈撒韦的投资回报率其实是比较低的。21世纪初，互联网过热，新经济兴起，巴菲特的投资理念遭到质疑。他曾认为科技业都具有很大的波动性，因为技术的成长性有太多的不确定因素，结果错过了投资亚马逊和谷歌的时机，这常被看作很大的败笔。从投资自身来说，1995~2014年，道琼斯指数增加了4.65倍，巴菲特的投资回报只达到了原来的2.51倍，大致只有道琼斯指数的一半。

另外，虽然伯克希尔·哈撒韦采取稳健的投资策略，但是仍然有失手的时候。巴菲特错过了谷歌和亚马逊，却投资了万国商业机器公司，现在看来这笔投资相当不成功。近年来大举收购苹果公司的股票，[①] 现在看来也可能会是一个失败之举。

总体来看，随着时代的发展，新的商业形式不断发展，巴菲特也会越来越不适应市场。当然，这并不会导致伯克希尔·哈撒韦的完全失败，因为传统商业不可能完全消亡。

当然，伯克希尔·哈撒韦更大的危机还在后面。因为，伯克希尔·哈撒韦几乎就是巴菲特个人的企业。巴菲特个人的理念就是伯克希尔·哈撒韦的理念，巴菲特个人的决策就是伯克希尔·哈撒韦的发展方向。巴菲特现在已经88岁了，他未来还能继续操控伯克希尔·哈撒韦多长时间，是一个未知数，但是时间肯定不会太长。巴菲特之后，谁来掌控伯克希尔·哈撒韦，那才是最大的危机。

2. 危机的度过

（1）招商局集团的危机管理

在20世纪末招商局集团的生死关头，中国政府分两阶段挽救了招商局集团。

第一阶段是临时性的。中国交通部原常务副部长坐镇招商局集团，通过与中央各关键机构的协调，不断注入资源，施展闪转腾挪的功夫，逐渐将招商局集团从生死线上抢救回来。但是危险并未充分解除，在未来的几年之内，招商局集团的主要任务仍然是摆脱生存危机。

第二阶段是制度性的。秦晓担任董事长后，大力整顿内部组织关系，同时借助资本市场的作用，内外结合，引领招商局集团渡过难关，获得了

---

① 巴菲特在2017年伯克希尔·哈撒韦股东大会上的披露。

新生。

最初的招商局集团涉足了大大小小 17 个行业的业务，共有 500 多家公司，最多的时候曾经达到 700 多家。最终，经过慎重思考与研究，招商局集团确定了三大核心产业：交通运输及基础设施、金融服务、房地产开发与经营。集团资源主要集中于做强、做大这三大产业，其他业务则维持运营或伺机退出。

之前招商局集团的组织构架和内部管理的主要问题表现为：纵向上的多级法人化，形成了扭曲的利益关系，且管理链条过长，总部虚弱。招商局集团在治理整顿当中，一是重新界定总部和下属公司的关系，重新划分权力和职责，取消原来的多级法人制，并加强了总部的建设；二是结合产业重组对组织架构进行了相应的调整，以减少中间层，解决管理链条过长的问题。

通过以上举措，到 2003 年，招商局集团总债务降到 151.9 亿元，比2000 年年底的 250.5 亿元下降了近 100 亿元，集团债务率从 2000 年的54% 下降到 2003 年的 36.1%；集团总部经营性现金流至 2002 年实现了收支平衡，经营性现金流重组后连续保持在 20 亿元以上，2003 年，融资前现金净流入在偿还了近 30 亿元的债务本金后还有能力进行部分新的投资。同时，由于管理链条大大缩短，管理效率得到了提升，管理成本逐年下降，集团管理费用基本上每年以 5% 的比例下降。招商局集团漳州会议计划用 3 年左右的时间达到经常性收支的平衡；另外，对减债、消化不良资产也提出了一系列指标，实际上这些指标 2002 年底就完成了。

（2）伯克希尔·哈撒韦的危机管理

招商局集团的危机，既是经营危机，也是市场危机。自身经营中出现了漏洞，当市场出现危机之后，两者叠加，就难以收拾了。

伯克希尔·哈撒韦则不然，它在本质上是一家保险公司，拥有充足的现金流。另外，伯克希尔·哈撒韦的投资，着眼于市场优质资产。所以，伯克希尔·哈撒韦在本质上是逆危机而动的。市场越是出现危机，伯克希尔·哈撒韦就越有机会获得廉价优质的资产。伯克希尔·哈撒韦的危机，只是经营危机，所以，一般不会出现两者的叠加。相反，当市场形势非常好的时候，伯克希尔·哈撒韦因为经营相对保守，反而会因为与其他进攻更强的投资者相比业绩较差而遭受质疑。

对于投资回报下降的问题，巴菲特的做法是加杠杆，在稳健投资的基础上加杠杆。例如，1995 ~ 2014 年，道琼斯指数增加了 4.65 倍，而巴菲特的投资只增加了 2.51 倍，但是，加上 1.6 倍的杠杆之后，巴菲特账户实际上增加了 15.84 倍，比道琼斯的 3 倍还要多。

巴菲特所借的钱：成本低，可能是市场上最便宜的钱；期限长，不着急还，没有债主一天到晚在后面讨债；而或许更重要的是能够忍受波动，在投资组合下跌过程中不但不会被强制平仓出局，而且还能不断提供"弹药"进行补仓。因此，巴菲特有充分的信心和信用进行这一操作。

伯克希尔·哈撒韦股东及投资者们最大的担忧还是接班人问题。巴菲特多次提到已选定合适的接班人，但是这样的表态并不能真正解决问题。2017 年股东大会上又有人问到接班人问题，巴菲特回答，接班人必须自己也很有钱，已经具有 10 倍甚至于 100 倍他和家人都花不完的资本，而且这样的市值价值也不需要短期内变现。他觉得只要是薪酬制度制定得好，找到这样的人去打理公司不成问题。当然，这样的回答其实也并没有很好地缓解股东及投资者们的担忧。

七 招商局集团与伯克希尔·哈撒韦的社会贡献

德鲁克认为企业不能只看到利润，也要看到社会贡献。这里所谓的社会贡献也不仅仅是捐了多少款之类，而是在推动社会进步方面有何贡献。

1. 招商局集团的社会意义

招商局集团作为央企，作为全民的资产，其所承担的社会责任及义务要比一般私人企业要重大得多，并不仅仅是利润及资产增长那么简单。总体上，招商局集团起到的作用是引领时代，引领改革开放。

招商局集团的主要贡献，除了促进中国资本市场的发展之外，还促进了实业的振兴。招商局集团自成立以来，一直走在中国社会变革的前沿。在过去的 146 年的发展史上，这家企业的名字和许多个"第一"联系在了一起——组建了中国近代第一支商船队，开办了中国第一家银行、第一家保险公司、第一家电报局，修建了中国第一条铁路，开创了中国近代民族航运业和其他许多近代经济领域……它见证过中国民族工业的兴起，也经历过席卷中国及世界的政治、经济危机，在中国近现代经济史和社会发展史上具有重要地位。1978 年，招商局集团即投身改革开放的洪流中，并于1979 年独资开发了后来在海内外产生广泛影响的中国第一个对外开放工业区——蛇口工业区，并相继创办了中国第一家商业股份制银行——招商银行，中国第一家企业股份制保险公司——平安保险公司等，为中国改革开放事业的探索提供了有益的经验。

当然，招商局集团也不仅仅是一家企业。如招商局下属的蛇口工业区位于深圳南头半岛东南部，东临深圳湾，西依珠江口，占地面积 10.85 平方千米，是招商局全资开发的中国第一个外向型经济开发区。又如招商局集团下属的漳州开发区，行政辖区面积 56.17 平方千米，2010 年升级为国家级经济技术开发区。这两个开发区，都类似于一个功能相对独立的小城市。

而在最近的 10 多年时间里，通过对庞大的产业结构的调整和管理体系的创新，一个拥有现代企业管理体系的新的招商局集团得以完成艰难蜕变。

2. 伯克希尔·哈撒韦的社会意义

对于美国经济的稳定及发展来说，伯克希尔·哈撒韦的作用也是非常巨大的，经常在资本市场上发挥力挽狂澜的作用。伯克希尔·哈撒韦就相当于美国市场与企业的一个信用增强器。

巴菲特一向看好美国经济，他认为尽管今天美国面临着种种挑战，但该经济体将迎来"充满活力的未来"。"仅在我经历的一生中，美国实际人均 GDP 就增长了五倍。"[1] 他写道，"我父母在 1930 年时做梦都想不到他们的儿子将要看到的世界。"[2] 在 2008 年全球金融危机到来的时候，巴菲特公开发文《我正在购买美国》，这对于美国资本市场的稳定及提升大众信心，起到了非常重要的作用。

伯克希尔·哈撒韦的主要社会贡献在于推动了资本市场的整合。作为

---

[1] 《巴菲特 2015 年致股东信》，https://xueqiu.com/4649792187/68141627，最后访问时间：2018 年 4 月 20 日。

[2] 《巴菲特 2015 年致股东信》，https://xueqiu.com/4649792187/68141627，最后访问时间：2018 年 4 月 20 日。。

常年取得优异成绩的著名标杆企业，它的成功既对金融行业改革发展有所启示，也值得综合性金融集团的经营管理者们认真学习借鉴，以积累应对复杂变化的经营环境的经验。

伯克希尔·哈撒韦不仅仅是一家企业，它还可以被看作美国资本市场的精神支柱及校正器。

3. 两者的比较

在对社会的改造及发展促进方面，招商局集团优于伯克希尔·哈撒韦。但是在促进资本市场的稳定方面，伯克希尔·哈撒韦优于招商局集团。对于美国的资本市场而言，伯克希尔·哈撒韦的作用是整体性的。

当然，在对社会责任的承担方面，伯克希尔·哈撒韦比不上招商局集团，也比不上当年的摩根财团。当年，美国的安危系于摩根一身，而且摩根财团在发展当中是比较有社会责任的，并不以最大回报为目标，而巴菲特显然是以追逐最大利益回报为目标。巴菲特就是资本在人间的代言人，而摩根财团和招商局集团不是。在招商局集团这里，国家及社会的总体发展是高于资本增值的。

当然，历史也没有给巴菲特展示其挽救国家危难的机会，但是假如有机会，巴菲特似乎也是愿意成为摩根的。在 2008 年之际，巴菲特高调发声，对美国经济表示出强烈的信心与支持，同样也起到了稳定社会信心的重要作用。

当然，巴菲特是作为个人在发挥作用，伯克希尔·哈撒韦只是巴菲特个人人格的外化。而招商局集团是作为一个组织在发挥作用，领先完善的制度在维持整个集团的运营，而招商局集团历任领导人都只是企业经理人，其行为反映了时代的趋势与招商局集团自身的发展需求。

八　总结

招商局集团与伯克希尔·哈撒韦公司，两者都是现代市场中资本经营的典范。它们在不同的市场及社会背景下发展，借助各自社会的活力及发展动力，采取了不同的发展策略，且都取得了良好的业绩。

招商局集团与伯克希尔·哈撒韦公司共同的启示就是：要与最具活

力，同时最稳健发展的市场一起成长，同时找准自己在市场中的定位。

任何一家企业的发展都受制于内外环境。一家公司在受益于市场发展，从市场的发展中获得基本发展动力的同时，自身也要推动市场整体发展，也就是实现局部与整体的双赢，而不能把自己的发展建立在损害整体及外部环境的基础上。双赢的发展才是最持久的、利益最大的，也是最有意义的。

在总体上，招商局集团与伯克希尔·哈撒韦都是按照上述双赢的理念来发展的，并以此来获得自己安身立命的根本。在自身发展的同时，与所立足的市场共同成长进步。这是其成为伟大企业的原因，也是其结果。

彭波　商务部国际贸易经济合作研究院副研究员。

郑观应与轮船招商局

邵　雍

郑观应是中国近代早期维新派的代表人物之一，而轮船招商局则是当时中国航运业的翘楚。本文主要揭示郑观应在轮船招商局任职期间对于外资企业、外国管理与技术的态度及其对策。

一

郑观应在进轮船招商局之前，就已经从外资企业那里积累了不少相关企业管理与商战的经验。

1859 年，郑观应通过他的姻亲曾寄圃和世交徐钰亭、徐润等人的关系，被介绍到当时第一大洋行——上海宝顺洋行工作。1873 年，太古洋行创办轮船公司，原宝顺的"气拉波"号轮船主麦奎因当上了该公司的总船主，于是他力请郑观应到太古总理一切。次年 2 月，郑观应与太古轮船公司签订了 3 年的雇佣合同，受聘为太古的总理兼管账房、栈房等，相当于总买办的地位。[①] 由于郑氏在太古经营得法，在 3 年雇佣合同期满时，又续签了 5 年合同。

1881 年，郑观应被盛宣怀委派为上海电报分局总办。1882 年 2 月太古合同期满时，由于种种原因他决定不再续签。原因之一就是他为太古揽载吃亏甚重，太古却不肯弥补他的损失。同时，因其精通船务，北洋大臣李鸿章于 1882 年邀请郑氏会办招商局局务。3 月 30 日，郑接受了李鸿章的

---

① 徐润：《徐愚斋自叙年谱》，江西人民出版社，2012，第 6 页。

委托就任轮船招商局帮办，不久提出了局务改革方案，同时将上海电报分局总办一职交给经元善接任。1883 年，郑观应被提升为招商局总办。

二

郑观应在轮船招商局任职期间，时常以外资企业特别是太古轮船公司作为比照、学习的对象。

其一是人事制度方面。1881 年，他在给时任天津海关道的近亲郑藻如（玉轩）的信中写道："所虑官督商办之局，权操在上，不若太古知我之真，有合同可恃，无意外之虑。窃闻宦海变幻无常，万一傅相不在北洋，而后任听信谗言，视创办者如鹰犬。弟素性愚戆，只知尽心办事，不识避忌钻营，更易为人排挤矣！"① 他告诉郑藻如："洋人所以能事无不举者，以立法必行，毫无假借也。"②

其二是企业经营方面。1880 年代初期，招商局船在各口耽搁的问题十分严重。郑观应向总办唐廷枢指出："查来往天津之船尚属耽搁不久，惟在各口耽搁必须两天，汕头耽搁必须三四天，各家无不私议，太古洋行晏尔吉常引为笑谈。弟询诸同事，平心而论，金称较太古船每次多停半天，在汕头多停一天，然连汕头多停之时，每次船概多停半天，即计每月四次，每年每船已多停二十四天，计少走两次，约虚耗五千金。统通局之船而计，所耗不下十万余金。"③ 郑氏因此力主："轮船开放不可迟留也。凡船在各埠，宜查其开行之日，电报关照以便预揽客货上栈。船到即装，不致停久。"④ 1892 年后，他指出："迩来官场各友亦来说，我局坐舱招呼不及怡和轮船买办周挚，即饭菜一项大半不能入口。果如所言，生意难期起色。"⑤

其三是企业管理方面。1880 年代初期，用煤费用是招商局主要成本之

① 《复津海关道郑玉轩观察书》，载夏东元编《郑观应集》下册，上海人民出版社，1988，第 779 页。
② 《致津海关道郑玉轩观察书》，载夏东元编《郑观应集》下册，第 783 页。
③ 夏东元编《郑观应集》下册，第 792 页。
④ 夏东元编《郑观应集》下册，第 786 页。
⑤ 夏东元编《郑观应集》下册，第 866 页。

一，若能在这方面减省损耗，招商局必能提高利润。因此郑观应力主买煤宜认真稽核："经手买煤者，如不投票以价低者得，恐有弊窦徇情，且载来之煤或湿或夹石，总管车亦迁就，或略减了事，岁计吃亏甚巨。纵每吨扣还经手费多少，亦加在价内，掩耳盗铃，以文其奸。宜仿照太古洋行，先备试煤机炉，凡船煤到，饬总管车到煤船先取舱内之煤数吨，督率送至试煤机炉，验其烧后气力足否，或免作弊。"① 他计算："每船一昼夜节省一吨煤，每月约行十五天，每年可一百八十吨，统计三十船每年可省五千四百吨，每吨四两，合计可多银二万一千余两。"②

其四是资产更新方面。郑氏曾对盛宣怀指出："有股东云，'我局公积之款甚巨，应如太古公司岁添二千数百吨之船，不应移款兼营别业'等语，官应亦曾早与我督办谈及，承示本局宗旨，宜用敛字诀，拟开银行为我局将来转输地步。虽是挽回利权之策，然擅拨局款兼办银行，不会商股东，只求直督批准，于商律不合。盖商律凡公司欲营业，必须开股东会，从多数取决方可施行。若使大权操自直隶，无庸商诸股东，日后直隶换人，所委总办假公济私者流，害不堪设想。"③ 1892 年后，郑观应又向盛氏重提上述建议："年来各公司船日多，本局船日少。且老船不如新船，故太古尝将其旧船沽与日本，得其船价足以抵新造之船费。前经迭陈，亟宜筹款添船，如虑无款，即将所存局股及各种股票无用之昼出售，又将华栈等地可照前议招股改为公栈，得此巨款，可以忝船数只，不宜再迟，恐将来工料价增，其中吃亏不浅。"④

其五是经济核算方面。1909 年，郑观应揭发招商局弊窦，找出了一系列问题：新造轮船不及怡和、太古，但造价却很高。1911 年 9 月 4 日（宣统三年七月十二日），他又从上海出发，乘船西上到重庆，直到 1912 年 1 月 12 日才回到上海。在这四个多月里，他及时提出了不少改进意见。其中有一条，招商局各分局负责人须仿照太古公司月造分局船出口货比较表，以便知己知彼，采取有效的对策。

① 夏东元编《郑观应集》下册，第 787 页。
② 夏东元编《郑观应集》下册，第 787 页。
③ 夏东元编《郑观应集》下册，第 818 页。
④ 夏东元编《郑观应集》下册，第 862 页。

上述五个方面的差距是明显存在的。1885 年，马良奉李鸿章命调查招商局在唐廷枢等人经理下的情弊。其报告书也指出："用人之弊，失之太滥。各局船栈，人浮于事，视太、怡行不啻三倍……洋人言，该处司董以局船为己有，专装私货，无怪公局之亏折也。南洋船主亦言，每船到埠，不准早开，以局董私货未及配载，有停至五六天者，为费不赀。"① 这些都证实了郑观应并非夸大其词，故作惊人之语。

三

难能可贵的是，做过太古买办的郑观应清醒地看到，外国人在企业经营中也不是十全十美，同样是有缺点与不足的。

他曾向招商局总办唐廷枢报告说："近闻本局有船私走米麦千余包之多，非独吞匿客脚。虽各船主、大副未必是徇私之辈，然在洋行之船，其买办尚属如是，况本局之坐舱船主安肯破除情面？受贿亦佯作不知。又有报关者与下货人作弊，以多报少，通同分肥。"② 他曾"嘱总船主将各船所载重数、吨数列"，以便验货之用。"如其不符，非小工堆放之不齐，即坐舱者走私，或报关者作弊，借可稽查。"③

郑观应对招商局总船主蔚霞的徇私和舞弊尤为不满，指出："因本局定造之船无论在英、在沪，非总船主蔚霞经手不成。盖因所购船中用物，材料均有好佣钱故也。"④ 他密告盛宣怀："查总船主蔚霞胞兄在英开有造船厂，凡本局所造之船，所买轮船材料、机器、锅炉等物，无不购自其兄之厂，从无照顾别家，或所用材料其兄厂所无者，由其兄转购，所开价值其价虽昂，从无一驳，何怪洋商视蔚霞如招商局督办。观前托祥生厂造之船，蔚霞事事留难，别家寄来出售之船图，多方挑剔，其心可知矣。"⑤

---

① 马良：《改革招商局建议》，载中国史学会主编《洋务运动》（六），上海人民出版社、上海书店出版社，2000，第 125 页。

② 夏东元编《郑观应集》下册，第 793 页。

③ 夏东元编《郑观应集》下册，第 787 页。

④ 夏东元编《郑观应集》下册，第 827 页。

⑤ 夏东元编《郑观应集》下册，第 816 页。

英国人蔚霞本系旧局总大车，也有一定的本领。轮船招商局督办盛宣怀当年派蔚霞为总大车兼署总船主时，做过规定："以后调换船主及大修，须商督办，调换船主以下及小修，与驻局会办商定。"① 但这些制度性的规定并没有使蔚霞安分守己，循规蹈矩，正如郑观应所说，此人在轮船招商局里确实做过不少与自己身份不相符的事情。

在郑观应看来，外国人中也不仅是蔚霞有问题。郑氏向盛宣怀指出洋人也"因姻亲之故"，"互相庇护"。他揭露说："又查用记列文监工修船亦讲交情，凡有交情者，均可粉饰了事。总船主为本局所造之新船多系老样，即如前将'固陵'船机器更换，糜费多金，不独弄巧反拙，反使船厂得'固陵'之机器，为怡和装一往来汉口、宜昌之船，较（固陵）快而装货多，能与本公司争利。以马眉叔（建忠）观察之精明尚为彼蒙蔽，实因局内护佐有人，又善于说词故也。"②

四

郑观应的志向是努力与外资企业竞争，为中国航运企业争一席之地。

1892 年 12 月 6 日（光绪十八年十月十八日），郑观应从广东到达上海，即到招商局接事。郑观应一进局即会同陈猷等人与怡和、太古洽谈，很快签了第三次齐价合同，股票价格很快回升到一百数十两。齐价合同有着重要的意义，它的签订本身就是对怡和、太古等外资航运企业的胜利。齐价合同原是资本主义航运业的惯例，因航运有固定航线，只要大户联合定价，便可取得垄断利润。以上海到汉口的长江货运为例，在 1862 年以前是由宝顺洋行的船只垄断，每吨运价高达 25 两。1867 年，宝顺、怡和退出长江，旗昌垄断，一直维持在 5 两水平。1872 年，太古成立，长江运价一度又降至 2 两。招商局成立后，外商激烈跌价竞争，长江运价一直维持在 2 两水平。1877 年，招商局购买旗昌后，再减为每斤 1 钱，已无空间可降了。1878 年，招商局遂与太古、怡和订齐价

---

① 盛宣怀：《致李鸿章电》，光绪十三年六月十五日申刻，《李鸿章未刊电稿》（一），上海人民出版社，1987，第 843 页。
② 夏东元编《郑观应集》下册，第 860 页。

合同。

1892 年轮船招商局与太古、怡和的第三次齐价合同规定："以船吨位多少共分水脚，招商局着多数。"① 亲自参与订约的郑观应评价这次合同说："商局本华商公司，倘财力雄厚能与洋舶独力抗衡，此策之上者也。且闻欧美各轮船往来中国之公司，有联合会，共分权利，入会者十居其八，惟小公司未即许其入会耳。故本局仿照办理，与怡和、太古调和联合，以免受商战之倾轧，此迫于时势，为营业计不得不然也。"② 第三次齐价合同中的长江航线合同第十三条又明确规定："倘有别家争衡生意者，必须彼此联络跌价以驱逐之。"这里的所谓"别家"主要指外国洋行企业的轮船，如美最时之"宝华"轮，麦边洋行之"萃利""华利"两船，华昌行之"益利""长安""德兴""宝华"四船，马立师行之"金陵"轮，和兴公司之"飞鲸""飞龙""飞马"三轮等。一言以蔽之，第三次齐价合同本身是轮船招商局实力的展示，对该局的发展是有利的。

郑观应在与外商企业打交道时，心思缜密，善于发现问题、提出解决问题的对策。

1893 年 3 月 30 日（光绪十九年二月十三日），郑观应开始了他西巡长江轮船招商局各分局之行，5 月 6 日抵达重庆。他把沿途了解的营业利弊，与怡和、太古的斗争情形及采取对策等见解，著成《长江日记》。《长江日记》分析了招商局竞争不过怡和、太古的原因，认为主要是对方加强客货的揽载和水脚打折扣，广为招徕生意。对此他明确提出改变货船挂洋旗免厘金、争揽客货的现状，以增加招商局的客货；在用人方面表示了对总船主蔚霞的不信任；并提出把招商局积累的资本用于扩大再生产和发展四川省的经济。

招商局由于要引进和利用外国先进的技术，因此需要付出高昂工资来吸引洋人为其服务。郑观应一开始虽也主张借才异地，但后来他已注意到洋人薪水极昂，③ 再加上职员受贿及徇私，致使该局之薪酬成本比日

---

① 庄篆：《西行日记序》，载夏东元编《郑观应集》上册，上海人民出版社，1982，第 1013 页。
② 夏东元编《郑观应集》下册，第 950 页。
③ 参见夏东元编《郑观应集》下册，第 787 页。

本和其他外商轮船公司为高，经营成本日增，因而削弱其竞争能力。在这种情况下，郑观应建议"拟设招商局驾驶管轮练船章程"及厘定学堂教学合同式样，① 设立驾驶学堂来训练招商局华人员工学习船务技艺，使中国人能方便而且大量学习先进的西方科技。

五

在晚清历史条件下，郑观应学习西方，提倡"商战"，但与西方竞争的努力并不受招商局内同人的待见与认可。郑观应回顾说，1892 年"复任后仍不避嫌怨，整顿修船、投标，船上堆工、江船客票银水等事，约共岁有十万两。同事颇嫌多事，而反对者百般恐吓，或声言饱以老拳，或暗以炸弹相对，曾贿报馆记者捏词毁谤，望观应长驻汉阳不回上海而后快"②。这里，我们既可以看到郑观应企业经营管理思想的超前性，也可以看到在半殖民地半封建社会中中国企业家的艰难境地。

邵雍 1953 年生。1978 年考进上海师范学院历史系本科，1985 年上海师范大学研究生毕业，留校工作。1996 年晋升教授，2003 年被批准为博士生导师。上海市委党史研究室特约研究员。发表论文 400 余篇，出版著作 32 种。

---

① 夏东元编《郑观应集》下册，第 836～839 页。
② 夏东元编《郑观应集》下册，第 859 页。

民营化对阳明海运战略创新的局限分析

钟宪瑞

阳明海运的前身是成立于 1872 年的轮船招商局。1949 年之后，大陆及台湾各自成立招商局从事营运，至 1972 年，台湾阳明海运有限公司成立，招商局资产逐渐并入阳明海运。

从 1972 年至 2016 年，不论是从台湾几家知名海运公司的互比，还是从有相同渊源的两岸招商局的对照，都可看出台湾阳明海运的发展比较迟滞。本文的基本论点是认为此乃源于阳明海运战略创新的力道不足。而战略创新力道不足的最主要原因，在于企业体制因素阻碍了战略创新思维，此一主要原因又与外部环境无法提供战略创新所需的依托以及使命感丢失有关。以下将分别说明战略创新的意义、阳明海运战略创新的特质、阳明海运战略创新的时代牵绊，以阐述此一论点。

一　战略创新的意义

企业的战略是相当重要的决策，战略定位一旦确认，主要经营方向、竞争方式以及关键资源的分配都会跟随着铺陈展开。然而，由于环境可能会变动、企业使命可能会调整，并且一项战略定位可能被同业模仿，这三项因素都会导致特定战略定位经过一段期间后，就无法再为企业创造利润或服务社会，此时企业就必须进行战略创新。

从长期视野来看，以上三项因素必然会发生，因此长期来说，企业必然要从事战略创新。实际事例也阐明了，成立至今超过百年的企业，都经历过多次战略转型；① 失败的企业，或是未能及时进行战略转型，或是采取了错误的策略转型。② 因此审慎检视环境条件、所承担的使命以及竞争状况，及时在战略上采取合适的创新作为，乃是企业长期生存及发展的关键。

二　阳明海运战略创新的特质

根据阳明海运网站资料，截至 2017 年 3 月，阳明海运（集团）的策略重点为："通过不断加强同业间的策略联盟，扩增服务航线网与密集的航点，提供客户多样选择的快捷海运服务；不断运用新的信息科技、升级软硬件系统，以整合信息提供客户 E 化服务，并借由流程改造，提升服务质量与效能。"③ 其事业布局包括下述主要事业。货柜航运事业。以阳明海运为主体，经营国际定期货柜运输，借由策略联盟合作建构绵密及弹性的全球服务网络，并持续扩充船队规模及拓展全球服务据点。散装运输事业。于 1990 年成立光明海运股份有限公司，经营全球不定期散装船运输业务。码头事业。在中国基隆、高雄及台北港，美国洛杉矶与塔科玛，欧洲比利时安特卫普及荷兰鹿特丹等港口投资经营专用货柜码头，强化运输效率；于 2007 年在高雄设立高明货柜码头股份有限公司，参与高雄港洲际货柜中心兴建计划，全数码头与柜场已于 2014 年 9 月底正式营运，作为阳明海运在远东的转运基地。物流事业。于 1999 年在台北成立好好国际物流公司，设有多温层大型温控物流中心，提供多温层物流服务；另成立骏明公司专营货柜拖车业务，经营陆上货柜物流。文化事业。于 2004 年底在基隆成立阳明海洋文化艺术馆；嗣后为了永续推动海洋人文艺术教育工作，于 2005 年设立财团法人阳明海运文化基金会；于 2007 年底在高雄旗津设立阳明高雄海洋探索馆。另外，阳明海运从 1972 年至 2016 年重大的战略行动参见附录。

---

① 柯林斯、博乐斯所著《基业长青》（台北，智库文化股份有限公司，1996）中的惠普公司等案例，都清楚地阐明了此一论点。

② 可以参考吴晓波《大败局》（浙江人民出版社，2001）中，亚细亚、秦池的例子。

③ 阳明海运网，http://www.yangming.tw/traditional _ chinese/group _ profile/01group _ profile.html，最后访问日期：2017 年 4 月 6 日。

从阳明海运集团的事业布局以及附录分析阳明海运的战略创新①，可以归纳出以下几个特点。首先，在进入新产业方面，阳明海运集团可以说是相当迟缓。从 1972 年至 2016 年，除了本业的货柜航运事业外，仅增加了散装运输事业、码头事业、物流事业、文化事业。其中前三个产业与货柜航运事业密切相关，或是与本业共享相同资产，或是有相同的顾客使用流程，因此进入这些产业，原本就是应当有的作为，实无法算是重大的创新。至于从 2004 年开始进入文化事业，标榜海洋文化，明显与台湾地区从 2000 年后，不断强调脱陆入海的意识相勾连。

若将阳明集团与台湾地区几个涉足海运的上市公司（集团），包括长荣集团、万海集团、中国航运、四维航业等四家做产业营运的公司进行对比，可以看出，阳明海运集团的产业营运范畴只比四维航业广；比起成立更晚的万海集团、长荣集团、中国航运，阳明海运的营运范畴较窄（见表 1）。

表 1　阳明海运、长荣集团、万海集团、四维航业、中国航运的营运范畴比较

集团（创立年）	营运范畴
阳明集团（1872 年轮船招商局，1949 年迁台，1972 年更名为阳明海运）	货柜航运、散装运输、码头、物流、文化事业
万海集团（1965）	货柜航运、纸业、投资创投、金融保险、光电与科技、休闲观光
长荣集团（1968）	贸易、海运、航空、钢铁、储运、航天科技、物流、空厨、酒店、航勤、空运仓储、海事博物馆、警备保全、交响乐团
中国航运（1978）	仓储、物流、货柜、陆上运输、散装航运、运输事业
四维航业（1985）	散装航运、运输事业

资料来源：各企业网站。阳明海运，http：//www. yangming. com. tw/LocalSite/Tw/HR/recruit_ov. aspx；万海集团，http：//www. wanhai. com. tw/views/Main. xhtml；长荣集团，https：//www. evergreen – group. com/；中国航运，http：//www. cmt. tw/；四维航业，http：//www. swnav. com. tw/。

在产业营运范畴的广度上做比较，并不意味着企业从事多元化经营就是好的。但就航运业作为服务业而言，具备积极创新理念的企业，自然会

---

① 本文所指的战略创新，是以较为宽松的角度界定，诸如产品服务的增减、地理市场的扩大/缩减、新科技的产用、新的战略联盟等行动，都可以纳入战略创新的范畴，即便这些行动是在相似的战略思维或战略逻辑下产生的。

从顾客服务流程的角度思考，将产业营运范畴扩大至顾客利用海运服务时的前置和后续活动（例如陆运、仓储、码头）以及支持性活动（例如金融、地产）。因此企业的营运范畴过窄，除非此一企业是坚持致力于极窄的范畴，若是如此，此企业在该领域应该可以跻身于世界领导者，或是创造极佳的绩效，否则即意味着缺乏顾客服务面的积极创新。

其次，产业营运范畴窄，也就代表战略创新的基地依托较窄，自然不利于后续的战略创新。最后，从长远视野来看，钱德勒在《规模经济与范畴经济》中曾指出美国大企业的发展是不断在规模经济与范畴经济的追寻切换中实现的；在超过40年的时间中，企业如果未能开拓出一定广度的营运范畴，很可能妨害其长期发展。

如果再以系出同源的大陆招商局集团与阳明海运集团做对比，招商局集团的营运范畴包括了交通（港口、公路、航运、物流、海洋工业、贸易）、金融（银行、证券、基金、保险）、地产（园区开发与房地产）三大核心产业，①差异更为鲜明。而招商局集团是在1978年改革开放之后开始大幅铺展营运范畴的。如果以1978年作为对比起点，更可以看出，阳明海运集团的营运范畴扩展速度远低于大陆的招商局集团。

接着观察阳明海运实际上的战略创新。在相对较窄的产业范畴基础上，阳明海运能从事的战略创新选项自然有限，在附录列出的战略创新行动中，计算机化/自动化、财务结构调整、增加新航线（通过联盟或自行开拓）3个项目，占了将近9成。计算机化/自动化是以强化作业效率、提高效能为目的的内部取向的作为；财务结构调整包括了民营化、增资、公开上市承销等作为，这几项或是因政府要求，或是因业务所需而进行，是被动的作为；增加新航线，是在产业营运范畴迟滞的情形下，若要追求营收增长，就必须开拓地理营运范畴的被动选择，再加上航运业本就具有网络外部性，②每多一个营运据点，就可以提高既有据点的竞争力，因此在资源许可的情况下，增加新航线，是一项符合产业客观规律的战略作为，不具备积极追求战略创新的意味。

---

① 参考招商局集团网站，http：//www.cmhk.com/main/。
② 网络外部性（network externality）是指由于网络联结，一项产品的边际使用者得到的效用会随着使用这项产品人数的增加而递增的情形。

从以上分析可以看出，阳明海运集团在战略创新上，具有内部取向、被动、消极的性质。以下便探讨阳明海运的战略创新呈现这些特质的原因。

三　阳明海运战略创新的时代牵绊

阳明海运的战略创新会呈现内部取向、被动、消极的特质，究其原因，可以归结为时代牵绊。时代牵绊可从三个方面说明：名实相悖的公营事业民营化、失去发展腹地以及使命感丢失。

首先是名实相悖的公营事业民营化。台湾从 1989 年起出现了一股"公营事业民营化"的风潮。从 1989 年至 2003 年，台湾就有 27 家公营事业完成了民营化，① 阳明海运也于 1996 年 2 月，以出售股权方式完成了民营化。然而，当时的民营化仅仅是就股权进行判定，只要各级政府拥有的股权比例低于 50%，即视为民营企业。当公营事业被归为民营事业之后，即不再受民意及立法机构之监督。

就实际状况观察，对于完成民营化的公营事业，政府只要继续持股有一定比例，依旧拥有任命董事甚至董事长的权力。以阳明海运而言，在 2016 年，台湾交通主管部门持有 31% 的股权，在 11 名董事中，扣除 3 名独立董事，剩余 8 位有 7 位是由其指派，显示公部门其实仍居于主导地位。

阳明海运此种名实相悖的民营化，对其战略创新带来许多负面的影响。在名义上民营化之后，公部门就无法再为阳明海运的发展提供资金，以免持股比重超过 50%，又成为公营事业；另外，公部门若要直接对民营企业增资，也欠缺法律上的正当性。

公部门无法再挹注资金之后，阳明海运的高阶管理者若有任何宏大的战略企图，需要资金时，只能向公开市场筹措或是向银行借贷。但是由公部门指派的董事长，在不知何时会被撤换又缺乏资金支持的情形下，是不会有强烈的动机提出宏大的战略企图，并以硬实力加以执行的。

如果阳明海运能够完全作为民营事业，以民营事业的思维行事，绩效

① 吴学良、孙智丽、洪德生、李清松：《我国公营事业民营化前后绩效变化之研究》，《台湾银行季刊》第 55 卷第 2 期，2004 年，第 37~76 页。

可能会更好。一些研究指出民营事业在强烈利润动机的刺激下，绩效表现有可能高于公营事业，甚至可以对公营事业的冗员及僵化文化进行整顿。[①]但是从吴学良等人的研究中可以看出，阳明海运在民营化前后六年的绩效在不同指标上各自优劣互见，[②] 并未呈现更好的财务表现。

为何民营化之后的阳明海运既未能提出宏大的战略企图，又无法如民营企业那样创造好的财务绩效呢？本文认为很重要的原因，就在于名实相悖的民营化。高层管理决策阶层由政府指派，在政党政治体制下，指派者或被指派者在做一些特定的重大决策时，既无涉于长远的宏图愿景，也非由追求利润所刺激。举例来说，在 2007 年，中国航运公司（以民股为主的公司）想买下台湾航业公司（原为公营事业，经民营化后，仍由公部门掌控）一部分股权，台湾交通主管部门为继续保有对台湾航业公司的实质掌控，但公部门注资又不可行，便要求阳明海运与台湾航业公司宣布各自增资后交换持股，表面上是要建立产业策略伙伴关系，提升整体经营效率，但实际上是让原先持有台湾航业公司 28.5% 股权的中国航运公司的持股遭到稀释，失去掌控台湾航业公司的机会，[③] 而阳明海运也奉命照办了。由此观之，在一些重大决策上，作为名义上的民营企业，阳明海运仍旧受到公部门的干预。虽然并非所有的决策都是如此，但只要重大决策是如此制定，自然影响高阶管理者的决策心态。

回顾台湾地区公营事业的民营化，其结果是众多公营事业名为民营企业，实则继续在公部门的掌控之下，效率不见提升；营运规模难以再扩大，却又规避了民意及立法机构的监督，阳明海运就是一个写照。会产生此种结果，本文认为这是因为台湾社会普遍存在跟风赶潮流的现象。在一段时期中，某个观念被高度推崇，但就在缺乏详尽辩证过程的情形下，企业据此观念制定政策，造成负面影响。台湾地区的公营事业民营化，正是

---

① Bailey, Elizabeth E, "Price and Productivity Change Following Deregulation: The US Experience," The Economic Journal 96 (1986): 1 – 17; Pryke, Richard, "The Comparative Performance of Public And Private Enterprise," Fiscal studies 2 (1982): 68 – 81.

② 具体来说，在资产报酬率、净值报酬率、营业毛利率、营业利益率等项目上，民营化之后表现较差，长期投资占销售额比例在民营化之后呈现下降，但扣除产业景气后的税前净利率，民营化之后较佳。

③ 杨文琪：《交部背后出招，中航措手不及》，《联合报》2007 年 2 月 10 日。

在这样的过程中进行的。企业不分业别、规模、政策使命，一律民营化，阳明海运正是此一写照。

在无意提出，也无力执行外部拓展的宏大战略企图的情形下，阳明海运的战略创新转向以组织内部及产业内部为主，如表1所示，其内部倾向比起民营的航运集团，甚至还要更高。在组织内部强调电子化、信息化，在产业内部强调通过联盟拓展服务范畴，是很自然的发展方向。

其次是失去发展腹地。战略创新有一定程度的风险及试误性质，如果有合适的发展腹地作为试验之用，将可扩大企业推动战略创新的空间。此处所谓的发展腹地，是指一定范围的顾客基础，或是企业营运的地理范畴。1949年之后，两岸隔离，招商局迁至台湾的一部分，失去了广大的陆地依托，战略思维只能局限于发展海运。王玉国在《招商局与台湾》中提到，台湾作为岛屿，本身难以自给自足，需要依靠对外贸易，但四面环海，对外交通只能依靠空运及海运，此一条件为台湾招商局在1960年至80年代的早期发展带来了契机，但也限制了其后向顾客前端的陆上发展。

最后是使命感丢失。强烈的使命感，可以支持企业提出并坚持宏大的战略企图。本文认为阳明海运战略创新的内部化倾向，也受到使命感消退的影响。检视阳明集团及阳明海运的网站，几乎已经看不到其与1872年成立的招商局之间的渊源了。缺乏历史的光荣感就不会传承使命，遑论发扬光大，因此战略创新呈现消极被动的状态，是自然的结果。

阳明海运在民营化之后，客观上缺乏公部门资金及政策的支持，主观上无须再担负任何政策使命，或是从社会发展的角度思考自己的发展战略，因此更加重了失去发展腹地以及丢失使命感的影响，战略上更加难以展现大开大合的创新作为了。

总的来说，体制、腹地、使命感，这三项正是影响阳明海运未能积极实行战略创新的因素。对比大陆的招商局集团，从1978年改革开放开始，其始终维持着国有企业的体制身份，因此也承担了国家发展的使命，国家在招商局集团的发展上，也提供了政策及实质上的支持协助；招商局集团抓住了改革开放的契机，地理腹地一路从蛇口、南山、深圳开拓到香港，伴随着地理腹地的扩大，产业范畴也不断拓展，这为战略创新创造了广阔的疆域，也赋予了有使命感的管理者实践的空间。两家系出同源的企业，其发展差异的原因，可以从此一面上理解。

附　录

阳明海运重大战略及具体行动

年份	重大战略及背景	具体行动
1972	因应当时国内外政治局势变化，维护船舶安全，以及避免与招商局轮船公司的纠纷	阳明海运成立
1973	进行货柜化	阳明海运委托法国建造 3 艘货柜轮，但受制于台湾行政当局"国轮国造"政策，而使计划中止转给中国航运
1976	导入计算机化	导入电脑设备，计算、发放薪资，计算航班损益
1978	因应货柜化趋势，对货柜市场试水温	由台船承造特定用途货柜，成立"货柜化小组"，研究货柜相关需求，并拟定货柜纲要；成立货柜调度组，筹建阳明海运货柜调度制度；初期货柜以租用为主，与自购额相去不多，且较具弹性
1978	以美东为货柜首条航线	春明轮于 6 月 9 日开港，前往美国东岸，满载而归
1978	以组织改革及人力变动因应货柜化需求	以"水运特考"招募新人，负责货柜相关业务；组织将业务部划分为企划部、运务部及柜务部
1979	由于美国航线改论时雇船策略，故选择少数货源较充足的港口停靠	正式成立运务处，掌握货柜调配
1980	延迟论时雇船策略	将耀明、海明、宙明投入美国航线；同年经营远东地中海航线
1980	进行 E 化	计算机化，财会、作业全面计算机化、卫星航船联机
1981	正式纳入公营事业体系，隶属于台湾交通主管部门，但仍受官僚制约	
1984	因应全球化及 E 化	澳洲定期航线开航；将信息单位提升为信息部门，进行组织及人力扩编
1989	调整全球布局，以便与全球航商竞争	确定"先上市后民营"计划行动策略；开辟北美、日本、中国台湾、欧洲的钟摆式航线

续表

年份	重大战略及背景	具体行动
1990	推动联营策略	企划部经理前往韩国，与韩进海运谈判联营事宜
1992	先上市后民营化	以第一类股上市挂牌，民股比例为 11.3%
	强化资本、财务结构，满足长期资金需求，并改善企业体质	筹备两亿元现金增资计划，及公开承销，但效果不如预期；策略性释出官股，找互补性及营销力皆强的"威京小沈"为合作伙伴券商，民股增至 27.9%
	联营策略	与万海航运结盟，开辟东南亚航线，转远洋航线为远近并行
1994	民营化，增加筹资渠道；编织"全球航运联盟"愿景，扩大全球网络知名度	发行公司债、办理公营事业首档海外无担保可转让公司债 ECB，在英国伦敦股票市场上市；举行全球巡回投资说明会及餐叙，以"全球航运联盟"为目标，进行国外募资，引发超额认购，此时民股比例为 36.1%
	推动联营策略	与日本邮船株式会社、法国达飞海运合作联营
1995	持续推动民营化	合并台湾招商局；并释出第二批官股，员工认股及抽签配售，民股比例升至 43.3%
	构思愿景	向欧洲投资人说明未来展望；喊出"YK2001 营销大进击"，与日本川崎航运联盟，以提升营收，且筹资成功
1996	正式民营化，民股比例达 51.1%。发展"民营化 + 全球航运联盟"发展愿景，确立全球地位	进行第三次释官股；发行 GDR，11 月在伦敦股票交易中心挂牌上市，成功募集到资金，同时并推广航运联盟概念；与大陆中远、日本川崎结盟，成立 CKY 联盟，出于政治因素考虑，借由川崎为沟通桥梁，打进中国大陆市场；与日本川崎汽船联营远至北欧路线
1997	参与全球航运联盟	韩国韩进海运加入联盟，形成 CKYH；发行第一次转换公司债 CBI，募得新台币 25 亿；开辟大西洋航线；两岸往来首航厦门
1998	参与全球航运联盟	计划与 UPS 合作，于亚洲设立营运中心，但最终破局；异业结盟，使海运服务网进军美国西岸，与 UPS 形成海陆互补，并一同抢下大陆商机，后因故于 2000 年宣告破局；进行第四次释官股
1999	因应电子信息发展，推动信息化	拟定信息发展策略，共五期；建立信息系统及入口网站
2000	卢峰海离开阳明至台航	

年份	重大战略及背景	具体行动
2002	强化策略联盟	与日本川崎汽船（KLINE）、韩进海运等航商共组联盟，完成整合并签订全球东西向航线舱位交换及共同派船合约，并提升往返亚洲至北美、地中海、欧洲以及越大西洋航线服务
2003	台湾交通主管部门调卢峰海回阳明担任董事；定位东南亚航线为目标，开发新兴市场及船队革新管理	积极开发经济正起飞的东南亚航线；打造小船以因应东南亚基础设施的不健全；寻求全球认证，或安全航行证书；发行第二、三次可转换公司债，募得资金新台币80亿
2004	提供亚洲至北美西岸完整密集的航线、航班；提升公司竞争优势及整体船队调度	计划开发新产品及服务，因应市场需求，预计新辟华中—北美、西北岸航线
2005	行政部门要求阳明海运收购中船，但公司内投票未过；提供亚洲至北美西岸完整密集的航线、航班；提升公司竞争优势及整体船队调度	以全货柜船经营亚洲—美东、亚洲—美西、亚洲—北欧、亚洲—地中海、北美东岸—北欧、北美东岸—地中海及亚洲区等定期航线；并以自有散装船经营不定期船务
2007	配合政策及环保、自动化走向	配合十大建设六柜计划BOT案，阳明子公司—高明货柜码头正式成立，和高雄港务局签订货柜中心第一期计划契约，负责未来50年的码头营运
2008	时逢金融海啸，景气直下；开源节流	行动节流取消订单、减少运能扩张、取消非航运业的投资案；为求开源，卖掉10艘旧船；为高明打造现代化绿能码头，向银行办理联贷，共借了180亿贷款；与台达电合作，追加环保预算，安装太阳能板、污水回收再利用
2009	发包动工六柜第一期计划，时逢金融海啸，工人好找、建材充足	
2010	全球景气渐转好	仍然继续减码、淘汰旧船；3月中，卢峰海争取首次在台北举行全球船东年会，负责人齐聚
2011	要求阳明集团所有子公司配合支持高明码头计划	
	环保绿能、自动化走向、节流	第一期高明码头正式启用，货柜装卸服务及自动化科技；6月，高明码头出现获利
	希腊船东因政府财政危机，向阳明取消长租船的合约	阳明以少许的赔偿金结束这份合约，省下60多亿的租金

年份	重大战略及背景	具体行动
2012	钢板价格略回升；提升船队长期、现代化的竞争力	由加拿大制造 15 艘 TEU 的大船，签订 "10 + 2 年" 的长期合约
	增资入股	PAG 入股高明 10% 股权，加深阳明与 PAG 原有的合作关系；后在中国香港及日本陆续参与二、三次释股后，全数回收资本额
	随时掌握环境、景气时态变动	将一年一度的高阶主管会议改成半年一次
2013	增资扩大营运	向台湾地区金融监管机构申请第四次可转让公司债 CB4；6 月，国内第四次可转让公司债 CB4 发行成功，期限 5 年；将资本额由 360 亿元调高为 450 亿元
2014	环保绿能、自动化走向	4 月，第一艘 TEU 船交船，省油且效率好；9 月，高明码头第二期启用
	全球策略联盟	长荣海运加入联盟，形成 KYHE
2015	美国经济复苏，且美西塞港，美洲柜运价创历史新高；提升全球竞争力	租入 20 艘节能大型货柜；高明码头进行全自动化操作
	培育中长期、全球化人才	到屏东海事职校、普通高中、大学博览会等地征才，看中年轻人的可塑性及学习力，开出高薪吸引实习及就业；打造产学合作平台，开设 "阳明专班"，培养后备部队；建立良好职涯规划及完善训练制度
	增加全球人才	外语课程练补助、部门海外轮调，招募海外侨生
2016	提升全球竞争力	接收台船所建的新船，并再增 5 艘新船

注：资料选取过程中，先由作者选出参考资料中可归于战略创新的行动，再交由两位企业战略学者检视认定。

资料来源：王御风《波澜壮阔》（台北，天下文化出版，2016）、卢峰海口述、吴芥之采访整理《逆风顺航卢峯海的创新船奇》（台北，经济日报出版，2015）以及阳明海运各年度之股东会年报，http://www. yangming. com/investor_ relations/TwShareholder_ Services/financial_ information. aspx。

钟宪瑞 现为台湾中正大学企业管理学系教授，同时拥有台湾 "中山大学" 管理学博士学位及清华大学历史学博士学位。在历史领域的研究方向包括大生企业集团的发展历程、华人企业的长期战略布局；在管理领域的专长为商业模式、产业分析及个案教学与撰写。其研究曾发表于 *British Journal of Management*，*Journal of Business Research*，*Technovation*，及台湾第一流的管理期刊。

《申报》招商局词频研究

李 玉

《申报》是近代中国至少晚清时期第一大报，轮船招商局是近代中国著名的民族航运公司，两者均于同治十一年（1872）在上海诞生，在此后的发展历程中联系非常密切，这从招商局在《申报》上的显现频度可以看出。

考察近代报刊与企业的关系，并非一个全新的视角。但既往研究囿于资料条件，只能完成某一部分（例如企业广告研究等），而且多为列举性质，难以做到全面和系统。近些年来，随着大型数据库的开发与应用，史料的检索条件大为改进，不仅对于加强史学研究的计量效果多所帮助，而且有助于发掘一些新的角度与议题，这对经济史研究的重要性不言而喻，企业史研究自然也受益匪浅。

本文即拟依据南京大学图书馆所购置的爱如生《申报》全文数据库，较为全面地检测轮船招商局在《申报》中的呈现频度，以期为从媒体场域或社会视阈观察轮船招商局的近代处境与发展历程提供一定的参照。此举也有利于将企业史研究的视角由"内"向"外"转换。

一

测度招商局在《申报》上的显现状况，需要借助于方兴未艾的具有一定"大数据"功能的"爱如生"全文数据库。在该数据库中，以"招商局"为关键词进行全文检索，剔除其中包含"招商局"三字，但不是轮船招商局的结果项，包括"织布招商局"6次（1880年）、"矿务招商局"40 次（1880 年 30 次、1885 年 8 次、1887 年 2 次）、"招商局桥"20
次（1938 年 2 次、1939 年 18 次），共得结果 135393 次，兹列于见表 1。

表1 以"招商局"为关键词进行全文检索剔除错误项之后的结果

单位：次

年 份	检索结果数	年 份	检索结果数	年 份	检索结果数
1872	13	1898	3010	1924	1212
1873	347	1899	3038	1925	1164
1874	381	1900	2716	1926	1388
1875	944	1901	3254	1927	1592
1876	959	1902	3261	1928	3154
1877	2385	1903	3047	1929	2521
1878	2263	1904	3164	1930	2281
1879	1952	1905	619	1931	1366
1880	2186	1906	535	1932	1594
1881	2236	1907	522	1933	2076
1882	2615	1908	645	1934	1973
1883	3457	1909	1099	1935	1670
1884	3353	1910	867	1936	1803
1885	1766	1911	874	1937	1306
1886	3622	1912	1333	1938	59
1887	3595	1913	881	1939	70
1888	3023	1914	719	1940	15
1889	3313	1915	1157	1941	27
1890	3422	1916	1102	1942	4
1891	3377	1917	1238	1943	3
1892	3421	1918	1801	1944	1
1893	3480	1919	989	1945	95
1894	2753	1920	1496	1946	1128
1895	2306	1921	1974	1947	1757
1896	2940	1922	1337	1948	1773
1897	3055	1923	1015	1949	504
				合 计	135393

然后以"轮船招商总局"为关键词进行全文检索，共得结果 34091
次，如表 2 所示。

表 2　以"轮船招商总局"为关键词进行全文检索的结果

单位：次

年　份	检索结果数	年　份	检索结果数	年　份	检索结果数
1873	36	1895	14	1917	318
1874	17	1896	155	1918	146
1875	51	1897	91	1919	103
1876	82	1898	5	1920	38
1877	87	1899	233	1921	79
1878	89	1900	72	1922	108
1879	101	1901	172	1923	20
1880	110	1902	63	1924	59
1881	82	1903	16	1925	40
1882	153	1904	60	1926	77
1883	120	1905	2752	1927	37
1884	362	1906	2833	1928	198
1885	243	1907	2798	1929	109
1886	129	1908	2329	1930	63
1887	54	1909	2552	1931	51
1888	46	1910	2310	1932	24
1889	51	1911	2372	1933	21
1890	39	1912	2170	1934	101
1891	47	1913	2073	1935	333
1892	4	1914	2133	1936	343
1893	34	1915	2260	1937	214
1894	23	1916	2185	1948	1
				合计	34091

注：凡表中未出现的年度，检索结果均为 0 次，故未列入表中。

轮船招商局有时还被称为"招商轮船局"、"轮船公局"、"招商公局"
和"招商轮船总局"，分别以这些作为关键词进行全文检索，所得结果分
别为 327 次、106 次、234 次和 221 次，如表 3 ~ 表 6 所示。

表3 以"招商轮船局"为关键词进行全文检索的结果

单位:次

年 份	检索结果数	年 份	检索结果数	年 份	检索结果数
1873	22	1912	1	1928	8
1874	22	1913	8	1929	16
1875	9	1917	4	1930	3
1876	2	1918	10	1931	15
1877	28	1919	3	1932	2
1878	3	1920	5	1933	6
1879	1	1921	5	1934	6
1880	7	1922	3	1935	1
1882	1	1923	5	1936	2
1884	81	1924	3	1937	8
1897	3	1925	6	1939	2
1902	1	1926	6	1941	1
1905	3	1927	15	合 计	327

注:凡表中未出现的年度,检索结果均为 0 次,故未列入表中。

表4 以"轮船公局"为关键词进行全文检索的结果

单位:次

年 份	检索结果数	年 份	检索结果数	年 份	检索结果数
1873	4	1898	1	1935	3
1874	73	1905	1	1936	3
1894	1	1911	20	合 计	106

注:凡表中未出现的年度,检索结果均为 0 次,故未列入表中。

表5 以"招商公局"为关键词进行全文检索的结果

单位:次

年 份	检索结果数	年 份	检索结果数	年 份	检索结果数
1872	5	1879	19	1919	2
1873	16	1882	30	1920	1
1874	3	1883	4	1926	7
1875	1	1910	53	1930	1
1877	13	1911	26	1947	47
1878	1	1912	5	合 计	234

注:凡表中未出现的年度,检索结果均为 0 次,故未列入表中。

表 6 以"招商轮船总局"为关键词进行全文检索的结果

单位：次

年 份	检索结果数	年 份	检索结果数	年 份	检索结果数
1877	1	1918	9	1927	7
1878	1	1919	22	1928	1
1883	1	1920	12	1929	7
1897	86	1922	1	1930	2
1898	1	1923	1	1931	1
1908	50	1925	4	1934	4
1916	3	1926	6	1936	1
				合 计	221

注：凡表中未出现的年度，检索结果均为 0 次，故未列入表中。

招商局还一度使用"招商轮船公司"与"招商局轮船公司"，以此两名称为关键词进行检索，分别得到 71 次和 66 次结果，具体情况如表 7、表 8 所示。

表 7 以"招商轮船公司"为关键词进行全文检索的结果

单位：次

年 份	检索结果数	年 份	检索结果数	年 份	检索结果数
1874	3	1917	2	1928	8
1905	1	1918	2	1930	5
1910	10	1921	2	1931	2
1912	5	1922	1	1932	1
1913	2	1923	3	1935	1
1914	7	1925	1	1947	1
1915	1	1926	4	合 计	71
1916	1	1927	8		

注：凡表中未出现的年度，检索结果均为 0 次，故未列入表中。

表 8 以"招商局轮船公司"为关键词进行全文检索的结果

单位：次

年 份	检索结果数	年 份	检索结果数	年 份	检索结果数
1873	1	1921	1	1930	2
1886	7	1923	3	1932	2
1912	15	1925	5	1933	1
1913	2	1928	4	1948	13
1919	1	1929	2	1949	7
				合 计	66

注：凡表中未出现的年度，检索结果均为 0 次，故未列入表中。

虽然还可以招商局船名、人名进行检索，但其结果大致可以被上述各种检索，尤其是以"招商局"为关键词进行的全文检索结果所覆盖。将上述各表进行整合之后，共得 170509 次，较以"招商局"为题名在"爱如生"数据库进行全文检索的 135393 次（见表 1），多出 35116 次（见表 2~表 8）。兹将整合之后的轮船招商局在《申报》中的词频列于下表（见表 9）。

表 9　《申报》中轮船招商局显现频率分布——基于主要关键词的检索结果

单位：次

年　份	检索结果数	年　份	检索结果数	年　份	检索结果数
1872	18	1898	3017	1924	1274
1873	426	1899	3271	1925	1220
1874	499	1900	2788	1926	1488
1875	1005	1901	3426	1927	1659
1876	1043	1902	3325	1928	3373
1877	2514	1903	3063	1929	2655
1878	2357	1904	3224	1930	2357
1879	2073	1905	3376	1931	1435
1880	2303	1906	3368	1932	1623
1881	2318	1907	3320	1933	2104
1882	2799	1908	3024	1934	2084
1883	3582	1909	3651	1935	2008
1884	3796	1910	3240	1936	2152
1885	2009	1911	3292	1937	1528
1886	3758	1912	3529	1938	59
1887	3649	1913	2966	1939	72
1888	3069	1914	2859	1940	15
1889	3364	1915	3418	1941	28
1890	3461	1916	3291	1942	4
1891	3424	1917	1562	1943	3
1892	3425	1918	1968	1944	1
1893	3514	1919	1120	1945	95
1894	2777	1920	1552	1946	1128
1895	2320	1921	2061	1947	1805
1896	3095	1922	1450	1948	1787
1897	3235	1923	1047	1949	511
				合计	170509

现将这些数据转换成图示形式，以利更加形象地展现招商局在《申报》中的词频变化趋势（见图1）。

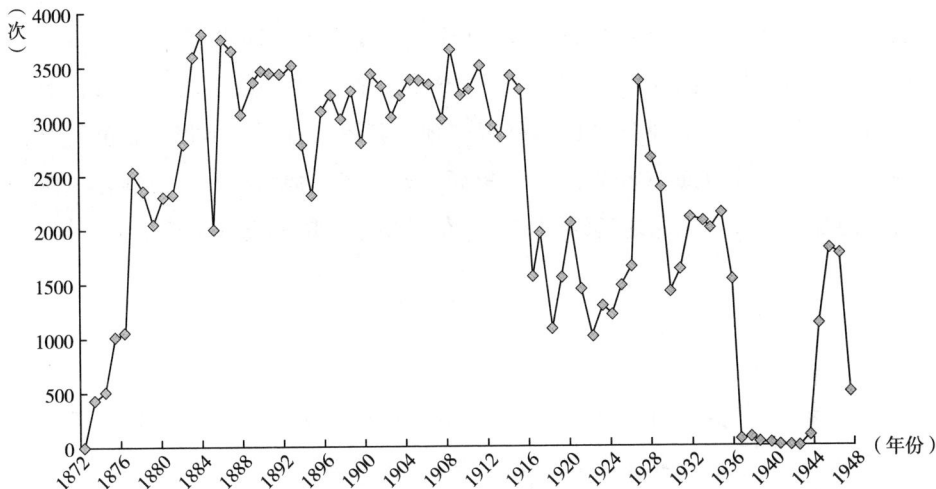

图1　招商局在《申报》中显现频度变化趋势

由图1可见，在创办之后的最初十年，招商局在《申报》中的词频快速上升，从1883年到1916年的20多年时间之内，基本维持在高位，表9中的数据显示，除个别年度之外，多在3000次以上。此后的10年时间内，大致呈现低谷状态。国民政府成立之后，尤其是1928年前后，又一次攀升，此后基本呈下降趋势，仅在抗战胜利之后小有抬升。招商局在《申报》中每一个阶段的词频，基本与该局的发展态势或企业重大事件成对应关系。例如19世纪八九十年代，企业除了业务扩张之外，还有内部改制（设立督办职务等）等事件，社会持续关注。20世纪初，清廷颁布《公司律》，招商局改隶新成立的邮传部，引发部、局之争，招商局发起"商办注册"运动，再次成为社会新闻和经济新闻的焦点。进入北洋政府时期，完成商业化改制的招商局却困境频现，多次发生内部风潮，所以个别年份媒体曝光率不减。整体而言，轮船招商局在北洋政府时期乏善可陈，社会关注度有限。国民政府成立之后，从改组到收归国营，轮船招商局再次成为舆论焦点，这从其在《申报》中的呈现频度走势图上也可得到反映。

招商局在《申报》中的词频变化虽然与该局的经营状况有直接关系，

两者之间也并非单纯的线性关系，显然受多种因素影响，其中就有《申报》方面的原因。例如抗战全面爆发之后，《申报》于 1937 年 12 月 14 日停刊，1938 年 1 月 15 日至 7 月 31 日出版汉口版，同年 10 月 10 日在上海复刊，1949 年 5 月 27 日终刊。其中，1938 年 3 月 1 日至 1939 年 7 月 10 日又出版香港版。战时的媒体，本不能正常发行，而太平洋战争爆发之后，上海租界沦陷，招商局业务早已转移至内地，其不可能在《申报》上频繁出现。所以，抗战时期，《申报》中的招商局词频属于特殊状况，不具有其他阶段的统计意义。本文之所以列出，也仅是出于时限完整性考虑。

二

《申报》中的招商局史料在形式上主要包括三大类：其一为各种评论（社评），其二为各类报道，其三为有关公告、广告等。

《申报》关于招商局的各类评论主要集中在该局创办初期与 20 世纪初改制过程中。晚清《申报》发表的关于轮船招商局的综合性评论文章，绝大多数为不署名文章，也有不少例外，如"抱杞子"的《中西轮船利弊论》（1874 年 4 月 9 日，第 1 版）、"夏时居士"的《议〈申报〉中招商轮船事后》（1874 年 4 月 10 日，第 3 版）、"骑鹤吹笙客"的《拯溺刍言》（1875 年 5 月 25 日，第 1 版）、"京东过客有心人"的《矿煤畅销》（1882 年 9 月 7 日，第 3 版）、"吴下老农"的《再论漕粮停运事》（1885 年 3 月 17 日，第 1 版）、"局外冷眼旁观人"的《书户部复陈维持招商局疏后》（1887 年 3 月 5 日，第 1 版），以及 20 世纪初轮船招商局改制过程中该报刊发的一些署名文章。

《申报》关于晚清招商局的全局性评论主要有《论中华轮船招商事》（1872 年 11 月 30 日，第 1～2 版）、《论设立火轮商船事》（1874 年 3 月 27 日，第 1 版）、《招商轮船局事》（1874 年 8 月 10 日，第 1～2 版）、《论轮船招商局章程账略事宜》（1874 年 9 月 18 日，第 1～2 版）、《阅轮船招商局第二年账略书后》（1875 年 9 月 7 日，第 1 版）、《论招商轮船局事》（1876 年 11 月 25 日，第 1 版）、《书招商局账略后》（1880 年 10 月 1 日，第 1 版）、《论招商保险之利》（1881 年 3 月 12 日，第 1 版）、《书轮船招商局账略后》（1881 年 9 月 23 日，第 2 版）、《阅光绪八年招商局账略书后》（1882 年 10 月 21 日，第 1 版）、《论招商局出售》（1884 年 8 月 2 日，第 1 版）、《论专售商局之非》（1884 年 8 月 22 日，第 1 版）、《书招商局咨文后》（1885 年 5 月 16 日，第 1 版）、《论中国收回招商局事》（1885 年 7 月 22 日，第 1 版）、《论招商局能得人》（1888 年 7 月 27 日，第 1 版）、《轮船招商局务节略》（1894 年 4 月 14 日，第 4 版）、《书招商局账略后》（1896 年 4 月 9 日，第 1 版）、《书招商局改章争执事警告邮部并告股东》（1910 年 8 月 4 日，第 2 版；1910 年 8 月 5 日，第 3 版）、《闻招商局将收归国有感言》（1911 年 7 月 16 日，第 3 版）等。

此外，《申报》还有不少关于招商局的专题性评论。例如《招商局"江宽"新船游吴淞记》（1876 年 11 月 13 日，第 2 版）、《观招商局"新裕"轮船记》（1890 年 2 月 15 日，第 1 版）、《论轮船碰沉事》（1875 年 4 月 16 日，第 1 版）、《书英人论铁甲船碰沉事后》（1875 年 12 月 15 日，第 1 版）、《论"美富"轮船遭勇滋事情形》（1886 年 6 月 27 日，第 1 版）、《书"保大"轮船失事情形后》（1887 年 8 月 4 日，第 1 版）、《论"江孚"轮船匪劫物伤人事》（1898 年 7 月 30 日，第 1 版）等。更多的是以招商局或该局轮船为中心而讨论的一些相关问题，其中关乎轮船安全措施的较为多见。诸如《论轮船遭患事》（1874 年 2 月 2 日，第 1 版）、《论轮船碰沉事》（1875 年 4 月 16 日，第 1 版）、《论置用轮船宜练水手事》（1875 年 5 月 11 日，第 1 版）、《论轮船亟宜设法防范》（1876 年 4 月 29 日，第 1 版）、《论轮船雇用水手不可不慎》（1879 年 4 月 5 日，第 1 版）、《论轮船窃案之多亟宜善后》（1879 年 9 月 18 日，第 1 版）、《论轮船接客》（1880 年 6 月 6 日，第 1 版）、《论轮船失事救人之法》（1882 年 9 月 5 日，第 1 版）、《轮船宜多备小划救急说》（1882 年 11 月 12 日，第 3 版）、《论轮船防盗之法》（1885 年 10 月 30 日，第 1 版）、《论轮船失火》（1890 年 12 月 28 日，第 1 版）、《与客论轮船致火之由》（1891 年 1 月 3 日，第 1 版）、《论轮船须设医士》（1876 年 4 月 12 日，第 1 版）、《论轮船有利亦有害》（1891 年 1 月 18 日，第 1 版）、《论轮船防匪之法》（1891 年 9 月 29 日，第 1 版）、《论轮船窃贼之可恶》（1896 年 12 月 31 日，第 1 版）、《论轮船被劫事》（1900 年 6 月 3 日，第 1 版）、《论轮船肇祸事》（1901 年 7 月 30 日，第 1

版）等。

评述与招商局轮船有关系的漕运改革的社论主要有《论海运》（1875 年 1 月 9 日，第 1 版）、《再论海运》（1875 年 1 月 12 日，第 1 版）、《筹改海运后议》（1884 年 10 月 27 日，第 1 版）、《书招商轮船运漕局告示后》（1885 年 3 月 21 日，第 1 版）、《运务将有改议说》（1885 年 4 月 29 日，第 1 版）、《招商轮船运漕沪局咨江苏海运局稿》（1885 年 5 月 14 日，第 2 版）、《复河运议》（1888 年 5 月 14 日，第 1 版）等。

关于招商局轮船与内河及外洋航运业发展关系的评论则有《设法以五日由汉口达四川说》（1874 年 1 月 17 日，第 1 版）、《论轮船禁入内港》（1881 年 12 月 31 日，第 1 版）、《论苏杭行驶轮船》（1882 年 8 月 13 日，第 1 版）、《各省内河宜通行小轮船议》（1897 年 9 月 30 日，第 1 版）、《川江行驶轮船说》（1900 年 5 月 18 日，第 1 版）、《中国亟宜经营海运说》（1910 年 4 月 15 日，第 4 版）等。

招商局的设立，除了标志着中国新式轮船航运业的开创之外，还对中国近代股票市场的兴起产生了重要影响。与招商局相关的中国公司制及上海股市评论文章也颇受时人注意。例如《论合股经营》（1882 年 6 月 6 日，第 1 版）、《劝华人集股说》（1882 年 6 月 13 日，第 1 版）、《公司多则市面旺论》（1882 年 8 月 24 日，第 1 版）、《股份长跌无常说》（1883 年 6 月 3 日，第 1 版）、《中国股份极宜整顿说》（1883 年 10 月 21 日，第 1 版）、《论买卖股票之弊》（1883 年 11 月 1 日，第 1 版）、《论中国公司之难》（1883 年 11 月 4 日，第 1 版）、《市面可望转机说》（1884 年 5 月 17 日，第 1 版）。其中，《劝华人集股说》《中国股份极宜整顿说》等曾被收入晚清邵之棠编的《皇朝经世文统编》。还有一些文章或者把轮船招商局作为洋务事业的重要案例，或者视其为清政府商业政策的实施对象进行评述；或者叙述招商局对洋务运动的带动、引领与示范效应，或者检讨由招商局引发的官商关系。

进入民国，《申报》关于招商局的专门评论大为减少，少量检讨性文章发表在民国初年和 1920 年代末至 1930 年代初期招商局两次改制过程中。前一时期的代表性文章有陈可扬的《整顿招商局十五策》和张一鹏的《招商局章程私议》，均连载数日。1928 年 5 月 15 日为配合招商局改制，《申报》推出《招商半月刊》（从第 7 期起改为《招商局半月刊》），"每逢一号、十五号出版，随本报附送"。1929 年 1 月 15 日出版第 17 期后停刊。这份专刊登载了不少对该局进行"研究"的文章，包括赵铁桥等人对于招商局积弊的检讨，以及关于该局改制的规划等。例如 1928 年 10 月 5 日的《招商局半月刊》推出"业务报告专号"，除了赵铁桥的《弁言》之外，尚刊有王子骞、王允章的《总务科业务报告》，俞凤韶、曾广顷、李云良的《营业科办事状况》，杨英、叶锦初的《船务科业务报告》，徐广德、邓燮任的《会计科工作情形及经过状况》，洪雁宾的《栈务科业务报告》，以及王允章、锺述祖的《出纳科之概况》。赵铁桥除了《〈招商局半月刊〉发刊词》（1928 年 5 月 15 日，第 23 版）之外，还先后发表过《我对于招商局的根本主张》（1928 年 6 月 1 日，第 23 版）、《写出我们的意思》（1928 年 11 月 1 日，第 23 版）和《十八年招商局整理之新希望》（1929 年 1 月 1 日，第 35 版）；其他评论文章还有王伯群的《监督宣言》（1928 年 5 月 15 日，第 23 版）、吴稚晖的《吾望其不如是》（1928 年 6 月 1 日，第 23 版）、张人杰的《招商局之新希望》（1928 年 6 月 1 日，第 23 版）、何应钦的《对于招商局最低限度的几点希望》（1928 年 9 月 15 日，第 23 版）、洪雁宾的《栈务改良私议》（1928 年 5 月 15 日，第 23 版）和《吾对于十八年栈务科之新希望》（1929 年 1 月 1 日，第 35 版）、黄尔锡的《招商局与汉冶萍之比较》（1929 年 1 月 1 日，第 35 版）、汪浩的《对于整理局务之我见》（1928 年 6 月 1 日，第 23 版）、孙慎钦的《政府监督招商局之法律解释》（1928 年 6 月 15 日，第 23 版）、李云良的《招商局新会计制度方案绪言》（1928 年 7 月 1 日，第 26 版）、何扬烈的《整理招商局刍议》（1928 年 6 月 15 日，第 23 版）、俞寰澄的《考试会计员纪事书后》（1928 年 7 月 1 日，第 25 版）等。此外，还有一些投稿性文章，例如署名"国民党女党员陈祖怡"的《招商局应由国家经营管理之》（1928 年 10 月 15 日，第 19 版），以及署名"久"的《论中国航权与航行事业》（1929 年 1 月 15 日，第 21 版）等。可见，在国民政府改组招商局期间，该局利病与出路再次受到社会各界关注。

三

　　清季民初以及国民政府改组招商局并最终将其收归国营等各个时期，招商局的内外消息均大量涌现，成为社会的关注热点。凡是招商局因公司经营而发生重大事件之时，《申报》与当时上海的其他媒体一样，均予以积极报道，报道主要以反映公司董事会、管理层、股东会、政府部门的意见与动向为主。《申报》等媒体的相关报道既记录了各个时期招商局日益激烈的内外博弈，也在塑造该局社会形象的同时，"参与"了招商局的内外纷争。

　　与公司管理对应的是企业管理，企业管理的目标是提高经营业绩。《申报》关于招商局的业务有颇多报道，但早期的报道没有固定栏目。自1920年代开始，《申报》专辟"航业消息"与"航业杂讯"等专栏，集中报道航运消息，其中关于招商局的内容占相当大的比例。在1928年5月至1929年1月《申报》推出的《招商局半月刊》中，业务报告的篇幅也较大。

　　招商局的业务载体是轮船。通过对《申报》以"招商局＋轮船"进行复合检索，共得22310条结果。《申报》关于招商局业务的报道不少以轮船为追踪对象，此外，还刊登了大量的船期广告。

　　从行船消息可以看出，乘坐招商局轮船的清政府官员上至李鸿章、张之洞、刘坤一等封疆大吏，下至普通府县官员；包括清政府出使大臣和一些外国来华使节，一般也坐招商局轮船。除了生人之外，达官贵人的灵榇也常由招商局轮船运送。从中可见，招商局轮船在官场中比较受欢迎与信任。

　　在企业对外法律事务方面，因轮船事故而引发的诉讼与赔偿，常受到社会关注。诸如1875年"福星"轮船被"澳顺"轮船撞沉之后，进行了旷日持久的中英交涉以及租界法庭会审。航行途中，遭遇抢劫难以避免，个别案件损失惨重。此外，招商局轮船还多次撞沉沙船、米船，以及其他公司轮船，均会引发程度不同的交涉与赔偿。进入民国时期，轮船招商局船难引发的社会关注更大。

除了轮船事故之外，招商局也会因其他原因而参与一定的法律事务，以示维权，比如防范、惩治轮船及码头之上的偷窃与拐骗行为等。在这些方面，招商局轮船工作人员多有所作为，《申报》均有所记录。可以说，招商局轮船与码头本身就是一个小社会，人员复杂，相关史料也能反映出招商局轮船的运营难度。

在赈灾救难方面，招商局无论是捐献资金，还是运输物资，都比较积极。《申报》的相关报道可以反映该局对于社会责任的履行。

招商局从创办之初就在《申报》刊载广告，涉及船舶、设备及材料购置与处理。其中，招商局的各类招标声明较为多见，委托拍卖广告虽然不能与之相匹，也常可发现。这两类广告对于理解招商局的设备与原材料管理均有一定价值。此外，《申报》还可见大量的招商局董事会、股东会公告，内容涉及公司召集股东会、红利分派、重大事项决策等。

招商局的年度账略需要向社会公布，《申报》刊载了第一届到第四十八届的账略。历届账略虽然详略不一，但均是对该局年度运营状况的总结与检讨，属于公司的"自我陈述"，在一定程度上与广告类似，有助于社会各界全面了解轮船招商局的资产经营状况。

仁和、济和保险公司，以及金利源码头、内河招商局等都是轮船招商局的直属企业，开平煤矿、上海机器织布局、汉冶萍公司等企业均与招商局具有密切关系，唐廷枢、盛宣怀、徐润、赵铁桥、李国杰等均为招商局的重要人物，《申报》关于这些主题的报道，也或多与招商局有关，有些内容尚可列为关于招商局的核心史料。

四

现代企业不仅是一个单纯的经营机构，而且是一个社会单位，从社会的角度观察企业，可拓展和加深相关认识。《申报》无疑可提供一个较为完备的认识轮船招商局的"社会场"。

轮船招商局的成立，关乎"国家一大政事"，关乎民本国运，故此，《申报》对于招商局寄予厚望，从国家战略意义的高度对该局加以评述。所以，在《申报》构筑的近代中国舆论场中，轮船招商局首先是一个具有

"政治性"的企业。从政治视阈观察招商局，内容非常丰富。诸如晚清时期招商局兼并旗昌轮船公司、中法战争期间暂时售卖于旗昌洋行、承揽漕运业务、承运清兵、邮传部成立之后招商局的归属问题、清季商办注册问题、民国初年的改制风潮、招商局与北洋政府交通部的龃龉、国民政府成立之后的改组乃至最终收归国营等都有评述，涉及晚清民国时期的官商关系、政商体制、企业与社会关系，以及官督商办、商办、官办等机制。

该局的国家意义或政治性，还表现在重要时刻官方出面所做的重大决策。例如中法战争时期轮船招商局暂时"售卖"于美国旗昌洋行，得免被法军炮击。其决策与执行主要是由主持局务的马建忠在李鸿章支持之下完成的，虽然未能征求股东意见，但后来的事实证明，此举是非常"高明"的。

招商局既是由李鸿章所创办，也一直被《申报》纳入李鸿章政声与权势范围，直至他于1901年去世。招商局依靠官权支撑，获得一定的业务特权和资金扶持，给该局经营带来一定的优势，直到民国初年，仍有人留恋晚清招商局的"特权"，称"招商局原为官商合办，与清政府有直接之特权，华人商权之大无有过于该局者"①。但同官权缠绕太紧，也决定了招商局的政府业务占比不小。

关于政府给予招商局运漕权利，借以补助的做法，《申报》也表赞同。其评论写道："国家以每年装运漕米之利贴补该局，自系可久可大之利；若国家偶遇不虞，而载送兵勇，转运军需，方有船可恃，无须借助也。是以国家些须助银于该局，值有事需用之时，较备船而不常用者更为便宜。"② 清政府对于招商局"经济性"的重视进一步显现了该局的"政治性"。

轮船招商局"官督商办"的"跷跷板机制"在20世纪初又迎来了巨变。1906年清政府邮传部成立之后，轮船招商局有了明确的中央专管部门，"官督"与"商办"的斗争加剧。在招商局股东发起的实行"商办注册"运动中，"官督"机制再次受到强烈批评。轮船招商局公开亮出"商办"

---

① 《汉商与招商局之交涉》，《申报》1912年7月10日，第6版。

② 《阅轮船招商局第二年账略书后》，《申报》1875年9月7日，第1版。

旗号，邮传部则执定"隶部"宗旨，双方博弈的结果，则是"商办隶部"机制。辛亥革命之后，官权虽仍有干涉的欲望，但力不从心，民国初年招商局的改制风潮就可证明。但摆脱官权制约的招商局在北洋政府时期并未得到更好的发展，相反内部腐败愈烈，从而为国民政府对该局进行"整理"提供了论据。① 正是基于招商局深厚的政治性，国民政府最终于 1932 年 11 月正式将其收归国营，更名为"国营招商局"，使其成为一家名副其实的政府企业。"国营"之后的招商局在抗日战争时期，与其他民族企业一起，为国家做出了重大牺牲，为抗战胜利做出了重要贡献。

五

轮船招商局的创办，还有制度创新的意义。近代以降，公司成为西方对华商战的"利制"，与西人的商品、船炮等"利器"一样，受到国内有识之士越来越多的关注。李鸿章等人较早注意到"公司"的战略价值，开始在中国倡办，轮船招商局是其发端。② 招商局也参照西方，制定了相应的"公司规章"，并公开账目。该局首次向社会公布账略之后，《申报》发表专门评论，大加赞赏。③

此后，《申报》一直是招商局发布账略的主要媒体，该报也予以积极关注，在刊登账略之同时，配发评论，既为其经营成绩志庆，也善意地提出其经营中存在的问题。《申报》关注招商局的经营绩效，也有从国家与社会角度考虑的成分，"盖因局务日有起色，俾志在富国者同欣赏也"④。

历届账略虽然详略不一，但均是对该局年度运营状况的总结与检讨，对于全面了解轮船招商局的资产经营状况非常有利。招商局账略一般分为两部分，前为"略"，后为"账"。即前面一部分为该局总办等人对于过去一年的说明性文字，后面一部分则为会计账目。其账目主体分为"综结"与"彩结"。前者为资产负债明细，用于平衡账目；后者为收支损益，用

---

① 赵铁桥：《十八年招商局整理之新希望》，《申报》1929 年 1 月 1 日，第 35 版。
② 《阅轮船招商局第二年账略书后》，《申报》1875 年 9 月 7 日，第 1 版。
③ 《论轮船招商局章程账略事宜》，《申报》1874 年 9 月 18 日，第 1、2 版。
④ 《轮船招商局第六年办理情形节略》，《申报》1879 年 9 月 26 日，第 7 版。

于计算盈亏。招商局在 1928 年之前采用的一直是传统的四柱式记账法，这也是中国旧式会计手段之一。

股东会与董事会是公司运作的重要机关。招商局早期的股东会基本上是有会无议，有名无实，这一现象虽然与唐廷枢等人悉心经营、深孚众望有关，但也表明民众股权意识相对滞后，公司章程规定的股东议事程序形同虚设。招商局后来在较长时期之内连面向股东的"情况通报会"亦未举行，即使像中法战争期间将局产售卖于美国旗昌洋行此等重大事件，也没有征求股东意见。消息传出，众股商气愤难掩，发表公启，谴责局方当事者"独行独断，一手把持，骤将全局败坏"①。《申报》也发表评论，指其"议售者并未商及股东，此越分擅权之甚者"②。抗议将局产出卖于旗昌洋行是招商局股东早期一次重要的维权活动，其股权意识在招商局实行商办注册过程中得到进一步发展。

清政府于 1904 年颁布的《公司律》，对于股东的权利、股东会程序均予以明确规定，为中国公司股权建置提供了一定的法理依据。为了对抗邮传部的管控，上海招商局股东从 1906 年底开始策动商办注册，发起召集股东大会，并得到各地股东的积极响应。《申报》对于这一期间的招商局股权登记与股东集会事宜关注较多，曾大量报道各地股东对于商办注册活动的响应。包括股东会公告、股东个人意见，以及董事会通告在内的各类文告，《申报》均予以刊载，既呼应了这一时期招商局日益激烈的内外博弈，也显示了招商局经营状况与社会形象的变化。但是，招商局股东会一直与该局内部权力斗争联系在一起；进入民国，股东会时有分裂，冲突不断，给企业经营带来不少困难。股东会的矛盾与分裂必然反映到董事会。董事会内部斗争，以及董事会与经理层之间的冲突也时有发生，民国初年招商局的改制风潮就成因于此。股东会虽然内部斗争不断，但在保护商权、抵制官权方面的步调基本一致，不过，面对国民党执政之后的强势政策，股东会虽有反抗，但最后不得不妥协。国民政府对其先是改组，后又收归国营。此后，招商局虽然仍进行了不少改革，而且业务也得到较大发展，但

---

① 《招商局众商公启》，《申报》1884 年 8 月 20 日，第 3、4 版。
② 《论专售商局之非》，《申报》1884 年 8 月 22 日，第 1 版。

作为一家商业公司的历史已经结束。

六

　　《申报》中有关招商局业务的记载较多，轮船航行各埠、市场竞争与运价管理是重要环节，客货业务、运能运量直接关系到企业的绩效。招商局轮船虽然与太古、怡和等外轮公司签订了齐价合同，但竞争仍然日趋激烈，"各口装货莫不恐后争先"①，"外赖各省官绅士商诚信关顾，局务方能扩充"②。然而，出于维护价格联盟的需要，招商局也并非一味降价，以利社会，其运价亦时有增加。这种涨价多系招商局与怡和及太古洋行"会议定夺，三家相同"③。进入民国时期，招商局也屡有水脚加价之议，受到社会关注。④ 例如，1925 年招商局决定，从夏历七月初一日起，温州航线水脚加十分之四，结果遭到温州旅沪同乡会的极力反对，"一再向招商局要求将此所加四成之水脚取消"，招商局不得不"正式发出通告，将运温州货水脚增加之四成费实行取消，自九月十九日始仍恢复八月十八日以前之原率"。但是，温州旅沪同乡会仍不满意，又要求招商局将既已加收的水脚退回。⑤ 后来，福建在沪同乡会也提出意见，反对招商局"以五卅变起，外轮停行，乘机以工煤倍蓰为题，要求增加水脚"⑥。当然，招商局出于营业竞争的需要，也会降低水脚。例如该局开办之初，上海开往宁波之轮船，"所有搭客水脚向本每位两元，嗣以招商局与旗昌相赛，遂减至半元"⑦。20 世纪 20 年代，南洋轮船公司温州班轮开驶之后，招商局之沪瓯间运输业受到影响，该局会商决定，"对于温州货之水脚决计自动减跌，以与南

---

① 《轮船招商局第七年账略》，《申报》1880 年 9 月 26 日，第 3 版。

② 《接录轮船招商局第九年账略》，《申报》1882 年 10 月 15 日，第 3、4 版。

③ 《价廉得利》，《申报》1882 年 6 月 14 日，第 2 版。

④ 《招商局江轮水脚仍旧之复函》，《申报》1925 年 8 月 25 日，第 15 版。

⑤ 《航业杂讯·取消增费》，《申报》1925 年 9 月 20 日，第 14 版。

⑥ 《闽帮反对招商、三北两公司增水脚——闽同乡会与三山会馆之两函》，《申报》1925 年 10 月 2 日，第 14 版。

⑦ 《往宁波火船跌价》，《申报》1876 年 1 月 15 日，第 2 版。

洋公司竞争","将上海运入温州货之水脚减去十分之三"。① 当将南洋公司轮船挤出这条航线之后,轮船招商局又将此前所定之七折收费取消,仍恢复十足付费之原额,并"通告温州客帮照办"②。

收归国营后,招商局与三北民营航运公司仍时有竞争。例如,1933年招商局行驶沪闽线轮船因遭闽帮拒装货物之故,每次开航,营业减少,所以不得不"实行跌减水脚二成半,致引起三北、常安、怡和等表示不满"③。

大致而言,民国时期国内民族主义思潮与爱国运动的兴盛,对于轮船招商局业务拓展无疑产生了积极作用。时人称"自五卅案发生后,我国人士对于国籍轮船,俱表欢迎";"长江航业该局以华商所办,各地商帮以爱国心之驱使,即向为太古、怡和之主顾者,至是亦改装该局之船矣"④。但招商局经营管理不善,并未能充分利用这一有利的政治与社会形势,使业务更上一个台阶。

实行联运是轮船招商局被收归国营之后的一大经营策略。就铁路而言,招商局先后与京沪路、沪杭甬路、平汉路、津浦路、陇海路、胶济路、北宁路、平绥路、正太路、道清路、湘鄂路、京芜路、江南铁路公司等建立联运关系,积极完成全国各路水陆联运网。⑤ 还在部分路段实行联票办法。⑥ 1936年,为求货运及旅客便捷,招商局除办理汕、粤、青、津、沪等口岸水陆直接联运,并辟连云港定期航班外,复推行押汇提货业务,并代收货价,开国营航业联运之新纪录。⑦

水陆联运对于区域经济流通成本的降低产生了不小的影响。"南华各帮,每年采办北货甚多,向须由平汉路转运至汉口,再经长江轮装沪,然

---

① 《航业杂讯·温州商轮竞争》,《申报》1926年1月1日,第11版。
② 《航业杂讯·招商局恢复温州水脚》,《申报》1926年4月18日,第15版。
③ 《闽客拒装泰顺轮后招商局宣言减价招徕,即日起水脚跌减二成半,三北等公司均表示不满》,《申报》1933年10月29日,第13版。
④ 退之:《上海航业之消长(一)》,《申报》1926年2月20日,第23版。
⑤ 《招商局积极完成全国各路水陆联运网》,《申报》1935年8月5日,第9版。
⑥ 《长江水陆乘客联运,三方合同业已签订,本月二十一日实行》,《申报》1936年8月18日,第13版。
⑦ 《国营招商局开办联运押汇提货,汕粤青津沪实行直接联运,并定一月一日起代收货价》,《申报》1936年12月8日,第11版。

后载至汕、厦、粤，各货经几度转驳，需费较大。今联运实现后，其运赴南华货物，可将汉口下船，直达目的地，即使浅水时转轮，亦不需纳两次水脚，节费省时，殊属合算。"① 沪汉之间自实行之后，两地旅客交相称便，"较之由沪至汉，或由汉至沪，专乘轮船，全程约可减小两日时间"②；"自陇海路开办以来，成绩甚佳"③。"长江线内，洋商各轮营业甚巨，其中转口到南北洋各埠者，尤以英日各□占优势，今江南铁路与招商局联运后，皖货之装赴南北洋者，将夺洋商之营业，而改装国轮，无形中挽回航权颇巨。"④

1934年，中国航空公司鉴于乘轮旅客之转搭飞机者日见增多，而中航公司搭客，联乘轮船，转达飞行未通各埠者，亦时时有之，为便利旅客计，决定与招商局办理海空联运，乘船旅客欲转飞机者，招商局可签联票；反之，如各路航空搭客欲转坐商轮者，亦可签售招商局船联票，双方会订联运合同⑤。如此一来，"凡关于招商局航线外之陆运地段，由招商局委由航空公司办理；中航公司承办之客商货运，为航空线所不能达到而需转递手续者，交招商局轮运"，从而实现优势互补，不仅便利了乘客，而且扩大了效益。同年，招商局又与民生公司实施联运，同时增加了与一些民营航运公司的联运，从而使沿海沿江航运网络进一步扩大。

由招商局与其他运输机关建立的巨大的水陆联运网络，在抗日战争期间，为运输军事及民用物资发挥了重要作用。不过这些内容在《申报》中没有反映，这与该报战时的处境有很大关系。

以上分别概述了从《申报》中所得的招商局"政治印象"、"公司印象"与"业务印象"，事实上，每一个"印象"都有大量文本，限于篇幅，难以充分铺陈。

---

① 《招商局平汉路联运告成》，《申报》1934年3月3日，第12版。
② 《沪汉水陆联运，全程约减两日，京沪、江南两路及招商局合办》，《申报》1937年5月4日，第13版。
③ 《招商局与陇海路联络》，《申报》1934年10月24日，第10版。
④ 《招商局与京芜路办理水陆联运，三月五日起实行》，《申报》1935年2月17日，第14版。
⑤ 《中航公司与招商局订立海空联运合同，合同九条正式签字，退票问题尚须斟酌》，《申报》1934年3月24日，第13版。

总体而言,《申报》中的招商局是一个实际运行中的招商局,是一个动态的招商局。在词频分析基础之上,对于该报的招商局"印象"加以系统检视,有助于还原企业发展的曲折历程。这对于招商局史研究而言,不失为一个新的参照系。

李玉 历史学博士,现为南京大学历史学院教授,中国史系主任,博士生导师,兼任教育部重点研究基地南京大学中华民国史研究中心副主任。主要从事中国近现代城市史、企业史和政府史研究,出版《晚清公司制度建设研究》等著作,发表学术论文多篇。2004 年入选教育部"新世纪优秀人才支持计划",曾被评为南京大学优秀中青年学科带头人。

刘鸿生任职招商局的一批史料

钟祥财

刘鸿生是中国近代著名的实业家，也是招商局改为国营后的第一任总经理。从 1932 年到 1936 年，刘鸿生在招商局任职的时间并不长，由于是以民营企业家的身份主持国企的运行，加上实施了一系列的管理改革，他与招商局的关系成为近代经济史和招商局研究的一个有价值的问题。本文介绍一批相关的史料，希望有助于学界对这一问题的探讨。

一

对刘鸿生任职招商局的相关史料整理，可能始于 20 世纪 50 年代。1958 年 11 月，上海社会科学院经济研究所组织科研人员对刘鸿生企业史料展开调查、研究和编辑工作，于 1964 年完成初稿。1981 年，在对原稿进行修订后，《刘鸿生企业史料》由上海人民出版社分上、中、下三册出版。该书上册（1911～1931 年）的第四章第六节第二目的标题是"由于孔宋关系，出任招商局总经理"，下分三个小标题，即"孔祥熙援引刘鸿生接办招商局""因时局关系一度搁置，嗣后旧事重提，刘鸿生婉辞未就""宋子文重挽刘鸿生出任招商局总经理"。在中册（1931～1937 年）的章节目录里，没有刘鸿生任职招商局的相关内容。也因此，在学术界关于刘鸿生任职招商局的研究中，《刘鸿生企业史料》被引用的资料仅限于刘鸿生正式任职招商局之前的往来信函等，至于刘鸿生主持招商局期间的史料，人们只能从招商局档案中获取。

　　1992 年，上海社会科学院经济研究所成立中国企业史资料研究中心，其所藏的史料有助于学术界对刘鸿生与招商局的研究。据该中心编的《中国企业史缩微资料目录与简介》（2002 年 7 月）记载，这部分史料被放在《刘鸿记账房档案》中，编号为"08 交通业 22～51 招商局"，共 29 包，2020 页（张）。从具体内容上看，数量最多的是刘鸿生与各方面人士的往来函件，其次是招商局的有关文件，如组织章程、计划大纲、数据表格、会议记录、资产目录等。而在往来信函中，刘鸿生的私人信函又占了很大比重，当然这些私函并非都与招商局有关。

　　从学术研究的角度看，信函，特别是私人信函对了解历史人物的思想状态具有十分重要的价值。以刘鸿生任职招商局一事为例，刘鸿生在与儿子的通信中流露的想法已成为研究者探究刘鸿生内心活动的可信依据，如对自己任职后面临的困难，他是有充分认识的。[①] 张后铨在《招商局近代人物传》一书中写到刘鸿生任职招商局之前的顾虑和犹豫，所引用的他和儿子、他和孔祥熙之间的通信虽然注明是来自何况的《企业大王刘鸿生》（解放军出版社，1995），但其原始出处仍然是《刘鸿生企业史料》上册中的资料；[②] 姚清铁的论文在分析刘鸿生任职招商局之前的畏难心理时也采用了相同的材料。[③] 由此可见，对刘鸿生在招商局工作期间的研究，整理、分析第一手的信函等新资料是很有必要的。

　　同时，虽然刘鸿生任职招商局期间的经营管理举措，可以在招商局档案中找到相关的正式文件，但对相关史料的进一步发掘整理显然也有着补充佐证的价值。例如，在王双、张后铨等人的论著中，提到的刘鸿生在招商局管理改革方面的重要文件有《修正国营招商局理事会组织及议事规程草案》《改进局务办法五条》《整理招商局计划意见书》《整理分局七项原则》《征收捎包水脚暂订办法》《整理招商局大纲六条》等，这些文件现存于招商局档案中。而在上海社会科学院经济研究所中国企业史

---

① 参见王双《刘鸿生改革招商局的回顾与思考》，《学术月刊》1993 年第 5 期。

② 张后铨：《招商局近代人物传》，社会科学文献出版社，2015，第 348～349 页。

③ 姚清铁：《社会资本视角下的家族企业家身份转变与政治关联——刘鸿生与轮船招商局（1932～1936）》，载胡政、陈争平、朱荫贵主编《招商局与中国企业史研究》，社会科学文献出版社，2015，第 112～114 页。

资料研究中心所藏的《刘鸿记账房档案》中，还有若干反映刘鸿生对招商局经营改革想法的资料，其内容与王双和张后铨引用过的招商局档案资料有所不同。这表明，在刘鸿生任职招商局问题上还有资料发掘的空间。

在刘鸿生与招商局关系的研究中，刘念智撰写的《实业家刘鸿生传略》一书引用率很高，该书第四章第五节的标题是"整顿招商局，改革旧制度"，对刘鸿生在招商局的活动做了比较简要而生动的描写。刘念智是刘鸿生的第四个儿子，在刘鸿生发展企业的过程中深为刘鸿生所器重，熟知刘鸿生的经营理念和实践坎坷，因此他的记述和分析既是可信的，也不失公允，对有关刘鸿生任职招商局的学术研究具有特殊的史料价值。但即便如此，短短5页的篇幅只能是一个大致的过程交代和因果判断，至于刘鸿生在招商局任职期间的所作所为，显然需要更多的资料梳理和细化研究才可以再现和评价。

基于以上原因，上海社会科学院经济研究所中国企业史资料研究中心所藏的相关史料是值得介绍和加以分析的。

二

这批史料可以围绕几个问题加以介绍。

1. 刘鸿生对招商局经营管理改革的设想

根据刘念智的归纳，刘鸿生到职招商局以后，主要做了这样几件事：从自己的企业里调了一些最能干的人员去担任秘书室的机要工作，提高了办事的效率；改组了理事会，增设了监事会；购进新航轮，开辟新航线；废除轮船上的买办制，杜绝客运、货运的偷漏积弊，增加了业务收入；对码头的管理也进行了整顿。[①] 王双的概括也是五点，内容稍有不同：择优选用，人尽其才；健全领导机构，扩大总经理权限；废除船上经理制，建立船长制；精简管理机构，整顿码头仓库；购进新船，扩大航运业务。[②] 张后铨认为刘鸿生的改革举措主要体现在精简机构、选用人才，废除买办

---

① 刘念智：《实业家刘鸿生传略》，文史资料出版社，1982，第42~44页。
② 王双：《刘鸿生改革招商局的回顾与思考》，《学术月刊》1993年第5期。

制、建立船长负责制，严格财会制度、加强经营管理，添置四大海轮、扩大营运范围，实行水路联运、加强外部合作五个方面。[①] 而在本文所要介绍的史料中，有一则刘鸿生向全体股东发出的函件。[②] 他分析了招商局的积弊所在，提出了全新的经营改革思路：

　　招商局全体股东诸先生均鉴：敬启者，窃维航业为交通要政一大端，关于股东利益者尚小，关于国权民生者綦大。先进诸公所为，高掌远跖，创建招商局者，实具维护国权，畅遂民生之宏旨也。不图事与愿违，开办垂五十年，既鲜成绩，尤无发展，设非各埠地价高涨，母财无形增殖，则破产之危，岂能幸免，事实昭然，在人耳目。

　　查航业与商务有密切之关系，久为世界各国视线所集，外人恒以招商局进行之利钝，觇我经营大企业之能力，抵隙蹈瑕，竞争剧烈。而国人亦因一局日趋腐败，深慨实业人材之消乏，致股份公司无人信任，一般投资者望而却步，不第航业旁落外人掌握，有损国权民生而已，且影响所及，全国实业胥难起色，险象若此，可为寒心，比者招商局更有岌岌不可终日之势，虽办理为善，责有攸归，而我大小股东，讵能不任其咎？盖董事由股东直接选举，职员系股东间接雇佣，股东苟能实行监督之权，自无废弛偭越之弊，乃曩时大股东或不欲府怨招尤，或但知保持地位，安插亲友，绝无以决心毅力举监督之实者，而小股东复以股份较少，利害较轻，一切惟大股东马首是瞻，痛痒不关，自安缄默，为主人翁之股东，放弃其权利至此，则董事及职员虽有优秀分子，亦无从施其改良发展之抱负，此招商局所以一蹶不振也。

　　鄙人年来恫夫事业新兴之不易，国人失业之日多，非先藉旧有基础加以恢廓更张，不足以裕民生而安社会，深怪伟大事业若招商局者，竟陷于无人过问之现状，悒焉忧之，购取少数股份以为研究航业之阶梯，蠡测管窥，略知利病。窃谓当兹国民政府乐予指导之秋，正

---

① 张后铨：《招商局近代人物传》，第351～358页。
② 《刘鸿记账房档案》，上海社会科学院经济研究所中国企业史资料研究中心藏，档案号：08－026－0001－0009。

招商局中兴之会，所愿全体股东，破除情面，蠲弃私争，以远大之眼光，尽改良之能事，对于内部组织及营业计画，立定恒久方针，随时监督实行，则转危为安，庶乎有豸。惟言之匪艰，行之维艰，多数办事人才，颇苦无从罗致，盖旧职员既多不能胜任愉快，新来者亦恐经验未宏，难收美满效果。欲求稳健办法，只有将主要业务自营，附属业务出租，如此则自营者，业务简要，不患才难。出租者坐收利益，不糜开支，设无意外变故，以为最善之策。用将鄙见分晰言之如左。

兹拟分招商局营业为三部分：

一、航业部。是为主要部分，宜用全力经营，以公正方法选用干练人材主任其事，一洗自大陈腐之习，力与外商竞争，具刷新之精神，谋积极之进步。

一、地产部。所有各部产业，除航业上需要者，归航业部接管外，其余皆公开登报招标，请各地妥实商人包租十年。盖当地商人熟谙情形，经营较易得手，所出租金，必不在小，而招商局方面，将附属业务出租，既省开支，又获固定收入，较之现在自办者必优。

一、仓库码头部。办法与地产部同，亦除航业上必需者外，其余各埠仓库及码头均公开登报招标，请各地妥实商人包租十年，此部除每月少数保险费外，所得皆纯益也，亦必较现办者为忧。

以上一部全力自办，两部招商包租，事简利厚，定可胜前数倍。鄙人一得之愚，是否有裨实际，尚祈诸君子详加考虑。如蒙采纳，则具体方案当再详细讨论，努力进行。鄙人不才，愿随诸君子之后，尽一分子之责焉。草具以闻，伏希公鉴。刘鸿生谨启。

如果说刘鸿生对招商局存在问题的揭露确实入木三分，毕竟还是时人共识，那么他对招商局未来经营的改革思路则是新颖独特的。自办主业（航运），辅业（地产、码头）外包是一种分流治理的模式，它是一位具有丰富市场竞争经验和创新意识的民族企业家对招商局体量庞大、经营混杂的病症开出的一服有针对性的药剂。这一设想何以未能付诸实施，值得玩味。

2. 关于招商局财务状况的往来信函

出任总经理后，刘鸿生和财政部顾问阿瑟·杨格达成了一份备忘录，相关资料有三件：

（1）备忘录文本①

MEMORANDUM ON CHINA MERCHANTS' STEAM NAVIGATION GO. SHARES.

On January 10, Mr. O. S. Lieu advised that originally there were 84,000 navigation shares and 44,000 real estate shares. These shares were combined into 42,000 sets of shares, each set comprising 2 navigation shares and 1 real estate shares. In addition there are 2,000 real estate shares. But of the original shares, 4,000 navigation and 4,000 real estate shares were regarded as a bonus for the staff, although no distribution of such bonus was ever made.

When the Government took over the company, the Central Bank advanced the funds out of which to pay $50 per set of shares. Under this transaction, the Central Bank received 40,562 sets, plus the 2,000 real estate shares.

There remain therefore 1,438 sets of shares in the hands of the public. Mr. Lieu states that the Executive Yuan has decided that funds should be made available by the Central Bank to reimburse in future persons presenting any of the said 1,438 shares. It is considered possible that a considerable proportion of the latter shares have been lost. It is understood that the Government considers that, subject to payment for such of the 1,438 shares as may be presented, it now has complete ownership of the enterprise, by virtue of the shares now pledged to the Central Bank.

Mr. Lieu further states that the regulations governing the reorganization of the company, as issued by the Ministry of Communications, did not make provision concerning the capital structure of the reorganized company. Consequently

---

① 《刘鸿记账房档案》，上海社会科学院经济研究所中国企业史资料研究中心藏，档案号：08－029－0003。

further action in this regard is required.

（2） 阿瑟·杨格致刘鸿生函①

January 11, 1934.

Dr. O. S. Lieu

China Merchants' Steam Navigation Co.

Shanghai

Dear Dr. Lieu:

I have ventured to make a memorandum on our conversation yesterday concerning the shares of the China Merchants' Steam Navigation Company. In order to be certain that this information is correct, I should appreciate receiving your confirmation or such corrections as you consider necessary. We are carefully studying the other phases of the situation which were discussed yesterday during our conversation.

Sincerely yours.

Arthur H. Young

（3） 刘鸿生致阿瑟·杨格函②

January 12, 1934.

Dr. Arthur N. Young,

Advisor to the Ministry of Finance,

PRESENT.

Dear Dr. Young:

I have for acknowledgement your letter of yesterday's date handing me a copy of memorandum on our conversation the other day concerning the China Merchants' Shares.

After going through carefully the memorandum, I have found that the informations contained therein are in order, and have therefore affixed my signature to

① 《刘鸿记账房档案》，上海社会科学院经济研究所中国企业史资料研究中心藏，档案号：08－029－0002。
② 《刘鸿记账房档案》，上海社会科学院经济研究所中国企业史资料研究中心藏，档案号：08－029－0001。

the said copy, which I beg to return you herewith.

Your sincerely,

O. S.

与此同时，刘鸿生还致信国民政府经济委员会负责人宋子文，① 希望获得资金帮助。

Jan. 12, 1934

H. E. Dr. T. V. Soong,

The National Economic Council,

SHANGHAI.

Sir,

CHINA MERCHANTS S. N. CO.

With reference to the reorganization of the China Merchants S. N. Co. as a National undertaking, I now find it imperative to draw your further attention to the urgent financial needs of the Company at the present time. As you are aware, some progress has been made during 1933 to increase the earnings and reduce the expenses of the Company, but the financial resources in the form of new bank loans have been quite inadequate to enable the Company to meet its obligations, or to provide necessary funds for reconstruction and working capital. Without funds to

(1) Reduce indebtedness and thereby reduce the very heavy interest charges which at present are an impossible burden for the Company to carry;

(2) Reconstruct wharves which are in a very dilapidated condition and unable to yield a return proportionate to their capital value;

(3) Build new steamers to replace old vessels which can not earn profits owing to their cost of maintenance and operation.

I am of the opinion that it will be quite impossible for the Company to continue in business much longer, and any further delay in financial reorganization will not only add to its already excessive liabilities, but will make reorganization

---

① 《刘鸿记账房档案》，上海社会科学院经济研究所中国企业史资料研究中心藏，档案号：08 - 031 - 0008 - 0009。

at a later date much more difficult, if not impossible. The Company is at present losing over one million dollars a year, and this fact alone indicates the imperative need of immediate funds to liquidate old debts, reduce interest charges, and improve the revenue – earning capacity of its steamers and wharves. Annual interest charges on loans amount to approximately $2½ million the dollars, and unless this charge can be greatly reduced in the near future the Company cannot possibly hope to meet its obligations or make a profit, as the indebtedness of the Company is out of all proportion to its revenue – earning capacity.

A minimum of at least $7,000,000 cash is immediately required for the following urgent need:

(1) Repayment of old debts $3,000,000

(2) Reconstruction of Wharves   2,000,000

(3) Working Capital   1,000,000

(4) Construction of River Steamers and

Lighters   1,000,000

                                       $7,000,000

In view of the very serious financial conditions of the Company, may I again emphasize the utmost urgency of providing funds in the immediate future.

I am, Sir,

Yours faithfully,

O. S. Lieu

General Manager

值得一提的是，在这封信函的初稿①中，招商局希望得到的资助额度为 1000 万美元，具体项目为：

1. Repayment of old Chinese debts amounting to $9,200,000 at 65% of their face value $6,000,000

2. Reconstruction of Wharves   3,000,000

---

① 《刘鸿记账房档案》，上海社会科学院经济研究所中国企业史资料研究中心藏，档案号：08 – 031 – 0011 – 0012。

3. Construction of River steamers or motor

Lighters   1,000,000

                                                10,000,000

对这笔至少 700 万美元的资金的用途，初稿的计划也比正式信函中罗列得少：

（1）Repayment of old debts　　　　$ 4,000,000

（2）Reconstruction of Wharves　　　2,000,000

（3）Construction of River Steamers and

Lighters　　　　　　　　　　　1,000,000

　　　　　　　　　　　　　$ 7,000,000

张后铨在《招商局近代人物传》一书中提到，刘鸿生在 1933 年 3 月的招商局理事会上提交了《整顿招商局计划意见书》。其中指出，负债过多是该局三项最大病根之一；为了偿还历年欠债和维持经营，需要款项 3000 万元，这笔钱拟作为招商局改为国营后的开办基金，但没有得到政府的回应。此后，他又于 11 月提请政府先行拨款 1500 万元，仍然不见下文。①由此看来，刘鸿生于 1934 年 1 月写给宋子文的信，是上述求援的继续，只是在额度上有所减少，即希望拨款 1000 万美元，至少需款 700 万美元。

为了解决资金短缺的"燃眉之急"，招商局方面还草拟了一份《以五百万元解决并整理招商局一切之计划》②。这份文件何时写成，是否正式提出，不得而知，原件上也没有刘鸿生的签字，但反映出经营者急于摆脱困境的精心谋划：

Ⅰ．筹款五百万元。

Ⅱ．将该款购入市价在六成以下之国民政府公债一千万元。

Ⅲ．以所购入之公债及全局营业收入作基金，发行整理招商局公债二千万元。

Ⅳ．以一千万元公债，照每股全套作二百元，除盛氏股票，固有

----

① 张后铨：《招商局近代人物传》，第 359 页。

② 《刘鸿记账房档案》，上海社会科学院经济研究所中国企业史资料研究中心藏，档案号：08 - 026 - 0014 - 0015。

问题，暂置不论外，换回招商局所有股票。

Ⅴ. 以另一千万元公债，照偿本不计息办法，调还招商局所欠中国银行钱庄界债款。

Ⅵ. 将招商局所有本外埠无关航业之财产全部清理出卖，所得价款，连同Ⅳ、Ⅴ两项用后之余款，以一部分还清外国银行借款，一部分还清最先筹借之五百万元，剩余之款，以其一部分修整航用之栈房码头，一部分充添购新船基金，并营业流动资金。

Ⅶ. 局有旧轮，悉数售供政府军用，而以政府担保由江南造船厂照价造还新船为条件。

Ⅷ. 所发整理公债贰千万元，除一千万元本有政府公债适资抵偿外，其另一千万元之偿本付息，由局营业收入下按期抽签拨付。

Ⅸ. 公债期满，整理后事。

3. 关于改善企业管理的举措

刘鸿生是企业家，在管理方面经验丰富，执行制度严格。任职招商局以后，面对官僚机构的种种陋习弊端，他曾不顾阻挠，推行改革。对此，刘念智和其他学者的论著涉及较多。这里仅补充两份资料，一份是刘鸿生查处招商局高级职员贪污案件的信函。①

August 16，1933

Capt. C. H. Price.

China Merchants' Lower Wharf,

PRESENT.

Dear Sir：

CONFIDENTIAL

I have just received an anonymous letter citing two cases to prove that WU Ti - wah, the Godown Master of our Lower Wharf, has been guilty of nepotism in permitting his relatives, the employees of the same Wharf, to perpetrate evil and corrupt practices. An anonymous letter, as a rule, does not carry much weight, but in the

---

① 《刘鸿记账房档案》，上海社会科学院经济研究所中国企业史资料研究中心藏，档案号：08-031-0019-0020。

present case, the facts contained therein are too flagrant to be ignored. With this in view, I wish you can conduct a detailed investigation of the two cases, and report me as soon as possible your findings and conclusions. As the original letter is a lengthy one, I just give you the facts of the two cases as alleged therein.

"Wu Ti‐wah has permitted his nephew, Wu Tse‐teh (何志德), and his brother‐in‐law, Dong Mong (童蒙), in connivance with Shen Chi‐chen (沈秩臣), the No. 1 godown man of the Godown No. 21, to perpetrate evil and corrupt practices. On April 4th, 1933, a box of knives marked ' * No. 80' was discharged from 'Bertram Rickmers'. They emptied the box and seized its contents with the pretext that the said cargo had been stolen on board the ship. Latter, some one learned the truth and made a retort to Wu Ti‐wah, who, upon finding that both his nephew and his brother‐in‐law were involved in this case, passed the matter over in silence."

"Under the aegis of Wu Ti‐wah, Shen Chi‐Chen became more unscrupulous. On June 11th, 1933, intriguing with some tallyman, he stole two boxes of beef Juice marked 'B/2 28 * Nos. 5/6' discharged from 'Glenamoy', and sold them for more than Mex. \$ 400.00. But unfortunately, because of the disagreement in dividing the spoil, the facts were made known to the Chief Tallyman, who, upon making out the head and tail of this case, made a report to Wu Ti‐wah. From Shen Chi‐chen, Mr. Wu was told that the whole thing had been instigated by tallyman under the direction of Wu Tse‐the. The Godown Master, instead of inflicting due punishments on those concerned, suppressed this scandal by merely shifting their respective positions."

Yours faithfully,

O. S. Lieu

另一份是刘鸿生向管理层所做的严格责任制度的报告。①

鸿生来局，已一年有余，检查过去所办之事，成绩平常，惭愧得

---

① 《刘鸿记账房档案》，上海社会科学院经济研究所中国企业史资料研究中心藏，档案号：08‐032‐0026‐0027。

很，但是在以前一年多时间，因为局中事情尚未完全明了，即使无显著之成绩可言，人家还可以原谅，现在时间已经一年多了，事情不能说不明白，并且有许多事情，不容许再不解决，自当想出办法，使办事之效能增进，以维持此百孔千疮之招商局。应当办的事很多，鸿生正在筹画，俟想定之后再与各位讨论，现在想到一件小事，趁今日诸位均在座，顺便商量一下，所商量者，就是各主管人员签呈事项，以后须由主管人员表示意见拟定具体办法。或有不能绝对决定的，可以开明两种办法，免得鸿生暗中摸索，有错置不当之余。但既有办法，鸿生所决定者，即根据主管人员之意见，所有责任，各主管人员即须负担。各位向来工作，极为紧张。鸿生素深感纫。现因改进局务起见，有此意见，望多一分助力，鸿生即多一分改进局务之效，悉属同舟，幸共勉诸。

4. 其他信函

1929 年，在刘鸿生可能出任招商局总经理的消息传出以后，社会各界对其寄予厚望。有关人士就招商局改革等问题致函刘鸿生，刘鸿生也予以回应，这里摘录几件。

（1）林允方致刘鸿生函[①]

鸿生仁兄惠鉴：

　　阅报载政府拟借重长材，请担任招商局主办委员一席。遂听下风，曷胜欣忭。惟侧闻阁下有以该局办理为难，未肯遽膺艰巨之意，未悉确否。弟素因航业与造船有密切关系，故对该局极肯注意。窃以为政府能不采用委员制度，而委任壹全权之主持，及赞同与股东方面为相当之联络，深信办理不难，且与财政一层，尤不必恃政府之补助，而该局自身亦足以有力救济。倘阁下毅然出山，作中流之砥柱，以挽回危局，则弟甚愿率贡其愚，冀补益于万一。专此奉达，仍盼回玉。敬候

台安！

弟林允方 谨启 九月二日

---

① 《刘鸿记账房档案》，上海社会科学院经济研究所中国企业史资料研究中心，档案号：08 - 026 - 0103 - 0104。

（2）刘鸿生复林允方函①

允方仁兄惠鉴：

顷奉惠书，情意殷殷，曷胜感荷。弟以菲才，谬承政府见知，欲令承乏招商局主办委员一席，自知才疏学浅，未克膺此艰巨，故现尚在考虑之中。航业与造船有密切关系，诚如尊翰所云，吾兄对该局极蒙注意，足见关怀航业，无比钦佩。下星期当约期一晤，藉聆谠论。谅吾兄必乐于垂教也。专此奉复，顺颂台安。

弟 刘鸿生上
十八 九 四

（3）刘鸿生复琴轩函②

琴轩先生大鉴：

惠书祗悉，承示十端，议论精辟，于招商局利弊情形洞若观火，确是金玉良言。既承见爱，敢不拜嘉。俟俗务稍暇，当趋前领教，谅必不我拒也。专此布复，顺请

台安！
弟 刘鸿生上
十八 九 九

（4）卢作孚致刘鸿生函③

鸿生先生：招商局为本国航业之骨干，不幸办理非人，制度屡更，以致颓废日久，弊病资深，识者深痛惜之。顷阅报载，朱部长锐意整顿，邀得台端主持，实足为国家交通前途庆幸。弟亦方从川江试作航业之整顿。窃因提挈有人，愈切追随之，愿从此上下两段，切取联

---

① 《刘鸿记账房档案》，上海社会科学院经济研究所中国企业史资料研究中心藏，档案号：08 - 026 - 0101 - 0102。

② 《刘鸿记账房档案》，上海社会科学院经济研究所中国企业史资料研究中心藏，档案号：08 - 026 - 0080。

③ 《刘鸿记账房档案》，上海社会科学院经济研究所中国企业史资料研究中心藏，档案号：08 - 026 - 0066 - 0068。

络，长江仰赖，左右川江，则弟等有可竭效之处，决求小有裨助。下月到申，当趋承一切。兹谨介绍敝公司上海经理张君澍霖趋候教益，张君亦学有根柢，且有志趣者也。望赐接谈，感纫无暨。敬祝健康！

弟卢作孚 十一月二十日

作为一位爱国的民族企业家，刘鸿生对发展航运业抱有信心和期待，在给长子刘念仁的一封家信①中，他希望培养中国自己的航运人才。

6 Szechuen Road

Shanghai，China

April 26，1933

My dear Franklin，

...

... And I have seen，since I was appointed General Manager of China Navigation Company，that there are great possibilities in that line. We used to have foreigners as captains in our steamships. But we realizing that，if properly trained，our people can be just as good captains and sailors as the foreigners. I see no reason why we should not have our own captains.

...

刘鸿生任职招商局以后，虽然有经营管理方面的新思路、新举措，但其对实施和效果并不满意，加上人事复杂，渐萌退意。这从他给当时的交通部长朱家骅的一封信②中可以看出。

部长钧鉴：两禀

钧谕均谨悉。承

饬探询一节，已就职所知，面托廷梓司长转陈。现在钱理事新之，又萌退志，个中真相如何，或有为职所不克知者。抚躬自省，惶惑滋甚。加以局中财力，迄未稍纾，自非驽者所能肆应。环境如此，

---

① 《刘鸿记账房档案》，上海社会科学院经济研究所中国企业史资料研究中心藏，档案号：08 - 032 - 0011 - 0012。

② 《刘鸿记账房档案》，上海社会科学院经济研究所中国企业史资料研究中心藏，档案号：08 - 032 - 0028。

纵有击楫之心，苦无利济之术。绕室彷徨，退避贤路，最为相宜，引咎辞职，此正其时，虽驽下如……此后益将穷于应付。拟联袂偕往，率陈胸臆。谨祈

钧察为幸。专肃祗颂

钧绥

以上几封信函，反映了刘鸿生任职招商局之前、之初和后期的真实心态，这对于研究者细化分析刘鸿生经济思想以及招商局的发展史是有一定价值的。

三

对于刘鸿生任职招商局的原因、过程和结局，已有研究大致有以下几种看法：一是，国民政府起用刘鸿生是为了革除招商局的积弊；[①] 二是，刘鸿生答应接手招商局也是有求于政府，因为他当时经营的企业大多陷入危机；[②] 三是，刘鸿生任职招商局是一次并不成功的家族企业家的政治关联活动；[③] 四是，刘鸿生对招商局改革的中断，源于先进的科学管理与当时中国社会腐杇的政治、经济制度及封建积习的矛盾。[④] 本文从经济思想史的角度，结合上述相关史料，提几点补充想法。

首先，刘鸿生任职招商局，与当时统制经济思潮的流行有一定关系。统制经济最早由德国实施，随后其理论和政策在中国得到传播，这与20世纪20年代后期出现的国际政治经济形势新变化有关。值得注意的是，赞同和宣传这种由国家（或政府）主导、集中管理的经济体制的，不仅有中国的学者，还包括民族企业家，如穆藕初、卢作孚、陈光甫等。[⑤] 刘鸿生虽然没有对此明确表态，但从他在企业管理和市场经营等方面的举措看，他

---

① 刘念智：《实业家刘鸿生传略》，第41页。

② 张后铨：《招商局近代人物传》，第350页。

③ 姚清铁：《社会资本视角下的家族企业家身份转变与政治关联——刘鸿生与轮船招商局（1932~1936）》，载胡政、陈争平、朱荫贵主编《招商局与中国企业史研究》，第125页。

④ 王双：《刘鸿生改革招商局的回顾与思考》，《学术月刊》1993年第5期。

⑤ 参见拙作《20世纪三四十年代中国的统制经济思潮》，《史林》2008年第2期。

对未来经济的集中化趋势是有预见的。例如，他在 1930 年拟订的"实行集中管理之计划及其方案"中说："经济社会之组织，其始由简单而趋于复杂者，其终必由复杂而更趋于简单，此自然之趋势，而各业大规模之联合及合并所由产生也。"① 基于这种认识，他曾雄心勃勃地计划把所有的刘氏企业合并改组为一个托拉斯组织，并且在 20 世纪 30 年代中期建立了华中地区火柴产销委员会等机构，以制止同业倾轧，规定产销额度，稳定市场价格。不难看出，刘鸿生任职招商局不乏政府意愿难违、希望获得官方帮助等因素，他本人对整顿招商局有兴趣和信心应在情理之中，至于社会人士对刘鸿生出山抱有期待，也与当时的社会思潮不无关系。

其次，时局的变化，也是刘鸿生在招商局难以施展才干的原因之一。从其他学者的论著和本文提供的史料看，刘鸿生对招商局经营管理的改革是有周密筹划的，显示了一个企业家的创新思维和实干精神。之所以进展缓慢，后来又黯然退出，固然受制于国有企业的局限、人事纠纷的困扰，改革缺乏稳定的外部环境也是毋庸讳言的。在积弊很深的国有企业推行市场化经营管理，需要一个消除两种体制之间的差异和矛盾的过程，不可能一帆风顺，也不可能尽如人意。实际上，刘鸿生各项改革的效果正在显现，但抗战形势的日益严峻，客观上使刘鸿生的改革难以持续。也就是说，即使没有朱家骅"事不凑巧"② 的离任，招商局作为政府控制的重要运输企业，在市场化改革的路上也不会走得太远。

最后，在经济学理论的层面上，刘鸿生任职招商局期间的改革思路，是有创新价值的。王双认为："刘鸿生的改革招商局以半途而废告终，绝非偶然。招商局作为一个企业，是社会经济的一个细胞，是庞大的社会经济体系的一个组成部分；企业的管理体制与整个社会的经济体制和政治上层建筑是密切联系的，没有整个社会的政治、经济体制的改革，一个企业尤其是国营企业的改革，终究是不可能彻底实现的。因为国营企业隶属于相应的国家行政部门，如招商局属于当时的交通部，交通部既是它的直接上级部门（'婆婆'），又是产权所有者的代表（'老板'），以这样的双重

① 《刘鸿生企业史料》中册，第 15 页。
② 刘念智：《实业家刘鸿生传略》，第 45 页。

身份，对企业实施干涉是理所当然的。当企业的改革触及'婆婆'或'老板'的既得利益时，必然会遭到多方掣肘、阻挠，直至使改革夭折为止。"① 这就是说，国有企业的改革必须以社会政治、经济体制的系统改革为前提。如果把改革视为一个实践和渐进的过程，那么有社会政治、经济体制的系统改革固然好，即使没有这样一个系统改革，或者这样的系统改革还处在过程中，国有企业的改革仍然是可以加以推进的。具体而言，在不改变国有企业的所有制性质的情况下，通过对所有权和经营权的适当分离，提高国有企业的经营效益也是有可能的。刘鸿生担任招商局总经理以后，设立了理事会，聘请了监事长，扩大了总经理的经营决策权。这一含有两权分离意义的重要举措，是招商局经营活力得以激发的关键所在。当然，正如有些学者已经指出的，由于多方面的原因，刘鸿生作为总经理的经营决策权限，一直受到暗中牵制。② 这也从反面说明，刘鸿生改革招商局的基本思路，是与现代企业制度理论及改革要求相吻合的。

钟祥财 浙江宁波人，1954 年生于上海。文学学士（上海师范学院，1982），经济学硕士（复旦大学，1986），经济学博士（复旦大学，2000）。1986 年进上海社会科学院经济研究所工作，1998 年被评为研究员，2001 年被聘为博士生导师。主要从事经济思想史研究，出版《当代中国经济改革思想》等专著 10 部，发表论文百余篇。

---

① 王双：《刘鸿生改革招商局的回顾与思考》，《学术月刊》1993 年第 5 期。
② 张后铨：《招商局近代人物传》，第 362 页。

图书在版编目（CIP）数据

招商局历史与创新发展 / 胡政，陈争平，朱荫贵主
编 . -- 北京：社会科学文献出版社，2018.9
（招商局文库·研究丛刊）
ISBN 978 - 7 - 5201 - 3011 - 0

Ⅰ . ①招… Ⅱ . ①胡… ②陈… ③朱… Ⅲ . ①轮船招
商局 - 中国 - 学术会议 - 文集 Ⅳ . ①F552.9 - 53

中国版本图书馆 CIP 数据核字（2018）第 147265 号

招商局文库·研究丛刊
招商局历史与创新发展

主　　编 / 胡　政　陈争平　朱荫贵

出 版 人 / 谢寿光
项目统筹 / 宋荣欣
责任编辑 / 宋　超　赵　晨　汪延平

出　　版 / 社会科学文献出版社·近代史编辑室（010）59367256
　　　　　地址：北京市北三环中路甲 29 号院华龙大厦　邮编：100029
　　　　　网址：www.ssap.com.cn
发　　行 / 市场营销中心（010）59367081　59367018
印　　装 / 三河市东方印刷有限公司

规　　格 / 开　本：787mm × 1092mm　1/16
　　　　　印　张：33.5　字　数：529 千字
版　　次 / 2018 年 9 月第 1 版　2018 年 9 月第 1 次印刷
书　　号 / ISBN 978 - 7 - 5201 - 3011 - 0
定　　价 / 188.00 元

本书如有印装质量问题，请与读者服务中心（010 - 59367028）联系